Erik Esperstedt, Olaf Peleikis, Günter Rosar, Stefan Schlapp,
Günter Schwindt, Claus-Dieter Silbereisen

Kaufmännische Grundbildung für Berufsfachschulen

3. Auflage

Bestellnummer 43400

Bildungsverlag EINS

Haben Sie Anregungen oder Kritikpunkte zu diesem Produkt?
Dann senden Sie eine E-Mail an 43400_003@bv-1.de
Autoren und Verlag freuen sich auf Ihre Rückmeldung.

www.bildungsverlag1.de

Bildungsverlag EINS GmbH
Sieglarer Straße 2, 53842 Troisdorf

ISBN 978-3-427-**43400**-9

Vorwort

Dieses Buch ist für die kaufmännische Grundbildung in der Berufsfachschule geschrieben worden und berücksichtigt die Anforderungen des Lehrplanes für die neue Berufsfachschule I des Landes Rheinland-Pfalz. In diesem Lehrplan wurde eine Aufteilung der berufsbezogenen Inhalte in Lernbereiche vorgenommen, in denen fachlich relevante Probleme und Inhaltsstrukturen in einen situativen Kontext gestellt werden sollen. Für den Unterricht bedeutet dies, dass Inhalte der traditionellen Fächer Betriebswirtschaftslehre, Buchführung und Fachrechnen häufig zu verknüpfen sind. Daher wurden in dieses Buch alle Lernbereiche des Lehrplanes integriert und zusätzlich wichtige Inhalte des Fachrechnens aufgenommen. Ergänzt wird das Buch um die Inhalte des Wahlpflichtfaches Volkswirtschaftslehre.

Um den Schülerinnen und Schülern die Lerninhalte zu veranschaulichen, wird bei der Erarbeitung der Lerninhalte in der Regel ein Modellunternehmen, die Tropic GmbH, ein Hersteller von Freizeit- und Wettkampfkleidung, zugrunde gelegt. Jedes größere Kapitel wird mit einer Fallsituation eingeleitet. Über einen Arbeitsauftrag werden die Schülerinnen und Schüler aufgefordert, sich mit dem im Einstiegsfall entwickelten Problem auseinanderzusetzen. Sachinformationen zum betriebswirtschaftlichen Sachverhalt schließen sich an. Aufgaben am Ende eines jeden Kapitels sollen die gewonnenen Erkenntnisse sichern und vertiefen. Diese beziehen sich, ebenso wie die Fallsituationen, im Wesentlichen auf Industriebetriebe. Durch den Einsatz von grafischen und tabellarischen Darstellungen haben wir uns bemüht, zu lange Textpassagen zu vermeiden. Komplizierte Sachverhalte wurden möglichst schülergerecht formuliert und dargestellt.

Obwohl dem Wahlpflichtbereich Berufbezogenes Fach zugehörig, bilden die volkswirtschaftlichen Kapitel des Schülerbuches einen integralen Bestandteil kaufmännischer Grundbildung. Sie decken den Lernbereich 1: „Mensch und Unternehmen in den gesamtwirtschaftlichen Bereich einordnen" sowie den Lernbereich 2: „Rahmenbedingungen und wirtschaftliche Einflussmöglichkeiten des Staates in der sozialen Marktwirtschaft verstehen und reflektieren" ab. Gleichzeitig vermitteln sie ein anwendungsbezogenes Basiswissen im Bereich Volkswirtschaftslehre. Einfache und schülernahe Beispiele mildern dabei die Komplexität und Abstraktheit des Stoffes. Eine Verknüpfung mit dem Modellunternehmen des restlichen Buches wurde so weit wie möglich berücksichtigt.

Durch ein zusätzliches Arbeitsheft mit einer großen Zahl handlungsorientierter Aufgaben wird die geforderte Fach-, Methoden- und Sozialkompetenz gefördert.

Zu den Themen des Buches werden im Internet unter www.bildungsverlag1.de/buchplusweb verschiedene Arten von zusätzlichen Übungsaufgaben bereitgestellt. Quizaufgaben zu den Lerninhalten des Buches, Aufgaben zur Anwendung der Kenntnisse in der Finanzbuchhaltung und Excel-Anwendungen betriebswirtschaftlicher Aufgabenstellungen werden ergänzt durch Filmausschnitte der „Gläsernen Textilproduktion" der TRIGEMA GmbH & Co. KG und durch ein Programm, welches das Schreiben von Bewerbungen erleichtert.

Anregungen für Verbesserungen nehmen wir gerne entgegen.

Das Autorenteam

Inhaltsverzeichnis

Lernbereich 3: Abbilden der Ziele und Organisationsstrukturen von Unternehmen und einen Bezug zu regionalen Unternehmen herstellen

Lernbereich 4: Darstellen von Rechtsgeschäften und daraus resultierende Zahlungsvorgänge simulieren

Lernbereich 5: Erfassen und dokumentieren von Geschäfts-
vorgängen mit Kunden und Lieferanten

Lernbereich 6: Erschließen der Grundlagen des Marketing
und Kundengespräche durchführen

FACHRECHNEN

VWL

Merkmale eines Unternehmens

Die Tropic GmbH feiert im nächsten Jahr ihr 25-jähriges Firmenjubiläum. Während des Jubiläumsjahres werden viele Besucher erwartet. Diesen soll in einem Faltblatt das Unternehmen vorgestellt werden.

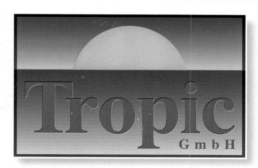

1. *Lesen Sie die folgenden Seiten und schreiben Sie Informationen über die Tropic GmbH heraus, die in dem Faltblatt zum Firmenjubiläum enthalten sein sollen.*

2. *Entwerfen Sie ein Faltblatt zum Firmenjubiläum der Tropic GmbH. Verwenden Sie dazu die von Ihnen gesammelten Informationen und gestalten Sie das Blatt auf beiden Seiten mit Zeichnungen oder Bildern, die den Unternehmensgegenstand kennzeichnen.*

Die Betriebswirtschaftslehre beschäftigt sich mit den Bedingungen, unter denen die Unternehmen ihre Leistungen erbringen. Dabei wird die Leistungserstellung von innerbetrieblichen Gegebenheiten und von den Beziehungen der Betriebe zur Umwelt beeinflusst.

In den Betrieben arbeiten Menschen, die miteinander in vielfältigen Beziehungen stehen und die ständig betriebswirtschaftliche Entscheidungen treffen müssen. Diese Entscheidungsfindung wird durch die Betriebswirtschaftslehre erleichtert. Entscheidungen in den Betrieben können jedoch nicht isoliert von der übrigen Wirtschaft getroffen werden. Alle Betriebe sind über ihre Lieferanten und Kunden, über den Staat, über die Banken und über andere Dienstleistungsunternehmen (z. B. Transportbetriebe, Werbeagenturen, Gerichte) mit der Gesamtwirtschaft verbunden.

Diese Beziehungen bringen auch vielfältige Probleme mit sich, die in diesem Buch beispielhaft an einem Unternehmen aus der Textilbranche dargestellt werden.

Beziehungen eines Unternehmens zu seiner Umwelt

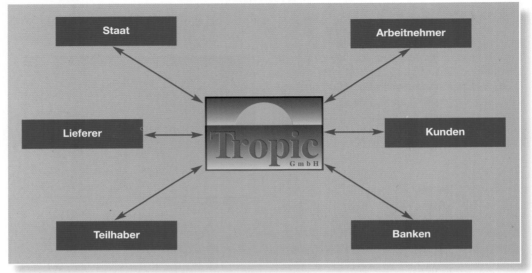

Vor 25 Jahren eröffnete die Firmengründerin Sylvia Sommer mit fünf Mitarbeiterinnen eine Schneiderei für Damenblusen. Schon bald erfreute sich ihre Kollektion steigender Beliebtheit und die Firma expandierte Jahr für Jahr.

Das ehemalige Firmengebäude in der Bad Kreuznacher Klappergasse reichte schon bald nicht mehr aus und die Firma bezog vor 15 Jahren den Neubau in der Rheingrafenstraße 20. Gleichzeitig wurde die ehemalige Einzelunternehmung Sylvia Sommer in eine GmbH umgewandelt. Seither firmiert die Unternehmung unter Verwendung der Marke des Hauses als

 Freizeitkleidung

Hauptgesellschafterin und Geschäftsführerin ist weiterhin Sylvia Sommer.

Hauptaufgabe eines Industriebetriebes ist die Herstellung und der Absatz von Erzeugnissen.

Zur Herstellung benötigt der Betrieb **Arbeitskräfte, Betriebsmittel** (z. B. Maschinen) und **Werkstoffe**.

Bei der Produktion werden verschiedene Arten von Werkstoffen eingesetzt:

- **Rohstoffe**, d. h. Stoffe, die Hauptbestandteil der hergestellten Produkte sind (z. B. Baumwollstoffe),

- **Hilfsstoffe**, die als Nebenbestandteile in das Erzeugnis eingehen (z. B. Jeansnieten, Knöpfe, Garn),

- **Betriebsstoffe**, die nicht in das Erzeugnis selbst eingehen, sondern bei der Produktion verbraucht werden (z. B. Treibstoffe und Schmieröl für die Maschinen, Putzmittel).

Das Unternehmen ist in fünf Hauptabteilungen untergliedert:

Geschäftsführung und Hauptabteilungen der Tropic GmbH

1. **Geschäftsführung**
   Sylvia Sommer

2. **Materialwirtschaft**
   (Beschaffung, Werkstofflager)
   Walter Winter

3. **Produktentwicklung, Design**
   Diana Minardi

4. **Produktion**
   Heiner Herbst

5. **Verwaltung**
   (Rechnungswesen, Personal,
   Finanzierung, Controlling)
   Georg Polster

6. **Absatz**
   (Marketing, Verkauf, Versandlager)
   Sonja Behrens

7. **Auszubildende**
   (Kauffrau für Bürokommunikation)
   Ayse Kaymak

Seit dem Umzug vor 15 Jahren produziert das Unternehmen mit industriellen Fertigungsmethoden. Namhafte Stofflieferanten aus dem In- und Ausland garantieren eine gleichbleibende Qualität der Produkte.

Auszug aus dem Liefererverzeichnis der Tropic GmbH

Nr.	Firma	Anschrift	Tel.-Nr.: Fax-Nr.:
01.001	Weberei Holzmann KG	Offenbacher Str. 123 60345 Frankfurt/Main	069 667788 069 667789
01.002	Baumwollweberei Kaiser OHG	Danziger Str. 456 10508 Berlin	030 445566 030 445567
01.003	Meersdonk OHG Stoffgroßhandel	Schillerplatz 1 55034 Mainz	06131 24350 06131 2436
01.004	Cotton GmbH & Co KG Baumwollstoffimport	Stresemannkai 45 20368 Hamburg	040 399333 040 3994
02.005	Faden GmbH Kammgarnspinnerei	Rheinau 45 56087 Koblenz	0261 2143 0261 2144
03.006	ZIP GmbH Kurzwarengroßhandel	Rheinstr. 1 68294 Mannheim	0621 5544 0621 5545

Die Marke **Tropic** ist inzwischen in ganz Europa etabliert und steht für ein anspruchsvolles Design im Produktbereich **Freizeitkleidung**.

Allerdings werden nicht alle Artikel aus dem Verkaufsprogramm im Unternehmen selbst gefertigt. Ein Teil der Produktion wurde inzwischen ins Ausland verlagert. Textilfabriken in Osteuropa produzieren nach den Entwürfen der Tropic GmbH und unter Beachtung genauer Qualitätsrichtlinien.

Neben dem reinen Textilhandel fragt in zunehmendem Maße die Sportartikelbranche nach den Entwürfen des Unternehmens. Konsequenterweise wurde vor fünf Jahren der Produktbereich **Wettkampfkleidung** geschaffen, um den individuellen Bedürfnissen verschiedener Sportarten gerecht werden zu können. In nächster Zukunft will die Tropic GmbH auch den Produktbereich **Sportgeräte** in das Produktionsprogramm aufnehmen. Dann sollen auch Surfbretter und Inlineskates produziert werden.

Auszug aus dem Produktionsprogramm der Tropic GmbH

	Sortimentsliste		
Artikel-Nr.	Bezeichnung	Farben	Nettopreise pro Stück
10.001	Tropic Jeans 001 100 % Baumwolle	blau, schwarz, rot, beige, grau, weiß	70,00 EUR
10.002	Tropic Jeans 002 100 % Baumwolle	blau, schwarz, rot, beige, grau, weiß	80,00 EUR
10.003	Tropic Jeansjacke 100 % Baumwolle	blau	90,00 EUR
20.001	Tropic T-Shirt 100 % Baumwolle	blau, schwarz, rot, beige, grau, weiß, grün, pastellblau, pink, meergrün	25,00 EUR
20.002	Tropic Polohemd 100 % Baumwolle	blau, schwarz, rot, beige, grau, weiß, grün, pastellblau, pink, meergrün	40,00 EUR
20.003	Tropic Sweatshirt 100 % Baumwolle	blau, schwarz, rot, beige, grau, weiß	60,00 EUR
20.004	Tropic Rippenshirt 100 % Baumwolle	beige, grau, weiß, grün, pastellblau, pink, meergrün	40,00 EUR
30.001	Tropic Champ Trainingsanzug	blau, rot, meergrün, schwarz, orange, rot	110,00 EUR
40.001	Tropic Badeanzug	gelb, orange grün, orange	65,00 EUR
40.002	Tropic Bikini	gelb, orange grün, orange	55,00 EUR
40.003	Tropic Badehose	blau	30,00 EUR
50.001	Tropic Partykleid 80 % Polyamid 20 % Elasthan ärmellos, Mini	gelb, orange grün, orange	80,00 EUR
50.002	Tropic Rippkleid 100 % Baumwolle ärmellos, lang	orange, rot, grün, weiß, pastellblau	70,00 EUR

Absatz

Der Vertrieb erfolgt über Reisende, die hauptsächlich den Fachhandel der Bekleidungs- und Sportartikelbranche betreuen. Räumlich ist der Absatzmarkt traditionell auf Deutschland konzentriert. In den letzten zehn Jahren expandierte die Tropic GmbH zuerst in das benachbarte deutschsprachige Ausland, später auch in andere Länder der Europäischen Union. Der ausländische Markt wird durch Handelsvertreter betreut. Der Anteil des Auslandsabsatzes am Gesamtabsatz des Unternehmens ist mit 10 % zwar gering, weist allerdings eine steigende Tendenz auf. Es gibt einen Werksverkauf von einwandfreien Produkten sowie einen unregelmäßigen Verkauf von leicht beschädigter Ware, von Musterkollektionen sowie von Kollektionen des jeweiligen Vorjahres. Dieser Verkauf findet ausschließlich bei der Tropic GmbH in Bad Kreuznach statt.

Auszug aus dem Kundenverzeichnis

	Kundenverzeichnis (Auszug)		
Nr.	**Firma**	**Anschrift**	**Tel.-Nr.** **Fax-Nr.**
K00125	Boutique Simone Sommer	Mannheimer Str. 128 55543 Bad Kreuznach	0671 1234 0671 1235
K00126	Paolo Russo – Jeans	C.P. 202020 I-20110 Milano	0039 2879949 0039 2879950
K00127	Schickeria Moden GmbH	Friedrich-Ebert-Str. 1 65335 Gustavsburg	06134 2045 06134 2046
K00128	Marinas Collection GmbH	Zeil 123 60123 Frankfurt/Main	069 123456 069 123457
K00129	Route 66 GmbH	Goethestr. 44 68345 Mannheim	0621 9876 0621 9875
K00130	Black and Blue Jeans GmbH	Ludwigstr. 13 55264 Mainz	06131 61810 06131 6182
K00131	Kick Moden GmbH	Langgasse 7a 65123 Wiesbaden	0611 98765 0611 98766
K00132	Jeans and Shirts	Olympiaweg 25 A-6020 Innsbruck	0043 512 489 0043 512 490

Das Unternehmensleitbild

„Tropic ist Lifestyle"

Die Tropic GmbH strebt danach, ihren guten Ruf als Hersteller hochwertiger Freizeit- und Sportbekleidung zu festigen. Die Marke Tropic basiert auf einem sportlichen Lifestyle und der Leidenschaft für den Wettkampf.

Die Tropic GmbH orientiert sich an ihren Kunden und ist bestrebt, ständig Qualität, Design und Image ihrer Produkte zu verbessern. Die Kundenerwartungen sollen erfüllt oder übertroffen werden, um so die Basis für eine optimale Unternehmenswertschöpfung zu schaffen.

Nur wenn alle Unternehmensangehörigen gemeinsam für die Unternehmensziele eintreten, ist ein Höchstmaß an Effizienz zu erreichen. Daher sichert die Tropic GmbH für ihre Mitarbeiterinnen und Mitarbeiter eine hohe finanzielle Attraktivität und bekennt sich zur sozialen Verantwortung für die gesamte Belegschaft.

Personalstruktur

Insgesamt sind in der Produktion 110 Personen beschäftigt, davon 50 Facharbeiter und 60 angelernte Kräfte. Im Lager arbeiten 7 Mitarbeiter, in Verwaltung und Vertrieb sind 20 Mitarbeiterinnen und Mitarbeiter beschäftigt. Neben 3 gewerblichen Auszubildenden werden 2 Bürokaufleute, 2 Industriekaufleute und 1 Informatikkaufmann ausgebildet.
Der Personalaufwand des letzten Jahres betrug 6.090.000,00 EUR.

Weitere Daten zum Unternehmen:

- Bankverbindung: Kto.-Nr.: 123 456, Sparkasse Rhein-Nahe in
  Bad Kreuznach (BLZ: 560 501 80)
- Handelsregister Bad Kreuznach, Abt. B, Nr.: HRB 2233
- USt-IdNr.: DE 123456789
- Anschrift: Tropic GmbH, Rheingrafenstr. 20, 55543 Bad Kreuznach
  Tel.: 0671 2004 0
  Fax.: 0671 2004 10
  E-Mail: Tropic@t-online.de
- Umsatzerlöse: 16.250.000,00 EUR
- Umweltschutzinvestitionen: 650.000,00 EUR

Bilanz des zurückliegenden Geschäftsjahres	
Aktiva	**EUR**
Anlagevermögen	
Grundstücke und Bauten	2.900.000,00
technische Anlagen/Maschinen	275.000,00
Fuhrpark und Geschäftsausstattung	225.000,00
Umlaufvermögen	
Vorräte	175.000,00
Forderungen aus Lieferungen und Leistungen	130.000,00
Bankguthaben, Kasse	90.000,00
sonstige Aktiva	25.000,00
Summe des Vermögens	3.820.000,00
Passiva	**EUR**
Eigenkapital	2.050.000,00
Fremdkapital	
langfristige Darlehen	1.500.000,00
Verbindlichkeiten aus Lieferungen und Leistungen	260.000,00
sonstige Passiva	10.000,00
Kapital	3.820.000,00

Aufgaben

1. *Beschreiben Sie die Beziehungen, die zwischen der Tropic GmbH und ihrer Umwelt bestehen.*

2. *Beschreiben Sie den Gegenstand eines Ihnen bekannten Unternehmens.*

3. *Sammeln Sie Informationen über dieses Unternehmen.*

4. *Entwerfen Sie für die Tropic GmbH ein Zeichen für den neuen Produktbereich Sportgeräte.*

5. *Ein neuer Kunde der Tropic GmbH, die Black and Blue Jeans GmbH in Mainz, hat noch kein eigenes Firmenzeichen. Ein Verkäufer der Tropic GmbH bietet dem neuen Kunden an, ein Logo von den Designern der Tropic GmbH zeichnen zu lassen. Entwerfen Sie dieses Logo für die Black and Blue Jeans GmbH.*

6. *Warum will die Tropic GmbH ihr Produktionsprogramm erweitern?*

7. *Welche Beziehungen zwischen der Tropic GmbH und ihren Geschäftspartnern lassen sich aus der Bilanz ablesen?*

Lernbereich 1:
Orientieren in Ausbildung und Beruf

1   Anforderungen an Ausbilder und Auszubildende

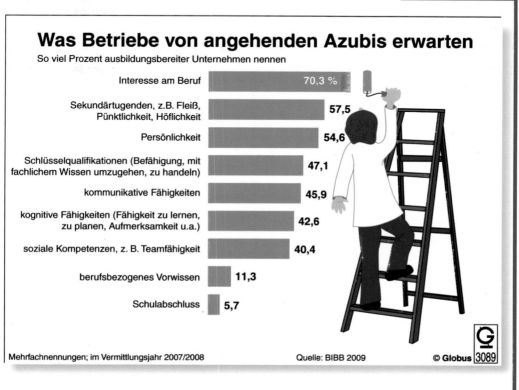

Was Betriebe von angehenden Azubis erwarten

So viel Prozent ausbildungsbereiter Unternehmen nennen

Interesse am Beruf	70,3 %
Sekundärtugenden, z.B. Fleiß, Pünktlichkeit, Höflichkeit	57,5
Persönlichkeit	54,6
Schlüsselqualifikationen (Befähigung, mit fachlichem Wissen umzugehen, zu handeln)	47,1
kommunikative Fähigkeiten	45,9
kognitive Fähigkeiten (Fähigkeit zu lernen, zu planen, Aufmerksamkeit u.a.)	42,6
soziale Kompetenzen, z. B. Teamfähigkeit	40,4
berufsbezogenes Vorwissen	11,3
Schulabschluss	5,7

Mehrfachnennungen; im Vermittlungsjahr 2007/2008   Quelle: BIBB 2009   © Globus 3089

Interpretieren Sie die obige Grafik!
Was bedeuten diese Anforderungen für Sie persönlich?

Das Wissen, das sich Jugendliche heute in der Schule aneignen, reicht nicht aus, ein ganzes Arbeitsleben sinnvoll und konkurrenzfähig bestreiten zu können. Es macht nur einen Teil des notwendigen Wissens aus. Der Großteil wird während des Berufslebens erworben. Die Globalisierung, die Dynamik der Märkte und andere gesellschaftliche Entwicklungen führen dazu, dass das einmal Gelernte schnell veraltet. Dieses Veralten wird auch die „Halbwertzeit des Wissens" genannt. Hinzu kommt, dass sich das Wissen der Menschheit sehr schnell weiterentwickelt. Man schätzt, dass jede Minute eine neue chemische Formel entwickelt und ca. alle fünf Minuten eine neue medizinische Erkenntnis gewonnen wird. Die Jahresabstände der Wissensverdoppelung nehmen stark ab. Das Wissen verdoppelt sich heute schätzungsweise in Abständen von fünf Jahren, während es um 1800 ca. hundert Jahre dauerte, bis sich das Wissen verdoppelte.

Um diesen Veränderungen gerecht zu werden, ist jeder Mensch gezwungen, lebenslang zu lernen. Das setzt zum einen die Bereitschaft jedes Einzelnen voraus; zum anderen muss jeder Lernende Qualifikationen erwerben, die ihn in die Lage versetzen, ein Leben lang zu lernen. Diese Schlüssel-qualifikationen sind Fähigkeiten und Fertigkeiten, mit deren Hilfe man in der Lage ist, sich neues Wissen selbstständig zu erschließen. Zu den Schlüsselqualifikationen zählen: Sozialkompetenz, Methodenkompetenz, Fachkompetenz, kommunikative Kompetenz und personelle Kompetenz. Fasst man alle Kompetenzen zusammen, spricht man von Handlungskompetenz.

Beispiel für die Handlungskompetenz eines Schreinermeisters	
Sozialkompetenz:	Teamfähigkeit
Methodenkompetenz:	Anhand von Skizzen mithilfe des Computers maßstabsgetreue Pläne entwerfen
Fachkompetenz:	Möbel nach Maß anfertigen
Kommunikative Kompetenz:	Dem Auszubildenden Sachverhalte erklären
Personelle Kompetenz:	Motivation, Engagement

Aufgaben

1. *Was versteht man unter Schlüsselqualifikationen?*

2. *Definieren Sie Globalisierung und Dynamik der Märkte!*

3. *Warum ist lebenslanges Lernen unverzichtbar? Begründen Sie!*

4. *Ein Reiseverkehrskaufmann und eine Tierarzthelferin haben unterschiedliche Handlungskom-petenzen. Welche Kompetenzen sind wesentliche Bestandteile dieser Berufe? Stellen Sie die beiden Berufe nach folgendem Schema gegenüber und finden Sie Beispiele für die jeweiligen Kompetenzen:*

	Reiseverkehrskaufmann	Tierarzthelferin
Handlungskompetenz:		
Sozialkompetenz:		
Methodenkompetenz:		
Fachkompetenz:		
Kommunikative Kompetenz:		
Personelle Kompetenz:		

2 Duale Berufsausbildung (Berufsbildungsgesetz)

Das Berufsbildungsgesetz (BBiG) von 1969 ist die gesetzliche Grundlage der beruflichen Ausbildung. Es enthält die wesentlichen Bestimmungen zum Ausbildungsvertrag und zur Ordnung der Berufsausbildung. Das Prüfungswesen und Regelungen zur Fortbildung und Umschulung sind ebenfalls enthalten.

Auszubildende werden während ihrer Ausbildung an zwei Lernorten ausgebildet: Berufsschule und Ausbildungsbetrieb. Man spricht von der dualen Ausbildung (dual: zwei).

In der Berufsschule werden den Auszubildenden sowohl allgemeinbildende (z. B. Deutsch, Mathematik, Sozialkunde) als auch berufsbezogene (z. B. Betriebswirtschaftslehre, Rechnungswesen) Lerninhalte vermittelt. Die Unterrichtsinhalte werden von den Kultusministerien der einzelnen Bundesländer durch Richtlinien festgelegt. Der Berufsschulunterricht wird in Teilzeit- oder Blockunterricht organisiert. In Teilzeitform besucht der Auszubildende einmal oder zweimal in der Woche die Berufsschule. An den verbleibenden Tagen findet die Ausbildung im Betrieb statt.

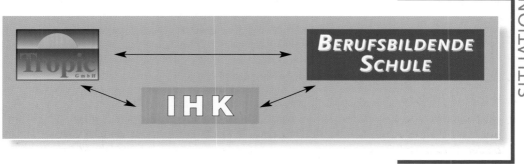

SITUATION

Der Ausbildungsbetrieb vermittelt die im Ausbildungsrahmenplan vorgeschriebenen berufsbezogenen und praktischen Ausbildungsinhalte. Der Auszubildende soll während seiner Ausbildung die Möglichkeit haben, vorgeschriebene Fähigkeiten und Fertigkeiten zu erlernen und durch praktische Tätigkeiten einzuüben.

Die Top-10 der Ausbildungsberufe

Die im Jahr 2006 am häufigsten begonnenen Berufsausbildungen

Junge Männer		Junge Frauen	
Kfz-Mechatroniker	20 937	17 388	Einzelhandelskauffrau
Einzelhandelskaufmann	14 353	16 351	Bürokauffrau
Koch	14 221	13 737	Medizin. Fachangestellte
Industriemechaniker	13 610	13 662	Verkäuferin
Anlagenmechaniker Sanitär/Heizung/Klima	10 137	13 433	Friseurin
Elektroniker	9 713	11 764	Industriekauffrau
Groß- und Außenhandelskaufmann	8 906	11 202	Lebensmittelfachverkäuferin
Tischler	8 560	11 087	Zahnmedizin. Fachangestellte
Maler	8 476	10 575	Kauffrau für Bürokommunikation
Metallbauer	8 020	10 078	Hotelfachfrau

Quelle: Berufsbildungsbericht 2007   © Globus 1636

2.1 Ausbildungsvertrag

SITUATION

Lehrvertrag von 1864

Eduard Groos in Grünberg einerseits und Philipp Walther in Biedenkopf andererseits haben folgende Übereinkunft getroffen:

1. Groos nimmt den Sohn des Philipp Walther mit Namen Georg auf vier Jahre, und zwar von 15. Oktober 1864 bis dahin 1868 als Lehrling in sein Geschäft auf.
2. Groos macht sich verbindlich, seinen Lehrling in Allem dem, was in seinem Geschäft vorkommt, gewissenhaft zu unterrichten, ein wachsames Auge auf sein sittliches Betragen zu haben und ihm Kost und Logis in seinem Hause zu geben.
3. Groos gibt seinem Lehrling alle 14 Tage des Sonntags von 12 bis 5 Uhr frei, dabei ist gestattet, daß er auch an dem Sonntage, wo er Ausgangstag nicht hat, einmal den Gottesdienst besuchen kann.
4. Groos verzichtet auf ein Lehrgeld, hat aber die Lehrzeit auf vier Jahre ausgedehnt.
5. Philipp Walther hat während der Lehrzeit seines Sohnes denselben in anständiger Kleidung zu erhalten und für dessen Wäsche besorgt zu sein.
6. Philipp Walther hat für die Treue seines Sohnes einzustehen und alle Schäden, die derselbe durch bösen Willen, Unachtsamkeit und Nachlässigkeit seinem Lehrherr verursachen sollte, ohne Einrede zu ersetzen.
7. Der junge Walther darf während der Dauer seiner Lehrzeit kein eigenes Geld führen, sondern die Ausgaben, welche nicht von seinem Vater direkt bestritten werden, gehen durch die Hände des Lehrherrn, und der Lehrling hat solche zu verzeichnen.
8. Hat der junge Walther seine Kleidungsstücke und sonstige Effekten auf seinem Zimmer zu verschließen, aber so, daß sein Lehrherr davon Kenntnis hat und dieser von Zeit zu Zeit nachsehen kann, so oft es diesem gewahrt ist, um ihn gehörig zu überwachen.
9. Darf der Lehrling während seiner Lehrzeit kein Wirtshaus oder Tanzbelustigung besuchen, er müßte denn ausdrücklich die Erlaubnis von seinem Vater oder Lehrherrn erhalten haben, und dann besonders darf er nicht rauchen im Geschäft oder außer demselben, es bleibt ganz untersagt.
10. Wenn der junge Walther das Geschäft des Groos verläßt, so darf dieser in kein Geschäft in Grünberg eintreten, ohne daß Groos seine Erlaubnis dazu gibt.

Zur Sicherstellung, daß beide Teile diese Übereinkunft treulich halten und erfüllen wollen, ist dieser Kontakt doppelt ausgefertigt, jedem ein Exemplar eingehändigt und unterschrieben worden.

Grünberg, am 28. September 1864

Was hat sich an der Ausbildung im Vergleich zum 19. Jahrhundert geändert?

Vor Beginn einer Ausbildung schließen Ausbildender und Auszubildender einen Ausbildungsvertrag.

Ausbildender · Ausbildungsvertrag · Auszubildende

Auszubildender: Lehrling, der ausgebildet wird
Ausbildender: Unternehmen, das zur Berufsausbildung einstellt
Ausbilder: Person, die die Ausbildung durchführt (z. B. Herr Polster)

Zu Beginn der Ausbildung muss ein schriftlicher Ausbildungsvertrag vom Ausbildenden und vom Auszubildenden unterschrieben werden. Bei minderjährigen Auszubildenden müssen die Eltern als gesetzliche Vertreter unterschreiben. Der Ausbildungsbetrieb legt den Ausbildungsvertrag der zuständigen Kammer (Industrie- und Handelskammer, Handwerkskammer) zur Eintragung in das Verzeichnis der Berufsausbildungsverhältnisse vor.
Der Ausbildungsvertrag muss folgende Angaben enthalten:

1. Beginn und Dauer der Ausbildung
2. Dauer der Probezeit
3. Dauer der täglichen Ausbildungszeit
4. Dauer des Urlaubs
5. Kündigungsvoraussetzungen
6. Höhe der Ausbildungsvergütung
7. Ziel der Berufsausbildung
8. Sachliche und zeitliche Gliederung der Ausbildung
9. Ausbildungsmaßnahmen außerhalb des Ausbildungsbetriebes

Der **Ausbildende** muss:

■ dem Auszubildenden Fertigkeiten und Kenntnisse zur Erreichung des Ausbildungsziels vermitteln

■ dafür sorgen, dass dem Auszubildenden nur Tätigkeiten übertragen werden, die dem Ausbildungszweck dienen

■ darauf achten, dass übertragene Tätigkeiten den körperlichen Kräften eines Auszubildenden entsprechen

■ die Ausbildung selbst oder durch Ausbilder ausführen

■ Ausbildungsmittel kostenlos zur Verfügung stellen

■ den Auszubildenden für die Teilnahme an der Berufsschule und an Prüfungen freistellen

■ den Auszubildenden anhalten, am Berufsschulunterricht teilzunehmen und ein Berichtsheft zu führen

■ eine angemessene Ausbildungsvergütung spätestens am letzten Arbeitstag eines Monats zahlen

■ am Ende der Ausbildung ein Ausbildungszeugnis schreiben

Der **Auszubildende** muss:

■ alle ihm im Rahmen der Ausbildung übertragenen Tätigkeiten sorgfältig ausführen

■ sich bemühen, Fertigkeiten und Kenntnisse zur Erreichung des Ausbildungsziels zu erwerben (Lernpflicht)

■ an Ausbildungsmaßnahmen teilnehmen

■ Weisungen des Ausbildenden und Ausbilders befolgen

■ Einrichtungen, Werkzeuge und Maschinen sorgfältig behandeln

■ über Betriebsgeheimnisse Stillschweigen wahren

Die Berufsausbildung beginnt mit der Probezeit und endet mit dem Ablauf der Ausbildungszeit. Wenn ein Auszubildender vor Ablauf der Ausbildungszeit die Abschlussprüfung besteht, so endet die Ausbildung mit dem Bestehen der Prüfung.

Die Probezeit dauert mindestens einen Monat bis maximal vier Monate. Während der Probezeit kann der Auszubildende überprüfen, ob ihm der Ausbildungsberuf gefällt. Der Ausbildende prüft, ob der Auszubildende für den Ausbildungsberuf geeignet ist. Eine Kündigung ist von beiden Vertragspartnern während der Probezeit ohne Angabe von Gründen und ohne Einhaltung von Kündigungsfristen möglich. Sie muss jedoch schriftlich erfolgen.

Nach Beendigung der Probezeit ist eine fristlose Kündigung aus wichtigem Grund möglich. Die Kündigung muss schriftlich mit Angabe des Kündigungsgrundes (z. B. dauernde Unpünktlichkeit, Diebstahl, Belästigung) erfolgen. Die fristlose Kündigung muss spätestens zwei Wochen nach Bekanntwerden des Kündigungsgrundes erfolgen.

Möchte der Auszubildende die Berufsausbildung aufgeben oder wechselt er in einen anderen Ausbildungsberuf, so kann er mit einer Frist von vier Wochen kündigen.

2.2   Ausbildungsordnung

Ausbildungsordnungen gibt es für alle Ausbildungsberufe, z. B. Bürokaufleute, Kaufleute für Bürokommunikation, Verkäufer.

Jede Verordnung über die Berufsausbildung enthält Regelungen über das Ausbildungsberufsbild, die Ausbildungsdauer, den Ausbildungsrahmenplan, den betrieblichen Ausbildungsplan, Prüfungen und das Berichtsheft.

Das **Ausbildungsberufsbild** beschreibt die Fertigkeiten und Kenntnisse, die ein Auszubildender während seiner Ausbildung erwerben soll. Es sind die wesentlichen Ausbildungsinhalte wie z. B. Kenntnisse über Berufsausbildung, Umweltschutz, Arbeitssicherheit, Statistik, Rechnungswesen.

Der **Ausbildungsrahmenplan** ist eine sachliche und zeitliche Gliederung der Berufsausbildung. Es wird geregelt, in welchem Ausbildungsabschnitt welche Fertigkeiten und Kenntnisse vermittelt werden. Er ist Grundlage für den betrieblichen Ausbildungsplan.

Im **betrieblichen Ausbildungsplan** wird individuell für einen Auszubildenden festgelegt, wie die Ausbildung in seinem Ausbildungsbetrieb organisiert ist. Geregelt wird z. B.:

- In welchen Abteilungen wird er ausgebildet?

- Wie lange bleibt er in den Abteilungen?

- An welchen Schulungen nimmt der Auszubildende teil?

Die **Ausbildungsdauer** ist ebenfalls in der Ausbildungsordnung geregelt. Grundsätzlich dauert eine Ausbildung drei Jahre. Auf Antrag des Auszubildenden oder des Ausbildungsbetriebs bei der zuständigen Kammer (IHK: Industrie- und Handelskammer; HWK: Handwerkskammer) kann die Berufsausbildung auf zwei bzw. zweieinhalb Jahre verkürzt werden. Eine Ausbildung kann bei überdurchschnittlichen Leistungen oder aufgrund vorausgegangener Ausbildungs- und Schulzeiten (z. B. Abitur) verkürzt werden. Eine Verlängerung der Ausbildung ist auf Antrag des Auszubildenden möglich.

Der Auszubildende muss ein **Berichtsheft** führen. Es dokumentiert die Ausbildung und wird vom Ausbilder regelmäßig durchgesehen und kontrolliert.

Die zuständigen Kammern organisieren die Zwischen- und Abschlussprüfung, an der jeder Auszubildende teilnehmen muss. Die **Zwischenprüfung** findet ca. in der Mitte des zweiten Ausbildungsjahres statt. Sie wird schriftlich abgelegt und dauert zwei Stunden.

Bei der **Abschlussprüfung** am Ende der Ausbildung werden schriftlich und mündlich (praktisch) der Lernstoff des Berufsschulunterrichts und die im Ausbildungsbetrieb erworbenen Kenntnisse und Fertigkeiten abgeprüft. Die Prüfung ist bestanden, wenn im Gesamtergebnis ausreichende Leistungen erzielt werden. Bei nicht ausreichenden Leistungen kann die Abschlussprüfung zweimal wiederholt werden. Das Ausbildungsverhältnis wird verlängert.

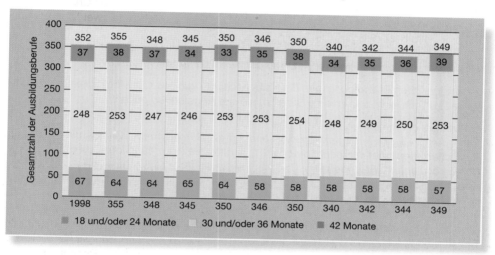

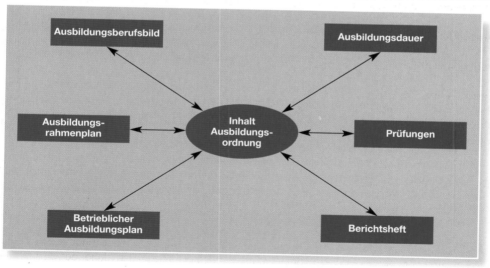

Aufgaben

1. *Nennen Sie die wesentlichen Inhalte der Ausbildungsordnung.*

2. *Wer überwacht die Berufsausbildung in Deutschland?*

3. *Welche Lernorte schreibt das Berufsbildungsgesetz (BBiG) vor?*

4. *Zwischen welchen Personen wird ein Ausbildungsvertrag abgeschlossen?*

5. *Welche Formvorschriften gelten für den Abschluss eines Ausbildungsvertrages?*

6. *Welche Mindestangaben muss ein Ausbildungsvertrag beinhalten?*

7. *Erklären Sie jeweils vier Rechte und Pflichten eines Auszubildenden nach dem BBiG!*

8. *Welchen Zweck hat die Probezeit? Wie lange dauert sie?*

9. *Unter welchen Voraussetzungen kann ein Auszubildender nach der Probezeit kündigen? Erklären Sie!*

10. *Wann endet ein Ausbildungsverhältnis?*

11. *Welche Vorteile hat eine Verkürzung der Ausbildungszeit auf 2,5 bzw. 2 Jahre? Beschreiben Sie drei Vorteile.*

12. *Welche Nachteile sind mit einer Verkürzung der Ausbildungszeit verbunden?*

13. *Nach erfolgreicher Beendigung der Berufsfachschule I gibt es die Möglichkeit die Ausbildungszeit zu verkürzen. Informieren Sie sich, welche Regelungen gelten!*

14. *Beurteilen Sie die folgenden Fälle:*
    a) *Petra Jung, 19 Jahre, beginnt ihre Ausbildung als Bürokauffrau. Weil sie ein sehr gutes Realschulzeugnis hat (Notendurchschnitt 1,2), bittet sie ihren Ausbildungsbetrieb, sie vom Berufsschulunterricht zu befreien.*
    b) *Sascha, Bankkaufmann im 2. Lehrjahr, prahlt vor seinen Mitschülern in der Berufsschule: „Unser Deutschlehrer, Herr Meier, hat mindestens 150.000,00 EUR Schulden."*
    c) *In einem Ausbildungsvertrag ist eine Probezeit von drei Monaten vereinbart. Nach zwei Monaten kündigt der Ausbildende fristlos ohne Angabe von Gründen.*
    d) *Der Einzelhändler Hugo Reichel, 2. Lehrjahr, muss in den vier Wochen vor Weihnachten jeden Tag in seinem Betrieb arbeiten. Wegen des Vorweihnachtsgeschäfts erlaubt ihm sein Ausbilder nicht, die Berufsschule zu besuchen.*
    e) *Sabine Meise gefällt ihre Ausbildung nicht mehr. Sie möchte ihren Ausbildungsvertrag nach sieben Monaten kündigen. Sie beabsichtigt, ihr Abitur nachzuholen.*
    f) *Nach einem Jahr Ausbildung kündigt ein Ausbildungsbetrieb das Ausbildungsverhältnis mit folgender Begründung:*
    „Wir sind mit den Leistungen unserer Auszubildenden Nina nicht mehr zufrieden."
    g) *Martin macht eine Ausbildung zum IT-Systemkaufmann. Jeden Morgen muss er für seine älteren Kollegen Frühstück holen und Kaffee kochen. Freitags muss er außerdem alle Mülleimer leeren und das Auto seines Chefs aussaugen.*
    h) *Da der Auszubildende Martin schon 5 Mal innerhalb eines Monats den Computer zum Abstürzen gebracht hat, verbietet ihm sein Ausbilder, die Computer nochmals anzurühren.*
    i) *Die betrieblichen Leistungen des Auszubildenden Ayhan sind mangelhaft. Er befindet sich im 3. Lehrjahr. Aufgrund der schlechten Leistungen verweigert sein Ausbildungsbetrieb die Zulassung zur Abschlussprüfung.*
    j) *Herr Bertram ist mit dem Ausbilder Meier eines Industrieunternehmens befreundet. Bertram bittet Meier, seine Tochter als Industriekauffrau auszubilden. Aufgrund der schlechten Auftragslage braucht Meier eigentlich keine neue Auszubildende. Er macht Bertram den Vorschlag, sein Tochter trotzdem aufzunehmen, wenn sie bereit ist, eine geringere Ausbildungsvergütung zu akzeptieren.*
    k) *Susanne befindet sich am Ende des 1. Lehrjahres als Einzelhandelskauffrau. Da sie merkt, dass sie sich mehr für Computer und Datenverarbeitung interessiert, möchte sie ihre Ausbildung aufgeben und eine neue Ausbildung als IT-Kauffrau beginnen.*

2.3 Jugendarbeitsschutzgesetz (JArbSchG)

1. *Ayse unterhält sich mit ihrer Freundin Diana. Diana, 17 Jahre, ist im 1. Lehrjahr als Industriekauffrau bei einem Konkurrenzunternehmen der Tropic GmbH beschäftigt. Diana freut sich, dass ihr Ausbildungsbetrieb die 4,5-Tage-Woche eingeführt hat. Sie soll deshalb montags bis donnerstags 8,5 Stunden arbeiten, dafür freitags nur 4,5 Stunden.*

2. *Der 18-jährige Michael ist im 3. Ausbildungsjahr. Weil er volljährig ist, besteht er darauf, dass er nach sechs Unterrichtsstunden in der Berufsschule nicht mehr in den Betrieb gehen muss.*

Beurteilen Sie die beiden Situationen!

Das Jugendarbeitsschutzgesetz gilt für jugendliche Arbeitnehmer und Auszubildende im Alter von 15 bis 17 Jahren. Sie sollen durch dieses Gesetz vor Überforderungen im Berufsleben geschützt werden. In Ausnahmefällen ist eine Beschäftigung von Kindern ab 14 Jahren möglich, wenn die Einwilligung der Eltern vorliegt und die Beschäftigung leicht und für Kinder geeignet ist.

Dauer der Arbeitszeit

Die tägliche Arbeitszeit beträgt acht Stunden. Ausnahmsweise sind 8,5 Stunden möglich, wenn die Höchststundenzahl von 40 Wochenstunden nicht überschritten wird. Jugendliche sollen nur an fünf Tagen pro Woche arbeiten. Samstagsarbeit muss mit einem anderen Werktag ausgeglichen werden.

Jugendliche dürfen frühestens um 06:00 Uhr mit der Arbeit beginnen und dürfen nach 20:00 Uhr nicht mehr beschäftigt werden. Für Gaststätten, Bäckereien, Konditoreien und landwirtschaftliche Betriebe gibt es Ausnahmeregelungen.

Anrechnung des Berufsschulunterrichts auf die Arbeitszeit

Alle Personen, die zu Beginn der Ausbildung die allgemeine Schulpflicht (12 Jahre) noch nicht erfüllt haben, sind berufsschulpflichtig. Diese Regelung gilt auch für volljährige Auszubildende. Mit Beendigung der Ausbildung endet die allgemeine Schulpflicht.

Wenn der Berufsschulunterricht vor 09:00 Uhr beginnt, darf ein Auszubildender vorher nicht in seinem Ausbildungsbetrieb beschäftigt werden. Der Berufsschulunterricht wird auf die Arbeitszeit des Auszubildenden angerechnet. Meistens findet der Berufsschulunterricht an zwei Berufsschultagen statt:

Der 1. Berufsschultag, an dem mehr als fünf Stunden Unterricht stattfinden, wird als ganzer Arbeitstag gezählt und somit mit acht Stunden Arbeitszeit verrechnet.

Der 2. Berufsschultag zählt nicht als ganzer Arbeitstag, sondern die tatsächlich in der Berufsschule verbrachte Unterrichtszeit einschließlich Pausen wird als Arbeitszeit angerechnet.

Ruhepausen

Jugendliche dürfen nicht länger als 4,5 Stunden ohne Ruhepause beschäftigt werden. Eine Ruhepause beträgt mindestens 15 Minuten. Arbeitet ein Jugendlicher mehr als 4,5 Stunden, stehen
ihm 30 Minuten Ruhepause zu. Bei mehr als sechs Stunden Arbeitszeit hat er Anspruch auf mindestens 60 Minuten Pause. Pausen werden nicht auf die tägliche Arbeitszeit angerechnet. Zwischen zwei aufeinanderfolgenden Arbeitstagen hat ein jugendlicher Arbeitnehmer oder Auszubildender Anspruch auf mindestens 12 Stunden Freizeit.

Urlaub

Ist ein Jugendlicher zu Beginn des Kalenderjahres unter:	Hat er einen Urlaubsanspruch von mindestens:
16 Jahre	30 Werktagen
17 Jahre	27 Werktagen
18 Jahre	25 Werktagen

Montag bis einschließlich Samstag sind Werktage.

Beschäftigungsverbote

Akkordarbeit ist für Jugendliche verboten. Wird ein Jugendlicher an einem Ort beschäftigt oder
wird ihm eine Aufgabe übertragen, die eine sittliche Gefährdung darstellt, so verstößt der Arbeitgeber gegen das Jugendarbeitsschutzgesetz. Jugendliche unter 16 Jahre dürfen keine gesund-
heitsgefährdenden Arbeiten ausüben.
17- und 18-jährige Auszubildende dürfen nur dann gesundheitsgefährdende Arbeiten ausüben,
wenn im Rahmen der Ausbildung nicht darauf verzichtet werden kann.

Gesundheitliche Betreuung

Erstuntersuchung: Vor Ausbildungsbeginn müssen alle Auszubildenden von einem Arzt
                           untersucht worden sein. Die Untersuchung darf nicht länger als 14 Mo-
                           nate zurückliegen.
1. Nachuntersuchung: Ein Jahr nach Aufnahme der ersten Beschäftigung müssen sich Jugend-
                           liche einer Nachuntersuchung unterziehen.
Weitere Untersuchungen sind freiwillig.

Aufgaben

1. *Für welche Personen gilt das Jugendarbeitsschutzgesetz?*

2. *Warum sollen Jugendliche besonders geschützt werden? Begründen Sie!*

3. *Wie viele Stunden darf ein Jugendlicher höchstens arbeiten?*
   a) am Tag   b) pro Woche   c) im Monat?

4. *Ein Auszubildender wird am 15. Mai 16 Jahre alt. Seine Ausbildung begann im Vorjahr zum*
   1. August. Wie viele Urlaubstage stehen ihm zu?

5. *Die Auszubildende Ayse Kaymak, 16 Jahre, hat um 19:30 Uhr die Tropic GmbH verlassen.*
   Wann darf sie frühestens wieder mit ihrer Arbeit beginnen?

6. *Eine 15-jährige Näherin, die bei der Tropic GmbH in der Produktion beschäftigt ist, möchte*
   durch Akkordarbeit mehr verdienen, um sich einen langen Urlaub zu leisten. Ist dies möglich?

7. Der 16-jährige Eugen möchte in der Spielothek eines befreundeten Nachbarn eine Ausbildung zum Einzelhandelskaufmann beginnen. Die IHK hat die Ausbildung nicht genehmigt. Warum?

8. Jeden Samstag müssen Peter und Sascha, Auszubildende zum Automobilkaufmann, die Firmenautos der Außendienstmitarbeiter waschen. Beide befinden sich in der Probezeit. Ist diese Tätigkeit zulässig? Begründen Sie!

9. Monika, Auszubildende im 3. Lehrjahr, 19 Jahre, hat montags Berufsschulunterricht von 08:45 bis 15:45 Uhr. Ihr Ausbilder besteht darauf, dass sie am Montag von 07:30 bis 08:30 Uhr die Geschäftspost im Betrieb bearbeitet.

10. Jennifer, Auszubildende im 2. Lehrjahr, 17 Jahre, hat freitags Berufsschulunterricht von 08:00 bis 12:45 Uhr. Ihr Ausbilder besteht darauf, dass sie im Anschluss an den Berufsschulunterricht in den Betrieb kommt. Zu Recht?

11. Ein Auszubildender muss seinen Urlaub während der Berufsschulzeit nehmen. Er nimmt während seines Urlaubs an vier Tagen je sieben Unterrichtsstunden am Berufsschulunterricht teil. Hat er Anspruch auf weitere Urlaubstage?

12. In welchem der folgenden Fälle wird gegen das Jugendarbeitsschutzgesetz verstoßen? Begründen Sie!

a) Ein 17-jähriger Auszubildender hat bis 20:00 Uhr gearbeitet. Am nächsten Tag muss er um 07:30 Uhr wieder mit der Arbeit beginnen.

b) Die 18-jährige Auszubildende Eva arbeitet einschließlich Berufsschulbesuch montags bis freitags täglich sieben Stunden und samstags sechs Stunden.

c) Die Auszubildenden eines Betriebs müssen an ihrem Berufsschultag von 07:30 bis 08:30 Uhr arbeiten. Der Berufsschulunterricht beginnt um 09:10 Uhr.

d) Peter, 15 Jahre alt, beginnt am 1. Juli seine Ausbildung als Bürokaufmann. Im laufenden Jahr werden ihm 14 Tage Urlaub gewährt.

e) Der 18-jährige Auszubildende Michael möchte mit seinen Eltern in Urlaub fahren. Er ist seit zwei Monaten in der Ausbildung. Der Urlaubsantrag wird abgelehnt.

f) Die Auszubildende Manuela hat am Vormittag sechs Stunden Berufsschulunterricht zu je 45 Minuten. Am selben Nachmittag muss sie im Betrieb arbeiten.

g) Der 16-jährige Martin, Auszubildender zum Bürokaufmann im 1. Lehrjahr, muss samstags arbeiten.

3   Arbeitsverhältnis

3.1   Arbeitsvertrag

SITUATION

Sabine Fuchs, 20 Jahre, hat sich nach ihrer Ausbildung zur Bürokauffrau bei der Tropic GmbH als Mitarbeiterin der Abteilung Absatz beworben. Nach einem ausführlichen Bewerbungsgespräch erhält sie von Georg Polster und Sonja Behrens eine Einstellungszusage.

Frau Fuchs besteht jedoch auf einem schriftlichen Arbeitsvertrag. Zu Recht?

Für Arbeitsverträge gilt grundsätzlich das Prinzip der Vertragsfreiheit. Laut Nachweisgesetz (NachwG) haben Arbeitnehmer, die länger als einen Monat beschäftigt werden, Anspruch darauf, dass die wesentlichen Vertragsinhalte (Vertragsparteien, Beginn des Arbeitsverhältnisses, Art der Tätigkeit etc.) schriftlich niedergelegt werden. Sofern ein Minderjähriger ein Arbeitsverhältnis eingeht, benötigt er die Zustimmung der Erziehungsberechtigten.

Im Arbeitsvertrag werden die **Rechte** und **Pflichten** des Arbeitgebers und des Arbeitnehmers festgehalten.

Arbeitnehmer	
Rechte	**Pflichten**
■ Sorgepflicht des Arbeitgebers, z. B. soziale Leistungen	■ Einsatz der Arbeitskraft im Sinne des Arbeitgebers
■ Recht auf Urlaub	■ Verschwiegenheit über Betriebsgeheimnisse und wichtige Informationen
■ Recht auf Beschäftigung und Bezahlung	■ Beschäftigungsverbot bei Konkurrenzunternehmen (Konkurrenzklausel)
■ Ausstellung eines Arbeitszeugnisses	■ sorgsamer Umgang mit Arbeitsmitteln

Der Inhalt eines Arbeitsvertrages wird von **Tarifverträgen**, die Arbeitgebervertreter und Arbeitnehmervertreter (Gewerkschaften) vereinbaren, und von **Betriebsvereinbarungen** zwischen Arbeitgeber und Betriebsrat beeinflusst. Insofern sind Arbeitgeber und Arbeitnehmer bei der Gestaltung eines Arbeitsvertrages eingeschränkt. Darüber hinaus müssen sie die Gesetze und Verordnungen von Bund und Ländern berücksichtigen (z. B. Arbeitszeitgesetz).

Aufgabe

1. *Warum sollte ein Arbeitsvertrag schriftlich abgeschlossen werden?*

2. *Beschreiben Sie stichwortartig die Rechte und Pflichten eines Arbeitgebers.*

3. *Zeigen Sie an drei Beispielen, dass Arbeitgeber und Arbeitnehmer beim Abschluss eines Arbeitsvertrages eingeschränkt sind.*

4. *Welche sozialen Aufgaben übernimmt ein Arbeitgeber?*

5. *Warum schreibt der Gesetzgeber die Zustimmung des gesetzlichen Vertreters beim Abschluss eines Arbeitsvertrages mit Minderjährigen vor?*

3.2   Tarifvertrag

An ihrem Berufsschultag liest Ayse gemeinsam mit ihrer Freundin Sandra folgende Nachricht in der Rhein-Zeitung:

Mainz. Die Arbeitgeber konnten sich durchsetzen: Ab dem 1.4.20.. erhalten die Mitarbeiter der Textilbranche 1,8 % mehr Lohn. Die Forderung der Gewerkschaft von 4 % konnte aufgrund der schlechten Auftragslage nicht verwirklicht werden.

Ayse: Super, da bekomme ich auch etwas mehr Geld. Es ist zwar nicht viel, aber immerhin etwas!

Sandra: Ich glaube nicht, dass das für uns Azubis gilt. Bist Du denn überhaupt in der Gewerkschaft?

Ayse: Wieso?

Sandra: Wenn überhaupt, dann gilt diese Lohnerhöhung sowieso nur für Gewerkschaftsmitglieder.

Hat Sandra Recht? Überprüfen Sie ihre Meinung!

SITUATION

Definition   Arbeitnehmervertreter (Gewerkschaften) und Arbeitgebervertreter schließen Tarifverträge ab, in denen zeitlich begrenzte Arbeitsbestimmungen und Regelungen zu Lohn und Gehalt für eine Branche festgeschrieben sind.

Das Grundgesetz garantiert die **Tarifautonomie** (Art. 9 GG). Die Tarifvertragsparteien (Gewerkschaften, Arbeitgebervertreter) dürfen ohne Einmischung des Staates eigenverantwortlich Tarifverträge schließen. Abgeschlossene Tarifverträge gelten zunächst nur für die Gewerkschaftsmitglieder und die Arbeitgeber, die in dem Arbeitgeberverband organisiert sind. Es besteht jedoch die Möglichkeit, dass der Bundesminister für Arbeit einen Tarifvertrag für **allgemein verbindlich** erklärt. Dadurch gilt der Tarifvertrag für alle Arbeitnehmer und Arbeitgeber dieser Branche.

◆ Inhalt von Tarifverträgen

■ **Manteltarifvertrag:** Grundsätzliche Arbeitsregelungen, wie z.B. Urlaub, Arbeitszeit, Arbeitsschutz, werden vereinbart. Die Laufzeit beträgt meistens vier Jahre.

■ **Lohn-/Gehaltstarifvertrag:** In der Regel für ein Jahr werden u.a. Lohn- und Gehaltshöhe und Leistungslohnregelung festgesetzt.

Die Laufzeit eines Tarifvertrages ist begrenzt. Während der Laufzeit besteht:

- **Friedenspflicht:** Arbeitnehmer dürfen nicht streiken; Arbeitgeber dürfen Arbeitnehmer nicht aussperren.

- **Erfüllungspflicht:** Beide Tarifvertragsparteien müssen die Bestimmungen des Tarifvertrages erfüllen.

Spielregeln für den Arbeitskampf
am Beispiel des öffentlichen Dienstes

Tarifverhandlungen Gewerkschaften/Arbeitgeber, oft begleitet von Warnstreiks

Erklärung des Scheiterns

Schlichtungsverfahren, wenn von einer Seite gefordert

Beschluss des ver.di-Bundesvorstands über Ergebnis *oder* Urabstimmung über Ergebnis (über 25 % Zustimmung erforderlich); Streik-Ende

Neuer Tarifvertrag

Annahme oder Ablehnung des Schlichterspruchs

Neue Verhandlungen

Neue Verhandlungsrunde

Mögliche Gegenmaßnahme der Arbeitgeber: Aussperrung*

Streik

Beschluss des ver.di-Bundesvorstands über Streik *oder* Urabstimmung der Gewerkschaftsmitglieder über Streik (75 % Zustimmung erforderlich, falls nicht erreicht: Neue Verhandlungen)

dpa — Grafik 7291   *im öffentl. Dienst bisher nicht praktiziert

◆ **Entstehung eines Tarifvertrags**

1. Nach Ablauf eines bestehenden Tarifvertrags müssen die Tarifvertragsparteien in Tarifverhandlungen einen neuen Vertrag abschließen oder den alten verlängern. Um die Arbeitnehmerforderungen zu bekräftigen, kann es zu **Warnstreiks** (kurze Arbeitsniederlegung) kommen. Stimmen die Forderungen der Arbeitnehmerseite und das Angebot der Arbeitgeberseite überein, entsteht ein neuer Tarifvertrag.

2. Wenn sich die Arbeitgebervertretung mit der Gewerkschaft nicht einigt, wird das **Scheitern** der Verhandlungen erkärt.

3. Um eine Einigung zu erreichen, beginnt das **Schlichtungsverfahren** unter dem Vorsitz eines unparteiischen Schlichters, der sich bemüht, die Vorstellungen beider Vertragsparteien anzunähern. Im Schlichtungsverfahren sind die gleiche Zahl Arbeitgeber- und Arbeitnehmervertreter anwesend.

4. Gelingt es dem Schlichter nicht, eine Einigung herbeizuführen, ist die Schlichtung gescheitert.

5. In einer **Urabstimmung** stimmen die Gewerkschaftsmitglieder über einen Streik ab. Wenn mindestens 75 % der Mitglieder dafür stimmen, kommt es zu einem Streik.

6. Bei einem **Streik** legen alle gewerkschaftlich organisierten Arbeitnehmer für eine bestimmte Zeit die Arbeit nieder.

7. Auf den Streik können die Arbeitgeber mit **Aussperrung** reagieren: Sie verweigern den gewerkschaftlich und nicht gewerkschaftlich organisierten Arbeitnehmern den Zugang zu ihren Arbeitsstellen.

8. Der Streik und die Aussperrung führen zu neuen Verhandlungen, um einen neuen Kompromiss zu erarbeiten.

9. In einer zweiten Urabstimmung stimmen die Arbeitnehmer über die neue Einigung ab. Wenn 25 % der Gewerkschaftsmitglieder diesem Vorschlag zustimmen, ist der Arbeitskampf beendet und ein neuer Tarifvertrag entsteht.

Aufgaben

1. *Erklären Sie den Begriff Tarifautonomie.*

2. *Nennen Sie drei bekannte Gewerkschaften.*

3. *Warum kann der Bundesminister für Arbeit Tarifverträge für allgemein verbindlich erklären?*

4. *Warum werden Lohn- und Gehaltstarifverträge im Gegensatz zu Manteltarifverträgen meist nur für ein Jahr vereinbart?*

5. *Welche Funktion übernimmt ein Schlichter?*

6. *Welchen Zweck hat die Aussperrung?*

7. *Erklären Sie negative Folgen des Arbeitskampfes (Streik, Aussperrung) aus Arbeitnehmer- und Arbeitgebersicht.*

8. *Welcher Tarifpartner hat aus Ihrer Sicht bei Tarifverhandlungen die stärkere Position? Begründen Sie Ihre Meinung.*

3.3 Betriebsvereinbarung und Betriebsrat

Betriebsvereinbarung über die Einführung der Gleitzeit

Geschäftsleitung und Betriebsrat der Tropic GmbH vereinbaren folgende Regelungen zur Arbeitszeit:

1. Die regelmäßige wöchentliche Arbeitszeit beträgt 37 Stunden (ausschließlich Pausen).

2. Die tägliche Arbeitszeit beträgt grundsätzlich acht Stunden. Die Kernzeit beträgt:
Mo-Do: 8.30 – 15.00 h
Fr: 8.30 – 13.00 h

3. Pausen sind verbindlich für alle Mitarbeiter täglich von:
9.45 – 10.00 h
12.30 – 13.00 h

Diese Betriebsvereinbarung tritt am 1. August 20.. in Kraft.

Der Betriebsrat   Die Geschäftsführung

Anton Meier   *Sylvia Sommer*

SITUATION

*Überprüfen Sie, ob diese Betriebsvereinbarung gegen das Arbeits-
zeitgesetz verstößt.*
*Der Tarifvertrag sieht eine Wochenarbeitszeit von 38 Stunden vor.
Ist eine Betriebsvereinbarung über 37 Stunden zulässig?*

Definition   Der Betriebsrat eines Unternehmens und der Arbeitgeber treffen Vereinbarungen, um die Situation aller Mitarbeiter zu verbessern. Der Betriebsrat vertritt die Interessen der Arbeitnehmer eines bestimmten Unternehmens.

Eine Betriebsvereinbarung

■ bezieht sich nur auf ein Unternehmen,

■ sollte die Besonderheiten eines Unternehmens berücksichtigen,

■ ist schriftlich festzuhalten,

■ muss im Betrieb ausgelegt werden, damit sie jedem Mitarbeiter zugänglich ist,

■ darf Arbeitnehmer nicht schlechter als die tarifvertragliche Regelung stellen,

■ gilt nicht für leitende Angestellte.

Eine Betriebsvereinbarung regelt	Beispiele
Arbeitsbeginn/Arbeitsende	Gleitzeit, Kernzeit, Arbeitszeiten am Freitag
Pausen	Frühstückspause, Mittagspause
Lohnzahlung	■ Zahlungszeitpunkt: Monatsbeginn, 15. des Monats ■ Zahlungsart: bar, bargeldlos
Urlaubsvereinbarungen	Mitnahme von Urlaub ins neue Jahr, Sonderurlaub bei z. B. Todesfall
betriebliche Sozialleistungen	Kantine, Raucherecke, Parkplatzregelung
Unfallverhütung	Schulung, Erste-Hilfe-Kurs

◆ **Errichtung des Betriebsrates**
Das Betriebsverfassungsgesetz besagt, dass in Betrieben, in denen fünf ständig beschäftigte und wahlberechtigte Arbeitnehmer angestellt sind, ein Betriebsrat gewählt werden kann. Von diesen fünf Arbeitnehmern müssen drei in den Betriebsrat wählbar sein.

Wahlberechtigt ist ein Arbeitnehmer, der das 18. Lebensjahr vollendet hat. Wählbar sind Arbeitnehmer, die 18 Jahre alt sind und mindestens sechs Monate dem Betrieb angehören. Die wahlberechtigten Arbeitnehmer wählen den Betriebsrat für vier Jahre.

◆ **Zusammensetzung des Betriebsrates**
Je mehr wahlberechtigte Arbeitnehmer in einem Betrieb beschäftigt werden, desto mehr Mitglieder hat der Betriebsrat. Die genaue Mitgliederzahl ist durch das Gesetz festgelegt.

Wahlberechtigte	Betriebsratmitglieder
5 – 20	1 (Betriebsobmann)
21 – 50	3
51 – 150	5
151 – 300	7
301 – 600	9
601 – 1000	11

Die Mitglieder des Betriebsrates sollten die Zusammensetzung der Belegschaft widerspiegeln. Dadurch sollen kaufmännische und gewerblich-technische Abteilungen gleichberechtigt vertreten werden.

◆ Aufgaben des Betriebsrates

■ **Mitwirken:** Der Betriebsrat wird bei bestimmten Entscheidungen des Arbeitgebers informiert, angehört oder er darf den Arbeitgeber beraten.
  - **Informieren:** Der Arbeitgeber teilt dem Betriebsrat anhand von Unterlagen seine Pläne mit (z. B. Personalplanung).
  - **Anhören:** Der Arbeitgeber teilt dem Betriebsrat seine Absichten mit und fordert ihn unter Fristsetzung zur Stellungnahme auf (z. B. Entlassungen).
  - **Beraten:** Betriebsrat und Arbeitgeber erörtern eine Angelegenheit in einem gemeinsamen Gespräch (z. B. Arbeitsplatzgestaltung, Arbeitsablauf, Arbeitsumfang).

■ **Mitbestimmen:** Bei einigen betrieblichen Maßnahmen muss der Betriebsrat den Entscheidungen des Arbeitgebers zustimmen, damit sie rechtswirksam werden, oder er bestimmt selbst mit.
  - **Zustimmen:** Der Arbeitgeber darf eine Maßnahme nur mit Einverständnis des Betriebsrates durchführen. Der Betriebsrat hat aber kein Recht zur Durchsetzung eines Alternativvorschlages (z. B. Einstellungen, Versetzungen).
  - **Mitbestimmen:** Arbeitgeber und Betriebsrat haben ein gleichberechtigtes Recht, Entscheidungen gemeinsam zu treffen. Bei unüberbrückbaren Meinungsverschiedenheiten entscheidet eine Schiedsstelle (z. B. Arbeitszeit, Sozialplan, Lohngestaltung).

◆ Betriebsversammlung
Einmal im Kalenderquartal beruft der Betriebsrat eine Betriebsversammlung ein, an der alle Mitarbeiter eines Betriebes teilnehmen können. Der Arbeitgeber muss ebenfalls eingeladen werden. Er berichtet jährlich über die allgemeine wirtschaftliche und soziale Entwicklung des Unternehmens.

◆ Kündigungsschutz
Während der Amtszeit (vier Jahre) und im ersten Jahr nach Ablauf der Amtszeit darf einem Betriebsratsmitglied nicht ordentlich gekündigt werden. Eine außerordentliche Kündigung ist zulässig.

Aufgaben

1. Welche Voraussetzungen zur Errichtung eines Betriebsrates müssen erfüllt werden?

2. Wie viele Mitglieder hat der Betriebsrat der Tropic GmbH?

3. Warum sollte der Betriebsrat die Zusammensetzung der Belegschaft widerspiegeln?

4. Unterscheiden Sie Mitwirkung und Mitbestimmung eines Betriebsrates.

5. Nennen Sie Beispiele für die Mitbestimmung des Betriebsrates.

6. Warum darf der Betriebsrat bei einigen Unternehmensentscheidungen nur mitwirken?

7. Warum unterliegen Betriebsratsmitglieder einem besonderen Kündigungsschutz?

4   Arbeitszeitgestaltung

Die Arbeitszeit ist der Zeitraum vom Beginn bis zum Ende einer Arbeit ohne Ruhepausen. Grundsätzlich darf die Arbeitszeit acht Stunden nicht überschreiten. Meistens ist die Arbeitszeit tarifvertraglich oder durch Betriebsvereinbarungen geregelt, z. B.:

- **Feste Arbeitszeit:** Arbeitsbeginn und Arbeitsende sind vorgegeben.

- **Gestaffelte Arbeitszeit:** Abteilungen eines Unternehmens haben verschiedene Arbeitszeiten.

- **Gleitzeit:** Mitarbeiter können individuell den täglichen Arbeitsbeginn und das Arbeitsende unter Berücksichtigung bestimmter Gleitspannen bestimmen. In der Kernzeit müssen alle Mitarbeiter arbeiten.

- **Schichtarbeit:** Die betriebliche Gesamtarbeitszeit wird in Abschnitte (Schichten: Tag, Abend, Nacht) aufgeteilt.

5   Formen der Entlohnung

SITUATION

Sylvia Sommer unterhält sich mit Georg Polster und Heiner Herbst, ob das bisher geltende Entlohnungssystem des Zeitlohns auf den Akkordlohn umgestellt werden soll.

Auszug aus dem Diskussionsprotokoll:

Geschäftsführung: Wenn wir unsere Produktionszahlen mit denen der Konkurrenz vergleichen, dann spricht eigentlich alles für die Einführung des Akkordlohns. Unsere stärksten Konkurrenten produzieren pro Arbeitsstunde eine wesentlich größere Stückzahl als wir. Wenn ich in unsere Produktionshalle komme, habe ich immer das Gefühl, dass zu viel Leerlauf ist. Irgendwie muss sich das ändern.

Produktionsleiter: Ich kann nur davor warnen, immer nur auf die rein mengenmäßige Ausbringung zu schauen. Was nutzt uns ein höherer Output, wenn wir dies mit Qualitätseinbußen bezahlen müssen? Außerdem verursachen stärkere Qualitätskontrollen und die Nachbesserung mangelhafter Produkte höhere Kosten, sodass wir den Kostenvorteil durch vermehrte Ausbringung wieder verlieren.

Geschäftsführung: Mich stört vor allem ein Punkt. Unabhängig von der Leistung müssen wir immer gleichen Stundenlohn zahlen. Warum sollen eigentlich wir das Risiko einer Minderleistung tragen?

Personalleiter: So wälzen wir aber doch das Risiko einer Minderleistung auf die Arbeitnehmer ab. Was soll denn ein Arbeiter machen, der sich morgens gesundheitlich nicht so fit fühlt? Der bleibt dann doch lieber gleich zu Hause, wenn er weiß, dass er die erwartete Leistung nicht erbringen kann. Dann haben wir wieder einen höheren Krankenstand.

> **Produktionsleiter:** Und nehmen wir doch mal Herrn Martini. Der ist mittlerweile 50 Jahre und gesundheitlich angeschlagen. Deshalb kann er nicht die Leistung wie ein junger Arbeiter bringen. Auf der anderen Seite hat er durch seine lange Betriebszugehörigkeit eine solche Erfahrung, dass ich darauf nicht verzichten möchte.

Stellen Sie mithilfe des Diskussionsprotokolls die Vor- und Nachteile beider Lohnformen stichwortartig gegenüber.

Angestellte, Arbeiter und Beamte (Arbeitnehmer) erhalten für ihre geleistete Arbeit einen entsprechenden Lohn (Gehalt). Man unterscheidet:

- Zeitlohn,

- Leistungslohn (Akkordlohn),

- Prämienlohn.

Arbeitgeber erhalten keinen Lohn, sondern sie verdienen ihren Lebensunterhalt, indem sie einen Teil des erwirtschafteten Unternehmensgewinns für sich behalten.

Zeitlohn

Ein Arbeitgeber bezahlt seine Mitarbeiter für die Zeit, die sie im Unternehmen arbeiten. Die Lohnabrechnung erfolgt tages-, wochen- oder monatsweise. Der Bruttolohn eines Arbeitnehmers lässt sich wie folgt berechnen:

Definition   Monatsbruttolohn

= Stundenlohn · Arbeitsstunden pro Tag · Arbeitstage pro Monat

Beispiel Herr Schulz, Arbeiter der Tropic GmbH in der Produktion, erhält 15,00 EUR brutto Stundenlohn. Er arbeitet acht Stunden pro Tag an 22 Arbeitstagen im Monat.

15,00 EUR/Std. · 8 Std./Tag · 22 Tage/Monat = 2.640,00 EUR/Monat

Sein Monatsbruttolohn beträgt 2.640,00 EUR.

Der Lohn eines Mitarbeiters lässt sich auf diese Weise sehr einfach berechnen. Der Zeitlohn bietet sich für geistige Arbeiten an, die eine bestimmte Genauigkeit und Sorgfalt verlangen. Hektisches Arbeiten soll verhindert werden, um eine hohe Arbeitsqualität zu erreichen. Aufgrund fehlender Kenntnisse ist der Zeitlohn eine ideale Entlohnungsform für Mitarbeiter, die sich in der Einarbeitungszeit befinden. Es gibt Abteilungen, deren Arbeitsergebnisse sehr schwer messbar sind, z. B. Büroabteilung, Lager, Qualitätskontrolle, Entwicklung. Für die Mitarbeiter dieser Abteilungen ist der Zeitlohn eine geeignete Form der Entlohnung, da sie ein sicheres und geregeltes Einkommen erhalten. Diese Regelmäßigkeit und die fehlende Leistungsbezogenheit der Arbeitsbezahlung können dazu führen, dass die Motivation der Arbeitnehmer sinkt, da ein Anreiz, schneller und besser zu arbeiten, fehlt. Dadurch ist der Arbeitgeber sehr stark von der persönlichen Arbeitseinstellung seiner Mitarbeiter abhängig.

◆ Prämienlohn

Der Prämienlohn garantiert jedem Mitarbeiter einen festen monatlichen Grundlohn, der durch Geldprämien für bestimmte Leistungen des Arbeitnehmers erhöht werden kann.

Definition   Monatsbruttolohn = Grundlohn + Prämie

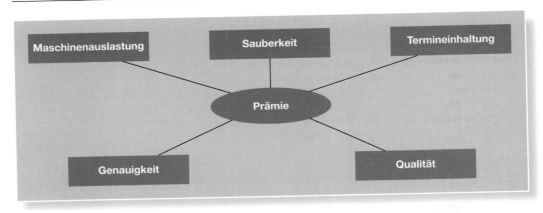

Unternehmen legen fest, welche Leistungen prämienberechtigt sein sollen. Prämienzahlungen fördern die Mitarbeitermotivation.

◆ Leistungslohn

Die Grundlage zur Errechnung des Bruttolohns bilden die vom Arbeitnehmer geleisteten Mengeneinheiten (m, kg, Stück). In Tarifverhandlungen der Arbeitgeber mit Arbeitnehmern wird der Akkordsatz festgelegt. Er gibt an, wie viel Lohn pro geleistete Mengeneinheit bezahlt wird. Der Leistungslohn ist für messbare, sich wiederholende, gleichartige und vom Arbeitnehmer beeinflussbare Arbeiten geeignet.

Definition	
Lohnsatz	= Grundlohn + Akkordzuschlag
Akkordsatz	= Lohnsatz/Normalleistung
Bruttolohn	= Akkordsatz · Stückzahl/Monat

Beispiel Die Näherinnen der Tropic GmbH erhalten 10,00 EUR Grundlohn pro Stunde zuzüglich eines Akkordzuschlags von 20%. Die Normalleistung einer Näherin beträgt 10 Stück je Stunde. Die Arbeitszeit beträgt acht Stunden pro Tag an 22 Arbeitstagen im Monat. Die Monatsleistung beträgt 1.850 Stück

Lohnsatz = 10,00 EUR/Std. + 2,00 EUR/Std. = 12,00 EUR/Std.

$$\text{Akkordsatz} = \frac{12,00 \text{ EUR/Std.}}{10 \text{ Stk./Std.}} = 1,20 \text{ EUR/Stk.}$$

Bruttolohn = 1.850 Stk./Monat · 1,20 EUR/Stk. = 2.220,00 EUR/Monat

Der Monatsbruttolohn einer Näherin beträgt 2.220,00 EUR.

Weil das Leistungsprinzip die Grundlage dieser Entlohnungsform darstellt, kann ein Arbeitnehmer durch überdurchschnittliche Leistungen seinen Bruttolohn erhöhen. Diese Mehrproduktion kann jedoch innerhalb der Belegschaft zu Streitigkeiten und Neid führen. Häufig leiden Arbeitnehmer, die sehr lange leistungsmäßig entlohnt werden, unter gesundheitlichen Schäden.

Aus Arbeitgebersicht garantiert der Leistungslohn eine sichere Kalkulationsgrundlage, weil die Lohnkosten pro Stück sich nicht verändern. Der Anreiz der Arbeitnehmer, möglichst viel in kürzester Zeit zu produzieren, kann zu Qualitätsverlusten, Materialmehrverbrauch und übermäßiger Abnutzung der Produktionsmaschinen führen.

Aufgaben

1. *Nennen Sie Vorteile des Zeitlohns.*

2. *Welche Lohnform bietet sich bei den folgenden Berufen an?*
   a) *Verkäufer*
   b) *Pförtner*
   c) *Automobilkaufmann*
   d) *Stationsarzt*
   e) *Feinmechaniker*
   f) *Immobilienmakler*
   g) *Lehrer*
   h) *Maurer*
   i) *Fliesenleger*
   Begründen Sie Ihre Entscheidung.

3. *Warum erhält der Arbeitnehmer beim Prämienlohn einen Grundlohn?*

4. *Was versteht man unter Akkordsatz?*

5. *„Akkordlohn ist out!" Nehmen Sie zu dieser Aussage Stellung.*

6. *Der Arbeitgeber zahlt eine Prämie auf Genauigkeit der ausgeführten Arbeit, Sauberkeit am Arbeitsplatz, Qualität der fertigen Erzeugnisse. Welche Probleme entstehen bei der Prämien-berechnung?*

6   Lohn- und Gehaltsabrechnung

Zeile[1]	Gehaltsabrechnung
①	= **Lohn/Gehalt laut Vertrag**
②	+ Vermögenswirksame Leistungen des Arbeitgebers
③	= Steuer- und sozialversicherungspflichtiges Einkommen
④	– Lohnsteuer
⑤	– Kirchensteuer
⑥	– Solidaritätszuschlag
⑦	= Steuerabzüge insgesamt (Zeile 4 + 5 + 6)
⑧	– Rentenversicherung
⑨	– Arbeitslosenversicherung
⑩	– Pflegeversicherung
⑪	– Krankenversicherung
⑫	= Sozialversicherung insgesamt (Zeile 8 + 9 + 10 + 11)
⑬	Nettolohn (Zeile 1 + 2 – 7 – 12)
⑭	– Vermögenswirksame Leistungen insgesamt
⑮	= **Auszahlungsbetrag**

Berechnen Sie den Auszahlungsbetrag eines Arbeitnehmers, katholisch, verheiratet, zwei Kinder, der brutto 3.400,00 EUR pro Monat verdient. Seine Vermögensbildung beträgt 40,00 EUR monatlich (die Leistung des Arbeitgebers beträgt 20,00 EUR). Seine Ehefrau hat als Hausfrau kein Einkommen.

Hinweis: Verwenden Sie zur Lösung die aktuellen Lohnsteuer-tabellen sowie die aktuell geltenden Beitragssätze zu den Sozialversicherungen!

SITUATION

---

[1] Die Zeilennummern finden sich im weiteren Verlauf dieses Kapitels wieder. Der sich ihnen anschließende Text erläutert die Zeilen dieser Gehalt-sabrechnung.

① **Lohn/Gehalt laut Vertrag:** Arbeitnehmer, die Lohn oder Gehalt beziehen, zahlen grundsätzlich Einkommensteuer. Zu den steuerpflichtigen Einkünften zählen alle regelmäßigen und unregelmäßigen Einnahmen, die durch ein Arbeitsverhältnis entstehen, also auch

- 13. Monatsgehalt,
- Urlaubsgeld,
- Weihnachtsgeld,
- Provision.

Das steuerpflichtige Einkommen erhöht sich durch Sachbezüge und geldwerte Vorteile, die der Arbeitgeber gewährt, z. B.:

- Verpflegungsgeld,
- mietfreie/vergünstigte Wohnung,
- Fahrtkostenzuschuss,
- kostenlose Überlassung und Nutzung eines Firmenwagens.

② **Vermögenswirksame Leistungen:** Zusätzlich zum Bruttogehalt zahlt der Arbeitgeber in vielen Unternehmen seinen Mitarbeitern vermögenswirksame Leistungen. Sie werden in eine anlageberechtigte Sparform, wie z. B. Bausparen, Banksparen, Aktienfonds oder Kapitallebensversicherung, angelegt. Meistens erhalten auch Auszubildende vermögenswirksame Leistungen, deren Höhe oft tarifvertraglich festgelegt ist. Bis zu 888,00 EUR können jährlich vermögenswirksam angelegt werden:

- 470,00 EUR in Wohnungsbau (Bausparvertrag),
- 400,00 EUR in Unternehmensbeteiligungen (z. B. Aktienfonds).

Zahlt der Arbeitgeber keine vermögenswirksamen Leistungen oder weniger als den Höchstbetrag, so kann der Differenzbetrag direkt vom Konto des Arbeitnehmers angelegt werden (vgl. Zeile 13 der Gehaltsabrechnung). Um die Vermögensbildung der Arbeitnehmer zu fördern, zahlt der Staat zusätzlich eine Prämie (Arbeitnehmersparzulage). Sie beträgt jährlich für:

- Wohnungsbau 9 % der vermögenswirksamen Leistungen,
- Unternehmensbeteiligungen 20 % der vermögenswirksamen Leistungen.

Die Prämie wird bei förderfähigen Investmentfonds nur gewährt, wenn das jährliche zu versteuernde Einkommen eines Arbeitnehmers 20.000,00 EUR bei Alleinstehenden (40.000,00 EUR bei Verheirateten) nicht übersteigt (beim Bausparen betragen die Einkommensgrenzen 17.900,00 bzw. 35.800,00 EUR). Die Arbeitnehmersparzulage muss gemeinsam mit der Einkommensteuererklärung beim Finanzamt beantragt werden. Die Auszahlung der vermögenswirksamen Leistungen erfolgt bei Fälligkeit des entsprechenden Vertrages.

Beispiel Ayse Kaymak erhält monatliche vermögenswirksame Leistungen des Arbeitgebers in Höhe von 26,00 EUR. Außerdem legt sie von ihrer Ausbildungsvergütung 14,00 EUR zusätzlich an. Die gesamte monatliche Sparleistung, die vom Arbeitgeber einbehalten wird, beträgt somit 40,00 EUR.

③ **Lohnsteuer:** Der Lohnsteuer unterliegen alle Einkünfte aus nicht selbstständiger Tätigkeit (Angestellte, Arbeiter, Beamte). Sie richtet sich nach Lohnhöhe, Steuerklasse und Freibeträgen. Die Lohnsteuer wird von der Höhe des Bruttolohns bestimmt. Je höher der Lohn, desto höher ist der Lohnsteuersatz. In Deutschland ist ein Teil des Bruttojahreslohns steuerfrei. Das darüberliegende Einkommen wird gemäß der **Einkommensteuertarife** versteuert, wobei besser verdienende Arbeitnehmer mehr Einkommensteuer bezahlen. Die genaue Lohnsteuerhöhe kann man offiziellen Lohnsteuertabellen entnehmen. Neben der Lohnsteuer enthalten sie Kirchensteuer und den Solidaritätszuschlag.

Allgemeine Monats-Lohnsteuertabelle 2009 (9 % Kirchensteuer):

Kinderfreibetrag			0		0,5		1		1,5		2		2,5	
ab Lohn	StKl	Lohnsteuer	SolZu	KiSt	SolZu	KiSt	SolZu	KiSt	SolZu	KiSt	SolZu	KiSt	SolZu	KiSt
3.420,00	I	673,33	37,03	60,60	32,30	52,86	27,76	45,42	23,41	38,31	19,25	31,50	15,28	25,00
	II	635,50	0,00	0,00	30,30	49,59	25,85	42,30	21,58	35,31	17,50	28,64	13,61	22,28
	III	362,50	19,93	32,62	16,38	26,80	12,91	21,13	2,33	15,63	0,00	10,47	0,00	5,95
	IV	673,33	37,03	60,60	34,64	56,68	32,30	52,86	30,00	49,10	27,76	45,42	25,56	41,82
	V	1.142,08	62,81	102,78	62,81	102,78	62,81	102,78	62,81	102,78	62,81	102,78	62,81	102,78
	VI	1.174,25	64,58	105,68	64,58	105,68	64,58	105,68	64,58	105,68	64,58	105,68	64,58	105,68
3.423,00	I	674,33	37,08	60,69	32,35	52,94	27,81	45,51	23,46	38,39	19,30	31,58	15,32	25,07
	II	636,50	0,00	0,00	30,36	49,68	25,90	42,38	21,62	35,39	17,54	28,71	13,66	22,35
	III	363,16	19,97	32,68	16,41	26,86	12,96	21,21	2,46	15,69	0,00	10,53	0,00	6,01
	IV	674,33	37,08	60,69	34,69	56,77	32,35	52,94	30,06	49,19	27,81	45,51	25,61	41,91
	V	1.143,33	62,88	102,90	62,88	102,90	62,88	102,90	62,88	102,90	62,88	102,90	62,88	102,90
	VI	1.175,50	64,65	105,79	64,65	105,79	64,65	105,79	64,65	105,79	64,65	105,79	64,65	105,79
3.426,00	I	675,33	37,14	60,78	32,40	53,03	27,86	45,60	23,51	38,47	19,34	31,65	15,37	25,15
	II	637,50	0,00	0,00	30,41	49,76	25,95	42,46	21,67	35,47	17,60	28,80	13,70	22,43
	III	364,00	20,02	32,76	16,46	26,93	12,99	21,27	2,60	15,75	0,00	10,59	0,00	6,06
	IV	675,33	37,14	60,78	34,75	56,86	32,40	53,03	30,11	49,27	27,86	45,60	25,66	41,99
	V	1.144,58	62,95	103,01	62,95	103,01	62,95	103,01	62,95	103,01	62,95	103,01	62,95	103,01
	VI	1.176,75	64,72	105,90	64,72	105,90	64,72	105,90	64,72	105,90	64,72	105,90	64,72	105,90
3.429,00	I	676,33	37,19	60,87	32,46	53,12	27,91	45,68	23,55	38,55	19,39	31,73	15,41	25,23
	II	638,50	0,00	0,00	30,46	49,85	26,00	42,54	21,72	35,55	17,64	28,86	13,75	22,50
	III	364,66	20,05	32,82	16,50	27,00	13,03	21,33	2,76	15,82	0,00	10,65	0,00	6,10
	IV	676,33	37,19	60,87	34,80	56,95	32,46	53,12	30,16	49,35	27,91	45,68	25,71	42,07
	V	1.145,83	63,02	103,12	63,02	103,12	63,02	103,12	63,02	103,12	63,02	103,12	63,02	103,12
	VI	1.178,00	64,79	106,02	64,79	106,02	64,79	106,02	64,79	106,02	64,79	106,02	64,79	106,02

Der Arbeitnehmer schuldet dem Finanzamt die Lohnsteuer. Der Arbeitgeber verrechnet diese mit dem Bruttolohn und führt sie an das Finanzamt ab. Er haftet für die Einbehaltung.

◆ Steuerklasse

Das Einkommensteuergesetz unterscheidet sechs verschiedene Steuerklassen. Jeder Arbeitnehmer ist einer Steuerklasse zugeordnet. Die Steuerklasse, die auf der Lohnsteuerkarte vermerkt wird, hat Einfluss auf die Höhe der Lohnsteuer.

Steuerklasse	Zuordnung der Arbeitnehmer
I	Nicht verheiratete, verwitwete oder geschiedene Arbeitnehmer sowie Verheiratete, die ständig getrennt leben.
II	Arbeitnehmer der Steuerklasse I mit mindestens einem Kind.
III	Verheiratete, nicht ständig getrennt lebende Arbeitnehmer, deren Ehegatte keinen Arbeitslohn bezieht oder Arbeitslohn bezieht und der Steuerklasse V zugeordnet ist.
IV	Verheiratete, nicht ständig getrennt lebende Arbeitnehmer, wenn beide Arbeitslohn beziehen und nicht in der Steuerklasse III bzw. V sind.
V	Verheiratete, nicht ständig getrennt lebende Ehegatten, die beide Arbeitslohn beziehen, wobei der Ehegatte auf gemeinsamen Antrag in Steuerklasse III ist.
VI	■ Wenn ein Arbeitnehmer von mehreren Arbeitgebern Arbeitslohn bezieht, wird auf der zweiten oder jeder weiteren Lohnsteuerkarte die Steuerklasse VI eingetragen. ■ Wenn ein Arbeitnehmer keine gültige Lohnsteuerkarte vorlegt.

◆ Freibeträge

Auf Antrag des Arbeitnehmers trägt das Finanzamt auf der Lohnsteuerkarte Freibeträge ein, die dazu führen, dass das zu versteuernde Einkommen sinkt.

Alle Eintragungen in der Lohnsteuerkarte genau prüfen! | Ordnungsmerkmal des Arbeitgebers

Lohnsteuerkarte 2010

Identifikationsnummer

Gemeinde
Landeshauptstadt Dresden

AGS
NE   AGS:14262000

Finanzamt und Nr.
Finanzamt III Dresden   **3203**

Geburtsdatum
05.10.1968

I. Allgemeine Besteuerungsmerkmale

Steuer-klasse	Kinder unter 18 Jahren: Zahl der Kinderfreibeträge
eins	**— —***

Herr

Mustermann, Maximilian
Kresseweg 1
01169 Dresden

Kirchensteuerabzug

ev

(Datum)
05.11.2006

(Gemeindebehörde)
Ortsamt Cotta

II. Änderungen der Eintragungen im Abschnitt I

Steuerklasse/ Faktor	Zahl der Kinder-freibeträge	Kirchensteuerabzug	Diese Eintragung gilt, wenn sie nicht widerrufen wird:	Datum, Unterschrift und Stempel der Behörde
			vom 2010 an bis zum 2010	
			vom 2010 an bis zum 2010	

III. Für die Berechnung der Lohnsteuer sind vom Arbeitslohn als steuerfrei **abzuziehen:**

Jahresbetrag EUR	monatlich EUR	wöchentlich EUR	täglich EUR	Diese Eintragung gilt, wenn sie nicht widerrufen wird:	Datum, Unterschrift und Stempel der Behörde
				vom 2010 an	
in Buch-staben	-tausend		Zehner und Einer wie oben -hundert	bis zum 31.12.2010	
				vom 2010 an	
in Buch-staben	-tausend		Zehner und Einer wie oben -hundert	bis zum 31.12.2010	

IV. Für die Berechnung der Lohnsteuer sind dem Arbeitslohn **hinzuzurechnen:**

Jahresbetrag EUR	monatlich EUR	wöchentlich EUR	täglich EUR	Diese Eintragung gilt, wenn sie nicht widerrufen wird:	Datum, Unterschrift und Stempel der Behörde
				vom 2010 an	
in Buch-staben	-tausend		Zehner und Einer wie oben -hundert	bis zum 31.12.2010	

6.09

Ab 2011 wird die Lohnsteuerkarte in Papierform durch ein elektronisches Verfahren ersetzt.

Werbungskosten: Aufwendungen des Steuerpflichtigen, die zur Erzielung, Sicherung und zum Erhalt seiner Einnahmen (Arbeit) notwendig sind (z. B. Fahrtkosten).

Freibetrag: Für jedes berücksichtigungsfähige Kind wird ein Freibetrag von 1,0 gewährt, über dessen Aufteilung die Eltern frei entscheiden können.

⑤ **Kirchensteuer:** Die Kirchensteuer beträgt 9 % der Lohnsteuer, Ausnahmen: Bayern und Baden-Württemberg 8 %.

⑥ **Solidaritätszuschlag:** 5,5 % der Lohnsteuer werden als Solidaritätszuschlag abgezogen. Er ist für den Aufbau der neuen Bundesländer vorgesehen.

⑦ **Steuerabzüge insgesamt:** Der Arbeitgeber führt die Summe aus Lohnsteuer, Kirchensteuer und Solidaritätszuschlag an das Finanzamt ab.

⑧ **Rentenversicherung:** Die gesetzliche Rentenversicherung sichert den Arbeitnehmer und seine Familie für die Zeit nach dem Berufsleben, bei Berufsunfähigkeit und Tod ab. Versicherungsträger sind die Bundesversicherungsanstalt für Angestellte (BfA) in Berlin und die Landesversicherungsanstalten für Arbeiter (LVA).

⑨ **Arbeitslosenversicherung:** Leistungen, die im Fall einer Arbeitslosigkeit vom Arbeitnehmer in Anspruch genommen werden können, werden durch die Arbeitslosenversicherung bezahlt. Beispiele für Leistungen sind:

■ Arbeitslosengeld I (zeitlich begrenzt)

■ Arbeitslosengeld II (bei Bedürftigkeit, im Anschluss an das Arbeitslosengeld I, zeitlich unbegrenzt)

■ Arbeitsförderung (Umschulungen)

■ Arbeitsberatung (BIZ: Berufsinformationszentrum)

Träger der Arbeitslosenversicherung ist die Bundesagentur für Arbeit in Nürnberg.

⑩ **Pflegeversicherung:** Die finanziellen Pflegeleistungen für Menschen, die in einem bestimmten Maß auf fremde Hilfe zur Bewältigung des Alltags angewiesen sind, werden grundsätzlich von den Pflegekassen der Krankenkassen finanziert.

⑪ **Krankenversicherung:** Die gesetzliche Krankenversicherung hat zum Ziel, die Gesundheit des Arbeitnehmers und seiner Familie zu erhalten oder wiederherzustellen. Beipiele für Leistungen sind:

■ Früherkennung und Behandlung von Krankheiten

■ Kosten bei Schwangerschaft und Mutterschaft

■ Förderung der Gesundheit und Verhütung von Krankheiten

■ Rehabilitation

⑫ **Sozialversicherung insgesamt:** Der gesamte Sozialversicherungsbeitrag wird je zur Hälfte vom Arbeitgeber und Arbeitnehmer getragen. Der Arbeitgeberanteil zur Sozialversicherung stellt für den Arbeitgeber zusätzlichen Personalaufwand dar (Lohnnebenkosten). Die Beiträge zur Sozialversicherung sind in Gesamtabzugstabellen aufgeführt, die von den Krankenkassen herausgegeben werden. Das Einkommen ist nur bis zur Höhe der **Beitragsbemessungsgrenze** sozialversicherungspflichtig.
Der Arbeitgeber trägt die Beiträge zur **gesetzlichen Unfallversicherung**, die an die **Berufsgenossenschaft** abgeführt werden. Die Gefahrenklasse des Betriebes und die Lohn-/Gehaltssumme bestimmen die Höhe des Beitrages.

⑬ **Nettolohn:** Der Nettolohn ist der Teil des Bruttolohns, der einem Arbeitnehmer nach Abzug aller Steuern und Sozialversicherungsbeiträge verbleibt.

⑭ **Auszahlungsbetrag:** Ausgezahlt wird dem Arbeitnehmer der um die

⑮ gesamten vermögenswirksamen Leistungen gekürzte Nettolohn.

Aufgaben

1. *Nennen Sie Beispiele für Zulagen, die der Arbeitgeber gewährt.*

2. *Welchen Zweck erfüllen die Lohnsteuerklassen?*

3. *Warum werden gleich hohe Einkommen in den einzelnen Steuerklassen unterschiedlich besteuert?*

4. *Beschreiben Sie die Einteilung der Einkommensteuertarife in Deutschland.*

5. *Warum sind Sachbezüge, die der Arbeitgeber gewährt, steuerpflichtig?*

6. *Ermitteln Sie die aktuellen Beitragssätze zur Sozialversicherung.*

7. *Welche Bedeutung hat die Beitragsbemessungsgrenze?*

8. *Informieren Sie sich über die aktuelle Höhe der Beitragsbemessungsgrenze.*

7 Vollmachten

SITUATION

Diana Minardi beauftragt Ayse Kaymak, bei einem Lieferanten vorbestellte Muster abzuholen. Sie hat die Erlaubnis, einen Firmenwagen zu benutzen.

1. Welche Vollmacht hat Ayse gemäß Handelsgesetzbuch? (Hinweis: §§ 49–54 HGB)

2. Welche weiteren Vollmachten werden im HGB beschrieben?

7.1 Handlungsvollmacht

◆ **Arten der Vollmacht**

Einzelvollmacht	Eine Einzelvollmacht berechtigt zur einmaligen (vorübergehenden) Durchführung einer bestimmten Tätigkeit (z. B. Einlösen eines Schecks bei der Bank). Sobald diese Tätigkeit beendet ist, erlischt die Einzelvollmacht automatisch.
Artvollmacht	Wenn sich eine Vollmacht auf einen bestimmten Tätigkeitsbereich (z. B. Einkauf von Rohstoffen) beschränkt, handelt es sich um eine Artvollmacht. Sie wird im Gegensatz zur Einzelvollmacht dauerhaft erteilt.
Allgemeine Handlungsvollmacht	Die allgemeine Handlungsvollmacht (Gesamtvollmacht) berechtigt zu gewöhnlichen Rechtsgeschäften eines Handelsgewerbes.

Zu den gewöhnlichen Tätigkeiten zählen z. B.:

■ Einkauf,

■ Verkauf,

■ Preisverhandlungen,

■ Rechnungsabwicklung,

■ Personalbeschaffung.

Außergewöhnliche Rechtsgeschäfte sind dem Handlungsbevollmächtigten verboten, z. B.:

■ Grundstücke kaufen,

■ Darlehen aufnehmen,

■ Prozesse führen,

■ gleichgestellte Vollmachten übertragen.

Die Handlungsvollmacht wird formlos erteilt und nicht in das Handelsregister eingetragen.
Ein Handlungsbevollmächtigter darf **Untervollmachten** erteilen.
Die allgemeine Handlungsvollmacht berechtigt zur Erteilung der Art- und Einzelvollmacht und die Artvollmacht berechtigt zur Erteilung der Einzelvollmacht. Ein Einzelbevollmächtigter ist von der Erteilung von Untervollmachten ausgeschlossen.
Damit Geschäftspartner (Kunden, Lieferanten) einen Bevollmächtigten erkennen, ist dieser verpflichtet, Geschäftsbriefe mit einem Zusatz zu unterschreiben. Vor der Unterschrift des Bevollmächtigten ist entweder der Zusatz i. V. (in Vertretung) oder i. A. (in Auftrag) zu vermerken.
Art- und Gesamtvollmacht erlöschen durch Widerruf oder mit Ablauf einer vereinbarten Frist.

7.2 Prokura

SITUATION

> **Rundschreiben an meine Geschäftsfreunde**
>
> Ich habe heute meinem Abteilungsleiter Verwaltung,
> Herrn Georg Polster, Einzelprokura erteilt.
>
> Die Eintragung in das Handelsregister ist beantragt.
>
> Mit freundlichen Grüßen
>
> *Sylvia Sommer*
> Sylvia Sommer
>
> Bad Kreuznach, 3. September 20..

Welche neue Aufgabe hat Herr Polster übernommen?

Definition   Die Prokura berechtigt zu fast allen gerichtlichen und außergerichtlichen Arten von Geschäften, die der Betrieb eines Handelsgewerbes mit sich bringt. Die Prokura kann nur ausdrücklich erteilt werden und muss im Handelsregister eingetragen werden.

◆ Arten der Prokura

■ Wenn ein Prokurist allein, ohne Zustimmung anderer Mitarbeiter oder Vorgesetzter Rechts-geschäfte abschließen darf, so handelt es sich um eine **Einzelprokura**.

■ Gibt es mehrere Personen (Prokuristen), die nur gemeinsam alle Rechtsgeschäfte für einen Betrieb abschließen dürfen, spricht man von einer **Gesamtprokura**. Sollte einer der Prokuris-ten seine Zustimmung verweigern, kann ein Rechtsgeschäft nicht abgeschlossen werden.

■ Darüber hinaus gibt es die Möglichkeit, die Prokura auf eine Zweigniederlassung (Filiale) zu begrenzen. In diesem Fall handelt und entscheidet ein Prokurist nicht für das gesamte Unter-nehmen. Man spricht von einer Filialprokura. Sie bietet sich bei Großunternehmen an, die viele weit verstreute Unternehmensbereiche unterhalten. Die **Filialprokura** kann als Einzel- oder Gesamtprokura erteilt werden.

Damit Geschäftspartner (Kunden, Lieferanten) einen Prokuristen erkennen, ist dieser verpflichtet, Geschäftsbriefe mit einem Zusatz zu unterschreiben. Vor der Unterschrift des Prokuristen ist ent-weder der Zusatz p. p. oder ppa. (per prokura) zu vermerken.

Trotz seiner umfangreichen Befugnisse gibt es Tätigkeiten und Aufgaben, die ein Prokurist nicht ausführen darf. Dazu zählen:

■ Anmeldung und Änderung im Handelsregister

■ Aufnahme neuer Gesellschafter

■ Auflösung des Unternehmens

■ Unterschreiben von Bilanzen und Steuererklärungen

■ Belastung und Verkauf von Unternehmensgrundstücken

■ Erteilung oder Übertragung der Prokura

Die Prokura beginnt mit Erteilung. Die Eintragung ins Handelsregister hat nur deklaratorische Bedeutung. Die Prokura kann widerrufen werden und muss dann im Handelsregister gelöscht werden. Sie erlischt nicht automatisch mit dem Tod des Geschäftsinhabers.

Aufgaben

1. *Wer darf Untervollmachten erteilen?*

2. *Unterscheiden Sie Art- und Einzelvollmacht.*

3. *Unterscheiden Sie Einzel- und Gesamtprokura.*

4. *Wie muss ein Prokurist unterschreiben?*

5. *Nennen Sie Tätigkeiten, die einem Prokuristen untersagt sind.*

6. *Wodurch unterscheidet sich die Handlungsvollmacht von der Prokura?*

7. *Warum erlischt die Prokura nicht mit dem Tod des Inhabers?*

8. *Warum muss Prokura ins Handelsregister eingetragen werden, eine Vollmacht dagegen nicht?*

8 Humanisierung der Arbeit

Arbeitsplatzwechsel (Job Rotation)

Innerhalb der Gruppe wird die Tätigkeit in regelmäßigen Zeitabständen gewechselt, um eintönige Arbeit aufzulockern (z. B. ein Arbeiter, der eine Woche gesägt hat, übernimmt nun das Fräsen des zu bearbeitenden Holzes).

Arbeitserweiterung (Job Enlargement)

Das Arbeitsgebiet des Arbeiters wird ausgeweitet, indem er mehrere Arbeitsvorgänge mit gleichem oder ähnlichem Anforderungsniveau ausführt (z. B. ein Arbeiter sägt, fräst und bohrt).

Arbeitsbereicherung (Job Enrichment)

Der Arbeiter erhält zusätzliche Aufgaben auf einem anderen Anforderungsniveau übertragen, die seinen Verantwortungsbereich erweitern (z. B. der Arbeiter übernimmt zusätzlich die Qualitätskontrolle für seine Arbeit und wartet die von ihm benutzten Maschinen).

Arbeitsschutz

◆ **Arbeitsschutzgesetz**

Das Arbeitsschutzgesetz soll die Sicherheit und Gesundheit von Beschäftigten bei der Arbeit sichern und verbessern. Es gilt für alle Unternehmen einschließlich dem öffentlichen Dienst. Für den Arbeitgeber entstehen zahlreiche Pflichten, z. B.:

- Bereitstellung aller Mittel zur Verwirklichung des Arbeitsschutzes

- Bekämpfung und Vermeidung von Gefahren und Risiken

- Umsetzung von Schutzmaßnahmen

- Beurteilung der betrieblichen Arbeitsbedingungen

◆ **Arbeitszeitgesetz**

> Die Produktion der Tropic GmbH unterliegt starken saisonalen Schwankungen. Um die Winterkollektion rechtzeitig vor der Konkurrenz auf den Markt zu bringen, möchte der Produktionsleiter Heiner Herbst, dass alle Mitarbeiter der Produktion im Monat Mai 10 statt 8 Stunden täglich arbeiten. Diese Überstunden sollen von Juni bis einschließlich August abgebaut werden, indem die tägliche Arbeitszeit nur 7 statt 8 Stunden beträgt. Ab September gilt wieder der 8-Stunden-Tag.

SITUATION

Überprüfen Sie, ob der Vorschlag gegen das Arbeitszeitgesetz verstößt.

Das Arbeitszeitgesetz sieht eine regelmäßige Arbeitszeit von acht Stunden für Werktage (Montag bis Samstag) vor. Daraus ergibt sich eine Wochenarbeitszeit von 48 Stunden. Die tägliche Arbeitszeit kann zehn Stunden betragen, wenn die **durchschnittliche** Arbeitszeit innerhalb von sechs Monaten acht Stunden beträgt. Jeder Arbeitnehmer hat ein Recht auf 30 Minuten Ruhepause nach sechs Stunden Arbeit. Nach der täglichen Arbeit ist eine Ruhezeit von elf Stunden vorgeschrieben.

Neben dem Arbeitszeitgesetz sind die Betriebsvereinbarungen und Tarifverträge zu beachten.

◆ **Gewerbeordnung**

Der Arbeitgeber ist verpflichtet die Arbeitsräume mit Maschinen, Geräten und Anlagen so einzurichten, dass die Gesundheit und das Leben der Arbeitnehmer nicht gefährdet werden.

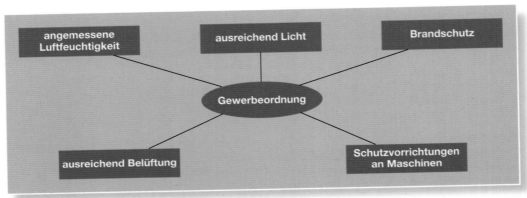

◆ **Gesundheitsschutz für Bildschirmarbeiter**

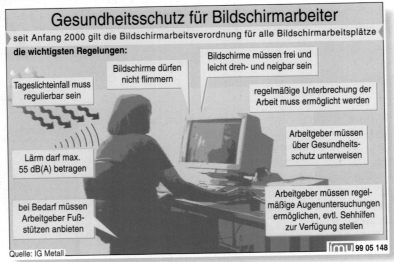

Alle Bildschirmarbeitsplätze in Deutschland müssen der Bildschirmarbeitsverordnung entsprechen. Sie legt die Pflichten des Arbeitgebers bezüglich der Gestaltung eines Bildschirmarbeitsplatzes fest. Der Arbeitgeber muss außerdem seine Mitarbeiter über den notwendigen Gesundheitsschutz informieren.

Aufgaben

1. Nennen Sie fünf Arbeitsschutzvorkehrungen des Arbeitgebers.

2. Welche Vorteile bietet das Arbeitszeitgesetz aus Arbeitgebersicht?

3. Wie kann ein Arbeitnehmer persönlich den Arbeits-/Gesundheitsschutz in einem Betrieb verbessern? Beschreiben Sie vier Maßnahmen.

4. Beschreiben Sie gesundheitliche Schäden, die durch Bildschirmarbeit entstehen können.

Die Suche nach einem Ausbildungsplatz: Informationsquellen

Bei der Suche nach einem Ausbildungsplatz bieten sich viele Möglichkeiten an. Sinnvoll ist es, möglichst viele verschiedene Informationswege zu nutzen.

Arbeitsamt

Zahlreiche Unternehmen melden ihre freien Lehrstellen an das Arbeitsamt*. Die zukünftigen Auszubildenden können sich dort über die Angebote informieren und werden bei der Suche nach dem richtigen Ausbildungsplatz von den zuständigen Ausbildungsberater/innen unterstützt. Mehr als die Hälfte der Lehrstellensuchenden nutzt laut Schulabsolventenbefragung des BIBB das Arbeitsamt.

Zeitungen

Lehrstellenangebote werden auch in regionalen und überregionalen Zeitungen angeboten. In den meisten Zeitungen erscheint der ausführliche Stellenmarkt mittwochs und samstags. Auch werden vor Beginn eines neuen Ausbildungsjahres Sonderbeilagen zur Berufsausbildung veröffentlicht.

Ausbildungsmessen

Eine andere Möglichkeit, sich über freie Ausbildungsplätze zu informieren, ist der Besuch einer Ausbildungsmesse. Überregionale Veranstaltungen finden jährlich in größeren Städten statt. Regionale Ausbildungsplatzbörsen werden z. B. von den örtlichen Kammern oder Arbeitsämtern angeboten. Auf diesen Ausbildungsplatzbörsen kann direkt Kontakt zu Ausbildungsbetrieben geknüpft werden.

Lehrstellensuche im Internet

Immer häufiger bieten Unternehmen ihre freien Ausbildungsplätze im Internet an. Inzwischen gibt es ein umfangreiches Angebot an regionalen, überregionalen, branchen- und unternehmensspezifischen Lehrstellenbörsen. Eine umfassende Übersicht erhält man z. B. bei AusbildungPlus (www.ausbildungplus.de). Die umfangreichsten Lehrstellenbörsen im Internet sind:

• **ASIS**, der Ausbildungsstellen-Informations-Service der Bundesanstalt für Arbeit, bietet Recherchemöglichkeiten nach betrieblichen und schulischen Ausbildungsstellen in Deutschland, Österreich und Südtirol. ASIS ist die bundesweit größte Lehrstellenbörse im Internet.
(*www.arbeitsamt.de*)

• **IHK-Lehrstellenbörse:** Der Deutsche Industrie- und Handelskammertag (DIHK) betreibt im Internet eine Suchmaschine, mit der man die Lehrstellenbörsen aller Industrie- und Handelskammern durchforsten kann.
(*www.ihk-lehrstellenboerse.de*)

• **Handwerk.de** gibt Jugendlichen in der Rubrik „Ausbildung/Tipps zur Berufsfindung" einen Überblick über die regionalen Lehrstellenbörsen der Handwerkskammern.
(*www.handwerk.de*)

Quelle: Wirtschaft und Unterricht. Nr. 7. 29.08.2002, S. 3

---

* Heute: Agentur für Arbeit

9   Bewerbungstraining

9.1   Bewerbungsunterlagen

Bei fast allen Bewerbungen ist eine schriftliche Bewerbung üblich. Eine Bewerbung ist Werbung in eigener Sache. Der erste Eindruck, den ein Arbeitgeber von einem Bewerber bekommt, muss überzeugend sein. Eine Bewerbung soll Informationen enthalten, die es Personalabteilungen ermöglichen, eine Vorauswahl unter den Bewerbern zu treffen. Deshalb ist es unbedingt nötig, vollständige geordnete Bewerbungen zu verschicken. Zur schriftlichen Bewerbung gehören:

- Das persönliche Bewerbungsschreiben

- Lebenslauf mit Lichtbild

- Kopien der Schulzeugnisse

- Falls vorhanden: Betriebspraktikabescheinigungen, Zertifikate über Sprachkurse, Computerkurse, Ferienjobs, Nachweise über Teilnahme an Wettbewerben oder Schülerprojekten

◆ **Das persönliche Bewerbungsschreiben**

SITUATION

> Zur Unterstützung unseres Teams suchen wir zum 1. August 20.. eine(n) dynamische(n) Auszubildende(n) als
>
>
>
> ### *Kauffrau/Kaufmann für Bürokommunikation.*
>
> Sie sollten über kaufmännische Grundkenntnisse verfügen und nicht älter als 20 Jahre sein.
>
> Ihr Bewerbungsschreiben schicken Sie bitte an:
>
> > Tropic GmbH
> > Herr Polster
> > Rheingrafenstraße 20
> > 55543 Bad Kreuznach
> > Tel.: 0671 454536

Formulieren Sie ein Bewerbungsschreiben auf diese Stellenanzeige! Sie ist am 23. Juni 20.. im Öffentlichen Anzeiger/Bad Kreuznach erschienen.

- Das Bewerbungsschreiben soll einen Arbeitgeber auf einen Bewerber neugierig machen. Indem man darauf verweist, wo und wie man auf ein Unternehmen aufmerksam geworden ist (z. B. Zeitung, Telefonat), gelingt es, Aufmerksamkeit zu erregen:
  - „Aufgrund Ihrer Anzeige vom 20. August 20.."
  - „Unter Bezugnahme auf unser Telefonat vom 19. August 20.."
  - „Bei der Agentur für Arbeit habe ich erfahren, dass ..."

- Der Bewerbungsanlass muss genannt werden:
  - „Ich interessiere mich sehr für den Beruf der Bürokauffrau."
  - „Hiermit bewerbe ich mich um die Stelle als Einzelhandelskaufmann."

- Ein Bewerber sollte deutlich zum Ausdruck bringen, warum er gerade in diesem Unternehmen arbeiten möchte:
  - „Ich habe erfahren, dass in diesem Beruf besonders Englischkenntnisse gewünscht sind ..."
  - „Ihr Unternehmen ist im Dienstleistungsbereich tätig ..."

- Auf besondere Fähigkeiten, Fertigkeiten und Qualifikationen, die für die entsprechende Stelle von Bedeutung sind, sollte der Bewerber hinweisen. Dabei können auch Interessen und Hobbys eine Rolle spielen:
  - „Aufgrund meiner guten Englischkenntnisse würde ich gerne den Beruf des Kaufmanns erlernen."
  - „Mein Lieblingsfach in der Schule ist Deutsch/Kommunikation. Deshalb habe ich Interesse daran, im Dienstleistungsbereich zu arbeiten."

- Unverzichtbar ist die Information über das jetzige Tätigkeitsfeld des Bewerbers:
  - „Derzeit besuche ich die Berufsfachschule für Wirtschaft in Bad Kreuznach."

- Am Ende einer Bewerbung bittet der Bewerber um Berücksichtigung seiner Bewerbung und um eine persönliche Vorstellung im Unternehmen.
  - „Über eine Einladung zu einem Bewerbungsgespräch würde ich mich sehr freuen."

◆ Die äußere Form

Bewerbungsschreiben sollten niemals auf vorgedruckten Formularen verschickt werden. Sie sollten auf weißem, unliniertem DIN-A4-Papier geschrieben werden. Ein breiter Rand links und ein Rand rechts, oben und unten tragen zu einer klaren Gliederung bei. Insgesamt ist auf die saubere äußere Form zu achten. Angaben zur eigenen Person sind nur dann erforderlich, wenn sie nur unzureichend im Lebenslauf enthalten sind. Gehaltsvorstellungen gehören nicht in ein Bewerbungsschreiben. Die Anschrift des Unternehmens und die eigene Adresse mit Datum gehören in den Briefkopf. Nach der Anrede folgt das eigentliche Bewerbungsschreiben. Unter der Unterschrift werden die „Anlagen" aufgeführt. Anlagen sind die dem Bewerbungsschreiben beigefügten Unterlagen wie z. B. Lebenslauf, Zeugnisse.

Der Lebenslauf führt übersichtlich, klar, kurz und zeitlich lückenlos die persönlichen und schulischen Daten auf. Die tabellarische Form ist üblich. Auf die rechte obere Seite wird das Lichtbild des Bewerbers geklebt. Auf der Rückseite sollte der Name stehen. Folgende Informationen müssen enthalten sein:

- Überschrift „Lebenslauf"
- Name und Vorname
- Anschrift, Telefon, E-Mail-Adresse
- Geburtsdatum
- Geburtsort
- Staatsangehörigkeit
- Name und Beruf der Eltern
- Geschwister

- Schulausbildung: von/bis
- Schule, Ort der Schule
- Voraussichtlicher Schulabschluss
- Besondere Kenntnisse, Fähigkeiten und Fertigkeiten
- Interessen (Hobby)
- Ort und Datum
- Eigenhändige Unterschrift

◆ **Lebenslauf mit Lichtbild**

SITUATION

LEBENSLAUF

Name:	Winter
Vorname:	Angela
Geburtsdatum:	02.08.1991
Geburtsort:	Neustadt/Weinstraße
Nationalität:	Deutsch
Eltern:	Martin Winter, Bäckermeister Heide Winter, Hausfrau
Geschwister:	Daniel (10) Stefan (8)
Anschrift:	Humboldtstraße 15 55543 Bad Kreuznach
Schulbesuch:	Kleistschule (1998–2002) Hauptschule Bad Kreuznach (2002–2007) Berufsbildende Schule (2007–2008)
Lehrgänge:	Erste-Hilfe-Kurs 2007
Sonstiges:	Volleyball, Lesen, Computer

Bad Kreuznach, 20.03.2010

Angela Winter
Angela Winter

Beurteilen Sie den Lebenslauf von Angela Winter auf Vollständigkeit und äußere Form!

9.2 Bewerbungsgespräch

Mit der Einladung zu einem Bewerbungsgespräch (Vorstellungsgespräch) gehört man zu dem Kreis der Bewerber, die ein Unternehmen in die engere Wahl gezogen hat. Bei diesem Gespräch fällt die Entscheidung darüber, wer die richtige Person für eine ausgeschriebene Stelle ist. Ein Bewerber kann durch sein Auftreten, seine Ausstrahlung, seine Kenntnisse und sein Verhalten direkten Einfluss auf den Gesprächspartner nehmen. Er sollte sich gründlich auf das Bewerbungsgespräch vorbereiten, um auf Fragen möglichst kompetent zu antworten. Das äußere Erscheinungsbild spielt eine wesentliche Rolle. Ein Bewerbungsgespräch kann als Einzel-

oder Gruppengespräch organisiert sein. Ein Bewerber sollte sich mit folgenden Punkten beschäftigen:

- Produktionsprogramm/Tätigkeitsfeld des Unternehmens

- Geschichte und Entstehung des Unternehmens

- Derzeitige Marktlage und Marktbedeutung

- Größe (Anzahl der Mitarbeiter)

Neben Fragen, die das Unternehmen betreffen, möchte der Gesprächspartner die allgemeinen Informationen über einen Bewerber, die den Bewerbungsunterlagen zu entnehmen sind, genauer hinterfragen. Mit folgenden Fragen muss man rechnen:

- Wo sehen Sie Ihre persönlichen Stärken/Schwächen?

- Welche Hobbys haben Sie?

- Verbringen Sie viel Zeit zu Hause oder verreisen Sie gerne?

- Machen Sie Sport? Welche Sportart?

- Was lesen Sie?

- Sind Sie Mitglied eines Vereins oder einer Gruppe?

Unzulässig sind Fragen, die den Intimbereich oder die Familienplanung betreffen. Auch ein Bewerber hat das Recht, Fragen an den zukünftigen Arbeitgeber zu stellen. Diese sollten vorher überlegt werden. Folgende Punkte werden in Bewerbungsgesprächen geklärt:

- Künftige Stellung des Bewerbers im Unternehmen

- Aufgabengebiete

- Arbeitszeit

- Aufstiegschancen im Unternehmen

- Gehalt (Grundgehalt, Weihnachtsgeld, Urlaubsgeld, Zulagen etc.)

- Probezeit

- Kündigungsfristen

Mit einem Bewerbungsgespräch ist eventuell eine Besichtigung des Arbeitsplatzes und des Betriebes verbunden.

9.3   Assessment-Center (Auswahltag)

Auswahlverfahren, in dem ein einzelner oder mehrere Beobachter einen oder mehrere Bewerber in verschiedenen Testsituationen beurteilen (englisch: to assess: abschätzen, beurteilen), heißen Assessment-Center.

Während eines Auswahltages wird ein Bewerber auf seine persönliche Eignung für einen konkreten Arbeitsplatz überprüft. Die Beobachter möchten in Erfahrung bringen, ob ein Bewerber zum Unternehmen passt und wie er sich in Zukunft dort entwickeln könnte.

Dabei steht nicht die fachliche Eignung im Vordergrund, sondern es werden die Persönlichkeit, Sozialkompetenz, Motivation und berufsrelevante Fähigkeiten/Erfahrungen überprüft (Schlüsselqualifikationen).

An einem Assessment-Center nehmen nur die Bewerber teil, die aus Unternehmenssicht in die engere Wahl kommen.

Aufgaben

1. *Die Tropic GmbH hat Sie zu einem Bewerbungsgespräch eingeladen. Sammeln Sie wichtige Informationen zur Tropic GmbH, die für ein Bewerbungsgespräch von Bedeutung sein können.*

2. *Entscheiden Sie, ob die folgenden Fragen in einem Bewerbungsgespräch zulässig sind!*

   a) *Welche Hobbys haben Sie?*

   b) *Sind Sie politisch interessiert?*

   c) *Sind Sie evangelisch oder katholisch?*

   d) *Lesen Sie gerne Bücher? Welches Buch lesen Sie im Moment?*

   e) *Gehören Sie einer politischen Partei an? Welcher?*

   f) *Wie wurden Sie erzogen? Autoritär oder antiautoritär?*

   g) *Sind Sie Gewerkschaftsmitglied?*

   h) *Sind Sie vorbestraft?*

3. *Sie sind zu einem Bewerbungsgespräch eingeladen. Erstellen Sie eine Checkliste über die Vorbereitungen, die Sie treffen.*

4. *Während Ihres Bewerbungsgespräches soll ein Assessment-Center stattfinden. Was ist darunter zu verstehen?*

5. *Ihre Bewerbungsunterlagen enthalten einen Lebenslauf mit Lichtbild. Warum müssen Sie auf der Rückseite des Bildes Ihren Namen schreiben? Welche Bedeutung hat das Lichtbild für Ihre Bewerbung?*

6. *Schreiben Sie Ihren Lebenslauf.*

7. *Welche Anlagen gehören in jede Bewerbung?*

8. *Der Tropic GmbH liegt folgendes Bewerbungsschreiben vor:*

Petra Harmann
Großstraße 20
55563 Kirn

Kirn, 22. Juli 20..

Tropic GmbH
– Personalabteilung –
Rheingrafenstraße 20
55543 Bad Kreuznach

Bewerbung zur Kauffrau für Bürokommunikation

Sehr geehrte Damen und Herren!

Aufgrund Ihrer Stellenausschreibung vom 06. Juli 20.. bewerbe ich mich hiermit um die
Ausbildungsstelle.
Ich bin 17 Jahre alt und arbeite bereits seit zwei Jahren aushilfsweise für 8 Stunden wöchentlich
für die Tropic GmbH im Lager. Diese Arbeit entspricht jedoch nicht meinen Vorstellungen und
füllt mich zeitlich nicht aus.

Ich bitte Sie, mich bei der Vergabe dieser Stelle zu berücksichtigen.

Mit freundlichem Gruß.

Anlagen:
1 Lebenslauf
1 Zeugnis

Beurteilen Sie das vorliegende Schreiben! Welche Informationen fehlen?

9. *In einem Bewerbungsgespräch ist der persönliche Eindruck, den ein Bewerber beim Personal-*
chef hinterlässt, sehr wichtig. Dabei spielt die Körpersprache eine besondere Rolle. Welchen
Eindruck hinterlassen die folgenden Bilder bei einem Personalchef? Worauf sollte man als
Bewerber unbedingt achten? Erstellen Sie eine Checkliste!

Lernbereich 2:
Erfassen und Dokumentieren von Werten und Wertesträmen

1   Teilbereiche des betrieblichen Rechnungswesens

Georg Polster: Jetzt bist Du schon zwei Wochen in der Abteilung Rechnungswesen. Wie gefällt es Dir denn?

Ayse Kaymak: Von den Kollegen her ganz gut. Und am Computer arbeite ich ja eigentlich auch gerne. Aber hier in der Abteilung scheint es ja nur eines zu geben: Zahlen, Zahlen, Zahlen. Und so ganz habe ich immer noch nicht verstanden, aus welchen Teilbereichen das Rechnungswesen besteht. Und warum das Rechnungswesen überhaupt so wichtig ist.

Georg Polster: Vielleicht kann ich für etwas mehr Durchblick sorgen. Ein Industriebetrieb wie die Tropic GmbH produziert Güter, verkauft diese an die Kunden und erhält dafür Geld. Das weißt Du ja bereits. Ein solcher Prozess erfordert ein betriebliches Informationssystem, in dem diese Vorgänge erfasst werden. Die Geld- und Güterströme – oder sagen wir besser die Geschäftsvorfälle – müssen mithilfe von Belegen mengen- und wertmäßig dokumentiert werden. Am Jahresende wird dann der Jahresabschluss erstellt und ausgewertet. So kann man am Jahresende z. B. erkennen, welche Vermögensgegenstände wir besitzen, wie hoch unsere Schulden sind, wie sich die Beträge gegenüber dem Vorjahr verändert haben und – was besonders wichtig ist – ob wir Gewinn erwirtschaftet haben.

Ayse Kaymak: Ja, das hatten wir auch schon in der Schule. Das ist die Aufgabe der Finanzbuchhaltung.

Aktiva	Bilanz der Tropic GmbH		Passiva
Grundstücke und Bauten	2.900.000,00	Eigenkapital	2.050.000,00
Technische Anlagen	275.000,00		

Georg Polster: Richtig. Das ist die FIBU oder auch Geschäftsbuchführung. Für die Ergebnisse der Finanzbuch-haltung interessieren sich z. B. auch das Finanzamt oder unsere Hausbank, wenn wir einen Kredit aufnehmen wollen. Daneben gibt es aber noch die Kosten- und Leistungsrechnung. Die KLR gehört zum internen Rechnungswesen, d. h. wir müssen hier in der Regel keine gesetzlichen Vorschriften beachten. Die KLR dient hauptsächlich der internen Information.

Ayse Kaymak: Was wird denn aber genau in der Kosten- und Leistungsrechnung gemacht?

Georg Polster: Die KLR ermittelt, welche Kosten eine Abteilung verursacht hat. So kann man überprüfen, ob die einzelne Abteilung wirtschaftlich gearbeitet hat. Schließlich liefert die KLR auch Informationen darüber, welche Kosten für jedes einzelne Produkt angefallen sind. Das ist dann die Grundlage für die Kalkulation der Verkaufspreise unserer Produkte.

Listenpreis Alu-Rahmen (100 Stück)			Materialeinzelkosten für 1 Stck. 264,60 EUR
– 10 % Rabatt	30.000,00 EUR 3.000,00 EUR		+ Materialgemeinkosten .... + + +
= Zieleinkaufspreis – 2 % Skonto	27.000,00 EUR 540,00 EUR		= Selbstkosten .... + Gewinnzuschlag +
= Bareinkaufspreis + 19 % Umsatzsteuer	26.460,00 EUR 5.027,40 EUR		**= Listenverkaufspreis** ....
Bruttobetrag	31.487,40 EUR		

Ayse Kaymak: Das hört sich wesentlich interessanter an als die Finanzbuchhaltung.

Georg Polster: Das stimmt schon. Du darfst aber nicht vergessen, dass die Kosten- und Leistungsrechnung auf den Daten der Finanzbuchhaltung aufbaut. Und dann gibt es noch die Statistik und die Planungsrechnung. Statistiken kennst Du mit Sicherheit aus der Zeitung. Da werden bestimmte Sachverhalte übersichtlich dargestellt. Nicht anders ist es im Unternehmen. Auch hier werden Zahlen aufbereitet und tabellarisch oder grafisch dargestellt. So kann man z. B. unsere Verkaufszahlen im Laufe des Jahres ermitteln und darstellen.

Bei der Planungsrechnung werden schließlich zukünftige Zahlen geschätzt. Die Abteilung Absatz bekommt dann z. B. zu erreichende Planzahlen vorgegeben. Im Laufe des nächsten Jahres werden dann die geplanten Zahlen mit

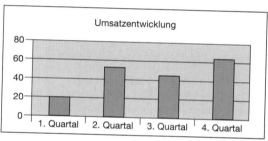

den tatsächlich erreichten Zahlen verglichen. Stellt man Abweichungen fest, müssen die Ursachen dafür untersucht werden.

Ayse Kaymak: Jetzt ist mir einiges klar geworden. Und ich glaube, die Abteilung Rechnungswesen ist doch nicht so langweilig, wie ich gedacht habe.

1. Welche verschiedenen Aufgabenbereiche des Rechnungswesens kann man dem Gespräch zwischen Georg Polster und Ayse Kaymak entnehmen?

2. Welches sind die Inhalte dieser Aufgabenbereiche? Stellen Sie die Inhalte in einer Auflistung zusammen. Finden Sie zu jedem Aufgabenbereich weitere konkrete Beispiele.

Man unterscheidet vier Bereiche des Rechnungswesens:

■ Die **Buchführung** erfasst alle wertmäßigen Bewegungen innerhalb des Unternehmens bzw. zwischen dem Unternehmen und der Außenwelt (Lieferer, Kunden usw.) nach bestimmten Regeln und Vorschriften. Diese kaufmännischen Tatbestände, die Vermögen, Schulden bzw. Erfolg (Gewinn oder Verlust) des Unternehmens beeinflussen, bezeichnet man als Geschäftsvorfälle. Die Buchführung liefert die Daten für alle weiteren Bereiche des betrieblichen Rechnungswesens und ist somit der wichtigste Baustein.

- Die **Kosten- und Leistungsrechnung** dient dazu, den Ablauf des betrieblichen Leistungsprozesses wertmäßig zu erfassen und darzustellen. Es sind hauptsächlich folgende Fragen, die sich in diesem Zusammenhang stellen:

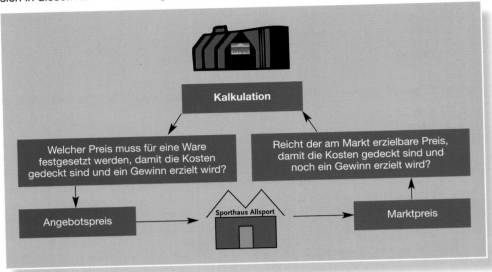

- Die **Statistik** ist eine Vergleichsrechnung, d. h. Zahlen werden erfasst, aufbereitet und verglichen (z. B. mit den Zahlen des Vorjahres oder mit verfügbaren Zahlen von Konkurrenzunternehmen).

- Die **Planung** trifft – häufig aufbauend auf buchhalterischen, kostenrechnerischen oder statistischen Zahlen – zukunftsgerichtete Entscheidungen.

Haben die statistischen Auswertungen z. B. einen starken Rückgang der Absatzzahlen ergeben, so muss überlegt werden, wie diese Entwicklung gebremst oder rückgängig gemacht werden kann.

In kleineren und mittleren Betrieben werden diese vielfältigen Aufgaben meist vom Inhaber selbst oder von wenigen Mitarbeitern der Abteilung Rechnungswesen bearbeitet. In größeren Betrieben ist es üblich, die Abteilung Rechnungswesen organisatorisch weiter zu unterteilen.

2   Buchführungspflicht, Aufgaben der Buchführung

2.1   Buchführungspflicht

SITUATION

Peter Klein, Düsseldorf, ist Inhaber eines Textilwarenladens. Gelegentlich hilft seine Frau im Geschäft. Personal wird nicht beschäftigt. Im Jahr 2009 betrugen

- der Umsatz 200.000,00 EUR,

- der Gewinn aus dem Gewerbebetrieb 22.000,00 EUR.

Die Umsatzerlöse der Tropic GmbH betrugen im gleichen Jahr 16.250.000,00 EUR, der Gewinn 500.000,00 EUR.

Überlegen Sie, ob beide Betriebe im gleichen Umfang der Buchführungspflicht unterliegen. Begründen Sie Ihre Meinung.

§ 238 (1) HGB:
„Jeder Kaufmann ist verpflichtet, Bücher zu führen und in diesen seine Handelsgeschäfte und die Lage seines Vermögens ersichtlich zu machen."

§ 1 HGB:
(1) Kaufmann im Sinne dieses Gesetzbuchs ist, wer ein Handelsgewerbe betreibt.
(2) Handelsgewerbe ist jeder Gewerbebetrieb, es sei denn, dass das Unternehmen nach Art oder Umfang einen in kaufmännischer Weise eingerichteten Geschäftsbetrieb nicht erfordert.

Bücher sind für gewerbliche Betriebe aufgrund handels- und steuerrechtlicher Vorschriften zu führen.

Handelsrechtlich ist jeder Kaufmann, der ein Handelsgewerbe betreibt, verpflichtet, Bücher zu führen (§ 238 Abs. 1 HGB). Was heißt das nun konkret?

Kleinbetriebe, die nach Art und Umfang keinen in kaufmännischer Weise eingerichteten Geschäftsbetrieb benötigen, werden von der handelsrechtlichen Buchführungspflicht ausgenommen.

Buchführungspflichtig sind

- gewerblich Tätige, die nach Art und Umfang einen in kaufmännischer Weise eingerichteten Geschäftsbetrieb benötigen (Kriterien hierfür sind z. B. die Höhe des Umsatzes, die Mitarbeiterzahl, die Zahl der Filialen u. ä.).
- Kleingewerbetreibende, die keinen kaufmännischen Geschäftsbetrieb benötigen, die sich aber freiwillig ins Handelsregister haben eintragen lassen und damit durch ihre Entscheidung zum Kaufmann werden.
- Formkaufleute, die Kaufmann laut Rechtsform sind (z. B. GmbH, AG).

Mit dem Bilanzrechtsmodernisierungsgesetz (BilMoG) von 2009 hat der Gesetzgeber **Einzelkaufleute** von der handelsrechtlichen Buchführungspflicht befreit, wenn an zwei aufeinanderfolgenden Abschlussstichtagen

- die Umsatzerlöse 500.000,00 EUR und
- der Jahresüberschuss 50.000,00 EUR

nicht übersteigen. In diesen Fällen kann der Gewinn nur relativ einfach durch eine Einnahmen-Überschuss-Rechnung ermittelt werden. Der Gesetzgeber hat hier die handelsrechtlichen Grenzen den steuerrechtlichen Vorgaben in § 141 AO angepasst.

Wer nach dem Handelsrecht verpflichtet ist, Bücher zu führen, ist dies auch nach dem Steuerrecht.

Gewerbetreibende sind **steuerrechtlich** buchführungspflichtig, wenn nach den Feststellungen der Finanzbehörde wenigstens eines der folgenden Merkmale erfüllt ist (§ 141 AO):

- ein **Jahresumsatz** von mehr als **500.000,00 EUR** oder
- ein **Gewinn aus Gewerbebetrieb** von mehr als **50.000,00 EUR**

Besteht eine Buchführungspflicht, so muss sich der Kaufmann an den **Grundsätzen ordnungsgemäßer Buchführung** orientieren, d. h. er muss

- alle Geschäftsvorfälle kontenmäßig erfassen,
- die Vermögens- und Ertragslage seines Betriebes kontenmäßig darstellen.

Die kaufmännische Buchführungsvariante wird auch als doppelte Buchführung bezeichnet, da das Jahresergebnis auf zwei Arten ermittelt wird:

- Das Vermögen des Betriebes wird am Jahresende den Schulden zur Ermittlung des Eigenkapitals in einer Bilanz gegenübergestellt.
- Der Gewinn des Unternehmens wird jährlich durch Gegenüberstellung der Aufwendungen und Erträge in einer GuV-Rechnung ermittelt.

Unternehmen, die nicht unter die Buchführungspflicht fallen bzw. freiberuflich Tätige (z. B. Ärzte, Rechtsanwälte), können ihren Gewinn durch eine Einnahmen-Überschuss-Rechnung ermitteln. Dabei wird der Erfolg als Differenz zwischen Einnahmen und Ausgaben ermittelt.

Aber auch diese Unternehmen müssen:

- ein Kassenbuch führen, in dem alle baren Geschäftsvorfälle täglich eingetragen werden,
- ein Wareneingangs- und ein Warenausgangsbuch führen (das Warenausgangsbuch muss nur geführt werden, wenn Waren an andere gewerbliche Unternehmer geliefert werden, z. B. wenn ein Hersteller von Sportbekleidung einen Einzelhändler beliefert),
- Lohnkonten führen,
- vereinnahmte Umsatzsteuerentgelte erfassen.

Bei Nichtbeachtung dieser Vorschriften werden die Besteuerungsgrundlagen geschätzt.

Besondere Buchführungsverpflichtungen bestehen für Kapitalgesellschaften (z. B. AG und GmbH). Kapitalgesellschaften ab einer bestimmten Größe haben ihre Jahresabschlüsse, Lageberichte und andere Abschlussunterlagen offenzulegen, zu publizieren. Offenlegung bzw. Publizität bedeutet:

- Einreichung zum Handelsregister
- Bekanntmachung im Bundesanzeiger

Die Größenklassen richten sich nach folgenden Merkmalen, von denen mindestens zwei – außer im Fall der Neugründung, Verschmelzung oder Umwandlung – an zwei aufeinanderfolgenden Bilanzstichtagen vorliegen müssen:

Größenmerkmale Kapitalgesellschaften	Bilanzsumme	Umsatzerlöse	Durchschnittliche Anzahl Arbeitnehmer
klein	≤ 4.840.000 EUR	≤ 9.680.000 EUR	≤ 50
mittelgroß	> 4.840.000 EUR ≤ 19.250.000 EUR	> 9.680.000 EUR ≤ 38.500.000 EUR	≤ 250
groß	> 19.250.000 EUR	> 38.500.000 EUR	> 250

Als große Kapitalgesellschaften gelten außerdem alle börsennotierten Gesellschaften.

2.2 Aufgaben der Buchführung

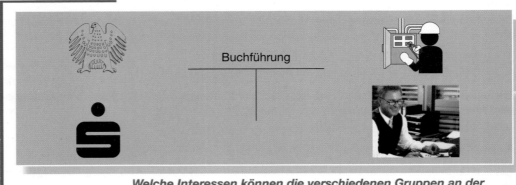

Buchführung

SITUATION

Welche Interessen können die verschiedenen Gruppen an der Buchführung der Tropic GmbH haben?

An der Buchführung und ihren Ergebnissen sind die verschiedensten Personenkreise interessiert. Dabei dient die Buchführung sowohl **internen** (nach innen orientierten) als auch **externen** (nach außen orientierten) Zwecken.

2.2.1 Interne Aufgaben der Buchführung

Die Buchführung als Gedächtnisstütze

Ab einem bestimmten Geschäftsvolumen wird eine systematische Aufzeichnung kaufmännischer Tatbestände für den Kaufmann immer wichtiger. So erleichtert z. B. ein ordnungsgemäß geführtes Kundenkonto die Überwachung der Fälligkeitstermine unserer Ausgangsrechnungen. Säumige Kunden können eher festgestellt und gemahnt werden.

Die Buchführung als Instrument der Selbstkontrolle und Selbstinformation

Die Unternehmensleitung und die Eigentümer des Unternehmens erhalten Informationen über die Entwicklung des Vermögens und der Schulden, über Höhe und Zusammensetzung der entstandenen Kosten sowie über den erwirtschafteten Erfolg des Geschäftsjahres. Dies gilt für die Gesellschafter bei Personengesellschaften, aber auch für die Gesellschafter von Kapitalgesellschaften, da sich diese oft aufgrund der Anonymität der Beteiligungen – so kann eine Aktiengesellschaft durchaus über 100.000 Anteilseigner haben – nur mithilfe des offengelegten Jahresabschlusses über das Geschäftsergebnis informieren können.

Die Buchführung als Hilfsmittel der Planung

Die Buchführung stellt aufbereitetes Zahlenmaterial als Grundlage für alle unternehmerischen Entscheidungen zur Verfügung (Dispositionsaufgabe). So sind beispielsweise die Zahlen der Buchführung mitentscheidend für die Kalkulation der Verkaufspreise.

Aus dem Vergleich mit früheren Daten oder mit vorgegebenen Plandaten können wichtige Erkenntnisse gewonnen werden.

2.2.2 Die Buchführung als Informationsquelle für Außenstehende

Informationsquelle für Kapitalgeber und Öffentlichkeit

- Fremdkapitalgeber erwarten vor Kreditgewährung die Vorlage von Zahlen und Ergebnissen der Buchführung, um die Kreditwürdigkeit des Unternehmens beurteilen zu können.

- Die breite Öffentlichkeit hat – z. B. aufgrund der vom Geschäftsergebnis abhängenden Investitionsplanung – insbesondere bei Großbetrieben ein starkes Informationsinteresse.

- Auch Mitarbeiter wollen wissen, wie ihr Betrieb gewirtschaftet hat, da davon die Sicherheit des Arbeitsplatzes und die Einkommensentwicklung abhängen.

Die Buchführung als Besteuerungsgrundlage

Die Zahlen der Buchhaltung dienen dem Finanzamt als Grundlage zur Ermittlung der Steuerschulden. Bei Verstößen gegen die Buchführungsvorschriften kann es zu einer Schätzung der Steuerbemessungsgrundlagen (Vermögen, Gewinn) durch das Finanzamt kommen. Bewusste Verstöße gegen steuergesetzliche Vorschriften können die Einleitung eines Steuerstrafverfahrens nach sich ziehen.

Die Buchführung als Beweismittel

Die Unterlagen der Buchführung können als Beweismittel bei Rechtsstreitigkeiten (z. B. mit Lieferern) dienen. Auch im Insolvenzfall treten Gerichte als Interessenten des Buchführungsmaterials auf. Die Krankenkassen überprüfen die Richtigkeit der von den Betrieben abgeführten Sozialversicherungsbeiträge.

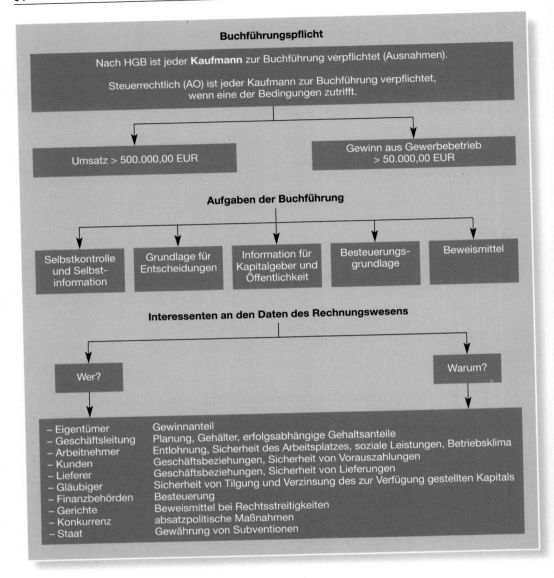

Buchführungspflicht

Nach HGB ist jeder **Kaufmann** zur Buchführung verpflichtet (Ausnahmen).

Steuerrechtlich (AO) ist jeder Kaufmann zur Buchführung verpflichtet, wenn eine der Bedingungen zutrifft.

Umsatz > 500.000,00 EUR

Gewinn aus Gewerbebetrieb > 50.000,00 EUR

Aufgaben der Buchführung

Selbstkontrolle und Selbst-information

Grundlage für Entscheidungen

Information für Kapitalgeber und Öffentlichkeit

Besteuerungs-grundlage

Beweismittel

Interessenten an den Daten des Rechnungswesens

Wer?

Warum?

– Eigentümer   Gewinnanteil
– Geschäftsleitung   Planung, Gehälter, erfolgsabhängige Gehaltsanteile
– Arbeitnehmer   Entlohnung, Sicherheit des Arbeitsplatzes, soziale Leistungen, Betriebsklima
– Kunden   Geschäftsbeziehungen, Sicherheit von Vorauszahlungen
– Lieferer   Geschäftsbeziehungen, Sicherheit von Lieferungen
– Gläubiger   Sicherheit von Tilgung und Verzinsung des zur Verfügung gestellten Kapitals
– Finanzbehörden   Besteuerung
– Gerichte   Beweismittel bei Rechtsstreitigkeiten
– Konkurrenz   absatzpolitische Maßnahmen
– Staat   Gewährung von Subventionen

Aufgaben

1. *Ordnen Sie die folgenden Aufgaben den verschiedenen Teilgebieten des Rechnungswesens (Finanzbuchhaltung, Kosten- und Leistungsrechnung, Statistik, Planung) zu:*
   a) *Die Selbstkosten, die bei der Herstellung eines Erzeugnisses angefallen sind, werden ermittelt.*
   b) *Der Jahresgewinn des Unternehmens wird festgestellt.*
   c) *Für jeden der Kunden des Unternehmens wird ein Kundenkonto geführt, in dem alle Verkäufe an den Kunden und alle Zahlungen des Kunden erfasst werden.*
   d) *Der Umsatz des letzten Jahres wird mit den Umsätzen der vergangenen Jahre verglichen.*
   e) *Da ein Produkt nicht gewinnbringend verkauft werden konnte, werden Überlegungen angestellt, ob dieses Produkt im nächsten Jahr weiterhin produziert werden soll.*
   f) *Der Verkaufspreis eines Produktes wird kalkuliert.*
   g) *Die durch einen Unfall verursachte Wertminderung eines Fahrzeuges wird erfasst.*

2. Erläutern Sie zwei Gründe, warum der Unternehmer selbst an den Ergebnissen der Buchführung interessiert ist.

3. Erläutern Sie an zwei Beispielen, warum auch Außenstehende Interesse an den Zahlen der Buchführung haben.

4. Die Tropic GmbH ermittelte folgende Quartalsumsätze eines Jahres in den Fertigungsbereichen Freizeitkleidung, Wettkampfkleidung und Bademoden:

	Freizeitkleidung	Wettkampfkleidung	Bademoden
1. Quartal	1.050.000,00 EUR	850.000,00 EUR	730.000,00 EUR
2. Quartal	1.180.000,00 EUR	780.000,00 EUR	960.000,00 EUR
3. Quartal	1.500.800,00 EUR	1.000.800,00 EUR	1.200.500,00 EUR
4. Quartal	1.240.000,00 EUR	940.000,00 EUR	740.000,00 EUR

Stellen Sie die Entwicklung der Quartalsumsätze für die drei Produktgruppen jeweils mithilfe
– eines Liniendiagramms und
– eines Säulendiagramms
dar.

3 Inventur und Inventar

Gleich am ersten Arbeitstag des neuen Jahres war für alle Mitarbeiter der Tropic GmbH „Großkampftag" angesagt: Die Inventur stand an. Für die Auszubildende Ayse Kaymak waren die dabei durchzuführenden Arbeiten recht ungewohnt. Zusammen mit zwei weiteren Angestellten aus der Verwaltung musste sie ins Lager gehen und alle Bademoden-Artikel zählen und in vorbereitete Formulare eintragen.

Warum ist denn eine solch zeitraubende und langweilige Arbeit überhaupt notwendig?

Überlegen Sie, warum ein Betrieb sich die Mühe macht, z. B. Lagerbestände, die er bereits dateimäßig erfasst hat, trotzdem nochmals zu zählen.

3.1 Inventur

HGB § 240 (1)
Jeder Kaufmann hat zu Beginn seines Handelsgewerbes seine Grundstücke, seine Forderungen und Schulden, den Betrag seines baren Geldes sowie seine sonstigen Vermögensgegenstände genau zu verzeichnen und dabei den Wert der einzelnen Vermögensgegenstände und Schulden anzugeben.
(2) Er hat demnächst für den Schluss eines jeden Geschäftsjahres ein solches Inventar aufzustellen.

SITUATION

Wie das folgende Beispiel zeigt, ist eine Inventur auch in Bereichen notwendig, an die man zuerst überhaupt nicht denkt.

Inventur im Zoo
Nilflughunde, Wellensittiche oder
Neonsalmler kann man nur schätzen

Der Zoo ist auch ein Wirtschaftsunternehmen und deshalb führt er so wie jeder Lebensmittel- oder Schuhladen eine Inventur durch. Gezählt werden zum Jahresende Futtermittel, Schrauben, Besen und natürlich auch die Tiere. 11 Reviere im Allwetterzoo Münster sind dazu verpflichtet, ihre Bestandszahlen per 31.12. zu ermitteln. Ganz einfach hat es dabei das Revier Elefantenhaus, denn die 7 Elefanten, 4 Nashörner, 2 Schakale und 25 Gebirgsloris sind schnell gezählt. Ungleich schwieriger ist die Zählerei im Tropenhaus. Das Pflanzendickicht der Freiflughalle bietet rund 130 tropischen Vögeln ein Zuhause, außerdem leben im Unterholz kleine Hirsche, in den Wipfeln freilebende Affen und Flughunde und im Teich etliche Kois. Revierleiter Reinhold Evels und seine Mannschaft beginnen deshalb schon Wochen vor dem Stichtag damit, ihre Pfleglinge zu zählen. Die größten Chancen, genaue Zahlen zu ermitteln, bestehen bei den Fütterungen. Einige Tierarten wie Nilflughunde (ca. 200) und Wellensittiche (ca. 100) können allerdings nur geschätzt werden.

Die meisten „Schätzungen" hat das Revier Aquarium auf seiner Inventurliste. In diesem Tierhaus leben etliche Tierarten, die sich beim besten Willen … nicht zählen lassen. Das sind beispielsweise die nur millimetergroßen Nachzuchttiere bei den Riesen-Stabheuschrecken (Gesamtzahl ca. 100), die wuseligen Rosenkäfer (ca. 50), die ca. 100 Roten Neonsalmler, die neben vielen anderen Schwarmfischen im 10.000 Liter fassenden Arenabecken schwimmen, und die ca. 50 Antennenweise, die in mehreren Aquarienbecken leben.

Quelle: http://www.allwetterzoo.de

1. Welche Tätigkeiten werden bei einer Inventur im Zoo ausgeführt?

2. Bei welchen Tieren ist das Zählen besonders schwierig?

Die vom Gesetzgeber zunächst bei Gründung eines Unternehmens und später zum Ende jedes Geschäftsjahres geforderte mengen- und wertmäßige Bestandsaufnahme des Vermögens und der Schulden nennt man **Inventur**.

Eine körperliche Bestandsaufnahme liegt vor, wenn die Gegenstände

- gezählt (z. B. Tropic T-Shirts),
- gemessen (z. B. Stoff bei einem Textilhersteller),
- gewogen (z. B. Leim bei einer Möbelfabrik) oder
- geschätzt (z. B. Knöpfe, Nadeln)

werden.

Auszug aus einer Inventurliste

Datum: 30.12.20..		Ort: Fertigerzeugnislager			
Art.-Nr.	Bezeichnung	Soll-Bestand	Ist-Bestand	Differenz	Kontrollvermerk
40.001	Tropic Badeanzug gelb/orange	42	42	0	*Ayse Kaymak*
40.002	Tropic Bikini gelb/orange	28	26	2	*Ayse Kaymak*
40.003	Badehose blau	35	36	1	*Ayse Kaymak*

Als Verfahren zur körperlichen Aufnahme der Bestände kommen z. B. in Betracht:

1. *Eintragen in eine Liste bei der Aufnahme*
   Dabei ist ein Kontrollvermerk mit Datum und Namensangabe des Aufnehmenden anzubringen.

2. *Erfassen in maschinell lesbaren Datenträgern zur Umwandlung in Listen*
   So kann z. B. im Handel jeder Artikel auf der Inventurliste seinen eigenen Barcode erhalten. Durch einfaches Einscannen des Barcodes und Hinzufügen der gezählten Menge werden lästige Schreibarbeiten und somit viel Zeit und Geld gespart.

Nach der rein mengenmäßigen Bestandsaufnahme erfolgt die Bewertung, d. h. die Gegenstände werden in Geldeinheiten (EUR) ausgedrückt. Dabei wird nicht der möglicherweise zu erzielende Verkaufspreis genommen, sondern die Anschaffungs- bzw. Herstellkosten des betreffenden Artikels.

Art.-Nr.	Bezeichnung	Soll-Bestand	Ist-Bestand	EUR/Stück	Gesamtpreis Soll/EUR	Gesamtpreis Ist/EUR	Differenz/EUR
40.001	Tropic Badeanzug gelb/orange	42	42	45,00	1.890,00	1.890,00	0,00
40.002	Tropic Bikini gelb/orange	28	26	35,00	980,00	910,00	70,00

Vermögensgüter, bei denen eine körperliche Bestandsaufnahme nicht möglich ist (z. B. Bankguthaben), sowie Schulden werden mengen- und wertmäßig aus schriftlichen Unterlagen ermittelt (z. B. mithilfe von Kontoauszügen).

Sparkasse Rhein-Nahe   BLZ 560 501 80

SALDENMITTEILUNG

Die aufgeführten Konten weisen zum angegebenen Stichtag die nachstehenden Salden auf. Wir bitten Sie die Richtigkeit zu überprüfen und Einwendungen spätestens innerhalb eines Monats nach Zugang der Saldenmitteilung schriftlich zur Kenntnis zu geben. Nach Ablauf der Frist gehen wir davon aus, dass Sie mit den Salden einverstanden sind.

Kontonummer	Kontoart	Erstellungsdatum	Kontostand EUR
123 456	KKT	31.12.2..	29.500,00 +
432 234	Spar	31.12.2..	2.121,00 +
333 666	Termin	31.12.2..	15.000,00 +

Tropic GmbH
Rheingrafenstr. 20
55543 Bad Kreuznach

Man spricht in diesem Fall von einer **Buchinventur**.

Bei Forderungen gegenüber Kunden geschieht dies z. B. dadurch, dass der Kunde eine Mitteilung über die Höhe des offenstehenden Betrages erhält mit der Bitte, diesen Betrag zu bestätigen.

Saldenbestätigung zum 31.12.20..

Sehr geehrter Herr Schneider,
im Rahmen der Buchinventur haben wir auf dem Kontokorrentkonto Ihres Unternehmens einen Forderungssaldo in Höhe von

          4.350,00 EUR

ermittelt.

Wir bitten Sie, uns die Richtigkeit des Saldos zu bestätigen. Einwendungen teilen Sie uns bitte schriftlich mit.

Mit freundlichen Grüßen

Tropic GmbH

Sylvia Sommer

SITUATION

Nennen Sie Ursachen, die zu Kassendifferenzen führen können.

Wenn bei der Inventur z. B. weniger Bestände vorhanden sind als eigentlich in den Büchern steht (Istbestand < Sollbestand), spricht man von einer **Inventurdifferenz**. In diesem Fall sind entsprechende Korrekturbuchungen vorzunehmen. Außerdem muss der Betrieb den Ursachen für die Fehlbestände auf den Grund gehen.

Ein Teil der Inventurdifferenzen stammt aus organisatorischen Mängeln (z. B. entnimmt ein Mitarbeiter dringend benötigte Rohstoffe für die Fertigung, vergisst dabei aber, einen Materialentnahmeschein auszufüllen) oder aus Buchungsfehlern, ein weiterer Teil aus Schwund, Bruch oder anderen Schäden. Im Einzelhandel können Fehler beim Kassieren leicht zu Fehlbeträgen führen. Weitere Ursachen für Inventurdifferenzen liegen in Diebstählen durch Kunden, aber auch durch Mitarbeiter.

Einen Überblick über die Ursachen von Inventurdifferenzen im Handel zeigt folgende Statistik:

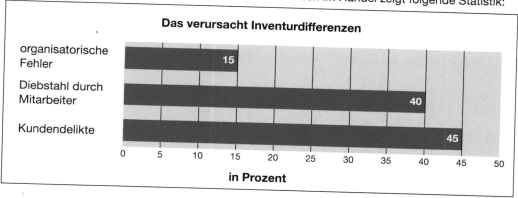

Das verursacht Inventurdifferenzen

Quelle: HANDEL 11/2002

3.2 Arten der Inventur

Die **Stichtagsinventur** wird am Abschlussstichtag, dem Ende des Geschäftsjahres (z. B. 31.12.) durchgeführt. Da die Bestandsaufnahme umfangreich, mühsam und zeitraubend ist, kann sie meist nicht an einem Tag durchgeführt werden. Nach HGB § 240 (2) ist es daher möglich, die Bestandsaufnahme „innerhalb der einem ordnungsgemäßen Geschäftsgang entsprechenden Zeit zu bewirken". In den Einkommensteuer-Richtlinien wird diese Zeit auf 20 Inventurtage konkretisiert (zehn Tage vor bis zehn Tage nach dem Stichtag = zeitnahe bzw.

Das Geschäft ist wegen Inventur geschlossen

zeitlich ausgeweitete Stichtagsinventur). Dabei ist es jedoch erforderlich, dass Zu- und Abgänge zwischen tatsächlicher Bestandsaufnahme und Inventurstichtag fortgeschrieben bzw. zurückgerechnet werden.

Bei der **zeitlich vor- oder nachverlegten Inventur** erfolgt die körperliche Bestandsaufnahme bis drei Monate vor oder bis zwei Monate nach dem Abschlussstichtag. Die Bestände müssen wertmäßig (nicht mengenmäßig) auf den Stichtag fortgeschrieben bzw. zurückgerechnet werden.

Am 31.12. ist der Wert der im Lager befindlichen Trainingsanzüge „Champ" noch nicht ermittelt.

Das Unternehmen schreibt vom 01.01. bis zum Tag der Inventur den Wert aller Zugänge (Einkäufe) und Abgänge (Verkäufe) fort.

Einkäufe   500,00 EUR
Verkäufe   1.200,00 EUR (bewertet zum Bezugspreis)

Am 10.02. wird bei der Inventur ein Lagerbestand in Höhe von 40 Trainingsanzügen im Gesamtwert von 2.800,00 EUR ermittelt.

Inventurwert 10.02.	2.800,00 EUR
– Zugänge	500,00 EUR
+ Abgänge	1.200,00 EUR
= **rückgerechneter Bestandswert** zum 31.12.	3.500,00 EUR

Bei der **permanenten Inventur** erstreckt sich die Bestandsaufnahme über das ganze Geschäftsjahr (permanent = dauernd). Zu- und Abgänge jeder einzelnen Position sind karteimäßig zu erfassen. Am Abschlussstichtag wird der aktuelle Bestand der Kartei entnommen. Einmal im Geschäftsjahr ist durch eine körperliche Bestandsaufnahme zu überprüfen, ob der Istbestand mit dem in der Kartei ausgewiesenen Sollbestand übereinstimmt. Der Zeitpunkt der körperlichen Bestandsaufnahme kann frei gewählt werden. Vorteilhaft ist es, die Bestandsaufnahme dann vorzunehmen, wenn die Bestände möglichst gering sind (Arbeitserleichterung). Dabei ist es auch möglich, dass die Bestandsaufnahme für einzelne Artikelgruppen oder Abteilungen zu unterschiedlichen Zeitpunkten erfolgt.

Durch die permanente Inventur können Betriebsunterbrechungen und Überstunden bzw. zusätzliche Kosten für Aushilfspersonal sehr stark eingeschränkt werden. Eine ordnungsgemäße permanente Inventur setzt voraus, dass alle Bestandsveränderungen wert- und mengenmäßig auf den Stichtag fortgeschrieben bzw. zurückgerechnet werden. Da die Überwachung der Lagerbewegungen verstärkt mithilfe der EDV erfolgt, wird sich die permanente Inventur immer mehr durchsetzen.

Die Tropic GmbH ermittelte bereits am 20.07. den Wert der Tropic Polo-Hemden „Champion". Es wurde ein Bestand von 25 Stück mit einem Gesamtwert von 1.400,00 EUR festgestellt. Bis zum 31.12. werden alle Zu- und Abgänge nach Menge und Wert dateimäßig erfasst.

		Menge (Stück)	Wert (EUR)
Inventurbestand	20.07.	25	1.400,00
+ Zugang lt. Eingangsrechnung	25.07.	+ 20	+ 1.120,00
– Abgang lt. Entnahmeschein	29.07.	– 10	– 560,00
– Abgang lt. Entnahmeschein	03.08.	– 5	– 280,00
...		...	...
...		...	...
Bestand	31.12.	15	840,00

Die Inventur dient jedoch nicht nur dem gesetzlich vorgeschriebenen Nachweis vorhandener Vermögensgegenstände und Schulden. Sie übernimmt vielmehr auch eine betriebswirtschaftliche Kontrollfunktion. So werden bei der Inventur der Zustand der Lagerbestände und mögliche Abweichungen der Istbestände von den Sollbeständen überprüft mit entsprechenden Auswirkungen auf die Materialdisposition.

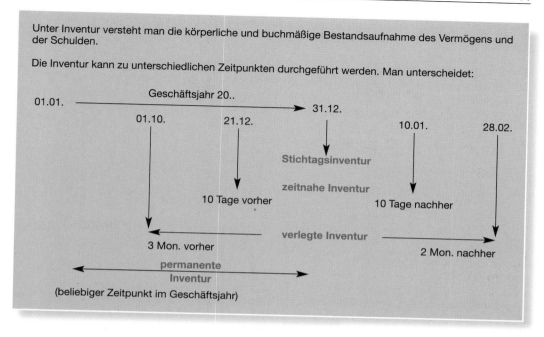

Unter Inventur versteht man die körperliche und buchmäßige Bestandsaufnahme des Vermögens und der Schulden.

Die Inventur kann zu unterschiedlichen Zeitpunkten durchgeführt werden. Man unterscheidet:

Geschäftsjahr 20..

01.01. ——————————————————————————→ 31.12.

01.10.　　　21.12.　　　　　　　　　　10.01.　　　28.02.

Stichtagsinventur

zeitnahe Inventur

10 Tage vorher　　　　　　　　10 Tage nachher

verlegte Inventur

3 Mon. vorher　　　　　　　　　　2 Mon. nachher

permanente
Inventur

(beliebiger Zeitpunkt im Geschäftsjahr)

Aufgaben

1. Wie kann eine körperliche Bestandsaufnahme vorgenommen werden? Nennen Sie zu jeder Art der Tätigkeit zwei konkrete Artikel, für die diese körperliche Tätigkeit typisch ist.

2. Nennen Sie drei Beispiele für Bestände, die nur durch eine Buchinventur ermittelt werden können.

3. Worin sehen Sie die Nachteile einer Stichtagsinventur?

4. Welche Vorteile für den Arbeitsablauf in einem Betrieb bietet die permanente Inventur?

5. Führen Sie in Ihrem Klassenraum eine Inventur durch. Listen Sie alle Gegenstände nach Art und Menge auf, die zur Einrichtung des Klassenraumes gehören.

3.3　Inventar

	Inv.-Nr.	Stück
Tropic Bikini		
■ gelb/ orange	40.002	24
■ grün/ orange	40.002	18

Ich kann keine Bikinis mehr sehen. Jetzt habe ich stundenlang alles gezählt und aufgeschrieben.

Aber was geschieht denn jetzt mit allen einzelnen Posten, die wir auf vielen Listen erfasst haben?

SITUATION

Überlegen Sie, was nach Abschluss der Inventur in der Finanzbuchhaltung mit den Aufzeichnungen, die auf unzählige Listen verteilt sind, geschieht.

Definition   Das Inventar ist das Ergebnis der Inventur, d. h. das geordnete Verzeichnis aller Vermögenswerte und Schulden nach Art, Menge und Wert.

Stellt der Kaufmann die Summe seiner Vermögenswerte seinen Schulden gegenüber, so erhält er als Differenz sein **Reinvermögen**. Das Reinvermögen ist also der Wert jener Vermögensteile, die mit eigenen Mitteln und nicht mit fremden Mitteln beschafft wurden. Man bezeichnet deshalb das Reinvermögen auch als **Eigenkapital**.

Grundsätzlich besteht also ein Inventar aus drei Teilen:

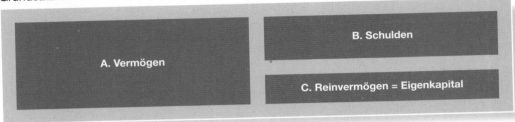

Welche Positionen sind nun im Einzelnen in ein Inventar aufzunehmen? Nach welchen Gesichtspunkten wird ein Inventar gegliedert?

Zwar gibt es für das Inventar keine festgelegten Gliederungsvorschriften. Da das Inventar Grundlage für die Bilanz ist, werden in der Praxis die Gliederungsvorschriften der Bilanz häufig übernommen.

A. Vermögen

Die Gliederung des Vermögens weist eine Zweiteilung auf.

I. Anlagevermögen	Zum Anlagevermögen gehören die Wirtschaftsgüter, die dem Unternehmen längerfristig zur Verfügung stehen.	*Beispiele:* *Gebäude, Fahrzeuge usw.*
II. Umlaufvermögen	Umlaufvermögen bleibt seiner Art und Zweckbestimmung gemäß nur kurzfristig im Betrieb. Der Bestand dieser Vermögensteile ist ständigen Schwankungen unterworfen.	*Beispiele:* *– Rohstoffe* *– Forderungen aus Lieferungen und Leistungen* *– Geldmittel (Kassenbestand, Guthaben bei Kreditinstituten)*

Lernhilfe   **Forderungen** entstehen, wenn wir Erzeugnisse **auf Ziel verkaufen**, d. h., die Rechnung für die erhaltene Lieferung wird vom Kunden erst später – nach einem Zahlungsziel – beglichen.
Beispiel Unsere Zahlungsbedingungen lauten: „Die Rechnung ist zahlbar innerhalb 30 Tagen."

Alle Vermögensgegenstände sind nach **steigender Liquidität** (zunehmender **Flüssigkeit**, Geldnähe) zu ordnen. Dies bedeutet, dass Vermögensteile, die langfristig im Unternehmen bleiben (geringe Liquidität), im Inventar weit oben stehen, während die Vermögensteile, die relativ schnell und einfach zu Geld gemacht werden können bzw. die bereits Geld sind (steigender Grad an Liquidiät), im Inventar weit unten stehen.

Beispiel

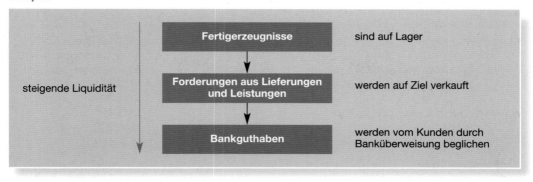

B. Schulden

Bei der Gliederung der Schulden orientiert man sich an der **Dringlichkeit bzw. Fristigkeit**.

I. langfristige Schulden	*Beispiele:* *Hypotheken, langfristige Darlehensschulden*	10 Jahre
II. kurzfristige Schulden	*Beispiele:* – **Verbindlichkeiten** *aus Lieferungen und Leistungen* – *überzogene Bankkonten*	2 Wochen

> **Lernhilfe** Verbindlichkeiten entstehen, wenn wir auf Ziel einkaufen, d. h., die Rechnung für bereits erhaltene Rohstoffe wird von uns erst später beglichen.
> *Beispiel Die Zahlungsbedingungen unseres Rohstofflieferanten lauten: „zahlbar 20 Tage nach Rechnungsdatum".*

C. Reinvermögen (= Eigenkapital)

Als Differenz zwischen Vermögen und Schulden ergibt sich das Eigenkapital. Das Eigenkapital gibt an, wie viel des Vermögens mit eigenen Mitteln finanziert wurde.

Je nach Unternehmensgröße umfasst ein Inventar mehrere Seiten oder sogar ganze Bücher. Gibt es zu einem Inventarposten nur einen Gegenstand, so wird der Wert direkt in der (rechten) Hauptspalte erfasst. Werden einzelne Inventarposten aus Gründen der Übersichtlichkeit unterteilt, so erscheinen die einzelnen Teilbeträge in der (linken) Vorspalte. Die Summe der Teilposten wird dann in der Hauptspalte ausgewiesen.

Sind andererseits einige Teilposten zu umfangreich, so wird im Inventar auf ein ausführlicheres Verzeichnis in der Anlage verwiesen. Im Inventar selbst erscheint dann nur die Summe dieses Verzeichnisses.
Für Inventare gilt eine **zehn-jährige Aufbewahrungspflicht**.

Inventar der Tropic GmbH, Bad Kreuznach zum 31.12.20..		
Positionen	EUR	EUR
I. Vermögen		
1. Anlagevermögen		
1.1 Grundstücke und Bauten		
Grund und Boden bebaut	900.000,00	
Geschäftsbauten	2.000.000,00	2.900.000,00

(Fortsetzung auf nächster Seite)

Gesamt-werte (handwritten)

Einzel-werte (handwritten)

1.2 Technische Anlagen und Fertigungsmaschinen (Anlage 1)		275.000,00
1.3 Andere Anlagen, Betriebs- und Geschäftsausstattung		
Werkzeuge (Anlage 2)	10.000,00	
Fuhrpark		
3 Transporter Ford Ducato	80.000,00	
1 Audi 100	20.000,00	
2 VW Passat	30.000,00	
1 VW Polo	12.000,00	
1 VW Golf	18.000,00	
Betriebsausstattung (Anlage 3)	55.000,00	225.000,00
2. Umlaufvermögen		
2.1 Vorräte		
Rohstoffe (Anlage 4)	100.000,00	
Hilfsstoffe (Anlage 5)	30.000,00	
Betriebsstoffe (Anlage 6)	5.000,00	
Unfertige Erzeugnisse (Anlage 7)	10.000,00	
Fertigerzeugnisse (Anlage 8)	30.000,00	175.000,00
2.2 Forderungen aus Lieferungen und Leistungen		
Schickeria Moden	30.000,00	
Route 66 GmbH	40.000,00	
Black and Blue Jeans GmbH	20.000,00	
Kick Moden GmbH	15.000,00	
Jeans and Shirts	25.000,00	130.000,00
2.3 Kassenbestand, Guthaben bei Kreditinstituten		
Kassenbestand	25.000,00	
Raiffeisenbank Bad Kreuznach	7.000,00	
Sparkasse Rhein-Nahe	58.000,00	90.000,00
Summe des Vermögens		**3.795.000,00**
II. Schulden		
1. Langfristige Schulden		
1.1 Schulden gegenüber Kreditinstituten		
Hypothek Sparkasse Rhein-Nahe	1.300.000,00	
Darlehen Commerzbank Bad Kreuznach	200.000,00	1.500.000,00
2. Kurzfristige Schulden		
2.1 Schulden aus Lieferungen und Leistungen		
Weberei Holzmann KG, Frankfurt	100.000,00	
Meersdonk OHG	50.000,00	
ZIP GmbH, Mannheim	60.000,00	
Faden GmbH	20.000,00	
Cotton GmbH & Co. KG	40.000,00	270.000,00
Summe der Schulden		**1.770.000,00**
III. Reinvermögen (= EK)	Summe des Vermögens	3.795.000,00
	– Summe der Schulden	1.770.000,00
	= Reinvermögen (Eigenkapital)	**2.025.000,00**

Bad Kreuznach, 31.12.20..

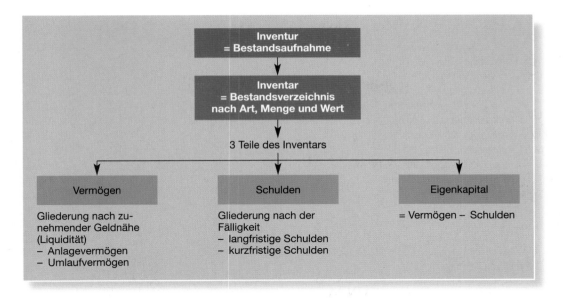

Aufgaben

1. Erläutern Sie den Unterschied zwischen Inventur und Inventar.

2. Erläutern Sie den Unterschied zwischen Anlage- und Umlaufvermögen und geben Sie Beispiele hierfür.

3. Nach welchem Merkmal werden die Vermögensteile gegliedert, nach welchem die Schulden?

4. Geben Sie bei den folgenden Inventarposten an, ob es sich um
   (a) Gegenstände des Anlagevermögens oder um
   (b) Gegenstände des Umlaufvermögens handelt.
   1. Rohstoffe
   2. Grund und Boden
   3. VW-Transporter
   4. Bankguthaben bei der Stadtsparkasse
   5. Geschäftsgebäude
   6. Forderungen aus Lieferungen und Leistungen
   7. elektronische Registrierkasse
   8. Gabelstapler
   9. Kassenbestand
   10. Lagereinrichtung
   11. Postbankguthaben
   12. PCs
   13. Fertigerzeugnisse
   14. Betriebsstoffe

5. Erstellen Sie ein Inventar für den Elektrogerätehersteller Herbert Schwarz, Neuwied.

	EUR
Hypothek Sparkasse Neuwied _LS_	400.000,00
Forderungen a.L.u.L.	
Kurt Müller, Andernach	6.000,00
Paul Schmidt, Köln	9.500,00
Rohstoffe (lt. Verzeichnis)	80.000,00

Hilfsstoffe (lt. Verzeichnis)	17.000,00
Betriebsstoffe (lt. Verzeichnis)	5.000,00
Fertigungsmaschinen (lt. Verzeichnis)	100.000,00
Fahrzeuge	
1 VW-Transporter	38.000,00
1 Pkw Passat Variant	25.000,00
1 Pkw Mercedes 280	35.000,00
Kassenbestand	1.200,00
Werkzeuge (lt. Verzeichnis)	10.000,00
Fertigerzeugnisse	26.000,00
Unfertige Erzeugnisse	12.000,00
Grund und Boden bebaut	200.000,00
Geschäftsbauten	480.000,00
Schulden a.L.u.L.	
Müller & Co., Bonn	29.000,00
Huber & Söhne, Köln	13.000,00
Geschäftsausstattung (lt. Verzeichnis)	44.000,00
Bankguthaben	
Commerzbank Neuwied	65.000,00
Sparkasse Neuwied	43.000,00
Darlehensschulden	
Commerzbank Neuwied	12.000,00

6. Der Büromaschinenhersteller Paul Kunz, Aachen, ermittelte zum 31.12.20.. bei der Inventur die folgenden Positionen.

Erstellen Sie daraus ein ordnungsgemäßes Inventar.

	EUR
Bankguthaben	
Volksbank Aachen	30.000,00
Deutsche Bank Aachen	25.000,00
Grund und Boden bebaut	150.000,00
Geschäftsbauten	250.000,00
Werkzeuge (lt. Verzeichnis)	13.000,00
Kassenbestand	2.100,00
Hypothek	
Deutsche Bank Aachen	180.000,00
Rohstoffe (lt. Verzeichnis)	89.000,00
Hilfsstoffe (lt. Verzeichnis)	13.000,00
Betriebsstoffe (lt. Verzeichnis)	2.000,00
Fertigungsmaschinen (lt. Verzeichnis)	520.000,00
Forderungen a.L.u.L.	
Hetzel & Co., Düren	7.600,00
Mai KG, Duisburg	9.250,00
Geschäftsausstattung (lt. Verzeichnis)	55.800,00
Unfertige Erzeugnisse (lt. Verzeichnis)	19.000,00
Fertigerzeugnisse (lt. Verzeichnis)	162.000,00
Verbindlichkeiten a.L.u.L.	
Schwarz & Co., Neuwied	15.200,00
Franz Huber, Jülich	19.800,00
Darlehensschulden	
Volksbank Aachen	35.000,00
Deutsche Bank Aachen	10.000,00

Fahrzeuge
    1 Ford Transit .A.V. 35.000,00
    1 Mercedes 250 .A.V. 43.000,00

7. Erstellen Sie nach folgenden Angaben ein Inventar für die Möbelfabrik Hans Tisch, Würzburg, für den 31.12.20..

	EUR
Geschäftsausstattung (lt. Verzeichnis)	81.300,00
Fertigungsmaschinen (lt. Verzeichnis)	870.000,00
Werkzeuge (lt. Verzeichnis)	28.000,00
Rohstoffe (lt. Verzeichnis)	30.000,00
Hilfsstoffe (lt. Verzeichnis)	3.000,00
Betriebsstoffe (lt. Verzeichnis)	2.000,00
Fahrzeuge (lt. Verzeichnis)	125.000,00
Forderungen a.L.u.L.	
Möbel Hansen, Nürnberg	13.000,00
Möbel Franzen, Würzburg	18.700,00
Unfertige Erzeugnisse (lt. Verzeichnis)	12.000,00
Fertigerzeugnisse (lt. Verzeichnis)	61.000,00
Geschäftsgebäude	350.000,00
Kassenbestand	3.400,00
Hypothek	
Commerzbank Würzburg	280.000,00
Grund und Boden bebaut	250.000,00
Guthaben bei Kreditinstituten	
Commerzbank Würzburg	115.000,00
Deutsche Bank Würzburg	60.000,00
Postbankguthaben	13.500,00
Verbindlichkeiten a.L.u.L.	
Ehrlich & Co., Ingolstadt	27.000,00
Rolf Hermann, Fürth	19.000,00

4 Bilanz

Hier siehst Du jetzt das Ergebnis unserer Inventurarbeiten. Unser Inventar umfasst ein ganzes Buch.

Aber übersichtlich ist das doch nicht. Wenn ich mich z. B. dafür interessiere, wie viel Forderungen wir hatten, muss ich erst lange blättern und suchen.

SITUATION

Wie kann das umfangreiche Inventar so umgestaltet werden, dass es übersichtlicher wird?

HGB § 242 (1):

„Der Kaufmann hat zu Beginn seines Handelsgewerbes und für den Schluss eines jeden Geschäftsjahres einen das Verhältnis seines Vermögens und seiner Schulden darstellenden Abschluss (Eröffnungsbilanz, Bilanz) aufzustellen."

Die bei Gründung des Unternehmens aufzustellende Bilanz bezeichnet man als Gründungsbilanz,
die für den Schluss eines jeden Geschäftsjahres zu erstellende Bilanz ist die Schlussbilanz. Da
sich zwischen dem 31. Dezember und dem 1. Januar nichts ändert, ist die Schlussbilanz des
alten Jahres identisch mit der Eröffnungsbilanz des folgenden Jahres **(Bilanzidentität)**.

Inventar	Bilanz
■ umfangreich	verkürzte Form (gleichartige Posten werden zusammengefasst)
■ Staffelform (untereinander)	kontenmäßig (gegenübergestellt), aber auch in Staffelform (z. B. in Geschäftsberichten veröffentlichte Bilanzen)
■ mengen- und wertmäßig	nur wertmäßig

Damit bietet die Bilanz eine kurze, übersichtliche Darstellung der Vermögens- und Schuldensitu-
ation des Unternehmens.

Die Bilanz als Vermögens- und Kapitalübersicht kann die Form eines Kontos haben. Die linke
Seite, die Aktiv-Seite, ist eine Darstellung der Vermögenswerte des Unternehmens. Die rechte
Seite, die Passiv-Seite, gibt Auskunft darüber, wie das vorhandene Vermögen finanziert wurde,
d. h., aus welchen Quellen das Kapital stammt. Das Kapital stammt entweder von den Eigen-
tümern selbst (= Eigenkapital) oder es wurde von anderen Kapitalgebern zur Verfügung gestellt
(= Fremdkapital).

Man kann sich die Bilanz als eine Waage (ital.: bilancia = Waage) vorstellen, deren Waagschalen
sich im Gleichgewicht befinden. Die Summen auf beiden Seiten der Bilanz sind also stets gleich.
Dies muss so sein, weil beide Seiten der Bilanz die gleichen Zahlenwerte des Unternehmens betrachten, aber unter verschiedener Fragestellung.

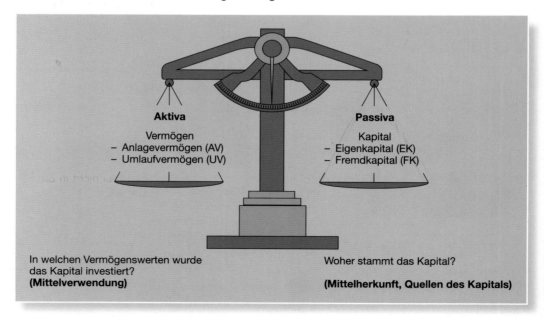

Für die Bilanz gilt die Gleichung:

| **Definition** | Vermögen = Eigenkapital + Fremdkapital |

Die Gegenüberstellung von Inventarschema und Bilanzschema ergibt folgendes Bild:

Inventarschema	Bilanzschema	
Vermögen – Schulden	**Aktiva**	**Passiva**
= Reinvermögen	Anlagevermögen Umlaufvermögen	Eigenkapital Fremdkapital

> Der Vorteil der Bilanz gegenüber dem Inventar liegt in der Kurzfassung der Ergebnisse und damit der Knappheit der Darstellung und der besseren Übersichtlichkeit.

> **Merke:**
> Differenzen in der Summe der Aktiva und Passiva deuten immer auf Fehler hin.

Wir gehen vorerst von folgendem vereinfachten Bilanzschema aus:
Die Einteilung orientiert sich an der Gliederungsvorschrift des § 266 HGB[1].

Aktiva	Bilanz	Passiva
A. Anlagevermögen	A. Eigenkapital	
I. Sachanlagen	I. gezeichnetes Kapital[2]	
1. Grundstücke und Bauten	II. Kapitalrücklage[2]	
2. Technische Anlagen und Maschinen	III. Gewinnrücklagen[2]	
3. Andere Anlagen	IV. Gewinnvortrag bzw. Verlustvortrag[2]	
Betriebs- und Geschäftsausstattung	V. Jahresüberschuss bzw. Jahresfehlbetrag[2]	
B. Umlaufvermögen	B. Verbindlichkeiten	
I. Vorräte	1. Verbindlichkeiten gegenüber Kreditinstituten	
1. Roh-, Hilfs- und Betriebsstoffe	2. Verbindlichkeiten aus Lieferungen und	
2. Unfertige Erzeugnisse	Leistungen	
3. Fertige Erzeugnisse		
II. Forderungen		
1. Forderungen aus Lieferungen und Leistungen		
III. Kassenbestand, Guthaben bei Kreditinstituten		

Aus Vereinfachungsgründen wird im Folgenden die Bilanzposition Eigenkapital nicht in die einzelnen Positionen untergliedert, sondern als eine einzige Bilanzposition dargestellt.
Für das auf S. 74 aufgestellte Inventar ergibt sich folgende Bilanz:

---

[1] Für Einzelunternehmen und Personengesellschaften gibt es kein gesetzlich vorgeschriebenes Gliederungsschema. Im Gegensatz dazu müssen Kapitalgesellschaften bei der Aufstellung der Bilanz die Gliederungsvorschriften des § 266 HGB beachten. Man kann jedoch davon ausgehen, dass auch Einzelunternehmen und Personengesellschaften sich an dieser Bilanzgliederung orientieren.

[2] Das **gezeichnete Kapital** ist das haftende Kapital der Gesellschafter. Die **Kapitalrücklage** entsteht, wenn bei der Ausgabe von Anteilen (z. B. Aktien) Beträge gezahlt werden, die über den Nennbeträgen liegen. In die **Gewinnrücklage** werden Beträge aus dem Geschäftsergebnis des Geschäftsjahres oder eines früheren Geschäftsjahres eingestellt. Der **Gewinnvortrag** ergibt sich aus dem Restbetrag des Vorjahresgewinns, der nicht an die Gesellschafter der Kapitalgesellschaft ausgeschüttet oder ggf. den Rücklagen zugeführt worden ist. Das Ergebnis des Geschäftsjahres ist ein **Jahresüberschuss** oder ein **Jahresfehlbetrag**.

Aktiva	Bilanz	Passiva

Aktiva		Passiva	
A. Anlagevermögen		A. Eigenkapital	2.025.000,00
I. Sachanlagen			
1. Grundstücke und Bauten	2.900.000,00	B. Verbindlichkeiten	
2. Technische Anlagen und		1. Verbindlichkeiten gegenüber	
Maschinen	275.000,00	Kreditinstituten	1.500.000,00
3. Andere Anlagen,			
Betriebs- und Geschäfts-		2. Verbindlichkeiten aus	
ausstattung	225.000,00	Lieferungen und Leistungen	270.000,00
B. Umlaufvermögen			
I. Vorräte			
1. Roh-, Hilfs- und			
Betriebsstoffe	135.000,00		
2. Unfertige Erzeugnisse	10.000,00		
3. Fertige Erzeugnisse	30.000,00		
II. Forderungen			
1. Forderungen aus Lieferungen			
und Leistungen	130.000,00		
III. Kassenbestand,			
Guthaben bei Kreditinstituten	90.000,00		
	3.795.000,00		3.795.000,00

Koblenz, 31.12.20..

Sylvia Sommer

Die Bilanz ist vom Kaufmann unter Angabe des Datums selbst zu unterschreiben und – ebenso wie das Inventar – zehn Jahre lang aufzubewahren.

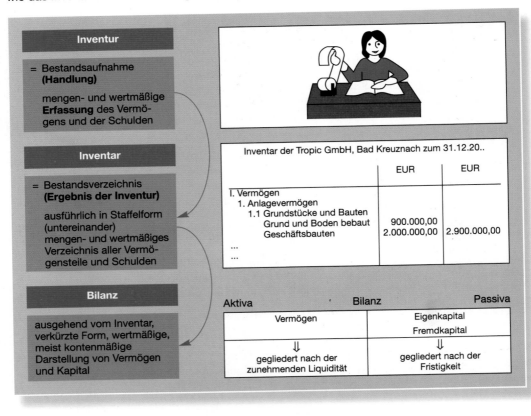

Inventur	
= Bestandsaufnahme **(Handlung)** mengen- und wertmäßige **Erfassung** des Vermögens und der Schulden	

Inventar	
= Bestandsverzeichnis **(Ergebnis der Inventur)** ausführlich in Staffelform (untereinander) mengen- und wertmäßiges Verzeichnis aller Vermögensteile und Schulden	

Inventar der Tropic GmbH, Bad Kreuznach zum 31.12.20..

	EUR	EUR
I. Vermögen		
1. Anlagevermögen		
1.1 Grundstücke und Bauten		
Grund und Boden bebaut	900.000,00	
Geschäftsbauten	2.000.000,00	2.900.000,00
...		
...		

Bilanz	
ausgehend vom Inventar, verkürzte Form, wertmäßige, meist kontenmäßige Darstellung von Vermögen und Kapital	

Aktiva	Bilanz	Passiva
Vermögen	Eigenkapital	
	Fremdkapital	
⇓ gegliedert nach der zunehmenden Liquidität	⇓ gegliedert nach der Fristigkeit	

Aufgaben

1. Nennen Sie drei wesentliche Unterschiede zwischen Inventar und Bilanz.

2. Worüber gibt die Aktivseite der Bilanz Auskunft, worüber die Passivseite?

3. Auf welcher Seite der Bilanz stehen/steht
   a) Bankguthaben,
   b) Verbindlichkeiten a.L.u.L.,
   c) Fertigungsmaschinen,
   d) Bankschulden,
   Begründen Sie Ihre Einteilung.
   e) Kassenbestand,
   f) Forderungen a.L.u.L.,
   g) Eigenkapital,
   h) Vorräte an Roh-, Hilfs- und Betriebsstoffen?

4. Warum müssen die beiden Seiten einer Bilanz wertmäßig immer gleich groß sein?

5. Erstellen Sie aus dem Inventar des Elektrogeräteherstellers Herbert Schwarz (vgl. Aufgabe 5, S. 74) unter Beachtung aller Formvorschriften eine Bilanz.

6. Stellen Sie eine ordnungsgemäße Bilanz für den Büromaschinenhersteller Paul Kunz (vgl. Aufgabe 6, S. 75) auf.

7. Für die Möbelfabrik Hans Tisch (vgl. Aufgabe 7, S. 76) ist eine ordnungsgemäße Bilanz aufzustellen.

5   Wertveränderungen in der Bilanz

Eine Bilanz wird – wie ich weiß – zum Jahresende erstellt. Aber bereits in den ersten Tagen des neuen Jahres verändern sich doch die Vermögens- und Schuldverhältnisse. Damit müsste doch auch unsere Waage aus dem Gleichgewicht kommen, oder?

Das wäre schon richtig, wenn sich nur ein Bilanzposten verändern würde. Jeder Geschäftsvorfall berührt aber mindestens zwei Bilanzposten. Nehmen wir an, du hast 100,00 EUR in deinem Portmonee. Wenn du dir nun eine CD für 20,00 EUR kaufst, hast du zwar weniger Bargeld, dafür hast du aber nun eine CD. Genau so ist es auch mit betrieblichen Geschäftsvorfällen. Aber ich glaube, das müssen wir uns einmal genauer anschauen.

SITUATION

Zeigen Sie an drei konkreten Geschäftsvorfällen, dass sich dadurch eine gegebene Bilanz ändert. Geben Sie jeweils an, welche Bilanzposten sich dabei ändern.

Jeder Geschäftsvorfall bewirkt eine Veränderung von mindestens zwei Bilanzpositionen. Die Bilanz bleibt aber immer im Gleichgewicht, d. h., die Aktiv- und Passivseite der Bilanz stimmen auch nach der Eintragung der Veränderungen summenmäßig überein.
Die grundlegenden Arten der Wertveränderungen sollen anhand einer vereinfachten Bilanz der Tropic GmbH veranschaulicht werden.

Aktiva	Bilanz		Passiva
Rohstoffe	100.000,00	Eigenkapital	130.000,00
Forderungen a.L.u.L.	120.000,00	Darlehen	40.000,00
Kasse	10.000,00	Verbindlichkeiten a.L.u.L.	60.000,00
	230.000,00		230.000,00

Zur Klärung der Auswirkungen eines Geschäftsvorfalles auf die Bilanz müssen folgende Fragen beantwortet werden:

Aufgaben

1. Welche Bilanzposten werden berührt?

2. Auf welcher Seite der Bilanz stehen die Positionen (Aktiva oder Passiva)?

3. Wie verändern sich diese Bilanzposten (Mehrung oder Minderung)?

♦ Die 4 Arten von Wertveränderungen

Aktivtausch
Geschäftsvorfall:
Barkauf von Rohstoffen für 2.000,00 EUR

Aktiva		Passiva
Rohstoffe	+ 2.000,00	keine Änderung
Kasse	– 2.000,00	

Aktiva	Bilanz		Passiva
Rohstoffe	102.000,00	Eigenkapital	130.000,00
Forderungen a.L.u.L.	120.000,00	Darlehen	40.000,00
Kasse	8.000,00	Verbindlichkeiten a.L.u.L.	60.000,00
	230.000,00		230.000,00

Der Geschäftsvorfall berührt nur Posten auf der Aktivseite der Bilanz. Ein Aktivposten wird vermehrt, ein anderer wird vermindert. Die Bilanzsumme ändert sich nicht.

Aktiv-Passiv-Mehrung
Geschäftsvorfall:
Zieleinkauf von Rohstoffen 10.000,00 EUR

Aktiva		Passiva
Rohstoffe	+ 10.000,00	Verbindl. a.L.u.L.	+ 10.000,00

Aktiva	Bilanz		Passiva
Rohstoffe	112.000,00	Eigenkapital	130.000,00
Forderungen a.L.u.L.	120.000,00	Darlehen 40.000,00	
Kasse	8.000,00	Verbindlichkeiten a.L.u.L.	70.000,00
	240.000,00		240.000,00

Durch den Geschäftsvorfall werden beide Seiten der Bilanz berührt. Sowohl ein Aktivposten als auch ein Passivposten werden vermehrt. Die Bilanzsumme nimmt um den gleichen Betrag zu (Bilanzverlängerung).

Aktiv-Passiv-Minderung

Geschäftsvorfall:
Wir begleichen eine Liefererrechnung über 2.500,00 EUR durch Barzahlung.

Aktiva		Passiva	
Kasse	– 2.500,00	Verbindlichkeit a.L.u.L.	– 2.500,00

Aktiva	Bilanz		Passiva
Rohstoffe	112.000,00	Eigenkapital	130.000,00
Forderungen a.L.u.L.	120.000,00	Darlehen	40.000,00
Kasse	5.500,00	Verbindlichkeiten a.L.u.L.	67.500,00
	237.500,00		237.500,00

Der Geschäftsvorfall berührt beide Seiten der Bilanz. Sowohl ein Aktivposten als auch ein Passivposten werden vermindert. Die Bilanzsumme nimmt um den gleichen Betrag ab (Bilanzverkürzung).

Passiv-Tausch

Geschäftsvorfall:
Eine kurzfristige Verbindlichkeit a.L.u.L. über 5.000,00 EUR wird in ein längerfristiges Darlehen durch den Lieferer umgewandelt.

Aktiva		Passiva	
keine Änderung		Verbindlichkeit a.L.u.L.	– 5.500,00
		Darlehen	+ 5.000,00

Aktiva	Bilanz		Passiva
Rohstoffe	112.000,00	Eigenkapital	130.000,00
Forderungen a.L.u.L.	120.000,00	Darlehen	45.000,00
Kasse	5.500,00	Verbindlichkeiten a.L.u.L.	62.500,00
	237.500,00		237.500,00

Der Geschäftsvorfall berührt nur Posten auf der Passivseite der Bilanz. Ein Passivposten wird vermehrt, ein anderer wird vermindert. Die Bilanzsumme ändert sich nicht.

Jede Buchung kann einem der vier Fälle zugeordnet werden. Bei komplexen Buchungen werden aber oft mehrere Fälle gleichzeitig angesprochen.

Lernhilfe   Bei den meisten Geschäftsvorfällen wird es leicht fallen, den dazugehörigen Bilanzposten zu finden (z. B. Pkw → Fuhrpark).

Bei anderen Geschäftsvorfällen werden Sie immer wieder auf Formulierungen stoßen, die Sie den entsprechenden Bilanzposten zuordnen müssen.

Hierzu einige Hilfen:

Formulierung		Bilanzposten
Barzahlung	➡	Kasse
Überweisung, Gutschrift, Lastschrift	➡	Kreditinstitut (Bank, Postbank)
wir erhalten eine Rechnung, Liefererrechnung, Eingangsrechnung (ER), Zielkauf	➡	Verbindlichkeiten a.L.u.L.
wir verschicken eine Rechnung, Ausgangsrechnung (AR), Zielverkauf	➡	Forderungen a.L.u.L.

Aufgaben

1. Bilden Sie je zwei Beispiele für
   a) einen Aktiv-Tausch
   b) eine Aktiv-Passiv-Mehrung
   c) eine Aktiv-Passiv-Minderung

2. Die Bilanz (dargestellt in Form einer Waage) weist folgende Bestände auf:

	BGA	Rohstoffe	Forderungen a.L.u.L.	Kasse/ Bank	**SUMME AKTIVA**	Eigen- kapital	Verb. gegen- über Kredit- instituten	Verbindl. a.L.u.L.	**SUMME PASSIVA**
AB	60.000	40.000	12.000	88.000	**200.000**	146.500	36.500	17.000	**200.000**
1.									
2.									

Übertragen Sie diese Tabelle in Ihr Heft.
Buchen Sie jeden der folgenden Geschäftsvorfälle in einer Zeile. Tragen Sie die Werte, die sich ändern, farbig ein. Tragen Sie auch die Beiträge ein, die sich nicht ändern. Geben Sie außerdem an, um welche Art von Bilanzveränderungen es sich handelt.
   1. Barkauf von Rohstoffen 3.000,00
   2. Teilrückzahlung eines Darlehens durch Banküberweisung 12.000,00
   3. Zielkauf von Rohstoffen 16.000,00
   4. Barverkauf gebrauchter PCs 5.500,00
   5. Ein Kunde begleicht eine Rechnung durch Banküberweisung 8.700,00
   6. Kauf eines Computers gegen Bankscheck 5.000,00

3. Geben Sie an, um welche Art von Bilanzveränderung es sich bei den folgenden Geschäftsvorfällen handelt.
   1. Wir begleichen eine Liefererrechnung durch Banküberweisung 5.000,00
   2. Aufnahme des Darlehens bei der Bank 20.000,00
   Der Betrag wird auf unserem Bankkonto gutgeschrieben.

3. *Zielkauf von Rohstoffen* 12.000,00
4. *Barkauf von Hilfsstoffen* 1.500,00
5. *Verkauf gebrauchter Schreibmaschinen gegen Bankscheck* 1.200,00
6. *Ein Kunde überweist auf unser Bankkonto* 8.000,00
7. *Eine kurzfristige Liefererschuld über* 15.000,00
   wird in eine längerfristige Darlehensschuld umgewandelt.
8. *Kauf eines Pkw gegen Bankscheck* 28.000,00
9. *Teilrückzahlung eines Darlehens durch Banküberweisung* 25.000,00
10. *Ein Kunde begleicht eine Rechnung bar* 1.000,00
11. *Wir begleichen eine Liefererrechnung bar* 12.200,00
12. *Kauf von Lagerregalen auf Ziel* 3.500,00

6 Bestandskonten

6.1 Die Auflösung der Bilanz in Bestandskonten

In der Praxis ist es nicht möglich, nach jedem Geschäftsvorfall eine neue Bilanz aufzustellen. Um die Veränderungen des Vermögens und der Schulden übersichtlicher und mit weniger Arbeitsaufwand festzuhalten, werden die einzelnen Bilanzposten in Konten aufgelöst.

Dabei werden aus Gründen der besseren Übersichtlichkeit einzelne Bilanzpositionen in mehrere Konten aufgegliedert:

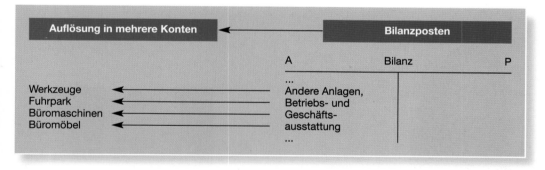

Das Konto ist eine zweiseitig geführte Darstellung. Die linke Seite eines Kontos wird als **Soll**, die rechte als **Haben** bezeichnet.

Die Konten, die aus der Eröffnungsbilanz abgeleitet werden und einen Anfangsbestand haben, bezeichnet man als **Bestandskonten**.

Hierbei unterscheidet man

■ Aktivkonten,

■ Passivkonten.

Die **aktiven Bestandskonten** sind **Vermögenskonten**. Ihre Anfangsbestände werden der Aktivseite der Bilanz entnommen. Die Eintragung des Anfangsbestandes erfolgt auf der Sollseite des betreffenden Kontos.

Bei den **passiven Bestandskonten** handelt es sich um **Kapitalkonten**. Die Anfangsbestände der passiven Bestandskonten entnehmen wir der Passivseite der Bilanz. Die Eintragung erfolgt im Haben des betreffenden Kontos.

A	Eröffnungsbilanz		P
Rohstoffe	100.000,00	Eigenkapital	130.000,00
Forderungen a.L.u.L.	120.000,00	Darlehen	40.000,00
Kasse, Bank	10.000,00	Verbindlichkeiten a.L.u.L.	60.000,00
	230.000,00		230.000,00

S	Rohstoffe	H	S	Eigenkapital	H
AB	100.000,00			AB	130.000,00

S	Forderungen a.L.u.L.	H	S	Darlehen	H
AB	120.000,00			AB	40.000,00

S	Kasse	H	S	Verbindlichkeiten a.L.u.L.	H
AB	2.000,00			AB	60.000,00

S	Bank	H
AB	8.000,00	

6.2   Das Buchen auf Bestandskonten

Damit die Bilanz immer im Gleichgewicht bleibt, müssen auf den Bestandskonten bestimmte Buchungsregeln beachtet werden.

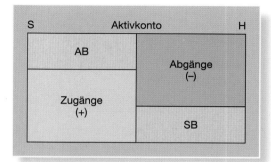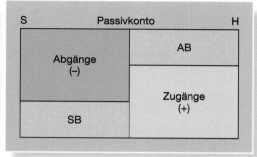

Die Buchungsregeln auf Aktiv- bzw. Passivkonten sind also genau spiegelverkehrt.

> **Lernhilfe**   Diese Regeln beruhen auf Vereinbarungen. Lernen Sie sie auswendig. Die fehlerfreie Beherrschung der Regeln ist Voraussetzung für das Verstehen und für das Funktionieren der Buchführung.

Bei fehlerfreier Anwendung der Buchungsregeln werden alle Konten – unter Berücksichtigung der Salden (Schlussbestände) – ebenso ausgeglichen sein wie die Bilanz.

Ein konkretes Beispiel soll die Buchung auf einem Konto verdeutlichen.

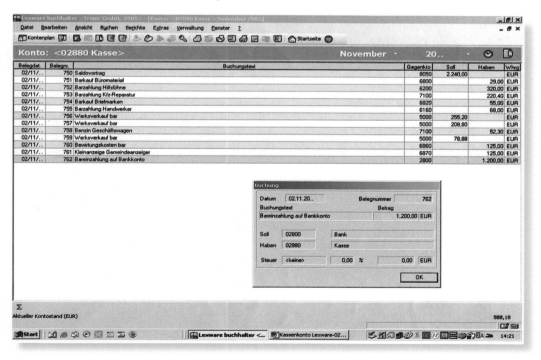

Wird dieser Kassenbericht in Kontenform umgewandelt, so erhält man das folgende Kassenkonto:

Soll		Kasse	Haben	
AB	3.620,00	Kauf Büromaterial	350,00	
Kundenzahlung	1.800,00	Aushilfslöhne	850,00	
Abhebung Bankkonto	2.000,00	Liefererrechnung	2.500,00	
Kundenzahlung	800,00	Saldo (SB)	5.190,00	(3)
Kundenzahlung	670,00	(4)		
(1)	8.890,00		8.890,00	(2)

Da es sich bei dem Kassenkonto um ein Aktivkonto handelt, wird der Anfangsbestand im Soll gebucht. Zugänge werden ebenfalls im Soll erfasst.

Der Endbestand wird zum gewünschten Zeitpunkt wie folgt ermittelt:

1. Man stellt fest, welche Seite die wertmäßig größere ist (nicht die Seite mit den meisten Eintragungen, sondern die Seite, bei der die Summe der Beträge am höchsten ist).

   Bei dem Aktivkonto Kasse ist dies die Sollseite. Die Beträge auf dieser Seite werden addiert.

2. Die Summe der größeren Seite wird auf die wertmäßig kleinere Seite übernommen (beide Seiten müssen – wie bei einer Waage – wertmäßig gleich groß sein).

3. Auf der wertmäßig kleineren Seite wird der Restbetrag (= Saldo) als Differenz ermittelt und eingetragen.
   Die Eintragung des Saldos auf die wertmäßig kleinere Seite führt dazu, dass jetzt beide Seiten wertmäßig gleich sind (saldieren = ausgleichen).

4. Um nachträgliche Eintragungen zu verhindern, sind Leerzeilen durch die so genannte „Buchhalternase" zu entwerten.

 Buchhalternase

Zur Arbeitserleichterung und größeren Übersichtlichkeit wird die Bilanz in Konten aufgelöst. Die aus der Bilanz abgeleiteten Konten bezeichnet man als Bestandskonten.

Für die aktiven und passiven Bestandskonten gilt folgende Buchungssystematik:

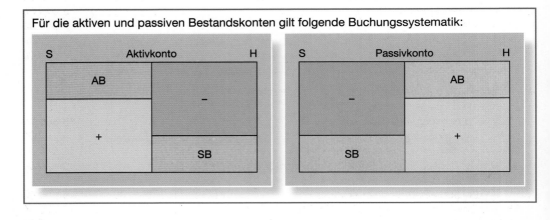

Aufgaben

1. Führen Sie das Kassenkonto der Tropic GmbH.

	EUR
01.01. Saldovortrag	2.200,00
04.01. Bareinkauf von Büromaterial	315,00
09.01. Barzahlung eines Kunden	2.500,00
10.01. Barzahlung eines Gehaltsvorschusses	1.000,00
11.01. Barzahlung an einen Lieferer	2.780,00
12.01. Barabhebung vom Bankkonto	4.000,00
19.01. Barzahlung für Benzin	156,00
22.01. Barzahlung einer Zeitungsanzeige	320,00
24.01. Barzahlung eines Kunden	3.240,00
29.01. Bareinzahlung auf das Bankkonto	5.000,00

Schließen Sie das Kassenkonto zum 31.01. ab.

2. Führen Sie das Bankkonto der Tropic GmbH.

01.01. Saldovortrag	45.000,00
05.01. Banküberweisung an einen Lieferer	12.650,00
12.01. Barabhebung vom Bankkonto	4.000,00
14.01. Banküberweisung eines Kunden	10.980,00
17.01. Schecklastschrift	2.350,00
20.01. Scheckgutschrift	4.700,00
24.01. Zinsgutschrift	1.030,00
27.01. Banküberweisung eines Kunden	18.690,00
28.01. Banküberweisung der Gehälter	20.365,00

Schließen Sie das Konto zum 31.01. ab.

3. Führen Sie für die Tropic GmbH das Kundenkonto der Kick Moden GmbH, Wiesbaden.

01.04. Saldovortrag (Anfangsbestand)	750,00
01.04. Warenlieferung AR 120	2.330,00
01.04. Banküberweisung	950,00
02.04. Warenlieferung AR 313	7.513,00
02.04. Banküberweisung	2.330,00
02.04. Warenlieferung AR 524	10.000,00
03.04. Warenlieferung AR 563	9.870,00
03.04. Banküberweisung	7.513,00
03.04. Warenlieferung AR 712	2.019,00
04.04. Warenlieferung AR 742	980,00
04.04. Banküberweisung	10.000,00
05.04. Banküberweisung	12.500,00

Schließen Sie das Konto zum 05.04. ab.

4. Führen Sie für die Tropic GmbH das Konto Verbindlichkeiten a.L.u.L. gegenüber der ZIP GmbH, Mannheim.

01.04. Anfangsbestand (Saldovortrag)	13.800,00
02.04. Zieleinkauf von Rohstoffen ER 314	1.100,00
03.04. Zieleinkauf von Hilfsstoffen ER 315	12.300,00
03.04. Wir begleichen die ER 302 durch Banküberweisung	8.750,00
04.04. Wir geben der ZIP GmbH zum Ausgleich der ER 306 einen Bankscheck über	4.200,00
05.04. Zieleinkauf von Rohstoffen ER 316	2.170,00
05.04. Banküberweisung zum Ausgleich der ER 308	3.480,00

Schließen Sie das Konto zum 05.04. ab.

7   Belegorganisation

7.1   Belege als Grundlage jeder Buchung

Cotton AG, Mainufer 325–360, 60696 Frankfurt/Main

Tropic GmbH
Rheingrafenstr. 20
55543 Bad Kreuznach

COTTON AG
BAUMWOLLWEBEREI

Rechnung

Bestellung vom 15.01.20..   Ihr Zeichen: Sdt/0045

Kdn.-Nr.: 555002
Rechnung-Nr. 235
Datum: 25.01.20..

Artikel-Nr.:	Bezeichnung	Menge	Einh.	Preis/Einheit	Mengen-rabatt %	Mengen-rabatt EUR	Einzel-preis EUR	Gesamt-preis EUR
20345	Baumwollstoff, blau, washed	400	m	25,00/m	20	5,00	20,00	8.000,00
20445	Baumwollstoff, schwarz	200	m	25,00/m	10	2,50	22,50	4.500,00
30123	T-Shirt-Stoff, 100 % Baumwolle, weiß	500	m	5,00/m	20	1,00	4,00	2.000,00
30124	T-Shirt-Stoff, 100 % Baumwolle, blau	400	m	5,50/m	20	1,10	4,40	1.760,00
30125	T-Shirt-Stoff, 100 % Baumwolle, rot	400	m	5,50/m	20	1,10	4,40	1.760,00
30126	T-Shirt-Stoff, 100 % Baumwolle, grün	400	m	5,50/m	20	1,10	4,40	1.760,00
40121	Rippstoff, 100 % Baumwolle, beige	1000	m	30,00/m	25	7,50	22,50	22.500,00
	Summe							42.280,00
	abzüglich 5 % Treuerabatt							2.114,00
	Rechnungspreis							40.166,00

zahlbar: 30 Tage Ziel, rein netto

i.V. Schiffer

Ust-IdNr.: DE 854133112
Bankverbindung: Deutsche Bank Frankfurt, BLZ: 300 200 10, Kto.-Nr. 000 555

In der Abteilung Finanzbuchhaltung erhalten Sie den oben abgebildeten Beleg zugeschickt.

1. Um welche Art von Beleg handelt es sich?

2. Nennen Sie wesentliche Angaben auf dem Beleg, die für Sie von Bedeutung sind.

SITUATION

Belege erfüllen eine wichtige Funktion innerhalb der Buchführung. Sie stellen die Verbindung zwischen einem betrieblichen Ereignis und seiner Erfassung und Darstellung im Rechnungswesen dar. Aus dem Beleg ergibt sich der zu buchende Geschäftsvorfall. Zugleich erfüllt der Beleg eine Beweisfunktion (z. B. bei Betriebsprüfungen).

Als Grundsatz gilt daher:

Regel	Keine Buchung ohne Beleg.

In der Praxis kann man verschiedene Belegarten unterscheiden:

Fremdbelege	Eigenbelege
Sie werden außerhalb des Betriebes erstellt und gehen uns im Geschäftsverkehr zu.	Sie werden im Betrieb erstellt.
Beispiele: ■ Eingangsrechnung für Rohstofflieferungen ■ Bankauszüge ■ Quittungen für geleistete Zahlungen	Beispiele: ■ Duplikate der Ausgangsrechnungen ■ Materialentnahmescheine ■ andere Belege ➡ wenn der Originalbeleg verloren ging ➡ wenn kein Beleg vorhanden ist (z. B. bei Privatentnahmen) ➡ für Umbuchungen

Beispiel für einen externen Beleg

⑊ Sparkasse Rhein-Nahe   BLZ 560 501 80

Kontonummer	Kontoart	letzter Auszug	Erstellungsdatum	Auszug-Nr.	Blatt
123 456	KKT	21.03.20..	23.03.20..	19	1

Beleg-Nr.	Buchungstag	Wert	Text	Betrag EUR
			Saldo alt	19.800,00 +
991610	22.03.20..	22.03.20..	Rechnung-Nr. 4321 an ZIP Kurzwaren	12.000,00 −
993402	22.03.20..	23.03.20..	Rechnung-Nr. 456 von Kick Moden GmbH	18.450,00 +
995500	22.03.20..	22.03.20..	Axa-Versicherung Gebäude Nr. 13579	2.560,00 −
			Saldo neu	23.690,00 +

Tropic GmbH
Rheingrafenstr. 20
55543 Bad Kreuznach

Beispiel für einen internen Beleg

Materialentnahmeschein

			Kostenstelle					
			empfangende Näherei 137					
Stückliste	Tropic Jeans							
Verbrauchszweck	Produktion		**Auftrags-Nr.** 123/556					
lfd. Nr.	**Artikel-Nr.**	**Bezeichnung**	**Einheit**	**Lager-Nr.**	**Menge**	**Einzelpreis**	**Gesamtpreis**
1	222	Reißverschlüsse	10er	R24	10	4,80 EUR	480,00 EUR
2							
3							
4							
5							

Buchungsvermerk		**Ausstellung**		**Empfang**	
	6020	**Datum**	IS. Mai 20..	**Datum**	15. Mai 20..
	2020	**Unterschrift**	Müller	**Unterschrift**	Sauer

In den Belegen müssen die Geschäftsvorfälle zutreffend beschrieben werden. Sie enthalten z. B. bei einer Eingangsrechnung:

■ Firma des Ausstellers

■ Datum des Geschäftsvorganges

■ Art und Erläuterung des Geschäftsvorganges

■ Betrag (oder Mengen- und Wertangabe, aus denen der Betrag errechnet wird)

■ Datum der Ausstellung

■ Kontierung (Es sind gegenseitige Verweise vom Beleg auf die angesprochenen Konten und von diesen auf den Beleg anzubringen.)

■ fortlaufende Belegnummer oder Ordnungsnummer

■ Buchungsdatum

Die Belege sind in lückenloser Reihenfolge abzuheften und zehn Jahre aufzubewahren. Die Aufbewahrungsfrist beginnt mit dem Ende des Kalenderjahres, in dem der Buchungsbeleg entstanden ist. Das Gesetz erlaubt dabei den Einsatz technischer Hilfsmittel (Mikroverfilmung, computermäßige Erfassung und Speicherung), sofern dabei sichergestellt ist, dass die Kopien mit dem Urbeleg übereinstimmen.

7.2   Bearbeitung der Belege

Belege müssen, bevor sie als Grundlage der Buchhaltung dienen, zuerst auf ihre Richtigkeit überprüft werden.
Am Beispiel einer Liefererrechnung kann der Weg bis zur Buchung wie folgt aussehen:

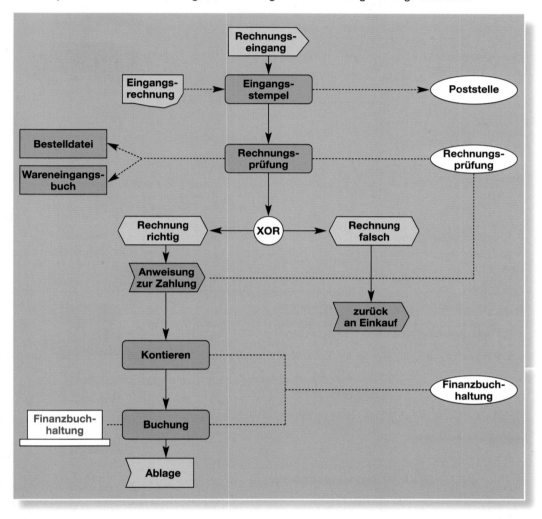

8   Der Buchungssatz

SITUATION

Cotton AG, Mainufer 325–360, 60696 Frankfurt/Main

Tropic GmbH
Rheingrafenstr. 20
55543 Bad Kreuznach

COTTON AG
BAUMWOLLWEBEREI

Rechnungs-Nr. 235/654   Auftrag vom 18.04.20..   Datum 25.04.20..

Sehr geehrte Damen und Herren,
wir danken für Ihren Auftrag und berechnen vereinbarungsgemäß folgende Positionen:

Position	Anzahl	Einzelpreis in EUR	Gesamtpreis in EUR
Baumwollstoff, blau, washed	40 m	25,00/m	1.000,00
Baumwollstoff, schwarz	20 m	25,00/m	500,00
		Rechnungs-betrag	**1.500,00**

Zahlungsbedingungen: 30 Tage Ziel, rein netto

Bankverbindung   **Bankleitzahl**   **Konto-Nummer**
Deutsche Bank Frankfurt   300 200 10   000 555
USt-IdNr.: DE 854133112

*1. Welcher Geschäftsvorfall liegt dem abgebildeten Beleg
   zugrunde?*

*2. Um welche Art von Wertveränderung in der Bilanz handelt
   es sich?*

8.1   Der einfache Buchungssatz

Zur Vorkontierung der Belege (gebräuchlich sind Kontierungsstempel oder -zettel) und zur Eintragung der Buchungen im Grundbuch (s. S. 95) in zeitlicher Reihenfolge werden Buchungssätze gebildet.

Ein Buchungssatz gibt an, auf welchen Konten und auf welcher Seite der betreffenden Konten ein Geschäftsvorfall zu buchen ist.

Jeder Buchungssatz wird gebildet nach dem Prinzip

| Regel |

Soll an Haben

Diese formelhafte Vorgehensweise ist erforderlich, um

- Fehler auszuschließen

- die Kommunikation über buchhalterische Sachverhalte zu erleichtern

Das Wörtchen **„an"** trennt dabei die Sollkonten von den Habenkonten.

Welche „Schritt-für-Schritt-Überlegungen" zur Aufstellung des Buchungssatzes anzustellen sind, soll am Beispiel der zu Beginn dieses Kapitels abgebildeten Rechnung aufgezeigt werden:

1. Welche Konten werden angesprochen?
   – Rohstoffe, Verbindlichkeiten a.L.u.L.

2. Handelt es sich um Aktiv- oder um Passivkonten?
   – Rohstoffe   = Aktivkonto
   – Verbindlichkeiten a.L.u.L. = Passivkonto

3. Liegt ein Zugang oder ein Abgang vor?
   – Rohstoffe: Zugang
   – Verbindlichkeiten a.L.u.L.: Zugang

4. Auf welcher Kontenseite muss gebucht werden?
   Zugang an Rohstoffen (Aktivkonto)   = Soll
   Zugang an Verbindlichkeiten (Passivkonto)   = Haben

Zuerst wird im Kontenanruf das Konto genannt, auf dem im Soll gebucht wird. Danach folgt das Konto, auf dem im Haben gebucht wird. Soll- und Habenbuchung werden durch das Wort „an" verbunden.

Rohstoffe 1.500,00	an	Verbindlichkeiten a.L.u.L. 1.500,00

Werden bei einer Buchung nur zwei Konten berührt, so spricht man von einem „einfachen Buchungssatz".

In der Praxis wird oft ein Kontierungsstempel auf dem Beleg angebracht, in den der Kontenanruf eingetragen wird.

Konto	Soll	Haben
Rohstoffe	1.500,00	
Verbindlichkeiten a.L.u.L.		1.500,00
gebucht am: 26.04.20..	von: D. Müller	

Nach dem Ausfüllen des Kontierungsstempels erfolgt die Eintragung im Grundbuch. Das Grundbuch, auch Journal genannt, hält die Buchungssätze in zeitlicher Reihenfolge fest.

Die Ausgestaltung des Grundbuches kann in der Praxis unterschiedlich aussehen. Gemeinsam ist allen Darstellungen jedoch, dass sie folgende Angaben enthalten:

- Eingangs- bzw. Ausstellungsdatum der Belege

- Belegnummer

- Buchungssatz

Grundbuch					
Datum	Beleg	Buchungstext			
		Soll	EUR	Haben	EUR
26.04.20..	ER 354/C	Rohstoffe	1.500,00	Verbindlich-keiten a.L.u.L.	1.500,00

In der Praxis kann die Funktion des Grundbuches auch durch eine geordnete Belegablage erfüllt werden („Offene-Posten-Buchhaltung").

Im Anschluss an die Eintragung im Grundbuch werden die Geschäftsvorfälle auf den Konten des Hauptbuches gebucht.

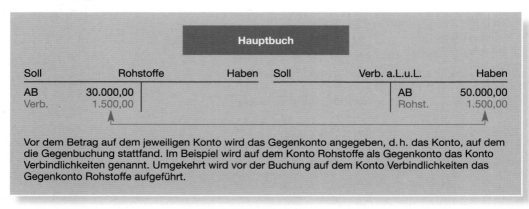

Vor dem Betrag auf dem jeweiligen Konto wird das Gegenkonto angegeben, d. h. das Konto, auf dem die Gegenbuchung stattfand. Im Beispiel wird auf dem Konto Rohstoffe als Gegenkonto das Konto Verbindlichkeiten genannt. Umgekehrt wird vor der Buchung auf dem Konto Verbindlichkeiten das Gegenkonto Rohstoffe aufgeführt.

- Grundlage jeder Buchung sind Belege (Eigen-, Fremdbelege).

- Belege müssen vorkontiert werden.

- Die Geschäftsvorfälle werden in zeitlicher Reihenfolge im Grundbuch festgehalten.

- Dazu bedient man sich der Buchungssätze.

- Bei einem Buchungssatz wird zuerst das Konto genannt, auf dem im Soll gebucht wird, dann das Konto, das im Haben berührt wird.

> **Soll   an   Haben**

- Im Hauptbuch werden dann die Geschäftsvorfälle auf Konten gebucht.

Aufgaben

1. Bilden Sie die Buchungssätze zu den folgenden Geschäftsvorfällen.

	EUR
1. Ein Kunde begleicht eine Rechnung bar	2.000,00
2. Barabhebung von der Bank	3.000,00
3. Rohstoffeinkauf auf Ziel	6.000,00
4. Wir begleichen die Rechnung eines Lieferers durch Banküberweisung	2.500,00
5. Kauf eines Pkw auf Ziel	28.000,00
6. Tilgung einer Darlehensschuld durch Banküberweisung	40.000,00
7. Barkauf von Hilfsstoffen	200,00

8. Bareinzahlung auf das Postbankkonto 5.000,00
9. Kauf eines PCs gegen Bankscheck 1.500,00
10. Ein Kunde begleicht eine Rechnung durch Überweisung
    auf das Postbankkonto 3.200,00
11. Aufnahme eines Darlehens bei der Bank 20.000,00
    Der Betrag wird unserem Bankkonto gutgeschrieben
12. Barverkauf eines gebrauchten Pkw 2.000,00
13. Überweisung vom Bankkonto auf das Postbankkonto 6.000,00
14. Wir begleichen eine Rechnung durch Barzahlung   850,00

2. Welche Geschäftsvorfälle liegen den folgenden Buchungssätzen zugrunde?

Soll	EUR	Haben	EUR
1. Kasse	2.000,00	Bank	2.000,00
2. Rohstoffe	6.000,00	Verbindlichkeiten a.L.u.L.	6.000,00
3. Darlehensschulden	8.000,00	Bank	8.000,00
4. Kasse	1.000,00	Forderungen a.L.u.L.	1.000,00
5. Bank	4.000,00	Fuhrpark	4.000,00
6. Bank	9.000,00	Darlehensschulden	9.000,00
7. Forderungen a.L.u.L.	5.000,00	Fuhrpark	5.000,00
8. Betriebs- und Geschäfts-ausstattung	3.000,00	Bank	3.000,00

3. Kontieren Sie die folgenden Belege für die Tropic GmbH.
   Es ist für jede Beleg-Nr. ein Buchungssatz zu nennen.

Beleg 1:

Quittung

Ausgestellt von: ZIP GmbH   Nummer: 13
Rheinstr. 1   Ausgestellt am: 01.06.20..
68294 Mannheim

Gesamtbetrag: **300,00 EUR**

	Millionen	HundertTSD	ZehnTSD	Tausender	Hunderter	Zehner	Einer
Betrag in Worten:					Drei	Null	Null

Betrag erhalten von: Tropic GmbH
Betrag erhalten für: Lieferung Reißverschlüsse

ZIP GmbH
Rheinstraße 1
68294 Mannheim
i. V. Pauly
Stempel/Unterschrift

Beleg 2:

HiComp GmbH
Computerhandel

HiComp GmbH, Am Markt 15, 55494 Rheinböllen

Tropic GmbH
Rheingrafenstr. 20
55543 Bad Kreuznach

Rechnungs-Nr. 94/06/1478   Auftrag vom 28.05.20..   Datum 03.06.20..

Sehr geehrte Damen und Herren,
wir danken für Ihren Auftrag und berechnen vereinbarungsgemäß folgende Positionen:

Position	Anzahl	Einzelpreis in EUR	Gesamtpreis in EUR
Drucker PT 970 c	2	320,00	640,00
		Rechnungs-betrag	**640,00**

Zahlungsbedingungen: 30 Tage Ziel, rein netto

Bankverbindung	**Bankleitzahl**	**Konto-Nummer**
Sparkasse Rhein-Nahe	560 501 80	155 888
USt-IdNr.: DE 135792468		

Beleg 3:

Sparkasse Rhein-Nahe   BLZ 560 501 80

Kontonummer	Kontoart	letzter Auszug	Erstellungsdatum	Auszug-Nr.	Blatt
123 456	KKT	01.07.20..	02.07.20..	48	1

Beleg-Nr.	Buchungstag	Wert	Text	Betrag EUR
			Saldo alt	20.300,00 +
980023	02.07.20..	02.07.20..	Rechnung-Nr. 94/06/1478 an HiComp GmbH	640,00 –
			Saldo neu	19.660,00 +

Tropic GmbH
Rheingrafenstr. 20
55543 Bad Kreuznach

Beleg 4:

≘ Sparkasse Rhein-Nahe				BLZ 560 501 80		

Kontonummer	Kontoart	letzter Auszug	Erstellungsdatum	Auszug-Nr.	Blatt
123 456	KKT	02.07.20..	03.07.20..	49	1

Beleg-Nr.	Buchungstag	Wert	Text	Betrag EUR
			Saldo alt	19.660,00 +
990024	03.07.20..	03.07.20..	Barabhebung Bankkonto Geldautomat	3.000,00 –
990025	03.07.20..	03.07.20..	Lastschrift Darlehenstilgung 12554	5.000,00 –
			Saldo neu	11.660,00 +

Tropic GmbH
Rheingrafenstr. 20
55543 Bad Kreuznach

8.2   Der zusammengesetzte Buchungssatz

Häufig kommt es vor, dass durch Geschäftsvorfälle mehr als zwei Konten berührt werden. Buchungssätze, die aus solchen Geschäftsvorfällen entstehen, bezeichnet man als **zusammengesetzte Buchungssätze**.

1. Beispiel Ein Kunde begleicht eine Rechnung über 4.000,00 EUR zum Teil bar (500,00 EUR). Den Restbetrag überweist er.

Dieser Geschäftsvorfall führt zu folgendem Buchungssatz:

Soll	EUR	Haben	EUR
Kasse	500,00	Forderungen a.L.u.L.	4.000,00
Bank	3.500,00		

Zwei Sollbuchungen stehen einer Habenbuchung gegenüber.

2. Beispiel Wir kaufen Rohstoffe im Wert von 10.000,00 EUR. Wir leisten sofort eine Barzahlung in Höhe von 3.000,00 EUR. Über den Restbetrag gewährt uns der Lieferer ein Zahlungsziel von 30 Tagen.

Es kommt zu folgendem Buchungssatz:

Soll	EUR	Haben	EUR
Rohstoffe	10.000,00	Kasse	3.000,00
		Verbindlichkeiten a.L.u.L.	7.000,00

Einer Sollbuchung stehen zwei Habenbuchungen gegenüber.

■ Auch bei einem zusammengesetzten Buchungssatz werden zuerst die Konten genannt, die im Soll berührt werden, danach die Konten, auf denen im Haben gebucht wird.

■ In jedem Fall gilt:

Die im Soll und im Haben zu buchenden Beträge müssen summenmäßig stets gleich sein, damit die Bilanz ausgeglichen ist.

> **Merke:**
> Ein unausgeglichener Buchungssatz ist ein Fehler. Dieser fehlerhafte Buchungssatz bzw. eine falsche Buchung führen zu einer unausgeglichenen Bilanz.

Aufgaben

1. Bilden Sie die Buchungssätze zu den folgenden Geschäftsvorfällen.

	EUR
1. Ein Kunde begleicht eine Rechnung über	*8.000,00*
durch Banküberweisung	*6.000,00*
und Postbanküberweisung	*2.000,00*
2. Wir kaufen Rohstoffe im Wert von	*20.000,00*
Wir bezahlen sofort bar	*2.500,00*
Über den Restbetrag gewährt uns der Lieferer ein Zahlungsziel von 60 Tagen.	
3. Wir begleichen die Rechnung eines Lieferers über	*30.000,00*
durch Banküberweisung	*18.000,00*
und Postbanküberweisung	*12.000,00*
4. Ein Kunde begleicht eine Rechnung über	*6.200,00*
durch Bankscheck	*6.000,00*
und Barzahlung	*200,00*
5. Wir kaufen einen Pkw im Wert von	*34.000,00*
Wir zahlen bar	*2.000,00*
und stellen einen Bankscheck aus über	*20.000,00*
Über den Restbetrag gewährt uns der Autohändler ein Zahlungsziel von 60 Tagen.	
6. Wir verkaufen einen gebrauchten Pkw.	
Der Käufer zahlt bar	*1.000,00*
und stellt über den Restbetrag einen Bankscheck aus über	*9.000,00*
7. Wir tilgen eine Darlehensschuld durch eine Banküberweisung in Höhe von . .	*20.000,00*
und durch eine Postbanküberweisung über	*8.000,00*

2. Welche Geschäftsvorfälle liegen den folgenden Buchungssätzen zugrunde?

Soll	EUR	Haben	EUR
1. Bank	8.000,00	Forderungen a.L.u.L.	10.000,00
Kasse	2.000,00		
2. Bank	14.000,00	Fuhrpark	19.000,00
Kasse	5.000,00		
3. Verbindlichkeiten a.L.u.L.	9.000,00	Bank	7.000,00
		Kasse	2.000,00
4. Rohstoffe	12.000,00	Bank	2.000,00
		Verbindlichkeiten a.L.u.L.	10.000,00
5. Hilfsstoffe	8.000,00	Kasse	1.000,00
		Bank	7.000,00
6. Fuhrpark	30.000,00	Kasse	2.000,00
		Bank	8.000,00
		Verbindlichkeiten a.L.u.L.	20.000,00

9 Von der Eröffnungsbilanz zur Schlussbilanz

Es scheint ganz schön schwer zu sein, die Bilanz über ein ganzes Jahr immer im Gleichgewicht zu halten.

SITUATION

Zu Beginn des Geschäftsjahres werden die Konten des Hauptbuches eröffnet. Um das Prinzip der doppelten Buchführung auch bei der Eröffnung der einzelnen Konten beizubehalten, wird zusätzlich das Eröffnungsbilanzkonto eingerichtet, ein Spiegelbild der Eröffnungsbilanz.

Bei der Buchung eines Geschäftsganges von der Eröffnungsbilanz bis zur Schlussbilanz sind folgende Arbeitsschritte vorzunehmen.

1. Die aktiven und passiven Bestandskonten werden eingerichtet. Die Anfangsbestände werden mithilfe des Eröffnungsbilanzkontos auf den entsprechenden Konten eingetragen.

2. Die Buchungssätze zu den einzelnen Geschäftsvorfällen werden im Grundbuch eingetragen.

3. Die Geschäftsvorfälle werden auf den Konten des Hauptbuches gebucht.

4. Die Konten werden über das Schlussbilanzkonto abgeschlossen.

5. Das Schlussbilanzkonto wird abgeschlossen. Die Summe der Sollseite muss der Summe der Habenseite entsprechen.

6. Die Schlussbilanz wird erstellt.

> **Lernhilfe**   Nummerieren Sie – zusätzlich zur Angabe des Gegenkontos – die Buchungen auf den Konten durch. Das erleichtert die eventuelle Fehlersuche.

In der Praxis kommt der Abstimmung der Verkehrszahlen eine große Bedeutung zu. Durch die Prüfung wird sichergestellt, dass die Erfassung und Verarbeitung der Zahlen fehlerfrei erfolgt ist.

Soll- bzw. Habenbeträge der Buchungen im Grundbuch (einschl. Eröffnungs- und Schlussbilanzbuchungen)	=	Soll bzw. Habenbeträge im Hauptbuch (Summe der jeweiligen Konten einschl. Eröffnungsbilanz- und Schlussbilanzkonto)

Nach der Eröffnung der Hauptbuchkonten werden die Geschäftsvorfälle auf den entsprechenden Konten gebucht.

Am Jahresende werden die Bestandskonten abgeschlossen. Die Salden werden auf das Schlussbilanzkonto übertragen.
Durch Zusammenfassung ähnlicher Posten wird aus dem Schlussbilanzkonto die Schlussbilanz erstellt.

Grundbuch

	Soll	EUR	Haben	EUR
Eröffnungs-buchungen	Rohstoffe	30.000,00	EBK	30.000,00
	Forderungen a.L.u.L.	12.000,00	EBK	12.000,00
	Kasse	8.000,00	EBK	8.000,00
	Bank	80.000,00	EBK	80.000,00
	EBK	120.000,00	Eigenkapital	120.000,00
	EBK	10.000,00	Verbindlichkeiten a.L.u.L.	10.000,00
Geschäftsvorfälle 1. Zielkauf von Rohstoffen 5.000,00 EUR	Rohstoffe	5.000,00	Verbindlichkeiten a.L.u.L.	5.000,00
2. Banküberwei-sung zum Aus-gleich einer Liefererrechnung 3.000,00 EUR	Verbindlichkeiten a.L.u.L.	3.000,00	Bank	3.000,00
3. Ein Kunde begleicht eine Rechnung über 600,00 EUR bar	Kasse	600,00	Forderungen a.L.u.L.	600,00
4. Barabhebung vom Bankkonto 1.000,00 EUR	Kasse	1.000,00	Bank	1.000,00
Abschluss-buchungen	SBK	35.000,00	Rohstoffe	35.000,00
	SBK	11.400,00	Forderungen a.L.u.L.	11.400,00
	SBK	9.600,00	Kasse	9.600,00
	SBK	76.000,00	Bank	76.000,00
	Eigenkapital	120.000,00	SBK	120.000,00
	Verbindlichkeiten a.L.u.L.	12.000,00	SBK	12.000,00
Summe Grundbuch		533.600,00		533.600,00

Bilanzbuch

A		Eröffnungsbilanz	P
Rohstoffe	30.000,00	Eigenkapital	120.000,00
Forderungen	12.000,00	Verbindlichkeiten a.L.u.L.	10.000,00
Kassenbestand, Guthaben bei Kreditinstituten	88.000,00		
	130.000,00		130.000,00

Hauptbuch

S		Eröffnungsbilanzkonto			H
Eigenkapital	120.000,00		Rohstoffe		30.000,00
Verbindlichkeiten a.L.u.L.	10.000,00		Forderungen		12.000,00
			Kasse		8.000,00
			Bank		80.000,00
	130.000,00				130.000,00

S	Rohstoffe		H	S	Eigenkapital		H
AB	30.000,00	SBK	35.000,00	SBK	120.000,00	AB	120.000,00
Verb.	5.000,00						
	35.000,00		35.000,00				

S	Forderungen a.L.u.L.		H	S	Verbindlichkeiten a.L.u.L.		H
AB	12.000,00	Kasse	600,00	Bank	3.000,00	AB	10.000,00
		SBK	11.400,00	SBK	12.000,00	Rohstoffe	5.000,00
	12.000,00		12.000,00		15.000,00		15.000,00

S	Kasse		H
AB	8.000,00	SBK	9.600,00
Forderungen	600,00		
Bank	1.000,00		
	9.600,00		9.600,00

S	Bank		H
AB	80.000,00	Verb.	3.000,00
		Kasse	1.000,00
		SBK	76.000,00
	80.000,00		80.000,00

S		Schlussbilanzkonto			H
Rohstoffe	35.000,00		Eigenkapital		120.000,00
Forderungen	11.400,00		Verbindlichkeiten a.L.u.L.		12.000,00
Kasse	9.600,00				
Bank	76.000,00				
	132.000,00				132.000,00

Bilanzbuch

A		Schlussbilanz			P
Rohstoffe	35.000,00		Eigenkapital		120.000,00
Forderungen	11.400,00		Verbindlichkeiten a.L.u.L.		12.000,00
Kasse, Guthaben bei Kreditinstituten					
Bank	85.600,00				
	132.000,00				132.000,00

Aufgaben

Für die Übungsaufgaben gilt folgender Arbeitsauftrag:
Richten Sie die Konten ein. Tragen Sie die Anfangsbestände vor. Bilden Sie zu den Geschäftsvor-
fällen die entsprechenden Buchungssätze. Buchen Sie die Geschäftsvorfälle auf den Konten.
Schließen Sie die Konten ordnungsgemäß ab. Stellen Sie das Schlussbilanzkonto auf.

1. *Für die ZIP GmbH, Mannheim, wurden durch Inventur folgende Bestände in EUR ermittelt:*
   Maschinen 180.000,00; Fuhrpark 50.000,00; Betriebs- und Geschäftsausstattung 48.000,00;
   Rohstoffe 37.000,00; Hilfsstoffe 4.000,00; Betriebsstoffe 1.000,00; Unfertige Erzeugnisse
   10.000,00; Fertigerzeugnisse 8.000,00; Forderungen a.L.u.L. 6.000,00; Bankguthaben
   60.000,00; Kasse 500,00; Eigenkapital ?; Verbindlichkeiten a.L.u.L. 13.500,00.

Geschäftsvorfälle	**EUR**
1. *Zielkauf von Rohstoffen*	*8.000,00*
2. *Kauf einer Fertigungsmaschine auf Ziel*	*13.000,00*
3. *Wir begleichen eine Liefererrechnung durch Banküberweisung*	*5.500,00*
4. *Verkauf eines gebrauchten Druckers gegen Bankscheck*	*1.000,00*
5. *Barabhebung vom Bankkonto*	*2.200,00*
6. *Ein Kunde begleicht eine Rechnung durch Banküberweisung über*	*1.500,00*
7. *Barkauf von Betriebsstoffen*	*300,00*
8. *Zielkauf eines Pkw*	*25.000,00*

2. *Für die Faden GmbH, Koblenz, wurden durch Inventar folgende Bestände in EUR ermittelt:*
   Maschinen 300.000,00; Fuhrpark 60.000,00; Betriebs- und Geschäftsausstattung 30.000,00;
   Rohstoffe 58.000,00; Hilfsstoffe 3.200,00; Betriebsstoffe 1.100,00; Unfertige Erzeugnisse
   6.000,00; Fertigerzeugnisse 8.000,00; Forderungen a.L.u.L. 12.000,00; Kasse 2.000,00; Bank-
   guthaben 90.000,00; Eigenkapital ?; Darlehen 10.000,00; Verbindlichkeiten a.L.u.L. 16.700,00.

Geschäftsvorfälle	**EUR**
1. *Barkauf von Betriebsstoffen*	*1.000,00*
2. *Zielkauf eines Kleintransporters*	*42.000,00*
3. *Barverkauf einer gebrauchten Registrierkasse*	*500,00*
4. *Wir begleichen eine Liefererrechnung durch Banküberweisung*	*3.700,00*
5. *Ein Kunde begleicht eine Rechnung bar*	*1.200,00*
6. *Barverkauf einer gebrauchten Fertigungsmaschine*	*2.300.00*
7. *Bareinzahlung auf das Bankkonto*	*3.000,00*
8. *Aufnahme eines Darlehens über*	*30.000,00*
Der Darlehensbetrag wird unserem Bankkonto gutgeschrieben.	

3. *Für die Meersdonk OHG, Mainz, wurden durch Inventar folgende Bestände in EUR ermittelt:*
   Maschinen 280.000,00; Fuhrpark 45.000,00; Betriebs- und Geschäftsausstattung 25.000,00;
   Rohstoffe 70.000,00; Hilfsstoffe 5.700,00; Betriebsstoffe 800,00; Unfertige Erzeugnisse
   12.000,00; Fertigerzeugnisse 16.000,00; Forderungen a.L.u.L. 12.000,00; Kasse 2.700,00;
   Bankguthaben 58.200,00; Eigenkapital ?; Verbindlichkeiten a.L.u.L. 17.300,00.

Geschäftsvorfälle	**EUR**
1. *Zieleinkauf von Rohstoffen*	*4.200,00*
2. *Ein Kunde begleicht eine Rechnung durch Banküberweisung*	*7.400,00*
3. *Barabhebung vom Bankkonto*	*3.000,00*
4. *Wir begleichen eine Liefererrechnung durch Banküberweisung*	*4.800,00*
5. *Barverkauf gebrauchter Büromöbel*	*1.000,00*
6. *Wir begleichen eine Liefererrechnung bar*	*500,00*
7. *Barkauf von Hilfsstoffen*	*700,00*
8. *Verkauf eines gebrauchten Pkw gegen Bankscheck*	*4.100,00*

4. *Für die Möbelfabrik Fritz Tisch, Hamburg, wurden durch Inventur folgende Bestände in EUR ermittelt:*

Maschinen 420.000,00; Fuhrpark 70.000,00; Betriebs- und Geschäftsausstattung 84.000,00; Rohstoffe 70.000,00; Hilfsstoffe 4.300,00; Betriebsstoffe 1.300,00; Unfertige Erzeugnisse 14.000,00; Fertigerzeugnisse 8.000,00; Forderungen a.L.u.L. 47.300,00; Kasse 1.900,00; Postbank 13.200,00; Bankguthaben 97.200,00; Eigenkapital ?; Darlehen 80.000,00; Verbindlichkeiten a.L.u.L. 106.000,00.

Geschäftsvorfälle

	EUR
1. *Verkauf eines gebrauchten Pkw gegen Bankscheck*	5.000,00
2. *Tilgung einer Darlehensschuld durch Banküberweisung*	20.000,00
3. *Wir begleichen eine Liefererrechnung durch Überweisung vom Postbankkonto* .	3.200,00
4. *Zielkauf von Rohstoffen*	13.350,00
5. *Kauf eines PCs gegen Bankscheck*	3.800,00
6. *Ein Kunde begleicht eine Rechnung durch Überweisung auf unser Postbankkonto*	16.000,00
7. *Zielkauf eines Pkw*	28.000,00
8. *Zielkauf von Hilfsstoffen*	2.300,00
9. *Umbuchung vom Postbankkonto auf das Bankkonto*	20.000,00

10 Erfolgskonten

10.1 Einführung in Erfolgskonten

≡ Sparkasse Rhein-Nahe		BLZ 560 501 80		
Kontoauszug Tropic GmbH		**Konto-Nr. 567890**	**Blatt 1**	**Seite 1**
Buchungstext	Wert		Soll	Haben
Miete für Lagerhalle Monat Mai	05.12.		500,00	
Zinsen	06.12.		25,98	
Schmitt Kd.Nr.: 34567, Re.Nr.: 12567	06.12.			1.500,00
Zinsen auf Guthaben	07.12.			5,75
ReNr. 12345; Cotton GmbH; Baumwolle, Empfänger bekannt.	08.12.		1.000,00	

Welche Vorgänge werden auf dem Kontoauszug dargestellt?

Welche Positionen der Bilanz werden berührt?

10.1.1 Aufwendungen und Erträge

Alle bisherigen Buchungen haben das Eigenkapital nicht verändert. Bei einem Barkauf von Rohstoffen steht einem Wertezuwachs auf einem Bestandskonto (Zunahme von Rohstoffen) gleichzeitig ein Werteverzehr auf einem anderen Bestandskonto (Abnahme des Kassenbestandes) gegenüber.

Ziel aber wird es sein, Gewinn zu erwirtschaften. Ein Gewinn (= positiver Erfolg) erhöht das Eigenkapital, ein Verlust mindert es (= negativer Erfolg). Im Laufe eines Geschäftsjahres gibt es viele Vorgänge, die den Erfolg direkt beeinflussen.

Werden Rohstoffe für die Fertigung entnommen und verbraucht, liegt ein Werteverzehr vor (Abnahme von Rohstoffen), ohne dass es unmittelbar zu einem Wertezuwachs auf einem anderen Bestandskonto kommt.

Aufwendungen stellen den gesamten **Werteverzehr** an Gütern und Dienstleistungen dar.

Beispielsweise werden Rohstoffe verbraucht, Löhne gezahlt. Aufwendungen **mindern** das Eigenkapital (Soll-Seite des Eigenkapital-Kontos).

Erträge stellen das Gegenteil dar, nämlich einen **Wertezuwachs**.

Dazu zählen in erster Linie die Erlöse aus dem Verkauf der produzierten Güter. Erträge **mehren** das Eigenkapital (Haben-Seite des Eigenkapital-Kontos).

Lernhilfe	
Aufwendungen	**Erträge**
■ Verbrauch von Roh-, Hilfs- und Betriebsstoffen für die Fertigung ■ Personalkosten ■ Mietaufwand ■ Zinsaufwand ■ Büromaterial ■ Steuern ■ Instandhaltung, Reparaturen ■ Werbekosten ■ …	■ Umsatzerlöse ■ Mieterträge ■ Zinserträge ■ …

Die Differenz zwischen Aufwendungen und Erträgen gibt Auskunft darüber, ob das Unternehmen erfolgreich gewirtschaftet hat.

10.1.2 Buchen erfolgswirksamer Vorgänge

◆ **Aufwendungen**

Tropic GmbH					*Materialentnahmeschein*
Pos.	**Text**	**Einheit**	**Menge**	**Einzelpreis**	**Gesamt**
1030	Baumwolle	Ballen	10	45,00 EUR	450,00 EUR

Aufgaben

Wer hat den Beleg erstellt?

Welcher Vorgang liegt dem Beleg zugrunde?

Welche Positionen der Bilanz sind betroffen, wie verändern sie sich?

Der Lagerbestand der Rohstoffe vermindert sich. Die Buchung erfolgt auf der Haben-Seite des entsprechenden Kontos. Um die Gegenbuchung zu ermitteln, ist zu überlegen, welche Veränderung der Geschäftsvorfall auf der Bilanz bewirkt:

- Die Vorräte im Umlaufvermögen (Aktivseite) verringern sich um 450,00 EUR.

- Durch den Verzehr von Vermögenswerten (hier Rohstoffe) sinkt das Eigenkapital (Passivseite).

Minderungen des Eigenkapitals werden auf der Soll-Seite des Kontos Eigenkapital (passives Bestandskonto) gebucht.

Buchungssatz

Soll	EUR	Haben	EUR
Eigenkapital	450,00	Rohstoffe	450,00

Definition   Aufwendungen vermindern das Eigenkapital (Soll-Seite).

♦ Erträge

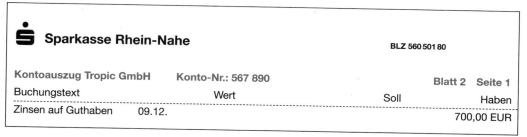

Sparkasse Rhein-Nahe		BLZ 560 501 80	
Kontoauszug Tropic GmbH	Konto-Nr.: 567 890		Blatt 2 Seite 1
Buchungstext	Wert	Soll	Haben
Zinsen auf Guthaben	09.12.		700,00 EUR

Aufgaben

Welcher Vorgang wird auf dem Beleg dargestellt?

Welche Positionen der Bilanz werden berührt?

Das Bankguthaben nimmt zu. Die Buchung ist auf der Soll-Seite des entsprechenden Kontos vorzunehmen. Zur Ermittlung der Gegenbuchung überlegen wir uns die Auswirkung des Geschäftsvorfalls auf die Bilanz:

- Das Bankguthaben im Umlaufvermögen (Aktivseite) steigt um 700,00 EUR.

- Das Eigenkapital (Passivseite) steigt durch den Wertzuwachs im Umlaufvermögen um den gleichen Betrag.

Die Zunahme des Eigenkapitals wird auf der Habenseite (passives Bestandskonto) des Kontos gebucht.

Buchungssatz

Soll	EUR	Haben	EUR
Bank	700,00	Eigenkapital	700,00

Definition   Erträge vermehren das Eigenkapital (Haben-Seite).

Das Konto Eigenkapital enthält nun folgende Positionen:

Soll	Eigenkapital	Haben
Aufwendungen für Rohstoffe	AB Zinserträge	

10.1.3 Buchen auf Erfolgskonten

In der Praxis bucht man die erfolgswirksamen Vorgänge nicht direkt auf das Eigenkapitalkonto. Zum einen würde bei der Vielzahl an Buchungen das Konto unübersichtlich, zum anderen benötigt der Kaufmann für die Kostenkontrolle eine getrennte Erfassung der einzelnen Kostenarten. Ebenso wichtig ist die genaue Ermittlung der Erfolgsquellen.

Darum wird für jede Aufwands- und Ertragsart ein eigenes Konto eingerichtet. Es sind **Unterkonten des Eigenkapitalkontos**.

Die Konten für die vorangegangenen Beispiele heißen:

■ **Aufwendungen für Rohstoffe**

■ **Zinserträge**.

Im Buchungssatz wird das Konto Eigenkapital durch die entsprechenden Unterkonten ersetzt.

1. Für die Produktion von Tropic-Jeans wurden Rohstoffe im Wert von 450,00 EUR verbraucht.

2. Die Sparkasse Rhein-Nahe schreibt der Tropic GmbH Zinsen in Höhe von 700,00 EUR gut.

Buchungssätze

Soll	EUR	Haben	EUR
Aufwendungen f. Rohstoffe	450,00	Rohstoffe	450,00
Bank	700,00	Zinserträge	700,00

Lernhilfe   Auf den Erfolgskonten wird genau so gebucht, als wenn man direkt auf dem EK-Konto buchen würde:
Aufwendungen mindern das Eigenkapital und werden deshalb immer im Soll gebucht.
Erträge vermehren das Eigenkapital und werden deshalb immer im Haben gebucht.

Die Differenz zwischen Aufwendungen und Erträgen gibt Auskunft über den Erfolg des Unternehmens. Um die Gegenüberstellung von Aufwendungen und Erträgen übersichtlich zu gestalten, wird ein Sammelkonto eingerichtet, das alle Salden dieser Unterkonten aufnimmt.

Das Konto heißt **Gewinn- und Verlustkonto**, abgekürzt **GuV-Konto**.

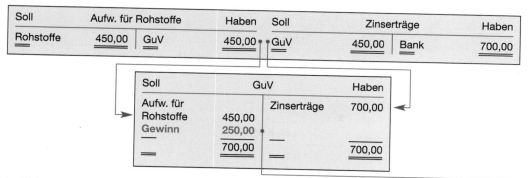

Im Beispiel sind die Erträge um 250,00 EUR höher als die Aufwendungen. Das bedeutet für die Tropic GmbH einen Gewinn in gleicher Höhe.

Durch Gewinne wird das Eigenkapital erhöht, durch Verluste würde es gesenkt. Der **Gewinn** erscheint als Gegenbuchung also auf der **Haben-Seite des Eigenkapitalkontos**, während ein **Verlust** auf der **Soll-Seite** zu buchen wäre.

Bei einem Anfangsbestand von 100.000,00 EUR sieht das Eigenkapitalkonto nach Abschluss des GuV-Kontos wie folgt aus:

Soll	Eigenkapital	Haben
	AB	100.000,00
	GuV	250,00

Beispiel Der Anfangsbestand auf dem Konto Eigenkapital beträgt 60.000,00 EUR.

Geschäftsvorfälle
1. Banküberweisung für Fertigungslöhne 4.000,00
2. Verkauf von Fertigerzeugnissen auf Ziel 9.500,00
3. Zinsgutschrift der Bank 700,00
4. Überweisung der Miete für Geschäftsräume 800,00

Buchungssätze

	Soll	EUR	Haben	EUR
1	Löhne	4.000,00	Bank	4.000,00
2	Forderungen a.L.u.L.	9.500,00	Umsatzerlöse	9.500,00
3	Bank	700,00	Zinserträge	700,00
4	Miete	800,00	Bank	800,00

Buchungen auf den Erfolgskonten

Soll	Löhne		Haben	Soll	Zinserträge		Haben
Bank	4.000,00	GuV	4.000,00	GuV	700,00	Bank	700,00

Soll	Mietaufwand		Haben	Soll	Umsatzerlöse		Haben
Bank	800,00	GuV	800,00	GuV	9.500,00	Forderungen a.L.u.L.	9.500,00

S	GuV-Konto		H
Löhne	4.000,00	Zinserträge	700,00
Mietaufwand	800,00	Umsatzerlöse	9.500,00
EK (Gewinn)	5.400,00		
	10.200,00		10.200,00

S	Eigenkapital		H
SB	65.400,00	AB	60.000,00
		GuV	5.400,00
	65.400,00		65.400,00

> Auf dem GuV-Konto stehen nach Abschluss der Erfolgskonten im **Soll** alle **Aufwendungen** (Eigenkapitalminderung), im **Haben** alle **Erträge** (Eigenkapitalmehrung).

Sind wie im Beispiel die Aufwendungen geringer als die Erträge, entsteht der Saldo auf der Soll-Seite des GuV-Kontos. Das Unternehmen hat einen Gewinn erwirtschaftet. Die Gegenbuchung erfolgt im Haben des Kontos Eigenkapital. Im Beispiel ist das Eigenkapital auf 65.400,00 EUR gestiegen.

Zusammenfassung

- **Aufwendungen** mindern das Eigenkapital und werden deshalb auf der **Soll-Seite** des entsprechenden Aufwandskontos gebucht.

- **Erträge** mehren das Eigenkapital und werden deshalb auf der **Haben-Seite** des entsprechenden Ertragskontos gebucht.

S	Aufwandskonto	H	S	Ertragskonto	H
Aufwendungen					Erträge

- Alle Aufwands- und Ertragskonten werden über das **GuV-Konto** abgeschlossen.

- Ist die Haben-Seite des GuV-Kontos (Erträge) größer als die Soll-Seite (Aufwendungen), dann hat das Unternehmen Gewinn erwirtschaftet. Der Saldo des GuV-Kontos entsteht im Soll, die Gegenbuchung erfolgt im Haben des Eigenkapitalkontos:

Soll	GuV	Haben	Soll	Eigenkapital	Haben
Aufwendungen	Erträge		EB (Saldo)	AB	
Gewinn				Gewinn	

- Ist die Soll-Seite des GuV-Kontos (Aufwendungen) größer als die Haben-Seite (Erträge), hat das Unternehmen Verlust gemacht. Der Saldo des GuV-Kontos entsteht dann im Haben, die Gegenbuchung wird im Soll des Kontos Eigenkapital vorgenommen:

Soll	GuV	Haben	Soll	Eigenkapital	Haben
Aufwendungen	Erträge		Verlust	AB	
	Verlust		EB (Saldo)		

Aufgaben[1]

1. *Geben Sie an, ob es sich um Aufwendungen oder um Erträge handelt.*
   Geben Sie außerdem an, um welche Art von Aufwand bzw. Ertrag es sich handelt.
   1. *Wir erhalten eine Zinsgutschrift der Bank.*
   2. *Wir zahlen die Miete für eine gemietete Lagerhalle.*
   3. *Wir verkaufen Fertigerzeugnisse.*
   4. *Wir verbrauchen Rohstoffe für die Fertigung.*
   5. *Wir zahlen Zinsen für ein Darlehen.*
   6. *Wir zahlen für eine Maschinenreparatur.*
   7. *Wir kaufen Kopierpapier.*
   8. *Wir zahlen Löhne.*
   9. *Wir erhalten Mieteinnahmen für eine vermietete Halle.*

2. *Bilden Sie die Buchungssätze.*

	EUR
1. *Zielkauf von Rohstoffen*	20.000,00
2. *Verbrauch von Rohstoffen für die Fertigung*	8.000,00
3. *Banküberweisung der Löhne*	6.000,00
4. *Zielkauf eines PC*	9.000,00
5. *Barkauf von Büromaterial*	200,00
6. *Banküberweisung einer Liefererrechnung*	12.000,00
7. *Zielverkauf von Erzeugnissen*	30.000,00
8. *Ein Kunde begleicht eine Rechnung durch Banküberweisung*	18.000,00
9. *Banklastschrift für Darlehenszinsen*	900,00
10. *Banküberweisung der Miete für eine gemietete Lagerhalle*	3.000,00
11. *Barzahlung für eine Werbeanzeige*	1.200,00
12. *Aufnahme eines Darlehens bei der Bank*	40.000,00
13. *Barverkauf eines gebrauchten Pkw*	4.500,00
14. *Zinsgutschrift der Bank*	2.100,00
15. *Zielkauf von Hilfsstoffen*	7.000,00
16. *Entnahme von Hilfsstoffen für die Fertigung*	1.000,00

3. *Es wurden folgende Erträge und Aufwendungen gebucht:*

	EUR
Umsatzerlöse	29.000,00
Provisionserträge	2.600,00
Zinserträge	820,00
Aufwendungen für Rohstoffe	16.500,00
Aufwendungen für Hilfsstoffe	3.800,00
Aufwendungen für Betriebsstoffe	1.700,00
Löhne	3.100,00
Mieten	980,00
Werbung	1.300,00

   Tragen Sie die Beträge auf den entsprechenden Konten ein. Richten Sie daneben das GuV-Konto und das Eigenkapitalkonto (AB: 75.000,00 EUR) ein und schließen Sie die Konten ab.

---

[1] *Zu den Buchungen zum Thema „Verbrauch von Werkstoffen" siehe auch Seite 113–115.*

4. Anfangsbestände in EUR

Grundstücke und Bauten 140.000,00; Maschinen 60.000,00; Betriebs- und Geschäftsausstattung 35.000,00; Rohstoffe 12.000,00; Hilfsstoffe 9.000,00; Betriebsstoffe 7.600,00; Fertige Erzeugnisse 19.800,00; Forderungen a.L.u.L. 19.500,00; Bank 16.500,00; Kasse 2.600,00; Eigenkapital ?; Langfristige Bankverbindlichkeiten 150.000,00; Verbindlichkeiten a.L.u.L. 52.000,00

Kontenplan

Außer den Bestandskonten sind zusätzlich folgende Erfolgskonten einzurichten:
Umsatzerlöse, Mieterträge, Zinserträge, Aufwendungen für Rohstoffe, Aufwendungen für Hilfsstoffe, Aufwendungen für Betriebsstoffe, Instandhaltung.
Abschlusskonten: Schlussbilanzkonto, GuV-Konto.

Geschäftsvorfälle	EUR
1. Barzahlung für eine Pkw-Reparatur	620,00
2. Zielverkauf von Erzeugnissen lt. AR	20.500,00
3. Aufnahme eines Darlehens bei der Bank	40.000,00
4. Zieleinkauf von Rohstoffen lt. ER	14.000,00
5. Verbrauch lt. Materialentnahmescheinen:	
– Rohstoffe	8.700,00
– Hilfsstoffe	4.600,00
– Betriebsstoffe	4.250,00
6. Zinsgutschrift der Bank	800,00
7. Mietüberweisung auf unser Bankkonto für Werkwohnung	3.600,00
8. Zieleinkauf von Schmieröl lt. ER	2.750,00

Arbeitsauftrag

a) Bilden Sie die Buchungssätze und buchen Sie auf den Konten.
b) Schließen Sie den Geschäftsgang ab.

5. Anfangsbestände in EUR

Grundstücke und Bauten 180.000,00; Maschinen 95.000,00; Betriebs-und Geschäftsausstattung 32.000,00; Rohstoffe 17.500,00; Hilfsstoffe 19.300,00; Betriebsstoffe 7.700,00; Unfertige Erzeugnisse 28.500,00; Fertige Erzeugnisse 41.000,00; Forderungen a.L.u.L. 17.300,00; Bank 19.600,00; Kasse 2.100,00; Eigenkapital ?; Verbindlichkeiten a.L.u.L. 160.000,00

Kontenplan

Außer den Bestandskonten sind zusätzlich folgende Erfolgskonten einzurichten:
Umsatzerlöse, Aufwendungen für Rohstoffe, Aufwendungen für Hilfsstoffe/Aufwendungen für Betriebsstoffe, Löhne, Büromaterial, Zinsaufwendungen.
Abschlusskonten: Schlussbilanzkonto, GuV-Konto.

Geschäftsvorfälle	EUR
1. Einkauf von Hilfsstoffen auf Ziel lt. ER	6.300,00
2. Barverkauf von fertigen Erzeugnissen	8.600,00
3. Barkauf von Büromaterial	350,00
4. Rohstoffverbrauch lt. Materialentnahmeschein	9.800,00
5. Zielverkauf von fertigen Erzeugnissen lt. AR	12.600,00
6. Ein Kunde begleicht AR durch Banküberweisung	5.400,00
7. Zielkauf eines Schreibtisches lt. ER	1.350,00
8. Banklastschrift für Zinsen	970,00
9. Kauf einer Produktionsmaschine gegen Bankscheck	7.400,00
10. Hilfsstoffverbrauch lt. Materialentnahmeschein	8.600,00
11. Banküberweisung für Löhne	4.200,00

Arbeitsauftrag

a) Bilden Sie die Buchungssätze und buchen Sie in den Konten.

b) Schließen Sie den Geschäftsgang ab.

6. Richten Sie die folgenden Konten ein: Eigenkapital, GuV, Aufwendungen für Energie, Löhne, Umsatzerlöse, Provisionserträge.

Tragen Sie ein:

	EUR
Anfangsbestand Eigenkapital	50.000,00
Aufwendungen für Energie	500,00
Löhne	12.000,00
Umsatzerlöse	22.000,00
Provisionserträge	3.000,00

Schließen Sie die Konten ab und geben Sie die Buchungssätze an. Welcher Gewinn ist erwirtschaftet worden?

10.2   Verbrauch von Werkstoffen für die Fertigung

Der Einkauf von Werkstoffen (Roh-, Hilfs-, Betriebsstoffe) wird auf dem entsprechenden Bestandskonto buchhalterisch erfasst. Dabei wird unterstellt, dass die gelieferten Werkstoffe zunächst gelagert werden.

Beispiel Die Tropic GmbH kauft Baumwolle für 20.000,00 EUR auf Ziel.

Soll	EUR	Haben	EUR
Rohstoffe	20.000,00	Verbindlichkeiten a.L.u.L.	20.000,00

Bei der Abgabe eines Stoffes aus dem Lager in die Produktion wird ein Materialentnahmeschein erstellt. Er dient als Buchungsbeleg und beinhaltet u. a.:

- Datum der Ausgabe

- ausgegebene Materialart

- ausgegebene Menge

- Empfangsstelle

So kann jederzeit eine genaue Kontrolle von Verbrauch und Lagerbestand durchgeführt werden. Daneben können Umfang und Termine von Bestellungen exakt auf den Verbrauch abgestimmt werden. In der Praxis übernehmen Datenverarbeitungsprogramme die Erfassung und Ausstellung von Entnahmebelegen. Verbrauch und Bestände sind ständig abrufbar. Hierin liegt auch eine wesentliche Voraussetzung zur Durchführung der permanenten Inventur.

Beispiel Laut Materialentnahmeschein wurde für die Produktion von Jeans Baumwolle im Wert von 4.000,00 EUR vom Lager entnommen.

Der Verbrauch wird als Aufwand im Soll des entsprechenden Aufwandskontos (Rohstoffaufwand) und zugleich als Minderung des Lagerbestandes im Haben des Bestandskontos (Rohstoffe) erfasst.

Soll	EUR	Haben	EUR
Rohstoffaufwand	4.000,00	Rohstoffe	4.000,00

Der Schlussbestand an Rohstoffen wird durch die Bildung des Saldos auf dem Bestandskonto ermittelt. Das Konto Rohstoffaufwand wird über das GuV-Konto abgeschlossen.

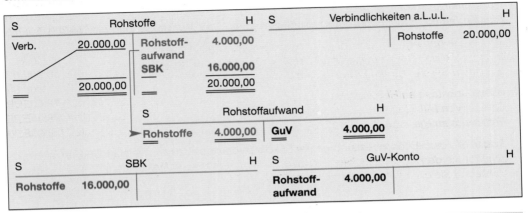

Soll	EUR	Haben	EUR
SBK	16.000,00	Rohstoffe	16.000,00
GuV-Konto	4.000,00	Rohstoffaufwand	4.000,00

◆ **Inventurdifferenzen**

Da der Schlussbestand buchhalterisch ermittelt wird, kann es vorkommen, dass Soll-Bestand und Ist-Bestand laut Inventur (aufgrund von Diebstählen, Zählfehlern, Verderb oder Schwund) nicht übereinstimmen. Maßgebend ist aber immer der Ist-Bestand.

Beispiel Der tatsächliche Istbestand laut Inventur beträgt 15.000,00 EUR.

Das Bestandskonto Rohstoffe muss korrigiert werden, die Differenz wird als zusätzlicher Aufwand auf dem Konto Rohstoffaufwand gebucht.

Soll	EUR	Haben	EUR
Rohstoffaufwand	1.000,00	Rohstoffe	1.000,00

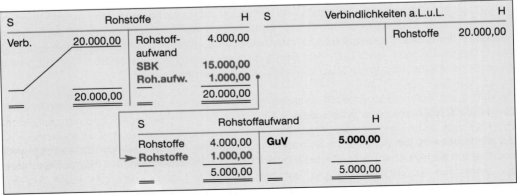

Aufgaben

1. *Anfangsbestand an Rohstoffen* 	10.000,00 EUR
   Rohstoffeinkauf auf Ziel 	125.000,00 EUR
   Für die Fertigung werden Rohstoffe entnommen 	45.000,00 EUR

   Tragen Sie den Anfangsbestand auf dem Rohstoffkonto ein.
   Buchen Sie den Rohstoffeinkauf und anschließend den Rohstoffverbrauch.
   Schließen Sie die Konten ordnungsgemäß ab.

2. *Anfangsbestand an Hilfsstoffen* 	5.000,00 EUR
   Zielkauf von Hilfsstoffen 	25.000,00 EUR
   Verbrauch an Hilfsstoffen 	28.000,00 EUR

   Tragen Sie den Anfangsbestand auf dem Hilfsstoffkonto ein.
   Buchen Sie den Hilfsstoffeinkauf und anschließend den Hilfsstoffverbrauch.
   Schließen Sie die Konten ordnungsgemäß ab.

10.3 Abschreibungen

SITUATION

Inventar-Nr. **112**			Bezeichnung der Anlage **CNC-gesteuerter Nähautomat 530**		Baujahr **20..**
Anlagenkonto **0720**			Kostenstelle **Fertigung**		Anschaffungsdatum **03.01.20..**
Lieferant: **Spezialtechnik Karl Stein Industriestr. 20 55543 Bad Kreuznach**				Gewährleistung: **24 Monate**	
Anschaffungskosten: Anschaffungspreis 6.000,00 EUR				Voraussichtliche Nutzungsdauer: **5 Jahre**	
Abschreibungen: linear					
Jahr	%	Betrag	kumulierte Abschreibungen		Buchwert
20..	20	1.200,00	1.200,00		4.800,00
20..	20	1.200,00	2.400,00		3.600,00
....					

Welche Informationen können Sie der Anlagendatei entnehmen?

Wieso ist der Buchwert niedriger als die Anschaffungskosten?
Suchen Sie Gründe dafür.

Auf welche Bilanzpositionen wirkt sich der Sachverhalt aus?

10.3.1 Anlagenbuchhaltung

Das HGB definiert das Anlagevermögen als alle Gegenstände, die dazu bestimmt sind, dem Unternehmen langfristig zu dienen. In der Bilanz findet man die Positionen des Anlagevermögens auf der **Aktivseite**. Dabei handelt es sich um Sammelkonten, die eine Vielzahl von Anlagegegenständen aufnehmen. Das Konto „Technische Anlagen u. Maschinen" nimmt z. B. alle Maschinen zur Materialbe- u. verarbeitung auf. Um bei der Inventur den Wert eines jeden Anlagegegenstandes ermitteln zu können, verfügen die Unternehmen über eine Nebenbuchhaltung, die **Anlagenbuchführung**. Hier werden alle wichtigen Daten über einen Anlagegegenstand festgehalten.

10.3.2 Buchen der Abschreibung

Im Jahr der Anschaffung erhöht die Nähmaschine den Wert der Technischen Anlagen um die Anschaffungskosten von 6.000,00 EUR. Nach einem Jahr der Nutzung ist der Wert des Gerätes gesunken. Bei einem Verkauf der Anlage wären z. B. nur noch 4.800,00 EUR zu erzielen.

Für die Wertminderung kann es verschiedene Gründe geben:

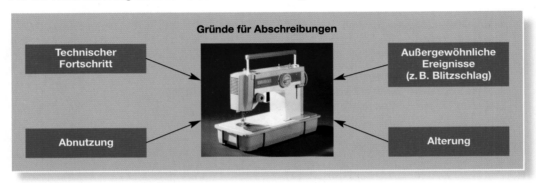

Der Grundsatz der Bilanzwahrheit verlangt, alle Vermögensgegenstände mit ihrem tatsächlichen (wahren) Wert beim Jahresabschluss anzugeben. Die Anlage hat nach einem Jahr der Nutzung nur noch einen Wert von 4.800,00 EUR. Bei der **Wertminderung** des Anlagevermögens handelt es sich um **Aufwendungen**, die dem Unternehmen bei Verfolgung seines Betriebszwecks (= Produktion und Absatz von Gütern) entstehen. In der Anlagenkartei werden der Betrag der Wertminderung (= Abschreibung) und der neue Wert (= Buchwert) der Anlage eingetragen.

Definition	Die Buchhaltung erfasst den Wertverlust auf dem Konto Abschreibungen auf Sachanlagen.

In der Praxis werden für alle Positionen des Anlagevermögens entsprechende Abschreibungskonten eingerichtet; im Beispiel: Abschreibungen auf Maschinen.
Wertverluste im Anlagevermögen sind als **Aufwendungen** unabhängig von der jeweiligen Ursache auf der **Sollseite des Abschreibungskontos** zu buchen. Der Abschluss erfolgt wie bei allen Aufwandskonten über das **GuV-Konto**.

Buchungssatz

Soll	EUR	Haben	EUR
Abschr. auf Sachanlagen	1.200,00	Technische Anlagen u. Maschinen	1.200,00

Soll	Abschreibungen auf Sachanlagen	Haben	Soll	Technische Anlagen u. Maschinen	Haben
Technische Anlagen u. Maschinen	1.200,00	GuV 1.200,00	AB	6.000,00	Abschreibungen 1.200,00
					SBK 4.800,00

Soll	GuV	Haben
Abschreibungen	1.200,00	

Durch die Buchung der Abschreibung wird der Unternehmensgewinn gesenkt, was zu einer Verminderung der Steuerlast führt. Das Steuerrecht bezeichnet diese Aufwendungen als **Absetzung für Abnutzung (AfA)**.

In der **Kalkulation** werden durch die Abschreibungen höhere Selbstkosten berechnet, was die Absatzpreise erhöht. Im Preis für die Produkte ist also die Wertminderung für das Anlagevermögen enthalten. Durch den Verkauf erhält das Unternehmen die Abschreibungen über die **Umsatzerlöse** zurück.

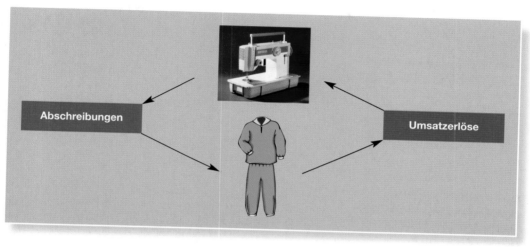

Teile des Anlagevermögens werden durch die einkalkulierten Abschreibungsbeträge über die Umsatzerlöse in flüssige Mittel umgewandelt. Nach Ablauf der Nutzungsdauer ist der gesamte Anschaffungswert dem Unternehmen zugeflossen. Der abgenutzte Anlagegegenstand kann durch einen neuen ersetzt werden.

10.3.3 Abschreibungsmethoden

Zur Ermittlung der jährlichen Abschreibungsbeträge werden vorwiegend drei Verfahren verwendet:

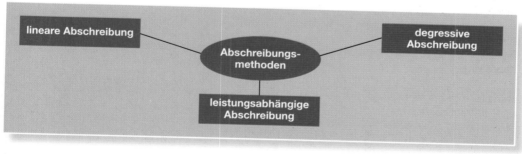

Alle drei Methoden sind steuerrechtlich zulässig. Der Gesetzgeber achtet durch Vorschriften darauf, dass nicht zu hohe Beträge gebucht werden. Das hätte für die Unternehmen den Vorteil, dass sie ihre ausgewiesenen Gewinne und damit die zu zahlenden Steuern beim Jahresabschluss senken könnten. Für die meisten Anlagegegenstände sind daher von der Finanzverwaltung AfA-Tabellen zusammengestellt worden, aus denen die jeweils betriebsgewöhnliche Nutzungsdauer hervorgeht. Höhere Wertverluste müssen im Einzelnen nachgewiesen werden.

Beispiel Auszug aus einer AfA-Tabelle:

AfA-Tabelle Bekleidungsindustrie

		Nutzungsdauer in Jahren	linearer AfA-Satz in %
1	**Legemaschinen**		
1.1	Handbetrieb	10	10
	...		
7	**Industrie-Nähmaschinen**		
7.1	Schnellnäher	5	20
7.2	Schnellnäher (m. Zusatzvorrichtung)	5	20
7.3	Steppmaschinen-Zwei Nadeln	5	20
7.4	Kettenstichmaschinen (alle Stichtypen)	5	20
	...		
8	**Spezial-Nähmaschinen**		
8.1	Staffiermaschinen	5	20
8.2	Umstechmaschinen	5	20
8.3	Safetystichmaschinen	5	20
8.4	Zickzackmaschinen	5	20
8.5	Biesenmaschinen	5	20
8.6	Kragenaufsetzmaschinen	5	20
8.7	Kräuselmaschinen	5	20
	...		
9.1	Knopflochmaschinen	5	20
9.2	Knopfnähmaschinen	5	20
9.3	Stielumwickelmaschinen	5	20
9.4	Kurz- und Langnahtautomaten	5	20
9.5	Umstechautomaten	5	20

Sowohl bei der linearen als auch bei der degressiven Abschreibung dürfen über die Nutzungs-dauer verteilt höchstens die **Anschaffungskosten** abgeschrieben werden. Wurde der Anlage-gegenstand selbst produziert (z. B. die Aktenschränke einer Möbelfabrik), gelten die **Herstell-kosten** als Obergrenze.

◆ Lineare Abschreibung
Bei der linearen Abschreibung werden die Anschaffungskosten gleichmäßig über die Nutzungs-dauer verteilt.

Beispiel Die geplante Nutzungsdauer einer Maschine mit einem Anschaffungswert von 6.000,00 EUR beträgt zehn Jahre.

Abschreibungssatz und Abschreibungsbetrag
Setzt man den Anschaffungswert = 100 %, ergibt sich für die Maschine der Prozentsatz der jähr-lichen Abschreibung:

$$\frac{100\,\%}{10\ \text{Jahre}} = 10\,\% \rightarrow 10\,\% \text{ vom Anschaffungswert } 6.000,00 \text{ EUR} = \textbf{600,00 EUR}$$

Jahr	Buchwert am Anfang des Jahres in EUR	Lineare AfA (10 %) in EUR	Buchwert am Ende des Jahres in EUR
1	6.000,00	600,00	5.400,00
2	5.400,00	600,00	4.800,00
3	4.800,00	600,00	4.200,00
4	4.200,00	600,00	3.600,00
...	...	...	...
9	1.200,00	600,00	600,00
10	600,00	600,00	0,00
Summe der Abschreibungen		**6.000,00**	

Wird der Gegenstand nach Ablauf der geschätzten Nutzungsdauer noch weiter genutzt, so erscheint er mit einem Restbuchwert von 1,00 EUR **(Erinnerungswert)**, d. h. im letzten Jahr wird ein um 1,00 EUR geringerer Betrag abgeschrieben.[1]

◆ **Degressive Abschreibung**

Bei vielen Anlagegegenständen ist der Wertverlust in den ersten Jahren der Nutzung höher als in den folgenden Jahren. Dem trägt die **degressive Abschreibung** Rechnung. Abgeschrieben wird hier nur im ersten Jahr vom Anschaffungswert, in den folgenden Jahren **vom jeweiligen Restwert (Buchwert)**. Die degressive Abschreibung wurde zum 01.01.2008 für neu angeschaffte Wirtschaftsgüter gestrichen, Ende 2008 im Rahmen des ersten Konjunkturpaketes für Wirtschaftsgüter aber wieder eingeführt. Zweck dieser Wiedereinführung ist, die Wirtschaft durch einen besonderen Investitionsanreiz in den Jahren 2009 und 2010 zu fördern.

Für diese zwei Jahre dürfen bewegliche Wirtschaftsgüter des Anlagevermögens mit dem **2,5-fachen der linearen AfA, höchstens jedoch mit 25 %** abgeschrieben werden.

Definition   Degressiver AfA-Satz = Linearer AfA-Satz · 2,5, maximal 25 %

Jahr	Buchwert am Jahresanfang in EUR	degressive AfA (25 %) in EUR	Buchwert Jahresende in EUR
1	6.000,00	1.500,00	4.500,00
2	4.500,00	1.125,00	3.375,00
3	3.375,00	843,75	2.531,25
4	2.531,00	632,81	1.898,44
5	1.898,44	474,61	1.423,83
6	1.423,83	355,96	1.067,87
7	1.067,87	266,97	800,90
8	800,90	200,23	600,68
9	600,68	150,17	450,51
10	450,51	450,51[2]	**0,00**
Summe der Abschreibungen		**6.000,00**	

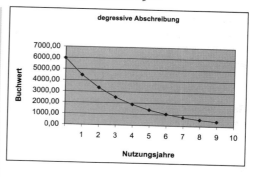

degressive Abschreibung

[1] Es spricht aber auch nichts dagegen, ein Wirtschaftsgut auf 0 EUR abzuschreiben. Ein sog. Erinnerungswert ist im EDV-Zeitalter nicht mehr relevant.

[2] Da bei der degressiven Abschreibung der Wert von 0,00 EUR nie erreicht wird, muss im letzten Jahr der Nutzung der komplette Restwert abgeschrieben werden.

Für die Maschine aus dem Beispiel von S. 118 ergibt sich als höchster zulässiger Abschreibungs-satz 25 % (linearer AfA-Satz = 10 % ➡ degressiver AfA-Satz = 25 % (2,5 · 10 %, max. 25 %). Da die Abschreibungsbeträge aufgrund des hohen Abschreibungssatzes in den ersten Jahren re-lativ hoch sind, ist auch die Steuerersparnis überdurchschnittlich hoch.

Steuerlich zulässig ist **ein Wechsel von der degressiven zur linearen Abschreibung** (ein Wech-sel von der linearen zur degressiven Abschreibung ist steuerrechtlich nicht zulässig). Der Wechsel lohnt sich dann, wenn die Abschreibungsbeträge bei degressiver Abschreibung geringer sind als bei linearer (bezogen auf die Restnutzungszeit).

◆ **Abschreibung nach Leistungseinheiten**
Bei der leistungsbedingten AfA werden AfA-Beträge nach der Inanspruchnahme des Anlagen-gegenstandes verteilt.

Beispiel Ein Lkw, Anschaffungskosten 150.000,00 EUR, hat über die gesamte Nutzungsdauer eine geschätzte Laufleistung von 300.000 Kilometern. Die Abschreibung je Kilometer beträgt damit

$$\frac{Anschaffungskosten}{Gesamtkilometer} = \frac{150.000,00}{300.000 \ km} = \textbf{0,50 EUR je km}$$

Somit ergeben sich – bei der in der Tabelle angegebenen Kilometerleistung pro Jahr – der folgende Verlauf der Abschreibungen und des Restbuchwertes:

		nach Leistungseinheiten	
Jahr	**Buchwert Jahresanfang**	**gefahrene Kilometer**	**AfA**
1	150.000	35.000	17.500
2	132.500	28.000	14.000
3	118.500	22.000	11.000
4	107.500	34.000	17.000
5	90.500	37.000	18.500
6	72.000	42.000	21.000
7	51.000	29.000	14.500

10.3.4 Geringwertige Wirtschaftsgüter

Bewegliche Wirtschaftsgüter des Anlagevermögens,

- die **selbstständig nutzbar** sind (z.B. ist ein Monitor nicht selbstständig nutzbar, sondern nur in Verbindung mit einem Computer) und
- deren Anschaffungskosten bis **150,00 EUR netto** betragen,

sind als **sofortige Betriebsausgabe (= Aufwand)** zu buchen.

Alle eigenständig nutzbaren Wirtschaftsgüter, deren Nettoanschaffungskosten **über 151,00 EUR bis 1.000,00 EUR** betragen, sind auf einem **Sammelposten** zu erfassen. Dieser ist **über 5 Jahre mit 20 % jährlich** linear abzuschreiben. Dies gilt auch dann, wenn einzelne Wirtschaftsgüter frü-her ausscheiden (z.B. durch Verkauf). Zudem sind im Jahr der Anschaffung immer 20 % abzu-schreiben, unabhängig vom Zeitpunkt der Anschaffung.[1]

---

[1] *Für Wirtschaftsgüter, die ab dem 1.1.2010 angeschafft werden, kommt durch das Wachstumsbeschleunigungsgesetz eine dritte Variante hinzu: GWG mit Anschaffungskosten von netto 151 EUR bis 410 EUR können wahlweise im Jahr der Anschaffung in voller Höhe als Betriebsausgaben abgesetzt werden. In diesem Fall müssen die GWG in einem besonderen Anlagenverzeichnis aufgeführt werden.*

Allerdings muss pro Jahr ein neues GWG-Konto eingerichtet werden, da sonst ja nicht mehr die Abschreibung auf jedes Jahr einzeln zugerechnet werden kann. Man hat also nach einigen Jahren die Konten:

- Geringwertige Wirtschaftsgüter 2010
- Geringwertige Wirtschaftsgüter 2011
- Geringwertige Wirtschaftsgüter 2012
- …

Beispiele

1. Barkauf eines Rollcontainers, netto 120,00 EUR + 22,80 EUR Umsatzsteuer

Buchung bei Anschaffungskosten bis einschließlich 150,00 EUR netto als Aufwand (Kontenklasse 6)

Soll	EUR	Haben	EUR
Geringwertige Wirtschaftsgüter – Aufwand (GWG-Aufwand)	120,00	Kasse	142,80
Vorsteuer	22,80		

2. Zielkauf eines Schreibtischstuhls, netto 600,00 EUR +114,00 EUR Umsatzsteuer

Buchung bei Anschaffungskosten zwischen 150,00 EUR und 1.000,00 EUR netto auf dem Sammelkonto GWG

Da der Schreibtischstuhl selbstständig nutzungsfähig ist und die Anschaffungskosten zwischen 150,00 EUR und 1.000,00 EUR liegen, liegt ein geringwertiges Wirtschaftsgut vor. Der Nettowert ist auf dem entsprechenden Sammelkonto dieses Jahres zu erfassen.

Soll	EUR	Haben	EUR
Sammelposten GWG	600,00	Verbindlichkeiten	744,00
Vorsteuer	144,00		

In den folgenden 5 Jahren ist dieser Posten – unabhängig davon, ob er noch im Betrieb vorhanden ist – pro Jahr mit 120,00 EUR (= 20 % von 600,00 EUR) aufzulösen.[1]

Soll	EUR	Haben	EUR
Abschreibung auf Sammelposten GWG	120,00	Sammelposten GWG	120,00

Zusammenfassung

- Abschreibungen erfassen den Wertverlust des Anlagevermögens.
- Abschreibungen sind Aufwendungen. Sie werden auf der Soll-Seite des Kontos Abschreibungen auf Sachanlagen gebucht.
- Über die Nutzungsdauer verteilt dürfen höchstens die Anschaffungs- oder Herstellungskosten abgeschrieben werden.

---

1 Da das Sammelkonto für jedes Jahr meist mehrere geringwertige Wirtschaftsgüter aufweist, werden die 20 % dann von der Summe aller gebuchten GWG berechnet.

■ Für die Berechnung der Abschreibungsbeträge werden in der Praxis drei Methoden verwandt: lineare Abschreibung, degressive Abschreibung und die leistungsbezogene Abschreibung.

Lineare Abschreibung: Prozentsatz vom Anschaffungswert
Degressive Abschreibung: Prozentsatz vom Buchwert
Abschreibung nach Leistungseinheiten (z. B. gefahrene Kilometer)

■ Ein Wechsel von der degressiven auf die lineare Abschreibungsmethode ist zulässig, ein umgekehrter Wechsel jedoch nicht.

Aufgaben

1. *Eine Maschine (Anschaffungswert 45.000,00 EUR) wird über acht Jahre linear abgeschrieben.*
   1. *Stellen Sie den Abschreibungsverlauf (Abschreibungsbeträge und Buchwerte) für die Nutzungsdauer in einer Tabelle und in einer Grafik dar.*
   2. *Stellen Sie eine Tabelle bei degressiver Abschreibung auf.*

2. *Kauf einer Verpackungsmaschine, Anschaffungskosten 100.000,00 EUR, Nutzungsdauer 12,5 Jahre.*
   1. *Stellen Sie in einer Tabelle den Verlauf der linearen und degressiven (unter Beachtung der gesetzlichen Vorschriften) für die ersten vier Jahre dar.*
   2. *Was muss bei der linearen Abschreibung beachtet werden, wenn die Maschine nach Ablauf der geschätzten Nutzungsdauer noch weiter genutzt wird?*
      Warum muss diese Überlegung bei degressiver Abschreibung nicht angestellt werden?
   3. *Warum könnte sich ein Unternehmen für die degressive Abschreibung entscheiden?*

3. *Ein Lkw, Anschaffungskosten 180.000,00 EUR, hat über die gesamte Nutzungsdauer eine geschätzte Laufleistung von 250.000 Kilometern.*
   1. *Berechnen Sie die Abschreibung pro Kilometer.*
   2. *Wie hoch ist der Abschreibungsbetrag für die ersten vier Jahre?*

Jahr	Kilometer
1	42.000
2	38.000
3	45.000
4	39.000

4. *Mit welchem Prozentsatz darf degressiv höchstens abgeschrieben werden?*

Anlagegegenstand	Nutzungsdauer (Jahre)
Produktionsmaschine	10
Computeranlage	4
Verpackungsmaschine	12
Schreibtisch	8

5. *Richten Sie folgende Konten ein:*
   Gebäude AB: .... 500.000,00 EUR,
   Maschinen AB: .... 260.000,00 EUR,
   Fuhrpark AB: .... 72.000,00 EUR,
   Betriebsausstattung AB: .... 350.000,00 EUR,
   Geschäftsausstattung AB: .... 54.000,00 EUR,

Abschreibungen auf Sachanlagen, Schlussbilanzkonto, GuV-Konto.
Abschreibungen auf: Gebäude 1,5 %, Maschinen 12,5 %, Fuhrpark 25 %, Betriebsausstattung 20 %, Geschäftsausstattung 16 %. Buchen Sie die Abschreibungen und schließen Sie die Konten ab.

6. Vorläufige Summenbilanz (Die Summenbilanz zeigt die Summen der Soll- und Habenseite jedes Kontos.):

Konten	Soll/EUR	Haben/EUR
Maschinen	125.000,00	
Fuhrpark	60.000,00	
Geschäftsausstattung	45.000,00	3.000,00
Rohstoffe	33.800,00	12.000,00
Hilfsstoffe	12.500,00	7.500,00
Betriebsstoffe	9.400,00	4.600,00
Forderungen a.L.u.L.	102.500,00	25.000,00
Bank	50.950,00	7.400,00
Kasse	8.400,00	1.650,00
Eigenkapital		150.000,00
Langfristige Bankverbindlichkeiten		147.200,00
Verbindlichkeiten a.L.u.L.		38.000,00
Umsatzerlöse		84.350,00
Aufwendungen für Rohstoffe	12.000,00	
Aufwendungen für Hilfsstoffe	7.500,00	
Aufwendungen für Betriebsstoffe	4.600,00	
Löhne und Gehälter	6.000,00	
Abschreibungen auf Sachanlagen	?	
Mieten	750,00	
Büromaterial	900,00	
Betriebliche Steuern	1.400,00	
Summe	480.700,00	480.700,00

a) Übertragen Sie die Beträge der Summenbilanz in die entsprechenden Konten.
b) Buchen Sie die Abschreibungen: Maschinen 20 % vom Endbestand, Fuhrpark 20 % vom Endbestand, Geschäftsausstattung 10 % vom Endbestand.
c) Richten Sie das Schlussbilanzkonto und das GuV-Konto ein, und schließen Sie alle Konten ab.

7. Anfangsbestände in EUR

Gebäude 270.000,00; Maschinen 112.000,00; Betriebs- und Geschäftsausstattung 86.000,00; Fuhrpark 54.000,00; Rohstoffe 22.000,00; Hilfsstoffe 19.000,00; Betriebsstoffe 17.800,00; Fertige Erzeugnisse 26.000,00; Forderungen a.L.u.L. 42.000,00; Bank 24.800,00; Postbank 12.700,00; Kasse 4.000,00; Eigenkapital 428.300,00; Kurzfristige Bankverbindlichkeiten 150.000,00; Verbindlichkeiten a.L.u.L. 112.000,00

Kontenplan

Bestandskonten: Gebäude, Maschinen, Betriebs- und Geschäftsausstattung, Fuhrpark, Rohstoffe, Hilfsstoffe, Betriebsstoffe, Fertige Erzeugnisse, Forderungen a.L.u.L., Bank, Postbank, Kasse, Eigenkapital, Kurzfristige Bankverbindlichkeiten, Verbindlichkeiten a.L.u.L.
Erfolgskonten: Umsatzerlöse, Aufwendungen für Rohstoffe, Aufwendungen für Hilfsstoffe, Aufwendungen für Betriebsstoffe, Gehälter, Abschreibungen auf Sachanlagen, Büromaterial, Zeitungen und Fachliteratur, Aufwendungen für Telekommunikation, Zinsaufwendungen.
Abschlusskonten: Schlussbilanzkonto, GuV-Konto.

Geschäftsvorfälle	EUR
1. Barzahlung für Fachliteratur	190,00
2. Kauf eines gebrauchten Pkw gegen Postscheck	8.000,00

3. Lastschrift der Bank für Gehaltsüberweisung 7.100,00
4. Barkauf von Kopierpapier 44,00
5. Banküberweisung an Lieferer lt. ER 9.700,00
6. Verkauf von fertigen Erzeugnissen auf Ziel lt. AR 84.900,00
7. Tilgung kurzfristiger Bankverbindlichkeiten 5.000,00
8. Ein Lieferer belastet uns mit Verzugszinsen 85,00
9. Materialentnahmescheine:
    – Rohstoffe 6.150,00
    – Hilfsstoffe 4.680,00
    – Betriebsstoffe 2.170,00
10. Barverkauf eines Aktenschrankes aus dem Büro 1.000,00
11. Abbuchung vom Postbankkonto für Telekommunikationsgebühren 270,00
12. Hilfsstoffeinkauf auf Ziel lt. ER 2.300,00
13. Ein Kunde überweist auf unser Bankkonto 6.460,00
14. Barverkauf von Fertigen Erzeugnissen 940,00

Abschlussangaben

Abschreibungen:

- Gebäude 2 % vom Anfangsbestand
- Maschinen 12,5 % vom Anfangsbestand
- Betriebs- und Geschäftsausstattung 20 % vom Buchwert
- Fuhrpark 20 % vom Buchwert

a) Bilden Sie die Buchungssätze und buchen Sie in den Konten.
b) Schließen Sie den Geschäftsgang ab.

10.4 Bestandsveränderungen

SITUATION

Am 31.12.20.. macht die Tropic GmbH Inventur. Am Jahresanfang (01.01.20..) lagen 230 beige Rippenshirts, Artikel-Nr. 20.004, auf Lager.

Entwicklung der Lagerbestände für: Art.-Nr: 20.004 für Jahr 20..

Art. 20.004	Jan	Feb	Mrz	Apr	Mai	Jun	Jul	Aug	Sep	Okt	Nov	Dez
Zugang aus Produktion	250	600	750	800	750	780	600	500	400	220	150	200
Verkauf	350	590	770	700	600	800	630	420	300	300	150	150

1. Ayse Kaymak hat die Produktions- und Verkaufszahlen vorliegen. Ermitteln Sie den Lagerbestand zum Jahresende (31.12.20..).

2. Vergleichen Sie den Jahresendbestand mit dem Anfangsbestand und interpretieren Sie das Ergebnis.

Bisher wurde unterstellt, dass alle in einer Rechnungsperiode produzierten Erzeugnisse verkauft wurden. Es entstanden keine Bestandsveränderungen im Lager, was zur Folge hatte, dass sich die Herstellungsaufwendungen im GuV-Konto (Soll-Seite) und die Umsatzerlöse im GuV-Konto (Haben-Seite) auf die gleiche Menge bezogen.

In der betrieblichen Praxis ist es unwahrscheinlich, dass alle in einer Rechnungsperiode produzierten fertigen oder unfertigen Erzeugnisse auch in der gleichen Periode verkauft werden. Wird weniger verkauft als produziert, kommt es zu einer **Bestandsmehrung**. Wird mehr verkauft als produziert, ergibt sich eine **Bestandsminderung**. Die Bestandsveränderungen werden durch jährliche Inventur ermittelt.

10.4.1 Berücksichtigung der Bestandsveränderungen in der Buchführung

Beispiel Die Tropic GmbH hatte zu Beginn der Abrechnungsperiode 200 rote Rippshirts auf Lager. Während des Abrechnungszeitraums wurden 2.000 Shirts produziert, aber nur 1.900 verkauft. Der Endbestand lt. Inventur beträgt 300 Shirts.

Berechnung der Bestandsveränderung:

	Endbestand lt. Inventur	*300 Shirts*
−	*Anfangsbestand*	*200 Shirts*
=	*Bestandsmehrung*	*100 Shirts*

Würde die **Bestandsmehrung** nicht berücksichtigt, stünden auf dem GuV-Konto (Soll-Seite) dem Herstellungsaufwand für 2.000 Shirts nur Umsatzerlöse für 1.900 Shirts (Haben-Seite) gegenüber. Der Gewinn wäre falsch ermittelt.

Um den Gewinn richtig zu ermitteln, muss der Wertzuwachs im Lager um 100 Shirts als Ertrag auf der Haben-Seite des GuV-Kontos gebucht werden.

S	GuV		H
Herstellungsaufwand der Produktion (2.000 Shirts)	Verkaufserlöse		(1.900 Shirts)
	Herstellungsaufwand der Bestandsmehrung		(100 Shirts)

Auch eine Bestandsminderung ist bei der Erfolgsermittlung zu berücksichtigen.

Beispiel Die Tropic GmbH hatte zu Beginn der Abrechnungsperiode 300 rote Polohemden auf Lager. Während des Abrechnungszeitraums wurden 1.000 Hemden produziert und 1.200 verkauft. Der Endbestand lt. Inventur beträgt 100 Hemden.

Berechnung der Bestandsveränderung:

	Anfangsbestand	*300 Hemden*
−	*Endbestand lt. Inventur*	*100 Hemden*
=	*Bestandsminderung*	*200 Hemden*

Würde die **Bestandsminderung** nicht berücksichtigt, stünden auf dem GuV-Konto (Soll-Seite) dem Herstellungsaufwand für 1.000 Hemden Umsatzerlöse für 1.200 Hemden (Haben-Seite) gegenüber. Der Gewinn wäre falsch ermittelt.

Um den Gewinn richtig zu ermitteln, muss die Bestandsminderung im Lager um 200 Hemden als Aufwand auf der Soll-Seite des GuV-Kontos gebucht werden.

S	GuV		H
Herstellungsaufwand der Produktion	(1.000 Hemden)	Verkaufserlöse	(1.200 Hemden)
Herstellungsaufwand der Bestandsminderung	(200 Hemden)		

10.4.2 Buchen der Bestandsveränderungen

Die Bestandsveränderungen werden nicht direkt auf dem GuV-Konto gebucht. Sie werden zunächst aus Gründen der Übersichtlichkeit auf dem Erfolgskonto **Bestandsveränderungen** gebucht.

◆ Buchung der Bestandsmehrung

Beispiel *Der Herstellungsaufwand für ein blaues Rippenshirt beträgt 18,00 EUR, der Verkaufspreis 40,00 EUR.*

Produktionsaufwendungen:	2.000 Stück · 18,00 EUR = 36.000,00 EUR
Umsatzerlöse:	1.900 Stück · 40,00 EUR = 76.000,00 EUR
Anfangsbestand im Lager:	200 Stück · 18,00 EUR = 3.600,00 EUR
Endbestand lt. Inventur:	300 Stück · 18,00 EUR = 5.400,00 EUR

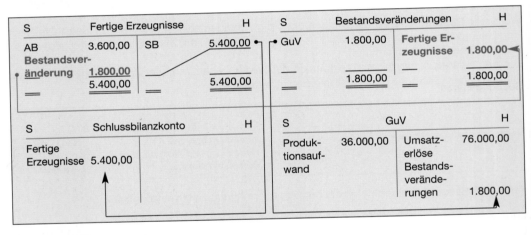

Buchungssätze:

Soll	EUR	Haben	EUR
SBK	5.400,00	Fertige Erzeugnisse	5.400,00
Fertige Erzeugnisse	1.800,00	Bestandsveränderungen	1.800,00
Bestandsveränderungen	1.800,00	GuV	1.800,00

■ Auf dem Konto Fertige Erzeugnisse ist zuerst der Schlussbestand lt. Inventur einzutragen.

■ Der Schlussbestand wird auf das SBK übertragen.

■ Die Bestandsveränderung auf dem Konto Fertige Erzeugnisse ist als Saldo zu ermitteln (Mehrbestand).

■ Der Mehrbestand wird auf das Konto Bestandsveränderungen übertragen.

■ Das Konto Bestandsveränderungen wird über das GuV-Konto abgeschlossen.

◆ **Buchung der Bestandsminderung**
Beispiel Der Herstellungsaufwand für einen Tropic Badeanzug beträgt 24,00 EUR, der Verkaufspreis 65,00 EUR.

Produktionsaufwendungen:	1.000 Stück · 24,00 EUR = 24.000,00 EUR
Umsatzerlöse:	1.100 Stück · 65,00 EUR = 71.500,00 EUR
Anfangsbestand im Lager:	400 Stück · 24,00 EUR = 9.600,00 EUR
Endbestand lt. Inventur:	300 Stück · 24,00 EUR = 7.200,00 EUR

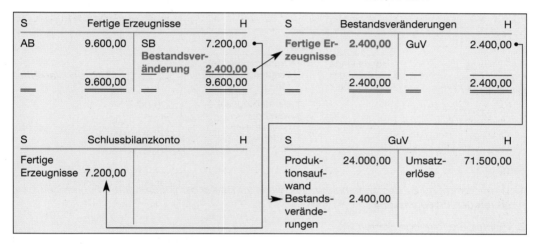

Buchungssätze:

Soll	EUR	Haben	EUR
SBK	7.200,00	Fertige Erzeugnisse	7.200,00
Bestandsveränderungen	2.400,00	Fertige Erzeugnisse	2.400,00
GuV	2.400,00	Bestandsveränderungen	2.400,00

Zusammenfassung

■ Bestandsmehrungen stellen einen Wertzuwachs dar (Ertrag).

■ Bestandsminderungen sind ein Werteverzehr (Aufwand).

■ Buchung der Endbestände lt. Inventur:

Schlussbilanzkonto an Unfertige Erzeugnisse

Schlussbilanzkonto an Fertige Erzeugnisse

■ Bestandsveränderungen ergeben sich als Saldo auf den Konten Unfertige Erzeugnisse (UFE) und Fertige Erzeugnisse (FE).

■ Alle Bestandsveränderungen werden auf dem Erfolgskonto **Bestandsveränderungen** gesammelt und über das GuV-Konto abgeschlossen.

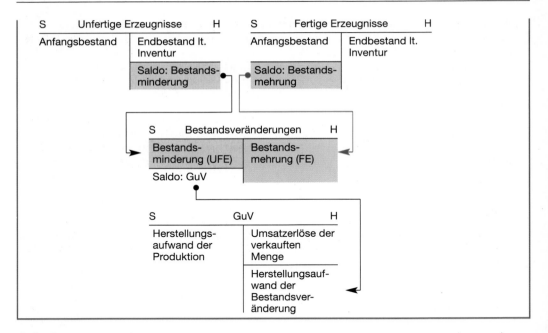

Aufgaben

1. Wann kommt es zu Bestandsmehrungen, wann zu Bestandsminderungen an unfertigen bzw. an fertigen Erzeugnissen?

2. Richten Sie folgende Konten ein:
   Unfertige Erzeugnisse, Fertige Erzeugnisse, Eigenkapital, Bestandsveränderungen, Umsatzerlöse, verschiedene Aufwendungen, Schlussbilanzkonto, GuV-Konto

Anfangsbestände in EUR		**Endbestände in EUR**	
Unfertige Erzeugnisse:	207.000,00	Unfertige Erzeugnisse:	245.000,00
Fertige Erzeugnisse:	335.000,00	Fertige Erzeugnisse:	329.000,00
Eigenkapital:	950.000,00		

Die Umsatzerlöse betragen insgesamt: 1.415.000,00 EUR
Die Aufwendungen betragen insgesamt: 1.360.000,00 EUR

   a) Tragen Sie die Beträge in die Konten ein und buchen Sie die Endbestände.
   b) Schließen Sie die Konten ab.
   c) Welche Auswirkungen haben die Bestandsveränderungen auf das Unternehmensergebnis?

3. Richten Sie folgende Konten ein:
   Unfertige Erzeugnisse, Fertige Erzeugnisse, Bestandsveränderungen, Schlussbilanzkonto, GuV-Konto

Anfangsbestände in EUR		**Endbestände in EUR**	
Unfertige Erzeugnisse:	12.000,00	Unfertige Erzeugnisse:	16.000,00
Fertige Erzeugnisse:	18.000,00	Fertige Erzeugnisse:	26.000,00

Die Umsatzerlöse betragen insgesamt: 120.000,00 EUR
Die Aufwendungen betragen insgesamt: 85.000,00 EUR

a) Buchen Sie die Schlussbestände an unfertigen und fertigen Erzeugnissen.

b) Buchen und erläutern Sie die Bestandsveränderung an unfertigen und fertigen Erzeugnissen.

c) Ermitteln Sie den Erfolg des Betriebs.

d) Wie hoch wäre der Erfolg ohne Berücksichtigung der Bestandsveränderungen?

e) Wie wirken sich die Bestandsveränderungen auf den Erfolg aus?

4. Anfangsbestände in EUR

Grundstücke und Bauten 180.000,00; Maschinen 110.000,00; Betriebs- und Geschäftsausstattung 56.000,00; Rohstoffe 27.500,00; Hilfsstoffe 21.300,00; Betriebsstoffe 19.700,00; Unfertige Erzeugnisse 26.000,00; Fertige Erzeugnisse 37.900,00; Forderungen a.L.u.L. 41.000,00; Bank 16.100,00; Kasse 4.300,00; Eigenkapital 329.800,00; Verbindlichkeiten a.L.u.L. 210.000,00

Kontenplan

Außer den Bestandskonten sind folgende Erfolgskonten einzurichten:

Umsatzerlöse, Bestandsveränderungen, Zinserträge, Aufwendungen für Rohstoffe, Aufwendungen für Hilfsstoffe, Aufwendungen für Betriebsstoffe, Vertriebsprovision, Gehälter, Abschreibungen auf Sachanlagen, Werbung, Gewerbesteuer.

Abschlusskonten: Schlussbilanzkonten, GuV-Konto

Geschäftsvorfälle

	EUR
1. Verkauf von fertigen Erzeugnissen auf Ziel	98.700,00
2. Banküberweisung der Vertriebsprovision	4.200,00
3. Stoffverbräuche lt. Materialentnahmescheine:	
– Rohstoffe	19.400,00
– Hilfsstoffe	16.700,00
– Betriebsstoffe	7.300,00
4. Gehaltszahlung, bar	3.500,00
5. Kunde überweist eine Ausgangsrechnung	3.150,00
6. Barzahlung für eine Werbesendung im Rundfunk	630,00
7. Barverkauf von fertigen Erzeugnissen	11.100,00
8. Banküberweisung für Gewerbeertragssteuer	1.080,00
9. Zieleinkauf von	
– Rohstoffen	4.000,00
– Hilfsstoffen	3.390,00
– Betriebsstoffen	750,00
10. Wir belasten einen Kunden mit Verzugszinsen	112,00
11. Wir begleichen eine Liefererrechnung bar	3.310,00
12. Zieleinkauf eines PCs	2.400,00

Abschlussangaben

1. Abschreibungen auf – Gebäude: 2 % von 120.000,00 EUR
   – Maschinen: 12,5 % vom Buchwert
   – Betriebs- und Geschäftsausstattung:
     30 % vom Buchwert

2. Endbestände lt. Inventur: – Unfertige Erzeugnisse 24.300,00 EUR
   – Fertige Erzeugnisse 31.800,00 EUR

Bilden Sie die Buchungssätze und buchen Sie auf den Konten. Schließen Sie den Geschäftsgang ab.

5. *Vorläufige Summenbilanz*

Konten	Soll/EUR	Haben/EUR
Betriebsgebäude	810.000,00	
Verwaltungsgebäude	370.000,00	
Maschinen	140.000,00	15.000,00
Fuhrpark	86.000,00	14.000,00
Geschäftsausstattung	54.300,00	7.100,00
Rohstoffe	47.600,00	24.000,00
Hilfsstoffe	29.000,00	12.000,00
Betriebsstoffe	17.100,00	6.300,00
Unfertige Erzeugnisse	88.200,00	
Fertige Erzeugnisse	60.000,00	
Forderungen a.L.u.L.	74.500,00	22.600,00
Bank	59.000,00	16.800,00
Postbank	22.000,00	16.800,00
Kasse	7.150,00	3.800,00
Eigenkapital		1.514.550,00
Langfristige Bankverbindlichkeiten	290.000,00	385.000,00
Verbindlichkeiten a.L.u.L.	96.000,00	113.000,00
Umsatzerlöse		230.000,00
Bestandsveränderungen		
Mieterträge		14.000,00
Zinserträge		2.600,00
Aufwendungen für Rohstoffe	30.000,00	
Aufwendungen für Hilfsstoffe	10.000,00	
Aufwendungen für Betriebsstoffe	2.300,00	
Löhne	56.000,00	
Gehälter	41.900	
Büromaterial	3.700,00	
Reisekosten	2.800,00	
Summe	**2.397.550,00**	**2.397.550,00**

Geschäftsvorfälle

		EUR
1.	Barzahlung von Reisekosten	2.900,00
2.	Ausgleich einer Liefererrechnung gegen Bankscheck	24.000,00
3.	Zieleinkauf von	18.400,00
	– Rohstoffen	22.000,00
	– Betriebsstoffen	9.400,00
4.	Verkauf von fertigen Erzeugnissen auf Ziel	25.450,00
5.	Barverkauf eines Betriebs-Pkw	3.100,00
6.	Materialentnahmescheine:	
	– Rohstoffe	6.100,00
	– Hilfsstoffe	4.400,00
	– Betriebsstoffe	2.700,00
7.	Kunde überweist eine Ausgangsrechnung	1.790,00
8.	Wir überweisen vom Bankkonto auf das Postbankkonto	6.000,00
9.	Barabhebung vom Postbankkonto	4.100,00
10.	Kauf von Büromaterial gegen Rechnung	1.360,00

Abschlussangaben

1. Abschreibungen auf
   – Betriebsgebäude: 2,5 % vom Buchwert
   – Verwaltungsgebäude: 2 % vom Buchwert
   – Maschinen: 15 % vom Buchwert
   – Fuhrpark: 20 % vom Buchwert
   – Geschäftsausstattung: 30 % vom Buchwert

2. Endbestände lt. Inventur:
   – Unfertige Erzeugnisse 85.000,00 EUR
   – Fertige Erzeugnisse 95.000,00 EUR

Die übrigen Bestände stimmen mit den Inventurbeständen überein.

Übertragen Sie die Zahlen der Summenbilanz in Konten, bilden Sie die Buchungssätze und buchen Sie. Schließen Sie den Geschäftsgang ab.

11 Kontenrahmen und Kontenplan

Buchführung – das reinste Chaos! Konten, Konten und nochmals Konten. Jeder nennt sie, wie er will! Wie hat das mein Vorgänger gebucht? Wie sollen die Leute vom Finanzamt da durchblicken? Ob da ein System zu erkennen ist?

SITUATION

Für die planmäßige, lückenlose und ordnungsgemäße Erfassung der Geschäftsvorfälle führt ein Unternehmen zahlreiche Konten. Um eine bessere Übersicht über die Buchhaltung und eine systematische Gliederung der verschiedenen Konten zu erreichen, benötigen wir ein Ordnungsinstrument (Organisationsmittel). Dies ist der Kontenrahmen.

Die Wirtschaftsverbände der einzelnen Wirtschaftszweige (Einzelhandel, Großhandel, Industrie u.a.) haben **Kontenrahmen** erarbeitet; sie sind als Empfehlungen zu verstehen für die Benennung der Konten und die systematische Gliederung der Buchführung.

Diesem Buch wird der Industriekontenrahmen (IKR) zugrunde gelegt. 1971 wurde er in seiner ersten Fassung vom Bundesverband der Deutschen Industrie (BDI) veröffentlicht. Nach dem Inkrafttreten des Bilanzrichtliniengesetzes (01.01.1986) erfolgte 1987 eine Anpassung des IKR an die Bestimmungen dieses Gesetzes.

Der IKR ist nach dem **Zehnersystem** (= dekadischem System) aufgebaut. In horizontaler Richtung enthält er **10 Kontenklassen**, die mit den Ziffern 0 bis 9 gekennzeichnet sind. Jede Kontenklasse ist in vertikaler Richtung in **10 Kontengruppen** unterteilt, die durch die zweite Ziffer einer Kontennummer ausgedrückt werden.

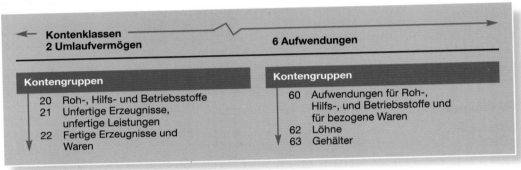

Jede Kontengruppe kann durch Hinzufügen weiterer Ziffern in **10 Kontenarten** (dreistellig) und bei Bedarf in **10 Kontenunterarten** (vierstellig) gegliedert werden. Damit wird jedes Konto eindeutig durch eine Kontennummer bezeichnet.

Beispiel 2001 Bezugskosten für Rohstoffe

Kontenklasse	2	Umlaufvermögen und aktive Rechnungsabgrenzung
Kontengruppe	20	Roh-, Hilfs- und Betriebsstoffe
Kontenart	200	Rohstoffe
Kontenunterart	2001	Bezugskosten (für Rohstoffe)

Beim Buchungssatz wird das Konto jetzt zusätzlich mit der Kontennummer bezeichnet. Buchungssatz und Kontenaufruf werden so vereinheitlicht. Die Angaben von Gegenkonten im Hauptbuch erfolgen aus Vereinfachungsgründen nur noch mit der Kontennummer.

Beispiel Wir begleichen eine Liefererrechnung über 4.640,00 EUR durch Banküberweisung.

Buchungssatz:

Soll	EUR	Haben	EUR
4400 Verbindl. a.L.u.L.	4.640,00	2800 Bank	4.640,00

Buchungen:

S	2800 Bank		H	S	4400 Verbindlichkeiten		H
AB	20.000,00	4400	4.640,00◄──►2800	4.640,00	AB	22.400,00

Der IKR sieht für die Geschäftsbuchführung und die Betriebsbuchführung jeweils einen geschlossenen Rechnungskreis vor.

Im **Rechnungskreis I** (Kontenklassen 0–8) werden alle Geschäftsvorfälle einer Rechnungsperiode erfasst, die das Unternehmen als Ganzes betreffen. Da die Geschäftsbuchführung im Rahmen des Jahresabschlusses u. a. die Aufgaben Rechenschaftslegung und Information über die Vermögens-, Schulden- und Erfolgslage des Unternehmens erfüllt, ist der Rechnungskreis I nach dem Abschlussgliederungsprinzip aufgebaut. Die Vorschriften des HGB über die Gliederung der Bilanz (§ 266 HGB) und der Gewinn- und Verlustrechnung (§ 275 HGB) sind Grundlage für seinen Aufbau. Die **Kontenklassen 0, 1 und 2** enthalten die **aktiven**, die **Kontenklassen 3 und 4 die passiven Bestandskonten**. Sie werden über das Schlussbilanzkonto abgeschlossen. Die **Kontenklassen 5, 6 und 7** beinhalten die Erfolgskonten. Sie werden über das GuV-Konto abgeschlossen. Schlussbilanzkonto und GuV-Konto finden wir in **Klasse 8**; sie dienen der Ergebnisrechnung.

Rechnungskreis I

Der **Rechnungskreis II** (Kontenklasse 9) ist für die Betriebsbuchführung (Kosten- und Leistungsrechnung) bestimmt. Im Mittelpunkt steht der Produktions- und Absatzprozess als Aufgabe des Betriebes. In der Kontenklasse 9 können hier die betrieblichen Aufwendungen und Erträge (Kosten und Leistungen) buchhalterisch erfasst und das Betriebsergebnis ermittelt werden. In der Praxis geschieht dieses jedoch in der Regel statistisch in Tabellen.

Kontenplan

Die Tropic GmbH, die als Modellbetrieb den meisten Beispielen dieses Buches zugrunde liegt, ist ein Industriebetrieb. Auf der Grundlage des Kontenrahmens wählen wir gemäß den Gegebenheiten und Bedürfnissen dieses Betriebes die Konten aus, die wir zur Darstellung unserer Geschäftsvorfälle benötigen. Diese konkrete, betriebsindividuelle Kontenorganisation heißt **Kontenplan**.

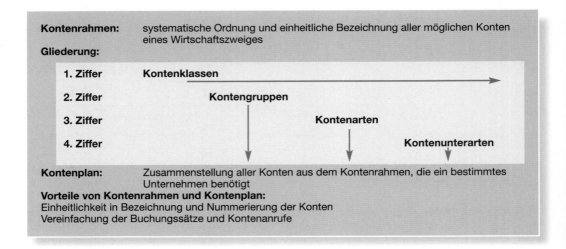

Kontenrahmen: systematische Ordnung und einheitliche Bezeichnung aller möglichen Konten
                      eines Wirtschaftszweiges

Gliederung:

1. Ziffer   **Kontenklassen**

2. Ziffer   **Kontengruppen**

3. Ziffer   **Kontenarten**

4. Ziffer   **Kontenunterarten**

Kontenplan: Zusammenstellung aller Konten aus dem Kontenrahmen, die ein bestimmtes
                      Unternehmen benötigt

Vorteile von Kontenrahmen und Kontenplan:
Einheitlichkeit in Bezeichnung und Nummerierung der Konten
Vereinfachung der Buchungssätze und Kontenanrufe

Aufgaben

1. *Kontieren Sie die folgenden Geschäftsvorfälle nach dem IKR:*   *EUR*

    1. *Die Kick Moden GmbH begleicht Ausgangsrechnung durch*
       Banküberweisung 25.080,00
    2. *Lastschrift der Sparkasse Rhein-Nahe für Darlehenszinsen* 2.000,00
    3. *Eingangsrechnung Weberei Holzmann KG* 31.320,00
    4. *Barzahlung für Werbeanzeige* 2.320,00
    5. *Zielverkauf an die Route 66 GmbH* 39.440,00
    6. *Banküberweisung für Kfz-Reparatur* 1.624,00
    7. *Verbrauch lt. Materialentnahmescheinen von*
       Baumwollstoff 17.500,00
       Reißverschlüsse   900,00
       Schmierstoffe 1.100,00
    8. *Banküberweisung für Eingangsrechnungen* 27.840,00
    9. *Verkauf an die Boutique Simone Sommer gegen Banküberweisung* 3.480,00
    10. *Belastung der Black and Blue Jeans GmbH mit Verzugszinsen*   300,00
    11. *Banklastschrift für Lagermiete* 1.580,00
    12. *Zieleinkäufe von*
        Leinen 10.440,00
        Nieten 4.756,00
        Maschinenöl 2.436,00

2. *Welche Geschäftsvorfälle werden durch die folgenden Buchungssätze ausgedrückt?*

	Soll	EUR	Haben	EUR
1.	2880	2.436,00	2800	2.436,00
2.	2000	23.400,00	4400	23.400,00
3.	2800	8.120,00	2400	8.120,00
4.	6870	1.740,00	2800	1.740,00
5.	6140	348,00	2880	348,00
6.	4250	30.000,00	2800	30.000,00

	Soll	EUR	Haben	EUR
7.	2030	10.556,00	2800	10.556,00
8.	2400	29.000,00	5000	29.000,00
9.	2800	445,00	5710	445,00
10.	6820	110,00	2880	110,00
11.	2880	580,00	0840	580,00
12.	2800	812,00	5410	812,00
13.	6200 6300	7.800,00 9.200,00	2800	17.000,00
14.	7030 7510	785,00 495,00	2800	1.280,00

3. Anfangsbestände in EUR

Technische Anlagen und Maschinen	450.000,00	Fertige Erzeugnisse	22.000,00
Betriebs- und Geschäftsausstattung	310.000,00	Forderungen a.L.u.L. . . .	280.000,00
Rohstoffe	210.000,00	Bankguthaben	210.000,00
Hilfsstoffe	25.000,00	Kasse	7.400,00
Betriebsstoffe	12.000,00	Eigenkapital	1.068.400,00
Unfertige Erzeugnisse	18.000,00	Verbindlichkeiten a.L.u.L.	476.000,00

Kontenplan: 0700, 0800, 2000, 2020, 2030, 2100, 2200, 2400, 2800, 2880, 3000, 4400, 5000, 5200, 5710, 6000, 6020, 6030, 6160, 6200, 6300, 6520, 6700, 6800, 8010, 8020.

Geschäftsvorfälle:

1. Zieleinkauf von Rohstoffen	52.200,00
2. Barzahlung einer Fahrzeugreparatur	754,00
3. Zieleinkauf von Hilfsstoffen und	4.640,00
Betriebsstoffen	1.160,00
4. Bankgutschrift für AR 55467	5.684,00
5. Gutschrift der Bank für Zinsen	2.100,00
6. Banklastschrift für das gemietete Betriebsgebäude	4.800,00
7. Zielverkauf von Fertigerzeugnissen	132.000,00
8. Rohstoffverbrauch	15.600,00
Hilfsstoffverbrauch	3.620,00
Betriebsstoffverbrauch lt. Materialentnahmescheinen	2.100,00
9. Banküberweisung lt. Lohn- bzw. Gehaltslisten	
für Fertigungslöhne	22.800,00
für Gehälter	12.300,00
10. Bareinkauf von Büromaterial	290,00
11. Barverkauf von Fertigerzeugnissen	1.740,00
12. Banküberweisung für Eingangsrechnungen	7.752,00

Abschlussangaben:

1. Abschreibungen vom Buchwert
   Technische Anlagen und Maschinen 10 %
   Betriebs- und Geschäftsausstattung 20 %
2. Endbestände lt. Inventur
   Unfertige Erzeugnisse 21.000,00 EUR
   Fertige Erzeugnisse 18.000,00 EUR

Arbeitsauftrag: 1. *Bilden Sie die Buchungssätze.*
                2. *Buchen Sie die Geschäftsvorfälle.*
                3. *Schließen Sie den Geschäftsgang ab.*

4. Anfangsbestände:

Grundstücke	250.000,00	Forderungen a.L.u.L.	87.300,00
TA und Maschinen	147.400,00	Bank	230.300,00
BGA	52.900,00	Kasse	7.400,00
Fertige Erzeugnisse	222.450,00	Eigenkapital	721.450,00
Unfertige Erzeugnisse	22.900,00	Darlehen	300.000,00
Rohstoffe	76.300,00	Verbindl. a.L.u.L.	112.900,00
Hilfsstoffe	16.200,00		
Betriebsstoffe	21.200,00		

Kontenplan: *Neben den Bestandskonten sind folgende Erfolgs- und Abschlusskonten einzurichten: Büromaterial, Postgebühren, Provisionsaufwendungen, Mieten, Zinsaufwendungen, Löhne, Gehälter, Aufwendungen für Rohstoffe, Aufwendungen für Hilfsstoffe, Aufwendungen für Betriebsstoffe, Zinserträge, Umsatzerlöse, Bestandsveränderungen, Abschreibungen, GuV, SBK.*

Geschäftsvorfälle: *EUR*

1. Verkauf von Fertigerzeugnissen auf Ziel	51.040,00
2. Banklastschriften	
Zinsen	460,00
Miete	2.000,00
Provisionen	1.500,00
3. Zieleinkauf von	
Rohstoffen	23.200,00
Hilfsstoffen	6.960,00
Betriebsstoffen	2.320,00
4. Banküberweisung unseres Kunden Schneider	5.520,00
5. Barkauf von Kopierpapier	464,00
6. Posteingang der Telefonrechnung	1.276,00
7. Zielverkauf von Fertigerzeugnissen	105.560,00
8. Bankgutschrift	
Kunde Klammer für AR 200.152	13.920,00
Zinsen	230,00
Kunde Claus GmbH für AR 200.149	16.240,00
9. Banküberweisung lt. Lohn- bzw. Gehaltslisten	
für Fertigungslöhne	11.200,00
für Gehälter	16.220,00
10. Rohstoffverbrauch	22.400,00
Hilfsstoffverbrauch	4.100,00
Betriebsstoffverbrauch lt. Materialentnahmescheinen	2.240,00
11. Zieleinkauf eines Computers	3.248,00
12. Zielverkauf von Fertigerzeugnissen	20.648,00

Abschlussangaben:

1. Abschreibungen vom Buchwert auf: Technische Anlagen und Maschinen   10 %
                                  Betriebs- und Geschäftsausstattung   20 %

2. Endbestände lt. Inventur: Unfertige Erzeugnisse   19.400,00 EUR
                            Fertige Erzeugnisse   164.500,00 EUR

Arbeitsauftrag: 1. Bilden Sie die Buchungssätze.

2. Buchen Sie die Geschäftsvorfälle.

3. Schließen Sie den Geschäftsgang ab.

5. Bilden Sie die Buchungssätze für die folgenden **Abschlussbuchungen**.

    1. Konto Fertigerzeugnisse, wenn AB > SB

    2. Konto Fertigerzeugnisse, wenn AB < SB

    3. Konto Bestandsveränderungen, wenn Bestandsmehrungen > Bestandsminderungen

    4. Konto Bestandsveränderungen, wenn Bestandsmehrungen < Bestandsminderungen

    5. Konto Umsatzerlöse

    6. Konto Zinsaufwendungen

    7. Konto Forderungen

    8. Konto Verbindlichkeiten

    9. Konto GuV, wenn Aufwendungen > Erträge

   10. Konto GuV, wenn Aufwendungen < Erträge

   11. Konto EK, wenn AB < SB

   12. Konto EK, wenn AB > SB

12   Organisation der Buchführung

S		GuV		H
...				
Löhne	50.000,00	Umsatzerlöse		350.000,00
Gehälter	95.000,00	Zinserträge		20.000,00
...		...		
Gewinn	80.000,00			
	540.000,00			540.000,00

SITUATION

1. Warum hat das Finanzamt ein Interesse an der GuV-Rechnung der Tropic GmbH?

2. Worauf wird der Prüfer des Finanzamtes besonders achten?

3. Welche Voraussetzungen müssen erfüllt sein, damit ein Prüfer sich in den Unterlagen der Buchhaltung zurechtfindet?

12.1   Anforderungen an die Gestaltung ordnungsgemäßer Buchführung

Für die Gestaltung der Buchführung gelten die Grundsätze ordnungsgemäßer Buchführung. Diese sind entweder gesetzlich geregelt (HGB § 238 f., Abgabenordnung § 145 f.) oder beruhen auf Handelsbrauch.

Die GoB lassen sich wie folgt zusammenfassen:

1. Buchungen müssen durch Belege jederzeit nachprüfbar sein.
   Die Belege sind fortlaufend zu nummerieren und aufzubewahren.
   Keine Buchung ohne Beleg.
2. Die Buchführung muss klar und übersichtlich sein, sodass ein sachverständiger Dritter sich innerhalb angemessener Zeit einen Überblick über die Lage des Unternehmens verschaffen kann.
3. Die Buchungen sind in einer lebenden Sprache vorzunehmen. Bei Fremdsprachen darf die Übersetzung ins Deutsche nicht übermäßig schwierig sein. Das Finanzamt kann Übersetzungen verlangen. Bei Verwendung von Abkürzungen, Ziffern, Buchstaben oder Symbolen muss deren Bedeutung eindeutig festliegen.
4. Die Buchungen müssen vollständig (lückenlos), richtig, zeitgerecht (zeitlicher Zusammenhang zwischen Geschäftsvorfall und Buchung) und geordnet (z.B. Nummerierung der Belege) vorgenommen werden.
5. Kassenvorgänge (Einnahmen und Ausgaben) sollen täglich festgehalten werden.
6. Eintragungen dürfen nicht so verändert werden, dass der ursprüngliche Inhalt nicht mehr erkennbar ist (z.B. darf nicht radiert werden).
7. Es dürfen keine Veränderungen vorgenommen werden, deren Beschaffenheit es ungewiss lässt, ob sie ursprünglich oder erst nachträglich vorgenommen wurden. Wenn Buchungen und Aufzeichnungen verändert worden sind, muss das erkennbar sein.
8. Buchungsbelege, Inventare und Bilanzen sind 10 Jahre geordnet aufzubewahren, Handels- oder Geschäftsbriefe sechs Jahre, soweit sie für die Besteuerung von Bedeutung sind.

Beim Einsatz der elektronischen Datenverarbeitung in der Buchführung sind die Grundsätze ordnungsgemäßer Speicherbuchführung (GoS) maßgebend.

Unter Speicherbuchführung versteht man eine Buchführung, bei der eine Abspeicherung der Daten auf magnetischen Datenträgern (z. B. Diskette, Magnetplatte) erfolgt, ohne dass die Daten vollständig ausgedruckt werden.
Für die Ordnungsmäßigkeit einer solchen Buchführung ist zu beachten, dass die gespeicherten Daten während der gesetzlich festgelegten Aufbewahrungsfrist jederzeit verfügbar sind und innerhalb einer angemessenen Frist lesbar gemacht werden können.

12.2   Grund- und Hauptbuch, Nebenbücher

Im **Grundbuch** (auch **Journal** genannt) werden die Geschäftsvorfälle in **zeitlicher Reihenfolge** erfasst. Dadurch kann während der gesetzlichen Aufbewahrungsfrist ein Geschäftsvorfall bis zum Beleg zurückverfolgt werden. Man unterscheidet vier grundsätzliche Arten von Buchungen im Grundbuch:

1. Eröffnungsbuchungen
Die Anfangsbestände der Eröffnungsbilanz werden mithilfe des Eröffnungsbilanzkontos auf die Bestandskonten übertragen.

2. Laufende Buchungen
Im Laufe des Geschäftsjahres werden die anfallenden Geschäftsvorfälle gebucht.

3. Vorbereitende Abschlussbuchungen
Dazu zählen alle erforderlichen Buchungen und Umbuchungen, die nicht das GuV-Konto oder das Schlussbilanzkonto berühren.

4. Abschlussbuchungen

Die Erfolgskonten werden über das GuV-Konto, die Bestandskonten über das Schlussbilanzkonto abgeschlossen.

◆ Nebenbücher

Zur Erläuterung verschiedener Hauptbuchkonten werden in der Praxis **Nebenbücher** geführt.

◆ Die Kontokorrentbuchhaltung

Die Einführung von **Personenkonten**, getrennt nach den einzelnen Kunden und Lieferern, ermöglicht eine bessere Kontrolle über Höhe und Fälligkeit der einzelnen Forderungen bzw. Verbindlichkeiten, als dies mit den Sachkonten (Hauptbuchkonten) Forderungen a.L.u.L. und Verbindlichkeiten a.L.u.L. möglich ist.

Die **Kundenkonten** bezeichnet man als **Debitorenkonten**, die **Liefererkonten** als **Kreditorenkonten**.

Kontokorrentkonten können in Karteiform oder computerunterstützt geführt werden. Beim Einsatz eines FIBU-Programmes werden Eingangs- und Ausgangsrechnungen sowie der Ausgleich dieser Rechnungen nicht direkt auf den Konten Forderungen und Verbindlichkeiten gebucht, sondern zuerst auf den Debitoren- bzw. Kreditorenkonten. Beim Abschluss wird die Summe der Salden aller Debitoren- bzw. Kreditorenkonten auf das Sachkonto Forderungen a.L.u.L. bzw. Verbindlichkeiten a.L.u.L. als Sammelbuchung übertragen.

Weitere Nebenbücher sind u. a.:

Lagerbuchhaltung	Für jeden Artikel wird eine Lagerkarteikarte bzw. Lagerdatei geführt, auf der als Stammdaten Materialbezeichnung, Materialnummer, Mindestbestand, Höchstbestand und Meldebestand vermerkt sind. Als Bewegungsdaten werden Bestände sowie alle Lagerbewegungen (Zu- und Abgänge) mengen- und wertmäßig systematisch festgehalten. Die laufende Fortschreibung der Lagerbestände ermöglicht eine permanente Inventur. Außerdem liefert die Lagerbuchhaltung wichtige Daten für die Bedarfsdisposition.
Anlagenbuchhaltung	Aufgabe der Anlagenbuchhaltung ist das mengen- und wertmäßige Erfassen aller Bewegungen des Anlagevermögens sowie die Ermittlung der Wertansätze.
Lohnbuchhaltung	Für jeden Beschäftigten wird in der Lohnbuchhaltung ein Lohn- oder Gehaltskonto geführt, das die Personalien des Arbeitnehmers, Angaben der Lohnsteuerkarte sowie die Abrechnungsdaten enthält. Alle Einzelabrechnungen werden in der Lohn- und Gehaltsliste zusammengefasst. Die Summe dieser Lohn- und Gehaltsliste wird als Sammelbuchung auf die Hauptbuchkonten übertragen.
Scheckbuchhaltung	Zur Erfassung und Überwachung des Scheckverkehrs werden entsprechende Nebenbücher geführt. Bei einem größeren Umfang des Scheckverkehrs ist es empfehlenswert, ein Scheckbuch – getrennt nach ausgestellten und erhaltenen Schecks – zu führen.

Die grundbuchmäßigen Aufzeichnungen dienen als Grundlage für die Erfassung auf den Konten des Hauptbuches (u. a. deshalb der Begriff: „doppelte Buchführung"). Die Eintragungen im **Hauptbuch** erfolgen nicht nach zeitlichen, sondern nach **sachlichen Gesichtspunkten**.

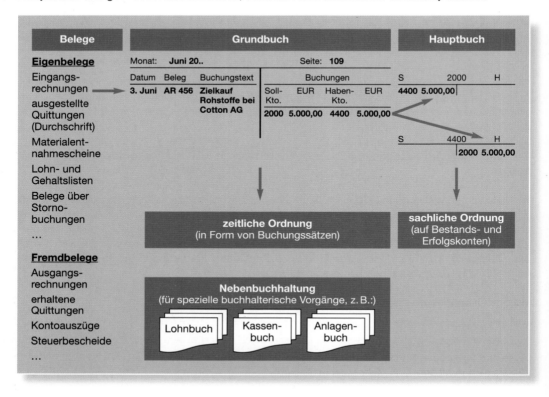

Aufgaben

1. *Welche Bücher müssen im Rahmen der doppelten Buchführung unbedingt geführt werden, welche Bücher gehören zu den Nebenbüchern?*

2. *Welche Informationen enthält das Kassenbuch?*

3. *Für welche Daten wird ein Lohn-/Gehaltsbuch geführt?*

4. *Was versteht man unter dem Kontokorrentbuch? Warum wird ein Kontokorrentbuch geführt?*

5. *Wie wird das Kontokorrentbuch am Ende des Geschäftsjahres abgeschlossen?*

Lernbereich 3:
Abbilden der Ziele und Organisationsstrukturen von Unternehmen und einen Bezug zu regionalen Unternehmen herstellen

1 Unternehmerische Zielsetzungen

„Was wollen wir für uns selbst und die Klassengemeinschaft erreichen?"

SITUATION

Ayse und ihre neuen Klassenkameradinnen und Klassenkameraden diskutieren über die Ziele, die sie sich in diesem Schuljahr setzen wollen.

1. *Nennen Sie Ziele, die Sie sich für das kommende Schuljahr setzen wollen.*

2. *Was können Sie tun, um diese Ziele zu erreichen?*

1.1 Zielsystem

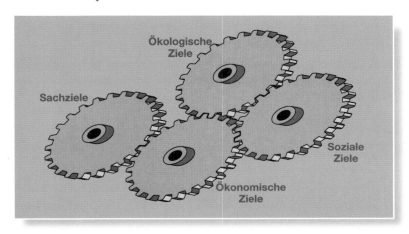

Auch die Unternehmen müssen sich Ziele setzen, damit sie ihre Aufgaben erfüllen können. Dabei können verschiedene Arten von Zielen unterschieden werden.

Sachziele

Die Sachziele der Unternehmen werden durch ihre Gesamtaufgabe bestimmt. Bei Produktionsbetrieben gehören dazu die Herstellung der Erzeugnisse, die Kundenberatung, die Bereitstellung von Ersatzteilen und der Kundendienst.

Beispiele

■ *Sachziele der Tropic GmbH sind die Herstellung und der Verkauf von Freizeitbekleidung.*

■ *Die Cotton GmbH & Co KG als Zulieferer der Tropic GmbH hat als Sachziel den Import von Baumwollstoffen.*

■ *Die Boutique Simone Sommer übernimmt als Kunde die Verteilung der Produkte der Tropic GmbH an die Endverbraucher.*

Ökonomische Ziele

Im Vordergrund des Zielsystems stehen meistens Ziele, die den Unternehmenserfolg betreffen. Um diese Ziele zu erreichen, müssen die Unternehmen wirtschaftlich handeln (vgl. S. 417 „Ökonomisches Prinzip").

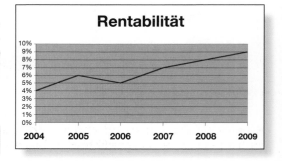

◆ **Gewinn**

Gewinn = Umsatz – Kosten

Umsatz = Preis · Menge

Beispiel Wenn die Tropic GmbH in einer Rechnungsperiode 2.500 Stück der Tropic Jeans 001 zu einem Preis von 70,00 EUR verkauft und ihr bei der Produktion Gesamtkosten von 140.000,00 EUR entstehen, wird ein Gewinn von 35.000,00 EUR erzielt.

Umsatz = 70,00 EUR · 2.500 = 175.000,00 EUR
Gewinn = 175.000,00 EUR – 140.000,00 EUR = 35.000,00 EUR

◆ **Produktivität**

Definition   Die mengenmäßige Ergiebigkeit des Produktionsprozesses lässt sich anhand der Produktivität ermitteln. Dabei werden der Produktionsmenge (Output) die Menge jeweils eines eingesetzten Produktionsfaktors (Input) gegenübergestellt.

$$\text{Produktivität} = \frac{\text{Produktionsmenge}}{\text{Faktoreinsatzmenge}}$$

Beispiel Im Produktionsbereich Trainingsanzüge arbeiten zehn Arbeiterinnen 7,5 Stunden täglich. In einer 5-Tage-Woche wurden 300 Trainingsanzüge hergestellt.

$$Arbeitsproduktivität = \frac{300 \ (Trainingsanzüge)}{375 \ (Arbeitsstunden)} = 0,8 \ Anzüge \ pro \ Arbeitsstunde$$

Je Arbeitsstunde werden 0,8 Trainingsanzüge hergestellt.

Die Produktivität stellt ein rein mengenmäßiges Verhältnis dar. Nicht berücksichtigt werden die bei der Produktion entstehenden Kosten und die Umsatzerlöse für die hergestellten Produkte.

Die Produktivität lässt sich nur berechnen für jeweils einen eingesetzten Produktionsfaktor (z. B. Arbeitsstunden) und für ein hergestelltes Produkt.

Aussagefähig wird die Kennziffer Produktivität durch Vergleiche mit Vorjahreszahlen, Branchenzahlen oder Planzahlen.

◆ Wirtschaftlichkeit

Definition Bei der Wirtschaftlichkeit setzt man die wertmäßige Leistung zu den Kosten in Beziehung.

$$Wirtschaftlichkeit = \frac{Leistungen \ (EUR)}{Kosten \ (EUR)}$$

Beispiel Umsatzerlösen von 16.250.000,00 EUR stehen Kosten von 16.045.000,00 EUR gegenüber.

$$Wirtschaftlichkeit = \frac{16.250.000,00 \ EUR}{16.045.000,00 \ EUR} = 1,01$$

Bei einer Wirtschaftlichkeit > 1 sind die Leistungen höher als die Kosten. Wie die Produktivität ist auch die Kennziffer Wirtschaftlichkeit aussagefähiger durch entsprechende Vergleichszahlen.

◆ Rentabilität

Ein Unternehmer, der Kapital einsetzt, wird überlegen, welche Verwendungsmöglichkeit ihm die höchste Rendite (Verzinsung) bringt. Er setzt z. B. den Zinsgewinn einer Kapitalanlage bei der Bank ins Verhältnis zum eingesetzten Kapital und vergleicht das Ergebnis mit dem Gewinn, den er erzielt, wenn er das Kapital im Unternehmen investiert.

Definition Die Kennziffer Eigenkapitalrentabilität bezieht den Gewinn prozentual auf das eingesetzte Eigenkapital.

$$Eigenkapitalrentabilität = \frac{Gewinn \cdot 100}{Eigenkapital}$$

Beispiel Bei einem Eigenkapital von 2.050.000,00 EUR wurde ein Gewinn von 205.000,00 EUR erziehlt.

$$Eigenkapital/Rentabilität = \frac{205.000,00 \ EUR \cdot 100}{2.050.000,00 \ EUR} = 10\%$$

Die Kennziffer Eigenkapitalrentabilität sagt etwas darüber aus, ob sich – verglichen mit anderen Anlagemöglichkeiten – der Kapitaleinsatz im Unternehmen lohnt.

$$Gesamtkapitalrentabilität = \frac{(Gewinn + Fremdkapitalzinsen) \cdot 100}{Gesamtkapital}$$

Definition   Bei der Ermittlung der Gesamtkapitalrentabilität wird der Ertrag des Gesamtkapitaleinsatzes in das prozentuale Verhältnis zum Gesamtkapital gesetzt.

Der Ertrag des Fremdkapitaleinsatzes (Fremdkapitalzinsen) geht an die Gläubiger, der Ertrag des Eigenkapitaleinsatzes (Gewinn) verbleibt im Unternehmen.

Beispiel Bei einem Gewinn von 205.000,00 EUR und einem Aufwand an Fremdkapitalzinsen von 51.000,00 EUR wurde ein Gesamtkapital von 3.200.000,00 EUR eingesetzt.

$$\text{Gesamtkapitalrentabilität} = \frac{(205.000,00 \text{ EUR} + 51.000,00 \text{ EUR}) \cdot 100}{3.200.000,00 \text{ EUR}} = 8\,\%$$

$$\text{Umsatzrentabilität} = \frac{\text{Gewinn} \cdot 100}{\text{Umsatz}}$$

Definition   Die Umsatzrentabilität bezieht den Gewinn prozentual auf den erzielten Umsatz.

Beispiel Wenn der Umsatz des Unternehmens 8.200.000,00 EUR beträgt, ergibt sich die folgende Umsatzrentabilität:

$$\text{Umsatzrentabilität} = \frac{205.000,00 \cdot 100}{8.200.000,00 \text{ EUR}} = 2,5\%$$

Soziale Ziele

In den Unternehmen müssen viele Menschen miteinander arbeiten, untereinander kommunizieren und auch Konflikte austragen. Die Mitarbeiterinnen und Mitarbeiter müssen sich in einem „sozialen System" zurechtfinden und Leistungen erbringen. Daher haben soziale Ziele eine wichtige Bedeutung im Unternehmen.

Beispiele

■ *Die Arbeitsplätze sollen in der Tropic GmbH ergonomisch gestaltet sein, d. h. die Mitarbeiterinnen und Mitarbeiter sollen durch die Arbeitsumgebung nicht geschädigt werden.*

■ *Die Arbeitnehmerinnen und Arbeitnehmer sollen gerecht entlohnt werden.*

■ *Die Tropic GmbH will die Arbeitsplätze im Unternehmen langfristig sichern.*

Ökologische Ziele

Die ökonomische Entwicklung in den Industrieländern hat dazu geführt, dass immer mehr Waren produziert wurden. Wegen dem damit verbundenen Verbrauch von knappen Rohstoff- und Energiereserven werden ökologische Ziele für die gesamte Volkswirtschaft immer wichtiger. Mit ökologischen Zielen dokumentieren die Betriebe ihre Verantwortung gegenüber der Umwelt.

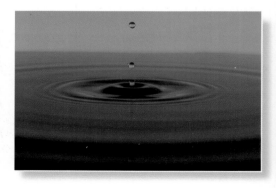

Beispiele:

- *Die Tropic GmbH verwendet bei der Produktion recycelbare Werkstoffe, die nach einer Aufbereitung wieder zu verwenden sind.*

- *Die Produktionsverfahren sollen die Umwelt möglichst gering belasten.*

- *Der Energieverbrauch soll in allen Betriebsbereichen ständig gesenkt werden.*

1.2   Zielkonflikte

Die Unternehmen wollen i. d. R. eine Vielzahl von Zielen möglichst gut erreichen. Bei der Zielfindung werden Erwartungen einer Vielzahl von Interessengruppen berücksichtigt.

Wenn die Verfolgung eines betrieblichen Zieles gleichzeitig zur Verbesserung anderer Ziele beiträgt, liegt **Zielharmonie** vor. Wenn z. B. die Transportkosten des Unternehmens durch den Umstieg auf Automobile mit einem geringeren Benzinverbrauch gesenkt werden sollen, können gleichzeitig die Ziele „Kostensenkung", „Gewinnerhöhung", und „Vermeidung eines unnötigen Energieverbrauchs" verfolgt werden.

Häufig entstehen jedoch **Zielkonflikte**, wenn die Erreichung eines Zieles durch die gleichzeitige Verfolgung anderer Ziele beeinträchtigt wird.

Beispiele

- *Die Unternehmensleitung möchte die Lohnkosten senken und Arbeitskräfte durch einen verstärkten Maschineneinsatz ersetzen.*
  Zwischen den Zielen „Kostensenkung" und „Arbeitsplatzsicherung" besteht in diesem Fall ein Konflikt. Die Verfolgung des einen Zieles behindert die gleichzeitige Verfolgung des anderen Zieles.

- *Ein Getränkehersteller will seine Erzeugnisse in kostengünstige Plastikflaschen abfüllen. Wenn sich das Unternehmen umweltfreundlich verhalten will, müsste es die Getränke in Pfandflaschen aus Glas verkaufen.*

- *Ein letztendlich unlösbarer Zielkonflikt besteht, wenn durch soziale Leistungen die Lebensrisiken (z. B. Alter, Krankheit, Unfälle) der Mitarbeiter gemindert werden sollen und das Unternehmen gleichzeitig die Lohnnebenkosten senken will.*

Aufgaben

1. *Erstellen Sie eine Liste mit sozialen und ökologischen Zielen für Ihre Klasse und für Ihre Schule.*

2. *Welche Sachziele haben die folgenden Unternehmen?*

   Deutsche Telekom, die Fluggesellschaft Ryanair, Deutsche Bahn, Deutsche Bank.

3. *Erstellen Sie mit Ihren Klassenkameradinnen und Klassenkameraden eine Liste mit ökologischen Zielen, die in der Tropic GmbH verfolgt werden sollten.*

4. *Nennen Sie Gründe, warum in den Unternehmen auch soziale Zielsetzungen verfolgt werden sollten.*

5. *Ein Bauunternehmen erstellte im Monat April mit seinen Beschäftigten 2.000 m^3 umbauten Raum, im Monat Mai 2.400 m^3. Die geleisteten Arbeitsstunden betrugen im April 3.840 und im Mai 4.416 Stunden. Der Einsatz von Werkzeugen, Maschinen, Fahrzeugen, Ausstattung und Gebäuden blieb unverändert (Wert 300.000,00 EUR). Im Monat Juni wird eine zusätz-*

liche Maschine für 20.000,00 EUR angeschafft. Bei insgesamt 4.400 Arbeitsstunden werden 2.580 m³ umbauter Raum erstellt.

Ermitteln Sie die Arbeitsproduktivität für die Monate April, Mai und Juni. Erläutern Sie die Ergebnisse.

6. *Die Littmann Orangensaft KG stellte im August 50.000 und im September 60.000 Liter Orangensaft her. Die zehn Beschäftigten arbeiteten im August insgesamt 1.300 und im September 1.850 Stunden. Die hergestellten Mengen wurden sofort verkauft. Der Nettoverkaufspreis betrug im August 0,80 EUR je Liter, im September 0,90 EUR je Liter. Die Arbeitsstunde kostete im August 9,00 EUR und im September aufgrund von Tariflohnerhöhungen 9,20 EUR. Die übrigen Kosten betrugen monatlich 7.000,00 EUR. Berechnen Sie die Wirtschaftlichkeit für die Monate August und September und erläutern Sie die Ergebnisse.*

7. *Ein Unternehmen ist mit 25.800.000,00 EUR Eigenkapital und 10.200.000,00 EUR Fremdkapital finanziert. Das Unternehmen hat einen Umsatz von 52.000.000,00 EUR erzielt. Der Gewinn beträgt 2.400.000,00 EUR und für den Fremdkapitaleinsatz mussten 612.000,00 EUR Zinsen gezahlt werden. Ermitteln Sie die Rentabilitäten.*

8. *Welche Zielkonflikte sind in einem Industrieunternehmen denkbar?*

2 Arten von Unternehmen

2.1 Betrieblicher Leistungsprozess

Um die Produktion von Gütern zu ermöglichen, müssen die **elementaren Produktionsfaktoren** miteinander kombiniert werden.
Zu den elementaren Produktionsfaktoren gehören:

- **Betriebsmittel**,
  d. h. alle Sachgüter (z. B. Grundstücke, Maschinen) und Rechte (z. B. Patente), die für die Leistungserstellung benötigt werden;

- **Werkstoffe**,
  d. h. Gegenstände, die bei der Produktion verarbeitet, bearbeitet oder eingearbeitet werden, z. B.
  - **Rohstoffe**, die Hauptbestandteile des Erzeugnisses werden (z. B. Baumwolle für Sweat-Shirts, Holz für Möbel);
  - **Hilfsstoffe**, die als Nebenbestandteile in geringerem Umfang in das Produkt eingehen (z. B. Knöpfe und Reißverschlüsse für Jeans, Leim oder Lacke für Möbel);
  - **Betriebsstoffe**, die nicht in das Produkt eingehen, sondern bei der Produktion verbraucht werden (z. B. Strom, Benzin zum Betreiben der Maschinen, Schmieröl);
  - **fremdbezogene Einbauteile** (z. B. ein fremdbezogener Trainingscomputer bei einem Heimtrainer, ein Dynamo bei der Fahrradherstellung);

- **ausführende Arbeit**,
  d. h. menschliche Arbeitsleistung, die unmittelbar mit der Beschaffung, der Produktion, dem Absatz bzw. der Verwaltung beschäftigt ist (z. B. Sachbearbeiter im Einkauf, Facharbeiter, Gabelstaplerfahrer).

Die Planung, Leitung und Überwachung der betrieblichen Tätigkeiten wird durch den **dispositiven Produktionsfaktor** (= leitende Arbeit) übernommen. Zu solchen Führungskräften gehören z. B. der Geschäftsführer, der Abteilungsleiter oder der Meister in der Produktion.

Beispiel

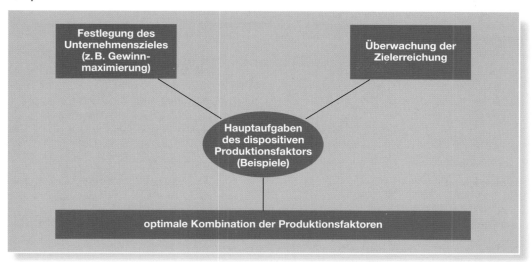

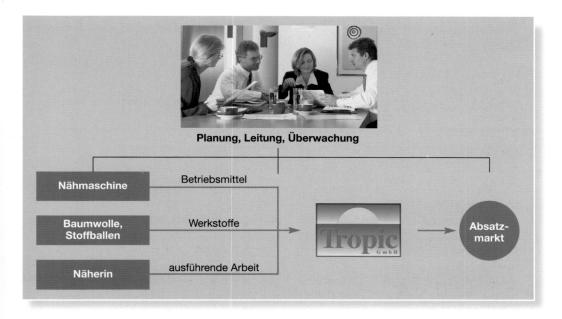

Aufgaben

1. Nennen Sie je drei konkrete Beispiele für Roh-, Hilfs- und Betriebsstoffe sowie für fremdbezogene Fertigteile bei
a) der Tropic GmbH,   b) einer Möbelfabrik,   c) einem Automobilhersteller.

2. Nennen Sie drei Mitarbeiter der Tropic GmbH, die mit dispositiven Tätigkeiten beschäftigt sind
und geben Sie Beispiele für diese Tätigkeiten.

3. Nennen Sie je drei Betriebe, die
a) kapitalintensiv,   b) arbeitsintensiv,   c) materialintensiv
sind.

4. Die Schneeweiß GmbH stellt von einer Sorte Langlaufski in einer Periode 1.500 Paar her. Infolge einer Lohnerhöhung durch einen neuen Tarifabschluss steht das Unternehmen vor der Frage, ob der Produktionsfaktor Arbeit verstärkt durch Maschinen ersetzt werden soll. (Stückerlös 100,00 EUR).

	vor der Lohnerhöhung (in EUR)	nach der Lohnerhöhung (in EUR)	
		ohne verstärkten Maschineneinsatz	mit verstärktem Maschineneinsatz
Materialkosten	40.000,00	40.000,00	40.000,00
Arbeitsstunden	3.000,00	3.000,00	1.500,00
Stundenlohn	20,00	25,00	25,00
maschinenabhängige Kosten	40.000,00	40.000,00	60.000,00

Überprüfen Sie rechnerisch, ob die Lohnerhöhung für das Unternehmen Anlass gibt, das Produktionsverfahren zu ändern.

5. Betriebe ersetzen in zunehmendem Umfang die menschliche Arbeit durch Betriebsmittel. Erläutern Sie Vor- und Nachteile dieser Entwicklung für das Unternehmen, die Arbeitnehmer und die Volkswirtschaft.

2.2   Industriebetrieb

SITUATION

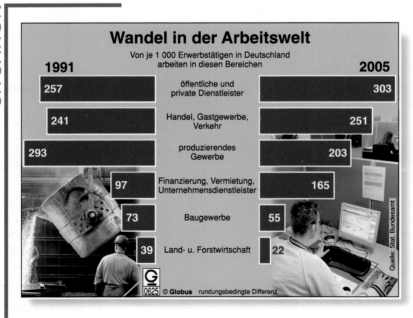

Beschreiben Sie den Wandel einzelner Bereiche der Arbeitswelt.

Ein Industriebetrieb beschafft Produktionsfaktoren (Werkstoffe, Betriebsmittel, Arbeit), um neue Güter zu erstellen oder zu verarbeiten. Diese fertigen Erzeugnisse werden gelagert, bevor sie auf dem Absatzmarkt verkauft werden, oder aber sie werden nach Kundenwünschen produziert. Die Hauptaufgabe eines Industriebetriebes ist die Produktion von Gütern. Der Produktionsprozess verläuft in aufeinanderfolgenden Schritten.

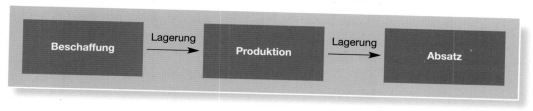

Die meisten Industriebetriebe sind gekennzeichnet durch bestimmte Merkmale:

- hoher Kapitaleinsatz,

- arbeitsteilige Produktion,

- rationelle Produktion mit viel Maschineneinsatz,

- nationaler/internationaler Absatzmarkt.

Die Produktion von Gütern erfordert eine gewisse Betriebsgröße. Deshalb sind Industrieunternehmen oft Großunternehmen, die häufig auch international tätig sind (z.B. DaimlerChrysler, BASF).

Arten von Industriebetrieben

Im Gegensatz zu Dienstleistungs- und Handelsunternehmen steht bei Industriebetrieben die Produktion von Gütern zur Bedürfnisbefriedigung im Vordergrund.
Industriebetriebe lassen sich verschiedenen Zweigen zuordnen:

- Bergbau: Abbau von Bodenschätzen, z.B. Abbau von Kohle und Erz, Ölförderung

- Energie- und Wasserversorgung: z.B. Energiewirtschaft, Wasserwerk

- Grundstoffindustrie: Herstellung von Erzeugnissen zur weiteren Be- oder Verarbeitung, z.B. eisenschaffende Industrie, chemische Industrie, Sägewerk

- Investitionsgüterindustrie: Herstellung von Gütern, die zur Produktionsausrüstung in anderen Betrieben bestimmt sind, z.B. Maschinenbau, Fahrzeugbau

- Konsumgüterindustrie: Herstellung von Gütern für den Endverbraucher, z.B. Bekleidungsindustrie, Brauereien

Die Produkte der Tropic GmbH fallen nicht vom Himmel. Vielmehr müssen verschiedene Produktionsfaktoren auf dem Beschaffungsmarkt bezogen und in der Produktion kombiniert werden, um die gewünschten Erzeugnisse zu erstellen. Stand vor einigen Jahren bei der Tropic GmbH noch der Produktionsfaktor Arbeit im Vordergrund (arbeitsintensiv), wurde in den letzten Jahren verstärkt die menschliche Arbeit durch Maschinen ersetzt. Die Produktion wurde anlageintensiver.

Industriebetriebe sind neben den Dienstleistungsbetrieben ein sehr wichtiger Träger unserer Wirtschaft. Sie erwirtschaften einen Großteil des Bruttoinlandsprodukts und sind Voraussetzung für die Exporte aus Deutschland. Wegen Rationalisierungsmaßnahmen ist die Zahl der Beschäftigten in der Industrie in den vergangenen Jahren im Gegensatz zu den Dienstleistungsunternehmen rückläufig.

Aufgaben

1. *Was versteht man unter einem anonymen Absatzmarkt?*

2. *Klären Sie den Unterschied zwischen einem Industriebetrieb und einem Handwerksbetrieb.*

3. *Nennen Sie zehn deutsche Industrieunternehmen und deren Tätigkeitsfelder.*

4. *Welche Geschäftsbeziehungen könnte die Tropic GmbH zu den Unternehmen aus Aufgabe 3 haben?*

5. *Welcher Art von Industriebetrieb sind folgende Produktionsunternehmen zuzuordnen?*
   - *Metallverarbeitung*   - *Tierfutterproduktion*   - *Papierproduktion*

6. *Sammeln Sie Zahlenmaterial zu einem Industrieunternehmen Ihrer Wahl.*

2.3   Handelsbetrieb

Definition   Ein Handelsbetrieb kauft und verkauft Waren, ohne diese im Wesentlichen zu verändern.

Die Großen im Lebensmittelhandel

Umsatz* in Deutschland im Jahr 2008 in Milliarden Euro (z.T. geschätzt)

Unternehmen	Umsatz
Edeka-Gruppe	37,6 Mrd. €
Rewe-Gruppe	34,0
Metro-Gruppe	31,6
Schwarz-Gruppe	26,5
Aldi-Gruppe	24,5
Tengelmann-Gruppe	14,0
Lekkerland	7,9
Schlecker	5,1
Karstadt	4,4
Globus	3,9
dm	3,4
Norma	3,0
Rossmann	2,9
Bartels-Langness	2,7
Müller	2,0
Bünting	1,6
Coop	1,4
Dohle-Gruppe	1,4
Tegut	1,1
Netto Nord	1,1

2753   © Globus   *einschl. Non-Food

Quelle: TradeDimensions

METRO Group   REWE   EDEKA

◆ Funktionen des Handels

Raumüberbrückung	Der Handel organisiert die Verteilung der Waren von nationalen und internationalen Produzenten.
Sortimentsbildung	Das Warenangebot wird kundengerecht zusammengestellt. Wenig nachgefragte Produkte werden aus dem Sortiment genommen. Waren, die den Wünschen der Käufer entsprechen, bilden ein Sortiment.
Kundenberatung	Ein Handelsgeschäft gibt dem Kunden notwendige Produktinformationen.
Kundendienst	Serviceleistungen, wie z. B. Kundenkarte, kostenlose Verpackung, Reparatur und Umtausch, sind wichtige Maßnahmen, um neue Kunden zu gewinnen und alte zu behalten.
Markterschließung	Der Handel gewinnt neue Kunden für alle am Umsatzprozess beteiligten Unternehmen.
Sonstige	Lagerhaltung, Finanzierung

◆ Arten von Handelsbetrieben

■ **Großhandel**: Einkauf von großen Warenmengen direkt beim Hersteller; Verkauf von mittleren Warenmengen an den Einzelhandel.

■ **Einzelhandel**: Einkauf von mittleren Warenmengen beim Großhandel; Verkauf von kleinen Warenmengen an den Endverbraucher.

■ **Außenhandel**: Einfuhr (Import) und Ausfuhr (Export) von Waren über die Landesgrenzen hinaus.

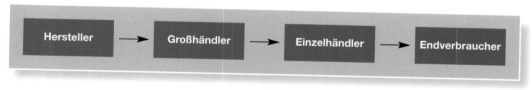

◆ Bedeutung des Handels

Neben den Industriebetrieben und anderen Dienstleistungsunternehmen ist der Handel unerlässlich, um Waren vom Hersteller zum Endverbraucher zu bringen. Innerhalb des Handels finden starke Konzentrationen statt: Der Marktanteil und die Bedeutung der kleinen Einzelhandelsunternehmen sinkt, während große Ketten (Supermärkte, Verbrauchermärkte) ihre Position zunehmend ausbauen.

Aufgaben

1. *Warum haben Endverbraucher nur eine sehr geringe Marktübersicht? Nennen Sie Beispiele aus dem Alltag.*

2. *Beschreiben Sie die Funktionen des Handels.*

3. *Nennen Sie Serviceleistungen, die Sie persönlich im Handel vermissen.*

4. *Welche Schwierigkeiten haben Endverbraucher, die direkt beim Hersteller Waren kaufen?*

5. *Beschreiben Sie die Bedeutung des Außenhandels für die Bundesrepublik Deutschland.*

6. *Erklären Sie die Finanzierungsfunktion des Handels.*

7. *Suchen Sie Handelsunternehmen aus dem Bereich Import und Export.*

2.4   Dienstleistungsbetrieb

SITUATION

Service für den Kunden

Von je 100 Einzelhandels-Unternehmen
bieten als Standard an (Stand 2001)

Dienstleistungen

Geschenk-, Einpackservice	68
Lieferservice	60
EC-Automat	27
Film-Entwicklung	11
Schusterservice	9

Einkaufskomfort

Kunden-Toiletten	60
Getränkeservice, Kaffeeangebot	46
Info über aktuelle Angebote	41
Kinderbetreuung, Wartebereich	19
Info-Stand, Info-Terminal	16

Quelle: HDE

© Globus 7437

Nennen Sie Beispiele für Dienstleistungen, die in der Tropic GmbH in Anspruch genommen werden!

Definition   Unternehmen, die ihre Arbeit (Dienstleistung) gegen Bezahlung anbieten und verkaufen, sind Dienstleistungsbetriebe.

Dienstleistungen sind:

- nicht fassbar (immateriell),
- nicht transportierbar,
- nicht wiederverkaufbar.

Arten von Dienstleistungsbetrieben	Beispiele für Dienstleistungen
Verkehrsbetrieb	Transportabwicklung
Versicherung	Kfz-Versicherung
Kreditinstitut (Bank)	Abwicklung von Geldgeschäften
Makler	Vermittlung von Häusern und Grundstücken
Werbeagentur	Werbegestaltung
Steuerberater	Beratung in Steuerangelegenheiten
Unternehmensberatung	Finanzielle/organisatorische Unterstützung
Öffentliche Verwaltung	Müllabfuhr, Straßenbahn, Wasserversorgung

Arten von Dienstleistungsbetrieben	Beispiele für Dienstleistungen
Arzt	Diagnose und Heilung von Krankheiten
Krankengymnast	Therapie von Kranken
Rechtsanwalt	Rechtsberatung und Rechtsbeistand
Handel	Raumüberbrückung (siehe Kapitel 2.3)

◆ **Bedeutung der Dienstleistung:**
Der Dienstleistungssektor ist der Bereich unserer Gesellschaft, dessen Bedeutung in den letzten Jahren stark gestiegen ist. Dienstleistungsbetriebe erwirtschaften ein Großteil des Bruttoinlandsprodukts und neue, zusätzliche Arbeitsplätze in der Bundesrepublik Deutschland werden größtenteils von Dienstleistungsunternehmen geschaffen.

Aufgaben

1. Wodurch unterscheidet sich ein Industriebetrieb von einem Dienstleistungsbetrieb?

2. Warum zählt der Handel zu den Dienstleistungbetrieben?

3. Definieren Sie Dienstleistung.

4. Wie hat sich der Anteil des Dienstleistungssektors an der Gesamtwirtschaft in den letzten Jahrzehnten verändert?

3 Unternehmensgründung und Unternehmensformen

3.1 Voraussetzungen zur Unternehmensgründung

Frau Minardis Vorschläge für die neue Kollektion
wurden abgelehnt ...

Selbstständigkeit?
Mein eigener Chef?
Ein eigenes Unternehmen?

SITUATION

Welche Behörden müssen bei der Unternehmensgründung
informiert werden?

Warum wagen viele den Sprung in die Selbstständigkeit?

◆ **Persönliche Voraussetzungen**
Neben der Aufstellung eines Geschäftsplans sollten einige **persönliche Voraussetzungen** zur Gründung eines Unternehmens erfüllt werden. Volle Rechtsfähigkeit zum Abschluss von Rechtsgeschäften ist eine weitere Voraussetzung. Über **Fachkenntnisse aus der Branche** und ausreichende **Kenntnisse** auf dem Gebiet der **Handelsbräuche, des Vertragswesens und des Wettbewerbs-, Arbeits- und Sozialrechts** sollte der Existenzgründer ebenfalls verfügen.

Gründe für eine selbstständige Existenz:

■ Arbeitslosigkeit

■ eine gute Idee

■ berufliche Frustration

■ günstige Gelegenheit

■ mehr berufliche Unabhängigkeit

■ höheres Einkommen

> **Artikel 12 I GG**
> Alle Deutschen haben das Recht sich selbstständig zu machen und einen Betrieb zu gründen (Gewerbefreiheit).

Beispiele

■ ***Einzelhandel:*** *Das Gewerbe ist grundsätzlich erlaubnisfrei. Beim Handel mit Arzneimitteln, Hackfleisch und Milch etc. ist ein Sachkenntnisnachweis erforderlich.*

■ ***Hotel- und Gaststättengewerbe:*** *Eine Gaststättenerlaubnis wird erteilt, wenn der zukünftige Wirt persönlich zuverlässig ist und an einer Unterweisung der zuständigen Kammer teilgenommen hat. Die vorgesehenen Betriebsräume müssen der Gaststättenverordnung und den amtlichen Hygiene- und Feuerschutzvorschriften genügen.*

■ ***Handwerk:*** *Handwerksbetriebe bedürfen nach der Handwerksordnung des Eintrags in die Handwerksrolle. Eingetragen wird, wer die Meisterprüfung in einem Handwerk bestanden hat.*

◆ **Sachliche Voraussetzungen**

Neben den persönlichen Voraussetzungen sind die sachlichen Gegebenheiten für eine erfolgreiche Unternehmensgründung von großer Bedeutung. Dabei sollten vor der Gründung folgende Punkte erörtert werden:

Marktanalyse:	■ überzeugende Geschäftsidee ■ Zielgruppendefinition ■ Kaufkraftanalyse
Produktanalyse:	■ Welche Stärken und Schwächen haben meine Produkte/Dienstleistungen?
Konkurrenzanalyse:	■ Bestimmung der Produkt-/Dienstleistungs-/Service-Vorteile gegenüber der Konkurrenz ■ Preisvergleich ■ Geschäftsverbindungen ■ Standort
Zukunftsaussichten:	■ Wie könnte die Entwicklung in der Branche aussehen? ■ Gibt es vergleichbare Branchen/Produkte, an denen ich mich orientiere?

Checkliste: Was gehört zu einem Konzept?

1   Das Gründungsvorhaben

Was ist Ihre Geschäftsidee?
Was ist der Nutzen Ihres Angebots?
Wie bekannt ist Ihr Produkt, Ihre Dienstleistung?
Welches sind die Kosten Ihres Produktes, Ihrer Dienstleistung?
Wo sind die Risiken?

5   Der Standort

In welcher Lage können Sie Ihr Produkt, Ihre Dienstleistung Erfolg versprechend anbieten?
Wie hoch ist die Kaufkraft an Ihrem Standort?
Wie ist die Verkehrsanbindung an Ihrem Standort?
Wie ist das Angebot an Gewerbeflächen und Gewerberäumen?
Wie ist das Angebot an qualifiziertem Personal und Kooperationspartnern?
Wie wird sich der Standort zukünftig entwickeln?

2   2 Die Gründerperson(en)

Welches sind Ihre Stärken?
Welches sind Ihre Schwächen?
Welches sind Ihre fachlichen Qualitäten?
Verfügen Sie über kaufmännische Kenntnisse?

6   Die Geschäftsverbindungen

Mit wem wollen Sie Ihr Unternehmen starten?
Allein oder mit Partnern?
Wer kommt als Angestellter, Lieferant, Großhändler etc. infrage?

3   Der Markt

Welches sind Ihre Kunden?
Sind Sie von wenigen Großkunden abhängig?
Welches sind die Wünsche dieser Kunden?
Wie setzen Sie Ihr Produkt, Ihre Dienstleistung ab?
Wie machen Sie Ihr Produkt, Ihre Diestleistung bekannt und attraktiv (Marketingstrategie)?

7   Die Finanzplanung

Investitionsplan
Kapitalbedarfsplan
Umsatzplan
Umsatz- und Ergebnispläne für drei Jahre
Liquiditätsplan

4   Die Konkurrenzanalyse

Haben Sie Konkurrenten?
Wer sind Ihre Konkurrenten?
Was kostet Ihr Produkt, Ihre Dienstleistung bei der Konkurrenz?
Welchen Service bietet die Konkurrenz?

8   Die Zukunftsaussichten

Wie wird sich Ihre Branche entwickeln?
Gibt es vergleichbare Branchen als Orientierungshilfe?
Wie wird sich die Nachfrage nach Ihrem Angebot entwickeln?
Wie lange können Sie einen Vorsprung vor der Konkurrenz halten?

Quelle: Bundesministerium für Wirtschaft: GründerZeiten Nr. 17

◆ **Rechtliche Voraussetzungen**

Die Gewerbeordnung erlaubt es jedermann, ein selbstständiges Gewerbe zu betreiben. Die Gründung einer eigenen Unternehmung erfordert eine Vielzahl von gesetzlichen Vorschriften.

Gewerbeanmeldung: Jeder Betrieb muss beim zuständigen Gewerbeamt angemeldet werden. Darüber hinaus müssen u. a. folgende Behörden informiert werden:

- Finanzamt
- Berufsgenossenschaft
- Statistisches Landesamt

- Handwerkskammer (bei Handwerksberufen)
- IHK
- Handelsregistergericht

Aufgaben

1. *Welche Probleme könnten sich für Frau Minardi beim Sprung aus dem Arbeitnehmerdasein in die Arbeitgeberrolle ergeben?*

2. *Können Sie sich vorstellen, warum viele Existenzgründer den Sprung in die Selbstständigkeit wagen?*

3. *Welche Voraussetzungen sollten bei der Gründung eines Unternehmens dringend erfüllt sein?*

4. *Welche Behörden müssen Kenntnis von einer Gewerbeanmeldung haben?*

5. *Welche Inhalte umfasst eine Konkurrenzanalyse?*

3.2   Handelsregister

Das Handelsregister ist ein **öffentliches Register**. Es wird beim zuständigen Amtsgericht geführt. Das Handelsregister hat den Zweck, **tatsächliche und rechtliche Verhältnisse der Einzelkaufleute und Handelsgesellschaften dem Rechtsverkehr vollständig und zuverlässig nachzuweisen**. Durch die Veröffentlichungen im Bundesanzeiger und zusätzlich in einer öffentlichen Zeitung verschafft sich die Wirtschaft Klarheit über die eingetragenen Rechtsvorgänge und Rechtsverhältnisse (Publikationsgedanke).

Gesetzlich festgelegt ist der Umfang der Tatsachen, die in das Handelsregister einzutragen sind. Derartige eintragungspflichtige Tatsachen müssen angemeldet werden. Es besteht Registerzwang. Die Einzelkaufleute, die persönlich haftenden Gesellschafter oder die Organe (Vorstand, Geschäftsführer) einer Gesellschaft können durch Zwangsmittel, z. B. Zwangsgeld bis zu 5.000,00 EUR des Registergerichts, zur Anmeldung eintragungspflichtiger Vorgänge gezwungen werden. Dieses ergibt sich u. a. aus § 14 HGB – Handelsgesetzbuch.

Das Handelsregister ist in **zwei Abteilungen** aufgeteilt. Einzelkaufleute und Personenhandelsgesellschaften, z. B. OHG (Offene Handelsgesellschaft), KG (Kommanditgesellschaft), werden in die **Abteilung A** eingetragen und erhalten dementsprechend eine HRA-Nummer (**H**andels**r**egister, Abteilung **A**). Die sogenannten Kapitalgesellschaften, z. B. GmbH (Gesellschaft mit beschränkter Haftung), AG (Aktiengesellschaft), werden in die **Abteilung B** des Handelsregisters eingetragen. Sie erhalten bei der Eintragung eine HRB-Nummer (**H**andels**r**egister, Abteilung **B**).

Nicht alle Gewerbetreibenden sind verpflichtet, sich ins Handelsregister eintragen zu lassen, sondern nur diejenigen, die sich in erheblichem Umfang am Geschäftsverkehr beteiligen. Man nennt sie **Kaufleute**.

Handelsregister
Neueintragungen
HRB Nr.: 2233 – Tropic GmbH, Freizeitkleidung, Rheingrafenstr. 20, 55543 Bad Kreuznach. Gegenstand des Unternehmens: Herstellung und Vertrieb von Sport- und Freizeitkleidung. Stammkapital: 50.000,00 EUR.
Hauptgesellschafterin und Geschäftsführerin ist weiterhin Frau Sylvia Sommer. Die Einzelunternehmung Sylvia Sommer ist erloschen.

Im Handelsregister müssen folgende Unternehmen eingetragen werden:

- Einzel- und Personengesellschaften, die einen kaufmännisch eingerichteten Geschäftsbetrieb benötigen

- Kapitalgesellschaften

Ob ein kaufmännisch eingerichteter Geschäftsbetrieb notwendig ist, hängt von verschiedenen Kriterien ab, z.B. Umsatz, Anzahl der Mitarbeiter, Umfang der Geschäftsverbindungen. Kleine Gewerbetreibende ohne kaufmännische Organisation können sich ins Handelsregister eintragen lassen und gelten dann auch als Kaufleute im Sinne des HGB.

Die Eintragung in das Handelsregister bedeutet u. a.:

Kaufmann nach HGB (HGB gilt)	Nicht-Kaufmann (BGB gilt)
■ kann Firma führen ■ alle Unternehmensformen sind möglich ■ volle Buchführungspflicht	■ keine Firma ■ nur BGB-Gesellschaft möglich ■ vereinfachte Aufzeichnungspflichten

Außerdem gelten auch für die Prüf- und Rügefristen bei Mängelrügen, das Eingehen von Bürgschaftserklärungen und die Erteilung von Prokura für Kaufleute die Vorschriften des HGB.

Jedes Unternehmen kann sich von der zuständigen Industrie- und Handelskammer (IHK) bzw. Handwerkskammer (HWK) über die Notwendigkeit eines kaufmännischen Geschäftsbetriebs und damit über die Wirkung der Eintragung beraten lassen.

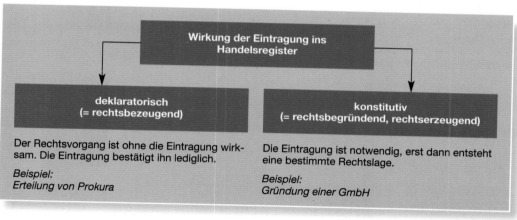

Wirkung der Eintragung ins Handelsregister

deklaratorisch
(= rechtsbezeugend)

Der Rechtsvorgang ist ohne die Eintragung wirksam. Die Eintragung bestätigt ihn lediglich.

Beispiel:
Erteilung von Prokura

konstitutiv
(= rechtsbegründend, rechtserzeugend)

Die Eintragung ist notwendig, erst dann entsteht eine bestimmte Rechtslage.

Beispiel:
Gründung einer GmbH

Eingetragen werden müssen z. B. auch die folgenden **Änderungen**:

- Wechsel in der Prokura
- Verlegung des Unternehmenssitzes
- Errichtung einer Zweigniederlassung
- Namen des Unternehmens
- Zusammensetzung der Gesellschafter von offenen Handelsgesellschaften und Kommanditgesellschaften
- Inhalte des Gesellschaftsvertrages von Kapitalgesellschaften

Löschungen werden rot unterstrichen.

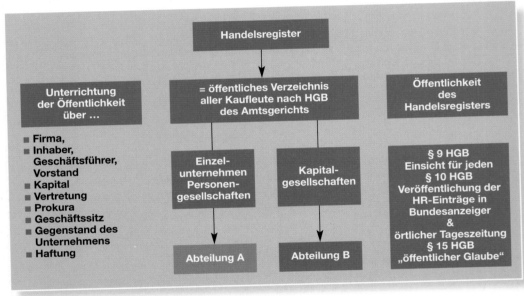

Aufgaben

1. *Wer ist für die Führung des Handelsregisters zuständig?*
2. *Was wird in das Handelsregister eingetragen?*
3. *Aus welchen Abteilungen besteht das Handelsregister?*
4. *Warum ist die Führung des Handelsregisters notwendig?*
5. *Welche Eintragungen ins Handelsregister werden unterschieden?*
6. *Schneiden Sie sich aus der örtlichen Tagespresse Handelsregistereintragungen aus und werten Sie diese aus.*
7. *Erstellen Sie eine Übersicht über die Arten der Kaufleute nach HGB.*
   Erklären Sie die Unterschiede.

3.3 Firma

Wie könnte ich mein Unternehmen nur nennen? Diana Minardi? Mode Pur? ...

1. **Suchen Sie geeignete Namen für Frau Minardis Unternehmen.**

2. **Welche gesetzlichen Vorschriften schränken Frau Minardi ein?**

§ 7 (1) HGB: Die Firma eines Kaufmanns ist der Name, unter dem er im Handel seine Geschäfte betreibt und die Unterschrift abgibt.

3.3.1 Firmengrundsätze

Felix Glück war nach erfolgreicher Kaufmannsgehilfenprüfung einige Jahre als kaufmännischer Angestellter im Einkauf der Tropic GmbH tätig. Er will sich nun selbstständig machen und unter der Firma „Internationales Modecenter GmbH" ein kleines Bekleidungsgeschäft eröffnen.

Internationales **MODECENTER**

Ist diese Firmenbezeichnung rechtlich zulässig?
Begründen Sie Ihre Meinung.

Die freie Wahl der Firma ist durch gesetzliche Vorschriften eingeschränkt.

Grundsatz	Bedeutung
Firmenbeständigkeit	Firmenbeibehaltungswahlrecht bei Inhaberwechsel, sofern der bisherige Inhaber einwilligt.
Firmenöffentlichkeit	Handelsregistereintrag, den jeder einsehen kann und der bekannt gemacht wird.
Firmenausschließlichkeit	Die Unterscheidbarkeit von anderen Firmen am selben Ort muss bei Neugründung beachtet werden.
Offenlegung	der Haftungs- und Gesellschaftsverhältnisse durch Rechtsformzusätze wie z. B. GmbH, AG, KG
Firmenklarheit	Der Firmenname darf nicht über geschäftliche Verhältnisse, die für die Geschäftspartner maßgeblich sind, hinwegtäuschen.

3.3.2 Firmenarten

SITUATION

Schuhhaus Müller

Mannometer Modestoffe GmbH

Biblische Reisen Stuttgart GmbH

RWE AG

Gänseblümchen KG

Holzmann Saunabau GmbH

Uhren – Schmuck
RUDOLF THEISEN

Mosen & Löhndorf OHG
Tabakwaren

**Grund & Boden
Grundstücksgesellschaft mbH**

1. *Welche Informationen können Sie der Firma (d. h. dem Namen des Unternehmens) in den abgebildeten Beispielen entnehmen?*

2. *Um welche Firmenart handelt es sich jeweils?*

Frau Minardi ist bei der Namensfindung noch nicht weitergekommen, ein endgültiger Entschluss ist noch nicht gefallen. Sie ist auch noch nicht ganz sicher, ob sie allein ein Unternehmen gründet oder vielleicht Geschäftspartner sucht, die mit ihr gemeinsam das Wagnis eingehen wollen.

Die folgende Abbildung könnte für Frau Minardi hilfreich sein:

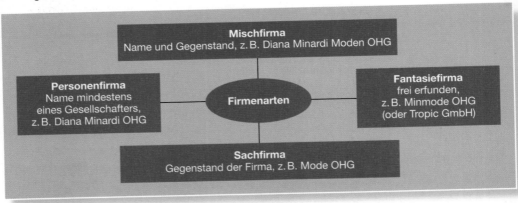

Aufgaben

1. *Was bedeutet der Begriff „Firma" nach § 17 HGB?*

2. *Suchen Sie Firmen aus Ihrer Region und ordnen Sie diese den einzelnen Firmenarten zu.*

3. *Erklären Sie die Firmengrundsätze.*

4. Geben Sie für die folgenden Beispiele die Firmenart an:
- *Maschinenbau AG*
- *Bümo GmbH*
- *Skifabrik GmbH*
- *Mabau AG*
- *Tropic GmbH*
- *Baugesellschaft Schultz GmbH*

3.4   Standortfaktoren

Der Standort ist von entscheidender Bedeutung sowohl bei der Gründung der Unternehmung als auch für deren Zukunft. Die Wahl des Standortes wirkt sich auf den zu erzielenden Umsatz, die erzielbaren Preise, aber auch auf die Kosten und somit auf den Gewinn aus.

Definition   Der Standort ist der Ort, an dem sich ein Unternehmen mit seinem Betrieb niederlässt. Die Standortfaktoren sind die Bestimmungsgründe für die Standortwahl.

Standortbezeichnung	Ziel	Standortfaktoren	Bedeutung für ...
absatzorientierte Standorte (Kundenorientierung)	Nähe zum Kunden	■ Absatzmarkt ■ Konkurrenzsituation ■ Kaufkraft ■ Bedarf	... Betriebe, die sich an ihrem Absatz ausrichten; Einzelhandel, Abholgroß-handel, Zulieferbetriebe, Baugewerbe.
beschaffungs-orientierte Standorte	■ Nähe zu Lieferanten ■ Nähe zu qualifizierten Arbeitskräften ■ Nähe zu Produktionsfaktoren ■ Nähe zu Energiequellen	■ Beschaffungsmarkt ■ Qualifikation der Arbeitskräfte ■ Produktivität ■ Lohnkosten ■ Leistungsbereitschaft ■ Arbeitsrecht ■ vorhandene Energiequellen	... Industrie und Handel, um die Transportkosten gering zu halten. Für arbeits- und lohnorientierte Betriebe ist das Angebot an menschlicher Arbeitskraft entscheidend. Produktivität und Lohnkosten beeinflussen die Wettbewerbsfähigkeit eines Unternehmens und damit dessen Zukunft.
verkehrsorientierte Standorte	gut entwickelte Infrastruktur (= Gesamtheit aller öffentlichen und privaten Einrichtungen eines Wirtschaftsgebietes, die der Allgemeinheit zur Verfügung stehen).	■ verkehrstechnische Einrichtungen (Schienennetz, Straßen) ■ öffentliche Einrichtungen des Personen-, Güter- und Nachrichtenverkehrs ■ Energieversorgung ■ Bildungseinrichtungen ■ Gesundheits- und Fürsorgewesen	... Industriebetriebe, die Massengüter verarbeiten, sowie den Import- und Exportgroßhandel. Die Infrastruktur eines Wirtschaftsraumes ist eine elementare Voraussetzung für die Ansiedlung von Unternehmen.

Standortbezeichnung	Ziel	Standortfaktoren	Bedeutung für ...
politikorientierte Standorte	Erleichterung bei der Umsetzung der unternehmerischen Zielsetzung	■ Gewerbeordnung ■ Umweltgesetze ■ Unfallverhütung ■ Wirtschaftsförderung ■ Arbeitsrecht u. a.	... alle Unternehmen.

◆ **Harte Standortfaktoren**

■ gesunde Umwelt

■ relativ niedrige Lohnkosten

■ qualifizierte Arbeitskräfte

■ gute Arbeitsvermittlung

■ schnelle Verfügbarkeit von Gewerbeflächen (z. T. mit Gleisanschluss)

■ niedrige Grundstückspreise

■ niedrige Industriestrom-, Erdgas- und Wasserpreise

■ moderate Gewerbesteuer

■ positive Grundeinstellung der Bevölkerung zur Wirtschaft

■ hohe Kompetenz der örtlichen Geldinstitute

■ geringe behördliche Auflagen

■ kurze Entscheidungswege (auch bei Bauvorhaben)

■ Planungssicherheit behördlicher Entscheidungen

■ geringe Kosten kommunaler Leistungen

◆ **Weiche Standortfaktoren**

■ außergewöhnliches Sport- und Freizeitangebot:
z. B. Baggerseen, Golfplätze, Naherholungsgebiet, Fallschirmspringen, Freeclimbing, Paragliding u. v. m.

■ breites kulturelles Angebot:
z. B. Kurort, Heilbad, Kuranlagen, berühmte Weinregion, Museen, Disco, Konzerte u. v. m.

Zu den gesamtwirtschaftlichen Problemen der Standortverlagerung siehe Kapitel 13, Weltwirtschaftliche Verflechtungen.

Aufgaben

1. *Warum spielt die Auswahl des Standorts bei der Gründung eines Unternehmens eine so große Rolle?*

2. *Was verstehen Sie unter Standortfaktoren?*

3. *Sylvia Sommer spricht von weichen und harten Standortfaktoren. Erklären Sie die Unterschiede.*

4. *Über welche „harten" und „weichen" Standortfaktoren verfügt Ihre Region?*

5. *Versetzen Sie sich in die Lage des Gründers eines PC-Geschäftes. Nennen und begründen Sie Faktoren, die für Sie von Bedeutung sind.*

3.5 Unternehmensformen

Neben dem Einzelunternehmer unterscheidet das deutsche Recht grundsätzlich zwischen Personengesellschaften und Kapitalgesellschaften. Darüber hinaus existieren einige Sonderrechtsformen (Genossenschaften) und sogenannte Mischgesellschaften (GmbH & Co KG).

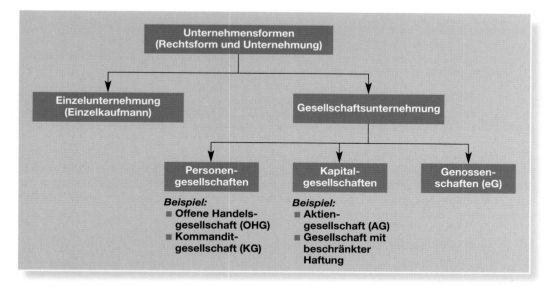

3.5.1 Einzelunternehmung

Es gibt nur einen Betriebsinhaber, der unter seinem Familiennamen ein Unternehmen führt. Als Einzelunternehmer besteht keine Haftungsbeschränkung. Der Einzelunternehmer haftet mit seinem gesamten Vermögen (Geschäfts- und Privatvermögen). Ein Eintrag ins Handelsregister ist bis zu einer bestimmten Größe nicht erforderlich.

Merkmale

Rechtsgrundlage	§§ 1, 18, 19 Abs. 1 Nr. 1 HGB
Eintragung ins Handelsregister	§1 HGB: Pflicht für alle Unternehmen ab einer gewissen Größe
Kapital	kein Mindestkapital
Firma	Alle Firmenarten (evtl. mit Hinweis auf den Geschäftszweig) sind möglich. Die Firma muss die Bezeichnung z. B. „eingetragener Kaufmann" bzw. eine verständliche Abkürzung z. B. „e. K." enthalten. Kleingewerbetreibende führen keine Firma. Sie treten im Geschäftsleben mit ihrem Vor- und Zunamen auf.
Haftung	unbeschränkt

Vor- und Nachteile

☺ Selbstständigkeit, ungeteilter Gewinn, einfache Unternehmensgründung

☺ alleiniges Entscheidungsrecht liegt beim Einzelunternehmer (nachteilig bei unzureichender Qualifikation des Unternehmers)

☹ u. U. nachteilige Beeinflussung der betrieblichen Arbeit (des „Betriebsklimas") durch persönliche Charaktereigenschaften; Gefahr, dass durch aufwendige Lebenshaltung des Inhabers die Existenz des Unternehmens aufs Spiel gesetzt wird (theoretisch großes Haftungsrisiko, jedoch Begrenzung durch Gütertrennung möglich)

☹ unbeschränkte Haftung, alleiniges Risiko

☹ i. d. R. geringe Kapitalkraft und beschränkte Kreditbeschaffungsmöglichkeiten

Bedeutung der Einzelunternehmen

Einzelunternehmen finden sich in allen Wirtschaftsbereichen. In der Landwirtschaft, im Einzelhandel und im Handwerk stellen Einzelunternehmen die vorherrschende Unternehmensform dar. Die Einzelunternehmung ist die geeignete Rechtsform für risikofreudige Unternehmer, die ihre eigenen Ideen verwirklichen wollen.

3.5.2   Personengesellschaften

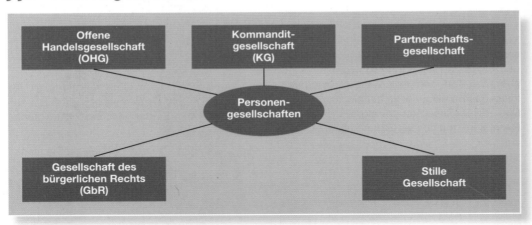

Personengesellschaften sind Zusammenschlüsse von mindestens zwei Personen, die gemeinsam einen Zweck erfüllen wollen. Bei einer Personengesellschaft stehen die Gesellschafter im Vordergrund. Sie besitzt keine eigene Rechtsfähigkeit.

◆ **Gesellschaft des bürgerlichen Rechts (GbR)**
Jede Partnerschaft kann die Form einer GbR annehmen. Besondere Formalitäten sind nicht erforderlich, eine mündliche Vereinbarung der Partner reicht aus. Ein Mindestkapital ist nicht vorgeschrieben, die Teilhaber haften grundsätzlich mit ihrem Privatvermögen.

Merkmale

Rechtsgrundlage	§§ 705–740 BGB
Gesellschafter	mindestens zwei
Eintragung im Handelsregister	keine Eintragung ins Handelsregister notwendig
Kapital	kein vorgeschriebenes Mindestkapital
Firma	hat keine Rechtspersönlichkeit und keine Firma
Gesellschaftsvertrag	formlos
Geschäftsführung/Vertretung	gemeinschaftlich
Gewinn- und Verlustverteilung	zu gleichen Teilen, soweit Gesellschaftsvertrag keine andere Regelung vorsieht

Viele Menschen gehören einer GbR an, ohne es zu wissen, z. B. Tippgemeinschaften.

◆ Stille Gesellschaft

Bei der stillen Gesellschaft beteiligt sich ein Kapitalgeber an einem Handelsgewerbe, ohne dass dies Außenstehenden gegenüber ersichtlich wird. Der stille Gesellschafter ist vertraglich am Gewinn, aber gewöhnlich nicht am Verlust beteiligt und hat kein Widerspruchs-, wohl aber ein Kontrollrecht. Kündigung, Vereinbarung, Erreichen des vereinbarten Zweckes, Tod und Insolvenz des Inhabers des Handelsgewerbes, nicht aber der Tod des stillen Gesellschafters, lösen das Beteiligungsverhältnis auf.

Die stille Gesellschaft eignet sich als Rechtsform gut zur Beteiligung der Betriebsangehörigen am Unternehmen.

Der stille Gesellschafter

◆ OHG – Offene Handelsgesellschaft

Eine OHG besteht aus mindestens zwei Gesellschaftern. Die OHG ist der Modellfall (Prototyp) einer Personengesellschaft. Die OHG-Gesellschafter sind daher Unternehmer im ursprünglichen Sinn, d. h. Kaufleute, die das Eigenkapital selbst aufbringen, die Geschäfte persönlich führen, das Unternehmen vertreten und das Risiko auf sich nehmen. Deshalb ist das Interesse der Gesellschafter am Wohlergehen des Unternehmens und an der Unternehmensführung normalerweise sehr groß.

Innen- und Außenverhältnis

Das Innenverhältnis beschreibt die Beziehung der Gesellschafter untereinander. Das Außenverhältnis kennzeichnet die Beziehung zu Außenstehenden.
Auszug aus einem OHG-Vertrag:

...

§ 5 Geschäftsführung und Vertretung

Alle Gesellschafter sind zur alleinigen Geschäftsführung und Vertretung berechtigt und verpflichtet. Außergewöhnliche Geschäfte bedürfen der Zustimmung aller Gesellschafter. Dieser Zustimmung aller Gesellschafter bedarf es in den folgenden Fällen:
1. Abschluss von Kaufverträgen in Höhe von mehr als 30.000,00 EUR ...

Beispiel Einer der Gesellschafter schließt ohne Zustimmung der anderen Gesellschafter im Namen der OHG einen Kaufvertrag über einen Pkw ab, Kaufpreis 50.000,00 EUR. Nach außen ist der Kaufvertrag gültig, die OHG muss den Kaufpreis zahlen. Im Innenverhältnis hat der Gesellschafter seine Pflichten verletzt und ist gegenüber den Mitgesellschaftern schadenersatzpflichtig.

Merkmale

Rechtsgrundlage	§§ 105 – 160 HGB
Gesellschafter	mindestens zwei
Eintragung im Handelsregister	ja
Kapital	kein vorgeschriebenes Mindestkapital
Firma	Personen-, Sach-, Fantasie- oder Mischfirma Der Zusatz „offene Handelsgesellschaft" oder eine allgemein verständliche Abkürzung, z. B. OHG, muss enthalten sein.
Gesellschaftsvertrag	formlos
Geschäftsführung/Vertretung	Im Innenverhältnis Einzelgeschäftsführung bei gewöhnlichen Geschäften, Gesamtgeschäftsführung bei außergewöhnlichen Geschäften. Einzelvertretung nach außen (Beschränkung Dritten gegenüber unwirksam).
Gewinn und Verlust	4 % auf die Einlagen, Rest nach Köpfen, soweit vertraglich nichts anderes geregelt ist.
Haftung	unmittelbare, solidarische, unbeschränkte Haftung aller Gesellschafter; Ausgleich im Innenverhältnis

Vor- und Nachteile

☺ breite Kapitalbasis, relativ einfache Gründung, Kreditwürdigkeit, gutes Ansehen im Geschäftsverkehr

☹ unbeschränkte Haftung, Auseinandersetzung untereinander

Bedeutung

In der Praxis ist die Offene Handelsgesellschaft wegen der unbeschränkten Haftung selten anzutreffen.

◆ Partnerschaftsgesellschaft (PartnG)

Die Partnerschaftsgesellschaft ist eine Rechtsform, in der sich Angehörige der freien Berufe zusammenschließen können. Sie besteht aus mindestens zwei Gesellschaftern, wobei der Firmenname mindestens den Namen eines Gesellschafters mit dem Zusatz „Partner" oder „Partnerschaft" enthalten muss. Ein bestimmtes Mindestkapital zur Gründung ist nicht erforderlich. Die Gesellschafter haften gesamtschuldnerisch mit dem gesamten Privatvermögen, sofern keine schriftliche Vereinbarung besteht, die die Haftung auf den Arbeitsbereich der jeweiligen Partner beschränkt. Ein Eintrag ins Partnerschaftsregister beim Amtsgericht ist erforderlich.

◆ Kommanditgesellschaft (KG)

Eine KG besteht aus mindestens zwei Gesellschaftern, wobei mindestens ein Gesellschafter als Komplementär (Vollhafter) mit seinem gesamten Vermögen haftet. Der Kommanditist (Teilhafter) haftet mit seiner Einlage.

Merkmale

Rechtsgrundlage	§§ 161 – 177 a HGB
Gesellschafter	mindestens ein Komplementär und ein Kommanditist
Eintragung im Handelsregister	Pflicht
Firma	Personen-, Sach-, Fantasie- oder Mischfirma sowie Zusatz KG. Kommanditisten dürfen nicht genannt werden.
Gesellschaftsvertrag	formlos; i. d. R. schriftlich
Gewinn und Verlust	4 % auf Einlage, Rest im angemessenen Verhältnis
Geschäftsführung/Vertretung	durch Komplementär
Rechte der Kommanditisten	Kommanditist: jährliches Kontrollrecht (Einsicht in Bücher und Bilanzen), Widerspruchsrecht bei außergewöhnlichen Geschäften, sofern der Vertrag nichts anderes vorsieht.
Haftung	Komplementär: unmittelbare, solidarische, unbeschränkte Haftung Kommanditist: mit Einlage

Vorteile und Nachteile

☺ breitere Kapitalbasis

☺ Haftungsbegrenzung bei Kommanditisten

☺ höhere Kreditwürdigkeit

☺ hohes Ansehen im Geschäftsverkehr

☹ unbeschränkte Haftung des Komplementärs

☹ Auseinandersetzung untereinander

Bedeutung

Der Einzelunternehmer, der sein Unternehmen in eine KG umwandelt, erhält zusätzliches Kapital von eintretenden Teilhaftern, wird aber in seiner Geschäftsführungs- und Vertretungsbefugnis kaum beschränkt.

Das eingesetzte Kapital der Teilhafter ist für ihn oft günstiger als ein Bankkredit, denn er hat dadurch keine feste Zinsbelastung und muss nur im Falle eines Gewinnes einen Anteil an die Kommanditisten ausschütten. Die breitere Kapitalbasis erlaubt ihm, mehr zu investieren und somit die Gewinnchancen zu erhöhen.

Der Kommanditist trägt zwar ein größeres Risiko gegenüber einer Spareinlage, hat aber andererseits auch die Chance, bei entsprechender Ertragskraft des Unternehmens eine erheblich höhere Rendite zu erzielen.

Die KG wird häufig dann als Rechtsform gewählt, wenn Erben als Teilhafter aufgenommen werden, aber die Unabhängigkeit der Unternehmensführung gewahrt bleiben soll.

Aufgaben

1. *Warum ist die GbR die einfachste Unternehmensform? Suchen Sie Beispiele.*

2. *Welche Personengesellschaften werden in diesem Buch behandelt?*

3. *Nennen Sie wichtige Merkmale einer Einzelunternehmung.*

4. *Welche Vor- und Nachteile ergeben sich aus dieser Unternehmensform?*

5. *Welche Gründe könnten zur Umwandlung einer Einzelunternehmung in eine Personengesellschaft führen?*

6. *Eine OHG erzielt einen Jahresgewinn von 40.000,00 EUR. Zwei Gesellschafter haben sich beteiligt: Hans Schneider mit 150.000,00 EUR und Rainer Schmitt mit 350.000,00 EUR. Wie viel EUR erhält jeder der Gesellschafter, wenn im Gesellschaftsvertrag nichts über die Gewinnverteilung gesagt ist?*

7. *Beschreiben Sie das Innen-/Außenverhältnis der Gesellschafter einer OHG.*

8. *Die Gewinnverteilung zwischen vier Gesellschaftern wurde in einem Unternehmen folgendermaßen vorgenommen:*
   Adams erhielt 1/3, Baum 1/6, Casper 2/7 des erzielten Gewinns, während Dom 77.400,00 EUR ausgezahlt bekam.
   a) Wie hoch war der erzielte Gewinn insgesamt?
   b) Wie viel EUR betrug der Gewinnanteil von Baum?

9. *An einem Unternehmen sind vier Personen beteiligt. Ahlert mit 30.000,00 EUR, Bauer mit 35.000,00 EUR, Christians mit 55.000,00 EUR und Dümmler mit 1/3 des Gesamtkapitals. Der Gewinn von 270.000,00 EUR soll nach den Kapitalanteilen verteilt werden.*
   Welchen Gewinnanteil erhalten die vier Personen?

10. *An einem Unternehmen sind vier Gesellschafter beteiligt. Anders mit 1/4, Bertram mit 1/5 und Caspary mit 1/6 sowie Detlevs mit dem Rest des Gesamtkapitals. Der erzielte Gewinn in Höhe von 73.260,00 EUR soll nach den Kapitalanteilen verteilt werden. Welchen Gewinnanteil erhalten die vier Gesellschafter?*

11. *Die Gesellschafter einer OHG Hofmann, Weiß und Bachmeier sind mit folgenden Beträgen am Kapital der Gesellschaft beteiligt:*
    Hofmann mit 200.000,00 EUR, Weiß mit 250.000,00 EUR, Bachmeier mit 350.000,00 EUR. Der Jahresgewinn in Höhe von 194.000,00 EUR soll nach der gesetzlichen Regelung unter den Gesellschaftern verteilt werden.
    Wie viel EUR erhält jeder Gesellschafter vom Gewinn?

3.5.3 Kapitalgesellschaften

Kapitalgesellschaften sind juristische Personen, d.h. Gesellschaften mit eigener Rechtspersönlichkeit. Das Risiko der Gesellschafter besteht nur im Verlust der Kapitaleinlage. Zur Gründung einer Kapitalgesellschaft ist ein Mindestkapital erforderlich. Eine Eintragung ins Handelsregister ist notwendig.

◆ Gesellschaft mit beschränkter Haftung (GmbH) und Unternehmergesellschaft (UG)

Gesellschaftsvertrag

§ 1 Firma und Sitz der Gesellschaft
  1. Die Firma lautet: Tropic GmbH
  2. Die Firma hat ihren Sitz in: 55543 Bad Kreuznach, Rheingrafenstraße 20

§ 2 Gegenstand des Unternehmens
  1. Gegenstand des Unternehmens ist die Herstellung und der Vertrieb von Freizeitkleidung.
  2. Die Gesellschaft ist berechtigt, Zweigniederlassungen zu gründen und andere artverwandte Unternehmen zu erwerben sowie sich an anderen Unternehmen zu beteiligen.

§ 3 Stammkapital und Stammeinlagen
  1. Das Stammkapital der Gesellschaft beträgt   50.000,00 EUR
     i.W.: fünfzigtausend EUR
     Die Stammeinlagen übernehmen:
  2. Sylvia Sommer, Norheimer Str. 55, 55543 Bad Kreuznach   50.000,00 EUR

Jeder Gesellschafter hat die Hälfte der von ihm übernommenen Stammeinlage mit Abschluss dieses Vertrages zu leisten. Die Restbeträge sind nach erfolgter Eintragung im Handelsregister auf Anforderung der Geschäftsführung zu erbringen.

§ 4 Geschäftsjahr
  – Das Geschäftsjahr ist das Kalenderjahr.
  – Das erste Geschäftsjahr beginnt am 1. November 1985
  – Das erste Geschäftsjahr endet am 31. Dezember 1985

§ 5 Dauer der Gesellschaft
Die Gesellschaft wird auf unbestimmte Zeit geschlossen.

§ 6 Geschäftsführung
  1. Die Gesellschaft wird durch einen oder mehrere Geschäftsführer gerichtlich und außergerichtlich vertreten. Sofern die Gesellschafterversammlung nichts anderes bestimmt, ist jeder Geschäftsführer einzeln vertretungsberechtigt. Ist nur ein Geschäftsführer vorhanden, so vertritt er die Gesellschaft allein.
  2. Jeder Geschäftsführer kann durch Beschluss der Gesellschafterversammlung von den Beschränkungen des § 181 BGB befreit werden.

§ 7 Jahresabschluss und Ergebnisverwendung
  1. Innerhalb der in § 264 (1) HGB vorgeschriebenen Frist ist von der Geschäftsführung der Jahresabschluss für das abgelaufene Geschäftsjahr sowie der Lagebericht aufzustellen. Bei der Aufstellung des Jahresabschlusses können die Geschäftsführer ihre Vorschläge zur Rücklagenbildung oder -auflösung berücksichtigen.
  2. Über die Ergebnisverwendung (Ausschüttung, Zuführung zu Gewinnrücklagen, Gewinnvortrag) beschließt jeweils die Gesellschafterversammlung.
  3. Jeder Gesellschafter nimmt am Gewinn der Gesellschaft entsprechend dem Verhältnis der Geschäftsanteile zueinander teil.

§ 8 Gesellschafterversammlung
  1. Die Gesellschafterversammlung ist zu berufen, wenn eine Beschlussfassung der Gesellschafter erforderlich wird oder Einberufung aus einem sonstigen Grunde im Interesse der Gesellschafter liegt.

Merkmale

Rechtsgrundlage	GmbH-Gesetz
Gesellschafter	mindestens einer
Eintragung im Handelsregister	Pflicht
Firma	Personen-, Sach-, Fantasie- oder Mischfirma sowie Zusatz GmbH
Kapital	Stammkapital mindestens 25.000,00 EUR
Gesellschaftsvertrag	notariell beurkundet Inhalt: notwendige Regelungen über Sitz, Firma, Gegenstand, Stammkapital und Stammeinlagen
Geschäftsführung	durch einen oder mehrere von den Gesellschaftern bestellte(r) Geschäftsführer; auch Gesellschafter können Geschäftsführer sein
Haftung	mit dem Stammkapital der Gesellschaft; eventuell kann eine Nach-schusspflicht vertraglich vereinbart sein
Gewinn und Verlust	im Verhältnis der Geschäftsanteile

Organe der GmbH

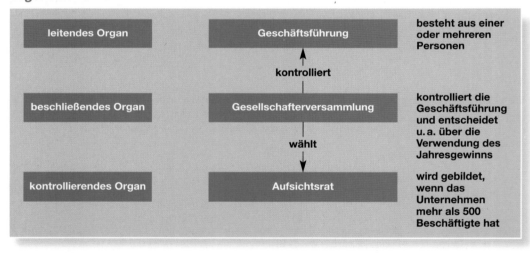

Vorteile und Nachteile

☺ Haftungsbegrenzung

☺ Gesellschafter-Geschäftsführer gilt steuerlich als Arbeitnehmer

☺ Ein-Mann-GmbH möglich

☺ geringes Gründungskapital

☹ hoher Gründungsaufwand

☹ komplizierte Rechtsform

☹ vorgeschriebenes Mindestkapital

☹ geringe Kreditwürdigkeit

Bedeutung

Die Gründungsformalitäten sind aufwendiger als bei den bisher behandelten Rechtsformen. Es kann einen oder mehrere Gesellschafter geben, von denen einer oder mehrere als Geschäftsführer ausgewiesen sind. Die Haftung der Gesellschaft entspricht der Höhe der Kapitaleinlagen, die die Gesellschafter insgesamt geleistet haben, mindestens 25.000,00 EUR (auch Sachwerte, z. B. Firmenwagen, Maschinen, Büroeinrichtungen etc.). Kreditgeber achten in der Regel darauf, dass ihnen bei der Aufnahme von Krediten private Sicherheiten angeboten werden.

Die GmbH kommt als Rechtsform kleinerer und mittlerer Unternehmen häufig vor und ist immer dann geeignet, wenn es darauf ankommt, Gesellschafter auf längere Dauer an einem Unternehmen zu beteiligen, ohne dass diese persönlich haften.

Ihre Anteile sind nur durch notarielle oder gerichtliche Beurkundung übertragbar, der Gesellschafterwechsel wird damit erschwert. Das erforderliche Kapital ist gering. Die Gründungskosten sind niedriger und die Rechtsvorschriften lassen der individuellen Ausgestaltung mehr Raum als bei der Aktiengesellschaft (AG). Auch können die Gesellschafter weit mehr mitverwalten.

Nur selten werden deshalb sehr große Unternehmen in der Rechtsform der GmbH auf Dauer betrieben.

Die meisten neugegründeten Unternehmen wählen die Rechtsform einer GmbH.

◆ Die Unternehmergesellschaft (UG)

Um die Nachteile der GmbH auszugleichen wurde Ende 2008 eine neue Rechtsform eingeführt, die Unternehmergesellschaft (UG), die den Zusatz haftungsbeschränkt trägt. Die Gründung wurde stark vereinfacht. Der gesetzliche Mindestinhalt ist geregelt in § 3 GmbH-Gesetz.

Zur Gründung ist lediglich, aber mindestens, 1,00 EUR erforderlich.

Benötigt wird zudem ein notariell beurkundeter Gesellschaftsvertrag, der mithilfe eines Musterprotokolls relativ schnell und einfach aufgesetzt werden kann.

Das Musterprotokoll umfasst die relevanten Unternehmensdaten, wie:
- Firma und Sitz
- Gegenstand des Unternehmens
- das Stammkapital,
- die Gesellschaftsanteile der Gesellschafter und
- wer das Unternehmen führt bzw. vertritt.

Zur Unternehmensgründung reicht 1,00 EUR natürlich nicht aus, denn es fallen u. a. folgende Kosten an:
- Handelsregistereintragung
- Notarkosten
- sonstige Auslagen

Außerdem wird wie bei jeder anderen Gründung einer anderen Unternehmensform auch Startkapital benötigt, um vernünftig Wirtschaften zu können.

Vorteile der Unternehmergesellschaft (UG):
+ Gründung ist einfach,
+ Gründung ist finanziell überschaubar,
+ beschränkte Haftung,
+ geringes Startkapital,
+ bei 25.000,00 EUR Stammkapital Umfirmierung zur GMBH möglich.

Nachteile der Unternehmergesellschaft (UG):
– geringe Kreditwürdigkeit,
– dauernde Gefahr der Insolvenz,
– Die Unternehmergesellschaft darf nur einen Geschäftsführer haben.

◆ Aktiengesellschaft (AG)

Merkmale

Rechtsgrundlage	Aktiengesetz
Gründer	grundsätzlich mindestens fünf (Kleine AG: ein Gründer)
Eintragung im Handelsregister	Pflicht
Kapital	Mindestkapital: 50.000,00 EUR gezeichnetes Kapital
Firma	Personen-, Sach-, Fantasie- oder Mischfirma sowie Zusatz AG
Geschäftsführung	Vorstand
Haftung	AG haftet mit Eigenkapital
Gewinnverteilung	grundsätzlich im Verhältnis der Aktienanteile Dividende auf Beschluss der Hauptversammlung

Organe

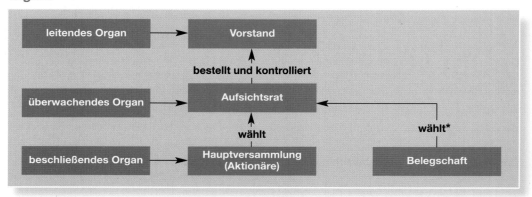

Vorteile und Nachteile

☺ Durch die Trennung von Unternehmensleitung und Kapital ist sichergestellt, dass ausgesuchte, qualifizierte Fachleute mit der Unternehmensleitung beauftragt werden können

☺ beschränktes Verlustrisiko der Aktionäre

☺ mögliche Stückelung des Kapitals in viele kleine Kapitalanteile

☹ Die Trennung von Kapital und Management (= Geschäftsleitung) birgt die Gefahr in sich, dass einzelne Personen ohne jedes Privateigentum am verwalteten und vertretenen Unternehmen ihre unbestreitbar große wirtschaftliche Macht missbrauchen

Aktien

Aktien sind Wertpapiere, die ein Anteilsrecht am Eigenkapital der Aktiengesellschaft verbriefen und an der Börse gehandelt werden (Mindestnennwert: 1,00 EUR). Durch den Kauf einer Aktie erwirbt der Aktionär u. a. folgende Rechte:

---

[1] Bei einer AG unter 2.000 Arbeitnehmern wählen die Anteilseigner 2/3 des Aufsichtsrates, die Arbeitnehmer 1/3. Bei über 2.000 Arbeitnehmern wählen Anteilseigner und Arbeitnehmer je die Hälfte der Mitglieder (bei Stimmengleichheit hat der Aufsichtsratsvorsitzende zwei Stimmen).

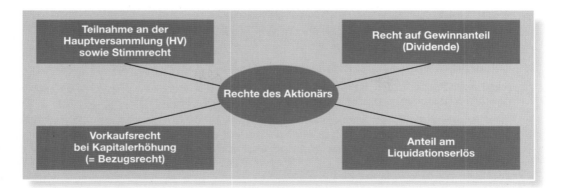

Arten der Aktien

- **Unterscheidung nach der Übertragungsweise**
  - **Inhaberaktien** lauten auf den Inhaber und werden durch einfache Übergabe übertragen.
  - **Namensaktien** sind auf einen bestimmten Namen ausgestellt und werden durch Einigung und Eintragung im Aktionärsbuch übertragen.

- **Unterscheidung nach den mit dem Eigentum verbundenen Rechten**
  - **Stammaktien** gewähren die normalen Rechte des Aktionärs.
  - **Vorzugsaktien** bieten besondere Rechte, z. B. erhöhten Gewinn- oder Liquidationsanteil, dafür wird das Stimmrecht oft ausgeschlossen.

- **Unterscheidung nach dem Ausgabezeitpunkt**
  - **Alte Aktien** sind vor einer Kapitalerhöhung vorhanden.
  - **Junge Aktien** werden bei Erhöhung des gezeichneten Kapitals ausgegeben.

Bedeutung der Aktiengesellschaft

Die Aktiengesellschaft ist eine Kapitalgesellschaft, denn es besteht keine persönliche Bindung der Aktionäre an die Gesellschaft. Die Kapitalgeber haben keine Geschäftsführungs- und Vertretungsrechte. Diese werden vielmehr von den Vorstandsmitgliedern wahrgenommen. Als sogenannte Manager-Unternehmer tragen sie praktisch kein Kapitalrisiko. Sie sind den Kapitalgebern lediglich schadenersatzpflichtig, wenn sie der Gesellschaft schuldhaft Schaden zufügen (z. B. durch leichtsinnige Geschäftsführung). Weil das Grundkapital in eine Vielzahl von Aktien gestückelt ist und diese über die Börse jederzeit wieder veräußert werden können, ist eine breite Streuung der Aktien möglich. Dadurch wird die Kapitalbeschaffung wesentlich erleichtert.

Schließlich sind die großen Unternehmen aufgrund ihrer Kapitalkraft in der Lage, kostspielige Forschungsvorhaben zu finanzieren und durchzuführen (z. B. Auffinden neuer Rohstoffquellen, Entwicklung neuer Technologien). Sie sind daher wesentliche Träger der weiteren Produktivitätsentwicklung.

Aufgaben

1. *Welche Organe hat die GmbH?*
2. *Nennen Sie wichtige Merkmale der GmbH.*
3. *Welche Vor- und Nachteile ergeben sich aus der Unternehmensform der GmbH?*
4. *Welche Organe hat die AG?*
5. *Erklären Sie, was Unternehmensgründer veranlassen könnte, anstatt einer GmbH eine UG zu gründen?*

6. *Welche Funktionen haben die einzelnen Organe der AG?*

7. *In welcher Situation wird die Unternehmensform der AG gewählt?*

8. *Welche Rechte verbriefen Aktien?*

9. *Welche Aktien werden grundsätzlich unterschieden?*

10. *Angenommen, die Tropic GmbH möchte expandieren und beschließt die Umfirmierung in eine AG. Nennen Sie mögliche Vorteile der AG gegenüber einer GmbH.*

11. *Zwei Techniker mit einem Kapital von insgesamt 30.000,00 EUR wollen ein Unternehmen gründen. Kaufmännische Kenntnisse sind nur begrenzt vorhanden. Die Haftung soll stark eingeschränkt werden. Mittelfristig will man durch Aufnahme weiterer Gesellschafter das Kapital erhöhen.*
    a) Welche Rechtsform schlagen Sie vor?
    b) Begründen Sie die Wahl der von Ihnen vorgeschlagenen Rechtsform.

4 Organisation

4.1 Aufbauorganisation

SITUATION

Die ständige Expansion der Tropic GmbH in den letzten 25 Jahren macht es erforderlich, dass die Organisation des Unternehmens an die Vielfalt der im Unternehmen auftretenden Aufgaben angepasst wird.
Die Gliederung der Hauptabteilungen soll aber bestehen bleiben.

Sylvia Sommer schickt Ayse Kaymak mit einer Notiz zu den Hauptabteilungsleiterinnen und Hauptabteilungsleitern. Ayse liest, dass zunächst eine Aufgabenanalyse für die unterschiedlichen Aufgaben der Tropic GmbH durchgeführt werden soll. Danach sollen Stellenbeschreibungen angefertigt werden und schließlich ein neuer Organisationsplan für alle Stellen der Tropic GmbH erstellt werden.

STELLENANGEBOT

Die Tropic GmbH, ein erfolgreiches Textilunternehmen, sucht zum ... eine/n ...

Bitte senden Sie Ihre Bewerbungsunterlagen zu Händen Herrn Georg Polster, Personalabteilung.

Tropic GmbH, Rheingrafenstr. 20, 55543 Bad Kreuznach

Erklären Sie die Begriffe „Aufgabenanalyse",
„Stellenbeschreibung" und „Organisationsplan".

Definition Die Aufbauorganisation gliedert die Gesamtaufgabe eines Unternehmens sinnvoll. Durch diese Aufgabenteilung entstehen betriebliche Stellen, die ein Organisationsplan miteinander verknüpft.

4.1.1 Aufgabenanalyse

Die **Aufgabenanalyse** kann auch als **Aufgabengliederung** bezeichnet werden. Bei der Teilung der betrieblichen Gesamtaufgabe unterscheidet man Hauptaufgaben, Teilaufgaben und Einzelaufgaben.

Gesamtaufgabe der Tropic GmbH	Hauptaufgaben	Teilaufgaben z. B.	Einzelaufgaben z. B.
Produktion von Freizeitkleidung	**Materialwirtschaft**	Beschaffung	Angebote vergleichen
		Lagerung	Bedarfsmeldung schreiben
	Produktentwicklung	Produktinnovation	neue Produkte entwickeln
		Produktdesign	Kleider zeichnen
	Produktion	Jeansherstellung	Stoffe zuschneiden
		Maschinenwartung	Maschinen reinigen
	Verwaltung	Personalwesen	Personal einstellen
		Finanzbuchhaltung	Einkäufe buchen
	Absatz	Marketing	Prospekte entwerfen
		Verkauf	Kunden besuchen

Jede Aufgabe (Haupt-, Teil- oder Einzelaufgabe) zeichnet sich durch bestimmte Merkmale aus, mit denen sie analysiert werden kann.

- **Verrichtungsanalyse**
  Die Art der Tätigkeit (Verrichtung) wird angegeben.
  Beispiele Schreiben, Nähen, Buchen.

- **Objektanalyse**
  Beschreibung des Gegenstandes, an dem eine Tätigkeit ausgeführt wird.
  Beispiele Angebote, Stoffe, Buchungsbelege.

- **Sachmittelanalyse**
  Beschreibung der Mittel, die zur Durchführung einer Aufgabe notwendig sind.
  Beispiele PC und Drucker, Nähmaschine, Kontierungsstempel.

- **Ranganalyse**
  Einteilung von Aufgaben nach ihrer Wichtigkeit in leitende und ausführende Tätigkeiten.
  Beispiele
  - für leitende Tätigkeiten: Entscheidung über den Bau neuer Fertigungshallen, Aufnahme von Darlehen, Eröffnung von Filialen
  - für ausführende Tätigkeiten:
    Schreiben von Rechnungen, Überweisungen an den Lieferanten, Schneiden von Stoffen

- **Phasenanalyse**
  Zuordnung von Aufgaben zu den Phasen Planung, Realisation und Kontrolle.
  Beispiel Zuschneiden von Stoffen

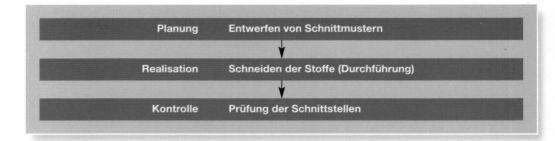

- **Zweckbeziehungsanalyse**
  Unterscheidung von Aufgaben, die sich unmittelbar aus dem Betriebszweck ergeben, und den sich daraus zwangsläufig ergebenden Verwaltungsaufgaben.
  Beispiele **Zweckaufgaben** *sind „Einkaufen", „Verkaufen", „Produzieren". Aus der Zweckaufgabe „Einkaufen" ergeben sich die* **Verwaltungsaufgaben** *„Bezugsquellen ermitteln", „Angebote einholen", „Angebote vergleichen", „Bestellen", „Rechnungen prüfen", „Rechnungsbetrag überweisen", „Rechnungen ablegen".*

4.1.2   Stellenbildung

Die im Unternehmen anfallenden Aufgaben müssen so zusammengefasst werden, dass sie von einer Person bewältigt werden können und in einem logischen Zusammenhang stehen. Durch diese Kombination von Aufgaben entstehen Stellen.

Definition   Eine Stelle ist der Aufgabenbereich einer Person und damit die kleinste Organisationseinheit eines Unternehmens.

Mehrere Stellen können zu Abteilungen und mehrere Abteilungen zu Hauptabteilungen zusammengefasst werden.

Für die Anzahl der Aufgaben, die in einer Stelle vereinigt werden, und für die Anzahl der Stellen, die zu einer Abteilung werden, gibt es keine allgemeingültige Regel. Dafür unterscheiden sich Betriebe zu stark voneinander. Jede Unternehmung muss den Aufgabenbereich einer Stelle ihren eigenen individuellen Erfordernissen anpassen.

Bei der Stellenbildung ist grundsätzlich darauf zu achten, dass der Stelleninhaber nicht überfordert wird. Die Arbeitsmenge muss so bemessen sein, dass sie von einer Person bewältigt werden kann. Die Arbeitsanforderungen müssen den Fähigkeiten und Fertigkeiten der Stelleninhaber entsprechen.

◆ **Stellenumfang**
Aufgaben können grundsätzlich nach folgenden Prinzipien auf die Stellen verteilt werden:

- **Zentralisation**
  Verschiedene Aufgaben mit gleichen Merkmalen werden in einer Stelle zusammengefasst. Dieses Vorgehen bietet sich immer dann an, wenn nicht genügend Fachkräfte für die Erfüllung von Einzelaufgaben vorhanden sind oder wenn Einzelaufgaben einen Stelleninhaber nicht auslasten. Insbesondere werden Aufgaben von großer Bedeutung zentralisiert.

- **Dezentralisation**
  Gleichartige Aufgaben werden auf verschiedene Stellen verteilt. Denzentralisation ist immer dann notwendig, wenn Stelleninhaber durch Einzelaufgaben überlastet wären oder wenn die Stelleninhaber sehr spezielle Fachkenntnisse haben müssen.

Beispiele Die notwendigen Stoffe für die Herstellung aller Produkte der Tropic GmbH könnten zentral von einer Stelle aus eingekauft werden. Der Stoffeinkauf könnte aber auch dezentral für Jeans, Kleider, Bademoden usw. auf verschiedene Stellen verteilt werden.

In der Praxis müssen häufig beide Prinzipien zusammen angewandt werden. Dies ist dadurch begründet, dass die betrieblichen Abteilungen in quantitativer und qualitativer Hinsicht einen unterschiedlichen Personalbedarf haben.

◆ **Merkmale der Stellenbildung**
Aufgaben können verwandt oder verschieden sein. Daher ist es erforderlich, den Stellen gemeinsame Merkmale zuzuordnen, damit die Aufgaben von einer Person möglichst reibungslos erledigt werden können. Stellen können dabei nach folgenden Merkmalen zusammengefasst werden:

Zusammenfassung nach ...	Beispiele
... der **Verrichtung**	Buchung aller Geschäftsvorfälle des Unternehmens
... dem **Objekt**	Buchung aller Ausgangsrechnungen
... den **Sachmitteln**	Druck aller Formulare auf der betriebseigenen Druckmaschine
... dem **Rang**	alle Einkäufe über 50.000,00 EUR werden von einer Stelle erledigt
... der **Phase**	Fertigungskontrolle aller Endprodukte durch eine Stelle
... der **Zweckbeziehung**	Erledigung aller Personalangelegenheiten von einer Stelle
... dem **Raum**	Verkauf im Verkaufsgebiet Rheinland-Pfalz
... der **Zeit**	Erledigung des Postausgangs von einer Teilzeitkraft am Nachmittag

4.1.3 Stellenbeschreibung

Die Stelleninhaber müssen über die zu erledigenden Aufgaben, über ihre Vorgesetzten und über ihre eigenen Entscheidungsbefugnisse genau informiert sein. Daher ist es zweckmäßig, eine Stelle genau zu beschreiben, damit die Mitarbeiterinnen und Mitarbeiter ihre Kompetenzen kennen. Stellenbeschreibungen dienen also dazu, eine reibungslose Aufgabenerfüllung zu sichern. Weiterhin erleichtern Stellenbeschreibungen die Neubesetzung und die Einarbeitung neuer Mitarbeiter und sie können eine Grundlage zur gerechten Entlohnung der Mitarbeiter sein.
Jedes Unternehmen wird Stellenbeschreibungen an seinen eigenen Erfordernissen ausrichten. Jedoch sollten sie bestimmte Mindestanforderungen erfüllen, damit eine Stellenbeschreibung eine hinreichende Aussagekraft besitzt. Eine Stellenbeschreibung enthält mindestens:

■ **Stellenbezeichnung**
Durch die Stellenbezeichnung wird schon ein Hinweis auf die Aufgabe der Stelle gegeben.

■ **Organisatorische Eingliederung**
Durch die Stelleneingliederung werden die Über-, Gleich- und Unterordnungsverhältnisse einer Stelle beschrieben. Es wird auch festgelegt, von wem der Stelleninhaber Informationen und Weisungen erhält und an wen Meldungen weitergegeben werden müssen.

■ **Aufgaben des Stelleninhabers**
Durch die Aufgabenbeschreibung werden Handlungsfeld und Verantwortungsbereich des Stelleninhabers festgelegt.

■ **Anforderungen an den Stelleninhaber**
Im Anforderungsprofil wird beschrieben, welche Vorbildung, Erfahrung und persönliche Fähigkeiten der Stelleninhaber mitbringen muss, um die Aufgaben der Stelle zu erledigen.

Beispiele

Stellenbeschreibung	Tropic GmbH
1 Stelle	
1.1 Stellenbezeichnung 1.2 Kennziffer	Abteilungsleiter Einkauf 10100
2 Organisatorische Eingliederung	
2.1 Vorgesetzter	Hauptabteilungsleiter/in Materialwirtschaft
2.2 Gleichgeordnete	Abteilungsleiter/in Materiallager
2.3 Untergeordnete	– Einkäufer/in für Stoffe – Einkäufer/in für Hilfs- und Betriebsstoffe – Einkäufer/in für Sachmittel
2.4 Stellvertretung	durch die Einkäuferin bzw. den Einkäufer für Stoffe
2.5 Kommunikationswege	– erhält laufend Informationen aus der Abteilung Produktentwicklung über den Bedarf an Stoffen und aus der Produktionsabteilung über die Qualität der zu verarbeitenden Roh- und Hilfsstoffe – gibt regelmäßig Informationen über die Beschaffungsmärkte an die Abteilungen Produktentwicklung und Produktion weiter
3 Aufgaben	
3.1 Hauptaufgabe	Steuerung des Material- und Sachmitteleinkaufs
3.2 Aufgabenbeschreibung	– Kontaktpflege zu Lieferanten; Aushandlung von Zahlungs- und Lieferbedingungen bei Aufträgen über 10.000,00 EUR – Kontrolle aller Einkaufsaktivitäten der untergeordneten Abteilungen – Besuch von Fachmessen – Beobachtung der Preisentwicklung auf den Beschaffungsmärkten – Beratung der Geschäftsführung bei Einkäufen über 25.000,00 EUR
3.3 Befugnisse	– selbstständige Entscheidungen bei Einkäufen bis 25.000,00 EUR – Unterzeichnen der ausgehenden Post der Einkaufsabteilung
4 Anforderungen	
4.1 Vorbildung	– Abitur und kaufmännische Ausbildung oder Abschluss als Dipl.-Betriebswirt (FH) – mehrjährige Berufserfahrung als Einkäufer
4.2 Kenntnisse	– umfangreiche Warenkenntnisse/Textil – Kenntnis der handelsrechtlichen Bestimmungen des Vertragsrechts
4.3 Eigenschaften	– sicheres Auftreten gegenüber Vertragspartnern und Mitarbeitern – Entscheidungsfähigkeit – Führungsfähigkeit – Verhandlungsgeschick – Kommunikationsfähigkeit

4.1.4   Leitungssystem

Durch das Leitungssystem werden die einzelnen betrieblichen Stellen unter dem Gesichtspunkt der Weisungsbefugnis miteinander verknüpft. Durch die Verbindungen der einzelnen Stellen entsteht der Organisationsplan der Unternehmung. Aus ihm können die verschiedenen betrieblichen Abteilungen und die Über-, Gleich- und Unterordnungsverhältnisse der einzelnen Stellen entnommen werden. In der Praxis wird jeder Betrieb einen Organisationsplan schaffen, der seinen Erfordernissen am besten entspricht. Die Leitungssysteme der Praxis sind jedoch an bestimmten Grundformen orientiert.

◆ Liniensystem
Beim Liniensystem hat jeder Stelleninhaber nur einen Vorgesetzten. Sämtliche Stellen und Abteilungen sind in einen einheitlichen Instanzenweg eingegliedert. Von der Geschäftsführung bis zu den ausführenden Mitarbeitern besteht eine eindeutige Linie der Weisungsbefugnis, die über mehrere Stufen führt.

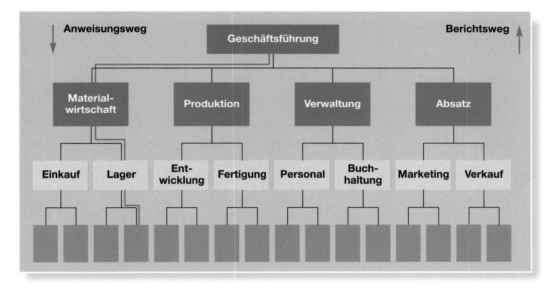

Vorteile und Nachteile

☺ einfacher organisatorischer Aufbau

☺ eindeutige Zuständigkeiten, keine Kompetenzüberschreitungen

☺ erleichterte Kontrollmöglichkeiten

☺ eindeutige Anweisungs- und Berichtswege

☹ schwerfällige Organisation durch lange Anweisungs- und Berichtswege

☹ Überlastung der Geschäftsführung

☹ starke Arbeitsbelastung der oberen Leitungsebenen

☹ obere Leitungsebenen müssen umfangreiche Kenntnisse haben

◆ **Mehrliniensystem**

Als ein Nachteil des Liniensystems wurde genannt, dass die oberen Leitungsebenen umfangreiche Fachkenntnisse haben müssen. Häufig ist es jedoch notwendig, dass Führungskräfte sich spezialisieren und so nur auf bestimmten Gebieten eine große Fachkompetenz haben. Mit dem Mehrliniensystem soll Fachkompetenz auf unterschiedlichen Gebieten vereinigt werden. Die Mitarbeiter bekommen dann Anweisungen von mehreren Spezialisten und sind auf diese Weise mehreren Vorgesetzten unterstellt. Der Amerikaner F.W. Taylor, der dieses System entwickelte, nannte die Spezialisten Funktionsmeister und dementsprechend bezeichnete er das Leitungssystem als Funktionsmeistersystem.

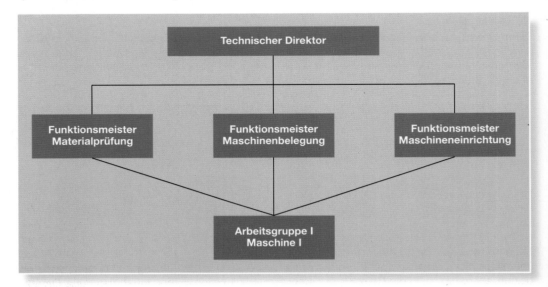

Die Mitglieder einzelner Arbeitsgruppen erhalten Anweisungen von vier verschiedenen Vorgesetzten.

Durch das Mehrliniensystem können die Funktionsmeister entsprechend ihrer Qualifikation effektiv eingesetzt werden. Weiterhin werden die Anweisungs- und Meldewege verkürzt. Allerdings kann es leicht zu Kompetenzstreitigkeiten zwischen den einzelnen Funktionsmeistern kommen. Es besteht die Gefahr, dass die Funktionsmeister untereinander zu Konkurrenten werden. Daher hat sich das Mehrliniensystem in der betrieblichen Praxis nicht durchgesetzt.

◆ **Stabliniensystem**

Mit dem Stabliniensystem sollen die oberen Leitungsebenen entlastet werden, ohne die eindeutigen Anweisungs- und Berichtswege aufzugeben. Die oberen Leitungsebenen umgeben sich mit Fachleuten, die beratende Funktion haben und Entscheidungen der Geschäftsführung vorbereiten. Allerdings steigen durch die Fachleute in den Stäben die Personalkosten.
Die Unternehmen richten Stabstellen nach Bedarf ein. Typische Stabstellen sind Rechtsberatung, Public-Relations, Organisation, Controlling, Statistik oder Assistenten – und Sekretariatsstellen, die einen Teil der gesamten Arbeit einer Stelle erledigen.

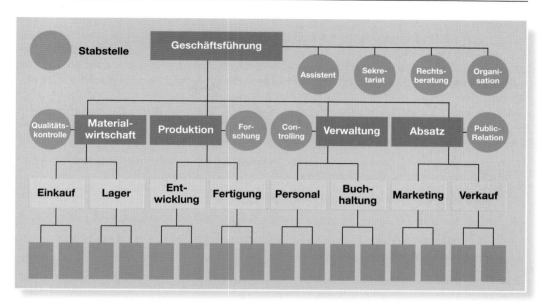

◆ Matrixorganisation

Von einer Matrixorganisation spricht man, wenn funktionsorientierte und objektorientierte Unternehmensbereiche ganz oder teilweise überlagert werden. Funktionsorientierte Bereiche sind Materialwirtschaft, Produktion, Verkauf, Verwaltung und Personalwesen. Objektorientierte Bereiche werden für einzelne Produktgruppen oder Kundengruppen des Unternehmens gebildet. Mit der Matrixorganisation soll erreicht werden, dass Entscheidungen durch die Zusammenführung unterschiedlicher Fachkompetenzen getroffen werden. Durch den Zwang zur Zusammenarbeit besteht allerdings auch die Gefahr von Kompetenzstreitigkeiten, daher findet man diese Organisationsform in der Praxis selten.

Im folgenden Beispiel sind die funktionsorientierten Bereiche Materialwirtschaft, Produktion und Absatz mit den objektorientierten Bereichen Jeans, Shirts und Bademoden nach dem System der Matrixorganisation verknüpft. Die Stelleninhaber an den Knotenpunkten können sowohl vom Funktionsbereich als auch vom Produktbereich Weisungen erhalten. Der Verwaltungsbereich ist nach dem Liniensystem organisiert und zusätzlich sind Stabstellen zur Unterstützung der Geschäftsleitung gebildet.

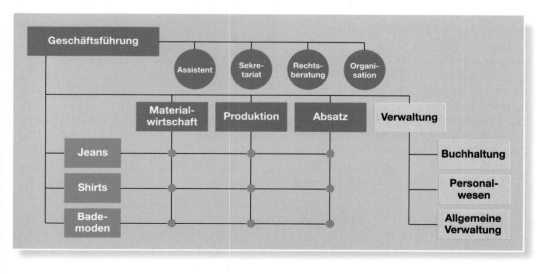

Aufgaben

1. *Nach welchen Merkmalen kann eine Aufgabenanalyse durchgeführt werden?*

2. *Nennen Sie mögliche Verrichtungen in den betrieblichen Abteilungen Lager, Einkauf und Produktdesign und nennen Sie Sachmittel, die in diesen Abteilungen gebraucht werden.*

3. *Welche Verwaltungsaufgaben ergeben sich aus folgenden Zweckaufgaben: Verkauf von Jeans, Einkauf von Baumwollstoffen, Materialeingang, Produktion von Trainingsanzügen.*

4. *Führen Sie eine Aufgabenanalyse für die Poststelle der Tropic GmbH durch.*

5. *Unterscheiden Sie „Zentralisation" und „Dezentralisation" anhand der Teilaufgabe „Verkaufen" in der Hauptabteilung einer Möbelfabrik.*

6. *Warum sind Stellenbeschreibungen sinnvoll?*

7. *Führen Sie eine Stellenbeschreibung für die Stelle „Verkäuferin/Verkäufer von Möbeln" in einer Möbelfabrik durch.*

8. *Nennen Sie Nachteile des Liniensystems.*

9. *Aus welchen Gründen werden die Stäbe des Stabliniensystems gebildet?*

10. *Erläutern Sie die Nachteile des Stabliniensystems.*

11. *Entwerfen Sie einen Organisationsplan für einen Laden der Computerbranche mit zwölf Mitarbeiterinnen und Mitarbeitern.*

12. *Erstellen Sie einen Organisationsplan Ihrer Schule.*

4.2   Die Wertschöpfung im Unternehmen

SITUATION

Ayse und ihre Klassenkameradinnen Steffi und Jasmin treffen sich im Verkaufsraum der Tropic GmbH. Ayse führt ihnen ein paar Oberteile vor: „Hey, wie findet ihr die Jacke? Die habe ich gestern in unserem Laden entdeckt!"

„Ganz schön, aber was kostet sie denn?", erwidert Jasmin. – „79 Euro!" – „Hm, ja, nicht schlecht, aber ein bisschen teuer, findest du nicht?", meint Steffi.

Ayse weiß nicht, was sie sagen soll …

„Glaubt ihr, dass die Preise unserer Produkte zu hoch sind?"

Jasmin: „Ich weiß zwar nicht, wie sich der Preis zusammensetzt, aber mir gefallen die Sachen. Da zahle ich dann auch gern etwas mehr!"

1. *Welche betrieblichen Leistungen müssen durch den Wert eines Produktes erfasst werden?*

2. *Wie kann die Leistung eines Unternehmens rechnerisch ermittelt werden?*

4.2.1 Die Wertschöpfungskette

Durch die Beschaffung von Roh-, Hilfs- und Betriebsstoffen, durch die Produktion von Produkten und durch die Bereitstellung am Absatzmarkt erbringt das Unternehmen Leistungen, die den Wert eines Erzeugnisses ausmachen.

Von der Materialbeschaffung bei den Lieferern bis zum Verkauf an die Kunden durchlaufen die Erzeugnisse verschiedene Geschäftsprozesse, die einen Beitrag zur Wertschöpfung leisten.

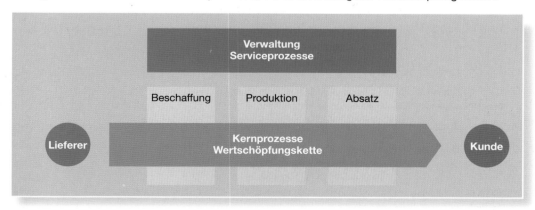

In **Kernprozessen** wird die eigentliche Leistung für den Kunden erstellt. Kernprozesse leisten einen direkten Beitrag zur Wertschöpfung. Sie stellen die sogenannte **Wertschöpfungskette** dar.

Beispiele Beschaffung von Jeansstoff, Entwicklung eines Designs für die neue Kollektion, Nähen von Kleidern, Positionierung einer Marke am Absatzmarkt, Versand an den Kunden

Geschäftsprozesse, die innerhalb der Wertschöpfungskette ablaufen, brauchen Unterstützung durch Prozesse, deren Nutzen für den Kunden nicht unmittelbar erkennbar ist. Solche Prozesse werden als **Serviceprozesse** bezeichnet. Sie tragen zur Wertschöpfung der Kernprozesse bei, ohne ein Teil der Produktleistung zu sein.

Beispiele Beschaffung von Kapital für den Kauf neuer Maschinen, Durchführung von Lohn- und Gehaltsabrechnungen, Rechnungen erstellen, Rechnungen und Zahlungseingänge buchen, Einstellung von Mitarbeiterinnen und Mitarbeitern

Die Wertschöpfung im Unternehmen geschieht also durch eine Vielzahl von Geschäftsprozessen, die eine Abfolge von zusammenhängenden und abgeschlossenen Aktivitäten darstellen. Die Hauptprozesse eines Unternehmens (z. B. Beschaffung, Produktion und Absatz) sind in **Teilprozesse** untergliedert.

Die Gesamtheit aller Geschäftsprozesse eines Unternehmens wird als **Prozesslandschaft** oder **Wertschöpfungsbereich** bezeichnet. Das folgende Schaubild zeigt einen Ausschnitt aus der Prozesslandschaft der Tropic GmbH. Die Kernprozesse werden von Serviceprozessen unterstützt und sie untergliedern sich in eine große Zahl von Teilprozessen.

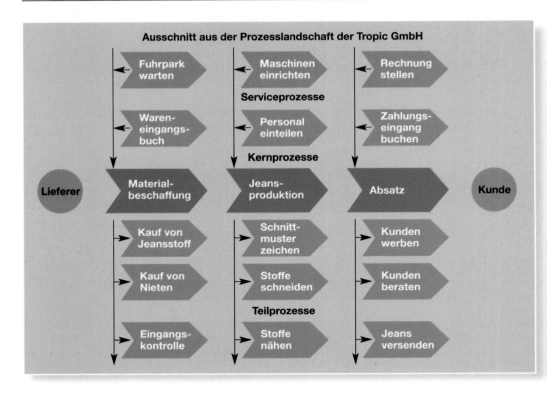

4.2.2   Rechnerische Ermittlung der Wertschöpfung

Für die Beschaffung von Materialien muss die Tropic GmbH an die Lieferanten die entsprechenden Einkaufspreise zahlen. Zu den Materialkosten müssen die Löhne für die Fertigung der Produkte addiert werden, damit die Herstellkosten des Produktes ermittelt werden können. Weiterhin fallen Kosten für den Absatz der Erzeugnisse und Kosten für verschiedene Verwaltungsprozesse im Unternehmen an. Wenn dann noch ein Gewinnaufschlag berechnet wird, kann die Wertschöpfung des Unternehmens als Differenz zwischen dem Verkaufspreis und dem Einkaufspreis für die bezogenen Materialien ermittelt werden.

Im folgenden Beispiel beträgt die gesamte Wertschöpfung für die Tropic Jeans 001 70,00 EUR. Im Unternehmen selbst wurde eine Wertschöpfung von 52,00 EUR erreicht (Gesamtwert – Beschaffungswert).

Materialkosten	18,00 EUR		Verkaufspreis	70,00 EUR
+ Fertigungskosten	23,00 EUR		– Materialkosten	18,00 EUR
= Herstellkosten	41,00 EUR		= Unternehmenswertschöpfung	52,00 EUR
+ Verwaltungskosten	5,00 EUR			
+ Vertriebskosten	20,00 EUR			
= Selbstkosten	66,00 EUR			
+ Gewinn	4,00 EUR			
= Verkaufspreis(netto)	70,00 EUR			

Unter Berücksichtigung der Kosten des Unternehmens und eines Gewinnzuschlags strebt das Unternehmen eine bestimmte Wertschöpfung an. Dieses Ziel wird es jedoch nur erreichen, wenn der Kunde auch zur Zahlung des entsprechenden Preises bereit ist. Das wird eher der Fall sein, wenn er aus dem Produkt einen seinen Vorstellungen entsprechenden **Nutzen** zieht.
Alle Unternehmensleistungen erhöhen zwar die Kosten, zur Wertschöpfung tragen sie aber nur bei, wenn sich der Kunde von ihnen einen Nutzen verspricht und er bereit ist, den vom Unternehmen vorgesehenen Preis zu zahlen.

Der Nutzen des Kunden wird dabei nicht nur durch die Funktionalität des Produktes bestimmt, sondern auch durch das Image des Produktes. So zahlen die Verbraucher für etablierte Marken häufig einen höheren Preis, obwohl der Gebrauchsnutzen bei Konkurrenzprodukten identisch ist.

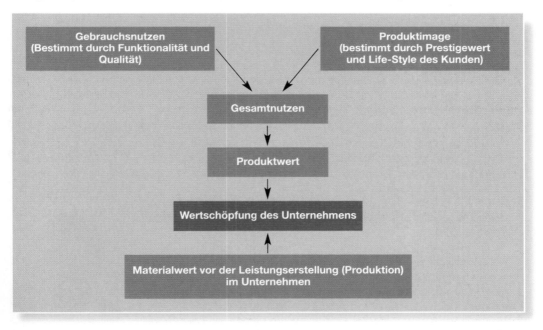

Aufgaben

1. Beschreiben Sie den Unterschied zwischen Kernprozessen und Serviceprozessen.

2. Was verstehen Sie unter der „Wertschöpfungskette" eines Unternehmens?

3. *Nennen Sie typische Kernprozesse in den folgenden Unternehmen:*
   a) *Automobilwerk*
   b) *Autowerkstatt*
   c) *Reiseunternehmen*

4. *Nennen Sie typische Serviceprozesse eines Industrieunternehmens.*

5. *Warum streben die Unternehmen danach, die Anzahl der Serviceprozesse zu minimieren?*

6. *Zum Schulabschluss möchten Sie mit Ihrer Klasse eine CD erstellen, auf der die Schülerinnen und Schüler, die Lehrerinnen und Lehrer sowie die Aktivitäten der Klasse während des letzten Schuljahres vorgestellt werden sollen. Die CD soll an die Lehrkräfte, Eltern und an alle Schülerinnen und Schüler der Klasse verkauft werden.*

   Erstellen Sie zur Planung dieses Projektes eine Prozesslandschaft und definieren Sie dort die Kern-, Service- und Teilprozesse.

7. *Die Tropic GmbH hat eine sportliche Armbanduhr als Handelsware in ihr Verkaufsprogramm aufgenommen. Die Uhr kostet im Einkauf 75,00 EUR. Die Tropic GmbH muss Verwaltungs- und Vertriebskosten in Höhe von 50,00 EUR in ihrer Kalkulation berücksichtigen. Die Uhr kann zu einem Preis von 140,00 EUR verkauft werden.*
   a) *Berechnen Sie den Gewinnzuschlag in EUR und in %.*
   b) *Welche Wertschöpfung konnte im Unternehmen mit der Uhr erzielt werden?*
   c) *Welchen Preis müsste die Tropic GmbH mindestens verlangen, um keinen Verlust zu erzielen?*
   d) *Wie hoch wäre bei einem Gewinn von 0,00 EUR die Wertschöpfung des Unternehmens?*
   e) *Bei welchem Preis wird keine Wertschöpfung mehr erzielt?*

8. *Nennen Sie Maßnahmen, durch die der Wert eines Produktes aus Sicht des Kunden gesteigert werden kann.*

4.3   Ablauforganisation

SITUATION

Bei der Abteilungsleiterin für den Bereich Absatz rufen Kunden an und beschweren sich, dass ihre Anfragen bei der Tropic GmbH zu langsam bearbeitet werden und die entsprechenden Angebote viel zu spät eintreffen. Frau Behrens erkundigt sich bei ihren Verkäuferinnen und Verkäufern nach dem Grund dieser schleppenden Bearbeitung. Sie erfährt, dass der zuständige Verkäufer im Urlaub ist und seine Vertreterin sich zunächst in die Angebotserstellung einarbeiten muss. Dann stellt sie fest, dass die Arbeitsabläufe in ihrer Abteilung nicht für alle Mitarbeiterinnen und Mitarbeiter verbindlich geregelt sind.

Frau Behrens bespricht die geschilderten Probleme mit der Geschäftsführerin Sylvia Sommer. Sie schlägt vor, ein Qualitätsmanagement-Konzept zu entwickeln und alle Geschäftsprozesse im Unternehmen so zu strukturieren und zu dokumentieren, dass sich neue Mitarbeiter und Vertretungen sehr schnell in die entsprechenden Arbeitsabläufe einarbeiten können.

Beschreiben Sie Tätigkeiten, die bei der Tropic GmbH nach einer Kundenanfrage anfallen.

Die im Unternehmen anfallenden Einzelaufgaben müssen von den Mitarbeiterinnen und Mitarbeitern in einer bestimmten Reihenfolge und unter Verwendung von zweckmäßigen Dokumenten und Sachmitteln erledigt werden. Damit die betrieblichen Aufgaben reibungslos erledigt werden können, müssen sie geplant werden.

Definition Die Planung der betrieblichen Arbeitsabläufe ist Gegenstand der Ablauforganisation.

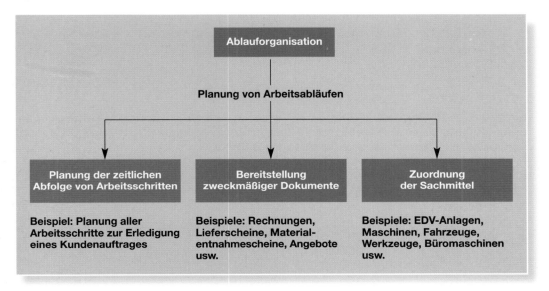

In der Praxis können Arbeitsabläufe mit verschiedenen Diagrammarten dargestellt werden. In den Unternehmen werden jedoch in Verbindung mit Qualitätsmanagement-Konzepten **(TQM = Total Quality Management)** immer häufiger EDV-unterstützte Werkzeuge zur grafischen Darstellung von Arbeitsabläufen eingesetzt.

Mit **Total Quality Management** ist eine konsequente **Geschäftsprozessorientierung** verbunden. Die Abläufe der betrieblichen Tätigkeiten sollen so strukturiert werden, dass ein hohes Maß an Zufriedenheit für Kunden und Mitarbeiter erreicht wird und dass gleichzeitig die Kosten minimiert werden.

◆ Geschäftsprozesse

Ein Geschäftsprozess ist eine Abfolge von Tätigkeiten, die zusammengenommen einen Wert für den Kunden schaffen. Dabei wird zwischen Kernprozessen und Serviceprozessen unterschieden. Kernprozesse haben Wertschöpfungsfunktionen, weil sie durch ihre Verkettung unmittelbar zur Erfüllung des Kundenwunsches beitragen. Serviceprozesse (Supportprozesse) unterstützen die Abläufe in den Wertschöpfungsketten.

Beispiel Der Einkauf von Stoffen, die Produktion und der Verkauf von Jeans dienen unmittelbar zur Befriedigung des Kundenwunsches. Durch die Verknüpfung dieser Kernprozesse entsteht eine Wertschöpfungskette. Damit aber der Stoff verarbeitet werden kann und schließlich als Jeans vom Kunden gekauft wird, muss die Produktion von Serviceprozessen unterstützt werden. Solche Serviceprozesse sind z. B. die Bereitstellung von Kapital zum Stoffeinkauf, die Einstellung von Mitarbeitern oder die Buchung der Eingangs- und Ausgangsrechnungen.

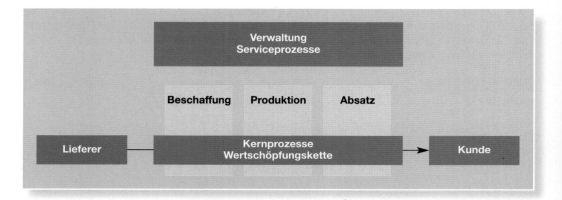

Um einen Geschäftsprozess in einem Ablaufdiagramm darzustellen, bedient man sich verschiedener Symbole, denen alle eine bestimmte Bedeutung zugewiesen wird. Die Tropic GmbH nutzt für ihre Geschäftsprozessmodellierung die folgende Symbolik:

	Beginn eines Geschäftsprozesses		Datenbank
	Ende eines Geschäftsprozesses		Stelle (Mitarbeiter, der eine Tätigkeit ausführt)
	Ereignis, das während eines Prozesses eintritt		Beleg
	Tätigkeit während eines Geschäftsprozesses		
	Verweis auf andere Geschäftsprozesse (Subprozesse)		EDV-Anwendung
Beziehungen zwischen Ereignissen und Tätigkeiten		------	Verbindung zu Stellen (Wer erledigt eine bestimmte Tätigkeit?)
AND	Und-Beziehung	— · — · —	Verbindung zu Datenbanken, Belegen und Anwendungen
XOR	Entweder-Oder-Beziehung	⟶	Verbindung von Ereignissen und Tätigkeiten

Die Modellierung eines Geschäftsprozesses wird nun an dem Eingangsfall (Bearbeitung einer Anfrage und Erstellung eines Angebotes) erklärt.

Der Geschäftsprozess „Bearbeitung einer Anfrage und Erstellung eines Angebotes" wurde durch das folgende Ablaufdiagramm modelliert. Dieses Modell kann nun von jedem zuständigen Sachbearbeiter zu Hilfe genommen werden.

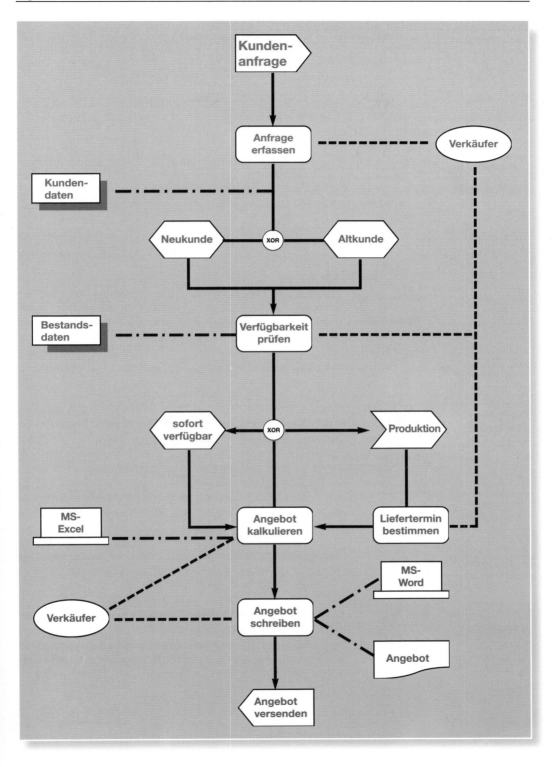

Erklärung der einzelnen Arbeitsschritte und Symbole

 Am Beginn des Geschäftsprozesses steht die Anfrage eines Kunden.

Verkäufer — Zuständig für die gesamte Bearbeitung des Geschäftsprozesses „Bearbeitung einer Anfrage und Erstellung eines Angebotes" ist in der Tropic GmbH ein Verkäufer.

Kundendaten — Der Verkäufer erfasst zunächst die Kundendaten in der entsprechenden Datenbank. Dabei muss er unterscheiden, ob es sich um einen bekannten Kunden oder um einen Neukunden handelt. Bei Altkunden kann der Verkäufer auf Stammdaten zugreifen, bei Neukunden muss ein zusätzlicher Datensatz angelegt werden.

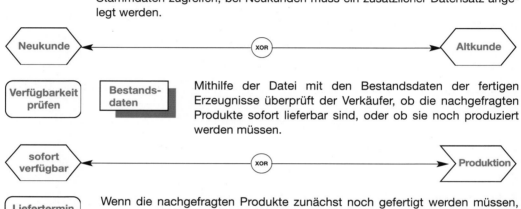

Verfügbarkeit prüfen / Bestandsdaten — Mithilfe der Datei mit den Bestandsdaten der fertigen Erzeugnisse überprüft der Verkäufer, ob die nachgefragten Produkte sofort lieferbar sind, oder ob sie noch produziert werden müssen.

Liefertermin bestimmen — Wenn die nachgefragten Produkte zunächst noch gefertigt werden müssen, wird im Modell für den Geschäftsprozess „Bearbeitung einer Anfrage und Erstellung eines Angebotes" durch das entsprechende Symbol auf einen weiteren Geschäftsprozess „Produktion" verwiesen. In Absprache mit der Fertigungsabteilung muss dann der Liefertermin bestimmt werden.

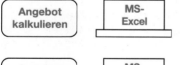

Angebot kalkulieren / MS-Excel — Wenn die Lieferbereitschaft feststeht, wird der Verkäufer den Angebotspreis kalkulieren. Dazu bedient er sich der Tabellenkalkulation „Excel".

Angebot schreiben / MS-Word — Der Verkäufer schreibt das Angebot mit der Textverarbeitung „Word" und versendet das Angebot an den Kunden.

Angebot / Angebot versenden — Damit ist dieser Geschäftsprozess abgeschlossen. Neue Mitarbeiterinnen und Mitarbeiter oder Vertretungen können sich relativ schnell in einen Arbeitsablauf einarbeiten, wenn ihnen strukturierte Modelle für betriebliche Geschäftsprozesse vorliegen.

◆ Prozessverbesserung[1]

In Unternehmen mit Qualitätsmanagement-Konzepten werden diese Geschäftsprozesse mit EDV-Programmen modelliert. Die Geschäftsprozesse liegen dann den einzelnen Mitarbeiterinnen und Mitarbeitern vor und sind die Grundlage für ihre jeweilige Tätigkeit. Wenn nun die Stelleninhaber feststellen, dass bestimmte Arbeitsschritte verbesserungswürdig sind, so können sie die erforderlichen Änderungen selbstständig vornehmen. Durch diese Möglichkeit der kontinuierlichen Prozessverbesserung sollen die Mitarbeiterinnen und Mitarbeiter in die Lage versetzt werden, sich einerseits an die sich ändernden Kundenwünsche anzupassen und andererseits die Arbeitsabläufe zeitsparend und damit kostengünstig zu gestalten.

Dieses Konzept der ständigen Neuordnung von Arbeitsabläufen wird auch als **Business Process Reengineering** (BPR, Geschäftsprozess-Reorganisation) bezeichnet.

Gründe für eine Reorganisation der Geschäftsprozesse in der betrieblichen Praxis können sein:

- Anpassung an Kundenwünsche

- Kostenminimierung bei den Arbeitsabläufen

- Stockungen im Ablauf der bisherigen Ablauforganisation

- Überbelastung bzw. Unterbelastung von Mitarbeitern

- Einsatz neuer Informations- und Telekommunikationssysteme (EDV-Anlagen, Telefonanlagen, Warenwirtschaftssysteme)

- Kauf und Verkauf über „elektronische Märkte" (Internet)

- Umstrukturierung, Vergrößerung oder Verkleinerung des Betriebes

Aufgaben

1. Beschreiben Sie den Gegenstand der Ablauforganisation.

2. Was ist das Ziel von Total Quality Management?

3. Was versteht man unter Business Process Reengineering?

4. Welche Gründe können eine Reorganisation der betrieblichen Geschäftsprozesse erforderlich machen?

5. Modellieren Sie die folgenden Geschäftsprozesse mit den auf Seite 190 verwendeten Symbolen.
*   a) Ein bekannter Kunde bestellt bei der Tropic GmbH 100 Jeansjacken. Der Kunde kann sofort beliefert werden. Der Beginn des Geschäftsprozesses ist der Kundenauftrag. Am Ende des Prozesses soll der Versand der Rechnung stehen.*
*   b) Der Kunde schickt 10 Jeansjacken zurück und reklamiert fehlerhafte Nähte. Die Jeansjacken werden umgetauscht. Der Geschäftsprozess beginnt mit dem Eintreffen der fehlerhaften Waren und endet mit dem Versand der Ersatzlieferung.*
*   c) Der Kunde bezahlt die 100 Jeansjacken durch Banküberweisung.*

---

[1] *Informationsmöglichkeit: http://www.rms-deutschland.de*

Lernbereich 4:
Darstellen von Rechtsgeschäften und daraus resultierende Zahlungsvorgänge simulieren

1   Vertragsrechtliche Grundlagen

1.1   Rechtsordnung

SITUATION

Betrachten Sie die Bilder.

Schreiben Sie eine Geschichte nach der Bilderfolge.

Das Zusammenleben von Menschen bedarf einer bestimmten Ordnung. Dieses gilt für alle Bereiche des Zusammenlebens: z. B. in der Familie, in der Schule, im Betrieb oder in der Gesellschaft. Die Rechtsordnung stellt allgemein verbindliche Regelungen und Bindungen auf, die jeder beachten muss, auch wenn sie die Freiheit des Einzelnen zugunsten eines geordneten Zusammenlebens einschränkt. Die Rechtsordnung findet in Rechtsvorschriften ihren Ausdruck. Rechtsquellen, aus denen sich diese Vorschriften herleiten lassen, sind:

- **Gewohnheitsrecht:**   Rechtsregeln, die sich in einer Gemeinschaft durch ständige allgemeine Praxis und Rechtsauslegung entwickelt haben.
  Beispiele Wegerechte, freie Entnahme von Wasser aus Heilquellen

- **Gesetzesrecht:**   Von den dafür zuständigen staatlichen Organen in förmlichen Verfahren erlasse, geschriebene Rechtsnormen (Gesetze, Rechtsverordnungen, Satzungen).
  Beispiele Einkommensteuergesetz, Einkommensteuerdurchführungsverordnung, Satzung des Lohnsteuerhilfevereines e.V.

- **Vertragsrecht:**   entsteht aus individuellen Vereinbarungen zwischen einzelnen Vertragsparteien

Rechtsordnung der Bundesrepublik Deutschland	
Öffentliches Recht	**Privatrecht**
Das öffentliche Recht regelt die Rechtsbeziehungen zwischen dem Staat und den Privatpersonen bzw. den privaten Einrichtungen und ist geprägt vom Grundsatz der Über- bzw. Unterordnung. Es dient dem öffentlichen Interesse und ist größtenteils zwingendes Recht, d.h. es kann nicht umgangen werden. *Beispiel: Das Finanzamt Bad Kreuznach erlässt einen Einkommensteuerbescheid gegen den Steuerpflichtigen Georg Polster. Auch wenn Polster Einspruch einlegt, müssen die angeforderten Beträge grundsätzlich fristgemäß gezahlt werden.* **Rechtsgebiete** z.B.: Völkerrecht, Verfassungsrecht, Verwaltungsrecht, Strafrecht, Prozessrecht, Steuerrecht.	Das Privatrecht regelt die Rechtsbeziehungen der Privatpersonen und privaten Einrichtungen untereinander und ist geprägt vom Grundsatz der Gleichordnung der Beteiligten. Es dient dem Individualinteresse und ist ein größtenteils nachgiebiges Recht, d.h. die Beteiligten können bestehende Gesetze durch individuelle vertragliche Regelungen ändern. So kann ein Lautsprecherhersteller seinen Kunden eine Garantiezeit von zehn Jahren anbieten. Das Gesetz findet nur dann Anwendung, wenn keine andere vertragliche Vereinbarung getroffen wurde. **Rechtsgebiete** z.B.: Bürgerliches Recht, Handelsrecht, Gesellschaftsrecht, Wechselrecht, Wertpapierrecht, Eherecht.

Aufgaben

1. *Welche Aufgaben haben rechtliche Vorschriften?*

2. *Welche Rechtsquellen können unterschieden werden?*

3. *Suchen Sie andere Beispiele für das Gewohnheitsrecht.*

4. *Wodurch unterscheiden sich Privatrecht und öffentliches Recht?*

5. *Ordnen Sie die folgenden Beispiele den Bereichen Privatrecht und öffentliches Recht zu: Grundgesetz, Schulrecht, Scheckgesetz, Beamtenrecht, Gesetz über allgemeine Geschäftsbedingungen, Zivilprozessordnung, Strafgesetzbuch, Bürgerliches Gesetzbuch, Sozialrecht.*

6. *Was ist*
   a) zwingendes Recht?
   b) nachgiebiges Recht?

7. *Aus welchen Gründen haben sich zwingende Rechtsvorschriften ergeben?*

8. *Was versteht man unter Vertragsfreiheit?*

9. *Besorgen Sie sich in der Schule jeweils ein Bürgerliches Gesetzbuch (BGB) und ein Handelsgesetzbuch (HGB).*
   a) Welche Inhalte haben die einzelnen Bücher des BGB?
   b) Aus welchen Büchern besteht das HGB?

1.2 Rechtssubjekte und Rechtsobjekte

◆ **Rechtssubjekte**

SITUATION

Hund erbt 10 Millionen

Los Angeles. Musiker JoLaBa vermacht sein gesamtes Vermögen seinem Hund Flocke! „Frauchen" geht leer aus – klagt aber nun vor Gericht!

ASV im Glück!
Sportverein erbt 20 Millionen!

Hamburg. Der ASV Hamburg e.V. ist nicht nur in der Bundesliga an der Spitze, sondern jetzt auch noch Erbe eines Millionenvermögens. Der Rentner G. Tobak hinterlässt dem norddeutschen Fußballverein zwei Mietshäuser und ein Bankvermögen in Millionenhöhe.

Können nach deutschem Recht ein Hund bzw. ein Sportverein Erbe sein?

Begründen Sie Ihre Meinung.

Definition   Rechtssubjekte (Personen) besitzen Rechtsfähigkeit, d. h. sie sind Träger von Rechten und Pflichten.

Nur Rechtssubjekte können

- Verträge abschließen
- Rechtsansprüche stellen
- Eigentum besitzen
- vor Gericht klagen oder verklagt werden.

Das BGB unterscheidet natürliche und juristische Personen.

Natürliche Personen sind alle Menschen. Vor dem Gesetz sind alle Menschen gleich, unabhängig von Alter, Geschlecht, Religion, Rasse oder Herkunft.

Juristische Personen sind von natürlichen Personen geschaffene Personenvereinigungen oder Vermögensmassen. Sie sind mit einer eigenen Rechtspersönlichkeit ausgestattet, können demnach Rechte erwerben oder mit Pflichten belastet werden.

Zu unterscheiden sind:

- **Juristische Personen des Privatrechts**
  Sie verfolgen **private Zwecke**. Hierher gehören z. B. die Aktiengesellschaften (AG) und Gesellschaften mit beschränkter Haftung (GmbH). Sie erlangen ihre Rechtsfähigkeit mit der Eintragung in das Handelsregister. Die Rechtsfähigkeit endet mit der Löschung aus dem entsprechenden Register. Andere Beispiele sind eingetragene Vereine (e.V.) bzw. Stiftungen des Privatrechts (z. B. Volkswagenstiftung).

- **Juristische Personen des öffentlichen Rechts**
  Sie nehmen **öffentliche Aufgaben** wahr. Hierzu gehören Körperschaften (Bund, Land, Gemeinde), Anstalten (öffentlich-rechtlicher Rundfunk/Fernsehen) und Stiftungen des öffentlichen Rechts (Stiftung deutsch-französische kulturelle Zusammenarbeit). Errichtung, Veränderungen und Auflösung erfolgen grundsätzlich durch Gesetz oder aufgrund eines Gesetzes.

◆ Rechtsobjekte

Definition   Rechtsobjekte sind Gegenstände, über die Rechtssubjekte rechtlich verfügen können.

Beispiele Die Tropic GmbH (Rechtssubjekt) verkauft 30 Polo-Hemden (Rechtsobjekte) an das Sporthaus Baumgart (Rechtssubjekt).

Alles, was zum Vermögen von natürlichen oder juristischen Personen gehören kann, bezeichnet man im juristischen Sinne als Rechtsobjekte. Auch Tiere sind Rechtsobjekte, werden aber durch besondere Gesetze geschützt. Die für Sachen geltenden Vorschriften werden für sie entsprechend angewandt, soweit nichts anderes bestimmt ist.

Gegenstände kann man einteilen nach der

- **Beschaffenheit** in **körperliche (materielle)** und **nicht körperliche (immaterielle)** Gegenstände. Körperliche Gegenstände sind **Sachen**. Sie können fest (z. B. ein Schreibtisch), flüssig (z. B. Tinte in einem Füllfederhalter) oder gasförmig (z. B. Sauerstoff in der Flasche eines Tauchers) sein.
  Rechte sind nicht körperliche Gegenstände des Rechtsverkehrs (z. B. Forderungen, Patente, Lizenzen, Pfandrechte, Eigentumsrechte u. a.).

- **Beweglichkeit** in **Immobilien und Mobilien**.
  Immobilien sind **unbewegliche** Sachen wie z. B. Grundstücke. Mobilien sind **bewegliche** Sachen wie z. B. ein Tisch oder ein Auto.

- **Vertretbarkeit** in **vertretbare** und **nicht vertretbare** Sachen.
  Vertretbare Sachen **(Gattungswaren)** sind solche, die nach Zahl, Maß oder Gewicht bestimmt und durch gleiche Sachen ersetzt werden können (z. B. Banknoten, Brötchen, 1 kg Zucker). Nicht vertretbare Sachen **(Spezieswaren)** sind in ihrer Eigenart einmalig (z. B. ein Gemälde von van Gogh, ein Maßanzug vom Schneider, ein vom Besitzer eigenhändig illustriertes Buch, ein selbst gestrickter Schal).

Aufgaben

1. *Was sind Rechtssubjekte?*

2. *Wodurch unterscheiden sich natürliche und juristische Personen?*

3. *Handelt es sich bei den folgenden Personen um natürliche oder juristische Personen des privaten bzw. öffentlichen Rechts?*
   a) *Stadt Köln*
   b) *Rechtsanwalt Heiner Möller*
   c) *Industrie- und Handelskammer Koblenz*
   d) *Sparkasse Rhein-Nahe*
   e) *TuS Koblenz e.V.*
   f) *Oberbürgermeister Peter A. Meier*
   g) *Franz Beckenbauer Stiftung*

4. Wodurch unterscheiden sich
   a) Mobilien und Immobilien,
   b) vertretbare und nicht vertretbare Sachen,
   c) Sachen und Rechte?

5. Entscheiden Sie, ob es sich bei den folgenden Beispielen um vertretbare oder nicht vertretbare Sachen handelt: 1 kg Mehl, ein Dutzend Eier, das Tagebuch einer 15-jährigen Schülerin, eine Basketball Cap, ein gebrauchter Pkw der Marke Golf GTI mit 45.346 km, ein Originalgemälde von Salvador Dali, ein Lernbuch „Rechnungswesen für Berufsfachschulen".

1.3   Eigentum und Besitz

SITUATION

Ayse leiht sich bei ihrer Freundin Sabine eine CD. Nachdem sie sich die CD angehört hat, verleiht sie diese weiter an ihren Cousin Cetin.

Wer ist Eigentümer, wer Besitzer der CD?

Die Frage nach dem Eigentümer lautet: **Wem gehört die Sache?**

| Definition | § 903 BGB: Eigentum ist die rechtliche Herrschaft über eine Sache. |

Der Eigentümer einer Sache kann grundsätzlich nach Belieben mit der Sache verfahren. Nur das Gesetz oder die Rechte Dritter können ihn in diesem Recht einschränken.

Arten des Eigentums	Erklärungen	Beispiel
Alleineigentum	Eine Person ist allein Eigentümer einer Sache.	Die 16-jährige Sabine kauft sich von ihrem Taschengeld eine CD.
Miteigentum	Das Eigentum an einer Sache steht mehreren Personen gemeinschaftlich zu.	
a) nach Bruchteilen	Jede Person hat einen ganz bestimmten Anteil an einer Sache.	Sandra, Stefan und Damian stellen jeweils 2.000,00 EUR bereit und kaufen davon 120 Aktien einer Telefongesellschaft. Jeder kann über sein Drittel Aktien bestimmen und diese z. B. verkaufen.
b) gesamthänderisches Eigentum	Mehrere Personen haben ein ungeteiltes Eigentumsrecht an einer Sache. Verfügungen über die Sache können grundsätzlich nur gemeinschaftlich vorgenommen werden.	Die Brüder Torsten und Markus haben gemeinsam das Elternhaus geerbt. Keiner darf alleine über das Erbe verfügen.

Die Frage nach dem Besitzer einer Sache lautet: **Wer hat die Sache?**

| Definition | § 854 BGB: Besitz ist die tatsächliche Herrschaft über eine Sache. |

Der Eigentümer einer Sache kann gleichzeitig der Besitzer sein, Eigentümer und Besitzer können aber auch verschiedene Personen sein.

Die tatsächliche Herrschaft über eine Sache kann auf rechtmäßige (z. B. durch Miete) oder unrechtmäßige Weise (z. B. durch Diebstahl) erlangt werden. Wer eine Sache kauft, weiß gewöhnlich nicht, ob der Besitzer der Sache auch deren Eigentümer ist. Um dem Käufer zeitaufwendige Prüfungen zu ersparen, bestimmt das BGB (§ 932), dass der Käufer das Eigentum an einer Sache erwirbt, wenn er den Verkäufer den Umständen entsprechend für den Eigentümer halten darf **(gutgläubiger Eigentumserwerb)**. Dieser gutgläubige Eigentumserwerb gilt grundsätzlich nicht für gestohlene, abhanden gekommene oder verloren gegangene Sachen, da dann der Verkäufer nicht rechtmäßiger Besitzer der Sache ist (Ausnahmen: Geld, Inhaberpapiere, auf öffentlichen Versteigerungen erworbenes Diebesgut). Verkauft ein Dieb also ein gestohlenes Auto, wird der Käufer zwar Besitzer, aber niemals Eigentümer. Der rechtmäßige Eigentümer kann von jedem späteren Erwerber die Herausgabe seines Autos ohne Erstattung des geleisteten Kaufpreises verlangen.

Eigentum und Besitz an beweglichen bzw. unbeweglichen Gegenständen werden folgendermaßen übertragen:

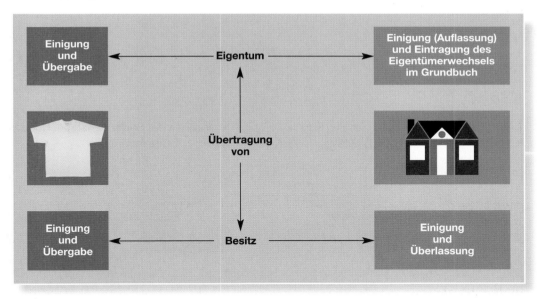

Aufgaben

1. *Wodurch unterscheiden sich Eigentum und Besitz?*

2. *Hubert Kahn hat von Andrea Hofmann drei Räume für seine Fahrschule gemietet. Die notwendigen Einrichtungsgegenstände wie Stühle, Tische, Magnettafel, Over-Head-Projektor usw. hat er nach und nach gekauft und die Räume damit eingerichtet. Inwieweit ist Kahn Eigentümer, inwieweit Besitzer der Fahrschule?*

3. Kennzeichnen Sie die folgenden Personen durch die Begriffe Eigentümer und Besitzer.
   a) Frau Sommer hat eine Wohnung geerbt, die sie seit vier Jahren auch selbst bewohnt.
   b) Herr Polster hat in seinem Haus eine Einliegerwohnung an den Studenten Sebastian Weiß vermietet.
   c) Thorsten B. findet in einer Telefonzelle eine Brieftasche. In ihr entdeckt er u. a. den Ausweis von Thomas Wagner. Er bringt die Brieftasche zum Fundbüro in Mainz.
   d) W. Nick entwendet aus dem geparkten Pkw von Frau Schreiber eine hochwertige Fotokamera und verkauft diese später für 100,00 EUR an seinen Bekannten H. Ehler.
   e) Frau G. Lück kauft beim Einzelhändler Binz eine Kaffeemaschine. Sie zahlt sofort, lässt das Gerät aber im Geschäft stehen. Sie will es am Nachmittag auf dem Rückweg abholen.

4. Thomas und Silke mieten zusammen eine Wohnung in der Stadt. Wer ist Eigentümer, wer Besitzer der Wohnung?

1.4 Rechtliche Handlungsfähigkeit

1.4.1 Rechtsfähigkeit

SITUATION

Ein neugeborenes Kind erbt vom Großvater mehrere Häuser.

1. **Kann ein neugeborenes Kind erben?**

2. **Welche Pflichten entstehen dem Kind durch die Erbschaft?**

> **Definition**   Das Gesetz versteht unter Rechtsfähigkeit die Fähigkeit einer Person, Träger von Rechten und Pflichten zu sein.

Die Rechtsfähigkeit des Menschen (natürliche Person) beginnt mit der Vollendung der Geburt und endet mit dem Tod. Das Lebensalter des Menschen spielt in den verschiedenen rechtlichen Bereichen eine bedeutende Rolle.

Einige Beispiele sollen das verdeutlichen:

mit Vollendung des ... Lebensjahres	Rechte/Pflichten	Erklärung
ab Geburt	Rechtsfähigkeit	Fähigkeit, Träger von Rechten und Pflichten zu sein
	Parteifähigkeit	Fähigkeit, in der Rolle einer Partei an einem gerichtlichen Verfahren beteiligt zu sein
12	Konfessionswahl	gegen den Willen des Kindes kann kein Konfessionswechsel stattfinden
16	Eidesfähigkeit	Eidesfähigkeit als Zeuge
	Ehemündigkeit	Recht, mit einem volljährigen Partner die Ehe zu schließen
	Ausweispflicht	Pflicht zum Mitführen eines Ausweises oder Reisepasses
18	Ehemündigkeit	Recht, eine Ehe zu schließen
	Wehrpflicht	Pflicht, den Grundwehrdienst abzuleisten
	Wahlpflicht	aktives und passives Wahlrecht für den Bundestag
	Führerscheinrecht	Recht, ein Fahrzeug der Klasse 1 und 3 zu führen
21	volle Strafmündigkeit	strafrechtliche Verantwortlichkeit als Erwachsener

Rechtsfähig sind auch juristische Personen. Ihre Rechtsfähigkeit beginnt mit der Gründung oder Eintragung in das Handels- oder Vereinsregister und endet mit ihrer Auflösung (bei der Aktiengesellschaft z. B. mit der Löschung aus dem Handelsregister).

1.4.2 Geschäftsfähigkeit

Der 17-jährige Franz, Sohn von Herrn Polster, der wie ein 20-Jähriger aussieht, hat ohne Wissen seiner Eltern ein Mofa für 1.000,00 EUR gekauft. Als der Vater davon erfährt, verlangt er vom Händler den Kaufpreis zurück, da er als gesetzlicher Vertreter mit dem Kauf nicht einverstanden gewesen sei. Allerdings könne er das Mofa nicht zurückgeben, da sein Sohn auf regennasser Straße gestürzt sei, wobei das Mofa völlig zerstört wurde.

Wird Herr Polster mit seinem Verlangen Erfolg haben?

SITUATION

Definition Das Gesetz versteht unter Geschäftsfähigkeit die Fähigkeit einer Person, Rechtsgeschäfte rechtswirksam abzuschließen.

Nach dem Lebensalter werden drei Stufen der Geschäftsfähigkeit unterschieden:

Geburt	**Geschäftsunfähigkeit** Kinder unter sieben Jahren können keine rechtswirksamen Willenserklärungen abgeben oder entgegennehmen (§ 104 BGB). Ihre Willenserklärungen sind ungültig, d. h. **nichtig (§ 105 BGB)**. Zum Abschluss von Rechtsgeschäften benötigt diese Personengruppe einen gesetzlichen Vertreter; bei Kindern sind dies i. d. R. Kraft Gesetzes die Eltern. Der gesetzliche Vertreter handelt für diese Personengruppe.
7. Geburtstag	**Beschränkte Geschäftsfähigkeit** Beschränkt geschäftsfähige Personen können Rechtsgeschäfte normalerweise nur mit der Zustimmung des jeweiligen gesetzlichen Vertreters abschließen. Rechtsgeschäfte, die ohne vorherige Zustimmung (Einwilligung) bereits abgeschlossen worden sind, sind **schwebend unwirksam**. Der gesetzliche Vertreter muss im Nachhinein seine Zustimmung (Genehmigung) erteilen (§ 107 f BGB). In wenigen Ausnahmefällen (siehe Tabelle) wird diese Regelung jedoch durchbrochen und der beschränkt Geschäftsfähige kann rechtlich wirksame Willenserklärungen abgeben.
18. Geburtstag	**Volle Geschäftsfähigkeit** Die Willenserklärungen von voll geschäftsfähigen natürlichen Personen sind **voll rechtswirksam**. Diese Personen handeln für sich selbst. Juristische Personen sind von ihrer Gründung bis zu ihrer Auflösung voll geschäftsfähig. Ihre Teilnahme am Rechtsverkehr erfolgt durch bestimmte Organe; das sind natürliche Personen, denen die Rechtsordnung die Rechtsstellung von gesetzlichen Vertretern einräumt.

Rechtswirksame Willenserklärungen bei beschränkter Geschäftsfähigkeit:

BGB	Ausnahme	Beispiel
§ 107	Die Willenserklärung bringt nur **rechtliche Vorteile**.	Oma schenkt dem 10-jährigen Enkel ein Fahrrad.
§ 110	Die Willenserklärung führt zu vertraglichen Verpflichtungen, die aus Mitteln erfüllt werden können, die zu diesem Zweck oder zur freien Verfügung überlassen worden sind (**Taschengeldparagraf**).	Die 12-jährige Katharina kauft sich von ihrem Taschengeld eine CD für 10,00 EUR.
§ 113	Die Willenserklärung wird **im Rahmen eines Dienst- oder Arbeitsvertrages** abgegeben, der mit Einwilligung des gesetzlichen Vertreters abgeschlossen worden ist.	Der 17-jährige Carsten, Schüler der Berufsfachschule, jobbt während der Ferien in einem Sportgeschäft. Er verkauft einem Kunden ein Paar Jogging-Schuhe.
§ 112	Die Willenserklärung wird **im Rahmen eines selbstständigen Geschäftsbetriebes** abgegeben, der mit Zustimmung des gesetzlichen Vertreters und des Vormundschaftsgerichtes geführt wird.	Die 17-jährige Monika führt selbstständig eine Modeboutique. Sie kauft Waren ein, bezahlt Rechnungen und mietet einen Lagerraum an.

Aufgaben

1. *Was versteht man unter Rechtsfähigkeit?*

2. *Welche Stufen der Geschäftsfähigkeit in Abhängigkeit vom Lebensalter werden nach dem BGB unterschieden?*

3. *Der kinderlose Unternehmer Wagner vermacht sein Ferienhaus in der Eifel im Wert von 200.000,00 EUR testamentarisch seinem Neffen Thomas.*

   a) *Zum Zeitpunkt der Testamentseröffnung ist Thomas fünf Jahre alt. Kann er trotzdem erben?*

   b) *Am Dach des Hauses müssen vor dem Herbstbeginn noch einige Ziegel erneuert werden. Wer entscheidet über die Reparatur und beauftragt einen Handwerksbetrieb?*

4. *Entscheiden Sie, ob in den folgenden Fällen ein Rechtsgeschäft zustande gekommen ist. Begründen Sie Ihre Entscheidung.*

   a) *Die 6-jährige Sabine hat für ihre Mutter eingekauft. Vom Wechselgeld nimmt sie 2,00 EUR und kauft sich einen „Diddl-Block" und bemalt sofort die ersten Seiten. Ihre Mutter ist mit diesem Kauf nicht einverstanden und verlangt vom Verkäufer die Rücknahme des Blockes und die Herausgabe des Geldes.*

   b) *Die 15-jährige Schülerin Lena kauft sich von ihren Ersparnissen eine Jeans für 60,00 EUR. Ihr Vater ist mit dem Kauf nicht einverstanden und verlangt vom Verkäufer die Rücknahme der Jeans.*

   c) *Der Großvater schenkt der 10-jährigen Melanie zum Geburtstag eine Katze. Die Eltern sind mit diesem Geschenk nicht einverstanden und verbieten ihr, es anzunehmen.*

   d) *Der 15-jährige Tobias bucht von seinen Ersparnissen für 400,00 EUR eine Sprachreise nach England. Trotz anfänglicher Proteste erklären sich seine Eltern im Nachhinein damit einverstanden.*

   e) *Der 17-jährige Frank begann am 1. August eine Ausbildung zum Bürokaufmann. Noch während der Probezeit kündigt er nach einem Streit mit seinem Ausbilder den Ausbildungsvertrag. Sein Vater ist mit dieser Entscheidung nicht einverstanden und meint, ohne seine Erlaubnis dürfe Frank nicht kündigen.*

   f) *Der 17-jährige Holger bucht für sich und seine 18-jährige Freundin Heike eine Flugreise nach London.*

1.5 Strafmündigkeit und Deliktfähigkeit

Ein 12-Jähriger, ein 14-Jähriger, ein 19-Jähriger und ein 22-Jähriger brechen gemeinsam ein Auto der Tropic GmbH auf, um damit eine Spritztour zu machen. Beim Verlassen des Betriebsgeländes beschädigen sie die Einfahrt und den Pkw. Nach kurzer Zeit werden sie von der Polizei gestoppt …

Was passiert mit den vier Jungen?

SITUATION

Der Diebstahl eines Autos ist ein Verstoß gegen ein Gesetz. Die Täter können in doppelter Sicht zur Verantwortung gezogen werden.

Sie können

■ **strafrechtlich** verantwortlich gemacht werden (z. B. Bußgeldbelegung, Bestrafung)

und

■ **zivilrechtlich** haftbar gemacht werden (Wiedergutmachung des angerichteten Schadens durch Schadenersatzzahlungen).

◆ **Strafmündigkeit**

Wurde eine Straftat begangen, muss man als Erstes prüfen, wie alt der Täter ist und wie weit er strafmündig ist.

Beim Strafrecht gibt es drei Stufen der Strafmündigkeit:

■ **Strafunmündigkeit:** Kinder (bis zum 14. Geburtstag) sind strafrechtlich noch nicht verantwortlich. Sie sind strafunmündig. Die Straftat eines Kindes kann allerdings ein Zeichen dafür sein, dass eine dem Kindeswohl entsprechende Erziehung fehlt, und dass demzufolge das Jugendamt einschreiten sollte.

■ **Bedingte Strafmündigkeit:** Jugendliche sind bedingt strafmündig. **Jugendlicher ist, wer zur Zeit der Tat vierzehn, aber noch nicht achtzehn Jahre alt ist.** Die strafrechtliche

Verantwortlichkeit eines Jugendlichen hängt von der Bedingung ab, dass er zur Zeit der Tat nach seiner geistigen und sittlichen Entwicklung reif genug ist, das Unrecht der Tat einzusehen und nach dieser Einsicht zu handeln (§ 3 Satz 1 Jugendgerichtsgesetz). 14–18-Jährige werden als Heranwachsende nach dem Jugendstrafrecht behandelt. Im Jugendstrafrecht gelten andere Bestimmungen als im Erwachsenenstrafrecht: z. B. grundsätzlich Ausschluss der Öffentlichkeit bei Gerichtsverhandlungen; mögliche Sanktionen u. a.: Erziehungsmaßnahmen, Einweisung in ein Heim oder Jugendarrest.

■ **Volle Strafmündigkeit:** Heranwachsende sind wie Erwachsene voll strafmündig. **Heranwachsender ist, wer zur Zeit der Tat achtzehn, aber noch nicht einundzwanzig Jahre alt ist.** Hier muss das Gericht zunächst über die sittliche und geistige Reife des Straftäters entscheiden und daraus ergibt sich dann eine Behandlung nach Jugend- oder Erwachsenenstrafrecht. Das Jugendstrafrecht findet auf diese nur dann Anwendung, wenn die Persönlichkeit des Heranwachsenden den Schluss rechtfertigt, dass er zur Zeit der Tat nach seiner geistigen und sittlichen Entwicklung noch einem Jugendlichen gleichsteht, oder wenn die Tat nach Art, Umständen oder Beweggründen eine typische Jugendverfehlung ist (z. B. Fahren ohne Führerschein, Diebstahl als Mutprobe). **Erwachsener ist, wer das 21. Lebensjahr vollendet hat.**

Das Ergebnis des Falles oben ist also für die Täter unterschiedlich, da sie verschieden alt sind. Während der 12-Jährige strafunmündig ist und somit nicht bestraft werden kann, ist der 14-Jährige bedingt (eingeschränkt) strafmündig; er wird nach dem Jugendgerichtsgesetz strafrechtlich verfolgt. Bei dem 19-Jährigen muss festgestellt werden, ob er bei der Straftat auf dem Niveau eines Jugendlichen war. Wenn ja, wird er nach dem Jugendstrafrecht behandelt, sonst zählt er zu den Erwachsenen und wird nach dem Strafgesetzbuch (StGB) strafrechtlich verfolgt. Der 22-Jährige ist voll strafmündig und wird nach dem StGB strafrechtlich verfolgt. Zu beachten ist, dass stets der Zeitpunkt der Tat entscheidend ist. Das bedeutet, dass auch Personen über 21 Jahre nach dem JGG verurteilt werden können, wenn diese zum Zeitpunkt der Tat noch nicht 21 Jahre alt waren und sie in ihrer Entwicklung noch einem Jugendlichen gleichstanden.

◆ **Deliktfähigkeit**

Unter Deliktfähigkeit versteht man die Verantwortlichkeit für das eigene Tun oder Unterlassen. Die Deliktfähigkeit gibt an, ob jemand nach dem **Privatrecht** für einen von ihm vorsätzlich oder fahrlässig angerichteten Schaden Ersatz leisten muss. Die Frage der Schadensersatzpflicht wird in Deutschland im Bürgerlichen Gesetzbuch (BGB) geregelt.

Das Gesetz hat hier zugunsten von Minderjährigen Einschränkungen vorgenommen.

- **Deliktunfähigkeit**

Grundsätzlich für ihr Handeln nicht verantwortlich sind Kinder unter 7 Jahren. Sie brauchen in der Regel einen von ihnen verursachten Schaden nicht zu ersetzen. Das heißt nicht, dass das Kind tun und lassen kann, was es will und Schaden ohne Ende anrichten kann. Der gesetzliche Vertreter, das sind im Allgemeinen die Eltern, hat die Aufsichtspflicht. Das bedeutet, dass sie das Kind so beaufsichtigen müssen, dass es keine Schäden verursacht. Wenn sie das nicht tun und es kommt doch zum Schaden, haftet nicht das Kind, sondern der gesetzliche Vertreter, wenn er seine Aufsichtspflicht verletzt hat.

- **Beschränkte (bedingte) Deliktfähigkeit**

Ein Kind bzw. ein Jungendlicher im Alter zwischen 7 und 18 Jahren ist beschränkt deliktfähig. Bei Gericht entscheidet der Richter, ob das Kind oder der Jugendliche die nötige Einsicht hatte, den Schaden abzuwenden. Es kommt darauf an, ob der Minderjährige die geistige Reife besaß, zu erkennen, dass seine Handlung Unrecht war und dass er für die Folgen in irgendeiner Weise einstehen muss. Hier wird also eine bestimmte geistige Entwicklung vorausgesetzt.

- **Volle Deliktfähigkeit**

Nach Vollendung des 18. Lebensjahres ist der Mensch voll deliktfähig, d.h. voll schuldfähig und damit für seine Handlungen voll verantwortlich.

Aufgaben

1. *Wer ist Kind, wer Jugendlicher und wer Volljähriger?*

2. *Wer ist Minderjähriger, wer Heranwachsender?*

3. *Was versteht man unter Strafmündigkeit, was unter Deliktfähigkeit?*

4. *Welche Personen sind*
   a) strafunmündig?
   b) deliktunfähig?

5. *Wann ist der beschränkt Deliktfähige für sein Tun verantwortlich?*

6. *Beurteilen Sie die folgenden Fälle:*
   a) Der 6-jährige Mark hat zum Geburtstag einen Fußball bekommen. Als ihm nach zwei Tagen das Kicken zu langweilig wird, versucht er, eine Tonfigur im nachbarlichen Garten zu treffen. Nach drei Versuchen hat er Erfolg – die Figur geht zu Bruch. Zu Marks größtem Erstaunen ist der Nachbar sehr verärgert und verlangt Schadensersatz. Muss Mark für den entstandenen Schaden aufkommen?
   b) Der 13-jährige Ben und sein 15-jähriger Freund Torsten errichten neben einer Scheune ein kleines Lagerfeuer. Das Feuer breitet sich aus und greift auf die Scheune über. Der Brand macht den Einsatz der Feuerwehr notwendig.
   Der Eigentümer verlangt von den zwei Jungen Schadensersatz. Wie ist die Rechtslage?
   c) Elke (15) und Tom (18) sehen im Kaufhaus das neueste Fußball-Computer-Spiel. Da sie aber keine 49,90 EUR dabei haben, verstecken sie das Spiel in einer Tragetasche und verschwinden, ohne zu bezahlen. Am Hauptausgang werden sie von einem Hausdetektiv gestellt. Können sie strafrechtlich verantwortlich gemacht werden? Welche Folgen kann der Diebstahl für die beiden haben?
   d) Christian (19) hat zu Hause einen Computer mit Brenner. Seit einigen Wochen kopiert er Musik-DVDs und verkauft diese an seine Mitschüler.
   Welche strafrechtlichen und zivilrechtlichen Folgen kann Christians Handeln haben?

2 Rechtsgeschäfte

2.1 Zustandekommen von Rechtsgeschäften

SITUATION

Bundestrainer verlängert Vertrag per Handschlag um zwei Jahre!

Kann in dieser Form ein rechtswirksamer Vertrag abgeschlossen werden?

Rechtsgeschäfte kommen durch die Abgabe von **Willenserklärungen** durch Personen zustande. Kennzeichen sind einerseits der **Wille**, der eine Rechtswirkung herbeiführen soll, und andererseits die entsprechende **Erklärung** dieses Willens.

Ich werde mir für heute Abend Geflügel kaufen.

Guten Tag, Herr Rösner! Geben Sie mir bitte das Hähnchenfilet.

2.2 Form von Rechtsgeschäften

Für viele Rechtsgeschäfte schreibt der Gesetzgeber keine bestimmte äußere Form vor; es besteht Formfreiheit. Folgende Formen sind möglich:

- mündliche oder schriftliche Äußerungen,
- schlüssige Handlungen, durch die der Wille erkennbar wird, z. B. Handzeichen bei Versteigerungen, Geldeinwurf in einen Getränkeautomaten,
- Schweigen (unter Kaufleuten, die in ständiger Geschäftsverbindung stehen).

Aus Beweisgründen ist die Schriftform in vielen Fällen sinnvoll. Für einige Rechtsgeschäfte hat der Gesetzgeber jedoch Formvorschriften erlassen:

Schriftform	öffentliche Beglaubigung	notarielle Beurkundung
§ 126 BGB	§ 129 BGB	§ 128 BGB
Urkunde + eigenhändige Unterschrift des Erklärenden oder seines gesetzlichen Vertreters	Urkunde + notarielle Beglaubigung der Echtheit der Unterschrift des Erklärenden	Urkunde + notarielle Beurkundung des Inhaltes der Willenserklärungen und der Echtheit der Unterschriften
Beispiele: ■ Ausbildungsverträge ■ Bürgschaften von Privatleuten ■ Mietverträge mit Laufzeiten über ein Jahr ■ handschriftliche Testamente	**Beispiele:** Anträge auf Eintragung ins ■ Handelsregister ■ Vereinsregister ■ Grundbuch	**Beispiele:** ■ Grundstückskaufverträge ■ Eheverträge ■ Schenkungsversprechen

Werden die Formvorschriften nicht eingehalten, sind die entsprechenden Rechtsgeschäfte grundsätzlich nichtig **(Formzwang)**.

2.3 Arten von Rechtsgeschäften

Nach der Anzahl der Willenserklärungen müssen **einseitige** und **mehrseitige Rechtsgeschäfte** (= Verträge) unterschieden werden.

Einseitige Rechtsgeschäfte kommen durch die Willenserklärung nur einer Person zustande. Sie können einerseits empfangsbedürftig oder andererseits nicht empfangsbedürftig sein.

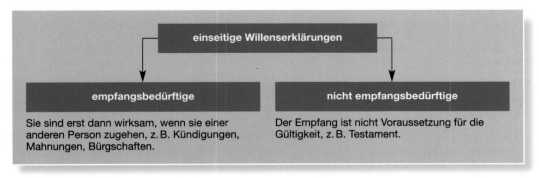

Mehrseitige Rechtsgeschäfte kommen grundsätzlich durch zwei übereinstimmende Willenserklärungen zustande. Dabei wird die erste Willenserklärung als Antrag und die zweite Willenserklärung als Annahme bezeichnet. Wird der Antrag angenommen, ist der Vertrag abgeschlossen. Welche der beiden Vertragsparteien den Antrag stellt bzw. diesen Antrag annimmt, ist dabei unerheblich.

Beispiele Zum Kaufvertrag:

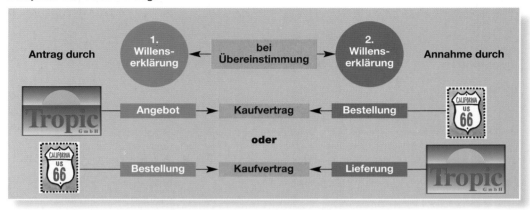

Nach den anzuwendenden Rechtsvorschriften unterscheidet man **bürgerliche Rechtsgeschäfte** und **Handelsgeschäfte**.

Bürgerliche Rechtsgeschäfte kommen zwischen Nichtkaufleuten zustande. Für diese Rechtsgeschäfte gelten die Vorschriften des BGB.

Ist einer der beiden Vertragspartner Kaufmann und der andere Nichtkaufmann, handelt es sich um ein **einseitiges Handelsgeschäft**. Ein Rechtsgeschäft zwischen Kaufleuten wird als **zweiseitiges Handelsgeschäft** bezeichnet. Auch für Kaufleute gelten zunächst grundsätzlich die Vorschriften des BGB; nur in den Fällen, in denen das HGB abweichende Regelungen trifft, gelten nach dem Grundsatz **„Spezialrecht geht allgemeinem Recht vor"** die Vorschriften des HGB.

Vertragsarten im Überblick:

Beispiel	Vertragsart	Vertragsinhalt
Fabian kauft eine CD von den Beatles, Melanie eine von BAP.	**Kaufvertrag**	Veräußerung von Sachen und Rechten gegen Entgelt
Nach 14 Tagen gibt Fabian seine CD Melanie, Melanie gibt ihre an Fabian.	**Leihvertrag**	Überlassung einer Sache zum unentgeltlichen Gebrauch
Melanie tritt nach ihrer Ausbildung eine Stelle als kaufmännische Angestellte an.	**Dienstvertrag**	Verpflichtung zur Leistung der versprochenen Dienste gegen Entrichtung der vereinbarten Vergütung
Fabian und Melanie verlieben sich ineinander. Ein Jahr später wird geheiratet. Zur Hochzeit schenken die Eltern dem Paar eine Reise nach Zypern.	**Schenkungsvertrag**	unentgeltliche Übertragung von Vermögen
Fabian sucht sich bei der Schneiderin einen dunklen Stoff aus und lässt sich daraus einen Anzug schneidern.	**Werklieferungsvertrag**	Herstellung eines Werkes gegen Bezahlung, wobei der Unternehmer den Stoff für das Werk selbst beschafft
Fabian und Melanie nehmen sich zusammen eine Wohnung am Stadtrand.	**Mietvertrag**	Überlassung einer Sache gegen Zahlung eines vereinbarten Mietpreises

Fabian übernimmt eine Tankstelle an einer großen Ausfallstraße.	**Pachtvertrag**	Überlassung von Sachen und Rechten zum Gebrauch und zum Genuss der „Früchte" gegen Zahlung eines vereinbarten Pachtzinses
Fabian übernimmt den Einbau eines neuen Autoradios, das der Kunde in einem großen Elektro-Markt gekauft hat.	**Werkvertrag**	Herstellung eines versprochenen Werkes mit Erfolgszusage
Fabian nimmt bei seiner Bank einen Kredit auf, da er die Tankstelle modernisieren will.	**Darlehensvertrag**	entgeltliche oder unentgeltliche Überlassung von Geld oder anderen vertretbaren Sachen zum Verbrauch gegen spätere Rückgabe gleichartiger Sachen

Aufgaben

1. Was ist eine Willenserklärung?

2. In welcher Form werden in den folgenden Fällen Willenserklärungen abgegeben?
   a) Frau Müller bestellt mit dem im Katalog befindlichen Bestellschein bei einem Versandhaus zwei Blusen.
   b) Bauer Alfons und Bauer Josef besiegeln den Verkauf einer Milchkuh durch Handschlag.
   c) Karl wirft am Zigarettenautomaten den entsprechenden Betrag in den Geldschlitz und zieht die Lade mit der Marke „Echt".
   d) Katharina bestellt bei einem Kaufhaus telefonisch zwei Strandlaken.
   e) Kaufmann Eilig erhält von seinem langjährigen Lieferanten, der Konservenfabrik Wassermann, nicht bestellte Ware. Eilig lagert die Ware ein.

3. Wodurch unterscheiden sich einseitige und mehrseitige Rechtsgeschäfte?

4. Welche Arten von einseitigen Rechtsgeschäften gibt es? Erklären Sie den Unterschied.

5. Handelt es sich bei den folgenden Beispielen um ein bürgerliches Rechtsgeschäft, um ein einseitiges oder um ein zweiseitiges Handelsgeschäft?
   a) Der kaufmännische Angestellte Zickler kauft sich bei dem Fahrradhändler Fanz ein Trekking-Bike für 1.000,00 EUR.
   b) Andreas kauft von einem Mitschüler zwei ältere Schallplatten von den Rolling Stones.
   c) Die Tropic GmbH nimmt bei der Sparkasse einen Kredit über 60.000,00 EUR auf.
   d) Der Kaufmann Vogel kauft auf dem Nachhauseweg bei der Weinhandlung Scherr sechs Flaschen Wein für den Privatbedarf.

6. Wodurch unterscheiden sich
   a) Werkvertrag und Werklieferungsvertrag?
   b) Werkvertrag und Dienstvertrag?
   c) Mietvertrag und Pachtvertrag?
   d) Leihvertrag und Darlehensvertrag?

7. Nennen Sie weitere Beispiele für Werk-, Werklieferungs- und Dienstverträge.

8. Welche Vertragsarten werden in den folgenden Beispielen beschrieben?
   a) Familie Schmidt erhält von der Realschule kostenlos die Lehrbücher für ihre Tochter Sabine.
   b) Herr Schneider am Urlaubsort beim Ausfüllen des Vertrages: „Ich benötige das Auto für zwei Wochen!"
   c) Die Tropic GmbH produziert für einen großen Fußballverein 500 Fan-T-Shirts.

d) Herr Bode beauftragt den Maler Quast, ein Porträtbild anzufertigen. Dieser verpflichtet sich, das Bild bis Ende August zu malen.

e) Die Tropic GmbH erhält das Kapital für eine neue Produktionsmaschine von ihrer Hausbank gegen Zahlung von 7,9 % Zinsen.

f) Frau Noll übergibt der Blumenbinderin Lore Efeu getrocknete Blumen und Tannenzapfen zur Herstellung eines Gesteckes.

9. Welche Vertragsarten werden in den zwei Abbildungen dargestellt? Begründen Sie Ihre Antwort.

2.4   Nichtigkeit und Anfechtbarkeit von Rechtsgeschäften

SITUATION

Georg Polster und einige Mitarbeiter besprechen an einem heißen Sommertag die Kostensituation in der Kostenstelle „Vertrieb". Plötzlich sagt er: „Wer mir am schnellsten eine eiskalte Cola besorgt, dem schenke ich mein neues Notebook."

Ayse nimmt das Angebot ernst und eilt in den nahen Supermarkt. Als sie mit der Cola wiederkommt, fordert sie die Belohnung ein. Georg Polster lacht und erwidert: „Ayse, das tut mir aber leid, ich habe das doch nur zum Spaß gesagt!"

Ist ein Rechtsgeschäft zustande gekommen und muss Herr Polster das Notebook an Ayse herausgeben?

Im Allgemeinen müssen sich die am Geschäftsleben beteiligten Personen darauf verlassen können, dass Partner zu den von ihnen abgegebenen Willenserklärungen auch stehen. Nur in bestimmten Fällen sind abgegebene Willenserklärungen nicht rechtswirksam, sondern entweder anfechtbar oder nichtig.

◆ **Nichtigkeit**

Definition   Nichtige Rechtsgeschäfte sind von Anfang an ungültig.

Das Gesetz erkennt ihnen von vornherein keinerlei Rechtskraft zu.

Beispiele	Gründe für die Nichtigkeit	gesetzliche Grundlage
Der 5-jährige Thomas verschenkt seinen Roller.	**Geschäftsunfähigkeit**	BGB § 105
Hubert kauft bei einem Dealer 30 g Haschisch.	**gesetzliches Verbot**	BGB § 138
Ein Kreditvermittler verlangt 1 % Zinsen pro Tag.	**Sittenwidrigkeit**	BGB § 138
Schmidt und Driller schließen einen Kaufvertrag über ein Grundstück ohne notarielle Beurkundung ab.	**Formmangel**	BGB § 125
Karl, der unzufrieden mit seinem neuen Auto ist, meint zu seinem Freund: „Den kannst du für einen Apfel und ein Ei haben". Der Freund bringt den geforderten Preis und verlangt die Herausgabe des Autos.	**Scherzgeschäft**	BGB § 118
Aus Angst vor der Pfändung des wertvollen Originalgemäldes schließt Volker einen Kaufvertrag mit seinem Freund ab und vereinbart mit diesem die Rückgabe des Gemäldes nach der Pfändung.	**Scheingeschäft**	BGB § 117

◆ **Anfechtbarkeit**

Definition　　　Anfechtbare Rechtsgeschäfte können im Nachhinein durch die Anfechtung ungültig werden.

Ohne Anfechtung bleiben sie gültig.

Beispiele	Gründe für eine Anfechtung	gesetzliche Grundlage	Anfechtungsfrist
Ein Außendienstmitarbeiter der Tropic GmbH bietet einem Kunden im Verkaufsgespräch Tennis-Taschen irrtümlich für 19,90 EUR statt des korrekten Preises von 29,90 EUR an.	**Irrtum in der Erklärung**	BGB § 119	unmittelbar nach Erkennen
Die Tropic GmbH bietet einem Kunden telefonisch Raglan-Anzüge für 199,90 EUR an. Wegen der schlechten Verbindung versteht der Kunde 99,90 EUR.	**Irrtum in der Übermittlung**	BGB § 120	unmittelbar nach Erkennen
Klaus bestellt in einem Cafe einen „Kalten Kaffee". Die Aushilfe bringt ihm daraufhin eine Tasse kalten Kaffee.	**Irrtum in der Eigenschaft/ Inhalt**	BGB § 119	
Bei einem Gebrauchtwagen, der als „unfallfrei" verkauft wurde, stellt sich nachträglich heraus, dass der Wagen in einen Unfall verwickelt war.	**arglistige Täuschung**	BGB § 123	innerhalb eines Jahres nach Erkennen der Täuschung bzw. Wegfall der Drohung
Der Geschäftsinhaber zwingt den ertappten Ladendieb zum Kauf der entwendeten CD zu einem weit überhöhten Preis, da andernfalls eine Anzeige erfolgt.	**widerrechtliche Drohung**	BGB § 123	

Aufgaben

1. Wodurch unterscheiden sich anfechtbare und nichtige Rechtsgeschäfte?

2. Beurteilen Sie die folgenden Fälle im Hinblick auf Gültigkeit, Anfechtbarkeit oder Nichtigkeit.
   Begründen Sie Ihre Meinung.
   a) Der 15-jährige Josi kauft sich eine CD für 10,00 EUR.
   b) Die 17-jährige Auszubildende Monika schreibt in einer Bestellung 120 statt 12 Stück.
   c) Herr Hause kauft 20 VW-Aktien zum Kurs von 55,00 EUR/Stück. Vier Wochen später steht
   der Kurs der Aktien nur noch bei 52,00 EUR/Stück. Herr Hause erkennt seinen Irrtum und
   verlangt von seiner Bank die Rücknahme der Aktien zum Kaufkurs.
   d) Der 14-jährige Niko hat von seiner Tante zum Geburtstag ein Fahrrad erhalten. Da seine
   Eltern Streit mit der Tante haben, verlangen sie, dass er das Fahrrad zurückgibt.
   e) Der Autohändler B. Euler verkauft einen Unfallwagen als angeblich unfallfrei.
   f) Harald kopiert mit seinem neuen CD-Brenner aktuelle Musik-CDs und verkauft diese für
   6,00 EUR an seine Mitschüler.

3   Vertragsrecht am Beispiel des Kaufvertrages

3.1   Zustandekommen des Kaufvertrages

◆ **Anfrage**

Route 66

<small>Route 66 GmbH • Goethestr. 44 • 68345 Mannheim Tel. 0621/9876 Fax 0621/9875</small>

**Tropic GmbH
Rheingrafenstraße 20
55543 Bad Kreuznach**

Ihre Zeichen,Ihre Nachricht vom	Unser Zeichen, unsere Nachricht vom to-ga	Telefon, Name	Maneim 20..-02-12

Anfrage nach Trainingsanzügen

Sehr geehrte Damen und Herren,

in der Fachzeitschrift „Sport und Mode" fanden wir Ihre Werbeanzeige. Aufgrund vermehrter Kunden-
nachfrage möchten wir unser Sortiment um Sportbekleidung erweitern. Bitte senden Sie uns Ihr Angebot über

> Trainingsanzüge,
> Größe S - XXL,
> Farben: blau, schwarz, rot
> Obermaterial Nylon

Bei Ihrer Preisangabe berücksichtigen Sie zunächst eine Bestellmenge von 100 Anzügen; bei einem
zufriedenstellenden Angebot können Sie mit regelmäßigen Bestellungen rechnen. Die Lieferung sollte
innerhalb von 14 Tagen erfolgen können. Wir bitten Sie um Ihr Angebot unter Angabe Ihrer Zahlungs-
und Lieferbedingungen bis zum 19.02.20..

Mit freundlichen Grüßen

Unterschrift
ppa. Müller

Bevor ein Kaufvertrag abgeschlossen wird, informiert sich der Kunde i. d. R. über Preise, Qualitäten, Mengeneinheiten, Liefertermine usw. eines oder mehrerer Artikel. Diese Bitte um Informationen heißt **Anfrage**. Sie ist für den Kunden immer unverbindlich, d. h. ohne rechtliche Wirkung und kann **formfrei** (z. B. schriftlich, mündlich, telefonisch, fernschriftlich) erfolgen.

Mit seiner Anfrage kann der Kunde neue Geschäftsbeziehungen anbahnen oder bereits bekannte Lieferanten zur Abgabe eines Angebotes auffordern. Zwei Arten der Anfrage werden unterschieden:

Allgemeine Anfrage	Bestimmte Anfrage
Der Kunde hat von der zu beschaffenden Ware oder von der Angebotspalette eines Anbieters noch keine konkrete Vorstellung. Er bittet um einen Katalog, eine Preisliste oder einen Vertreterbesuch.	Der Kunde kennt seinen Bedarf genau. Er bittet um konkrete Informationen über eine bestimmte Ware, spezifische Preise oder Qualitäten usw.

Aufgaben

1. *Wodurch unterscheiden sich die allgemeine und die bestimmte Anfrage?*

2. *Welche rechtliche Bedeutung hat eine Anfrage?*

3. *Die Tropic GmbH möchte u. U. Schlafsäcke und Rucksäcke als Handelswaren in ihr Sortiment aufnehmen. Sie erkundigt sich bei der White Wolf GmbH, Lange Str. 19, 21244 Buchholz, nach dem aktuellen Programm, den Preisen ab Werk und den Lieferungs- und Zahlungsbedingungen (voraussichtliche Abnahmemengen jeweils ca. 300 Stück verschiedener Größen und Qualitäten pro Quartal; Zeit und Umfang der benötigten Teilmengen noch unbestimmt; Lieferung per Lkw erwünscht).*
   Schreiben Sie die Anfrage.

◆ **Angebot**

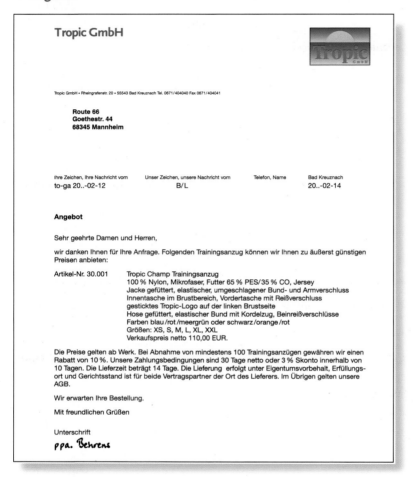

Mit einem Angebot erklärt der Anbietende, dass er eine bestimmte Ware zu bestimmten Bedingungen liefern will. Ebenso wie die Anfrage kann das Angebot formfrei erfolgen. Aus Beweisgründen und zur Vermeidung von Irrtümern ist allerdings die Schriftform zu empfehlen.

Definition   Das Angebot ist eine an eine bestimmte Person gerichtete Willenserklärung.

Es ist grundsätzlich rechtsverbindlich, d. h. der Anbietende ist an sein Angebot gebunden. Anpreisungen von Waren in Schaufenstern oder Verkaufsräumen, Prospekten, Katalogen oder Zeitungsanzeigen u. a. sind im rechtlichen Sinne kein Angebot. Sie sind an die Allgemeinheit gerichtet und beinhalten die Aufforderung an einen Kunden, selbst einen Antrag an den Verkäufer zu richten.

Will der Anbietende die Bindung an sein Angebot aufheben oder einschränken, muss er so genannte Freizeichnungsklauseln in sein Angebot aufnehmen:

Beispiele für Freizeichnungsklauseln	Wirkung
so lange Vorrat reicht	Menge unverbindlich
Preise freibleibend, Preisänderungen vorbehalten	Preise unverbindlich
Lieferzeit freibleibend	Lieferzeit unverbindlich
■ freibleibend, unverbindlich ■ ohne Gewähr ■ ohne Obligo (ital.)	Angebot insgesamt unverbindlich

Bindungsfristen

Grundsätzlich sind alle Angebote verbindlich. Für die Dauer der Bindung ist es entscheidend, in welcher Form das Angebot unterbreitet wurde:

Form des Angebotes	Bindung	Beispiele
schriftlich	so lange, wie unter verkehrs- üblichen Umständen mit einer Antwort gerechnet werden kann	per Brief: ca. 1 Woche per Fax: 1 Tag E-Mail: unter Kaufleuten 1 Tag
mündlich, fernmündlich	so lange das Gespräch dauert	

Der Verkäufer ist nicht mehr an sein Angebot gebunden, wenn

■ er es rechtzeitig **widerruft**. Der Widerruf muss vor, spätestens aber mit dem Angebot beim Kunden eintreffen.

■ der Kunde das Angebot **ablehnt**.

■ der Kunde das Angebot **abändert**.

■ der Kunde das Angebot zu **spät** annimmt.

Aufgaben

1. *Was versteht man unter einem Angebot?*

2. *Sammeln Sie in Zeitungen, Prospekten usw. Beispiele für Freizeichnungsklauseln und kleben Sie diese zu einer Collage zusammen.*

3. *Warum hebt ein Kaufmann bei vielen seiner Angebote die rechtliche Bindung durch soge-nannte Freizeichnungsklauseln auf?*

4. *Warum ist das Anbieten von Waren in Zeitungsanzeigen kein Angebot im rechtlichen Sinne?*

5. *Kurz nach dem Absenden eines Angebotes an verschiedene Kunden erfährt ein Kaufmann, dass der Preis für das angebotene Produkt gestiegen ist. Wie hat er sich zu verhalten?*

6. *Die Tropic GmbH macht dem Kunden Jeans Store, Mainz, ein schriftliches Angebot über Tropic-T-Shirts zu 24,00 EUR je Stück, bei Abnahme von mindestens 100 Stück zu 23,00 EUR. Der Brief wird am 12. März zur Post gegeben.*
   a) *Der Kunde reagiert nicht. Welche rechtliche Wirkung ergibt sich daraus?*
   b) *Bis zum 26. März liegt keine Bestellung des Jeans Store vor. Die Tropic GmbH verkauft die T-Shirts daher an einen anderen Kunden. Am 31. März trifft eine Bestellung des Jeans Store ein. Wie ist die Rechtslage?*
   c) *Noch am gleichen Tag trifft eine Bestellung eines Großkunden ein. Dieser wäre bereit, für den gesamten Restposten Tropic-T-Shirts 23,50 EUR/Stück zu zahlen. Wie soll/muss sich die Tropic GmbH verhalten?*

◆ **Bestellung**

Mit einer Bestellung (Auftrag) erklärt der Käufer, dass er eine bestimmte Ware zu bestimmten Bedingungen kaufen will. Auch die Bestellung ist an **keine besondere Form** gebunden. Zur Vermeidung von Irrtümern oder aus Beweisgründen sollten mündliche oder telefonische Bestellungen jedoch schriftlich wiederholt werden.

Die Bestellung ist die **Willenserklärung des Käufers**, d. h. der Käufer ist an seine Bestellung gebunden. Ist die Bestellung dem Verkäufer zugegangen, ist sie rechtswirksam. Der Käufer kann die Rechtswirksamkeit der Bestellung nur aufheben, wenn er diese rechtzeitig widerruft, d. h. der Widerruf muss spätestens gleichzeitig mit der Bestellung beim Verkäufer eingehen.

Die Bestellung kann

- ohne vorheriges Angebot des Verkäufers erfolgen. Sie ist dann ein Kaufantrag.

- bei einem mündlichen Angebot nicht sofort oder bei einem schriftlichen Angebot zu spät oder mit abgeändertem Inhalt erfolgen. In diesen Fällen ist das Angebot erloschen. Die Bestellung gilt dann ebenfalls als Kaufantrag.

- auf ein verbindliches Angebot erfolgen. Stimmen Angebot und Bestellung überein, entsteht ein rechtswirksamer Kaufvertrag.

Bei neuen Kunden, außergewöhnlichen oder mündlichen Bestellungen ist eine Auftragsbestätigung sinnvoll.

Aufgaben

1. *Was ist eine Bestellung?*

2. *Welche Verpflichtungen geht der Käufer mit seiner Bestellung ein?*

3. *Wann und warum kann ein Verkäufer eine Bestellung ablehnen?*

4. *Welche Gründe können einen Käufer veranlassen, seine Bestellung zu widerrufen?*

5. *Unter welcher Voraussetzung ist ein Widerruf einer Bestellung wirksam?*

3.2   Rechte und Pflichten aus dem Kaufvertrag

Durch den Abschluss des Kaufvertrages entstehen für beide Vertragsparteien Rechte und Pflichten. Die Pflichten des Verkäufers entsprechen dabei den Rechten des Käufers und umgekehrt.

Pflichten des Verkäufers	Pflichten des Käufers
ordnungsgemäße Übergabe der Ware und Übertragung des Eigentums	**Annahme der ordnungsgemäß gelieferten Ware**
Annahme des Kaufpreises	**Zahlung des vereinbarten Kaufpreises zum rechten Zeitpunkt**
Rechte des Käufers	Rechte des Verkäufers

Beide Parteien verpflichten sich **(Verpflichtungsgeschäft)**, den Kaufvertrag zu erfüllen **(Erfüllungsgeschäft)**. Zwischen dem Verpflichtungsgeschäft und dem Erfüllungsgeschäft können zeitlich mehrere Wochen bzw. Monate liegen (z. B. Abschluss eines Kaufvertrages über einen Pkw mit 3-monatiger Lieferzeit).

Aufgaben

1. *Suchen Sie Beispiele für Kaufverträge, bei denen Verpflichtungsgeschäft und Erfüllungsgeschäft*
   a) *zeitgleich stattfinden,*
   b) *zeitlich stark voneinander abweichen.*

2. *In welchen Fällen ist ein Kaufvertrag zustande gekommen? Begründen Sie Ihre Antwort.*
   a) *Der Verkäufer macht ein Angebot mit dem Vermerk „freibleibend", der Käufer bestellt.*
   b) *Der Verkäufer macht ein schriftliches Angebot, der Käufer bestellt vier Wochen später.*
   c) *Der Verkäufer macht ein schriftliches Angebot, der Käufer bestellt vier Tage später.*
   d) *Der Verkäufer macht ein schriftliches Angebot, der Käufer bestellt rechtzeitig, aber zu einem anderen Preis.*
   e) *Der Käufer bestellt eine außergewöhnlich große Menge, ohne vorher ein Angebot erhalten zu haben.*
   f) *Der Verkäufer sendet einem langjährigen Kunden ohne vorherige Bestellung Waren, der Kunde, ebenfalls Kaufmann, schweigt.*
   g) *Der Verkäufer sendet einem neuen Kunden ohne vorherige Bestellung Waren; der Kunde, ein kaufmännischer Angestellter, schweigt.*

3. *Weinhändler Becker, Winningen, benötigt dringend eine Etikettiermaschine.*

Termin	Vorgang
13.01.	Becker richtet eine Anfrage an die Dahl OHG in Köln.
18.01.	Dahl OHG unterbreitet Becker ein Angebot, in dem eine Lieferzeit von acht Wochen genannt wird.
20.01.	Becker bestellt das Gerät unter der Bedingung, dass innerhalb von 2 Wochen geliefert wird.
21.01.	Herr Dahl ruft Becker an und schlägt eine Lieferzeit von 5 Wochen vor. Becker bittet um Bedenkzeit.
22.01.	Becker ruft bei Dahl OHG an und meint, dass er die Maschine spätestens zum 19.02. benötigt. Dahl stimmt dem Termin zu.
23.01.	Die Auftragsbestätigung trifft bei Becker ein.
19.02.	Die Maschine wird geliefert.
28.02.	Becker bezahlt die Rechnung der Dahl OHG.

a) *An welchem Tag ist der Kaufvertrag zustande gekommen? Begründen Sie Ihre Entscheidung.*
b) *Welche Pflichten ergeben sich für die beiden Vertragsparteien?*
c) *An welchem Tag ist der Kaufvertrag schließlich erfüllt?*

3.3   Inhalte des Kaufvertrages

◆ Art, Beschaffenheit und Qualität (Güte) der Ware
Die Art der Ware ergibt sich aus ihrem handelsüblichen Namen. Beschaffenheit und Güte können auf verschiedene Weise festgelegt werden, z. B. Beschreibung, Modelle, Muster, Güteklasse.

Beispiel 20.001 Tropic-T-Shirt
  - *Material 100 % Baumwolle*
  - *Rundhals, Vorderteil und Rücken im Streifendesign*
  - *Tropic-Logo auf der linken Brustseite*
  - *Größe: XS, S, M, XL, XXL Musterfarbe: 827*
  - *Verfügbar ab: 24/4*
  - *V.K. 25,00 EUR*

Kaufverträge nach der Art der beschafften Güter	Erklärungen	Beispiel
Stückkauf (Spezieskauf)	Die Ware ist eine von den Vertragsparteien individuell bestimmte Sache.	Modellkleid
Gattungskauf	Die Ware ist im Kaufvertrag nur nach allgemeinen Merkmalen (z. B. Typ, Sorte, Preis, Qualität) bestimmt. Ohne besondere Vereinbarung ist eine Ware mittlerer Art und Güte zu liefern.	Fernsehgerät
Kauf auf Probe	Die Ware kann innerhalb einer bestimmten Frist vom Käufer ausprobiert werden und bei Nichtgefallen zurückgegeben werden.	Sammelmarken
Kauf zur Probe	Eine kleine Menge der Ware wird fest gekauft. Bei Gefallen kann eine größere Bestellung erfolgen.	Kopierpapier
Kauf nach Probe	Die Ware muss einer vorher gelieferten Probe oder einem übergebenen Muster entsprechen.	Wein, Fliesen, Tapeten
Bestimmungskauf, Spezifikationskauf	Warenart und Gesamtmenge werden bei Vertragsabschluss festgelegt. Einzelheiten der Ware (z. B. Farbe, Ausstattung) können später innerhalb einer bestimmten Frist vom Käufer bestimmt (spezifiziert) werden. Versäumt der Käufer diese Frist, kann der Verkäufer nach einer angemessenen Nachfrist die Spezifikation selbst vornehmen.	Kollektion für nächste Saison, Farbe wird noch bestimmt
Kauf in Bausch und Bogen (Kauf en bloc, Ramschkauf)	Eine bestimmte Warenmenge wird zu einem Pauschalpreis gekauft. Eine bestimmte Qualität der Ware wird nicht zugesichert.	Kauf von Insolvenzwaren

◆ **Warenmenge**

Die Menge wird i. d. R. in handelsüblichen Maßeinheiten angegeben, z. B. Stück, Liter, usw. Der Verkäufer kann dabei für den Kauf Mindest- oder Höchstmengen festlegen.

◆ **Warenpreise**

Der Preis ist der Wert einer Ware in Geldeinheiten. Seine Angabe kann als Gesamtpreis oder als Preis pro Einheit (z. B. EUR pro T-Shirt) erfolgen.

Preisnachlässe

In der Praxis gibt es mehrere Gründe für solche Preisnachlässe.

Rabattart	Grund für die Gewährung
Mengenrabatt	Preisnachlass für größere Abnahmemenge, u. U. gestaffelter Preisnachlass
Treuerabatt	Preisnachlass für langjährige Kunden
Wiederverkäuferrabatt	Preisnachlass für z. B. Einzelhändler
Personalrabatt	Preisnachlass für Mitarbeiter
Jubiläumsrabatt	Geschäft besteht z. B. seit 25, 50 oder 100 Jahren
Bonus	nachträglicher Preisnachlass, u. U. nach Umsatzhöhe gestaffelt
Skonto	Preisnachlass für vorzeitige Zahlung bzw. Verzicht auf Warenkredit

Naturalrabatte werden in Form von Waren gewährt. Zwei mögliche Formen sind dabei die **Draufgabe** (100 Stirnbänder bestellt und berechnet, 110 geliefert) und die **Dreingabe** (100 Stirnbänder bestellt und geliefert, 90 berechnet).

◆ Verpackungskosten

Kartons, Kisten u. a. dienen dem Schutz der Ware während des Transportes. Die dabei entstehenden Kosten sind **Kosten der Abnahme**, die nach der gesetzlichen Regelung vom Käufer zu tragen sind.

Im Kaufvertrag können aber auch andere Vereinbarungen bezüglich der Verpackungskosten getroffen werden, wie z. B. brutto für netto (bfn). Hierbei wird der Preis der Ware vom Bruttogewicht berechnet. Der Käufer muss das Gewicht der Verpackung (Tara) genauso bezahlen wie die Ware selbst. Vereinbart werden kann auch, dass teures Verpackungsmaterial frachtfrei gegen Gutschrift der gesamten oder eines Teiles der Kosten zurückgesendet werden kann.

◆ Beförderungskosten

Beförderungskosten entstehen immer dann, wenn Verkäufer und Käufer ihren Wohn- oder Geschäftssitz nicht am gleichen Ort haben bzw. eine räumliche Distanz zwischen den Vertragsparteien überwunden werden muss. Zu diesen Kosten gehören Hausfracht (Rollgeld), Wiege- und Verladekosten, Fracht und Entladekosten. Nach der gesetzlichen Regelung muss der Verkäufer dem Käufer die Ware auf seine Gefahr und seine Kosten an seinem Erfüllungsort bereitstellen. Beim Distanzkauf trägt der Verkäufer demnach die Kosten bis zur Versandstation, der Käufer alle Kosten ab der Verladung (vgl. Tabelle unfrei).

Hinsichtlich der Übernahme der Beförderungskosten können die Vertragspartner aber auch andere Abmachungen treffen:

◆ Lieferzeiten

Nach der Lieferzeit kann man folgende Kaufarten unterscheiden:

Kaufart	Erklärung	Beispiele
Sofortkauf (Tageskauf)	Ware muss unmittelbar nach Abschluss des Kaufvertrages geliefert werden.	Kauf auf dem Wochenmarkt, Kauf beim Bäcker
Terminkauf	Ware muss innerhalb einer bestimmten Frist oder zu einen bestimmten Termin geliefert werden.	Lieferung innerhalb von vier Wochen

| Fixkauf | Ware muss zu einem genau festgelegten Zeitpunkt geliefert werden. Die Einhaltung des vereinbarten Lieferzeitpunktes ist wesentlicher Bestandteil des Vertrages. | Lieferung am 20.10.20.. fix Lieferung 20.10.20.., 16.00 Uhr |
| Kauf auf Abruf | Ware wird auf Wunsch des Käufers zu einem späteren Termin insgesamt oder in Teilmengen geliefert. | Kauf von 400 T-Shirts, erste Teillieferung von 100 Stück auf Wunsch des Kunden zum 31.03.20.. |

◆ **Zahlungstermin**

Ohne besondere Vereinbarung hat die Zahlung Zug um Zug zu erfolgen, d. h. der Verkäufer kann bei der Übergabe der Ware die sofortige Zahlung (= netto Kasse) verlangen (§ 271 BGB).

Durch Vereinbarung können auch andere Zahlungstermine festgelegt werden:

Vereinbarung	Erklärung
Vorauszahlung, Anzahlung	Der Kaufpreis ist ganz oder teilweise bereits vor der Lieferung fällig.
Zahlungsziel (Zielkauf)	Der Kaufpreis ist erst nach Ablauf einer vereinbarten Frist fällig.
Ratenzahlung (Ratenkauf)	Der Kaufpreis wird nach und nach in mehreren Teilbeträgen gezahlt.

Aufgaben

1. *Ordnen Sie die folgenden Arten des Kaufvertrages den Beispielen zu:*
   Kauf auf Probe (A) Kauf zur Probe (B) Kauf nach Probe (C)
   a) *Ein Getränkehändler kauft 48 Flaschen Rotwein, um den Verkauf zu testen. Bei gutem Umsatz will er eine größere Menge ordern.*
   b) *Herr Mohn, Einkäufer eines Baumarktes, verhandelt mit dem Verkäufer: „Vor längerer Zeit kauften wir diese Fliesen bei Ihnen. Liefern Sie uns bitte umgehend weitere 200 qm davon. Das Muster lasse ich Ihnen hier."*
   c) *Ein Händler erklärt sich Ihnen gegenüber bereit, ein im Laden ausgewähltes Radiogerät wieder zurückzunehmen, wenn der Empfang bei Ihnen zu Hause trotz Hochantenne schlecht ist.*

2. *Erklären Sie folgende Kaufvertragsarten: Zielkauf, Fixkauf, Kauf auf Abruf.*

3. *Welche Vorteile hat der*
   a) *Kauf auf Abruf,*   b) *Spezifikationskauf,*   c) *Fixkauf*
   für den Käufer?

4. *Was gilt bei einem Kaufvertrag, wenn nichts vereinbart wurde, bezüglich*
   a) *der Beförderungskosten,*
   b) *der Lieferzeit,*
   c) *des Zeitpunktes der Zahlung?*

5. *In einem Kaufvertrag heißt es u. a. „brutto für netto". Was bedeutet das?*

6. *Bei der Beförderung eines Gutes vom Verkäufer zum Käufer entstehen die folgenden Kosten: Anfuhr 50,00 EUR, Verladen 20,00 EUR, Fracht 560,00 EUR, Entladen 20,00 EUR und Zufuhr 120,00 EUR.*
   Welche Kosten hat der Verkäufer bzw. Käufer jeweils insgesamt zu tragen, wenn folgende Vereinbarungen getroffen worden sind:
   a) *frei Bahnhof dort,*   c) *unfrei,*   e) *frei Haus?*
   b) *ab Werk,*   d) *frei Bahnhof hier,*

◆ **Erfüllungsort**

Gesetzlicher Erfüllungsort

§ 269 BGB bestimmt als Erfüllungsort grundsätzlich den Sitz des Schuldners zum Zeitpunkt des Vertragsabschlusses. Beim Kaufvertrag gibt es zwei Schuldner, also auch zwei gesetzliche Erfüllungsorte:

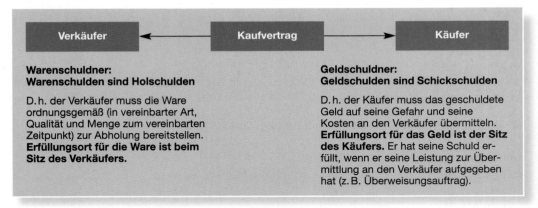

Beispiel *Die Tropic-GmbH, Bad Kreuznach, und das Sporthaus Allsport, Mayen, schließen einen Kaufvertrag über 50 Tischtennis-Shirts ab.*

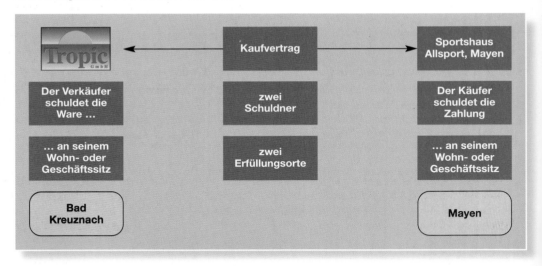

Vertraglicher Erfüllungsort

Unabhängig von der gesetzlichen Regelung können Verkäufer und Käufer durch Vertrag jeden beliebigen Ort als Erfüllungsort vereinbaren. Die stärkere Partei wird dabei versuchen, ihren Wohn- oder Geschäftssitz als Erfüllungsort durchzusetzen.

◆ **Gerichtsstand**

Auslegung und Erfüllung der Pflichten aus dem Kaufvertrag können zu Streitigkeiten zwischen Verkäufer und Käufer führen. Können sich die beiden Parteien dabei nicht einigen, müssen Gerichte über Recht und Unrecht entscheiden. Zuständig ist dabei das Gericht, in dessen Bezirk der Beklagte seinen Sitz hat. Der gesetzliche Erfüllungsort ist gleichzeitig gesetzlicher Gerichtsstand.

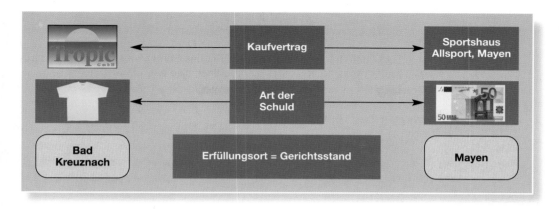

Nur Kaufleute können den Gerichtsstand frei vereinbaren.

Aufgaben

1. *Erklären Sie die Bedeutung der beiden Aussagen*
   a) *Warenschulden sind Holschulden,*
   b) *Geldschulden sind Schickschulden.*

2. *Die Tropic GmbH kauft bei der Baumwollweberei Kaiser OHG, Berlin, Rohstoffe für 23.300,00 EUR.*
   a) *Welche Möglichkeiten der vertraglichen Festlegung des Erfüllungsortes und des Gerichtsstandes gibt es für die Warenschuld und die Geldschuld?*
   b) *Wo sind der gesetzliche Erfüllungsort und der Gerichtsstand für die Warenschuld und die Geldschuld?*

3. *Herr Grün, Koblenz, schließt mit der Firma Qualle in Hamburg einen Kaufvertrag über die Lieferung von zwei Spezialmaschinen ab. Über Gerichtsstand und Erfüllungsort wurde nichts vereinbart.*
   a) *Wer hat die Kosten der Transportverpackung zu tragen?*
   b) *Was sagt das Gesetz in diesem Fall über den Gerichtsstand und den Erfüllungsort?*
   c) *Die Sendung geht unterwegs verloren. Kann Grün nochmalige Lieferung verlangen? Begründen Sie Ihre Antwort.*

4. *Die Tropic GmbH liefert an Kick Moden, Wiesbaden, 30 Tropic Champ Trainingsanzüge im Gesamtwert von 3.828,00 EUR. Der beauftragte Frachtführer verunglückt auf dem Weg nach Wiesbaden schuldlos. Die Warenladung wird vernichtet.*
   Wie ist die Rechtslage, wenn laut Vertrag der Erfüllungsort für beide Teile Bad Kreuznach ist?

◆ **Allgemeine Geschäftsbedingungen**

Auszug aus den AGB:

> 3. Der Verkäufer ist in jedem Fall berechtigt, dem Käufer den am Liefertag gültigen Preis zu berechnen.

Ayse Kaymak: Guten Morgen, Herr Winter. Ich habe da ein Problem.

Walter Winter: Guten Morgen, Ayse. Ein Problem – doch hoffentlich nicht mit dem Betrieb oder der Berufsschule?

SITUATION

Ayse Kaymak:	Nein, es ist eher ein privates Problem. Ich habe mir vor sechs Wochen bei einem Versandhaus eine Multifunktionsjacke für 300,00 EUR bestellt. Gestern wurde sie geliefert, aber in der Rechnung verlangt das Versandhaus jetzt 325,00 EUR. Ich habe da sofort angerufen und reklamiert. Aber die Frau am Telefon meinte, das wäre schon richtig so. Ich hätte ja die Bestellung unterschrieben und damit auch die Allgemeinen Geschäftsbedingungen anerkannt. Und da würde stehen, dass das Versandhaus den am Liefertag gültigen Preis berechnen darf.
Walter Winter:	Hast du denn die AGB überhaupt gelesen?
Ayse Kaymak:	Nein, damals bei der Bestellung nicht. Das ist ja alles so viel und so klein geschrieben.
Walter Winter:	Ja, Ayse, du weißt doch: „Vertrag ist Vertrag!". Ich glaube aber, hier in diesem Fall ist etwas nicht in Ordnung!

Was sind Allgemeine Geschäftsbedingungen?
Wieso ist Herr Winter der Meinung, dass hier etwas nicht korrekt ist?
Muss Ayse 325,00 EUR für die Jacke bezahlen?

Die Vielzahl täglicher Vertragsabschlüsse macht es unmöglich, Vertragsinhalte wie Zahlungsweise, Verpackungskosten, Beförderungskosten, Eigentumsvorbehalte, Erfüllungsort, Gerichtsstand, Gewährleistungsansprüche usw. jeweils mit jedem Kunden einzeln auszuhandeln. Ein reibungsloser und zügiger Geschäftsablauf wäre so unmöglich. In fast allen Wirtschaftszweigen wurden für typische, regelmäßig wiederkehrende Inhalte Modellvereinbarungen geschaffen, die vom jeweiligen Vertragspartner (Kontoinhaber, Versicherungsnehmer, Käufer usw.) von vornherein als Ganzes akzeptiert werden sollen. Diese Modellvereinbarungen werden als Allgemeine Geschäftsbedingungen bezeichnet. Da sie sich häufig auf der Rückseite von Angeboten in klein gedruckter Form befinden, werden sie in der Umgangssprache auch als „Kleingedrucktes" bezeichnet.

Definition   Allgemeine Geschäftsbedingungen (AGB) sind einseitig vorformulierte Vertragsbedingungen, die einer Vertragspartei abverlangt werden, ohne dass die Inhalte im Einzelnen vereinbart werden.

Nach deutschem Recht besteht Vertragsfreiheit, d. h. werden die AGB Bestandteil eines Vertrages, so gelten stets diese und nicht die gesetzlichen Regelungen des HGB oder BGB. Dabei darf nicht übersehen werden, dass der Verkäufer die AGB dazu benutzen kann, seine Rechtsposition zu stärken. Für den Käufer kann das bedeuten, dass ihm durch die AGB möglicherweise Nachteile aufgezwungen werden, die er vielleicht zu spät bemerkt. Erfahrungsgemäß lesen die wenigsten Kunden das Kleingedruckte, bevor sie z. B. einen Vertrag unterschreiben.

Um den Verbraucher gegen einseitige AGB zu schützen, ist am 1. April 1977 das **Gesetz zur Regelung des Rechts der Allgemeinen Geschäftsbedingungen** (AGB-Gesetz) in Kraft getreten. In ihm ist festgelegt, welche Rechte der Kunde in jedem Fall hat – auch dann, wenn in den AGB des Verkäufers etwas anderes steht.

Durch die Integration des AGB-Gesetzes und anderer Gesetze zum Verbraucherschutz in das Bürgerliche Gesetzbuch findet man seit dem 01.01.2002 die Regelungen zum Vertragsabschluss dort, wo man sie erwarten kann: im BGB.

Nach der sogenannten **Generalklausel** (§ 307 BGB) sind AGB-Klauseln unwirksam, wenn sie den Vertragspartner entgegen den Geboten von Treu und Glauben **unangemessen benachteiligen**. § 308 BGB enthält „gefährliche Klauseln" **(Klauseln mit Wertungsmöglichkeiten)**, bei denen die Gefahr, dass der Käufer übervorteilt wird, sehr groß ist. Hier muss im Einzelfall geprüft (gewertet) werden, ob eine unangemessene Benachteiligung vorliegt oder nicht. § 309 BGB enthält absolut verbotene Klauseln **(Klauseln ohne Wertungsmöglichkeit)**.

Wichtige gesetzliche Regelungen zum Schutz von Nichtkaufleuten (= einseitiger Handelskauf) sind u. a.:

■ Die AGB werden nicht automatisch Bestandteil des Vertrages. Bestimmte Mindestvoraussetzungen müssen erfüllt sein. So muss der Käufer
  – ausdrücklich oder durch deutlich sichtbaren Aushang auf die AGB hingewiesen werden,
  – die AGB leicht erreichen und mühelos lesen können,
  – mit den AGB einverstanden sein.

■ Überraschende Klauseln sind unwirksam.

■ Persönliche Absprachen haben Vorrang vor den AGB.

■ Bestimmte Klauseln sind verboten und damit unwirksam.

Beispiele für AGB-Klauseln gegenüber Nichtkaufleuten, die gegen das Gesetz verstoßen (§ 309 BGB):
Preiserhöhungen innerhalb einer Lieferfrist von weniger als vier Monaten
Verkürzungen der gesetzlichen Gewährleistungsfrist bei versteckten Mängeln
Einschränkung der Rechte des Vertragspartners aus einem Lieferungsverzug
Ausschluss der Haftung des Verkäufers bei grobem Verschulden
Belastung des Käufers mit Wege- und Arbeitskosten bei notwendigen Reparaturen im Rahmen der gesetzlichen Gewährleistung
Vereinbarung einer Vertragsstrafe

Aufgaben

1. Was sind Allgemeine Geschäftsbedingungen (AGB)?

2. Welche Vertragsbestandteile können mit den AGB geregelt werden?

3. Unter welchen Voraussetzungen werden die AGB Bestandteil eines Kaufvertrages?

4. Welche Bedeutung hat § 307 BGB?

5. Was sagen die gesetzlichen Regelungen zu überraschenden Klauseln?

6. *Welche Bedeutung haben mündliche Absprachen gegenüber den AGB?*

7. *Worin liegt die wirtschaftliche Bedeutung der AGB für den Verkäufer?*

8. *Sind die folgenden AGB-Klauseln eines Möbelhauses mit Sitz in Koblenz erlaubt oder verboten? Begründen Sie Ihre Antworten (Hilfsmittel: BGB, Lehrbücher).*

Verkaufs-, Lieferungs- und Zahlungsbedingungen (Auszug)

§ 1 Der Kaufvertrag ist nur wirksam, wenn er sowohl vom Käufer als auch vom Verkäufer unterschrieben ist.

§ 2 Liegt zwischen dem Vertragsabschluss und dem Liefertag ein Zeitraum von mehr als zwei Monaten, ist der Verkäufer berechtigt, dem am Liefertag gültigen Preis dem Käufer zu berechnen.

§ 3 Kann der Verkäufer zum vereinbarten Zeitpunkt nicht liefern, kann der Käufer erst nach Ablauf einer Frist von sechs Monaten vom Kaufvertrag zurücktreten.

§ 5 Für Schäden, die beim Einbau von Einrichtungsgegenständen durch unsere Arbeitskräfte verursacht werden, übernehmen wir keinerlei Haftung.

§ 6 Die Lieferung erfolgt frei Haus. Als Frei-Haus-Lieferung gilt ein Transport bis zum zweiten Stockwerk.

§ 9 Der Käufer ist verpflichtet, den vollen Kaufpreis auch dann zu zahlen, wenn die gelieferte Ware Mängel aufweist.

§ 10 Gewährleistungsansprüche verjähren in sechs Monaten von der Ablieferung an.

§ 11 Bei Zahlung mit Scheck oder Überweisung gilt die Zahlung erst bei endgültiger Gutschrift auf dem Konto des Verkäufers als erfolgt.

§ 12 Alle Kaufgegenstände bleiben bis zur vollständigen Bezahlung Eigentum des Verkäufers.

§ 13 Erfüllungsort und Gerichtsstand für beide Teile ist Koblenz.

§ 14 Sollte eine der vorstehenden Klauseln unwirksam sein, so behalten der Vertrag sowie die Bedingungen im Übrigen ihre Gültigkeit.

3.4 Vertragsstörungen bei der Erfüllung des Kaufvertrages

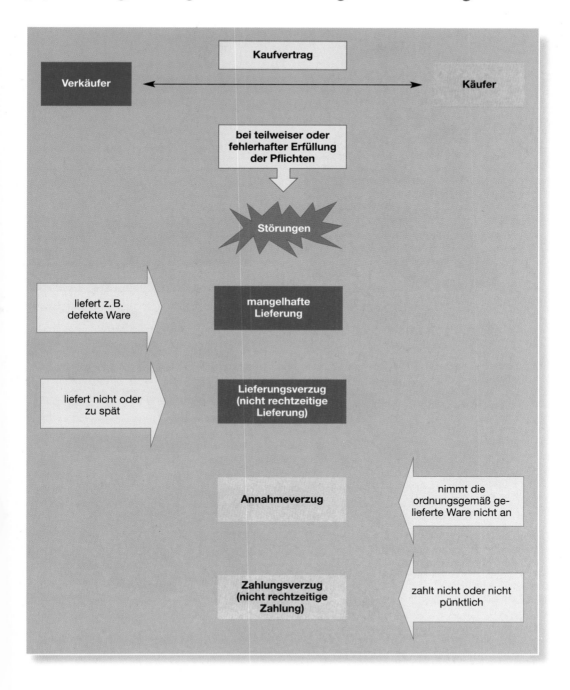

3.4.1   Mangelhafte Lieferung

SITUATION

1. Beschreiben Sie die Mängel im oben abgebildeten Beispiel.

2. Wie soll sich der Käufer verhalten?

◆ Mangelhafte Lieferung

Der Verkäufer muss dem Käufer eine mangelfreie Kaufsache übergeben, d. h. die Sache muss frei von Sach- und Rechtsmängeln sein. Grundsätzlich gilt, dass eine Kaufsache mangelhaft ist,

- wenn die gelieferte Sache von der bestellten abweicht **(Lieferung einer anderen Sache)**.
  Beispiel Statt Reißverschlüssen werden von unserem Lieferanten Knöpfe geliefert.

- wenn zu wenig geliefert wird **(Lieferung einer zu geringen Menge)**.
  Beispiel Statt 500 Jeans-Nieten werden nur 300 geliefert.

- wenn die tatsächliche von der **vereinbarten Beschaffenheit** abweicht.
  Beispiel Der für die neue Freizeitkleidung bestellte Stoff besteht nicht aus reiner Baumwolle, sondern aus einem Baumwolle/Synthetik-Mischgewebe.

- wenn sie sich nicht zur **vertraglich vorausgesetzten Verwendung** eignet.
  Beispiel Die Tropic GmbH hat auf der letzten Freizeitmesse eine neue Outdoor-Kollektion vorgestellt, die wasserabweisend und windundurchlässig ist. Bei der Weberei Holzmann KG wurde ein Stoff speziell für diese Anforderungen bestellt. Tatsächlich erweist sich der gelieferte Stoff aber weder als wasser- noch als windundurchlässig.

- wenn sie sich **nicht zur gewöhnlichen Verwendung solcher Sachen eignet** bzw. **nicht von der Beschaffenheit ist, die der Käufer erwarten durfte**. Dabei können die Erwartungen des Käufers auch von der Werbung und von den Produktbeschreibungen der Sache beeinflusst werden.
  Beispiel Ein Pkw-Hersteller wirbt für sein neues „2-Liter-Auto". Tatsächlich verbraucht das von der Tropic GmbH als Geschäftswagen gekaufte Auto jedoch 4 Liter Benzin auf 100 km.

- wenn bei einer zu montierenden Sache die Montageanleitung mangelhaft ist (sog. „Ikea-Klausel") und die Sache deshalb falsch montiert wird bzw. wenn die Sache vom Verkäufer selbst falsch montiert wurde.
  Beispiel Ein Käufer montiert unter Zuhilfenahme einer Montageanleitung ein Multi-Fitness-Zentrum zum Selbstaufbau. Da die Anleitung von einer Fremdsprache wörtlich ins Deutsche übersetzt wurde, ist kaum eine Anweisung verständlich. Nachdem das Fitnessgerät erstmals benutzt wird, bricht es wegen falsch angebrachter Schrauben zusammen.

> Gebrauchsanweisung für eine Luftmatratze
> „Wenn das Wetter kalt ist, wird die Puff Unterlage sich langsam puffen. Entrollen die Puff Unterlage und liegen auf ihr, dann wird sie von der Wärme sich Inflationen bekommen."

Quelle: http://www.123recht.net

> Die Montageanleitung des Lichtkontrolleurs eines taiwanischen Herstellers enthält folgenden Hinweis: „Bemerken Sie sich vor der Aufsetzung, dass der Bewegungssensor am empfindlichsten nicht auf die näherkommende oder weggehende, sondern auf die durch die Absuchensgegend schiebende Bewegung ist, setzen den Sensorkopf diagonal auf die Schutzgegend hindurch."

Quelle: http://www.spiegel.de/kultur/literatur/0,1518,612154,00.html

- wenn sie mit einem **Rechtsmangel** behaftet ist.
  Beispiele Der Verkäufer ist nicht Eigentümer, sondern nur Besitzer der Sache. Die Sache ist mit einem Pfandrecht belastet.

Der Verkäufer haftet dem Käufer gegenüber, wenn die Ware zum Zeitpunkt des Gefahrenübergangs Sachmängel aufweist (§ 459 BGB). Beim zweiseitigen Handelskauf muss der Kaufmann daher eingehende Waren unverzüglich (ohne schuldhaftes Zögern) auf Güte, Menge und Art überprüfen.

Entdeckt der Käufer die Sachmängel bereits vor dem Gefahrenübergang, kann er die Annahme der Ware verweigern.

Werden die Mängel erst später entdeckt, muss der Käufer den Verkäufer über die entdeckten Mängel informieren, indem er sie genau beschreibt (Mängelrüge) und seine Ansprüche geltend macht. Dabei muss der Käufer die sogenannten Rügefristen beachten:

	einseitiger Handelskauf (Verbrauchsgüterkauf) bzw. bürgerlicher Kauf	zweiseitiger Handelskauf
offene Mängel (Mangel ist bei der Übergabe offensichtlich erkennbar)	innerhalb von 2 Jahren nach Lieferung	unverzüglich (ohne schuldhaftes Zögern)
versteckte Mängel (Mangel ist trotz gewissenhafter Prüfung nicht sofort erkennbar)		unverzüglich nach der Entdeckung, spätestens jedoch 2 Jahre nach der Lieferung

Beim **Verbrauchsgüterkauf** – hierbei handelt es sich um den Kauf einer beweglichen Sache durch eine Privatperson von einem Unternehmer – darf die gesetzlich festgeschriebene Gewährleistungsfrist über-, nicht aber unterschritten werden (**eingeschränkte Vertragsfreiheit**). Individuell getroffene vertragliche Vereinbarungen oder Allgemeine Geschäftsbedingungen dürfen nicht zulasten des Verbrauchers gehen.

Eine Ausnahme gilt für gebrauchte Güter, bei denen die Gewährleistungsfrist bis auf ein Jahr verkürzt werden darf.

Bei arglistig verschwiegenen Mängeln beträgt die Gewährleistungsfrist drei Jahre, beginnend am Ende des Jahres, in dem der Mangel entdeckt wurde.

Wird beim Verbrauchsgüterkauf ein Mangel durch den Kunden innerhalb der ersten sechs Monate gerügt, muss der Verkäufer beweisen, dass die Sache beim Gefahrenübergang mangelfrei war (**Beweislastumkehr**). Tritt der Mangel zwar innerhalb der gesetzlichen Gewährleistungsfrist, aber erst nach einem halben Jahr auf, muss der Kunde nachweisen, dass der Mangel bereits beim Kauf vorhanden war.

Eine vertragliche Änderung der Gewährleistungsfristen ist beim bürgerlichen Kauf, beim zweiseitigen Handelskauf bzw. beim einseitigen Handelskauf, sofern ein Unternehmer etwas von einer Privatperson kauft, möglich.

Bei Einhaltung der Rügefristen hat der Käufer folgende Rechtsansprüche:

◆ Nacherfüllung

Der Käufer muss dem Verkäufer die Möglichkeit der **Nacherfüllung** geben (**Vorrangigkeit**). Dabei kann der Käufer nach seiner Wahl **Nachbesserung** (Beseitigung des Mangels) oder **Neulieferung** einer mangelfreien Sache verlangen. Der Verkäufer hat die Kosten der Nacherfüllung zu tragen. Zusätzlich sind Mehrkosten (wie z. B. Taxikosten bei einer Autoreparatur) zu erstatten.

Ist die Nachbesserung für den Verkäufer mit unverhältnismäßig hohen Kosten verbunden, so kann er diese verweigern und statt dessen neu liefern.

Die Nacherfüllung ist nach zwei erfolglosen Nachbesserungsversuchen als fehlgeschlagen anzusehen.

vorrangig (1. Stufe)

Nacherfüllung
= Nachbesserung
  oder
  Ersatzlieferung
(grundsätzlich freie
Wahl des Käufers,
Ausnahme: unverhält-
nismäßig hohe Kosten
für den Verkäufer)

Ist eine Nacherfüllung nicht zumutbar oder aber nicht möglich,

■ weil es sich um ein Unikat (z. B. einmaliges Gemälde) handelt oder

■ weil die fehlerhafte Ware zerstört wurde oder

■ weil der Mangel – generell oder in einer für den Käufer zumutbaren Zeit – nicht behebbar ist

bzw.

■ ist die vom Käufer gesetzte Frist zur Nacherfüllung erfolglos verstrichen oder

■ verweigert der Schuldner die Nacherfüllung,

so kann der Käufer **alternativ zwei weitere Rechte** geltend machen.

◆ Rücktritt vom Vertrag

Die mangelhafte Ware wird an den Verkäufer zurückgegeben, der eventuell bereits gezahlte Kaufpreis wird erstattet. Hat der Käufer die Sache bereits einige Zeit genutzt (z. B. wurde das mangelhafte Auto bereits einige Monate gefahren), muss der Käufer eventuell den Wertersatz für den Gebrauchsvorteil ersetzen. Ein Rücktritt ist nicht möglich bei geringfügigen Mängeln.

nachrangig (2. Stufe)

Rücktritt oder Minderung

◆ Minderung

Der Käufer behält die mangelhafte Ware, vereinbart jedoch mit dem Verkäufer die Herabsetzung des Kaufpreises (Preisnachlass). Eine Minderung ist auch möglich bei einem geringfügigen Mangel.

◆ Schadenersatz

Nach der Schuldrechtsreform ist der Schadenersatzanspruch nicht mehr nur für die Fälle des Fehlens einer ausdrücklich zugesicherten Eigenschaft oder der arglistigen Täuschung vorgesehen. Jetzt hängt der Schadenersatzanspruch allein davon ab, dass der Verkäufer die Lieferung mangelhafter Ware zu vertreten hat. Außerdem hat der Käufer zusätzlich zur Nacherfüllung, zum Rücktritt oder zur Minderung einen Anspruch auf Schadenersatz, wobei verschiedene Arten des Schadenersatzes möglich sind:

und

Schadenersatz wenn Verkäufer die mangelhafte Lieferung zu vertreten hat (zusätzlich zu den Rechten der 1. oder 2. Stufe)

■ **Schadenersatz neben der Erfüllung (sog. Kleiner Schadenersatz)**
   Der Käufer kann Erfüllung des Vertrages und Ersatz angefallener Kosten bzw. den Ersatz eines Mangelfolgeschadens verlangen. Beispiele sind Verspätungsschäden (z. B. entgangener Gewinn) und Mangelfolgeschäden, die an anderen Rechtsgütern als an der gekauften Ware eintreten.
   Beispiele Die Tropic GmbH repariert eine mangelhaft gelieferte Nähmaschine in Eigenleistung und fordert Erstattung der Reparaturkosten. Durch die Lieferung einer mangelhaften Bügelmaschine ist der Tropic GmbH ein Brandschaden entstanden, dessen Erstattung sie vom Lieferanten der defekten Bügelmaschine fordert.

■ **Schadenersatz statt Erfüllung (sog. Großer Schadenersatz)**
   Der Käufer tritt vom Kaufvertrag zurück und verlangt zusätzlich Schadenersatz. Die ursprünglich geschuldete Leistung wird nicht mehr verlangt.
   Beispiel Die Tropic GmbH erhält eine Nähmaschine geliefert, die nach der ersten Nutzung erhebliche Mängel aufweist. Trotz zweimaliger Aufforderung kommt der Lieferer der Nacherfüllung nicht nach. Durch die defekte Maschine entsteht ein Produktionsstopp, der erhebliche Kosten verursacht. Die Tropic GmbH tritt vom Kaufvertrag zurück und verlangt Schadenersatz für den Produktionsausfall.

oder alternativ (statt Schadenersatz)

■ **Ersatz vergeblicher Aufwendungen**

oder

Aufwendungs-ersatz

Hat der Verkäufer die mangelhafte Lieferung zu vertreten (durch Vorsatz oder Fahrlässigkeit), so kann der Käufer den Ersatz der Aufwendungen fordern, die er im Vertrauen auf den Erhalt einer ordnungsgemäßen Leistung gemacht hat.

Beispiel Sylvia Sommer kauft im Reisebüro Eintrittskarten für das diesjährige French-Open-Tennisturnier in Paris. Vor Ort angekommen, wird ihr der Eintritt verweigert, da es sich nicht um gültige Eintrittskarten handelt. Sylvia Sommer hatte – um die Veranstaltung zu einem unvergesslichen Erlebnis zu machen – für sich und ihren Mann einen First-Class-Flug nach Paris (800,00 EUR p.P.) sowie eine Suite für zwei Nächte in einem Fünf-Sterne-Hotel (2.000,00 EUR) gebucht. Neben dem Rücktritt vom Vertrag verlangt Sylvia Sommer vom Reisebüro den Ersatz der vergeblichen Aufwendungen.

Aufgaben

1. *Die Tropic GmbH erhält eine Lieferung von Garnen. Welche Aufgaben müssen beim Wareneingang erfüllt werden?*

2. *Sie haben sich in einem Sportgeschäft jeweils vier Paar weiße und schwarze Sportsocken für insgesamt 29,80 EUR gekauft. Als Sie zu Hause Ihren Rucksack mit den Einkäufen auspacken, stellen Sie fest, dass etwas nicht stimmt. Welcher Mangel könnte das sein, wenn Sie einen*
   a) Mangel in der Beschaffenheit,
   b) Mangel in der Quantität,
   c) Mangel in der Art
   feststellen.

3. *Nennen Sie vier Beispiele für versteckte Mängel.*

4. *Beim Textilhändler Sauer trifft eine Warenlieferung ein. Beim Auspacken wird festgestellt:*
   ■ *Statt der 50 bestellten T-Shirts „Kurzarm Top" sind nur 45 eingetroffen.*
   ■ *Statt der 12 Damen-Shorts wurden 12 Herren-Shorts geliefert.*
   ■ *3 Polo-Hemden weisen starke Webfehler auf.*
   ■ *Bei 4 Windjacken schließen die Reißverschlüsse nicht.*
   Welche Mangelart liegt vor im Hinblick auf die
   a) Erkennbarkeit?
   b) Sache?

5. *Welche Rechte würden Sie in den folgenden Fällen geltend machen? Begründen Sie Ihre Antwort.*
   a) Ein Autohändler verkauft wider besseres Wissen einen gebrauchten Pkw als unfallfrei. Nach einiger Zeit ist der linke Kotflügel total durchrostet und muss erneuert werden. Beim Ausbau stellt sich heraus, dass ein Unfallschaden schlecht repariert worden war.
   b) Einige für die Hotelküche preiswert gelieferte Bratpfannen weisen starke Kratzer in der Beschichtung auf.
   c) Von den vier gelieferten Werkzeugkästen weist einer Kratzer am Deckel auf.
   d) Ein Anzugstoff hat grobe Webfehler. Er kann für die Weiterverarbeitung nicht mehr verwendet werden. Ein anderer Lieferer könnte schnell und preisgünstig liefern.

6. *Wann muss bei den folgenden Mängeln gerügt werden? Begründen Sie Ihre Antwort.*
   a) Frau Sauber hat in einem Elektro-Markt eine neue Waschmaschine gekauft. Beim ersten Waschgang stellt sie fest, dass das Waschwasser nicht heiß wird.
   b) Herr Lenz vom Möbelhaus Finke stellt fest, dass bei einer Möbellieferung der Möbelwerkstätten GmbH drei Nachttische fehlen.

c) *Frau Klein kauft von ihrem Nachbarn ein gebrauchtes Fahrrad. Nach zwei Wochen stellt sie bei der ersten Nachtfahrt fest, dass die gesamte Lichtanlage nicht funktioniert.*

d) *Das Sporthaus Schnell kauft für insgesamt 5.336,00 EUR in der Textilfabrik Holz 15 Funktions-Doppeljacken, die als absolut wasserdicht angeboten werden. Nach vier Wochen beschweren sich Kunden des Sporthauses über die Wasserdurchlässigkeit der Jacken.*

7. *Bei der Eingangskontrolle einer Lieferung der Baumwollweberei Kaiser OHG stellt ein Mitarbeiter der Tropic GmbH einige Mängel fest:*

   ■ *10 von 100 Ballen blauen Jeansstoffes weisen deutliche Webfehler auf;*

   ■ *2 Ballen weißer Jeansstoff sind stark verschmutzt;*

   ■ *statt der bestellten Hemdenstoffe aus reiner Baumwolle wurden Stoffe mit 25 % Polyesteranteil geliefert.*

   Verfassen Sie im Namen von Ayse Kaymak eine Mängelrüge an die Baumwollweberei. Beachten Sie dabei, dass Sie auf alle festgestellten Mängel hinweisen und dem Lieferanten Lösungsvorschläge unterbreiten.

◆ **Produkthaftungsgesetz (Gesetz über die Haftung für fehlerhafte Produkte)**

Rückruf-Aktion

Die Qualität unserer Produkte und die Sicherheit unserer Kunden haben in unserem Hause einen hohen Stellenwert.

Seit April 2010 wurden bundesweit 1300 Pullover des Labels *Fashion Young Woman Streetwear®* ausgeliefert. Trotz sorgfältiger Qualitätsüberwachung mussten wir feststellen, dass ein Teil dieser Pullover mit der Partienummer *FJWS 1919* mit einem leicht entzündlichen Material bearbeitet wurden. Uns sind drei Fälle bekannt, bei denen sich die Pullover in der Nähe einer Kerze entzündeten.

Was müssen Sie tun?
Wenden Sie sich an das Geschäft, in dem Sie den Pullover gekauft haben. Je nach Wunsch können Sie den Pullover umtauschen oder sich den Kaufpreis erstatten lassen.

Oder senden Sie den Pullover – unfrei – an uns direkt zurück. Der Kaufpreis wird Ihnen per Überweisung oder Scheck erstattet.

Auch Pullover der Marke *Fashion Young Woman Streetwear®* mit einer anderen Partienummer werden anstandslos zurückgenommen.

Unser Versprechen
Auch in Zukunft können Sie unseren Produkten Ihr vollstes Vertrauen schenken.

Rheingrafenstr. 20
55543 Bad Kreuznach

SITUATION

1. *Warum muss der Hersteller fehlerhafte Produkte zurückrufen?*

2. *Diskutieren Sie positive und negative Auswirkungen einer solchen Aktion für das betroffene Unternehmen.*

Mit dem **Produkthaftungsgesetz** wurde der Schutz des Käufers über die Mängelhaftung hinaus erweitert.

Der **Hersteller** eines Produktes ist zum Ersatz des Schadens verpflichtet, wenn durch die Benutzung eines fehlerhaften Produktes jemand getötet, sein Körper oder seine Gesundheit verletzt oder eine andere Sache beschädigt wird. Im Falle der Sachbeschädigung besteht die Schadenersatzpflicht nur dann, wenn das fehlerhafte Produkt von einem privaten Verwender für private Zwecke genutzt wurde und der Schaden über 500,00 EUR liegt.

Hersteller im Sinne des Gesetzes ist, wer

- das Endprodukt oder einen Grundstoff oder ein Teilprodukt hergestellt hat,

- das Produkt in den Geltungsbereich des Abkommens über den Europäischen Wirtschaftsraum importiert hat,

- das Produkt geliefert hat (sofern der Hersteller nicht ermittelt werden kann).

Das Produkthaftungsgesetz gilt für alle Produkte, die nach dem 1. Januar 1990 in den Verkehr gebracht worden sind.

Aufgaben

1. *Wodurch unterscheiden sich Mängelhaftung nach dem BGB und Haftung nach dem Produkthaftungsgesetz?*

2. *Daniel ist mit seinem nagelneuen Fahrrad unterwegs. Durch den Bruch seines Lenkers verursacht er einen Unfall, bei dem er sich einen Armbruch zuzieht und sein Fahrrad und ein parkendes Auto stark beschädigt (Schadenhöhe 2.000,00 EUR) werden. Wie eine Untersuchung ergibt, war ein Produktionsfehler Grund für den Bruch des Lenkers.*
   a) *Welche Rechte hat Daniel u. U. nach der Mängelhaftung nach BGB?*
   b) *Für welche Schäden haftet der Hersteller des Fahrrades nach dem Produkthaftungsgesetz?*

3. *In den letzten Monaten berichteten Presse und Fernsehen immer wieder von Rückrufaktionen.*
   a) *Nennen Sie Beispiele.*
   b) *Welche negativen Folgen haben Rückrufaktionen für das betroffene Unternehmen?*
   c) *Diskutieren Sie mögliche positive Folgen für Hersteller und Verbraucher.*

3.4.2   Nicht rechtzeitige Lieferung (Lieferungsverzug)

SITUATION

Die Tropic GmbH hat am 1. Juni 20.. bei ihrem Lieferanten, der Cotton GmbH & Co. KG in Hamburg, auf deren Angebot hin fünf Ballen Baumwollstoff per Fax bestellt. Der Auftrag wurde vom Lieferanten noch am gleichen Tag – ebenfalls per Fax – bestätigt.
Am 8. Juni 20.. ist die Lieferung immer noch nicht eingetroffen.

FAX
... bestellen wir ...
Zur sofortigen
Lieferung ...

1. Befindet sich der Lieferant in Lieferungsverzug?

2. Wenn ja, wie soll sich die Tropic GmbH verhalten?

Fehlt im Kaufvertrag eine Vereinbarung über die Lieferzeit, kann der Käufer die sofortige Lieferung verlangen (§ 271 (1) BGB).
In Lieferungsverzug gerät der Verkäufer, wenn

- die **Lieferung fällig** ist, aber nicht erfolgte,

- er die **Schuld** dafür trägt und

- der Käufer die Lieferung nach Fälligkeit durch **Mahnung** anfordert.

Die Mahnung durch den Käufer ist beim Fixkauf nicht notwendig. Der Verkäufer gerät mit dem Eintritt der Fälligkeit automatisch in Verzug. Die Pflicht zur Mahnung entfällt ebenfalls, wenn der Verkäufer selbst erklärt, dass er nicht oder erst zu einem späteren Termin liefern kann bzw. will (Selbstinverzugsetzung).

Auch beim Zweckkauf ist eine Mahnung nicht erforderlich. Hierbei ergibt sich aus der besonderen Situation, dass die Leistung nur zu einem ganz bestimmten Zeitpunkt sinnvoll ist (z. B. Sektempfang zur Eröffnung einer Kunstausstellung). Ist die Lieferung bis zu diesem Zeitpunkt nicht erfolgt, hat der Käufer normalerweise kein Interesse mehr an der Ware.

Bei Gattungsware kommt der Verkäufer auch ohne eigenes Verschulden in Verzug.

Voraussetzungen	entfällt bei
1. Fälligkeit der Lieferung	
2. Verschulden des Verkäufers	Gattungsware
3. Anforderung der Lieferung nach Fälligkeit durch Mahnung durch den Käufer	■ Fixkauf ■ Zweckkauf ■ Selbstinverzugsetzung

Kann der Käufer die Ware von keinem anderen Lieferanten erhalten oder sind die Preise mittlerweile gestiegen, so wird er auf **Lieferung bestehen**. Entsteht ihm durch die verzögerte Lieferung ein Schaden, hat er das Recht, zusätzlich **Schadenersatz** zu verlangen.

Ein solcher Schadenersatzanspruch setzt aber voraus, dass der Lieferer die nicht rechtzeitige Lieferung verschuldet hat (→ **Schadenersatzanspruch nur bei Verschulden des Lieferanten**). Ein Beispiel für einen solchen **abstrakten Schaden** ist ein durch die Lieferungsverzögerung entgangener Gewinn, der nicht genau berechenbar ist. Um Streitigkeiten über die Höhe des abstrakten Schadens zu vermeiden, wird oft bei Vertragsabschluss eine Konventionalstrafe vereinbart (z. B. 1.000,00 EUR Schadenersatz pro Tag Lieferungsverzögerung).

Sind die Preise für die nicht rechtzeitig gelieferte Ware mittlerweile gefallen, so wird der Käufer vom Kaufvertrag zurücktreten und die preiswertere Ware bei einem anderen Lieferanten kaufen. Der **Rücktritt** setzt aber eine erhebliche Pflichtverletzung des Lieferanten voraus (z. B. Nichteinhaltung des Liefertermins). Außerdem muss dem Lieferanten eine angemessene Nachfrist mit Termin gesetzt werden. Diese Nachfrist ist nicht erforderlich, wenn

Lieferung verlangen + Schadenersatz wegen nicht rechtzeitiger Lieferung (Anspruch auf Lieferung bleibt bestehen)

- der Lieferant die Leistung verweigert,

- ein Fixkauf vorliegt,

- der Käufer bei Terminüberschreitung kein Interesse mehr an der Lieferung hat,

- besondere Umstände den sofortigen Rücktritt rechtfertigen (z. B. dringend notwendige Reparatur).

Entstehen dem Käufer dabei zusätzliche Kosten (z. B. wurde für eine nicht rechtzeitig gelieferte Maschine bereits ein Fundament errichtet), so kann er zusätzlich den **Ersatz der vergeblichen Aufwendungen** vom Lieferanten verlangen.

Rücktritt vom Vertrag (kein Anspruch mehr auf Lieferung) + **Ersatz vergeblicher Aufwendungen**

Wenn innerhalb der Nachfrist keine Lieferung erfolgt und der Käufer sich die Ware bei einem anderen Lieferanten zu einem höheren Preis beschaffen muss **(Deckungskauf)**, kann der Käufer **Schadenersatz statt der Lieferung** verlangen, d. h. er verzichtet auf die Lieferung, nimmt den Deckungskauf vor und verlangt den Ersatz des entstandenen Schadens vom Lieferanten.

In diesem Fall ergibt sich der Schaden aus dem Preisunterschied; er ist genau berechenbar **(konkreter Schaden)**.

> **Schadenersatz statt der ganzen Leistung**
> (Anspruch auf Lieferung besteht nicht mehr)

Aufgaben

1. *Im Kaufvertrag wird kein Liefertermin vereinbart. Wann muss der Verkäufer liefern?*

2. *Welche Voraussetzungen müssen erfüllt sein, damit ein Lieferungsverzug vorliegt?*

3. *Wann gerät der Lieferant auch ohne Mahnung durch den Käufer in Lieferungsverzug?*

4. *Welche Rechte stehen dem Käufer beim Lieferungsverzug*
   a) ohne Nachfrist,
   b) mit Nachfrist zu?

5. *Wodurch unterscheiden sich abstrakter und konkreter Schaden?*

6. *Nennen Sie vier Beispiele für Fälle, in denen von einem Interessenwegfall ausgegangen werden kann.*

7. *Frau Fuchs will ihr Textilgeschäft zum 1. Juni eröffnen und hat aus diesem Grunde im Kaufvertrag mit der Textilgroßhandlung Schneider GmbH vereinbart, dass die bestellten Polo-Shirts bis zum 15. Mai fix zu liefern sind. Die Sendung ist aber am 20. Mai noch nicht eingetroffen.*
   a) Wann tritt der Lieferungsverzug in diesem Fall ein?
   b) Welche Rechte kann Frau Fuchs geltend machen?

8. *Der Lieferant befindet sich in Lieferungsverzug. Welches Recht würden Sie in den folgenden Fällen in Anspruch nehmen?*
   a) Die Ware ist bei einem anderen Lieferanten – allerdings zu einem weitaus höheren Preis – sofort erhältlich.
   b) Die Ware ist von keinem anderen Lieferanten zurzeit zu erhalten.
   c) Die Ware ist sofort bei einem anderen Lieferanten zu einem günstigeren Preis erhältlich.

9. *Am 12. November 20.. sollte eine Lieferung Fleece-Stoff bei der Tropic GmbH eintreffen. Durch plötzliches Hochwasser wird der Warenbestand des Lieferanten unbrauchbar. Der Lieferant ist der Meinung, dass kein Lieferungsverzug vorliegt. Im Falle der höheren Gewalt treffe ihn kein Verschulden. Hat der Lieferant mit seiner Meinung Recht? Begründen Sie Ihre Antwort.*

10. *In der am 12. Juni erscheinenden Ausgabe des Lokalanzeigers wirbt das Sporthaus Kaltz, Am Löwentor 22, 56075 Koblenz, für die neuesten Modelle des Fahrradherstellers Poch. Wegen der hohen Nachfrage sind einige Modelle sehr schnell vergriffen. Fritz Klammer, Finkenweg 28, 55543 Bad Kreuznach, ein begeisterter Radsportler bestellt deshalb unter Hinweis auf das Inserat am 14. Juni ein Mountain-Bike, Modell Luchs, das spätestens bis zum 20. August geliefert werden muss, weil Klammer dann in Urlaub fahren möchte. Das Sporthaus bestätigt am 16. Juni die Bestellung und verspricht, das Mountain-Bike bis Ende Juli zu liefern.*
   a) Kommt zwischen dem Sporthaus Kaltz und dem Kunden Klammer ein Kaufvertrag zustande? Begründen Sie Ihre Ansicht.

b) Am 3. August wurde das Rad immer noch nicht ausgeliefert. Beurteilen Sie die rechtliche Situation. Unterstellen Sie, dass das Rad deshalb nicht geliefert wurde, weil
  ba) der Auszubildende Manuel G. den Auftrag falsch abgelegt hatte.
  bb) die Lagerhalle des Sporthauses Kaltz infolge eine Brandes (Blitzschlag) völlig zerstört wurde.
c) Das Mountain-Bike ist am 6. August immer noch nicht eingetroffen. Entscheiden Sie, von welchen Rechten Klammer jeweils Gebrauch machen wird, wenn die folgenden Situationen unterstellt werden:
  ca) Klammer erkundigt sich in mehreren Fachgeschäften nach dem von ihm gewünschten Fabrikat, das leider in keinem Geschäft mehr vorrätig ist. Klammer sucht einen Rechtsanwalt auf.
  cb) Klammer besinnt sich auf die gute Qualität seines alten Rades und hat wegen der Unzuverlässigkeit des Sporthauses Kaltz kein Interesse mehr an der Lieferung des Mountain-Bikes.
  cc) Inzwischen rückt der Urlaubstermin immer näher. Obwohl Klammer das Sportgeschäft bereits beim Kauf unmissverständlich über seine Reisepläne informiert und erklärt hatte, dass eine Lieferung nach dem 20. August für ihn keinen Zweck mehr habe, verstreicht auch dieser Termin.
d) Schreiben Sie im Namen von Klammer einen Brief zur Situation ca) an das Sporthaus Kaltz.

3.4.3 Annahmeverzug

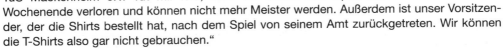

Die Tropic GmbH hat laut Kaufvertrag mit der TUS Mackenheim e.V. 500 T-Shirts mit dem Aufdruck „Meister der A-Klasse West" zu liefern. Am 20. Mai 20.. werden die T-Shirts termingerecht geliefert, Auftragswert 6.000,00 EUR. Dr. Rist, stellvertretender Vorsitzender des Vereins, verweigert die Annahme. Er meldet sich telefonisch bei Frau Behrens von der Tropic GmbH:

„Guten Tag, Frau Behrens! Ich bin der stellvertretende Vorsitzende der TuS Mackenheim e.V. Tut mir leid, aber wir haben das Spiel am Wochenende verloren und können nicht mehr Meister werden. Außerdem ist unser Vorsitzender, der die Shirts bestellt hat, nach dem Spiel von seinem Amt zurückgetreten. Wir können die T-Shirts also gar nicht gebrauchen."

1. Liegt in diesem Fall ein Annahmeverzug vor?

2. Wenn ja, welches Recht sollte die Tropic GmbH beanspruchen?

In Annahmeverzug gerät der Käufer, wenn er die ordnungsgemäß (d. h. am rechten Ort, zur rechten Zeit, in der rechten Art und Weise) gelieferte Ware nicht annimmt. Der Annahmeverzug bewirkt, dass die Haftung für den zufälligen Untergang bzw. die zufällige Verschlechterung der Ware auf den Käufer übergeht. Der Verkäufer haftet nur noch bei grober Fahrlässigkeit und Vorsatz.

Der Verkäufer kann auf die ordnungsgemäße Erfüllung des Kaufvertrages verzichten. Er kann die Ware zurücknehmen und an einen anderen Kunden verkaufen.
Die Gründe für eine solche Verhaltensweise sind u. a. Entgegenkommen gegenüber einem bisher guten Kunden, Preissteigerung, Verschlechterung der Kreditwürdigkeit des bisherigen Käufers.

Der Verkäufer kann aber auch auf der ordnungsgemäßen Erfüllung des Kaufvertrages bestehen und die Ware auf Kosten und Gefahr des Käufers z. B. in einem öffentlichen Lagerhaus einlagern. Anschließend kann er einen Selbsthilfeverkauf (§ 373 HGB) durchführen oder auf Abnahme der Ware klagen. Vor dem Selbsthilfeverkauf muss er den Käufer über die Einlagerung informieren, diesem eine Frist zur Annahme der Ware setzen und den Selbsthilfeverkauf androhen. Ebenso muss er den Käufer über Ort und Zeitpunkt des Selbsthilfeverkaufs informieren. Käufer und Verkäufer können bei der Versteigerung mitbieten. Die Versteigerung wird im Normalfall am Wohn- bzw. Geschäftssitz des Käufers durchgeführt. Hat die Ware einen Markt- oder Börsenpreis (z. B. Rohkaffee, Kupfer, Schweinehälften), erfolgt ein freihändiger Verkauf durch einen Handelsmakler. Fehlt dieser Markt- oder Börsenpreis, erfolgt eine Versteigerung durch einen öffentlich bestellten Versteigerer. Lager-, Verkaufs- und Versteigerungskosten und einen eventuellen Mindererlös hat der säumige Käufer zu tragen. Ihm steht aber auch ein Mehrerlös (nach Abzug der Kosten) zu.

Bei verderblicher Ware (z. B. Obst, Gemüse) kann der Verkäufer sofort – ohne Fristsetzung und Androhung – einen Notverkauf durchführen (§§ 373, 379 HGB).

Aufgaben

1. *Welche Voraussetzungen müssen gegeben sein, damit allgemein ein Annahmeverzug vorliegt?*

2. *Welche Rechte stehen dem Verkäufer allgemein beim Annahmeverzug zu?*

3. *Liegt in den folgenden Fällen ein Annahmeverzug vor?*
   a) *Der 17-jährige Auszubildende Ralf hat in einem Fachhandel telefonisch zwei Spezialbohrer bestellt, aber nicht – wie zugesagt – am gleichen Tag abgeholt.*
   b) *Eine Kundin hat in einem Kaufhaus eine Espresso-Maschine gekauft und eine Anzahlung geleistet. Zum vereinbarten Termin holt sie die Maschine aber nicht ab. Der Unternehmer schreibt eine Erinnerung und eine Woche später eine Mahnung.*
   c) *Der begeisterte Radfahrer Rudi Renner hat bei der Sporthandel GmbH ein 24-Gang-Mountainbike für 1.499,00 EUR bestellt. Die Lieferung erfolgt vertragsgemäß am 30. April. Rudi Renner nimmt das Rad nicht an. Wegen eines Knieproblems habe ihm der Arzt das Radfahren verboten.*
   d) *Eine Kundin hat sich in einem Textilgeschäft einen Wintermantel zurücklegen lassen. Sie erscheint aber in den nächsten zwei Tage nicht, um den Mantel zu bezahlen und mitzunehmen.*
   e) *Frau Sommer hat bei einem Getränke-Center anlässlich der Feier ihres Geburtstages für Freitag, den 12.12...,16.00 Uhr fix, Getränke bestellt. Um 17.30 Uhr erscheint der Lieferwagen des Getränke-Centers. Frau Sommer lehnt die Annahme ab, da sie inzwischen bei einer Gaststätte Getränke bestellt und erhalten hat.*

4. *Welches Recht würden Sie in den folgenden Fällen bei einem Annahmeverzug in Anspruch nehmen?*
   a) *Ein Kunde hat bei einem Holzfachmarkt eine einbruchsichere Haustür mit Stahlkern und Prüfungszeugnis ET1/ET2 nach DIN V 18103 bestellt und verweigert nun die Annahme.*
   b) *Ein Handwerksunternehmen hat für einen Käufer einen besonders aufwendigen Wintergarten geplant und hergestellt. Der Käufer verweigert die Montage des Wintergartens, da er inzwischen einen ähnlichen bei einem anderen Handwerksbetrieb 2.000,00 EUR günstiger kaufen könne.*

5. *Stein & Butt, Theodor-Heuss-Str. 88, 55126 Mainz, haben sich auf den Innenausbau von Büroräumen spezialisiert. Am 2. März 20.. wird an die Steuerberatungsgesellschaft Maier & Vogt, Bahnhofstraße 102, 56068 Koblenz, eine maßgeschneiderte Bürolandschaft termingerecht geliefert, Auftragswert 16.000,00 EUR. Maier verweigert die Annahme mit dem Hinweis, sein Kollege sei vor zehn Tagen nach schwerer Krankheit verstorben. Er selbst wolle nach Neustadt umziehen und sei deswegen an der Lieferung nicht mehr interessiert.*
   a) *Liegt in diesem Fall Annahmeverzug vor? Begründen Sie Ihre Antwort.*
   b) *Welche Rechte stehen Stein & Butt im Falle eines Annahmeverzuges zu?*

c) *Butt schlägt vor, von dem Vertrag zurückzutreten und Maier auf Abnahme zu verklagen. Wie beurteilen Sie diesen Vorschlag?*

d) *Stein möchte einen Selbsthilfeverkauf durchführen lassen.*

   da) *Erklären Sie den Begriff Selbsthilfeverkauf.*

   db) *Beschreiben Sie den Ablauf des Selbsthilfeverkaufs.*

   dc) *Wer trägt im Falle des Selbsthilfeverkaufs den Mindererlös?*

   dd) *Wer erhält im Falle eines Selbsthilfeverkaufs den Mehrerlös?*

e) *Halten Sie einen Selbsthilfeverkauf in diesem Fall für sinnvoll? Begründen Sie Ihre Antwort.*

f) *Welches Recht sollten Stein & Butt in diesem Fall sinnvollerweise beanspruchen?*

g) *Schreiben Sie im Auftrag von Stein & Butt einen entsprechenden Brief (Datum 3. März 20..) an den Kunden Maier.*

3.4.4 Nicht rechtzeitige Zahlung (Zahlungsverzug)

Die Black and Blue Jeans GmbH in Mainz hat am 20.03.20.. bei der Tropic-GmbH 20 Fleece-Jacken zu je 90,00 EUR bestellt. Die Tropic-GmbH hat den Auftrag am 24.03. bestätigt und die Lieferung pünktlich zum 30.04. durchgeführt. Gleichzeitig mit der Lieferung wurde die Rechnung ausgehändigt.

Diese Rechnung über 1.800,00 EUR, Zahlungsbedingung **„zahlbar innerhalb von 14 Tagen nach Rechnungserhalt"**, ist am 18.05. immer noch nicht bezahlt.

Eine Rechnung vom 20.04. über 400,00 EUR aus einem Werksverkauf an den Privatkunden Kurt Ulrich ist am 18.05. ebenfalls noch nicht bezahlt. Ein Zahlungstermin war in dieser Rechnung nicht genannt.

1. *Befinden sich die Black and Blue Jeans bzw. Kurt Ulrich in Zahlungsverzug?*

2. *Wie soll sich die Tropic GmbH verhalten?*

fällig am	Rechnungs-betrag	Zahlung	Restbetrag
14.05.20..	1.800,00 EUR	0,00 EUR	1.800,00 EUR

Mahnung?

Durch den Kaufvertrag ist der Käufer verpflichtet, den Kaufpreis fristgerecht zu zahlen.

Der Schuldner einer Geldforderung kommt in Zahlungsverzug, wenn

- die **Zahlung fällig** war

- er die **Zahlung nicht rechtzeitig** leistet

- er die nicht rechtzeitige Zahlung zu **verschulden** hat
  (Der Schuldner kommt nicht in Verzug, wenn er z. B. nach einem Unfall auf der Intensivstation des Krankenhauses liegt und deshalb den Rechnungsbetrag nicht begleichen kann.)

- der Geldgläubiger **gemahnt** hat.

– **Fälligkeit**
– **Nichtleistung**
– **Verschulden**
– **Mahnung**
 → entfällt, wenn Zahlungstermin kalendermäßig bestimmt wurde oder bestimmbar ist bzw. wenn mehr als 30 Tage nach Rechnungserhalt verstrichen sind

Eine Mahnung ist nicht erforderlich, wenn der Zahlungstermin bestimmt wurde oder kalendermäßig bestimmbar ist (z. B. 14 Tage nach Rechnungsdatum).

10 Fr	
11 Sa	
12 So	
13 Mo	42. W.
14 Di	
15 Mi	
16 Do	
17 Fr	
18 Sa	
19 So	
20 Mo	43. W.

Als Zahlungstermin gegenüber der Route 66 GmbH war vereinbart:
„Zahlbar bis spätestens 15.10.20...".
Die Route 66 GmbH kommt ohne Mahnung in Zahlungsverzug, wenn sie nicht spätestens am 15.10.20... der Bank den Überweisungsauftrag erteilt hat.

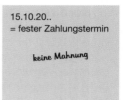
15.10.20..
= fester Zahlungstermin

keine Mahnung

Einer gesonderten Mahnung bedarf es auch dann nicht, wenn **kein Zahlungstermin festgelegt oder dieser nicht kalendermäßig bestimmbar** ist (z. B. 14 Tage nach Rechnungserhalt). In diesen Fällen kommt der Schuldner einer Geldforderung **automatisch spätestens 30 Tage** nach Fälligkeit und Zugang der Rechnung in Verzug. Den Zeitpunkt des Zugangs der Rechnung hat im Streitfall der Gläubiger zu beweisen.

Die Kick Moden GmbH erhält am 15.06. des Jahres zusammen mit der Warenlieferung der Tropic GmbH die Rechnung. Wenn vertraglich zur Fälligkeit der Zahlung keine Vereinbarungen getroffen wurden, dann kommt die Kick Moden GmbH ohne Mahnung in Verzug, wenn sie nicht spätestens am 15.07. des Jahres ihrer Bank den Überweisungsauftrag erteilt.

30-Tages-Regelung

keine Mahnung

Diese Regelung gilt für alle Geldforderungen aus Kauf-, Werk- und Dienstleistungsverträgen. Sie gilt nicht für Schuldverhältnisse, die wiederkehrende Geldleistungen zum Gegenstand haben.

Beim Verbrauchsgüterkauf (einseitiger Handelskauf) gilt der automatische Zahlungsverzug nach 30 Tagen nur dann, wenn in der Rechnung ausdrücklich darauf hingewiesen wurde (sog. Verbraucherprivileg).

Die 30-Tages-Regelung ergänzt das Mahnungssystem nur. Ist kein Fälligkeitstermin vereinbart, so kann der Verkäufer auch vor Ablauf der 30 Tage mahnen und damit den Käufer in Verzug setzen.

Befindet sich der Käufer in Zahlungsverzug, hat der Verkäufer folgende Rechte:

- **Zahlung verlangen (Erfüllung des Vertrages)**

- **Zahlung verlangen und Schadenersatz (bei Verschulden), Voraussetzung: Mahnung**
  Die Tropic GmbH verlangt zusätzlich zur Zahlung des Kaufpreises noch Verzugszinsen.

- **Rücktritt vom Kaufvertrag (bei Pflichtverletzung und nach einer angemessenen Nachfrist, die unter bestimmten Umständen (z. B. Fixkauf) entbehrlich ist)**
  Die Tropic GmbH nimmt die gelieferte Ware zurück, da mit einer Zahlung durch den Kunden nicht gerechnet werden kann und die Ware anderweitig verkauft werden kann.

- **Schadenersatz statt der ganzen Leistung (bei Verschulden und nach einer angemessenen Nachfrist)**
  Die Tropic GmbH kann die unter Eigentumsvorbehalt gelieferte Ware zurückverlangen, an einen anderen Kunden verkaufen, allerdings zu einem niedrigeren Preis, und stellt dem Schuldner den Differenzbetrag in Rechnung.
  oder
  Ersatz vergeblicher Aufwendungen

Rücktritt und Schadenersatz können dabei nebeneinander geltend gemacht werden.

Neben Porti für Mahnungen, Telefongebühren, Rechtsanwaltskosten zählen auch die Verzugszinsen zu den Verzugsschäden.

Die Geldschuld ist während des Verzugs zu verzinsen (5 % über dem Basiszinssatz beim Verbrauchsgüterkauf bzw. 8 % über dem Basiszinssatz beim zweiseitigen Handelskauf). Bei Nachweis ist die Geltendmachung eines höheren Schadens möglich.

Aufgaben

1. *Im Kaufvertrag wird kein Zahlungstermin vereinbart. Wann muss der Käufer zahlen?*

2. *Wann ist beim Zahlungsverzug eine Mahnung notwendig, damit der Schuldner in Verzug gerät?*

3. *Für welche der folgenden Geschäfte gelten die Regelungen des Gesetzes zur Beschleunigung fälliger Zahlungen? Begründen Sie Ihre Entscheidung.*
   a) *Mieter Lahm schuldet seinem Vermieter Fröhlich bereits seit drei Monaten die Miete.*
   b) *Herr Lustig hat die Rechnung eines Textilhändlers, die ihm am 2. Oktober 20.. zuging, am 11. Oktober 20.. immer noch nicht bezahlt.*
   c) *Tina Anker hat die Rechnung eines Autozubehör-Händlers für den Einbau einer CD-Anlage vom 31. März 20.. am 2. Mai 20.. noch nicht bezahlt.*

4. *Der Lebensmittel-Großhändler Grün hat dem Einzelhändler Blank am 10. September vertragsgemäß 100 Dosen Obst gegen Rechnung geliefert. Am 8. November hat Blank noch nicht bezahlt. Prüfen Sie, ob in den folgenden Fällen Zahlungsverzug vorliegt:*
   a) *Die Zahlungsbedingung lautet: „zahlbar innerhalb von 14 Tagen ab Erhalt der Rechnung".*
   b) *Vertraglich wurde keine Zahlungsbedingung festgelegt.*
   c) *Die Zahlungsbedingung lautet: „zahlbar innerhalb von 20 Tagen". Blank zahlt pünktlich, doch am 8. November ist die Zahlung noch nicht auf dem Konto des Großhändlers eingegangen. Dieser hatte jedoch seine Bankverbindung gewechselt und Blank davon nicht in Kenntnis gesetzt.*

5. *Ein Schuldner befindet sich in Zahlungsverzug. Welches Recht sollte der Gläubiger in den folgenden Fällen wahrnehmen?*
   a) *Da die Ware eine Spezialanfertigung ist, kann er sie an keinen anderen Kunden verkaufen. Seit Jahren unterhält der Gläubiger aber gute Geschäftsbeziehungen zu diesem säumigen Schuldner.*
   b) *Er kann die Ware an einen anderen Kunden – allerdings nur zu einem niedrigeren Preis – verkaufen.*
   c) *Er kann die Ware zu einem höheren Preis an einen anderen Kunden verkaufen.*

6. *Welche Nachteile können einem Kaufmann entstehen, der häufig in Zahlungsverzug gerät?*

3.5   Mahnverfahren

3.5.1   Außergerichtliches Mahnverfahren

Häufig kommt es vor, dass Geldschuldner den Zahlungstermin übersehen oder vergessen. Denkbar sind aber auch Zahlungsunwilligkeit oder Zahlungsunfähigkeit der Schuldner. Betroffen von der schlechten Zahlungsmoral sind vor allem kleinere und mittlere Betriebe, deren Kapitaldecke oft nicht reicht, um Außenstände vorzufinanzieren. Sie geraten selbst in Liquiditätsprobleme und müssen im schlimmsten Fall die Eröffnung des Insolvenzverfahrens über das eigene Unternehmen beantragen.

Da der Schuldner einer Geldforderung automatisch 30 Tage nach Zugang der Rechnung in Verzug gerät, sind Mahnungen nicht mehr erforderlich. Die Vertragsparteien können aber vertraglich vereinbaren, dass es zur Inverzugsetzung des Schuldners gesonderter Mahnungen bedarf.

Ein abgestuftes kaufmännisches Mahnverfahren könnte wie folgt aussehen:

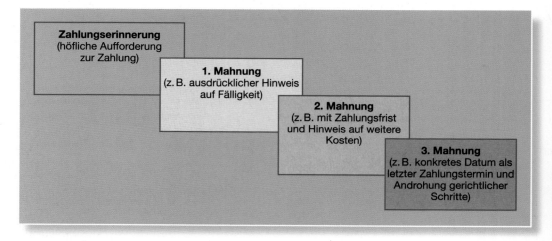

3.5.2   Gerichtliches Mahnverfahren

Zahlt der Käufer (Geldschuldner) nach Ablauf der 30-Tage-Frist nicht, kann der Verkäufer (Geldgläubiger) ohne weitere Vorwarnung den Erlass eines Mahnbescheides beantragen und auf diesem Wege versuchen, die Zahlung zu bewirken. Einerseits soll durch dieses Verfahren der Prozessweg (Klage auf Zahlung) vermieden und andererseits die Verjährung der Forderung angehalten werden. Der Gläubiger (Antragsteller) beantragt den Erlass des Mahnbescheides grundsätzlich beim Amtsgericht an seinem Wohn- oder Geschäftssitz. Die Höhe der Forderung spielt keine Rolle. In einigen Bundesländern werden Mahnsachen bei einem zentralen Amtsgericht EDV-mäßig bearbeitet (z. B. Amtsgericht Mayen für Rheinland-Pfalz und Saarland; Amtsgericht Hagen für Nordrhein-Westfalen). Der Mahnbescheid wird dem Schuldner (Antragsgegner) zugestellt, ohne dass das Gericht prüft, ob der Anspruch tatsächlich berechtigt ist.

Antrag auf Erlass eines Mahnbescheides:

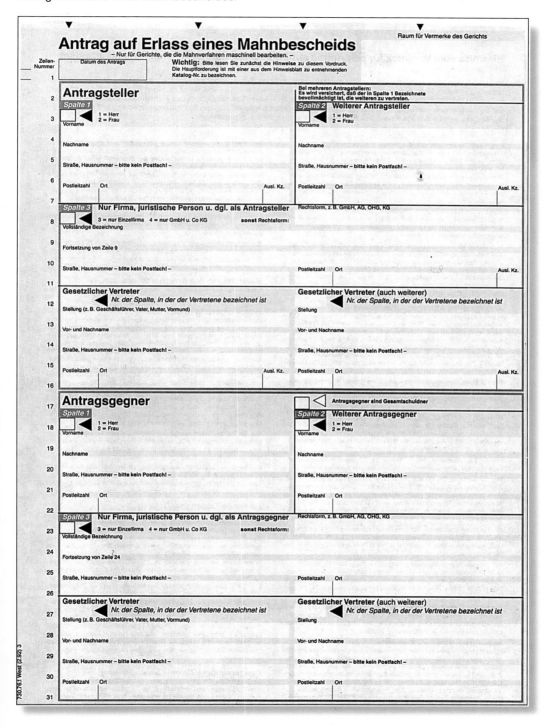

Übersicht über den Ablauf des gerichtlichen Mahnverfahrens:

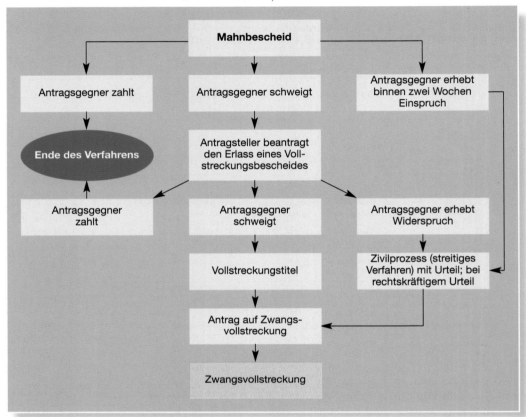

Die Zwangsvollstreckung wird vom Gerichtsvollzieher durchgeführt. Bewegliches Vermögen des Antragsgegners wird hierbei als Faustpfand entnommen (Schmuck, wertvolle Münzen, Betriebsmittel usw.) oder durch Anbringung eines Pfandsiegels zunächst gekennzeichnet und dann durch den Gerichtsvollzieher öffentlich versteigert.

Unbewegliches Vermögen (Gebäude, Grundstücke) des Antragsgegners kann zur Deckung der Forderung zwangsverwaltet oder zwangsversteigert werden. Forderungen und andere Rechte des Antragsgegners (Bankguthaben, Arbeitseinkommen) können ebenfalls durch einen Pfändungsbeschluss verwertet werden.

Nicht pfändbar sind:

■ Gegenstände, die zur wirtschaftlichen Existenz des Schuldners notwendig sind (Kleidungsstücke, Betten)

■ Gegenstände, die der Erwerbstätigkeit dienen (Transporter eines Fuhrunternehmers)

■ bestimmte Teile des Arbeitseinkommens (Reise- und Umzugskosten, Gefahrenzulagen, Erziehungsgelder u. a.)

Bei einer erfolglosen Zwangsvollstreckung kann der Antragsteller beim zuständigen Amtsgericht eine eidesstattliche Versicherung des Antragsgegners beantragen. Hierbei muss der Schuldner ein genaues Verzeichnis seines Vermögens aufstellen und dessen Richtigkeit an Eides statt versichern. Die Verweigerung der eidesstattlichen Versicherung kann auf Antrag des Gläubigers zu einer Erzwingungshaft führen.

Aufgaben

1. *Die Black und Blue Jeans GmbH in Mainz ist ein guter Kunde der Tropic GmbH. Die Rechnung vom 02. Mai 20.. (siehe S. 237) wurde immer noch nicht bezahlt. Aus Kulanzgründen will die Tropic GmbH die Schulden zunächst mahnen. Verfassen Sie die Mahnung. Die Tropic GmbH hat im nächsten Monat selbst größere Zahlungsverpflichtungen (Steuertermin, Fälligkeit eines Kredites) zu erfüllen.*

2. *Fassen Sie die wesentlichen Inhalte des „Gesetzes zur Beschleunigung fälliger Zahlungen" zusammen.*

Experten-Thema 8. Mai 2000

Richtig Mahnen

Am 1. Mai 2000 trat es in Kraft: Das Gesetz zur Beschleunigung fälliger Zahlungen. Der Grund für die Änderungen im Bürgerlichen Gesetzbuch (BGB): die schlechte Zahlungsmoral beim Begleichen von Rechnungen. Viele Schuldner zahlen nicht selten erst dann die Rechnung ihres Handwerkers, Zahnarztes oder Getränkelieferanten, wenn sie gemahnt worden sind oder sogar ein Rechtsanwalt eingeschaltet wurde.

Die wichtigsten Neuerungen sind:

Verzug tritt leichter ein
Bisher kam der Schuldner erst in Verzug, wenn ihm der Gläubiger eine Mahnung geschickt hatte. Erst dann konnte der Gläubiger Verzugszinsen oder – beim Eintritt weiterer durch den Verzug bedingter Einbußen – den Ersatz von Schäden verlangen. Nach dem neuen § 284 Abs. 3 BGB ist eine Mahnung nicht mehr erforderlich. Der Schuldner kommt jetzt 30 Tage nach dem Erhalt der Rechnung automatisch in Verzug – ohne weitere Mahnung. Für den Gläubiger bedeutet diese Regelung in Zukunft viel weniger Aufwand, für den Schuldner hat sie unter Umständen unangenehme Konsequenzen. Etwa dann, wenn er kurz vor Eintreffen der Rechnung einige Wochen in Urlaub gefahren ist und gar nichts von der zu Hause auf ihn wartenden Rechnung weiß.
Wichtig hierbei: Die 30-Tage-Frist beginnt mit Zustellung der Rechnung. Das bedeutet, dass der Handwerker im Zweifel beweisen muss, dass die Rechnung dem Schuldner auch ordnungsgemäß zugegangen ist.

---

3. *Welche Vorteile bringt das Gesetz für den Gläubiger, welche Gefahren sehen Sie für den Schuldner?*

3.6 Verbraucherinsolvenzverfahren

Viele Haushalte in Deutschland haben finanzielle Probleme
Immer mehr Menschen geraten in die Schuldenfalle. Es handelt sich dabei meist um ganz „normale" Bürger und nicht um leichtsinnige Gemüter, die das Geld mit vollen Händen zum Fenster hinaus werfen. Über drei Millionen Haushalte in Deutschland sind verschuldet, die Zahl der Privatinsolvenzen steigt.
Quellen: www.zdf.de und www.welt.de; 2006

1. *Was bedeutet der Begriff „Schuldenfalle"?*

2. *Welche Ursachen führen zur Verschuldung ganz „normaler" Bürger?*

SITUATION

Am 1. Januar 1999 ist die neue Insolvenzordnung (Insolvenz = Zahlungsunfähigkeit, Bankrott) in Kraft getreten. Ein Ziel dieses Gesetzes ist es, einem Teil der überschuldeten Haushalte die Schulden nach sieben Jahren vorbildlichen Verhaltens zu erlassen. Auf diese Weise soll ein Anreiz für diesen Personenkreis geschaffen werden, wieder aktiv am Wirtschaftsleben teilzunehmen, etwa eine Arbeit aufzunehmen. Bisher haftete der Schuldner 30 Jahre lang mit seinem Vermögen. Jetzt kann er u. U. schon nach sieben Jahren seine Restschulden los sein.

Beim Verbraucherinsolvenzverfahren, das für alle Schuldner gilt, die natürliche Personen sind und keine oder nur eine geringfügige selbstständige wirtschaftliche Tätigkeit ausüben, führen mehrere Stufen zur Schuldenfreiheit.

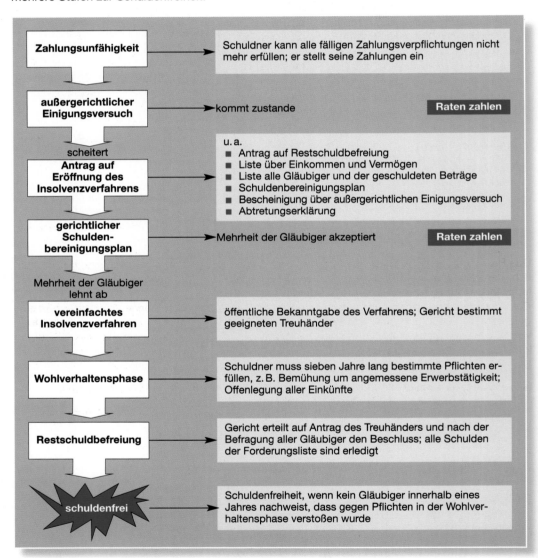

3.7 Verjährung

In der Woche vor Jahresende im Büro der Tropic GmbH:
Ayse stößt beim Durchblättern der Zeitung auf folgenden Artikel (Ausschnitt):

Schuldenfrei in einer Sekunde
Verjährung zum Jahreswechsel: Neujahrsnacht macht es möglich

Karlsruhe. In einer Sekunde schuldenfrei – der Traum aller Schuldner wird sich für manchen in der Neujahrsnacht Schlag 00:00 Uhr erfüllen. Denn in diesem Augenblick sagt nicht nur das alte Jahr Adieu, auch Forderungen und Ansprüche in Millionenhöhe verjähren.
Wer noch Außenstände hat, sollte schnell deren „Verfalldatum" überprüfen, denn um eine Sekunde nach 00:00 Uhr könnte er in der Neujahrsnacht nicht nur einen Schuldner, sondern mit ihm auch lukrative Forderungen verloren haben.

1. **Was bedeutet der Begriff Verjährung?**

2. **Welche Wirkung hat die Verjährung auf den Zahlungsanspruch des Gläubigers?**

3. **Was kann ein Gläubiger tun, um die Verjährung seines Zahlungsanspruches zu verhindern?**

Das Recht, von einem anderen ein Tun oder Unterlassen zu verlangen, unterliegt der Verjährung, d.h. der Zeitablauf kann Rechte entkräften (oder begründen). Im Zusammenhang mit der Zahlungsverpflichtung aus einem Vertrag bedeutet das:
Der Schuldner muss nicht mehr zahlen, wenn die im Gesetz vorgeschriebene Verjährungsfrist abgelaufen ist. Verjährung bedeutet nicht, dass der Anspruch erlischt, sie gibt dem Schuldner vielmehr ein Leistungsverweigerungsrecht, indem er sich auf die Verjährung beruft. Der Gläubiger kann den Anspruch dann gerichtlich nicht mehr durchsetzen.
Die Verjährung dient der Wahrung des Rechtsfriedens und der Rechtssicherheit:

■ Schuldner müssen bestimmte Unterlagen zur Beweisführung nicht ewig aufbewahren.

■ Gerichte müssen sich nicht mit jedem zeitlich weit zurückliegenden Fall befassen.

wichtige Verjährungsfristen	30 Jahre = Höchstfristen (§199 BGB)	3 Jahre = **regelmäßige Verjährungsfrist (§ 195 BGB)**	2 Jahre (grundsätzlich)
Gültigkeit für	Ansprüche ■ aus rechtskräftigen Urteilen ■ aus vollstreckbaren Vergleichen oder vollstreckbaren Urkunden ■ die auf der Verletzung des Lebens, des Körpers, der Gesundheit oder der Freiheit beruhen ■ auf Herausgabe von Eigentum	Ansprüche ■ auf Zahlung aus einem Kaufvertrag ■ auf regelmäßig wiederkehrende Zahlungen (z. B. Miete, Pacht) ■ aus mangelhafter Erfüllung von der Verkäufer den Mangel arglistig verschwiegen hat ■ aus ungerechtfertigter Bereicherung. ■ aus Werklohnforderungen	Ansprüche ■ aus Gewährleistung beim Kauf beweglicher neuer Sachen ■ aus mangelhaften Kaufverträgen
Fristbeginn	– mit Entstehung des Anspruchs – mit Rechtskraft der Entscheidung o. Ä.	mit dem Schluss des Jahres, in dem – der Anspruch entstanden ist und – der Gläubiger Kenntnis erlangt hat	i. d. R. mit Ablieferung bzw. Übergabe der Sache
Beispiel	Die Tropic GmbH hat einem Kunden am 20.05.2006 einen Beflockungsautomaten geliehen. Die Rückgabe soll am 20.06.2006 erfolgen.	Die Tropic GmbH hat einen Kaufpreisanspruch gegenüber dem Kunden S. Ebbe in Höhe von 2.000,00 EUR aus einem Warenverkauf vom 22.10.2006.	Die am 12.04.2006 gekaufte Digitalkamera zur Aufnahme von Warenpräsentationen fällt bei längerer Nutzung zeitweise aus.

Der Lauf der Verjährung kann durch verschiedene Ereignisse beeinflusst werden. Wegen der unterschiedlichen Folgen sind dabei der Neubeginn und die Hemmung der Verjährung zu unterscheiden.

◆ **Neubeginn der Verjährung (§ 212 BGB)**
Der Neubeginn der Verjährung kann durch beide Vertragsparteien verursacht werden.

	Gläubiger	Schuldner
Ereignisse	■ Vornahme oder Beantragung einer gerichtlichen oder behördlichen Vollstreckungshandlung ■ Anerkennung eines Mangels	■ Schuldanerkenntnis durch z. B. – Teilzahlung – Zinszahlung – Sicherheitsleistung
Folge	Verjährung beginnt neu.	

Beispiel Eine Kaufpreisforderung der Tropic GmbH gegenüber dem Sporthaus Adam, Neuwied, war am 19.01.09 fällig. Das Sporthaus Adam zahlt trotz mehrmaliger Mahnung zunächst nicht. Am 19.02.2010 erfolgt eine Teilzahlung.

Fälligkeit	Beginn der Verjährungsfrist	Ende der Verjährungs- frist im Normalfall		
19.01.2009	31.12.2009	19.02.2010 Teilzahlung durch den Schuldner = Neu- beginn der Verjährungsfrist	31.12.2012	19.02.2013 Ende der Verjährungsfrist

◆ **Hemmung der Verjährung (§ 203 ff. BGB)**

Ereignisse	■ Erhebung der Klage ■ Zustellung des Mahnbescheids ■ Höhere Gewalt ■ Leistungsverweigerungsrecht des Schuldners ■ Verhandlung über den Anspruch
Folge	Die Verjährung wird angehalten, bis der Grund entfallen ist (§ 209 BGB). Die Hemmung führt zu einer Verlängerung der Verjährungsfrist.

Beispiel Die Tropic GmbH hat an das Textilhaus Becker eine Forderung in Höhe von 2.000,00 EUR, fällig am 22.11.2009. Der Kunde zahlt nicht. Die Tropic GmbH erfährt, dass das Textilhaus, ein guter Kunde, unverschuldet in Zahlungsschwierigkeiten geraten ist. Am 10.03.2010 vereinbaren die beiden Vertragspartner, dass der Betrag 90 Tage gestundet wird.

Fälligkeit	Beginn der Verjährungsfrist	Ende der Verjährungs- frist im Normalfall		
22.11.2009	31.12.2009	10.03.2010 Bitte um Stundung = Neubeginn 90 Tage Stundung = Hemmung	31.12.2012	10.06.2013 Ende der Verjährungs- frist nach Neubeginn und Hemmung

Aufgaben

1. Welche Folge hat die Verjährung einer Forderung für den
   a) Gläubiger?
   b) Schuldner?

2. Wie viele Jahre beträgt die Verjährungsfrist bei folgenden Forderungen?
   a) Ein Kreditnehmer zahlt ein Darlehen nicht zurück.
   b) Rechtsanwalt Ernst hat eine Honorarforderung gegenüber seinem Klienten Lustig.
   c) Der kaufmännische Angestellte Schnell verkauft seinen Pkw an den Techniker Worm.
   d) Das Modehaus Schick hat eine Kaufpreisforderung an Frau Rösler.
   e) Der Arbeitnehmer Präger hat Lohnforderungen an seinen Arbeitgeber.
   f) Frau Möller hat für die letzten drei Monate Mietansprüche von jeweils 560,00 EUR gegen ihren Mieter Lehmann.

3. *Wieso häufen sich gerade zum Jahresende bei den Gerichten die Anträge auf Erlass von Mahnbescheiden?*

4. *Wodurch wird die Verjährung unterbrochen bzw. gehemmt und welche Folgen resultieren jeweils daraus?*

5. *Welche Vorteile hat die Verjährung?*

6. *Wann verjähren die Forderungen in den folgenden Fällen? Lösen Sie die Fälle und begründen Sie in Stichworten Ihre Lösung.*

   a) *Forderung der Firma Holzwerke GmbH an das Möbelhaus Holzer; Rechnungsdatum 13.10.2009; Zahlungsziel 4 Wochen. Da Holzer trotz mehrerer Mahnungen nicht zahlt, beantragen die Holzwerke GmbH am 16.01.2010 die Ausstellung eines Mahnbescheids.*

   b) *Ein Rechtsanwalt hat an eine Konservenfabrik eine Honorarforderung laut Rechnung vom 03.05.2009. Da die Konservenfabrik nicht zahlt, lässt der Rechtsanwalt am 03.06.2009 einen Mahnbescheid zustellen. Daraufhin erhält er am 23.06.2009 eine Teilzahlung. Am 07.05.2010 erfährt der Rechtsanwalt, dass die Konservenfabrik Insolvenz angemeldet hat. Am gleichen Tag meldet er seine Restforderung beim Insolvenzgericht an.*

   c) *Forderung des Möbeltransporteurs Flott an den kaufmännischen Angestellten Mücke, für den er einen Umzug von Hamburg nach Koblenz durchgeführt hat. Rechnung über 2.000,00 EUR netto Kasse, Rechnungsdatum 03.08.2009. Mücke leistet am 31.08.2009 eine Teilzahlung über 300,00 EUR, eine weitere Teilzahlung in gleicher Höhe am 02.01.2010. Dann stellt er seine Zahlungen ein. Am 20.02.2010 bittet Mücke schriftlich um Stundung des Restbetrages für 90 Tage. Flott ist mit der Stundung einverstanden.*

4   Zahlungsverkehr

4.1   Möglichkeiten der Barzahlung

SITUATION

Die Tropic GmbH erhält von der Busch Computer GmbH einen neuen Drucker geliefert und installiert. Den jetzt fälligen Betrag von 200,00 EUR + USt. entnimmt Ayse Kaymak der Geschäftskasse und händigt sie dem Techniker bar aus. Zehn Tage später erhält die Tropic GmbH eine Rechnung der Busch Computer GmbH über den neuen Drucker mit der Bitte, den Betrag innerhalb der nächsten 14 Tage zu begleichen. Auf telefonische Rückfrage von Georg Polster teilt die Busch Computer GmbH mit, dass dem betreffenden Techniker mittlerweile gekündigt sei und es keinen Beleg über eine bereits erfolgte Zahlung gäbe.

Wie hätte Ayse Kaymak diese Situation vermeiden können?

4.1.1   Die unmittelbare Barzahlung

Definition   Die unmittelbare Barzahlung erfolgt durch Übergabe von Bargeld an den Zahlungsempfänger, entweder direkt durch den Zahler (Schuldner) oder durch einen Boten.

Bestandteile einer Quittung

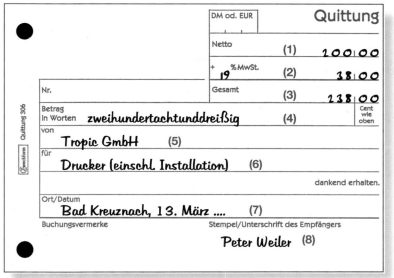

Auf Verlangen des Schuldners muss der Gläubiger die erfolgte Zahlung quittieren (Quittungsformular, Kassenzettel oder durch entsprechenden Vermerk auf der Rechnung). Somit hat der Schuldner einen Beweis für die Zahlung und einen Beleg für seine Buchhaltung.

Bei einer **Kleinbetragsrechnung** (Rechnung, deren Bruttobetrag 100,00 EUR nicht übersteigt) kann auf den gesonderten Ausweis der Umsatzsteuer verzichtet werden. Anstelle des Umsatzsteuerbetrages ist lediglich der Steuersatz anzugeben.

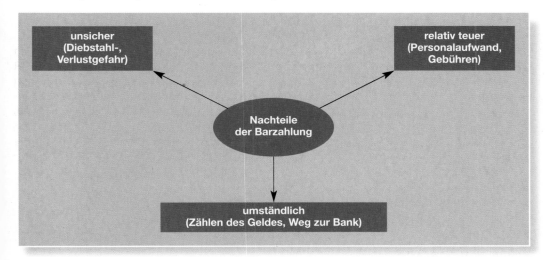

Die unmittelbare Barzahlung spielt im kaufmännischen Zahlungsverkehr nur noch dort eine Rolle,

- wo der private Haushalt am Zahlungsverkehr beteiligt ist (Beispiel: Die Tropic GmbH verkauft im Rahmen des Werkverkaufs an private Kunden),

- wo es sich um kleine Beträge handelt (Beispiel: Briefmarken werden bar bezahlt).

4.1.2 Wertbrief

Bargeld, Schmuck oder wertvolle Dokumente können mit einem **Wertbrief** (bis 1.000 g) versendet werden.

Dabei haftet die Deutsche Post bis zu einem Wert von 500,00 EUR (bei Bargeld bis 100,00 EUR). Übersteigt der versendete Wert 500,00 EUR, so ist die Haftung komplett ausgeschlossen.

Die Freimachung erfolgt über ein Wertbrieflabel, das im Internet (www.efiliale.de) und in ausgewählten Deutsche Post AG Filialen („posteigene Filialen") gekauft werden kann.

Durch das Label wird die Sendung identifizierbar und unverwechselbar. Der Verlauf jeder Sendung kann nachvollzogen werden. Zuzüglich muss der Wertbrief mit dem entsprechenden Porto, z. B. für den Standardbrief, frankiert werden.

Der Wertbrief kann entweder in einen Briefkasten eingeworfen oder bei einer Filiale der Deutschen Post abgegeben werden.

Bei der Zustellung quittiert der Empfänger bzw. Empfangsberechtigte den Erhalt des Wertbriefes. Der Verkaufskarton des Wertbrieflabels mit der Sendungsnummer muss unbedingt aufbewahrt werden, da Ersatz nur gegen Vorlage dieses sog. Trägerkartons erfolgt.

4.1.3 Minuten-Service

In Zeiten, in denen Brot und Milch mit der Kreditkarte bezahlt werden können, setzt Western Union auf Bargeld. Viele ihrer Kunden haben nämlich gar kein Konto – oder können es nicht nutzen ... „Meine Eltern leben im Senegal. Ab und zu schicke ich ihnen etwas Geld ...", erzählt eine Afrikanerin. Sie ist seit zwei Jahren in Deutschland ... Sie trägt ihren Namen in ein Formular ein, gibt den Namen des Empfängers an und erhält eine Kontrollnummer. Diese teilt sie ihrer Familie mit, damit ihr Vater das Geld im Senegal bei der örtlichen Agentur ausgehändigt bekommt. Kann er sich nicht durch einen Pass oder Führerschein ausweisen, genügen ein vereinbarter Code und eine Beschreibung der Person: Geschlecht, Größe, Augenfarbe, Haarfarbe.

Quelle: Die Zeit, 29. November 2001

Der Minuten-Service ist nicht nur innerhalb Deutschlands, sondern auch rund um den Globus möglich.

Dafür stehen ca. 100.000 Agenturen des Vertragspartners Western Union in 191 Ländern bereit (in Deutschland sind dies fast ausschließlich die Filialen der Deutschen Postbank AG).

■ Ein Konto ist dazu nicht notwendig.

■ Die Auszahlung erfolgt grundsätzlich in der Landeswährung des Empfängerlandes, zum Teil auch in US-Dollar.

■ Der Absender der Zahlung erhält eine sogenannte Money Transfer Control Number (MTCN). Diese Nummer sollte dem Empfänger mitgeteilt werden und dient der internen Identifikation des Auftrags. Die MTCN ist aber keine Geheimzahl, die nur den rechtmäßigen Empfänger zur Abholung des Geldes berechtigt. Sie ist eine zu dem Auftrag systembedingt vergebene auftragseigene Nummer (Geldtransfernummer), die als Suchkriterium lediglich das schnelle

Auffinden eines Datensatzes erleichtert. Auch ohne Kenntnis dieser Nummer kann das Geld ausgezahlt werden.

■ Der Empfänger geht zur nächstgelegenen – größeren – Postbank-Filiale oder im Ausland zur nächstgelegenen Western-Union-Agentur und nennt unter Vorlage seines gültigen Ausweises Vor- und Nachnamen des Absenders und die Nummer (MTCN) sowie die Höhe des zu erwartenden Betrages und das Versandland.

So schnell und einfach geht's

| Geld in der Filiale oder per Telefon anweisen | Nach wenigen Minuten ist das Geld am Zielort | Auszahlung in bar und in Landeswährung |

Quelle: http://www.postbank.de

Der Minuten-Service kann entweder als Barzahlung (wenn der Absender der Zahlung das Geld bar bei der Postbank-Filiale einzahlt) oder als halbbare Zahlung erfolgen. Bei der halbbaren Zahlung stehen den Kunden der Postbank für den Minuten-Service auch die Möglichkeiten des Telefon- und des Online-Bankings zur Verfügung. Sie sparen somit den Weg zur Filiale. Der Empfänger kann in Minutenschnelle den Betrag, dessen Höhe unbegrenzt ist, entgegennehmen.

Beispiel Wurde im Auslandsurlaub die Brieftasche gestohlen, so kann man, wenn man beim Telefonbanking registriert ist, selbst mithilfe seiner PIN (geheime personal identification number) Überweisungen vom eigenen Konto an eine ausländische Western-Union-Agentur veranlassen und dort das Geld bar in Empfang nehmen.

Ein Nachteil des Minuten-Service liegt in den relativ hohen Kosten. Die Postbank berechnet vier Prozent der Auftragssumme, mindestens jedoch 20,00 EUR als Entgelt, wenn der Betrag innerhalb des Euro-Raumes übermittelt wird. Für alle übrigen Länder beträgt das Entgelt fünf Prozent, mindestens jedoch 26,00 EUR.

Aufgaben

1. *Nennen Sie vier Beispiele aus Ihrem persönlichen Bereich, in denen Sie bar bezahlen.*

2. *Nennen Sie vier Beispiele, in denen im betrieblichen Bereich bar bezahlt wird.*

3. *Warum wird bei Barzahlungen eine Quittung ausgestellt?*

4. *Zu Ihrem Geburtstag will Ihr Großvater Ihnen 100,00 EUR schenken. Da weder Sie selbst noch der Großvater über ein eigenes Konto verfügen, will er das Geld zusammen mit einer Glückwunschkarte als gewöhnlichen Brief verschicken. Welches Risiko geht der Großvater damit ein?*

5. *Welche andere Möglichkeit der Barzahlung hat der Großvater? Schildern Sie, wie diese Form der Barzahlung abläuft.*

4.2   Konto: Voraussetzung für halbbare und bargeldlose Zahlung

SITUATION

Ayse Kaymak wurde nach Unterzeichnung des Ausbildungsvertrages gefragt, auf welches Konto die Ausbildungsvergütung überwiesen werden soll. Da Ayse noch kein eigenes Konto hatte, erkundigte sie sich bei der Bank, wie ein Konto eröffnet wird.

1. Konnte Ayse Kaymak zu Beginn ihrer Ausbildung (17 Jahre) ohne Zustimmung ihrer Eltern ein Konto eröffnen (Begründung)?

2. Welche Vorteile bietet ein Girokonto dem Kontoinhaber?

Um die Möglichkeiten der halbbaren Zahlung zu nutzen, muss entweder der Schuldner oder der Gläubiger ein Girokonto bei einem Kreditinstitut oder bei der Postbank AG besitzen. Bei der bargeldlosen Zahlung benötigen beide Seiten ein Konto.

Ein Konto kann jeder unbeschränkt Geschäftsfähige unter Vorlage seines Personalausweises und unter Hinterlegung seiner Unterschrift eröffnen. Durch die Unterschrift wird zum einen der Vertrag zwischen Kontoinhaber und Kreditinstitut rechtsgültig, zum anderen verfügt das Kreditinstitut damit über eine Unterschriftsprobe für spätere Verfügungen des Kontoinhabers über sein Konto.

Unterschriftsprobe:	*Ayse Kaymak*

Beschränkt Geschäftsfähige benötigen die **Einwilligung der gesetzlichen Vertreter**. Diese wird vorausgesetzt, wenn das Girokonto in Zusammenhang mit dem Beginn der Berufstätigkeit oder der Berufsausbildung steht.

Der Kontoinhaber kann weiteren Personen eine **Vollmacht** zur Verfügung über sein Konto erteilen. Dazu muss die betreffende Person auch eine Unterschriftsprobe abgeben.

Alle Veränderungen des Kontostandes teilt das Kreditinstitut dem Kontoinhaber durch einen **Kontoauszug** mit. Dieser hat damit Unterlagen über seine Einnahmen und Ausgaben sowie über den aktuellen Kontostand. Die Kontoauszüge kann der Kontoinhaber beim Kreditinstitut abholen, mithilfe seiner Bankkarte ausdrucken bzw. sich zuschicken lassen.

Am Beispiel eines aktuellen Kontoauszugs der Tropic GmbH erklärt Georg Polster, welche Informationen auf einem Kontoauszug enthalten sind.

Sparkasse Rhein-Nahe				BLZ 560 501 80		
Kontonummer	Kontoart	letzter Auszug	Erstellungsdatum		Auszug-Nr.	Blatt
123 456	KKT	21.03...	23.03...		19	1
Beleg-Nr.	Buchungstag	Wert	Text			Betrag EUR
				Saldo alt		19.800,00 +
991610	22.03...	22.03...	Rechnungs-Nr. 4321 an ZIP Kurzwaren			12.000,00 +
993402	22.03...	22.03...	Rechnungs-Nr. 456 von Kick Moden GmbH			18.450,00 +
995500	22.03...	22.03...	Axa-Versicherung Gebäude Nr. 13579			2.560,00 −
				Saldo neu		23.690,00 +

Tropic GmbH
Rheingrafenstr. 20
55543 Bad Kreuznach

- Der Kontoauszug enthält neben der Bezeichnung der Bank und der Bankleitzahl die Adresse des Kontoinhabers und die Kontonummer.

- Angaben über das Erstellungsdatum, die Auszugs- und Blatt-Nummer geben zusammen mit früheren Kontoauszügen einen Überblick über die Lückenlosigkeit der Auszüge.

- Für den Kontoinhaber am wichtigsten sind die Angaben in den Spalten Wert, Text und Betrag. Unter Wert versteht man das Datum, zu dem die jeweiligen Umsätze auf dem Konto als Gutschrift oder Lastschrift wirksam werden, d. h. die **Wertstellung** gibt den Verzinsungsbeginn der einzelnen Buchung an. Dabei können Wert und Buchungsdatum voneinander abweichen. Ein positiver Kontostand sowie Gutschriften sind durch + (oft auch als „Haben") gekennzeichnet, Überziehungen des Kontos und Lastschriften durch – (bzw. „Soll"). Der alte Saldo ist der Kontostand vor, der neue Saldo der Kontostand nach den gebuchten Umsätzen.

Der Kontoinhaber kann Bargeld abheben oder einzahlen, Zahlungen leisten oder empfangen. In der Regel kann der Kontoinhaber sein Konto bis zu einem vorher mit der Bank vereinbarten Betrag gegen entsprechende Zinsbelastung überziehen. Bei Privatkunden spricht man in diesem Fall von einem **Dispositionskredit**, bei gewerblichen Kunden von einem **Kontokorrentkredit**.

Für Schülerinnen und Schüler gibt es als Sonderform das **Taschengeldgirokonto**, für das meist keine Kontoführungsgebühren berechnet werden. Im Gegensatz zum normalen Girokonto gewährt die Bank beim Jugendgirokonto keinen Dispositionskredit, das Konto kann also nicht überzogen werden.

4.3   Halbbare Zahlung

Definition   Bei der halbbaren Zahlung müssen entweder Zahlungspflichtiger oder Zahlungsempfänger über ein Konto verfügen.

4.3.1   Zahlschein

Die Tropic GmbH hat im Werksverkauf Freizeitkleidung im Wert von netto 500,00 EUR + USt an Horst Fuhrmann, einen Stammkunden, verkauft. Da Horst Fuhrmann nicht genügend Bargeld mit sich führt und auch über kein Konto verfügt, überlegt er, wie er den Rechnungsbetrag, der in zwei Wochen fällig ist, begleichen kann.

Wie kann Herr Fuhrmann die Rechnung begleichen?
Informieren Sie sich bei der Bank.

SITUATION

Ein Schuldner, der selbst über kein Konto verfügt, kann das Geld bar bei einem Kreditinstitut bzw. der Postbank einzahlen. Gegen eine Gebühr, die der Schuldner zahlen muss, wird dem Zahlungsempfänger der Betrag auf seinem Girokonto gutgeschrieben.
In der Praxis handelt es sich bei den entsprechenden Formularen oft um kombinierte Zahlschein-/ Überweisungsformulare, die der Gläubiger zusammen mit der Rechnung an den Schuldner schickt. Dieser kann – wenn er kein Konto hat – den Betrag mithilfe des Zahlscheines begleichen. Das Original des Zahlscheins verbleibt als Beleg bei dem Kreditinstitut, die Durchschrift erhält der Einzahler.

Durch die relativ hohen Gebühren verliert der Zahlschein in der Praxis immer mehr an Bedeutung. Häufig ist er noch bei Spendenvordrucken karitativer Organisationen (z. B. SOS-Kinderdörfer) und Lotterien (z. B. Aktion Mensch) zu finden.

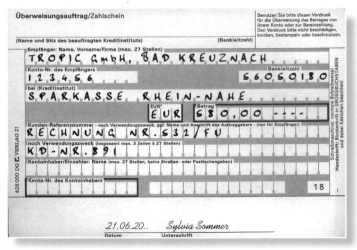

Zahlschein (als kombiniertes Überweisungs-/Zahlschein-Formular)

4.3.2   Postnachnahme

Die Tropic GmbH erhält vom Sporthaus Allsport, An der Kirche 20, 56727 Mayen, eine Bestellung über 50 Tischtennis-Shirts im Wert von insgesamt 1.500,00 EUR. Da die Tropic GmbH in letzter Zeit schlechte Erfahrungen mit der Zahlungsmoral des Sporthauses Allsport gemacht hat, soll die Ware Zug um Zug geliefert werden.

Überlegen Sie, wie dieser Auftrag abgewickelt werden kann.

Der Inhaber eines Postbankkontos kann Briefe oder Pakete als Nachnahmesendung verschicken. Dabei wird im Auftrag des Absenders (Zahlungsempfänger) der Betrag zuzüglich Gebühr beim Empfänger der Sendung (Schuldner) eingezogen. Im Gegenzug erhält der Empfänger die Sendung ausgehändigt. Der eingezogene Betrag (ohne Gebühr) wird mithilfe eines der Nachnahmesendung beigefügten Inkasso-Belegs dem Postbankkonto des Gläubigers gutgeschrieben.

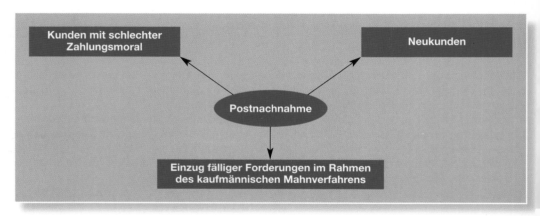

Postnachnahmen werden bis 1.600,00 EUR (Brief) bzw. 3.500,00 EUR (Express Paket) ausgeführt.

Beispiel Briefnachnahme

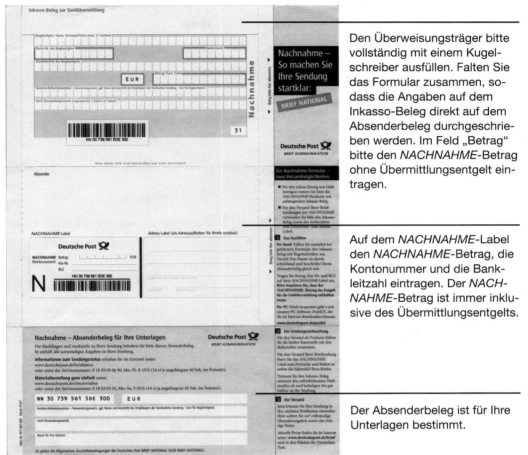

Den Überweisungsträger bitte vollständig mit einem Kugelschreiber ausfüllen. Falten Sie das Formular zusammen, sodass die Angaben auf dem Inkasso-Beleg direkt auf dem Absenderbeleg durchgeschrieben werden. Im Feld „Betrag" bitte den *NACHNAHME*-Betrag ohne Übermittlungsentgelt eintragen.

Auf dem *NACHNAHME*-Label den *NACHNAHME*-Betrag, die Kontonummer und die Bankleitzahl eintragen. Der *NACHNAHME*-Betrag ist immer inklusive des Übermittlungsentgelts.

Der Absenderbeleg ist für Ihre Unterlagen bestimmt.

4.3.3   Barscheck

Hat nur der Zahlungspflichtige ein Konto, so kann er einen Barscheck eines Kreditinstitutes ausstellen (vgl. Kapitel 4.6).

Aufgaben

1. *Welche Voraussetzung muss für eine halbbare Zahlung erfüllt sein?*

2. *Welche Möglichkeiten der halbbaren Zahlung gibt es?*

3. *Nennen Sie zwei Beispiele, in denen im betrieblichen Bereich eine halbbare Zahlung erfolgt.*

4. *Warum hat die halbbare Zahlung im betrieblichen Bereich keine große Bedeutung?*

4.4   Bargeldlose Zahlung

Definition   Die bargeldlose Zahlung setzt voraus, dass sowohl Zahlungspflichtiger als auch Zahlungsempfänger über ein Konto verfügen.

4.4.1   Überweisung

SITUATION

Die Tropic GmbH muss die folgende Rechnung der ZIP GmbH Kurzwaren begleichen:

ZIP GmbH, Kurzwarengroßhandlung, 68294 Mannheim

Tropic GmbH
Rheingrafenstr. 20
55543 Bad Kreuznach

**ZIP GMBH
KURZWAREN**

Rechnung

Kdn.-Nr.: T/55/456
Rechnung-Nr.: 00/689
Datum: 25.01.20..

Bestellung vom 15.01.20..   Ihr Zeichen: Sdt/0046

Artikel Nr.:	Bezeichnung	Menge/ Stück	Listen- preis	Mengenrabatt %	EUR	Preis/Stück EUR	Gesamtpreis EUR
R004	Jeansreißverschluss	1000	6,00	10	0,60	5,40	5.400,00
N026	Jeansnieten	10000	0,75	20	0,15	0,60	6.000,00
S123	Nähseide auf Industrierollen	50	25,00	10	2,50	22,50	1.125,00
K099	Hemdenknöpfe Shirtsortiment	5000	1,25	20	0,25	1,00	5.000,00
G046	Gürtel (div. Schnallen)						2.600,00
	Nettopreis						20.125,00
	19% Umsatzsteuer						3.823,75
	Rechnungspreis, brutto						23.948,75

zahlbar: 20 Tage Ziel, rein netto
Bankverbindung: Sparkasse Niederrhein
BLZ: 400 200 20
Kto.-Nr.: 987 865 000
USt-IdNr.: DE 988777666

i.V. Herzog

Besorgen Sie sich ein Überweisungsformular und füllen Sie dieses zur Begleichung der angegebenen Rechnung ordnungsgemäß aus.

Angaben auf Rechnungen und Kontoauszügen

Um den grenzüberschreitenden Zahlungsverkehr zu erleichtern und zu beschleunigen wurden die IBAN und der BIC eingeführt. Wer innerhalb der EU Rechnungen ausstellt, muss laut EU-Verordnung auf den neuen standardisierten EU-Überweisungsformularen seine IBAN (standardisierte Bankkonto-Nummerierung für grenzüberschreitende Zahlungen aus maximal 34 Zeichen) und seinen BIC (internationale Bankleitzahl) angeben.

Die IBAN setzt sich zusammen aus
- dem ISO-Ländercode des Staates, in dem das Konto geführt wird (zwei Buchstaben, z.B. DE),
- einer Kontrollzahl (zwei Ziffern),
- der bestehenden nationalen Kontonummer.

Im inländischen Zahlungsverkehr werden wie bisher Kontonummer und Bankleitzahl verwendet.

Mithilfe eines Überweisungsauftrages kann der Kontoinhaber einen angegebenen Geldbetrag zulasten seines Kontos auf das Konto des Empfängers übermitteln.

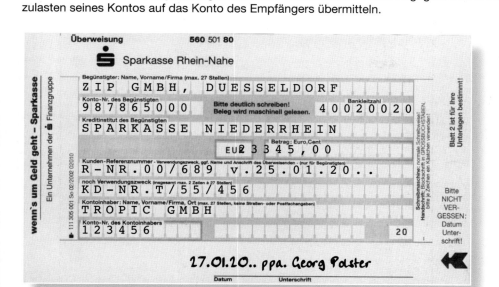

Der Auftraggeber trägt auf dem Vordruck ein:

- Name (und Anschrift) des Empfängers

- Bankverbindung (Name, Sitz und Bankleitzahl des Kreditinstitutes) und Kontonummer des Empfängers

- Betrag

- Verwendungszweck

- Kontonummer des Auftraggebers

- Name (und Anschrift) des Auftraggebers

- Datum und Unterschrift des Auftraggebers

4.4.2 Sonderformen der Überweisung

Die Tropic GmbH hat die Miete für eine Lagerhalle sowie die monatliche Telefonrechnung bisher durch Überweisung bezahlt. Dies war aber mit erheblichem Zeitaufwand verbunden, da jeden Monat die entsprechenden Überweisungen vorgenommen werden mussten.

Sie werden damit beauftragt, den Zahlungsverkehr rationeller zu gestalten. Welche Möglichkeiten gibt es?

SITUATION

◆ **Dauerauftrag**

Regelmäßig wiederkehrende Zahlungen in gleichbleibender Höhe an denselben Empfänger können per **Dauerauftrag** ausgeführt werden. Der Schuldner erteilt seinem Kreditinstitut einmalig (zeitlich befristet oder bis auf Widerruf) den Auftrag, eine bestimmte Zahlung zulasten seines Kontos vorzunehmen.

Beispiele Miete, gleichbleibende Tilgungsraten, Abonnement einer Fachzeitschrift

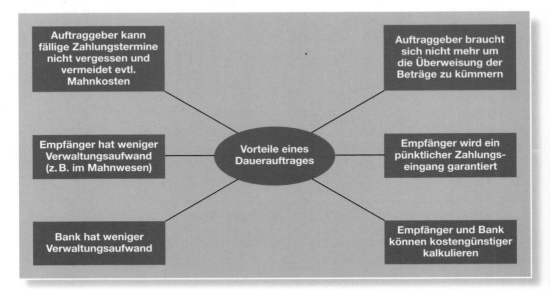

◆ **Lastschriftverfahren**

Die Lastschrift ist ein Einzugspapier. Zahlungen zu wechselnden Terminen und/oder in wechselnder Höhe (z. B. Telefonrechnung, Liefererrechnung) können im Lastschriftverfahren getätigt werden. Jede Zahlung, die mithilfe eines Dauerauftrages beglichen wird, kann auch im **Lastschriftverfahren** bezahlt werden.

Es gibt dabei zwei Möglichkeiten:

◆ **Einzugsermächtigung**

Sylvia Sommer hat für den Mittelrhein-Verlag folgende Ermächtigung ausgefüllt:

Ich bin damit einverstanden, dass der Mittelrhein-Verlag, Koblenz, ab 1. Juli 20..

( ) monatlich   ( ) halbjährlich   (*X*) jährlich

EUR ....*250,00*... von meinem Konto abbucht.

BLZ: ..*56050180*... Konto.Nr.: ...*123456*.......

Name des Geldinstitutes: *Sparkasse Rhein-Nahe* ...

Kontoinhaber (falls abweichend): ....

Ort, Datum: ..*5. Juni 20..*.. Unterschrift: ..*Sylvia Sommer*........

Der Zahlungspflichtige erteilt dem Zahlungsempfänger eine schriftliche **Einzugsermächtigung**, d. h. der Zahlungsempfänger kann den Betrag vom Konto des Zahlungspflichtigen einziehen lassen.

Ist die Einzugsermächtigung einmal erteilt, muss der Kunde fällige Zahlungstermine nicht mehr überwachen. Es müssen keine Einzelüberweisungen mehr ausgestellt werden. Über seine Kontoauszüge – auf denen Lastschriftangaben aufgeführt sind – wird er darüber informiert, wann welche Zahlung im Rahmen der Einzugsermächtigung geleistet wurde. Da die Bank weder in der Lage noch rechtlich dazu verpflichtet ist, die Berechtigung zur Abbuchung eines bestimmten Betrages zu überprüfen, muss der Kunde selbst darauf achten, ob eine unberechtigte Lastschrift vorgenommen wurde. In diesem Fall kann er theoretisch zeitlich unbegrenzt eine ungerechtfertigte Belastung – ohne nähere Begründung – beanstanden und von seiner Bank stornieren lassen.

Nach einem Urteil des Bundesgerichtshofes von 1996 kann ein Kunde durch eine Klausel in den Allgemeinen Geschäftsbedingungen sogar zu dieser Zahlungsweise verpflichtet werden. Begründung: Den Kostenvorteilen der Einzugsermächtigung stehen gerade bei geringen Beträgen angesichts der Möglichkeit, eine unberechtigte Lastschrift stornieren zu lassen, keine wesentlichen Nachteile gegenüber.

◆ Abbuchungsauftrag

Anders ist die Situation beim Abbuchungsauftrag. Hier erteilt der Schuldner dem Kreditinstitut den Auftrag, die von einem angegebenen Zahlungsempfänger vorgelegten Lastschriften (z. B. Liefererrechnung) einzulösen. Der Kontoinhaber kann einer Belastung nicht widersprechen, selbst wenn diese unberechtigt sein sollte.

4.5 Moderne Formen des bargeldlosen Zahlungsverkehrs

◆ Telefon-Banking

Überweisungen, Daueraufträge und Kontostandsabfragen können per (Tonwahl-)Telefon veranlasst werden. Durch ein zuvor mit der Bank vereinbartes Kennwort oder eine Geheimzahl identifiziert sich der Kunde und kann dann seine Aufträge telefonisch erteilen.

◆ Datenträgeraustausch

Überweisungen, die der Auftraggeber mithilfe einer von der Bank zur Verfügung gestellten Software auf einem Datenträger (z. B. Diskette) speichert, werden zusammen mit einem Begleitzettel, der die Unterschrift des Auftraggebers enthält, zur Bank gebracht. Vorteil dieses Verfahrens ist, dass die Bank für diese Art von belegloser Sammelüberweisung wesentlich niedrigere Gebühren pro Buchungsposten berechnet.

Beispiel Die Tropic GmbH speichert alle 40 Überweisungen, die zu erledigen sind, auf Diskette und bringt diese zur Bank.

◆ Online-Banking

Mithilfe eines Computers, eines Modems bzw. eines ISDN- oder DSL-Anschlusses und dem Zugang zu einem Online-Dienst (z. B. T-Online) können Bankgeschäfte – Überweisungen, Daueraufträge, Abfrage des Kontostandes – zu Hause am Computer erledigt werden. Der Benutzer gibt seine Kontonummer und eine Persönliche Identifikationsnummer (PIN) ein, um Zugang zu seinen Daten zu erhalten. Um Umsätze (z. B. Überweisungen) zu tätigen, muss der Benutzer außerdem eine Transaktionsnummer (TAN) eingeben, die jeweils nur für einen Geschäftsfall gültig ist. Zur Sicherheit werden die von den Banken verwendeten Verbindungen üblicherweise über SSL (Secure Socket Layer) verschlüsselt.

Alternativ kann die Absicherung des Online-Bankings über eine Chipkarte erfolgen. Dabei wird für einen Kontenzugriff zusätzlich eine Chipkarte (und ein Chipkartenlesegerät) benötigt.

Der Vorteil des Online-Bankings liegt in den - neben den Telefongebühren und den Kosten für den Online-Zugang – niedrigen Buchungsgebühren.

◆ **Sicherheit im Online-Banking**

Sehr geehrter Kunde,
– unser neues Sicherheitssystem hilft Ihnen, oeftere Betrugsoperationen zu vermeiden
  und Ihre Investitionen sicher aufzubewahren.
– wegen der technischen Erneuerungen schlagen wir Ihnen vor, Ihr Konto zu reaktivieren.
Drucken Sie unten Verknuepfung und beginnen Sie Ihr neues Konto deutsche bank zu benutzen. Um Ihr Konto zu besichtigen, besuchen Sie bitte online-Bank.

http://www.xxx-bank.de/

Wir schaetzen hoch Ihr Business ein. Es ist uns ein Vergnuegen, Sie zu bedienen.
Kundenunservice xxx-bank
Diese E-Mail-Adresse ist nur zur Kenntnisnahme. Um mit uns Kontakt aufzunehmen, besu-
chen Sie Ihr Konto.

Exklusiv: Kunden fallen auf Konto-Netzattacke herein
Von Florian Eder, Hamburg, und Angela Maier, Frankfurt

**Erstmals sind Fälle bekannt geworden, in denen deutsche Bankkunden auf Internetbetrüger he-
reingefallen sind. Bei zwei ... seien 21.000 Euro abgebucht worden.**
Schaden entstand nicht: Ein Kunde bemerkte die unrechtmäßige Überweisung von 9.000,00 Euro
rechtzeitig und stornierte ...
Im zweiten Fall fiel die Abbuchung von 12.000,00 Euro bei der bankinternen Sicherheitsprüfung
auf. Die Kunden hatten zuvor auf einer gefälschten Internetseite im Design der Online-Bank ihre
Kontozugangsdaten preisgegeben. Die Gelder sollten ins Ausland fließen.

Quelle: http://www.ftd.de (Financial Times Deutschland vom 26.08.2004)

Online-Banking boomt. Im Jahr 2008 nutzten ca. 40 % der 16- bis 74-Jährigen das Online-Banking. So sind Finanztransaktionen, die online abgewickelt werden, meist preiswerter als Geschäfte
am Bankschalter. Vorteilhaft ist für die Kunden aber vor allem, dass sie Bankgeschäfte bequem
und sicher von zu Hause aus abwickeln können – und das rund um die Uhr. Um die Übertragung
vertraulicher Daten via Internet zu schützen, führen die Banken umfangreiche Sicherungsmaß-
nahmen durch.

Kriminelle Tricks

Auf die Sicherheit der Computer und Programme der Internetnutzer zu Hause haben die Banken
aber keinen Einfluss. Zur Sicherheit kann jedoch auch jeder Online-Banker entscheidend beitragen, wenn er einige grundsätzliche Tipps beachtet. In letzter Zeit häuften sich Berichte über das
sogenannte „Phishing" („Password fishing"). Dabei wird der Kunde von Internetkriminellen beispielsweise per E-Mail aufgefordert, mit seiner Bank Kontakt aufzunehmen. Folgt der Adressat
dem in der E-Mail angegebenen Link, so landet er jedoch nicht auf der Web-Seite seiner Bank,
sondern auf einer gefälschten Web-Seite. So hoffen die Kriminellen, an vertrauliche Zugangsda-
ten – etwa PIN und TANs – zum Online-Konto zu kommen.

Folgende Sicherheitsregeln sind für Bankkunden im Rahmen des Online Banking zu beachten
(Quelle: http://www.bankenverband.de/, September 2004):

■ Die Banken fragen beim Login zum Online-Banking niemals nach einer PIN oder TAN.

■ Die Banken schicken keine E-Mails, die einen Link zum Login des Online-Banking enthalten.

■ Die Banken bitten grundsätzlich nicht um Rücksendung von Kreditkartennummern, Zugangs-
daten, PIN oder TAN per E-Mail.

Aufgaben

1. *Welche Voraussetzungen muss für eine bargeldlose Zahlung gegeben sein?*

2. *Erläutern Sie die Vorteile einer bargeldlosen Zahlung.*

3. *Unterscheiden Sie am Beispiel der Bezahlung der Wohnungsmiete den Ablauf der Erteilung eines Dauerauftrages bzw. einer Einzugsermächtigung.*

4. *Welche Vorteile bietet dem Zahlungsgläubiger (= Empfänger des Geldes) eine Einzugsermächtigung?*

5. *Nennen Sie drei Beispiele aus ihrem persönlichen Bereich, in denen man eine Einzugsermächtigung erteilen kann.*

6. *Im Lastschrifteinzugsverfahren wurde Ihnen für ein Zeitschriftenabonnement, das Sie fristgerecht gekündigt hatten, dennoch ein weiterer Jahresbeitrag abgebucht. Wie kommen Sie auf die schnellste Weise wieder an Ihr Geld?*

7. *Schildern Sie Beispiele aus dem betrieblichen Bereich, in denen ein Abbuchungsauftrag erteilt wird. Wodurch unterscheidet sich dieser von einer Einzugsermächtigung?*

8. *Welche Vorteile und welche Risiken sind mit den modernen Überweisungsformen (Internet-Banking usw.) verbunden?*

4.6 Scheck

Einen ungewöhnlichen Scheck über 1.500 Dollar hat dieser Tage der amerikanische Fotograf Doug Martin bei seiner Bank in Provo im Staat Utah eingelöst: Die Geldanweisung war auf eine Kokosnuss geschrieben. „Ich habe ihm gesagt, er solle die Nuss vorbeibringen. Schließlich löst man hierzulande nicht jeden Tag einen Kokosnuss-Scheck ein", berichtete der Bankdirektor. Martin hatte den sonderbaren Scheck als Honorar für eine Auftragsarbeit bei einer Tagung in Hawaii erhalten, nachdem er im Scherz erklärt hatte, er sei gespannt, in welcher Form man ihn entlohnen werde. „Ich sagte ihnen, ich wolle in US-Dollars bezahlt werden, nicht etwa mit Ananas oder Kokosnüssen." Zunächst machte er sich nach Entgegennahme des unhandlichen Schecks Sorgen, dass ihm die amerikanische Zollbehörde Schwierigkeiten bereiten könnte. Danach musste er die Kokosnuss vor seinen Kindern retten, die ihr mit einem Hammer zu Leibe rücken wollten.

Quelle: Süddeutsche Zeitung

Löst die Bank einen solchen Scheck ein?
Erkundigen Sie sich bei Ihrer Bank.

4.6.1 Scheckbegriff

Definition   Durch einen Scheck weist der Aussteller – seine Girokontonummer ist auf dem Scheck vermerkt – das angegebene Kreditinstitut an, bei Vorlage den angegebenen Betrag zulasten seines Kontos auszuzahlen.

Vom Gesetz her sind hinsichtlich der Form eines Schecks keine Festlegungen gemacht, doch wird in der Praxis ein Kreditinstitut nur selten eine Kokosnuss oder eine Postkarte von einer Südseeinsel als Scheck akzeptieren, selbst wenn dieser „Scheck" alle erforderlichen Bestandteile aufweisen sollte. Aus Rationalisierungsgründen haben sich die Kreditinstitute vielmehr auf die Verwendung einheitlicher Vordrucke verständigt.

4.6.2 Gesetzliche und kaufmännische Bestandteile

SITUATION

Im Rahmen einer betrieblichen Unterweisung erhält Ayse Kaymak am 27. April 20.. die Aufgabe, zur Bezahlung der Aushilfskraft Hubert Groß einen Scheck über 300,00 EUR ordnungsgemäß auszustellen und ihn dann Georg Polster zur Unterschrift vorzulegen.

Welche Angaben müssen auf dem Scheck – sei es eine Kokosnuss oder ein Scheckformular – stehen?

Art. 1 des Scheckgesetzes schreibt für den Scheck sechs **gesetzliche Bestandteile** vor:

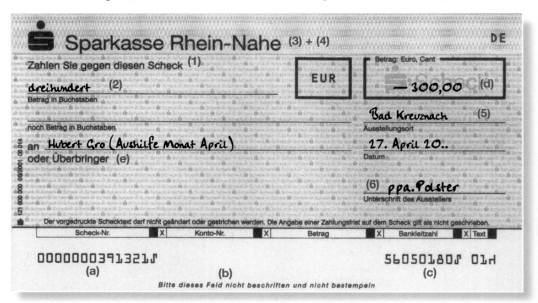

(1) Wort „Scheck"

(2) unbedingte Anweisung zur Zahlung einer Geldsumme (Betrag in Buchstaben)

(3) Name des Bezogenen (Kreditinstitut, Postbank)

(4) Zahlungsort (ist kein Zahlungsort angegeben, so gilt der bei dem Kreditinstitut angegebene Ort als Zahlungsort)

(5) Ausstellungstag, Ausstellungsort

(6) Unterschrift des Ausstellers

Zur Erleichterung des Scheckverkehrs enthalten die Scheckformulare weitere sog. **kaufmännische Bestandteile**:

Kaufmännischer Bestandteil	Zweck
a Schecknummer	erleichtert Sperren eines Schecks, ermöglicht die Kontrolle über die Verwendung der Scheckformulare
b Kontonummer	verhindert Fehlbuchungen (z. B. bei unleserlicher Unterschrift)
c Bankleitzahl	Erleichterung des Scheckinkasso
d Wiederholung des Betrages in Zahlen	erleichtert Bearbeitung
e Angabe des Zahlungsempfängers mit der Überbringerklausel	jeder Überbringer erhält den Geldbetrag, nicht nur der angegebene Zahlungsempfänger

Da einige Bestandteile bereits auf dem Scheckformular vorgedruckt sind, muss der Aussteller den Betrag in Buchstaben und in Ziffern einsetzen, Ausstellungsort und -tag angeben und unterschreiben. Der unbeschriebene Teil der Betragszeile und des Betragsfeldes sollten, um spätere Fälschungen zu verhindern, durch Striche entwertet werden. Der Empfänger kann, muss aber nicht eingetragen werden. Der untere weiße Abschnitt des Schecks dient als Codierzeile und darf nicht beschriftet werden.

4.6.3 Scheckarten

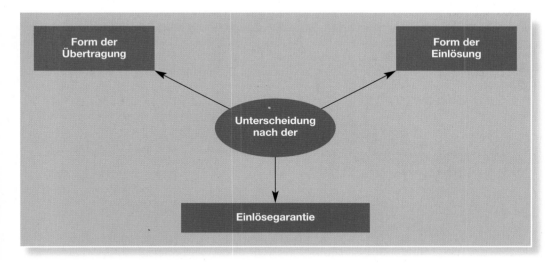

4.6.3.1 Barscheck und Verrechnungsscheck

Die Tropic GmbH schickt der ZIP GmbH zum Ausgleich einer Rechnung einen Scheck über 20.000,00 EUR. Der Scheck geht auf dem Postweg verloren und wird – obwohl die ZIP GmbH als Empfänger eingetragen ist – von einem unehrlichen Finder der Bank zur Einlösung vorgelegt.

Erhält der Vorlegende das Geld ausgezahlt?
Begründen Sie Ihre Meinung.

◆ Barscheck

Der **Barscheck** kann vom Empfänger bar eingelöst werden, allerdings nur bei dem bezogenen Kreditinstitut (Sparkasse Rhein-Nahe). Damit ist der Barscheck eine Form der halbbaren Zahlung. Mit einem Barscheck ist auch eine Zahlung möglich, wenn der Empfänger keine Kontoverbindung hat. Bei Verlust eines Barschecks kann aufgrund der Überbringerklausel („Zahlen Sie an … oder Überbringer") der Scheckbetrag auch an einen Unbefugten ausgezahlt werden, da das Kreditinstitut nicht verpflichtet ist, die Berechtigung desjenigen, der die Einlösung des Schecks verlangt, zu überprüfen.

◆ Verrechnungsscheck

In der Praxis werden deshalb häufig **Verrechnungsschecks** benutzt. Ein Scheck wird durch den vom Aussteller auf dem Scheckformular angebrachten Zusatz „Nur zur Verrechnung" zum Verrechnungsscheck. In den entsprechenden Vordrucken der Kreditinstitute ist dieser Vermerk bereits enthalten. Durch den Zusatz „Nur zur Verrechnung" wird es dem bezogenen Kreditinstitut untersagt, den Scheck bar einzulösen. Der angegebene Betrag wird dem Konto des Inhabers gutgeschrieben. Auch dadurch kann nicht mit Sicherheit ausgeschlossen werden, dass ein Unbefugter, der den Scheck vorlegt, das Geld erhält. Durch die Gutschrift auf dem Konto kann aber jederzeit nachvollzogen werden, auf wessen Konto der Scheckbetrag gutgeschrieben wurde.

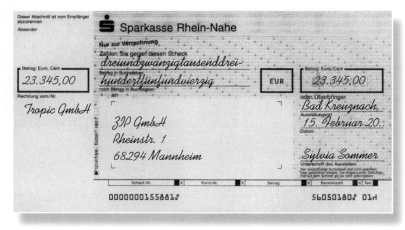

4.6.3.2 Inhaberscheck und Namensscheck

SITUATION

Verrechnungsschecks nicht mit der Post schicken

Wiesbaden (Reuter) – Das hessische Landeskriminalamt (LKA) hat davor gewarnt, Verrechnungsschecks mit der Post zu versenden. Seit Mitte 1994 sei eine besorgniserregende Zunahme der Diebstähle von Verrechnungsschecks auf dem Postweg zu beobachten, teilte das LKA mit. Allein im Großraum Frankfurt seien in den vergangenen beiden Monaten mehr als 600 Verrechnungsschecks entwendet und eingelöst worden. Täter seien oft nicht Mitarbeiter der Post, sondern unbeteiligte Personen, die eine günstige Gelegenheit zum Griff in den Postsack nutzten oder die Schecks aus Briefkästen stehlen. Das Risiko für die Täter sei gering, das Zurückverfolgen der Wege der Schecks schwierig. Meist würden die Beträge einem Fremdkonto gutgeschrieben und kurz darauf bar abgehoben.

(Auszug aus der Süddeutschen Zeitung)

Durch die sog. **„Überbringerklausel"** („an ... oder Überbringer") handelt es sich bei Bar- und Verrechnungsschecks um **Inhaberschecks**, d. h. das bezogene Kreditinstitut kann ohne Überprüfung der Legitimation einen Scheck an den Vorleger auszahlen bzw. dessen Konto gutschreiben. Inhaberschecks können durch Einigung und Übergabe auf andere Personen übertragen werden.

Um den Missbrauch bei Verrechnungsschecks einzuschränken, werden in der Praxis häufig Orderschecks verwendet. **Orderschecks** erkennt man an dem auf der rechten Seite des Scheckvordrucks befindlichen roten Rand, auf dem der Vermerk „Orderscheck" steht.

Ein Orderscheck wird auf den Namen des Scheckempfängers ausgestellt **(Namensscheck)**. Der Vermerk „oder Überbringer" fehlt.

Indossament
Für uns an die Order der Weberei Holzmann KG, Offenbacher Str. 123, 60345 Frankfurt

Bad Kreuznach, 23. März 20..
Tropic GmbH

Sylvia Sommer

Orderschecks können durch Einigung, **Indossament** (Weitergabevermerk auf der Rückseite des Orderschecks) und Übergabe auf andere Personen übertragen werden. Bei der Vorlage eines Orderschecks muss die Bank die Legitimation des Scheckvorlegers und die lückenlose Indossamentenkette überprüfen, da der Scheckbetrag nur an die hierzu berechtigte Person ausgezahlt werden darf.

4.6.3.3 Bankbestätigte bzw. LZB-bestätigte Schecks

SITUATION

Sylvia Sommer hat bei der Firma Lehmann & Co., Hersteller von Wohnmobilen, eine gebrauchte Ausführung des Modells „Excelsior" zum Preis von 60.000,00 EUR bestellt. Sie vereinbart die Übergabe und Bezahlung des Wohnmobils (vollgetankt und zugelassen) für den nächsten Freitag. Leider ist Frau Sommer an diesem Tag verhindert und will das Wohnmobil erst am nächsten Tag, Samstag, abholen. Zum einen will Sylvia Sommer nicht diese Menge Bargeld mit sich herumtragen, zum anderen geht der Wohnmobilhersteller – da er am Samstag bei der Bank von Frau Sommer keine Auskunft über die Deckung eines Schecks einholen kann – bei einer Scheckzahlung ein hohes Risiko ein.

Wie kann die Zahlung erfolgen? Machen Sie Lösungsvorschläge.

Wir verpflichten uns, diesen Scheck über

EUR . *sechzigtausend* . . . .

bis zum *20. April 20..* während der Geschäftsstunden einzulösen. Von anderen Stellen der Deutschen Bundesbank wird der Scheck in Zahlung genommen, jedoch nicht bar ausgezahlt.

Mainz, den 7. April 20..   *ppa. Peter Weiler*

Landeszentralbank Rheinland-Pfalz
und Saarland
Hauptstelle Mainz

Im Geschäftsleben kommt es häufig vor, dass Bankkunden – z. B. bei Messen oder Auktionen – darauf angewiesen sind, über ein bargeldgleiches Zahlungsmittel zu verfügen. In einem solchen Fall können sie sich bei ihrer Bank einen **bankbestätigten Scheck** besorgen. Dabei verpflichtet sich das bezogene Kreditinstitut, diesen bei Vorlage in Höhe des ausgestellten Betrages oder bis zu einem angegebenen Höchstbetrag einzulösen. Bei einem **LZB-bestätigten** Scheck garantiert die Landeszentralbank die Einlösung eines auf sie gezogenen Schecks.

4.6.4 Besonderheiten im Scheckverkehr

SITUATION

Ayse Kaymak wird von Sylvia Sommer beauftragt, mit mehreren Schecks zur Hausbank der Tropic GmbH zu gehen und die Schecks dem Geschäftskonto gutschreiben zu lassen. Bei dieser Gelegenheit hofft Ayse, gleich einige Antworten auf noch offene Fragen zum Scheckverkehr zu erhalten. In der Sparkasse kommt es zu folgendem Gespräch mit Elke Schwarz, der Kundenberaterin:

Ayse Kaymak: „Guten Tag Frau Schwarz. Ich bin von meiner Chefin beauftragt worden, diese Schecks dem Konto der Tropic GmbH gutschreiben zu lassen."

Elke Schwarz: „Dann füllen Sie bitte dieses Formular zur Scheckeinreichung aus. Schließlich brauchen Sie doch einen Beleg dafür, dass Sie die Schecks ordnungsgemäß vorgelegt haben."

Ayse Kaymak:	„Was bedeutet denn dieser Zusatz ‚E.v.'?"
Elke Schwarz:	„Der entsprechende Scheckbetrag wird sofort auf dem Konto der Tropic GmbH buchungsmäßig erfasst, allerdings ‚Eingang vorbehalten', d.h. sollte der Scheck platzen, weil er nicht gedeckt ist, so wird die bereits erfolgte Gutschrift wieder storniert."
Ayse Kaymak:	„Wie lange hat man Zeit, um einen Scheck zur Einlösung vorzulegen?"
Elke Schwarz:	„Ein Scheck ist bei Sicht zahlbar. Allerdings gibt es bestimmte Vorlegefristen: 8 Tage für im Inland ausgestellte Schecks, 20 Tage für im europäischen Ausland und 70 Tage für im außereuropäischen Ausland ausgestellte Schecks. Damit soll verhindert werden, dass ein Scheck als Kreditmittel verwendet wird."
Ayse Kaymak:	„Was geschieht denn, wenn man diese Fristen versäumt und einen Scheck später bei der Bank vorlegt?"
Elke Schwarz:	„Dann kann das bezogene Geldinstitut den Scheck einlösen, ist aber nicht mehr dazu verpflichtet."
Ayse Kaymak:	„Einer unserer Kunden wollte letzte Woche – es war der 20. April – ein späteres Ausstellungsdatum auf den Scheck schreiben, nämlich den 1. Mai. Gleichzeitig bat er darum, den Scheck auch dann erst bei der Bank vorzulegen. Hätte ich wirklich so lange warten müssen?"
Elke Schwarz:	„Solche vordatierten Schecks können vom Empfänger sofort, also vor dem eingetragenen Ausstellungsdatum zur Einlösung vorgelegt werden."
Ayse Kaymak:	„Ich weiß zwar, dass mit dem Vermerk ‚Nur zur Verrechnung' die missbräuchliche Verwendung eines Schecks zumindest erschwert wird. Aber was geschieht denn, wenn ein unehrlicher Finder eines solchen Schecks diesen Zusatz durchstreicht?"
Elke Schwarz:	„Auf einem Scheckvordruck darf prinzipiell nichts geändert oder durchgestrichen werden. Jede Streichung – sei es die des Vermerks ‚Nur zur Verrechnung' oder die Überbringerklausel – gilt als nicht erfolgt."
Ayse Kaymak:	„Was muss ich denn machen, wenn ich einen Scheckvordruck verliere?"
Elke Schwarz:	„In einem solchen Fall gibt es zwei Möglichkeiten: Entweder können Sie Ihr Konto sperren lassen. Dann werden aber auch ordnungsgemäß von Ihnen ausgestellte Schecks nicht eingelöst. Wenn Sie die Schecknummer des verlorenen Scheck wissen, können Sie diesen Scheck widerrufen. Das bezogene Kreditinstitut wird widerrufene Schecks sperren, d.h. bei Vorlage nicht einlösen. Nach dem Scheckgesetz muss das bezogene Kreditinstitut den einseitigen Scheckwiderruf aber erst nach Ablauf der gesetzlichen Vorlegungsfrist beachten. Im Interesse unserer Kunden werden wir aber die Einlösung eines widerrufenen Schecks stets – also auch vor Ablauf der Vorlagefrist – verweigern."
Ayse Kaymak:	„Vielen Dank für die Auskünfte. Jetzt fühle ich mich schon viel sicherer, wenn ich Schecks von Kunden entgegennehme."

Stellen Sie in einer Übersicht die Informationen zusammen, die Ayse erhalten hat.

Aufgaben

1. *Welche gesetzlichen Bestandteile hat ein Scheck?*

2. *Welche Bedeutung hat auf einem Scheck die Klausel „oder Überbringer"?*

3. *Die Tropic GmbH erhält von einem Kunden einen Verrechnungsscheck über 20.000,00 EUR zugesandt. Erläutern Sie, warum der Kunde einen Verrechnungsscheck und keinen Barscheck schickt?*

4. *Schildern Sie den Ablauf einer Scheckeinreichung bei der Bank.*

5. *Die Tropic GmbH erhält einen Scheck, bei dem der Betrag in Zahlen (320,00 EUR) vom Betrag in Worten (zweihundertunddreißig) abweicht. Welchen Betrag erhält die Tropic GmbH, wenn sie den Scheck zur Gutschrift bei ihrer Bank vorlegt?*

6. *Ist ein Gläubiger verpflichtet, Schecks zur Begleichung von Rechnungen anzunehmen?*

7. *Innerhalb welcher Frist müssen Inlandsschecks bei der Bank vorgelegt werden?*

8. *Der freischaffende Grafiker Markus Streicher erhielt für einen Auftrag von der Tropic GmbH ein Honorar in Höhe von 2.000,00 EUR in Form eines Schecks. Noch ein bisschen dem Sparstrumpf-Denken verhaftet, deponierte er ihn in seiner Stahlkassette mit den wichtigsten Dokumenten und schloss diese wie immer sorgfältig ab. Drei Monate lag er da. Dann aber war eine größere Anschaffung fällig. Er erinnerte sich des Schecks, holte ihn aus der Kassette und ging damit zur Bank. Wie wird die Bank reagiert haben?*

9. *Beim Kauf einer neuen Videokamera am 26. Mai bezahlt Sylvia Sommer den Betrag von 2.400,00 EUR mit einem Scheck. Da sie den Verkäufer gut kennt, fragt sie ihn, ob sie den Scheck auf den 1. Juni vordatieren kann. Der Verkäufer ist damit einverstanden. Als der Inhaber des Fotogeschäftes am Abend den Scheck in der Kasse sieht, nimmt er ihn und legt ihn – entgegen der Absprache mit dem Verkäufer – bereits am nächsten Tag der Bank zur Gutschrift vor. Wie behandelt die Bank einen solchen vordatierten Scheck?*

10. *Ein Kunde übersendet der Tropic GmbH zum Rechnungsausgleich einen Scheck über 8.000,00 EUR. Versehentlich geht der Scheck auf dem Postweg verloren und kann daher von der Tropic GmbH nicht zur Einlösung vorgelegt werden. Die Tropic GmbH verlangt nochmalige Zahlung von dem Kunden. Zu Recht?*

11. *Sylvia Sommer hat während einer Geschäftsreise einen ordnungsgemäß ausgestellten Barscheck verloren und den Verlust ihrem Kreditinstitut angezeigt. Zwei Tage später wird der Scheck von einer unberechtigten Person der Bank vorgelegt und von dieser versehentlich eingelöst. Wie ist die Rechtslage? Informieren Sie sich bei einer Bank.*

12. *Die Tropic GmbH stellt auf die Kölner Stoffimport GmbH, einen langjährigen Lieferanten, einen Verrechnungsscheck über 4.000,00 EUR aus und sendet ihn per Post zu. Als der Lieferant nach einer Woche die ausstehende Zahlung reklamiert, stellt die Kreditorenbuchhaltung der Tropic GmbH fest, dass der Scheck von einem unrechtmäßigen Überbringer der Bank vorgelegt und das Geld dem Konto des Überbringers gutgeschrieben wurde. Das Konto wurde jedoch mittlerweile aufgelöst, der Kontoinhaber ist nicht mehr ausfindig zu machen. Wie kann die Tropic GmbH noch mehr Sicherheit in ihre Scheckzahlungen bringen?*

13. *In der Tropic GmbH treffen mit der Eingangspost verschiedene Schecks ein:*
    - *Bei einem ist die Überbringerklausel gestrichen.*
    - *Einer hat ein Ausstellungsdatum vom vergangenen Jahr.*
    - *Einer hat den Firmenstempel des ausstellenden Unternehmens, es fehlt aber die Unterschrift.*
    Sind diese Schecks gültig?

14. *Zwei Rechnungen sind zu begleichen, eine über 150,00 EUR an die Rhein-Nahe-Zeitung wegen einer Kleinanzeige, eine andere über 10.000,00 EUR an einen Lieferanten aus Mannheim. In welcher kaufmännisch sinnvollen Art würden Sie diese Rechnungen begleichen (Begründung)?*

4.7 Bargeldlos bezahlen mit Plastik-Karten

Die USA gelten als Vorreiter für das bargeldlose Bezahlen mit Plastikkarten. Hier kann man – ebenso wie in Kanada, Neuseeland oder Australien – fast alles per Karte bezahlen. Mittlerweile hat der Siegeszug der kleinen Karten auch Europa erfasst.

◆ electronic cash

> Bequem für den Kunden, weil er nur noch mit der Bankcard-ec zahlt. Und was für unsere Kunden gut ist, zahlt sich auch für das Geschäft aus: Weniger Geld zählen, sortieren, auflisten, verbuchen. Weniger Arbeit mit Schecks und Kartenbelegen. Und nicht zu vergessen – größere Umsatzchancen durch Unabhängigkeit der Kunden von Bargeld und Scheck. Wir sind sehr zufrieden.

An der ec-Kasse kann ohne Bargeld und Schecks, nur mit der Bankcard-ec (Gültigkeit 2 Jahre, letztes Jahr der Gültigkeit im Hologramm abzulesen) und der persönlichen Geheimnummer gezahlt werden. Dazu muss die Karte durch den Kartenleser der ec-Kasse gezogen und anschließend die persönliche Geheimzahl eingegeben werden. Das Computersystem überprüft die Echtheit/Gültigkeit der Karte, die Geheimzahl sowie den Verfügungsrahmen. Nach erfolgreicher Autorisierungsprüfung wird der Kaufbetrag direkt vom Konto des Kunden auf das Konto des Händlers übertragen. Vorteile sind neben der einfachen Zahlungsabwicklung die Reduzierung von Zahlungsrisiken (da jede Transaktion garantiert ist) und die Förderung von Spontankäufen.

◆ edc/Maestro
edc/Maestro ist die internationale Variante von ec-cash, die schrittweise europaweit und anschließend weltweit ausgebaut wird.

◆ ec-Karte und Unterschrift
In immer mehr Geschäften stehen Kassenterminals, bei denen statt der Eingabe der Geheimzahl ein Lastschriftbeleg unterschrieben werden muss. Im Vergleich zum electronic cash, bei dem der Händler über sein Terminal ständig online mit dem Rechenzentrum verbunden ist, sind die Kosten für den Handel erheblich niedriger. Allerdings trägt der Händler auch das volle Risiko bei Nichteinlösung der Lastschrift **(Point of Sale ohne Zahlungsgarantie = POZ)**.
Sollte die Lastschrift z.B. wegen fehlender Kontodeckung nicht eingelöst werden, erhält der Händler Name und Adresse des Kunden, damit er seine Forderung zivilrechtlich eintreiben kann.

◆ Girocard
Seit Mitte April 2008 heißen die ec-Karten offiziell „Girocard". Schon die Bedeutung des Kürzels „ec" hatte sich in den letzten Jahren geändert. Es bedeutete ursprünglich „Eurocheque", steht

aber heute für „electronic cash". Und den Eurocheque gibt es seit längerer Zeit nicht mehr. Für Bankkunden ändert sich mit der Umstellung wenig. Sie können mit ihren „alten" ec-Karten bis zum Ablaufdatum auch weiterhin bezahlen oder am Automaten Geld abheben. Erst wenn eine neue Karte fällig wird, trägt sie das veränderte Logo der Girocard.

EC-KARTE/Immer häufiger spähen Betrüger PIN-Nummern aus. Nur extreme Vorsicht schützt vor der miesen Masche

Nie am Wochenende Geld abheben!
von: KATJA STRICKER

Vier kleine Ziffern lassen ec-Kartenbesitzer bequem rund um die Uhr am Automaten Bares holen oder im Laden bezahlen – und die Geheimzahl schützt Konto und Geld vor fremdem Zugriff. Zumindest theoretisch. Doch die Betrugsfälle mit ec-Karten nehmen zu ... Im vergangenen Jahr waren die Betrugsfälle bundesweit bereits um 60 Prozent gestiegen.

Auf dem Schaden bleiben häufig die Opfer sitzen. Denn nicht immer haftet die Bank. Hat der Kartenbesitzer den Verlust der Karte gemeldet und sie sperren lassen, ist er aus dem Schneider. In der Regel übernehmen dann alle Geldinstitute den entstandenen Schaden.

In vielen Fällen bedienen sich die Gauner allerdings bereits am Konto des Opfers, bevor es den Diebstahl überhaupt melden konnte. Wird vor der Sperrung Geld am Automaten mit der Geheimnummer abgehoben, weigern sich Banken sehr häufig zu zahlen. „Es ist leider die Regel, dass die Bestohlenen in solchen Fällen auf dem Schaden sitzen bleiben", ...

Ist dem Dieb die PIN bekannt, wird dem Opfer pauschal unterstellt, es habe etwa die Geheimzahl im Geldbeutel bei sich getragen oder sogar auf der ec-Karte notiert ...

„Mehr als zu beteuern, dass die PIN nicht in der Geldbörse war und sie auch kein anderer wusste, kann der Betroffene nicht machen", sagt Verbraucherschützer Strube. Wer den Zettel mit der PIN gleich nach Erhalt vernichtet hat, ohne die Zahlen irgendwo zu notieren, kann einen Zeugen, etwa den Ehepartner, dazu aussagen lassen.

Tatsächlich hilft nur extreme Vorsicht im Umgang mit der PIN. Kritische Situationen ergeben sich vor allem in Geschäften oder an Tankstellen, wenn man mit Karte und Geheimzahl bezahlt. „In der Hektik haben Verbrecher leichtes Spiel, die Tastenkombination auszuspionieren und später die Karte zu klauen", warnt Frank-Christian Pauli, Jurist beim Bundesverband der Verbraucherzentralen in Berlin. Er rät, bei der Eingabe der PIN so nah wie möglich am Gerät zu stehen und das Tastenfeld mit der anderen Hand zu verdecken. Doch selbst wenn die ec-Karte nicht gestohlen wird, ist das Konto nicht sicher vor Betrügern. Die miese Masche: Gauner bringen direkt am Eingabeschlitz für die Karte einen

so genannten Skimmer an, ein Kartenlesegerät. Wenn der Kunde am Bankautomaten Geld abhebt, bemerkt er nicht, dass Kriminelle mithilfe des Skimmers seine Daten vom Magnetstreifen der Karte kopieren. Davon fertigen die Gauner ein Duplikat der Karte an.

An die dazugehörige PIN kommen die Gauner entweder mit einer Minikamera, die den Code beim Eintippen beobachtet, oder über eine Doppel-Tastatur auf den normalen Eingabetasten, die die gedrückten Zahlen weiterleitet.

Misstrauisch werden sollten Verbraucher, wenn der Geldautomat anders aussieht als sonst. Einen Skimmer erkennt man etwa daran, dass er einige Zentimeter aus dem Automat herausragt. Der normale Kartenschlitz hat dagegen keinen Aufsatz. Bei den meisten Banken dient die ec-Karte zwar an Wochenenden und nach Geschäftsschluss als Türöffner. Dort wird aber niemals die Eingabe der Geheimzahl verlangt. Ist das doch der Fall, wurde manipuliert.

Mit Duplikat und PIN können die Verbrecher sich in aller Ruhe am Konto bedienen – schließlich ahnt das Opfer nichts, weil es seine ec-Karte nicht vermisst. Abhebungen sind allerdings nur im Ausland möglich, da deutsche Automaten die Kartenfälschung erkennen.

Um im Falle eines Falles nicht auf dem Schaden sitzen zu bleiben, sollten Verbraucher ihre Bankauszüge regelmäßig kontrollieren – möglichst einmal in der Woche. „Sonst besteht die Gefahr, dass die Bank den Kunden haftbar macht, weil er nicht schnell genug gehandelt hat", empfiehlt Finanzjurist Strube.

Quelle: Rheinischer Merkur, Nr. 42, 14.10.2004

Worauf sollte ein Inhaber einer ec-Karte achten, um die missbräuchliche Nutzung der Karte zu erschweren bzw. zu verhindern?

◆ Geldkarte

Der Autofahrer bezahlt im Frankfurter Parkhaus

„Alte Oper" mit der Geldkarte ... Der Koblenz-Besucher bekommt mit der City-Card im Bus Rabatt. Der Gläubige in der Petruskirche in Filderstadt entrichtet seinen Obulus per Chip am elektronischen Opferstock. *Quelle: Capital*

An über 600.000 Automaten aller Art (z. B. in Parkhäusern, im Nahverkehr, an Zigarettenautomaten, an TeleStationen und Briefmarkenautomaten) können Sie aus dem gespeicherten Guthaben bequem und centgenau zahlen.

Derzeit verfügen über 68 Mio. ec- und Kundenkarten in Deutschland über die GeldKarte-Funktion – das sind über 75 % aller ausgegebenen Bank- und SparkassenCards. *http://www.geldkarte.de*

Die GeldKarte – erkennbar am kleinen goldenen Chip vorne auf der ec-, Bank- oder Sparkassen-Card – ist ein „Geldbeutel" in Chipform, der als Kleingeldersatz dient. Der Chip kann am Geldautomaten oder an speziellen Ladestationen bis zu 200 Euro aufgeladen werden. Im Gegensatz zum electronic cash mit der ec-Karte erfolgt bei der GeldKarte keine Online-Autorisierung. Für den Kunden entfällt die Eingabe seiner PIN-Nummer. Beim Bezahlen an den mit einem GeldKarte-Logo versehenen Automaten bzw. Kassenterminals wird die GeldKarte in ein Terminal gesteckt und der zu zahlende Betrag vom Kunden bestätigt. Der Saldo auf dem Chip wird dann entsprechend vermindert. Vor und nach jeder Transaktion kann der Kunde den aktuellen Saldo seiner Karte auf dem Terminaldisplay überprüfen, ebenso wie jederzeit mithilfe eines Taschenkartenlesers. Ist die GeldKarte leer, kann sie am Bankschalter und eigens dafür eingerichteten Ladestationen aufgefüllt werden.

Bei der kontenunabhängigen GeldKarte – d. h. der Verwender verfügt über kein entsprechendes Konto – erfolgt das Laden der Karte gegen Bargeld. Diese Art der GeldKarte kann auch an Jugendliche oder an Touristen ausgegeben werden.

Aufgrund des begrenzten Aufladungswertes eignet sich die elektronische Geldbörse für die Abwicklung von Kleinbeträgen, über die der Kunde stets abgezählt, aber ohne Bargeld und ohne Formalitäten schnell verfügen kann. Aus Sicht des Handels vereinfacht die GeldKarte den Umgang mit Wechselgeld und den Tagesabschluss und vermeidet das Risiko von Verlusten durch falsche Wechselgeldrückgabe, Falschgeld oder Diebstahl. Die Zahlung per GeldKarte ist garantiert und damit gleichbedeutend mit der Barzahlung. Außerdem erhöht sie die Bereitschaft zu Spontankäufen. Zwar belasten die Transaktionsgebühren die ohnehin geringe Umsatzrendite im Handel, doch ist die Abwicklung einer GeldKarte-Zahlung wesentlich geringer als bei der Bezahlung mit der Kreditkarte.

Für den Kunden ist die Geldkarte attraktiv, da sie eine anonyme Bezahlung ermöglicht. Personenbezogene Daten werden beim Kaufvorgang nicht gespeichert.

Mittlerweile ermöglicht die GeldKarte auch die Nutzung von Serviceangeboten im Internet. In vielen Gemeinden können Verwaltungsvorgänge mithilfe des Computers und der GeldKarte von zu Hause aus erledigt und bezahlt werden.

Ein wesentlicher Nachteil für den Kunden liegt in der Tatsache, dass die Geldbörsenfunktion nicht gesperrt werden kann, d.h. beim Verlust der Karte ist der noch aufgeladene Betrag verloren. Ein weiterer Nachteil ist, dass der aufgeladene Geldbetrag für den Kunden keinerlei Zinsen bringt und somit praktisch ein zinsloser Kredit ist, den der Kunde der Bank gewährt.

◆ **Kreditkarte**

Die Kreditkarte ist eine aus Plastik hergestellte Karte im Format einer Scheckkarte. Kreditkarten werden entweder von einer Bank oder einem Kreditkarteninstitut an den Karteninhaber ausgegeben. Voraussetzung für den Erhalt einer Kreditkarte ist eine ausreichende Bonität.

Die wichtigsten Kreditkartenorganisationen in Deutschland sind momentan Eurocard, Visa, American Express und Diners Club.

Beim Bezahlen mit Kreditkarte unterschreibt der Kunde einen sogenannten Leistungsbeleg. Die Daten, die für den Leistungsbeleg benötigt werden, sind auf einem Magnetstreifen auf der Rückseite der Karte gespeichert und werden vom Vertragsunternehmen (Einzelhandelsbetriebe, Hotels, Restaurants, Tankstellen, Fluggesellschaften u.ä.) elektronisch abgelesen. Außerdem sind die Daten zusätzlich

erhaben auf die Karte geprägt. Deshalb kann der Leistungsbeleg auch mit einem Handdrucker, einem sogenannten Ritsch-Ratsch-Gerät, erstellt werden. Eine Kopie dieses Leistungsbelegs erhält der Kunde ausgehändigt. Das Kreditkartenunternehmen begleicht die Rechnung innerhalb einer vertraglich festgelegten Frist an das Vertragsunternehmen. Der Kunde erhält meist monatlich eine Abrechnung, auf der er alle Transaktionen des letzten Monats kontrollieren kann. Eine Kreditkarte zeichnet sich dadurch aus, dass sie dem Kunden einen Kreditrahmen einräumt, d.h. der Kunde hat die Möglichkeit, den in der monatlichen Rechnung ausgewiesenen Gesamtbetrag entweder in einer Summe (meist per Einzugsermächtigung) oder aber – gegen entsprechende Zinsen – in Raten zu zahlen.

Alternativ kann der Karteninhaber auch seine Kartendaten im Internet eingeben oder per Telefon/Fax/Brief an ein Vertragsunternehmen übermitteln.

Als zusätzliches Sicherheitsmerkmal bei der Benutzung der Kreditkarte im Internet haben einige Kreditkartenorganisationen die sogenannte Kartenprüfnummer eingeführt. Diese drei- bzw. vierstellige Nummer ist auf der Kreditkarte aufgedruckt, aber nicht geprägt oder auf dem Magnetstreifen geschrieben.

Bei Kreditkarten mit zusätzlichem PIN kann der Karteninhaber nicht nur Waren und Dienstleistungen bezahlen, sondern auch Bargeld an Geldautomaten abheben.

Viele Unternehmen bieten ihren Kunden in Kooperation mit der Kartenorganisation eine eigene Kreditkarte an. Auf der Vorderseite der Karte stehen neben dem Logo der Kartenorganisation auch das Unternehmenslogo **(Co-Branding)**. Der meist weltweit mögliche Einsatz der Kreditkarte wird verbunden mit speziellen Leistungen des Unternehmens – mit entsprechender Kundenbindung (Bsp.: VW/Audi-Karte, FC-Bayern-Karte ...).

Allerdings ist in Deutschland der Prozentsatz von Unternehmen, die Kreditkarten akzeptieren, noch relativ gering. Für die Vetragspartner ist die Kreditkarte mit erheblichen Kosten verbunden. Die Vertragsunternehmen werden – unterschiedlich je nach Branche und Transaktionsvolumen – mit einer Provision von bis zu 3 % Provision der per Kreditkarten abgewickelten Umsätze belastet. Vertragspartner mit sehr hohem Transaktionsvolumen erhalten auch Sonderkonditionen. Als Gegenleistung gewährt das ausgebende Kreditinstitut dem Verkäufer bei Einhaltung aller Verfahrensanweisungen eine Zahlungshaftung.

Darüber hinaus zahlen die Karteninhaber i. d. R. eine Jahresgebühr. Um verstärkt Kunden zu gewinnen, gibt es aber mittlerweile auch eine Reihe von Instituten, die Kreditkarten ohne Jahresgebühr als besonderen Service für ihre Kunden herausgeben.
Wesentliche Vorteile aus Sicht der Vertragsunternehmen werden im folgenden Text aufgeführt:

- ■ „Bargeld lacht!", lautet ein alter Spruch, an dem natürlich einiges dran ist. Nur muss man heute auch sagen: **„Plastic Money smiles, too"**.

- ■ **Mehrkonsum:** Gäste, die mit Kreditkarten zahlen, geben oft deutlich mehr aus, als jene, die sich vorher überlegen müssen, wie viel Geld sie im Lokal ausgeben werden. Vor allem teure Spontanausgaben steigen, wenn man nicht durch die Menge des mitgeführten Bargelds beschränkt ist.

- ■ **Sicherheit:** Beim Bargeld-Handling kann viel passieren, vom versehentlich zu viel herausgegebenen Wechselgeld bis zu bewussten „Irrtümern" des Personals.

- ■ **Weniger Wechselgeld-Bedarf:** Je höher der Anteil an bargeldlosen Bezahlungen ist, umso weniger Wechselgeld wird im Schnitt benötigt. Abgesehen vom Sicherheitsrisiko ist Wechselgeld gebundenes, aber unverzinstes Kapital.

- ■ **Kundendaten:** Bei der Bezahlung mit der Kreditkarte erfahren Sie den Namen und die Höhe der Ausgaben. Das erleichtert es, die Kundenbindung zu erhöhen (Mailings, Begrüßen des Gasts mit Namen etc.)

- ■ **Zeitersparnis:** Das tägliche Gegenrechnen, „ob die Kasse stimmt" wird einfacher und schneller, je mehr Bezahlungen unbar erfolgen. Damit hat das Personal (und der Chef) mehr Zeit, sich um seine Kernaufgabe, nämlich die Arbeit am Gast, zu kümmern.

- ■ **Kundenservice:** Früher wurde die Möglichkeit, unbar bezahlen zu können, von Gästen als besonderer Service geschätzt. Heute wird in gehobenen Restaurants und in der Hotellerie die Bezahlmöglichkeit mittels Kreditkarte vorausgesetzt. Die Alternativen, einen Gast zum Bankautomaten zu schicken oder die Rechnung per Post zu zusenden, sind beide nicht wirklich attraktiv.

Quelle: http://www.gast.at

Vorteile der Kreditkarte:

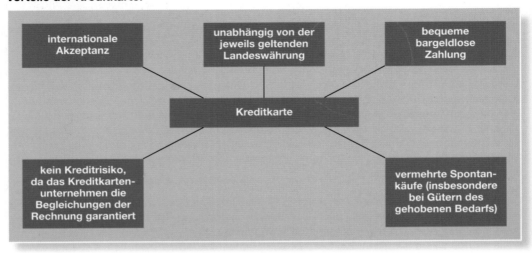

Auch für den Kunden bietet eine Kreditkarte Vorteile: Es steht auch für spontane Kaufentscheidungen ein finanzieller Spielraum zur Verfügung, das Geld wird erst einige Zeit später abgehoben und die Kreditkarte wird von vielen Vertragsunternehmen auf der Welt als Zahlungsmittel anerkannt. Denn außerhalb Europas wird das Bezahlen mit der ec-Karte schwierig, wenn nicht sogar unmöglich.

Für viele Reservierungssysteme (Flug-, Bahntickets, Hotels, Theater und Veranstaltungen) benötigt man eine Kreditkarte, um diesen Service zu nutzen. Bei Autoverleihfirmen ist die Kreditkarte meist die einzige Alternative zur Hinterlegung einer Kaution in Form von Bargeld.

Die wichtigsten Kreditkartenorganisationen in Deutschland sind momentan Eurocard, Visa, American Express und Diners Club.

Sicherheit beim Bezahlen mit Kreditkarte

Mädchenbande plünderte Kölner Kreditkonten
Das jüngste Mitglied der Truppe ist erst 13 Jahre alt

Von THOMAS RAUFFMANN

Köln – So jung – aber alles andere als unschuldig: Fünf Mädchen (13 bis 15 Jahre) zogen bei ihren Taschendiebstählen nicht nur das Bargeld aus den Geldbörsen, sondern auch die Kreditkarten. Beute an einem einzigen Tag: 1.800 Euro.
Aufgefallen war die diebische Mädchenbande an einer Bank am Ebertplatz: Immer wieder steckten sie hier Kreditkarten in einen Geldautomaten, lasen von einem Zettel Pin-Kombinationen ab und warteten gespannt auf das Geld. Kam nichts, war die nächste Karte dran.
Als sich dann ein Konto sperrte, fiel das merkwürdige Treiben einer Passantin (28) auf. Sie rief die Polizei.

> Die sammelte die fünf Mädchen im Alter von 13 bis 15 Jahren ein – dazu fast 1.800,00 EUR Bargeld, die die kriminellen Mädchen bei sich trugen. Polizeisprecher Wolfgang Göbel: „Die Mädchen gaben zu, das Geld mit Kreditkarten abgehoben zu haben, die sie vorher geklaut hatten."

Quelle: http://www.express.de vom 31.10.2004

1. Nehmen Sie Stellung zur Deliktfähigkeit der Mädchen.

2. Worauf sollte ein Kreditkarteninhaber achten, um die missbräuchliche Nutzung seiner Kreditkarte zu erschweren bzw. zu verhindern?

Das Bezahlen mit Kreditkarte ist mit einigen Risiken verbunden, die jeder Kreditkartenbesitzer kennen sollte, um eine missbräuchliche Nutzung und eine ungerechtfertigte Belastung seines Kontos zu vermeiden.

■ **Kopieren**
Mithilfe moderner Technik können Kriminelle die Magnetstreifen von Kreditkarten kopieren und so Duplikate der Karten herstellen.

■ **Falsche Karte**
Nach dem Bezahlen geben die Karten-Betrüger die falsche Karte zurück. Da man den Austausch meist erst später entdeckt, können die Verbrecher mit der Originalkarte in der Zwischenzeit einkaufen.

■ **Missbräuchliche Nutzung der Beleg-Durchschriften**
Betrüger können ein Kreditkartenkonto auch belasten, ohne jemals die Karte selbst in den Händen gehalten zu haben. Alle wichtigen Daten wie der Name und die Kreditkarten-Nummer erscheinen auf den Durchschlägen der Rechnungsbelege. Für viele Kreditkartenbesitzer sind diese nur ein Stück Papier, das sofort im Papierkorb landet. Und genau dort suchen die Gauner. Mit den Rechnungen haben sie alle Daten, um ungestört in fremdem Namen im Internet einzukaufen oder das Kreditkartenkonto mit gefälschten Rechnungen zu belasten.

■ **Diebstahl der Karte und missbräuchliche Nutzung des PIN-Codes**
Wie bei der ec-Karte kann man mit einer gestohlenen Kreditkarte und dem dazugehörigem PIN-Code an vielen Automaten Bargeld abheben.

■ **Missbrauch von Blanko-Unterschriften auf Kreditkartenbelegen**
Besonders gefährlich ist es, Kreditkartenbelege blanko – also ohne Eintragung eines Betrages – zu unterschreiben. Dennoch bestehen z. B. Mietwagenfirmen auf einen unterschriebenen Blankobeleg, damit man keine hohe Kaution in bar hinterlegen muss. Entsprechende Vorsicht ist hier angebracht.

Schutz des Verbrauchers durch das Fernabsatzgesetz

Das Fernabsatzgesetz schützt Verbraucher gegen Kreditkartenbetrug bei Bestellungen per Internet, Telefon oder Post. Erfolgt z. B. ein Kauf im Internet per Kreditkarte, so liegt die Beweislast – wenn der Karteninhaber unberechtigte Abbuchungen vom Kreditkartenkonto geltend macht – beim Kartenanbieter. Der Kunde muss im Betrugsfall nur die Kreditkartenrechnung bezahlen, für die es unterschriebene Belege gibt – also nur für Käufe, bei denen er die Karte wirklich vorgelegt und unterschrieben hat.

◆ **Kundenkarte**
Kundenkarten mit Zahlungsfunktion werden nur von den ausgebenden Unternehmen akzeptiert (z. B. Karstadt, Quelle). Manche Unternehmen stellen die Karte kostenlos zur Verfügung, andere verlangen eine geringe Gebühr. Bei den meisten Karten erfolgt die Abbuchung einmal im Monat, wobei der Kunde oft die Möglichkeit hat, gegen Berechnung von Zinsen in Raten zu zahlen.

Während der Kunde oftmals zusätzliche Serviceleistungen (z. B. Zusendung von Katalogen, Sonderangebote, Einladung zu Vorführungen und Modenschauen) erhält und ihm signalisiert wird „Wir kümmern uns um dich", bindet das Unternehmen den Kunden an sich. Aus anonymen Verbrauchern werden „gläserne Kunden", deren Kaufverhalten über die Abrechnung der Monatskäufe nachvollziehbar wird. In dieser Sammlung von Informationen über den Kunden sehen Verbraucherschützer auch eines der wesentlichen Probleme einer solchen Kundenkarte. Außerdem verführt die Kundenkarte den Verbraucher oft dazu, immer bei dem gleichen Unternehmen einzukaufen, ohne Preis- und Qualitätsvergleiche anzustellen.

Aufgaben

1. *Welche Vorteile bietet die Teilnahme am electronic-cash-Zahlungssystem dem Verkäufer bzw. dem Kunden?*

2. *Welche Vorteile bietet die GeldKarte für Verkäufer und Käufer? Welche Nachteile sind für den Kunden damit verbunden?*

3. *Welche Vorteile bietet Point of Sale ohne Zahlungsgarantie für den Verkäufer? Welches Risiko ist andererseits damit verbunden?*

4. *Sylvia Sommer plant eine Geschäftsreise nach Paris, um an den großen Modeschauen teilzunehmen. Sie überlegt, ob sie neben Bargeld auch eine Kreditkarte mitnehmen soll. Welche Vorteile bieten Kreditkarten?*

5. *Was bezwecken Unternehmen mit Co-Branding-Karten?*

6. *Welche Vorteile bieten Kundenkarten dem herausgebenden Unternehmen und dem Kunden? Warum werden diese andererseits unter Datenschutzgründen kritisch gesehen?*

4.8   Bezahlen im Internet

Surfen – Produkte auswählen – in den Warenkorb legen – ein Mausklick – und ab geht die Post.

Online-Shopping setzt sich immer mehr durch. Rund 30 Prozent der Bundesbürger kauften im Jahr 2004 mehr oder weniger regelmäßig über das Internet ein und orderten ein Warenvolumen von fast fünf Milliarden Euro. Das ist zwar nur knapp ein Prozent des gesamten Einzelhandelsumsatzes, doch zeigen alle Prognosen, dass die Tendenz stark steigend ist. Wenn da nicht die Sache mit

dem Bezahlen wäre. Viele Käufer befürchten, dass beim Einkaufen und Bezahlen im Internet vertrauliche Daten ausspioniert werden und anschließend ihr Bankkonto geplündert wird.

Mittlerweile gibt es zahlreiche sichere Verfahren zum Bezahlen im Internet, die sich in Pre-Paid-Systeme, Pay-Now-Systeme und Pay-Later-Systeme einteilen lassen.

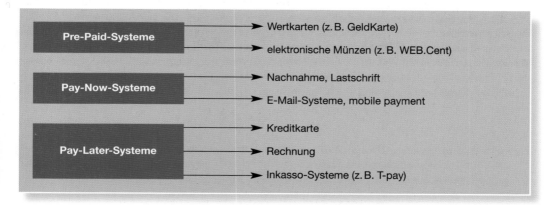

◆ GeldKarte

GeldKarten können als elektronische Geldbörsen genutzt und am Bankautomaten mit einem elektronischen Guthaben aufgeladen werden. Zum Online-Bezahlen benötigt man jedoch ein Lesegerät am PC oder an der Tastatur. Die Geld-Karte wird in das Lesegerät eingeführt, der angezeigte Online-Händler sowie der Betrag werden über die Tastatur des Kartenlesers bestätigt. Über eine SSL-gesicherte Verbindung wird der Betrag vom Chip abgebucht und dem Händler gutgeschrieben. Da die GeldKarte nur bis maximal 200,00 EUR aufgeladen werden kann, ist das Risiko selbst im Missbrauchsfall beschränkt.

◆ WEB.Cent

Um die Web.de-eigene Internetwährung Web.Cent als Zahlungsmittel im Internet zu nutzen, muss ein Konto bei Web.de angelegt und aufgeladen werden. Der Betrag wird nach Eingabe des Nutzernamens und eines Passwortes vom Konto des Nutzers abgebucht, die realen Cents werden in virtuelle Cents umgewandelt. Geeignet ist dieses System für das Bezahlen kleinerer Beträge bei angeschlossenen Internetshops.

◆ Nachnahme, Lastschrift

Bei der Zahlung per Nachnahme bestellt der Kunde im Online-Shop und bezahlt die Ware bei Lieferung. Das Internet-Lastschriftverfahren läuft prinzipiell auf die gleiche Art und Weise ab, wie außerhalb des Internets. Der Kunde gibt seine Bankverbindung in ein elektronisches Formular auf der Web-Seite des Online-Shops ein und verschickt die Daten. Der Händler überprüft die Angaben, verschickt die Ware und zieht das Geld ein. Da der Kunde aber keine PIN eingeben und keine Unterschrift leisten muss und zudem die Abbuchung widerrufen kann, trägt der Händler ein gewisses Risiko. Aus Sicht des Kunden ist die Bezahlung mit elektronischer Lastschrift nur ratsam, wenn die Bestellseiten des Online-Shops sicher verschlüsselt sind.

◆ mobile payment

Das mobile Bezahlen meist kleinerer Beträge erfolgt per Handy im WAP oder im Netz. Die Abrechnung erfolgt über die Mobilfunkrechnung oder das Prepaidguthaben. Zur Bezahlung gibt der Kunde seine Rufnummer an. Anschließend erscheint auf dem Handy-Display die Aufforderung, die Zahlung – zur Sicherheit meist mit einer eigenen PIN – zu bestätigen oder der Nutzer erhält eine entsprechende SMS mit der Aufforderung um Bestätigung.

◆ T-pay

Mit T-Pay bietet die T-Com, ein Tochterunternehmen der Deutschen Telekom
AG, verschiedene Zahlungsvarianten für Einkäufe im Internet an. Diese können
z. B. über die Telefonrechnung bezahlt werden. Dazu muss man sich bei T-Pay
registrieren lassen und ein persönliches Passwort festlegen. Nach der Registrierung erhält man
per Post einen Freischaltcode, um den Missbrauch der Daten durch Dritte weitestgehend auszuschließen. Nach Auswahl der Ware wird der Kauf mit dem Passwort bestätigt. Die Daten werden
verschlüsselt überliefert, sodass keine unbefugte Person Zugang zu diesen erhält. Einkäufe vor
Erhalt des Freischaltcodes sind auch möglich, aus Sicherheitsgründen aber nur in begrenzter
Höhe.

◆ PayPal

Das Online-Bezahlsystem PayPal wird von einer Tochtergesellschaft des
Online-Versteigerungshauses eBay betrieben. Um über PayPal bezahlen
zu können, muss zuerst ein PayPal-Konto eröffnet werden. Die persön-
lichen Daten werden durch ein Passwort gesichert. Um über PayPal Geld an einen anderen Teilnehmer zu senden, gibt es vier Möglichkeiten:

◆ Lastschrift

Der Zahlungspflichtige erteilt PayPal eine Einzugsermächtigung. Jeder einzelne Betrag wird
dann vom Bank-konto abgebucht.

◆ giropay

Der Kunde wird von PayPal automatisch zu giropay weitergeleitet. giropay bietet eine sichere Seite in Koope-ration mit den Kreditinstituten an, über die man direkt auf sein Online-
Banking zugreifen kann. Der Kunde meldet sich mit dem PIN-Code seiner Bank an. Die
Zahlungsinformationen werden automatisch aus der Kaufabwicklung übernommen. Anschließend muss die Zahlung mit der TAN-Nummer der Bank bestätigt werden.

◆ Kreditkarte

Der Kunde hinterlegt bei PayPal die erforderlichen Kreditkarteninformationen. Seine Kreditkarte wird dann auto-matisch mit dem entsprechenden Betrag belastet.

◆ Aus dem PayPal-Guthaben

Der Kunde lädt per Überweisung sein PayPal-Konto auf. Aus dem Guthaben werden die
Zahlungen an den Zahlungsempfänger geleistet.

Aufgaben

1. *Informieren Sie sich im Internet über die folgenden Zahlsysteme:*
   WEB.Cent, mobile payment, T-pay, PayPal.
   Erläutern Sie Vorteile und eventuelle Nachteile der verschiedenen Systeme.

2. *Nennen Sie für die einzelnen Zahlsysteme Partnerunternehmen, bei denen die jeweilige Zah-
   lungsart möglich ist.*

3. *Informieren Sie sich, wie die Zahlung in bekannten Internet-Shops möglich ist.*

4. *Informieren Sie sich über weitere Möglichkeiten der Bezahlung im Internet.*

Lernbereich 5:
Erfassen und dokumentieren von Geschäftsvorgängen mit Kunden und Lieferanten

1 Umsatzsteuer

| brutto: | 83,30 EUR | brutto: | 29,75 EUR |
| netto: | 70,00 EUR | netto: | 25,00 EUR |

Erklären Sie die unterschiedlichen Preise der angegebenen Artikel.

1.1 System der Umsatzsteuer

Bis aus einem Rohstoff das Produkt für den Endverbraucher entsteht, muss er verarbeitet, veredelt oder umgeformt werden. Diese Verrichtungen, die in aufeinanderfolgenden Produktionsstufen durchgeführt werden, erhöhen den Verkaufswert. An dem Wertzuwachs (Mehrwert) ist der Staat in Form einer Steuer beteiligt. Diese Steuer heißt Umsatz- bzw. Mehrwertsteuer.
Der Regelsteuersatz der Umsatzsteuer beträgt 19 %. Daneben gibt es Umsätze, die einem ermäßigten Steuersatz von 7 % unterliegen, sowie umsatzsteuerfreie Umsätze.

Beispiele für ermäßigte und umsatzsteuerfreie Umsätze:

ermäßigter Steuersatz (7 %)	steuerfreie Umsätze
fast alle Lebensmittel (ausgenommen Getränke und Gaststättenumsätze)	Ausfuhrlieferungen
Personennahverkehr	Postwertzeichen (Porto)
die meisten Druckerzeugnisse (Bücher, Zeitungen)	Umsätze der Heilberufe
Kunstgegenstände	Toto, Lotto
Tiere	Vermietung und Verpachtung von Grundstücken
Sammlerstücke (z. B. Münzen)	
Leistungen der Theater, Orchester, Museen	

Die Umsatzsteuer wird vom Endverbraucher bezahlt. Deshalb entstehen einem Unternehmen keine Kosten.

Beispiel:	Die Herstellung eines Sport-Shirts
Produktionsstufe I	Der Rohstoff (Baumwolle) wird gewonnen, bearbeitet, umgeformt, veredelt und zu Stoffen verarbeitet. *Warenwert 2.000,00 EUR + Umsatzsteuer*
Produktionsstufe II	Die Stoffe werden mithilfe von Produktionsverfahren zu Fertigerzeugnissen (Sport-Shirts) verarbeitet und an den Handel verkauft. *Warenwert 5.000,00 EUR + Umsatzsteuer*
Produktionsstufe III	Der Handel verkauft die Produkte an den Endverbraucher. *Warenwert 6.500,00 EUR + Umsatzsteuer*

Jede Produktionsstufe liefert an die darauffolgende und berechnet dafür neben dem Nettowert 19 % Umsatzsteuer. Der Steuerbetrag wird nach dem **Umsatzsteuergesetz** (UStG) auf der Rechnung gesondert ausgewiesen.

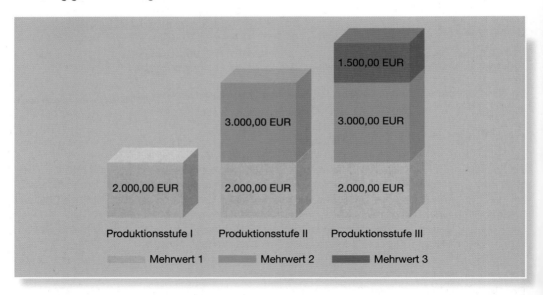

	Mehrwert	Mehrwertsteuer
Produktionsstufe I	2.000,00 – 0,00 = 2.000,00	380,00
Produktionsstufe II	5.000,00 – 2.000,00 = 3.000,00	570,00
Produktionsstufe III	6.500,00 – 5.000,00 = 1.500,00	285,00

Auf jeder Produktionsstufe wird nur der Mehrwert besteuert.

Definition   Mehrwert einer Produktionsstufe = Nettoverkaufspreis − Nettoeinkaufswert

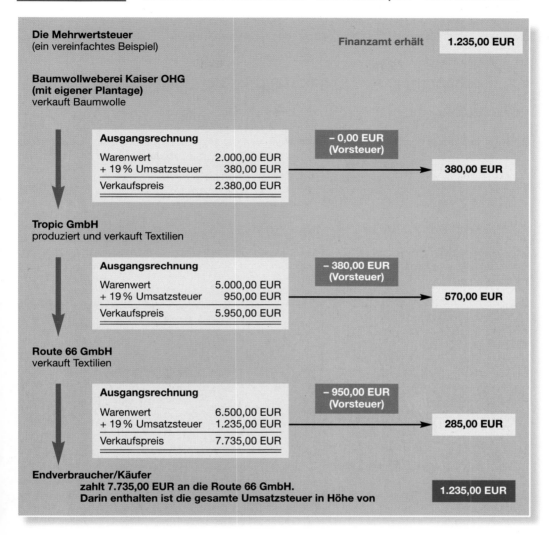

Der Rechnungsbetrag für den Endverbraucher beläuft sich in diesem Fall auf 7.735,00 EUR. Als Endverbrauchersteuer darf die Umsatzsteuer die einzelnen Produktionsstufen nicht belasten. Daher darf von der erhaltenen Umsatzsteuer beim Verkauf die bezahlte Umsatzsteuer beim Einkauf **(Vorsteuer)** abgezogen werden.

Definition   Zahllast = Umsatzsteuer lt. AR − Vorsteuer lt. ER

Die Zahllast muss bis zum 10. des folgenden Monats überwiesen werden. Bis zu diesem Zeitpunkt stellt sie eine Verbindlichkeit an das Finanzamt dar.

Jedes Unternehmen teilt dem Finanzamt bis zum 10. des Monats mit, welche Zahllast sich voraussichtlich ergibt. Hierfür wird eine **Umsatzsteuervoranmeldung** ausgefüllt. Wird in einem Monat mehr Vorsteuer gezahlt als Umsatzsteuer eingenommen wurde, so entsteht ein **Vorsteuerüberhang**. Dieser stellt eine Forderung an das Finanzamt dar, die entweder erstattet oder mit künftigen Zahllasten verrechnet wird.

Für ein Unternehmen hat die Umsatzsteuer keinen Einfluss auf den Unternehmenserfolg. Sie ist erfolgsneutral. In der Buchhaltung spricht man von einem **durchlaufenden Posten**, da die Unternehmen der einzelnen Produktionsstufen die Steuer auf den Verbraucher abwälzen. Der Endverbraucher „trägt" die gesamte Umsatzsteuer, da es für ihn keinen Vorsteuerabzug gibt.

1.2   Behandlung der Umsatzsteuer in der Buchführung

1.2.1   Buchung beim Einkauf

Beispiel Die Tropic GmbH bezieht Baumwollstoffe von der Meersdonk OHG, Mainz, lt. ER auf Ziel:

$$
\begin{array}{lr}
\textit{Nettowert} \dots\dots\dots & \textit{10.000,00 EUR} \\
\textit{+ Umsatzsteuer 19\,\% \dots} & \textit{1.900,00 EUR} \\
\hline
\textit{Rechnungsbetrag \dots\dots} & \textit{11.900,00 EUR}
\end{array}
$$

Auf dem Konto Rohstoffe ist ein Zugang von 10.000,00 EUR zu buchen (Nettowert).

*Die ausgewiesene Steuer beim Rohstoffeinkauf heißt **Vorsteuer**. Sie stellt eine Forderung an das Finanzamt dar und ist deshalb ein Aktivkonto. Die Buchung wird wie bei allen Forderungen im Soll vorgenommen.*

Die Verbindlichkeiten a.L.u.L. gegenüber dem Lieferanten steigen um den Rechnungsbetrag von 11.900,00 EUR (Bruttowert).

Buchungssatz:

Soll	EUR	Haben	EUR
Rohstoffe	10.000,00	Verbindlichkeiten a.L.u.L.	11.900,00
Vorsteuer	1.900,00		

1.2.2   Buchung beim Verkauf

Beispiel Die Tropic GmbH verkauft an die Kick Moden GmbH, Wiesbaden, lt. AR Badeanzüge auf Ziel:

$$
\begin{array}{lr}
\textit{Nettowert} \dots\dots\dots & \textit{16.000,00 EUR} \\
\textit{+ Umsatzsteuer 19\,\% \dots} & \textit{3.040,00 EUR} \\
\hline
\textit{Rechnungsbetrag \dots\dots} & \textit{19.040,00 EUR}
\end{array}
$$

Die Forderungen a.L.u.L. steigen um den Rechnungsbetrag von 19.040,00 EUR. Umsatzerlöse entstehen in Höhe des Netto-Verkaufswertes von 16.000,00 EUR.

Die Umsatzsteuer, die wir vom Kunden erhalten, muss an das Finanzamt abgeführt werden. Sie ist eine Verbindlichkeit gegenüber dem Finanzamt. Die Buchung erfolgt im Haben des Passivkontos Umsatzsteuer.

Buchungssatz

Soll	EUR	Haben	EUR
Forderungen a.L.u.L.	19.040,00	Umsatzerlöse	16.000,00
		Umsatzsteuer	3.040,00

1.2.3 Buchhalterische Ermittlung der Zahllast

Nach Buchung des Einkaufs und Verkaufs zeigt sich folgendes Kontenbild:

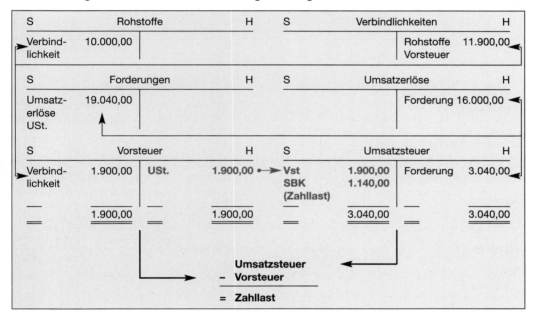

Buchungssatz:

Soll	EUR	Haben	EUR
Umsatzsteuer	1.900,00	Vorsteuer	1.900,00

Durch diese Buchung erreicht man, dass sich Forderungen und Verbindlichkeiten gegenüber dem Finanzamt auf dem Konto Umsatzsteuer gegenüberstehen. Die Differenz zwischen beiden Beträgen (Saldo des Kontos Umsatzsteuer) ist die **Zahllast**.

Bei einem **Vorsteuerüberhang** (Vorsteuer > Umsatzsteuer) wird das Konto Umsatzsteuer über das Konto Vorsteuer abgeschlossen. Der Saldo des Kontos Vorsteuer entspricht einer Forderung gegenüber dem Finanzamt.

1.2.4   Überweisung und Bilanzierung der Zahllast

Überweisung der Zahllast

Bei der Überweisung der Zahllast an das Finanzamt erfolgt die Gegenbuchung auf der Haben-Seite eines Geldkontos (z. B. Bank):

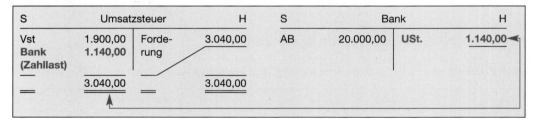

Buchungssatz:

Soll	EUR	Haben	EUR
Umsatzsteuer	1.140,00	Bank	1.140,00

Bilanzierung der Zahllast

Die Zahllast ist eine Verbindlichkeit gegenüber dem Finanzamt. Wenn die Zahllast des letzten Monats eines Geschäftsjahres bis zum Bilanzstichtag noch nicht an das Finanzamt abgeführt wurde, muss sie passiviert, d. h. auf der Haben-Seite des Schlussbilanzkontos ausgewiesen werden.

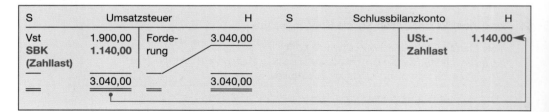

- Die auf Eingangsrechnungen ausgewiesene Umsatzsteuer wird im Soll des Kontos Vorsteuer gebucht.

- Ausgangsrechnungen enthalten Umsatzsteuer, die im Haben des Kontos Umsatzsteuer gebucht wird.

- Die Vorsteuer ist eine Forderung gegenüber dem Finanzamt.

- Die Umsatzsteuer ist eine Verbindlichkeit gegenüber dem Finanzamt.

- USt > VSt: Das Vorsteuerkonto wird über das Umsatzsteuerkonto abgeschlossen: Buchungssatz: Umsatzsteuer an Vorsteuer.

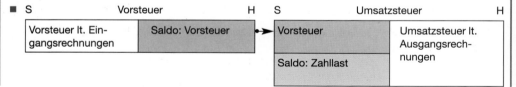

- Wenn die Umsatzsteuer größer als die Vorsteuer ist, ergibt sich eine Zahllast.
- Die Zahllast wird am 10. des Folgemonats an das Finanzamt überwiesen.
- Buchungssatz: Umsatzsteuer an Bank

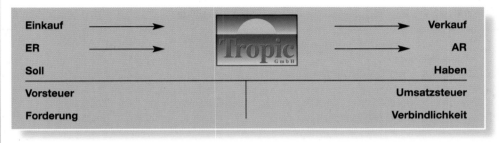

Einkauf	→		→	Verkauf
ER	→		→	AR
Soll				Haben
Vorsteuer				Umsatzsteuer
Forderung				Verbindlichkeit

Aufgaben

1. Berechnen Sie die fehlenden Werte:

	1.1	1.2	1.3	1.4	1.5	1.6	1.7
Rechnungs-betrag, netto	44.400,00					33.950,00	
+ Umsatzsteuer		2.109,00			3.762,00		
Rechnungs-betrag, brutto			10.353,00	4.105,50			8.032,50

2. Berechnen Sie und bilden Sie die Buchungssätze.

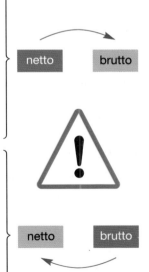

1. Wir kaufen Stoff für 33.400,00 EUR netto.
   a) Berechnen Sie die Umsatzsteuer und den Bruttowert.
   b) Bilden Sie den Buchungssatz für den Zieleinkauf.

2. Wir verkaufen Fertigerzeugnisse für 21.000,00 EUR netto.
   a) Berechnen Sie die Umsatzsteuer und den Bruttowert.
   b) Bilden Sie den Buchungssatz für den Zielverkauf.

3. Wir zahlen eine Pkw-Reparatur bar 1.500,00 EUR netto.
   a) Berechnen Sie die Umsatzsteuer und den Bruttorechnungs-betrag.
   b) Bilden Sie den Buchungssatz für diesen Fall.

4. Wir kaufen Knöpfe für 1.428,00 EUR brutto.
   a) Berechnen Sie den Nettowert und die Umsatzsteuer.
   b) Bilden Sie den Buchungssatz für den Zieleinkauf.

5. Wir verkaufen einen gebrauchten Pkw für 595,00 EUR brutto.
   a) Berechnen Sie den Nettoverkaufswert und die Umsatzsteuer.
   b) Bilden Sie den Buchungssatz für den Barverkauf.

6. Wir verkaufen Fertigerzeugnisse gegen Banküberweisung für 19.516,00 EUR brutto.
   a) Berechnen Sie den Nettoverkaufswert und die Umsatzsteuer.
   b) Bilden Sie den Buchungssatz für diesen Verkauf.

3. *Bilden Sie die Buchungssätze zu den folgenden Geschäftsvorfällen.*

		EUR
1.	*Rohstoffeinkauf auf Ziel, netto*	*4.700,00*
	+ Umsatzsteuer	
2.	*Wir zahlen eine Eingangsrechnung durch Banküberweisung*	*7.840,00*
3.	*Gutschriftenanzeige unserer Bank: Zinsen*	*670,00*
	und Lagermiete	*1.560,00*
4.	*Verkauf von Fertigerzeugnissen auf Ziel, netto*	*8.100,00*
	+ Umsatzsteuer	
5.	*Wir zahlen eine Kfz-Reparatur bar, netto*	*1.100,00*
	+ Umsatzsteuer	
6.	*Kunde begleicht Ausgangsrechnung durch Banküberweisung*	*9.300,00*
7.	*Wir zahlen eine Werbeanzeige bar, netto*	*1.500,00*
	+ Umsatzsteuer	
8.	*Wir zahlen für Telefongebühren durch Postbank netto*	*780,00*
	+ Umsatzsteuer	
9.	*Einkauf von Hilfsstoffen gegen Barzahlung, netto*	*2.000,00*
	+ Umsatzsteuer	
10.	*Verkauf eines gebrauchten Pkw gegen Barzahlung, netto*	*3.000,00*
	+ Umsatzsteuer	
11.	*Zieleinkauf von Betriebsstoffen, netto*	*2.200,00*
	+ Umsatzsteuer	
12.	*Bareinkauf von Briefumschlägen, netto*	*120,00*
	+ Umsatzsteuer	
13.	*Barverkauf eines gebrauchten Computers, netto*	*150,00*
	+ 19 % Umsatzsteuer	
14.	*Bareinkauf von Postwertzeichen*	*22,00*

4. *Bilden Sie die Buchungssätze zu folgenden Geschäftsvorfällen:*

Geschäftsvorfälle	**EUR**
1. *Bareinkauf von Druckerpapier, brutto*	*214,20*
2. *Zieleinkauf von Garnen bei der Faden GmbH, brutto*	*6.902,00*
3. *Verkauf von Sweatshirts an die Marinas Collection GmbH, brutto*	*10.948,00*
4. *Barzahlung einer Maschinenreparatur, brutto*	*934,15*
5. *Barkauf von Briefmarken*	*60,00*
6. *Kauf von Schmierstoffen auf Ziel, brutto*	*1.190,00*
7. *Zielverkauf von Jeans and die Black an Blue Jeans GmbH, brutto*	*8.330,00*
8. *Barverkauf von Fleece-Shirts, brutto*	*2.023,00*
9. *Stoffeinkauf bei der Weberei Holzmann KG gegen Rechnung, brutto*	*5.712,00*
10. *Banküberweisung der Zahllast*	*1.700,00*

5. *Eine Baumwollfabrik verkauft an einen Industriebetrieb Baumwolle im Wert von 2.000,00 EUR netto. Aus der Baumwolle erstellt der Industriebetrieb Hemden (Fertige Erzeugnisse) und verkauft diese für 6.000,00 EUR netto an einen Großhändler. Dieser veräußert die Waren an einen Einzelhändler für 7.500,00 EUR netto. Der Einzelhändler verkauft die Hemden an verschiedene Endverbraucher für 10.000,00 EUR netto.*

   a) Zeichnen Sie ein Stufenschema, das Nettowert, Umsatzsteuer, Rechnungsbetrag, Vorsteuer und Zahllast enthält (vgl. S. 281).

   b) Buchen Sie auf jeder Stufe.

6. Die Tropic GmbH hatte im Monat November insgesamt Verkaufserlöse von netto 50.000,00 EUR. Roh-, Hilfs- und Betriebsstoffe wurden für 35.000,00 EUR netto beschafft. Umsatzsteuersatz: 19 %
   a) Buchen Sie die entsprechenden Beträge auf den Konten Vorsteuer und Umsatzsteuer. Schließen Sie die Konten ab.
   b) Bis zu welchem Zeitpunkt muss die Tropic GmbH die Zahllast überweisen?
   c) Bilden Sie den Buchungssatz für die Zahllastüberweisung.

7. Im Monat Dezember betrugen die Verkaufserlöse netto 30.000,00 EUR und die Rohstoffeinkäufe netto 38.000,00 EUR. Umsatzsteuersatz: 19 %
   a) Buchen Sei die entsprechenden Beträge auf den Konten Vorsteuer und Umsatzsteuer. Schließen Sie die Konten ab.
   b) Auf welchem Konto wird die nicht verrechnete Vorsteuer beim Jahresabschluss verbucht? Wie lautet der Buchungssatz?

8. Vorläufige Summenbilanz:

Konten		Soll (EUR)	Haben (EUR)
0530	Betriebsgebäude	420.000,00	
0800	Betriebs- und Geschäftsausstattung	150.000,00	20.000,00
2000	Rohstoffe	80.000,00	15.000,00
2020	Hilfsstoffe	26.000,00	9.000,00
2030	Betriebsstoffe	13.800,00	7.500,00
2100	Unfertige Erzeugnisse	38.000,00	
2200	Fertige Erzeugnisse	17.000,00	
2400	Forderungen a.L.u.L.	86.500,00	54.012,00
2600	Vorsteuer	16.800,00	
2800	Bank	118.900,00	84.300,00
2880	Kasse	24.700,00	9.700,00
3000	Eigenkapital		568.900,00
4250	Langfristige Bankverbindlichkeiten	30.000,00	190.000,00
4400	Verbindlichkeiten a.L.u.L.	67.000,00	97.300,00
4800	Umsatzsteuer		12.288,00
5000	Umsatzerlöse		76.800,00
5200	Bestandsveränderungen		
5710	Zinserträge		8.200,00
6000	Aufwendungen für Roh-, Hilfs- und Betriebsstoffe .	31.500,00	
6160	Fremdinstandhaltung	4.100,00	
6200	Löhne	14.300,00	
6300	Gehälter	10.900,00	
6520	Abschreibungen auf Sachanlagen		
7510	Zinsaufwendungen	3.500,00	
Summe	. . . .	**1.153.000,00**	**1.153.000,00**

Geschäftsvorfälle	EUR
1. Zieleinkauf von Rohstoffen, netto . . . . + Umsatzsteuer	14.000,00
2. Barzahlung einer Kfz-Inspektion, netto . . . . + Umsatzsteuer	600,00
3. Barverkauf von Fertigerzeugnissen, brutto	21.896,00
4. Ein Kunde begleicht eine Ausgangsrechnung durch Banküberweisung	17.500,00
5. Zielverkauf von fertigen Erzeugnissen, netto . . . . + Umsatzsteuer	24.000,00

   6. *Banküberweisung für Löhne* *7.500,00*
     und Gehälter *9.300,00*
   7. *Barkauf eines Schrankes für die Hängeregistratur, netto* *2.100,00*
     + Umsatzsteuer
   8. *Materialentnahmeschein für Hilfsstoffe* *3.100,00*
   9. *Lastschrift des Lieferers für Verzugszinsen* *50,00*
  10. *Banküberweisung für eine Liefererrechnung* *5.100,00*
  11. *Barverkauf von fertigen Erzeugnissen, netto* *700,00*
     + Umsatzsteuer
  12. *Zinsgutschrift der Bank* *110,00*

Abschlussangaben

   1. *Abschreibungen auf*   – *Betriebsgebäude*   *8.400,00*
                       – *Betriebs- und Geschäftsausstattung*   *16.420,00*

   2. *Endbestände lt. Inventur*   – *Unfertige Erzeugnisse*   *35.000,00*
                           – *Fertige Erzeugnisse*   *15.000,00*
Die übrigen Bestände stimmen mit den Inventurbeständen überein.

   3. *Banküberweisung der Umsatzsteuerzahllast*

**Übertragen Sie die Zahlen der Summenbilanz in Konten, bilden Sie die Buchungssätze
und buchen Sie.
Schließen Sie den Geschäftsgang ab.**

9. *Anfangsbestände in EUR*

0500 Grundstücke und Bauten	*210.000,00*	*2200 Fertige Erzeugnisse*	*12.900,00*
0700 TA und Maschinen	*95.000,00*	*2400 Forderungen a.L.u.L.*	*22.800,00*
0800 BGA	*41.000,00*	*2800 Bank*	*13.000,00*
2000 Rohstoffe	*12.000,00*	*2880 Kasse*	*6.750,00*
2020 Hilfsstoffe	*10.500,00*	*3000 Eigenkapital*	*400.000,00*
2030 Betriebsstoffe	*9.300,00*	*4400 Verbindlichkeiten a.L.u.L.*	*50.850,00*
2100 Unfertige Erzeugnisse	*17.600,00*		

Kontenplan:

Neben den o. a. Bestandskonten sind noch folgende Konten zu eröffnen:
Bestandskonten: 2600 Vorsteuer; 4800 Umsatzsteuer;
*Erfolgskonten: 5000 Umsatzerlöse; 5200 Bestandsveränderungen; 5400 Mieterträge; 5710
Zinserträge; 6000 Aufwendungen für Rohstoffe; 6020 Aufwendungen für Hilfsstoffe; 6030 Auf-
wendungen für Betriebsstoffe; 6160 Fremdinstandhaltung; 6200 Löhne; 6300 Gehälter; 6520
Abschreibungen auf Sachanlagen; 6870 Werbung; 7030 Kraftfahrzeugsteuer*

Abschlusskonten: 8020 GuV; 8010 SBK

Geschäftsvorfälle   EUR

   1. *Zieleinkauf von Hilfsstoffen, netto* *7.300,00*
     + Umsatzsteuer
   2. *Barverkauf von fertigen Erzeugnissen, brutto* *1.785,00*
   3. *Banküberweisung für Löhne* *7.900,00*
     und Gehälter *4.000,00*
   4. *Verkauf von fertigen Erzeugnissen gegen Bankscheck, brutto* *19.040,00*
   5. *Stoffverbrauch lt. Materialentnahmeschein*
     – *Rohstoffe* *3.900,00*
     – *Hilfsstoffe* *5.100,00*
     – *Betriebsstoffe* *950,00*

6. Verkauf von fertigen Erzeugnissen auf Ziel, netto 44.000,00
   + Umsatzsteuer
7. Barzahlung für ein Werbeinserat in der Presse, netto   500,00
   + Umsatzsteuer
8. Zinsgutschrift der Bank   140,00
9. Unser Mieter überweist für den laufenden Monat   850,00
10. Überweisung an das Finanzamt für Kfz-Steuer   720,00
11. Zieleinkauf von Rohstoffen, netto 5.200,00
    + Umsatzsteuer
12. Barzahlung für Reparatur eines Schreibtischstuhls, brutto   178,50
13. Wir begleichen eine Liefererrechnung durch Banküberweisung 10.600,00

Abschlussangaben

1. Abschreibungen auf   – Grundstücke und Gebäude   2 % von 140.000,00 EUR
                         – Maschinen   10 % vom Buchwert
                         – Betriebs- und Geschäftsausstattung   20 % vom Buchwert

2. Endbestände lt. Inventur   – Unfertige Erzeugnisse   22.000,00
                              – Fertige Erzeugnisse   14.000,00
   Die übrigen Bestände stimmen mit den Inventurbeständen überein.

3. Ermittlung und Passivierung der Zahllast.

Bilden Sie die Buchungssätze und buchen Sie auf den Konten. Schließen Sie den Geschäftsgang ab.

2 Buchungen bei Beschaffung und Absatz

2.1 Bezugskosten

Die Tropic GmbH kauft Baumwollstoff ein.
Die Lieferungsbedingung lautet:
„Lieferung unfrei"

Speedo-Spedition

Rechnung Nr. 231/20

Fracht, netto	500,00 EUR
Umsatzsteuer	95,00 EUR
= Bruttofracht	595,00 EUR

SITUATION

1. Erklären Sie die o. a. Lieferungsbedingung.

2. Welche Folgen ergeben sich daraus für den Rohstoffeinkauf?

3. Wie wird dieser Sachverhalt buchhalterisch erfasst?

Bei der Beschaffung von Werkstoffen (Roh-, Hilfs- und Betriebsstoffen) fallen oft Nebenkosten an: Hausfrachten, Eingangsfrachten, Verpackungskosten, Einfuhrzölle, Versicherungen u. a. Diese Anschaffungsnebenkosten nennt man auch Bezugskosten. Wird im Kaufvertrag nichts über die Bezugskosten vereinbart, so gilt die gesetzliche Regelung, wonach der Käufer diese Kosten ab Versandstation tragen muss (§ 448 BGB). Der Anschaffungspreis der Werkstoffe erhöht sich um diese Anschaffungsnebenkosten.

> **§ 255,1 HGB**
> „Anschaffungskosten sind die Aufwendungen, die geleistet werden, um einen Vermögensgegenstand zu erwerben und ihn in einen betriebsbereiten Zustand zu versetzen, soweit sie dem Vermögensgegenstand einzeln zugeordnet werden können. Zu den Anschaffungskosten gehören auch die Nebenkosten sowie die nachträglichen Anschaffungskosten."

Definition

      Anschaffungspreis
     + Anschaffungsnebenkosten
     = Anschaffungskosten

Die Anschaffungsnebenkosten müssen auf dem entsprechenden Stoffkonto (Bestandskonto) aktiviert werden.

Anschaffungsnebenkosten können entweder

- direkt auf dem entsprechenden Stoffe-Bestandskonto oder

- auf neu einzurichtenden Unterkonten der Bestandskonten gebucht werden.

2001 Bezugskosten Rohstoffe/Fertigungsmaterial
2011 Bezugskosten Vorprodukte/Fremdbauteile
2021 Bezugskosten Hilfsstoffe
2031 Bezugskosten Betriebsstoffe
2071 Bezugskosten Sonstiges Material

Die Vorteile der Buchung auf Unterkonten sind:

- Wir weisen Aufwendungen beim Einkauf verursachungsgerecht aus.

- Wir erhalten genaue Informationen über die Höhe, Zusammensetzung und Entwicklung der Bezugskosten.

Daher buchen wir die Bezugskosten über gesonderte Unterkonten. Am Ende einer Rechnungsperiode (z. B. monatlich, vierteljährlich oder jährlich) müssen diese Unterkonten auf die entsprechenden Stoffe-Bestandskonten umgebucht werden.

Buchungssatz beim Zieleinkauf von Rohstoffen:

Soll	EUR	Haben	EUR
2000 Rohstoffe	20.000,00	4400 Verbindl. a. L. u. L.	23.800,00
2600 Vorsteuer	3.800,00		

Buchungssatz für die Barzahlung der Bezugskosten:

Soll	EUR	Haben	EUR
2001 Bezugskosten für Rohstoffe	500,00	2800 Kasse	595,00
2600 Vorsteuer	95,00		

Buchungssatz für den Abschluss des Kontos 2001 Bezugskosten Rohstoffe

Soll	EUR	Haben	EUR
2000 Rohstoffe	500,00	2001 Bezugskosten für Rohstoffe	500,00

Buchungen:

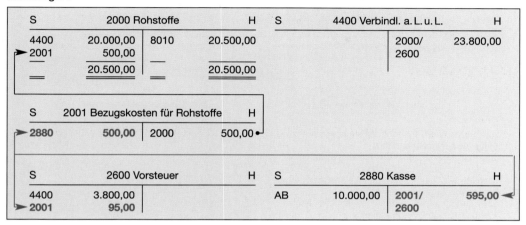

2.2 Ausgangsfrachten

Die Tropic-GmbH bietet ihrem Kunden Black and Blue Jeans GmbH die Lieferung „frei Haus" an. Von ihrem Spediteur erhält sie eine Rechnung über 400,00 EUR + 76,00 EUR Umsatzsteuer, die durch Banküberweisung beglichen wird.

Bei welchen anderen Lieferungsbedingungen müsste die
Tropic GmbH Transportkosten tragen?

SITUATION

Abweichend von der gesetzlichen Regelung können hinsichtlich der Beförderungskosten andere Vereinbarungen zwischen Verkäufer und Käufer getroffen werden. So bedeutet z. B. „frei Haus", dass die Tropic GmbH alle entstehenden Versandkosten (z. B. Hausfrachten, Verladekosten, Beförderungskosten, Entladekosten) trägt. Die vom Verkäufer zu tragenden Versandkosten sind betriebliche Aufwendungen.

Buchungssatz für die Begleichung der Rechnung:

Soll	EUR	Haben	EUR
6140 Frachten	400,00	2800 Bank	476,00
2600 Vorsteuer	76,00		

Buchungen

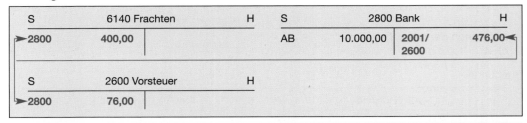

S	6140 Frachten		H	S	2800 Bank		H
2800	400,00			AB	10.000,00	2001/ 2600	476,00

S	2600 Vorsteuer		H
2800	76,00		

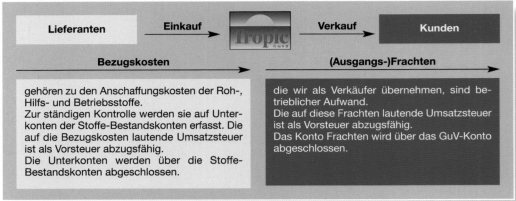

Lieferanten	→ Einkauf →	Tropic GmbH	→ Verkauf →	Kunden

Bezugskosten →   **(Ausgangs-)Frachten** →

gehören zu den Anschaffungskosten der Roh-, Hilfs- und Betriebsstoffe.
Zur ständigen Kontrolle werden sie auf Unterkonten der Stoffe-Bestandskonten erfasst. Die auf die Bezugskosten lautende Umsatzsteuer ist als Vorsteuer abzugsfähig.
Die Unterkonten werden über die Stoffe-Bestandskonten abgeschlossen.

die wir als Verkäufer übernehmen, sind betrieblicher Aufwand.
Die auf diese Frachten lautende Umsatzsteuer ist als Vorsteuer abzugsfähig.
Das Konto Frachten wird über das GuV-Konto abgeschlossen.

Aufgaben

1. *Beim Bezug einer Lieferung Jeans-Nieten fallen an Kosten an:*
   Hausfracht zur Versandstation   59,50 EUR
   Fracht   238,00 EUR
   Hausfracht ab Empfangsstation   119,00 EUR   (alle Beträge netto).
   Die Lieferung an uns erfolgt frachtfrei.
   a) Welchen Betrag haben wir insgesamt einschließlich Umsatzsteuer zu zahlen?
   b) Wie lautet der Buchungssatz bei Barzahlung?
   c) Wie lautet der Buchungssatz für die Abschlussbuchung des Unterkontos des Kontos „Hilfsstoffe"?

2. *a) Ermitteln Sie die Anschaffungskosten für folgenden Einkauf von Reißverschlüssen:*
   Anschaffungspreis   5.500,00 EUR
   + 19 % Umsatzsteuer   1.045,00 EUR
   Anschaffungspreis (brutto)   6.545,00 EUR
   Fracht, netto   120,00 EUR
   Hausfracht, netto   60,00 EUR
   Verpackungsmaterial, netto   20,00 EUR
   Alle Bezugskosten zuzüglich 19 % USt.
   b) Wie lautet der Buchungssatz für den Einkauf bei Rechnungseingang?
   c) Wie lautet der Buchungssatz für die Bezugskosten bei Rechnungseingang?

3. *Das Konto 2001 „Bezugskosten Rohstoffe/Fertigungsmaterial" weist für die laufende Rechnungsperiode folgende Buchungen auf:*

S	2001 Bezugskosten für Rohstoffe		H
2800 Bank	1.250,00		
4400 Verbindl. a.L.u.L.	775,00		
2880 Kasse	62,00		
2800 Bank	350,00		

a) In der vergangenen Rechnungsperiode waren 2.966,50 EUR an Bezugskosten für Rohstoffe angefallen. Um wie viel Prozent konnten die Bezugskosten in der laufenden Periode gesenkt werden?

b) Nennen Sie mögliche Gründe für diese Senkung.

c) Wie lautet der Buchungssatz für die Umbuchung der Bezugskosten (Rohstoffe) am Ende der laufenden Rechnungsperiode?

4. Geschäftsgang:

Anfangsbestände in EUR

0700 Maschinen	290.500,00
0800 Betriebsausstattung	172.600,00
2000 Rohstoffe	77.800,00
2020 Hilfsstoffe	21.000,00
2030 Betriebsstoffe	7.200,00
2100 Unfertige Erzeugnisse	14.900,00
2200 Fertige Erzeugnisse	26.300,00
2400 Forderungen a.L.u.L.	153.110,00
2800 Kreditinstitute	137.200,00
2880 Kasse	14.200,00
3000 Eigenkapital	626.084,00
4400 Verbindlichkeiten a.L.u.L.	268.816,00
4800 Umsatzsteuer	19.910,00

Kontenplan: 0700, 0800, 2000, 2001, 2020, 2030, 2031, 2100, 2200, 2400, 2600, 2800, 2880, 3000, 4400, 4800, 5000, 5200, 5710, 6030, 6140, 6160, 6520, 8020, 8010

Geschäftsvorfälle:	EUR
1. Zieleinkauf von Rohstoffen ab Werk	6.200,00
+ 19 % Umsatzsteuer	
2. Eingangsfracht hierauf bar, netto	450,00
+ 19 % Umsatzsteuer	
3. Banküberweisung der Umsatzsteuerzahllast	
4. Zinsgutschrift der Bank	780,00
5. Zielverkauf von Fertigerzeugnissen, netto	73.600,00
+ 19 % Umsatzsteuer	
6. Ausgangsfrachten hierauf bar, netto	360,00
+ 19 % Umsatzsteuer	
7. Barzahlung einer Maschinenreparatur, netto	650,00
+ 19 % Umsatzsteuer	
8. Bareinkauf von Betriebsstoffen, netto	2.400,00
+ 19 % Umsatzsteuer	
9. Eingangsfracht hierauf bar, netto	75,00
+ 19 % Umsatzsteuer	

Abschlussangaben:

1. Abschreibung:	auf Maschinen	10 %
	auf Betriebsausstattung	20 %
2. Inventurbestände:	Unfertige Erzeugnisse	19.300,00 EUR
	Fertige Erzeugnisse	29.450,00 EUR
	Betriebsstoffe	4.500,00 EUR

3. Die Umsatzsteuerzahllast ist zu passivieren.

2.3   Rücksendungen

2.3.1   Rücksendungen an den Lieferer

SITUATION

Die Tropic GmbH hat bei der Cotton GmbH & Co KG, Hamburg, Baumwolle für 22.000,00 + 4.180,00 USt. auf Ziel eingekauft. Bei einem Teil der Lieferung wurden grobe Webfehler festgestellt. Dieser Teil wurde nach telefonischer Rücksprache mit dem Lieferanten an diesen zurückgesandt.

Auszug aus dem Schreiben der Cotton GmbH:

… aufgrund Ihrer Rücksendung gewähren wir Ihnen eine Gutschrift in Höhe von

netto	**1.500,00 EUR**
+ 19 % USt.	**285,00 EUR**
brutto	**1.785,00 EUR**

Wir bedauern diesen Vorfall und bitten um Entschuldigung.

Welche Auswirkung hat die Rücksendung auf den Bestand an Rohstoffen?

Die Eingangsrechnung haben wir wie folgt gebucht:

Soll	EUR	Haben	EUR
2000 Rohstoffe	22.000,00	4400 Verbindl. a. L. u. L.	26.180,00
2600 Vorsteuer	4.180,00		

Durch Rücksendungen wegen Falschlieferung oder mangelhafter Lieferung nimmt der nach der Eingangsrechnung erfasste Bestand ab. Bei einem Mangel in der Menge (Fehlmenge) ist dieser Bestand nicht vorhanden.

Es muss eine Korrektur- oder Stornobuchung vorgenommen werden, d. h., die Buchung auf dem Konto „2000 Rohstoffe" in Höhe von 22.000,00 EUR muss um 1.500,00 EUR durch eine Haben-Buchung berichtigt werden. Im Betrieb verbleiben Rohstoffe im Wert von 20.500,00 EUR (22.000,00 – 1.500,00). Dadurch ändert sich auch die Bemessungsgrundlage für die Umsatzsteuer, d. h., wir müssen bei dem bereits gebuchten Vorsteuer-Betrag eine Korrekturbuchung vornehmen. Gleichzeitig verringern sich die Verbindlichkeiten um den Betrag der Bruttogutschrift.

Berechnung:

	Eingangsrechnung	– Rücksendung	berichtigter Betrag
Rohstoffe	22.000,00	1.500,00	20.500,00
+ Vorsteuer	4.180,00	285,00	3.895,00
= Verbindl. a.L.u.L.	26.180,00	1.785,00	24.395,00

Buchungssatz für die Korrektur:

Soll	EUR	Haben	EUR
4400 Verbindl. a.L.u.L.	1.785,00	2000 Rohstoffe 2600 Vorsteuer	1.500,00 285,00

Buchungen:

S		2000 Rohstoffe		H		S		4400 Verbindl. a.L.u.L.		H
4400	22.000,00	4000	1.500,00		→	2000/ 2600	1.785,00	2000 2600	26.180,00	
—		8010	20.500,00			8010	24.395,00	—		
	22.000,00		22.000,00				26.180,00		26.180,00	

S		2600 Vorsteuer		H
4400	4.180,00	4400	285,00	◄
		4800	3.895,00	
—		—		
	4.180,00		4.180,00	

2.3.2 Rücksendungen von Kunden

Beispiel *Unser Kunde, die Kick Moden GmbH in Wiesbaden, hat Trainingsanzüge im Nettowert von 5.000,00 EUR von uns erhalten. Ein Teil dieser Lieferung wird beanstandet und an uns zurückgesandt, Nettowert der Rücksendung 800,00 EUR.*

Buchungssatz beim Verkauf:

Soll	EUR	Haben	EUR
2400 Ford. a.L.u.L.	5.950,00	5000 Umsatzerlöse 4800 Umsatzsteuer	5.000,00 950,00

Auch hier ist eine Stornobuchung/Korrekturbuchung vorzunehmen. Senden unsere Kunden mangelhafte Ware zurück, so vermindern sich unsere Umsatzerlöse, die Umsatzsteuer und unsere Forderungen.

Berechnung:

	Ausgangsrechnung	– Rücksendung	berichtigter Betrag
Umsatzerlöse	5.000,00	800,00	4.200,00
+ Umsatzsteuer	950,00	152,00	798,00
= Ford. a.L.u.L.	5.950,00	952,00	4.998,00

Buchungen:

S	2400 Ford. a. L. u. L.		H
5000/ 4800	5.950,00	5000 4800	952,00
		8010	4.998,00
	5.950,00		5.950,00

S	5000 Umsatzerlöse		H
2400/	800,00	2400	5.000,00
8020	4.200,00		
	5.000,00		5.000,00

S	4800 Umsatzsteuer		H
2400	152,00	2400	950,00
8010	798,00		
	950,00		950,00

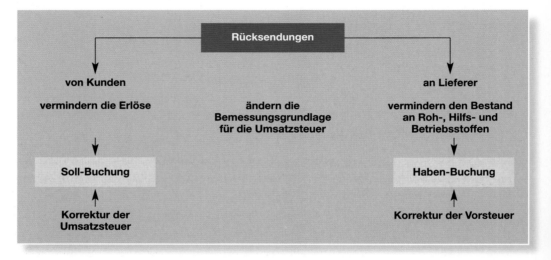

Rücksendungen

von Kunden

vermindern die Erlöse

↓

Soll-Buchung

↑

Korrektur der Umsatzsteuer

ändern die Bemessungsgrundlage für die Umsatzsteuer

an Lieferer

vermindern den Bestand an Roh-, Hilfs- und Betriebsstoffen

↓

Haben-Buchung

↑

Korrektur der Vorsteuer

Aufgaben

1. *Bilden Sie die Buchungssätze zu folgenden Geschäftsvorfällen:*   *EUR*
   1. *Zieleinkauf von*
      Baumwolle, netto *33.000,00*
      Garne, netto *8.000,00*
      Diesel, netto *6.000,00*
      + Umsatzsteuer ....
   2. *ER: Bezugskosten auf den Rohstoffeinkauf, netto* *2.500,00*
      + Umsatzsteuer ....
   3. *Rücksendung mangelhafter Nieten, netto* *900,00*
      + Umsatzsteuer ....
   4. *Rücksendung falsch gelieferter Baumwolle, netto* *3.000,00*
      + Umsatzsteuer ....
   5. *Zielverkauf von Jeans, netto* *17.000,00*
      + Umsatzsteuer ....
   6. *Kunde sendet mangelhafte Partykleider zurück, netto* *3.500,00*
      + Umsatzsteuer ....

2. *Die Konten 2000, 2001 und 2600 weisen folgende Summen auf:*

Nummer	Kontenbezeichnung	Soll (EUR)	Haben (EUR)
2000	Rohstoffe	350.000,00	84.000,00
2001	Bezugskosten für Rohstoffe	21.400,00	3.700,00
2600	Vorsteuer	36.480,00	12.540,00

Vor dem Abschluss sind noch folgende Geschäftsvorfälle zu erfassen: *EUR*

1. *Baumwolleinkauf auf Ziel, netto* *17.000,00*
   + Umsatzsteuer . . . .
2. *Barzahlung der Bezugskosten, netto* *1.200,00*
   + Umsatzsteuer . . . .
3. *Rücksendung von Baumwolle an einen Lieferer, netto* *2.000,00*
   Umsatzsteuer . . . .
   a) *Ermitteln Sie den Rohstoffverbrauch, wenn der Endbestand laut Inventur 180.000,00 EUR beträgt.*
   b) *Wie hoch ist die abzugsfähige Vorsteuer?*

3. **Geschäftsgang:** *Anfangsbestände:*

Nr.	Kontenbezeichnung	EUR	Nr.	Kontenbezeichnung	EUR
0500	Unbebaute Grundstücke	280.000,00	2200	Fertige Erzeugnisse	41.900,00
0530	Betriebsgebäude	378.500,00	2400	Forderungen a.L.u.L.	478.800,00
0700	Technische Anlagen und Maschinen	312.700,00	2800	Bank	269.800,00
0800	Betriebs- und Geschäftsausstattung	120.600,00	2880	Kasse	24.600,00
2000	Rohstoffe	430.200,00	3000	Eigenkapital	1.188.500,00
2020	Hilfsstoffe	76.100,00	4250	Langfristige Bankverb.	500.000,00
2030	Betriebsstoffe	32.600,00	4600	Verbindlichkeiten a.L.u.L.	745.000,00
2100	Unfertige Erzeugnisse	11.500,00	4800	Umsatzsteuer	23.800,00

Kontenplan: *0500, 0530, 0700, 0800, 2000, 2001, 2020, 2030, 2100, 2200, 2400, 2600, 2800, 2880, 3000, 4250, 4400, 4800, 5000, 5200, 6000, 6020, 6030, 6140, 6200, 6300, 6520, 6800, 7000, 7510, 8010, 8020.*

Geschäftsvorfälle: . . . .   *EUR*
1. *Banküberweisung der Umsatzsteuerzahllast* *23.800,00*
2. *Zieleinkauf von Rohstoffen, netto* *40.000,00*
   + Umsatzsteuer . . . .
3. *Eingangsrechnung für Eingangsfrachten hierauf, netto* *3.500,00*
   + Umsatzsteuer . . . .
4. *Rohstoffverbrauch* *122.000,00*
   Hilfsstoffverbrauch *28.600,00*
   lt. Materialentnahmescheinen

5. *Zielverkauf von Fertigerzeugnissen, netto* *382.500,00*
   + Umsatzsteuer ....
6. *Barzahlung der Ausgangsfrachten hierauf, netto* *2.100,00*
   + Umsatzsteuer ....
7. *Rücksendung beschädigter Rohstoffe, netto* *4.600,00*
   + Umsatzsteuer ....
8. *Barverkauf eines gebrauchten Pkw zum Buchwert* *3.000,00*
   + Umsatzsteuer ....
9. *Banküberweisung für Löhne* *28.000,00*
   für Gehälter *73.000,00*
10. *Kunde sendet beschädigte Erzeugnisse zurück, netto* *2.600,00*
    + Umsatzsteuer ....
11. *Banküberweisung für Betriebssteuern* *1.450,00*
12. *Banklastschrift für Zinsen* *2.900,00*
13. *Bareinkauf von Büromaterial* *150,00*
    + Umsatzsteuer ....

Abschlussangaben:

1. *Abschreibung auf*   *0530 Betriebsgebäude* .... *2 %*
                          0700 TA u. Maschinen .... *25 %*
                          0800 BGA .... *20 %*

2. *Inventurbestände:*   *2100 Unfertige Erzeugnisse* .... *14.000,00 EUR*
                          2200 Fertige Erzeugnisse .... *46.500,00 EUR*
                          2030 Betriebsstoffe .... *19.000,00 EUR*

3. *Die Umsatzsteuerzahllast ist zu passivieren.*

Arbeitsaufträge: *1. Bilden Sie die Buchungssätze.*
                       2. Buchen Sie die Geschäftsvorfälle.
                       3. Schließen Sie die Konten ab.

2.4   Nachlässe und Erlösberichtigungen

2.4.1   Sofortrabatte

Die Tropic GmbH kauft eine größere Menge Baumwollstoffe bei der Baumwollweberei Kaiser OHG, Berlin. Sie erhält einen Mengenrabatt in Höhe von 20 %.

Rechnung Nr. 22 343/12.04.20..	
Listenpreis	40.000,00 EUR
– 20 % Rabatt	8.000,00 EUR
Rechnungspreis, netto	32.000,00 EUR
+ Umsatzsteuer	6.080,00 EUR
Rechnungsbetrag	**38.080,00 EUR**

Mengenrabatte, Wiederverkäuferrabatte, Sonderrabatte usw. werden sofort auf den Listenpreis gewährt. Sie werden buchhalterisch nicht erfasst. Grundlage für die Buchung ist der um den Rabatt verminderte Betrag.

Buchungssatz bei Rechnungseingang:

Soll	EUR	Haben	EUR
2000 Rohstoffe	32.000,00	4400 Verbindlichkeiten a. L. u. L.	38.080,00
2600 Vorsteuer	6.080,00		

Gewähren wir unseren Kunden bei Rechnungserteilung Rabatte, werden diese ebenfalls buchhalterisch nicht erfasst.

Beispiel Zielverkauf von Fertigerzeugnissen

Rechnung Nr. 14 332	
300 Sweatshirts à 60,00 EUR	18.000,00 EUR
− 25 % Rabatt	4.500,00 EUR
Rechnungspreis, netto	13.500,00 EUR
+ Umsatzsteuer	2.565,00 EUR
Rechnungsbetrag	16.065,00 EUR

Buchungssatz bei Rechnungsausgang

Soll	EUR	Haben	EUR
2400 Forderungen a.L.u.L.	16.065,00	5000 Umsatzerlöse	13.500,00
		4800 Umsatzsteuer	2.565,00

2.4.2 Liefererskonti

Am 11.05.20.. erhalten wir die folgende Eingangsrechnung (Ausschnitt):

Rechnung Nr. 554 321	Kunden Nr. 1342	Datum 10.05.20..
Wir lieferten Ihnen auf Ihre Rechnung und Gefahr		
Baumwolle, naturbelassen	**netto**	**10.000,00 EUR**
	+ Umsatzsteuer	**1.900,00 EUR**
	Rechnungsbetrag	**11.900,00 EUR**
Zahlungsbedingungen:	7 Tage 2 % Skonto, Ziel 20 Tage	

SITUATION

1. *Welche Daten der Eingangsrechnung sind für die Zahlung von Bedeutung?*

2. *Welchen Betrag muss die Tropic GmbH überweisen?*

Buchungssatz bei Rechnungseingang:

Soll	EUR	Haben	EUR
2000 Rohstoffe	10.000,00	4400 Verbindl. a.L.u.L.	11.900,00
2600 Vorsteuer	1.900,00		

Der Lieferant bietet für den Rechnungsausgleich zwei Möglichkeiten an:

■ Zahlung innerhalb von 20 Tagen nach Rechnungsdatum netto, d. h. ohne Abzüge. Wir müssen spätestens am 30.05. den vollen Rechnungsbetrag in Höhe von 11.900,00 EUR zahlen.

■ Zahlung innerhalb 7 Tage nach Rechnungsdatum unter Abzug von 2 % Skonto. Erfolgt der Rechnungsausgleich bis spätestens zum 17.05., dürfen wir 238,00 EUR (2 % vom Rechnungsbetrag) abziehen. Wir zahlen dann nur 11.662,00 EUR.

Als Anreiz für die vorzeitige Zahlung (innerhalb von 7 Tagen) – und damit für den Verzicht auf den längeren Lieferantenkredit – gewährt der Lieferer häufig Skontoabzug. Wird andererseits das längere Zahlungsziel (20 Tage) in Anspruch genommen, belastet der Lieferer seine Kunden mit einem Zinsaufschlag, den er vorher in den Preis einkalkuliert hat.

In der Regel lohnt es sich, vorzeitig zu zahlen und damit den Skonto auszunutzen, da der Lieferantenkredit einer der teuersten Kredite ist.

Beispiel Fortsetzung
Wir begleichen die Liefererrechnung unter Abzug von 2 % Skonto durch Banküberweisung.

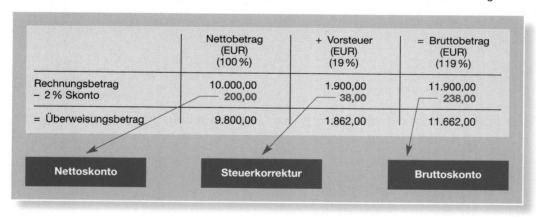

Ist nur der Bruttoskonto bekannt, berechnet man den Betrag der darin enthaltenen Vorsteuer mit Hilfe des Dreisatzes:

$$119\,\% = 238,00 \ \text{EUR}$$
$$19\,\% = \quad \times \quad \text{EUR}$$
$$x = \frac{238,00 \cdot 19}{119} = 38,00 \ \text{EUR}$$

Nach § 255 (1) HGB müssen Anschaffungspreise für bezogene Roh-, Hilfs- und Betriebsstoffe um gewährte Skonti vermindert werden. Umsatzsteuerrechtlich folgt daraus eine Korrektur der ursprünglich gebuchten Vorsteuer. Für die Erfassung der Liefererskonti richten wir aus Gründen der Übersichtlichkeit Unterkonten der entsprechenden Materialkonten ein:

2002 Nachlässe (Rohstoffe)
2022 Nachlässe (Hilfsstoffe)
2032 Nachlässe (Betriebsstoffe)

Hinsichtlich des Zeitpunktes der Korrektur der Vorsteuer unterscheidet man zwischen dem **Nettoverfahren** und dem **Bruttoverfahren**. Als Vorteil der Bruttomethode wird angeführt, dass der Buchungsaufwand geringer ist. Dieser Vorteil ist heute wegen des EDV-Einsatzes und der damit verbundenen Einsparung an Arbeitsaufwand hinfällig, sodass in der Praxis die Nettomethode Anwendung findet. Daher wird hier (und beim Kundenskonto) nur die Nettomethode dargestellt.

Nettoverfahren am Beispiel (Fortsetzung)

Bei jeder Buchung wird die Vorsteuerkorrektur sofort vorgenommen. Auf dem Konto 2002 Nachlässe (Rohstoffe) erscheint der Nettoskonto.

Buchungssatz für die Banküberweisung:

Soll	EUR	Haben	EUR
4400 Verbindlich. a.L.u.L.	11.900,00	2800 Bank	11.662,00
		2002 Nachlässe (R.)	200,00
		2600 Vorsteuer	38,00

Buchungen:

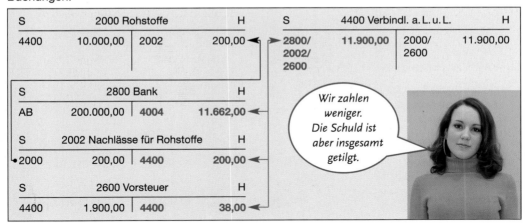

Liefererskonti (Nachlässe)

- mindern die Anschaffungskosten
  - Nachlässe werden auf die Konten Rohstoffe, Hilfsstoffe oder Betriebsstoffe abgeschlossen.

- mindern die Vorsteuer
  - Nettoverfahren: Im Konto Nachlässe erscheint der Nettoskonto, d.h., die Vorsteuer wird sofort berichtigt.

Aufgaben

1. *Wir begleichen eine Eingangsrechnung eines Zulieferers für Garne unter Abzug von 2,5 % Skonto durch Postüberweisung. Rechnungsbetrag: 33.915,00 EUR. Buchen Sie nach dem Nettoverfahren.*

2. Auf einer Eingangsrechnung vom 15.05. für Leinen, Rechnungsbetrag: 101.745,00 EUR, heißt es: Zahlung innerhalb 10 Tagen unter Abzug von 1 % Skonto oder 45 Tage netto Kasse.
   a) Buchung bei Banküberweisung am 24.05.
   b) Buchung bei Banküberweisung am 10.06.

3. Ein Heizöllieferant gewährt uns für die Eingangsrechnung vom 10.02. über 20.230,00 EUR 2 % Skonto bei Zahlung innerhalb 8 Tagen. Wir zahlen mit Scheck am 18.02. Buchen Sie.

4. Am Monatsende stehen die folgenden Beträge (brutto) auf den Konten Nachlässe.

S	2002 Nachlässe (Rohstoffe)		H		S	2022 Nachlässe (Hilfsstoffe)		H
	4400	1.011,50				4400	952,00	
	4400	357,00				4400	2.380,00	
	4400	654,50						

S	2032 Nachlässe (Betriebsstoffe)		H
	4400	107,10	
	4400	297,50	
	4400	476,00	

Wie lauten die Abschlussbuchungen für die drei Konten?

5. Folgende Rechnungen sind von der Tropic GmbH zu begleichen:

Lieferant	Rechnungs-nummer	Rechnungs-betrag (EUR)	Zahlungs-bedingung
Weberei Holzmann KG	120 221	26.180,00	2 % Skonto
ZIP GmbH Kurzwarengroßhandlung	200 023	12.019,00	2 % Skonto
Cotton GmbH & Co KG Baumwollstoffimportx	19 196	52.598,00	3 % Skonto
Faden GmbH Kammgarnspinnerei	391 002	4.046,00	2 % Skonto
Direkt GmbH Heizöl, Kraftstoffe, Schmierstoffe	002 212	11.662,00	3 % Skonto
Meersdonk OHG Stoffgroßhandel	102 000	19.635,00	2 % Skonto

a) Berechnen Sie die jeweiligen Überweisungsbeträge.
b) Wie lauten die Buchungssätze für die einzelnen Überweisungen (Nettoverfahren)?

6. Die Tropic GmbH hat folgende Überweisungen an einen Rohstofflieferanten unter Abzug von Skonto in Auftrag gegeben:

Rechnungsnummer	Zahlungsbedingung	Rechnungsbetrag (EUR)
20 1010	2 % Skonto	53.411,96
20 1015	3 % Skonto	12.120,15
20 1019	2 % Skonto	7.580,30

a) Berechnen Sie die einzelnen Rechnungsbeträge.
b) Wie lauteten die Buchungssätze bei Rechnungseingang?
c) Wie lauten die Buchungssätze für den Rechnungsausgleich (Nettoverfahren)?

7. Die Tropic GmbH hat in der letzten Woche folgende Skontoabzüge vorgenommen:

Lieferung	Rechnungsnummer	Zahlungsbedingung	Bruttoskonto EUR
Baumwolle	10..	2 % Skonto	214,20
Reißverschlüsse	20..	2,5 % Skonto	83,30
Leinen	30..	3 % Skonto	321,30
Schmierstoffe	40..	2 % Skonto	190,40

a) Berechnen Sie die einzelnen Rechnungs- und die Überweisungsbeträge.
b) Wie lauten die Buchungssätze für die Banküberweisungen der Eingangsrechnungen (Nettoverfahren)?

2.4.3 Kundenskonti

Folgende Rechnung senden wir an die Kick Moden GmbH, Wiesbaden:

SITUATION

Rechnung Nr. 22 298	Kunden Nr. K00131	Datum 09.04.20..

Wir lieferten Ihnen

100 Tropic Polohemden	à 40,00 EUR	4.000,00 EUR
50 Tropic Sweatshirts	à 60,00 EUR	3.000,00 EUR
50 Tropic Rippenshirts	à 40,00 EUR	2.000,00 EUR
	Rechnungsbetrag, netto	9.000,00 EUR
	+ Umsatzsteuer	1.710,00 EUR
	Rechnungsbetrag, brutto	10.710,00 EUR

Zahlbar innerhalb von 10 Tagen mit 3 % Skonto oder 90 Tage netto.

1. **Welche Daten der Ausgangsrechnung sind für die Zahlung von Bedeutung?**

2. **Welcher Betrag muss auf dem Bankkonto der Tropic GmbH eingehen?**

Zunächst buchen wir den Zielverkauf wie folgt:

Soll	EUR	Haben	EUR
2400 Forderungen a. L. u. L.	10.710,00	5000 Umsatzerlöse	9.000,00
		4800 Umsatzsteuer	1.710,00

Nimmt unser Kunde das gewährte Zahlungsziel von 10 Tagen in Anspruch, kann er den in den Zahlungsbedingungen angebotenen Skonto vom Rechnungsbetrag abziehen. Das ursprüngliche Entgelt und die darauf entfallende Umsatzsteuer müssen entsprechend gekürzt werden.
Der Übersichtlichkeit wegen richtet man ein entsprechendes Unterkonto ein:

5001 Erlösberichtigungen

Beispiel **(Fortsetzung):**
Unser Kunde begleicht die Rechnung unter Abzug von Skonto durch Banküberweisung.

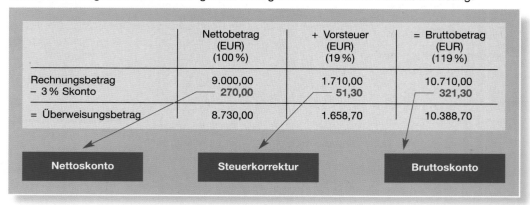

	Nettobetrag (EUR) (100 %)	+ Vorsteuer (EUR) (19 %)	= Bruttobetrag (EUR) (119 %)
Rechnungsbetrag – 3 % Skonto	9.000,00 270,00	1.710,00 51,30	10.710,00 321,30
= Überweisungsbetrag	8.730,00	1.658,70	10.388,70

Nettoskonto	Steuerkorrektur	Bruttoskonto

Wir buchen den Zahlungseingang auch im Falle des Kundenskontos im **Nettoverfahren.**

Nettoverfahren

Buchungssatz für die Bankgutschrift:

Soll	EUR	Haben	EUR
2800 Bank	10.388,70	2400 Forderungen	10.710,00
5001 Erlösberichtigungen	270,00		
4800 Umsatzsteuer	51,30		

Buchungen:

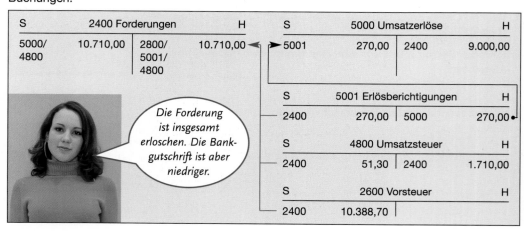

S	2400 Forderungen		H
5000/ 4800	10.710,00	2800/ 5001/ 4800	10.710,00

S	5000 Umsatzerlöse		H
	5001	270,00	2400 9.000,00

S	5001 Erlösberichtigungen		H
2400	270,00	5000	270,00

S	4800 Umsatzsteuer		H
2400	51,30	2400	1.710,00

S	2600 Vorsteuer		H
2400	10.388,70		

Die Forderung ist insgesamt erloschen. Die Bankgutschrift ist aber niedriger.

Als Unterkonto wird 5001 Erlösberichtigungen über das Konto 5000 Umsatzerlöse abgeschlossen.

Buchungssatz:

Soll	EUR	Haben	EUR
5000 Umsatzerlöse	270,00	5001 Erlösberichtigungen	270,00

Diese vorbereitende Abschlussbuchung bewirkt, dass als Saldo auf dem Konto 5000 die tatsächlichen Umsatzerlöse ausgewiesen werden.

Kundenskonti (Erlösberichtigungen)

- **mindern die Umsatzerlöse**
  - Das Konto Erlösberichtigungen wird über Umsatzerlöse abgeschlossen.

- **mindern die Umsatzsteuer**
  - **Nettoverfahren:** Im Konto Erlösberichtigungen erscheint der Nettoskonto, d.h., die Umsatzsteuer wird sofort berichtigt.

Aufgaben

1. *Die Route 66 GmbH bezahlt unsere Rechnung über 21.200,00 EUR + Umsatzsteuer durch Banküberweisung unter Abzug von 2% Skonto. Buchen Sie:*
   a) den Zielverkauf.
   b) den Zahlungseingang nach der Nettomethode.

2. *Die Kick Moden GmbH begleicht unsere Rechnung, Rechnungsbetrag 17.850,00 EUR, abzüglich 3% Skonto durch Banküberweisung. Buchen Sie:*
   a) den Verkauf der Erzeugnisse.
   b) den Zahlungseingang nach dem Nettoverfahren.

3. *Ein Kunde begleicht eine Ausgangsrechnung über 8.925,00 EUR abzüglich 3% Skonto durch Banküberweisung. Buchen Sie nach dem Nettoverfahren.*

4. *Eine Ausgangsrechnung über 14.280,00 EUR brutto wird von unserem Kunden ausgeglichen. Buchen Sie den Zahlungseingang auf dem Postbankkonto unter Berücksichtigung von 3% Skonto nach dem Nettoverfahren.*

5. *Auf dem Konto Erlösberichtigungen wurde ein Gesamtbetrag von 2.558,50 EUR nach dem Bruttoverfahren gebucht. Buchen Sie die Umsatzsteuerberichtigung.*

6. *Wir gewähren bei Zahlung innerhalb von 10 Tagen 2% Skonto. Einer unserer Kunden zahlt nach 14 Tagen entsprechend der folgenden Aufstellung:*

Rechnungsbetrag	5.355,00 EUR
– 2% Skonto	107,10 EUR
= Bankgutschrift	5.247,90 EUR

   Wir lehnen den Skontoabzug ab. Buchen Sie den Zahlungseingang.

7. *Das Konto 5001 Erlösberichtigungen weist folgende Buchungen auf:*

S	5001 Erlösberichtigungen	H
2400	522,00	
2400	1508,00	
2400	2.784,00	

Wie lautet der Buchungssatz für den Abschluss des Kontos 5001 Erlösberichtigungen?

8. *Auszug aus der Summenbilanz*

Konten	Soll/EUR	Haben/EUR
2000 Rohstoffe	30.000,00	2.000,00
2001 Bezugskosten (Rohstoffe)	200,00	
2002 Nachlässe (Rohstoffe)		714,00
2020 Hilfsstoffe	10.000,00	200,00
2022 Nachlässe (Hilfsstoffe)		297,50
2600 Vorsteuer	4.200,00	400,00
4800 Umsatzsteuer	196,00	6.100,00
5000 Umsatzerlöse	1.400,00	30.000,00
5001 Erlösberichtigungen	476,00	

Nachlässe und Erlösberichtigungen wurden brutto gebucht. Die Steuerberichtigungen sind vorzunehmen. Schließen Sie die Konten ab.

Geschäftsgang:
9. **Anfangsbestände in EUR**

0500 Gebäude und Grundstücke	100.000,00	2400 Forderungen a.L.u.L.	15.000,00
0700 Maschinen	80.000,00	2800 Bank	75.000,00
0800 Betriebs- und Geschäftsausstattung	20.000,00	2880 Kasse	6.000,00
		3000 Eigenkapital	356.000,00
2000 Rohstoffe	40.000,00	4400 Verbindl. a.L.u.L.	20.000,00
2020 Hilfsstoffe	8.000,00	4800 Umsatzsteuer	4.000,00
2030 Betriebsstoffe	3.000,00		
2100 Unfertige Erzeugnisse	25.000,00		
2200 Fertige Erzeugnisse	8.000,00		

Kontenplan: *0500, 0700, 0800, 2000, 2001, 2002, 2020, 2022, 2030, 2032, 2100, 2200, 2400, 2600, 2800, 2880, 3000, 4400, 4800, 5000, 5001, 5200, 6000, 6020, 6030, 6200, 6520, 8010, 8020*

Geschäftsvorfälle	**EUR**
1. Banküberweisung der Umsatzsteuer-Zahllast	4.000,00
2. Zieleinkauf von Rohstoffen, netto	8.000,00
+ USt.	
3. Eingangsfracht hierauf bar, netto	100,00
+ USt.	
4. Barkauf einer Schreibmaschine, netto	1.400,00
+ USt.	
5. Banküberweisung der Liefererrechnung (Fall 2) abzüglich 2 % Skonto (Nettobuchung)	
6. Zieleinkauf von Hilfsstoffen, netto	2.000,00
+ USt.	
7. Banküberweisung der Liefererrechnung (Fall 6) abzüglich 3 % Skonto (Nettobuchung)	
8. Zielverkauf von Fertigerzeugnissen, netto	165.000,00
+ USt.	

Geschäftsvorfälle (Fortsetzung)

		EUR
9.	Banküberweisung für Löhne	20.000,00
10.	Der Kunde begleicht die Rechnung (Fall 8) abzüglich 2 % Skonto durch Banküberweisung (Nettobuchung).	
11.	Zieleinkauf von Betriebsstoffen, netto	1.000,00
	+ USt.	
12.	Wir begleichen die Rechnung des Betriebsstofflieferanten durch Banküberweisung abzüglich 2 % Skonto.	
13.	Materialentnahmescheine	
	– Rohstoffe	10.000,00
	– Hilfsstoffe	4.000,00
	– Betriebsstoffe	2.000,00

Abschlussangaben:

1. Abschreibungen auf

0500 Grundstücke und Gebäude	2 %	
0700 Maschinen	20 %	vom Buchwert
0800 BGA	20 %	

2. Endbestände lt. Inventur

2100 Unfertige Erzeugnisse	15.000,00 EUR
2200 Fertige Erzeugnisse	6.000,00 EUR

Die übrigen Inventurbestände stimmen mit den Buchwerten überein.

3. Die Umsatzsteuer-Zahllast ist zu passivieren.

Arbeitsauftrag:
1. Bilden Sie die Buchungssätze.
2. Buchen Sie die Geschäftsvorfälle.
3. Schließen Sie den Geschäftsgang ab.

10. Summenbilanz

Konten	Soll/EUR	Haben/EUR
0500 Grundstücke und Gebäude	670.000,00	
0700 Maschinen	248.000,00	48.000,00
0840 Fuhrpark	260.000,00	41.000,00
2000 Rohstoffe	240.000,00	207.000,00
2001 Bezugskosten (Rohstoffe)	1.000,00	
2002 Nachlässe (Rohstoffe)		3.712,00
2020 Hilfsstoffe	40.000,00	28.000,00
2022 Nachlässe (Hilfsstoffe)		1.508,00
2030 Betriebsstoffe	8.900,00	3.200,00
2032 Nachlässe (Betriebsstoffe)		185,60
2100 Unfertige Erzeugnisse	15.000,00	
2200 Fertige Erzeugnisse	12.000,00	
2400 Forderungen a.L.u.L.	45.800,00	13.700,00
2600 Vorsteuer	10.000,00	
2800 Bank	87.000,00	35.000,00

Konten	Soll/EUR	Haben/EUR
2880 Kasse	13.200,00	4.159,40
3000 Eigenkapital		1.111.441,00
4400 Verbindlichkeiten a.L.u.L.	9.700,00	34.500,00
4800 Umsatzsteuer	1.200,00	48.070,00
5000 Umsatzerlöse	6.500,00	397.000,00
5001 Erlösberichtigungen	4.176,00	
5200 Bestandsveränderungen		
6000 Rohstoffaufwendungen	180.000,00	
6020 Hilfsstoffaufwendungen	25.000,00	
6030 Betriebsstoffaufwendungen	2.900,00	
6200 Löhne	85.000,00	
6520 Abschreibungen auf Sachanlagen		
6800 Büromaterial	2.200,00	
7000 Betriebliche Steuern	8.900,00	
8010 Schlussbilanzkonto		
8020 GuV-Konto		

Abschlussangaben:

1. Abschreibungen (jeweils vom Restbuchwert) auf

0500 Grundstücke und Gebäude	2 %
0700 Maschinen	10 %
0840 Fuhrpark	25 %

2. Inventurbestände

2100 Unfertige Erzeugnisse	21.000,00 EUR
2200 Fertige Erzeugnisse	17.000,00 EUR

3. Die Umsatzsteuer-Zahllast ist zu passivieren.
   Ermitteln Sie den Erfolg des Unternehmens und stellen Sie das Schlussbilanzkonto auf.

Geschäftsgang:

11. **Anfangsbestände in EUR**

0500 Grundstücke und Gebäude	200.000,00	2400 Forderungen a.L.u.L.	5.000,00
0700 Maschinen	90.000,00	2800 Bank	45.000,00
0800 BGA	30.000,00	2880 Kasse	3.800,00
2000 Rohstoffe	50.000,00	3000 Eigenkapital	395.800,00
2020 Hilfsstoffe	6.000,00	4200 Verbindl. gegen-	50.000,00
2030 Betriebsstoffe	2.000,00	über Kreditinstituten	
2100 Unfertige Erzeugnisse	12.000,00	4400 Verbindl. a.L.u.L.	9.000,00
2200 Fertige Erzeugnisse	14.000,00	4800 Umsatzsteuer	3.000,00

Kontenplan: 0500, 0700, 0800, 2000, 2001, 2002, 2020, 2030, 2100, 2200, 2400, 2600, 2800, 2880, 3000, 4200, 4400, 4800, 5000, 5001, 5200, 6000, 6020, 6030, 6200, 6520, 6700, 6800, 7030, 8010, 8020

Geschäftsvorfälle: **EUR**

1. Banküberweisung der Umsatzsteuer-Zahllast 3.000,00
2. Kauf einer Fertigungsmaschine gegen Bankscheck, netto 7.000,00
   + USt. ....
3. Zielverkauf von Fertigerzeugnissen, netto 52.000,00
   + USt. ....
4. Bareinkauf von Büromaterial, netto   600,00
   + USt. ....
5. Ein Kunde begleicht eine Rechnung über 5.950,00 EUR
   abzüglich 2 % Skonto durch Banküberweisung (Nettobuchung)
6. Zieleinkauf von Rohstoffen, netto 14.000,00
   + USt. ....
7. Eingangsfracht hierauf bar, netto   200,00
   + USt. ....
8. Banküberweisung der Kfz-Steuer   600,00
9. Teilrückzahlung eines Darlehens durch Banküberweisung 4.000,00
10. Banküberweisung der Löhne 12.000,00
11. Banküberweisung der Liefererrechnung (Fall 6)
    abzüglich 3 % Skonto (Nettobuchung) ....
12. Ein Kunde sendet beschädigte Erzeugnisse zurück:
    Nettowert 1.000,00
    Steuerberichtigung   190,00
    Gutschrift 1.190,00
13. Wir überweisen die Miete für eine Lagerhalle 4.000,00
14. Zieleinkauf von Hilfsstoffen, netto 3.000,00
    + USt. ....
15. Rücksendung beschädigter Hilfsstoffe an den Lieferer:
    Nettowert   800,00
    Steuerberichtigung   152,00
    Gutschrift   952,00
16. Materialentnahmescheine
    – Rohstoffe 9.000,00
    – Hilfsstoffe 2.000,00
    – Betriebsstoffe 1.000,00

Abschlussangaben:

1. Abschreibungen auf   0500 Grundstücke und Gebäude   2 %
                           0700 Maschinen   25 % (vom Restbuchwert)
                           0800 BGA   20 %

2. Inventurbestände
                           2100 Unfertige Erzeugnisse   16.000,00 EUR
                           2200 Fertige Erzeungisse   4.000,00 EUR
   Die übrigen Inventurbestände stimmen mit den Buchwerten überein.

3. Die Umsatzsteuer-Zahllast ist zu passivieren.

Arbeitsauftrag: 1. Bilden Sie die Buchungssätze.
                        2. Buchen Sie die Geschäftsvorfälle.
                        3. Schließen Sie den Geschäftsgang ab.

Geschäftsgang:

12. Anfangsbestände in EUR

0500 Grundstücke u. Bauten	300.000,00	2200 Fertige Erzeugnisse	64.900,00
0700 TA und Maschinen	140.000,00	2400 Forderungen a.L.u.L.	43.200,00
0840 Fuhrpark	87.000,00	2880 Kasse	13.900,00
0860 BGA	21.000,00	2800 Bank	87.900,00
2000 Rohstoffe	48.800,00	3000 Eigenkapital	463.020,00
2020 Hilfsstoffe	7.900,00	4250 Langfristige	300.000,00
2030 Betriebsstoffe	2.100,00	Bankverbindl.	
2100 Unfertige Erzeugnisse	21.200,00	4400 Verbindl. a.L.u.L.	66.900,00

Kontenplan: 0500, 0700, 0840, 0860, 2000, 2001, 2002, 2020, 2022, 2030, 2032, 2100, 2200, 2400, 2600, 2800, 2880, 3000, 4250, 4400, 4800, 5000, 5001, 5200, 5490, 5710, 6140, 6200, 6300, 6520, 6700, 6800, 7510, 8010, 8020

Geschäftsvorfälle	**EUR**
1. Banküberweisung der USt.-Zahllast	7.980,00
2. Wir verkaufen Fertigerzeugnisse auf Ziel, netto	122.000,00
+ Umsatzsteuer	
3. Für diese Lieferung zahlen wir die Transportkosten bar,	
brutto	1.428,00
4. Zieleinkauf von Rohstoffen, netto	19.000,00
+ Umsatzsteuer	3.040,00
5. Barzahlung der Fracht für diesen Einkauf durch uns, netto	1.000,00
+ Umsatzsteuer	
6. Banklastschrift:	
Löhne	12.400,00
Gehälter	32.800,00
Lagermiete	1.400,00
Darlehenszinsen	980,00
Büromaterial	500,00
Umsatzsteuer	80,00
7. Banküberweisung für ER des Hilfsstofflieferanten unter Abzug	
von 2 % Skonto, Rechnungsbetrag	5.950,00
8. Wir senden mangelhafte Hilfsstoffe an den Lieferanten zurück, brutto	1.666,00
9. Banküberweisung für ER des Rohstofflieferanten unter Abzug	
von 2 % Skonto, Rechnungsbetrag	21.420,00
10. Bankgutschrift	
Zinsen	650,00
Kfz-Steuer Erstattung für das Vorjahr	420,00
11. Banküberweisung für ER des Betriebsstofflieferanten unter Abzug	
von 2,5 % Skonto, Rechnungsbetrag	2.975,00
12. Kunde zahlt AR unter Abzug von 2 % Skonto	
Bankgutschrift	17.493,00
13. Zielverkauf von fertigen Erzeugnissen, Listenpreis	22.000,00
Wir gewähren dem Kunden einen Mengenrabatt von 20 %	
14. Banküberweisung für ER des Rohstofflieferanten unter Abzug	
von 3 % Skonto, Banklastschrift	11.543,00

Abschlussangaben:

1. Abschreibungen:

0500 Grundstücke und Bauten	2 %
0700 TA und Maschinen	10 %
0840 Fuhrpark	25 %
0860 BGA	20 %

2. Endbestände lt. Inventur

2100 Unfertige Erzeugnisse	29.300,00 EUR
2200 Fertige Erzeugnisse	34.500,00 EUR

Arbeitsauftrag: 1. Bilden Sie die Buchungssätze. Die Umsatzsteuer ist sofort auszuweisen.

2. Buchen Sie die Geschäftsvorfälle.

3. Schließen Sie den Geschäftsgang ab.

2.4.4   Preisminderungen und Umsatzboni vom Lieferer

Preisminderungen (Herabsetzungen des Kaufpreises aufgrund von Mängelrügen) und Umsatzboni (nachträglich gewährte Rabatte) werden buchungstechnisch wie Skonti behandelt.

Zieleinkauf von Baumwolle für 20.000,00 EUR + 3.800,00 EUR Umsatzsteuer.
Unser Lieferer, die Baumwollweberei Kaiser OHG, Berlin, gewährt uns aufgrund einer Mängelrüge im Zusammenhang mit dieser Baumwolllieferung einen Preisnachlass:

... gewähren wir Ihnen folgenden Preisnachlass:

Nettobetrag	700,00 EUR
+ Umsatzsteuer	133,00 EUR
Bruttobetrag	**833,00 EUR**

Welche Auswirkung hat der Preisnachlass auf den Anschaffungspreis der Baumwolle?

SITUATION

Buchungssatz bei Rechnungseingang:

Soll	EUR	Haben	EUR
2000 Rohstoffe	20.000,00	4400 Verbindl. a. L. u. L.	23.800,00
2600 Vorsteuer	3.800,00		

Die Preisminderung aufgrund unserer Mängelrüge verringert den Anschaffungspreis des Stoffes. Diese Entgeltminderung macht eine entsprechende Korrektur der anteiligen Vorsteuer notwendig. Im Gegensatz zu der Buchung der Rücksendungen erfassen wir diesen Nachlass zunächst auf dem Unterkonto

2002 Nachlässe für Rohstoffe.

Buchungssatz für den Nachlass (oder Bonus):

Soll	EUR	Haben	EUR
4400 Verbindl. a. L. u. L.	833,00	2002 Nachlässe	700,00
		2600 Vorsteuer	133,00

In gleicher Weise werden Boni gebucht. Das Unterkonto 2002 Nachlässe für Rohstoffe wird am Ende der Rechnungsperiode über das Bestandskonto 2000 Rohstoffe abgeschlossen. Das Konto 2000 Rohstoffe enthält dann den berichtigten Anschaffungspreis.

Buchungssatz für den Abschluss des Kontos 2002 Nachlässe für Rohstoffe:

Soll	EUR	Haben	EUR
2002 Nachlässe	700,00	2000 Rohstoffe	700,00

Buchungen:

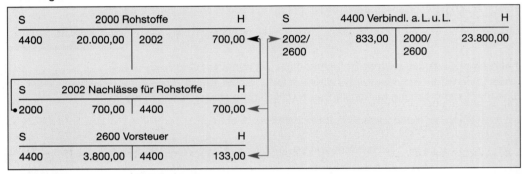

Das hier dargestellte Buchungsverfahren ist bei Preisminderungen aufgrund von Mängelrügen und Umsatzboni im Zusammenhang mit der Beschaffung von Vorprodukten/Fremdbauteilen, Hilfsstoffen und Betriebsstoffen analog anzuwenden. Die entsprechenden Unterkonten sind:

2012 Nachlässe für Vorprodukte/Fremdbauteile
2022 Nachlässe für Hilfsstoffe
2032 Nachlässe für Betriebsstoffe

Wie bei der Buchung der Skonti kann auch hier die Bruttobuchung mit nachträglicher Sammelberichtigung der Umsatzsteuer angewendet werden.

2.4.5 Preisminderungen und Umsatzboni an Kunden

Schreiben der Tropic-GmbH an die Kick Moden GmbH, Wiesbaden (Ausschnitt):

Tropic GmbH

im II. Quartal 20.. betrug der mit uns getätigte Netto-Umsatz
34.000,00 EUR.

Wir schreiben Ihnen vereinbarungsgemäß gut:

2,5 % Bonus	**850,00 EUR**
+ 19 % USt.	**161,50 EUR**
	1.011,50 EUR

Mit freundlichen Grüßen

Welche Auswirkung hat ein Bonus auf unsere Umsatzerlöse?

SITUATION

Buchungssatz bei einem Rechnungsausgang:

Soll	EUR	Haben	EUR
2400 Forderungen a.L.u.L.	17.850,00	5000 Umsatzerlöse	15.000,00
		4800 Umsatzsteuer	2.850,00

Boni, die wir unserem Kunden z. B. aufgrund hoher Umsätze gewähren, führen zu einer Schmälerung unserer Umsatzerlöse. Zur besseren Übersicht wird diese Erlösschmälerung zunächst auf das Unterkonto **5001 Erlösberichtigungen** gebucht. Wegen der Minderung des Entgeltes ist auch die Umsatzsteuer anteilig zu berichtigen.

Buchungssatz: Bonus (oder für den Preisnachlass)

Soll	EUR	Haben	EUR
5001 Erlösberichtigungen	850,00	2400 Forderungen a.L.u.L.	1.011,50
4800 Umsatzsteuer	161,50		

In gleicher Weise werden Preisminderungen aufgrund von Mängelrügen gebucht. Am Ende der Rechnungsperiode wird das Unterkonto 5001 Erlösberichtigungen über das Konto 5000 Umsatzerlöse abgeschlossen.

Buchungssatz für den Abschluss des Kontos Erlösberichtigungen:

Soll	EUR	Haben	EUR
5000 Umsatzerlöse	850,00	5001 Erlösberichtigungen	850,00

Buchungen:

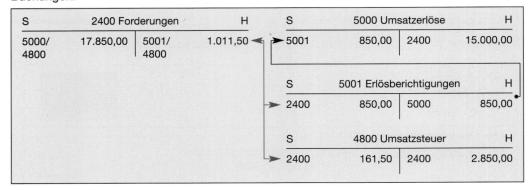

S	2400 Forderungen		H
5000/ 4800	17.850,00	5001/ 4800	1.011,50

S	5000 Umsatzerlöse		H
5001	850,00	2400	15.000,00

S	5001 Erlösberichtigungen		H
2400	850,00	5000	850,00

S	4800 Umsatzsteuer		H
2400	161,50	2400	2.850,00

Die Berichtigung der Umsatzsteuer kann auch nach dem Bruttoverfahren erfolgen.

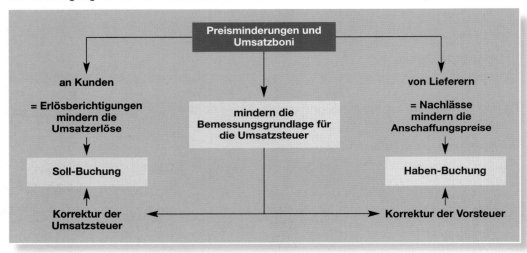

Preisminderungen und Umsatzboni

an Kunden
= Erlösberichtigungen mindern die Umsatzerlöse
↓
Soll-Buchung
↑
Korrektur der Umsatzsteuer

mindern die Bemessungsgrundlage für die Umsatzsteuer

von Lieferern
= Nachlässe mindern die Anschaffungspreise
↓
Haben-Buchung
↑
Korrektur der Vorsteuer

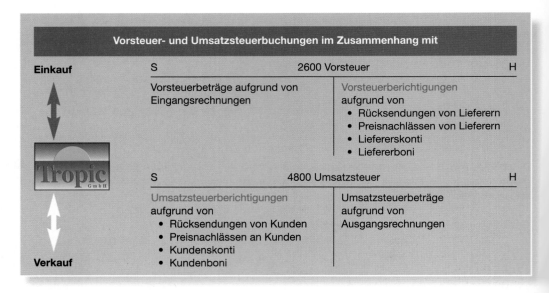

Vorsteuer- und Umsatzsteuerbuchungen im Zusammenhang mit

Einkauf

S	2600 Vorsteuer	H
Vorsteuerbeträge aufgrund von Eingangsrechnungen	Vorsteuerberichtigungen aufgrund von • Rücksendungen von Lieferern • Preisnachlässen von Lieferern • Liefererskonti • Liefererboni	

S	4800 Umsatzsteuer	H
Umsatzsteuerberichtigungen aufgrund von • Rücksendungen von Kunden • Preisnachlässen an Kunden • Kundenskonti • Kundenboni	Umsatzsteuerbeträge aufgrund von Ausgangsrechnungen	

Verkauf

Aufgaben

1. *Kontenplan und vorläufige Summenbilanz*

Konten	Soll/EUR	Haben/EUR
0700 Maschinen	220.000,00	30.000,00
0800 Betriebs- und Geschäftsausstattung	130.000,00	5.000,00
2000 Rohstoffe	179.000,00	145.900,00
2001 Bezugskosten (Rohstoffe)	5.800,00	
2002 Nachlässe (Rohstoffe)		12.500,00
2020 Hilfsstoffe	22.400,00	3.500,00
2021 Bezugskosten (Hilfsstoffe)	600,00	
2030 Betriebsstoffe	5.400,00	2.100,00
2100 Unfertige Erzeugnisse	21.000,00	
2200 Fertige Erzeugnisse	28.000,00	
2400 Forderungen a.L.u.L.	212.600,00	125.000,00
2600 Vorsteuer	39.200,00	27.000,00
2800 Bank	534.900,00	456.000,00
2880 Kasse	12.670,00	3.600,00
3000 Eigenkapital		408.000,00
4400 Verbindlichkeiten a.L.u.L.	188.000,00	320.500,00
4800 Umsatzsteuer	40.460,00	69.720,00
5000 Umsatzerlöse		498.000,00
5001 Erlösberichtigungen	25.900,00	
5200 Bestandsveränderungen		
6000 Aufwendungen für Rohstoffe	145.900,00	
6020 Aufwendungen für Hilfsstoffe	3.500,00	
6030 Aufwendungen für Betriebsstoffe	2.100,00	
6200 Löhne	112.000,00	
6300 Gehälter	65.000,00	
6520 Abschreibungen auf Sachanlagen		
6700 Mieten	45.300,00	
6800 Büromaterial	15.200,00	
6820 Postgebühren	6.890,00	
7000 Betriebliche Steuern	45.000,00	
8010 Schlussbilanzkonto		
8020 GuV-Konto		

Geschäftsvorfälle	*EUR*
1. *Zieleinkauf von Baumwolle, netto*	*42.000,00*
+ USt.	
2. *Barzahlung der Bezugskosten für diesen Einkauf, netto*	*1.100,00*
+ USt.	
3. *Eingangsrechnung für den Kauf von Jeansstoffen*	
Listenpreis	*85.000,00*
– Sonderrabatt	*5.000,00*
+ Frachten	*1.000,00*
+ USt.	
4. *Rücksendung von Baumwolle an den Lieferer, netto*	*600,00*
+ USt.	
5. *Lastschrift der Bank:*	
Kfz-Steuer	*1.180,00*
Mieten	*1.900,00*
6. *Zieleinkauf von Knöpfen und Nieten, netto*	*7.000,00*
+ USt.	
7. *Zielverkauf von Freizeitkleidung, netto*	*39.500,00*
+ USt.	
8. *Preisnachlass an die Route 66 GmbH, netto*	*2.000,00*
+ USt.	
9. *Banküberweisung*	
für Löhne lt. Lohnlisten	*32.900,00*
für Gehälter lt. Gehaltslisten	*27.000,00*
10. *Verbrauch von*	
– Baumwolle	*22.000,00*
– Reißverschlüssen und Nieten	*7.600,00*
– Maschinenöl	*1.500,00*
11. *Gutschriftenanzeige an die Black and Blue Jeans GmbH*	
wegen Boni, netto	*1.000,00*
+ USt.	
12. *Banküberweisung der Marinas Collection GmbH für AR 8781*	
Rechnungsbetrag	*29.750,00*
abzüglich 2 % Skonto, netto	*500,00*
+ USt.	
13. *Stornierung einer Falschlieferung an die Kick Moden GmbH,*	
netto	*3.000,00*
+ USt.	*570,00*
14. *Banküberweisung an die Weberei Holzmann GmbH*	
Rechnungsbetrag	*5.950,00*
abzüglich 2 % Skonto, netto	*100,00*
+ USt.	
15. *Bareinkauf von Büromaterial, netto*	*450,00*
+ USt.	

Abschlussangaben:

1. *Abschreibungen auf*	*0700 Maschinen*	*20.000,00 EUR*
	0800 BGA	*12.500,00 EUR*
2. *Endbestände lt. Inventur*		
	2100 Unfertige Erzeugnisse	*16.000,00 EUR*
	2200 Fertige Erzeugnisse	*21.000,00 EUR*

Die übrigen Buchbestände stimmen mit den Inventurwerten überein.

3. *Die Umsatzsteuer-Zahllast ist zu passivieren.*

Arbeitsauftrag: 1. *Bilden Sie die Buchungssätze.*
2. *Buchen Sie die Geschäftsvorfälle.*
3. *Schließen Sie den Geschäftsgang ab.*

2. *Kontenplan und vorläufige Saldenbilanz*

Konten	Soll/EUR	Haben/EUR
0510 Bebaute Grundstücke	180.000,00	
0530 Betriebs- und Verwaltungsgebäude	410.000,00	
0700 Maschinen	290.000,00	
0800 Betriebs- und Geschäftsausstattung	150.000,00	
2000 Rohstoffe	147.000,00	
2001 Bezugskosten (Rohstoffe)	4.400,00	
2002 Nachlässe (Rohstoffe)		9.800,00
2020 Hilfsstoffe	31.600,00	
2022 Nachlässe (Hilfsstoffe)		1.000,00
2030 Betriebsstoffe	7.800,00	
2100 Unfertige Erzeugnisse	24.000,00	
2200 Fertige Erzeugnisse	35.600,00	
2400 Forderungen a.L.u.L.	256.000,00	
2600 Vorsteuer	14.500,00	
2800 Bank	115.600,00	
2880 Kasse	9.700,00	
3000 Eigenkapital		786.000,00
4400 Verbindlichkeiten a.L.u.L.		470.000,00
4800 Umsatzsteuer		45.600,00
5000 Umsatzerlöse		687.900,00
5001 Erlösberichtigungen	9.800,00	
5200 Bestandsveränderungen		
6000 Aufwendungen für Rohstoffe	112.400,00	
6020 Aufwendungen für Hilfsstoffe	12.500,00	
6030 Aufwendungen für Betriebsstoffe	5.400,00	
6200 Löhne	95.700,00	
6300 Gehälter	54.600,00	
6520 Abschreibungen auf Sachanlage		
6730 Gebühren	7.200,00	
6800 Büromaterial	8.700,00	

Konten	Soll/EUR	Haben/EUR
6870 Werbung	17.800,00	
8010 Schlussbilanzkonto		
8020 GuV-Konto		

Geschäftsvorfälle	*EUR*
1. *Rohstoffeinkauf auf Ziel*	
Listenpreis, netto	*20.000,00*
– 20 % Rabatt	*4.000,00*
	16.000,00
+ USt.	
2. *Barzahlung für hierbei entstehende*	
Frachtkosten, netto	*650,00*
+ USt.	
3. *Bonusgewährung an einen Kunden, netto*	*2.000,00*
+ USt.	
4. *Banküberweisung an den Lieferer für*	
Rohstoffe, Rechnungsbetrag	*29.750,00*
– 2 % Skonto, brutto	*595,00*
(Nettoverfahren)	
5. *Zielverkauf von Fertigerzeugnissen, netto*	*30.000,00*
+ USt.	
6. *Banküberweisung für Werbeanzeigen, netto*	*4.500,00*
+ USt.	
7. *Kunde zahlt unsere Rechnung (Fall 5) unter*	
Abzug von 3 % Skonto. Auf unserem	
Bankkonto gehen ein (Nettoverfahren)	*34.629,00*
8. *Rohstofflieferant gewährt uns einen Bonus*	
von netto	*800,00*
+ USt.	
9. *Verkauf von Fertigerzeugnissen auf Ziel,*	
Listenpreis, netto	*45.000,00*
– 25 % Händlerrabatt	
Berechnen und buchen Sie diesen Verkauf.	
Berücksichtigen Sie 19% Umsatzsteuer.	
10. *Rücksendung beschädigter Hilfsstoffe an den*	
Lieferer, netto	*650,00*
+ USt.	

Abschlussangaben:

1. *Abschreibungen auf*	*0530 Betriebs- und Verwaltungsgebäude*	*8.200,00 EUR*
	0700 Maschinen	*58.000,00 EUR*
	0800 BGA	*30.500,00 EUR*
2. *Endbestände lt. Inventur*		
	2100 Unfertige Erzeugnisse	*27.000,00 EUR*
	2200 Fertige Erzeugnisse	*39.000,00 EUR*

Die übrigen Buchbestände stimmen mit den Inventurwerten überein.

3. *Die Umsatzsteuer-Zahllast ist zu passivieren.*

Arbeitsauftrag: 1. *Bilden Sie die Buchungssätze.*
                       2. *Buchen Sie die Geschäftsvorfälle.*
                       3. *Schließen Sie den Geschäftsgang ab.*

Lernbereich 6:
Erschließen der Grundlagen des Marketing und Kundengespräche durchführen

1   Grundbegriffe der Absatzwirtschaft

Ab morgen werde ich in der Abteilung Absatz ausgebildet.

SITUATION

Mit welchen Aufgaben beschäftigt sich die Abteilung Absatz?

Definition   Absatz umfasst alle Maßnahmen, die der Leistungsverwertung dienen, d. h. Verkauf von Erzeugnissen auf dem Markt gegen sofortige oder spätere Bezahlung.

Der Begriff Marketing entstand, als sich die Märkte von Verkäufermärkten in Käufermärkte wandelten. In einem **Verkäufermarkt** ist das Güterangebot knapp und die Nachfrage größer als das Angebot. Seit dem Entstehen der **Käufermärkte** in den 60er und 70er Jahren des 20. Jahrhunderts sind die Unternehmen gezwungen, sich verstärkt auf die Wünsche der Nachfrager einzustellen.

Definition   Marketing bedeutet die Ausrichtung des Unternehmens am Markt.

2   Marktuntersuchung

Umsatz Tropic-Sweatshirt

Aus der Rhein-Zeitung:

SITUATION

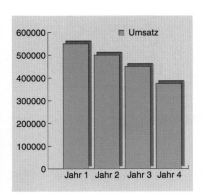

Freizeitbranche boomt
Steigende Absatzzahlen bei Surfbrettern

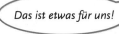

Das ist etwas für uns!

Mit welchen Instrumenten können Unternehmen Informationen über Märkte gewinnen?

An welchen Informationen wird die Tropic GmbH in der vorliegenden Situation interessiert sein?

Ziel jedes Unternehmens ist es, seine Produkte auf dem Markt mit Gewinn zu verkaufen. Um möglichst viele Waren oder Dienstleistungen absetzen zu können, ist es notwendig, viele Informationen über den Markt zu haben. Dazu muss der Markt untersucht werden.

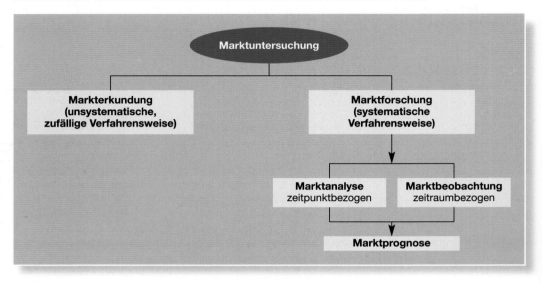

2.1   Marktforschung

Das Ziel der Marktforschung ist die Beschaffung von Informationen über den Absatzmarkt. Dabei werden nicht nur Tatsachen, sondern auch Motive und Meinungen ermittelt.

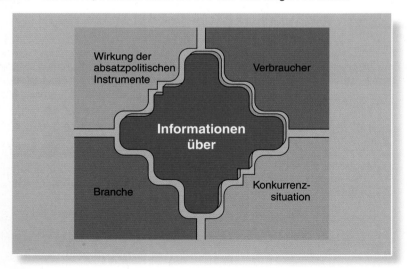

◆ **Primärforschung**

Die Primärforschung erhebt neue, bisher noch nicht vorliegende Marktdaten. Dabei wird zwischen der Vollerhebung und der Teilerhebung unterschieden.

Vollerhebung

Alle Angehörigen einer Zielgruppe werden untersucht. Eine solche Untersuchung ist nur bei kleinen, überschaubaren Zielgruppen praktikabel. Für die Vollerhebung spricht ihre Genauigkeit, dagegen die hohen Kosten und der große Zeitaufwand.

Teilerhebung

Angehörige einer Zielgruppe werden in ihrer Struktur (Alter, Geschlecht) stichprobenartig untersucht. Die Stichprobe soll repräsentativ für die Gesamtgruppe sein. Dies kann durch verschiedene Verfahren erreicht werden:

- **Zufalls-Auswahlverfahren (Random-Verfahren)**

  Das Randomverfahren basiert auf der Wahrscheinlichkeitstheorie, z. B. jeder 1000. Bürger aus einem Adressbuch wird ausgewählt.

- **Quoten-Auswahlverfahren**

  Bei der Stichprobe müssen bestimmte Quoten beachtet werden z. B. 60 % müssen weiblich, 40 % davon zwischen 19 und 25 Jahren alt sein.

Die Teilerhebung und deren Verfahren bieten sich bei sehr großen Zielgruppen (z. B. Käufer von Fernsehzeitschriften) an.

- ◆ **Erhebungsmethoden der Primärforschung**

Bei den Erhebungsmethoden unterscheidet man zwischen einmaligen Erhebungen (Befragung, Beobachtung, Experiment) und periodischen Erhebungen (Panel).

Befragung

Die Befragung ist die am häufigsten angewandte Methode der Primärforschung. Unter Befragung versteht man ein systematisches Vorgehen, bei dem Personen durch gezielte Fragen zur Abgabe verbaler Informationen (Aussagen) veranlasst werden sollen.

Die Tropic GmbH entschließt sich, die benötigten Informationen für die Einführung einer neuen Produktgruppe durch eine Befragung zu erheben. Neben den traditionellen Formen der Befragung kommt auch die Online-Befragung in die engere Wahl.

Fragebogen

Fragebogen 1	**Fragebogen 2**
Kennen Sie Tropic Jeans 001? ▪ Ja ▪ Nein Schnitt der Jeans? ▪ sportlich ▪ elegant	1. Welche Jeans kennen Sie? 2. Wie finden Sie den Schnitt?

geschlossene Fragen   offene Fragen

Welche Vor- und Nachteile bieten

➤ *mündliche Befragung*

➤ *schriftliche Befragung*

➤ *telefonische Befragung*

➤ *Online-Befragung?*

SITUATION

Beobachtung

Durch Beobachtung wird das tatsächliche Verhalten von Personen ermittelt.

Beispiel Beobachtet wird, wie viele Personen vor einem Schaufenster stehenbleiben.

Experiment

Beim Experiment wird unter kontrollierten Bedingungen das Verhalten von Personengruppen untersucht.

Beispiel In einem extra konstruierten Supermarkt wird das Verhalten von Personen untersucht.

Testmarkt

Auf einem regional begrenzten Markt (Haßloch/Pfalz) wird z. B. die Werbeintensität erhöht.

Panel

Bei der Panel-Befragung wird eine einmal ausgesuchte Personengruppe in bestimmten Zeitabständen zum selben Thema mehrmals befragt, um Veränderungen im Verhalten und in der Einstellung zu erforschen.

◆ Sekundärerhebungen

Bei der Sekundärerhebung werden betriebsinterne oder betriebsexterne Daten ausgewertet. Zu den betriebsinternen Quellen der **Sekundärerhebungen** gehörten die Absatzstatistik und die Kostenrechnung.

Unter **Sekundärerhebungen** sind alle Auswertungen bereits vorhandener Daten, die ursprünglich für andere Zwecke erhoben wurden, zu verstehen.

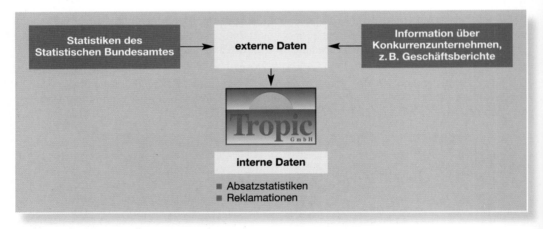

Aufgabe

Was versteht man unter einem Testmarkt? Welches sind die wichtigsten Aufgaben eines Testmarktes?

2.2   Markterkundung

Definition   Das unsystematische Sammeln von Informationen über den Markt bezeichnet man als Markterkundung.

Dies kann z. B. durch Kundengespräche oder Berichte von Reisenden geschehen. Angesichts der komplexen Fragestellungen ist eine solche unsystematische Vorgehensweise meist nicht ausreichend.

3   Absatzpolitische Instrumente

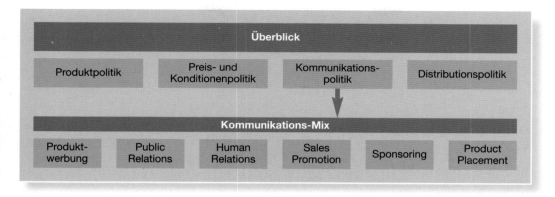

Überblick			
Produktpolitik	Preis- und Konditionenpolitik	Kommunikations-politik	Distributionspolitik

Kommunikations-Mix					
Produkt-werbung	Public Relations	Human Relations	Sales Promotion	Sponsoring	Product Placement

3.1   Produktpolitik

Unser Produkt wurde getestet:

Testergebnis „Surfbrett"		
Form		😐	
Farbe	🙁		
Design		😐	
Preis			🙂

SITUATION

Manchmal sind es nur Kleinigkeiten, die ein erfolgreiches Produkt von Konkurrenzangeboten unterscheiden. Dabei ist aber das, was diese Unternehmen auf den Markt bringen, kein Zufallsprodukt, sondern das Ergebnis einer methodischen Produktplanung, wie sie heute von vielen erfolgreichen Unternehmen praktiziert wird und wofür diese viel Geld ausgeben.

1. Interpretieren Sie das Testergebnis.

2. Wie soll sich die Tropic GmbH verhalten?

Definition   Ziel der Produktpolitik ist es, den bestehenden Kundenstamm zu erhalten, Sonderwünsche verschiedener Nachfragergruppen zu erfüllen und neue Kunden zu gewinnen.

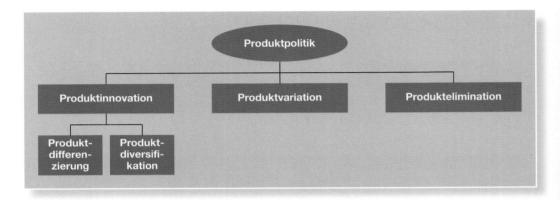

3.1.1   Produktinnovation

Die **Produktinnovation** ist die Entwicklung und Einführung neuer Produkte.

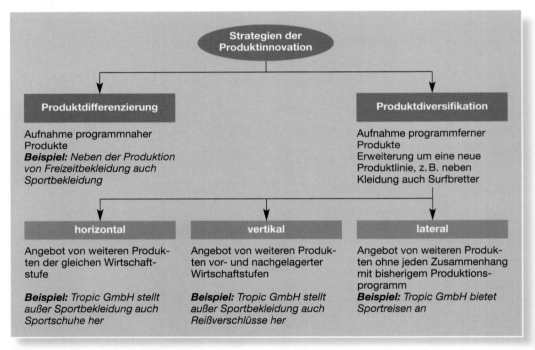

Ziel der **Produktdifferenzierung** ist es, den bestehenden Kundenstamm zu erhalten und Sonderwünsche verschiedener Nachfragergruppen zu erfüllen. Bei der **Produktdiversifikation** steht die Risikostreuung (zweites Standbein) im Vordergrund.

3.1.2   Produktvariation

Das einfachste und naheliegendste Mittel der Produktpolitik besteht darin, gewisse Eigenschaften bereits produzierter und am Markt befindlicher Produkte zu ändern. In diesem Zusammenhang wird von Produktvariation gesprochen. Folgende Arten der Produktvariation lassen sich unterscheiden:

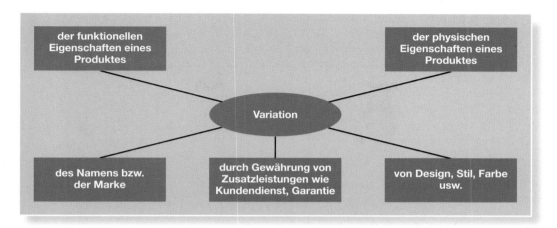

Ziel der Produktvariation ist es, das Programm „relativ" unverändert zu lassen. Mit der Produktvariation soll dem Nachfrager jedoch etwas Neues, gleichzeitig aber auch Vertrautes angeboten werden. Ein typisches Beispiel dafür bietet die Tropic GmbH, die jedes Jahr eine neue Kollektion auf den Markt bringt.

3.1.3 Produktelimination

Die Entwicklung der Märkte und der Kosten zwingt die Unternehmen, die Produktbereinigung immer stärker in den Vordergrund zu stellen. Für die gezielte Produktelimination ist eine kontinuierliche Programmstrukturanalyse notwendig. Dazu werden die Produkte nach ihrer Position im Lebenszyklus beurteilt.

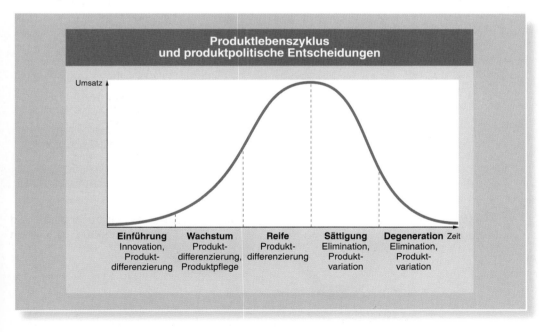

3.1.4 Produktgestaltung

Im Rahmen der Produktinnovation und Produktvariation spielt die Produktgestaltung eine große Rolle. Produkte sollen den Verbraucherwünschen entsprechen und sich von Konkurrenzprodukten abheben.

Tropic 001

■ edle, weiche Denim – Ware im
klassischen Schnitt

■ gerade Form, angenehme Fußweite,
typische Tropicnieten, mit doppelten
Laschen für schmale Gürtel

■ die ideale Jeans für Männer,
die auch die Kombination mit
einem Sakko mögen

3.1.5 Markenpolitik

Eine Marke dient der Identifikation eines Produktes und der Abhebung von Konkurrrenzprodukten. Mit der Marke verbindet ein Käufer gleichbleibende hohe Qualität, Image, Gruppenzugehörigkeit usw. Damit wird die Marke zu einem Werbeelement.
Marken können sein:

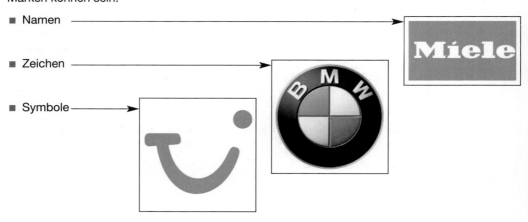

■ Namen

■ Zeichen

■ Symbole

3.1.6   Verpackungspolitik

Die Verpackung schützt das Produkt bei Lagerung und Transport. Außerdem dient sie Werbe-
und Informationszwecken.

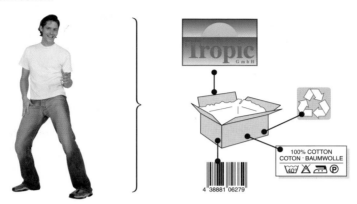

3.1.7   Servicepolitik

♦ **Kundendienst**

Definition   Beim Kundendienst handelt es sich stets um eine Dienstleistung, die neben der
Hauptleistung, z. B. dem Produkt, einem Kunden bzw. potenziellen Kunden angeboten wird.

Kundendienst tritt also nur in Verbindung mit einer Ware oder Problemlösung auf. Sieht man die
Absatzleistung des Anbieters nicht nur einfach als eine erzeugte Ware, sondern als ein „komple-
xes Gebilde" an, dann lässt sich das Wesen des Kundendienstes als jede Art von Dienstleistung
der Hersteller und des Handels bezeichnen, die vor oder nach dem Kauf erbracht wird und dem
Abnehmer hilft, vollen Nutzen aus dem gekauften Produkt zu ziehen.
Die von einem Anbieter erbrachten Kundendienstleistungen lassen sich in zwei Gruppen unterteilen:

■ den technischen Kundendienst (Gewährleistung der Funktionserfüllung, Informationsgewinnung,
   Absatz von Ersatz-/Neuprodukten);

■ den kaufmännischen Kundendienst (Einkaufserleichterungen, Beratungs- und Informations-
   dienste, Zustellungsdienste).

Serviceleistungen
werden bei uns groß geschrieben

① Beratung:
Wir nehmen uns gerne Zeit, Sie zuvorkommend und kompetent zu beraten. Selbstverständlich sind Sie auch jederzeit willkommen, sich in unserem Geschäft umzusehen.

② Ambiente:
Wir legen Wert darauf, dass Sie und Ihr Kind sich bei uns wohl fühlen. In jedem Baby-Rose-Fachgeschäft finden Sie Still- und Wickelmöglichkeiten sowie eine Spielecke, wo sich Ihre Kleinen vergnügen können.

③ Transporthilfe:
Wenn Sie es bevorzugen, den Transport Ihrer Baby-Rose-Artikel uns zu überlassen, liefern wir prompt und kostengünstig direkt zu Ihnen nach Hause.

④ Garantie-Leistungen:
Wir bürgen mit einer 24-Monats-Garantie für alle Artikel. Sollte trotzdem einmal ein Defekt auftreten, dürfen Sie darauf zählen, dass wir Ihnen schnell weiterhelfen.

⑤ Ersatzteile:
Wir tragen Sorge zum Unterhalt Ihrer Produkte. So bemühen wir uns, für jedes Baby-Rose-Produkt möglichst schnell die richtigen Ersatzteile zu finden, auch wenn es sich um ältere Modelle handelt.

⑥ Reparatur-Service:
Sollte eines Ihrer Baby-Rose-Produkte defekt werden, wenden Sie sich an uns: Was wir verkaufen, können wir meist auch in unseren eigenen Werkstätten reparieren.

⑦ Montageservice:
Gerne gehen wir Ihnen zur Hand: Gegen Gebühr montiert unser Fachpersonal all Ihre Baby-Rose-Möbel.

⑧ Recycling:
Unserer Umwelt zuliebe offerieren wir Ihnen neben dem oben erwähnten Reperatur-Service kostenlos eine sachgerechte Entsorgung Ihres gebrauchten Baby-Rose-Produktes beim Kauf eines neuen.

♦ **Garantieleistungen**
Die Garantiezusagen von Produkten (über die gesetzlichen Bestimmungen hinausgehend) können einen Konkurrenzvorteil verschaffen bzw. potenzielle Kunden davon überzeugen, dass Anbieter fest entschlossen sind, für ihre Leistung einzustehen. Das wird dann der Fall sein, wenn der Käufer überzeugt ist, dass der Verkäufer die Garantiezusage nur geben kann, weil es sich um ein qualitativ hochwertiges Produkt handelt und im Garantiefall die Mängel sofort beseitigt werden. Kann der Verkäufer im Garantiefall seinen Verpflichtungen nicht nachkommen, so wird dies negative Folgen nach sich ziehen.

Aufgaben

1. Was ist Produktpolitik?

2. Was ist Produktelimination? Nennen Sie Ihnen bekannte Produkte, die eliminiert worden sind.

3. Sammeln Sie Logos und Markenzeichen und erstellen Sie daraus eine Collage.

4. Warum nehmen Unternehmen manche Produkte, die Verluste erwirtschaften, nicht vom Markt?

5. *Ein Unternehmen produziert Autos. Nennen Sie Beispiele zu*
   a) *Produktdifferenzierung,*
   b) *Diversifikation (horizontal, vertikal, lateral),*
   c) *Produktvariation.*

6. *Nennen Sie Innovationen der letzten zehn Jahre.*

3.2 Preispolitik

Kommt ein Produkt neu auf den Markt, stellt sich die Frage, zu welchem Preis es angeboten werden soll. Der Preis wird beeinflusst durch:

3.2.1 Kostenorientierte Preisbildung

Bei der kostenorientierten Preisbildung berücksichtigen Unternehmen die Kosten, die bei der Herstellung und dem Vertrieb der Produkte entstehen.

Kalkulation eines Produktes						
Fertigungsmaterial		100,00 EUR				
+ Materialgemeinkosten	5 %	5,00 EUR				
= **Materialkosten**			105,00 EUR			
+ Fertigungslöhne		50,00 EUR				
+ Fertigungsgemeinkosten	97 %	48,50 EUR				
= **Fertigungskosten**			98,50 EUR			
= **Herstellkosten**						203,50 EUR
+ Verwaltungsgemeinkosten	8 %	16,28 EUR				
+ Vertriebsgemeinkosten	7 %	14,25 EUR				
= **Selbstkosten**						234,03 EUR
+ Gewinnzuschlag	6 %					14,04 EUR
= **Barverkaufspreis**					95 %	**248,07 EUR**
+ Kundenskonto	3 %				3 %	7,83 EUR
+ Vertreterprovision	2 %				2 %	5,22 EUR
= **Zielverkaufpreis**				95 %	100 %	**261,12 EUR**
+ Kundenrabatt	5 %			5 %		13,74 EUR
= **Listenverkaufspreis**				100 %		274,86 EUR

Einzelkosten: Kosten, die dem Produkt direkt zugerechnet werden können (z. B. Stoffkosten der Tropic Jeans).

Gemeinkosten: Kosten, die dem Produkt nicht direkt zugerechnet werden können (z. B. Gehalt für Frau Behrens). Die Gemeinkosten werden den Einzelkosten prozentual zugeschlagen.

3.2.2 Konkurrenzorientierte Preisbildung

Unternehmen müssen sich bei der Preisbildung auch an der Konkurrenz orientieren. Zwei Möglichkeiten sind denkbar:

- Bei stark homogenen Produkten muss sich das Unternehmen am Branchenpreis orientieren.
  Beispiel Arbeitsspeicher für PCs

- Beherrschen ein oder mehrere Unternehmen den Markt, so orientieren sich die anderen Anbieter an diesem Unternehmen (Preisführer).
  Beispiel Benzinmarkt

3.2.3 Kundenorientierte (nachfrageorientierte) Preisbildung

Neben der Kosten- und Konkurrenzsituation muss das erwartete Verhalten der Nachfrager berücksichtigt werden. Die Marktforschung liefert hierzu notwendige Informationen.

3.2.4 Preisstrategien

Definition   Eine Preisstrategie legt die zukünftige Preisgestaltung eines Unternehmens fest.

- **Niedrigpreisstrategie**
  Mit niedrigen Preisen sollen preisbewusste Käuferschichten angesprochen werden mit dem Ziel, über große Absatzmengen hohe Umsätze zu realisieren.
  Beispiel Aldi, Lidl, Norma, Schlecker

- **Hochpreisstrategie**
  Mit hohen Preisen sollen kaufkräftige Käuferschichten angesprochen werden. Exklusivität soll einen hohen Preis rechtfertigen. Hohe Umsätze werden bei niedriger Absatzmenge durch einen hohen Preis erreicht.
  Beispiel Jeanshosen von Pierre Cardin, Rolex-Uhren

3.2.5 Preisdifferenzierung

Stehplatz	Preis
Männer	14,00 EUR
Frauen	10,00 EUR
Schüler & Studenten	8,00 EUR
Schwerbehinderte	7,50 EUR

SITUATION

Welches Ziel wird mit einer solchen Preisgestaltung verfolgt?

Das gleiche Produkt/die gleiche Dienstleistung wird zu unterschiedlichen Preisen am Markt angeboten. Ziel ist die Abschöpfung der Kaufkraft aller Käufergruppen. Das Gelingen der Preisdifferenzierung ist abhängig von der klaren Abgrenzung der Teilmärkte.

♦ **Arten der Preisdifferenzierung**

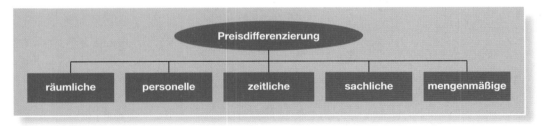

Räumliche Preisdiffenzierung

Aufgrund der unterschiedlichen Preis- und Einkommensverhältnisse in den Ländern der EU bietet die Tropic GmbH ihre Jeanshosen in den verschiedenen Ländern zu unterschiedlichen Preisen an (verschiedene EU-Länder = Teilmärkte).

So kostet die Tropic Jeans in Deutschland 80,00 EUR, in Italien 75,00 EUR und in Portugal 60,00 EUR.

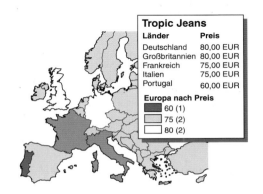

Tropic Jeans

Länder	Preis
Deutschland	80,00 EUR
Großbritannien	80,00 EUR
Frankreich	75,00 EUR
Italien	75,00 EUR
Portugal	60,00 EUR

Europa nach Preis

■	60 (1)
▨	75 (2)
□	80 (2)

Personelle Preisdifferenzierung

Im Rahmen der personellen Preisdifferenzierung bietet ein Unternehmen verschiedenen Kundengruppen ein Produkt zu unterschiedlichen Preisen an.

Beispiel *Bahncard für Familien*

Zeitliche Preisdifferenzierung

Unternehmen verlangen zu unterschiedlichen Zeiten unterschiedliche Preise.

Beispiele *Telefon, Strom, Urlaubsreise*

Sachliche Preisdifferenzierung

Produktvariationen werden zu unterschiedlichen Preisen angeboten.

Beispiel *Taschenbuch oder Hardcoverausgabe*

Mengenmäßige Preisdifferenzierung

In Abhängigkeit von der Absatzmenge werden Rabattstaffeln festgelegt.

Beispiel *Bei Abnahme bis 100 Stück 5 % Rabatt*
Bei Abnahme über 100 Stück 7 % Rabatt usw.

Aufgaben

1. *Welche Vorteile bringen die Niedrig- bzw. Hochpreisstrategie bei der Markteinführung eines Produktes?*

2. *Welche Preisstrategie würden Sie in der Wachstumsphase wählen?*

3. *Warum ist es schwierig, die Märkte gegeneinander abzugrenzen?*

4. *Nennen Sie zu jeder Preisdifferenzierung ein Beispiel.*

5. *Wann müssen Unternehmen auf Preise der Konkurrenz keine Rücksicht nehmen?*

3.2.6 Konditionenpolitik

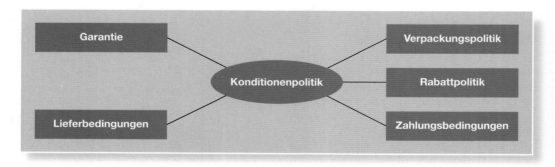

Auch durch günstige Verkaufskonditionen kann die Kaufentscheidung der Kunden beeinflusst werden (zu Liefer- und Zahlungsbedingungen siehe Themenkreis „vertragliche Grundlagen").

3.3 Kommunikationspolitik

Die Tropic GmbH hat sich entschieden, Surfbretter zu produzieren. Was kann die Kommunikationspolitik bei der Platzierung dieses Produktes am Markt beitragen?

3.3.1 Instrumente der Kommunikationspolitik

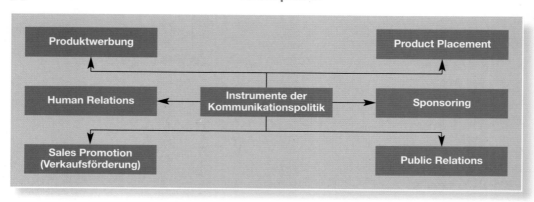

3.3.2 Produktwerbung

Definition Mithilfe der Produktwerbung wird versucht, ein Produkt den Kunden nahezubringen, um sie zum Kauf zu veranlassen. Werbung kann Kenntnisse und Wissen vermitteln (Information), anregen (Motivation) und beeinflussen (Manipulation).

◆ Grundsätze der Werbung

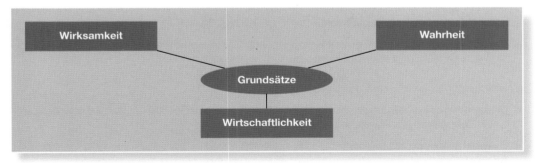

Ist eine Werbemaßnahme nicht **wirksam**, so hat sie ihren Zweck verfehlt, somit ist sie auch **unwirtschaftlich**. Werbung soll **informieren** und zum Kauf **motivieren**. Dabei soll sie dem Grundsatz der **Wahrheit** folgen, d. h. sie soll den Kunden sachlich informieren und nicht täuschen. Das gilt nicht nur, weil darin ein Verstoß gegen geltende Gesetze (z. B. unlauterer Wettbewerb) oder gegen moralische und sittliche Empfindungen liegen kann, sondern weil ein solches Verhalten zu Kundenverlusten führen kann.

◆ Werbewirkung
Das **AIDA-Schema** stellt die Verarbeitung von Werbeinformationen durch die Werbesubjekte als mehrstufigen Prozess dar. Erst wenn die jeweils niedrigere Stufe abgeschlossen ist, kann die nächst höhere erreicht werden:

Aufmerksamkeit	(**a**ttention)	→	A
Interesse	(**i**nterest)	→	I
Kaufwunsch	(**d**esire)	→	D
Kauf	(**a**ction)	→	A

◆ Werbearten
Bei den Werbearten wird nach der Stellung der Werbenden im Absatzprozess und nach der Anzahl der Werbenden unterschieden. Eine weitere Unterscheidung lässt sich nach der Anzahl der Umworbenen vornehmen.

Unterscheidung nach der **Stellung der Werbenden im Absatzprozess**

- **Herstellerwerbung:** Die Tropic GmbH wirbt als Hersteller für die neu produzierte Freizeitkollektion.

- **Handelswerbung:** Fachgeschäfte werben beim Eintreffen der neuen Tropic Freizeitkollektion.

Unterscheidung nach der **Anzahl der Werbenden**

- **Alleinwerbung (Individualwerbung):** Die Tropic GmbH wirbt allein für ihre neue Freizeit-kollektion.

- **Gemeinschaftswerbung:** Mehrere Molkereien werben ohne Namensnennung für ihre Branche. Beispiel: „Milch macht müde Männer munter."

- **Sammelwerbung:** Mehrere Unternehmen verschiedener Branchen, z. B. eine Einkaufspassage oder ein bestimmtes Gewerbegebiet, schließen sich für Werbezwecke zusammen und werben unter Namensnennung gemeinsam.

- **Verbundwerbung:** Hersteller von Komplementärgütern werben gemeinsam, z. B. Waschma-schinenhersteller und Waschpulverproduzent.

Unterscheidung nach **Anzahl der Umworbenen**

- **Massenwerbung (Allgemeinwerbung)** richtet sich an breite Bevölkerungsschichten, beispiels-weise Werbespots im Fernsehen oder im Hörfunk.

- **Gruppenwerbung:** Massenwerbung, die auf einen bestimmten Personenkreis gerichtet ist. Beispiel: Eine bestimmte Altersgruppe oder Berufsgruppe wird angesprochen.

- **Einzelwerbung (Direktwerbung):** Im Gegensatz zur Massenwerbung werden bei der Direkt-werbung die Zielpersonen direkt/individuell angesprochen. Beispiel: Die Tropic GmbH richtet sich mit Werbebriefen konkret an ausgewählte Fachgeschäfte.

Wirkung der Werbung auf die Umworbenen
- **Informative Werbung** *Beispiel* *waschfest bis 50 °C*
- **Suggestive Werbung** *Beispiel* *Vermitteln von lifestyle*

◆ Werbeplanung

- **Zielgruppe:** Wer wird umworben (Streukreis; Werbesubjekte)?

- **Streuzeit:** Zeitliche Verteilung der Werbung; wann wird geworben?

- **Streugebiet:** Wo wird geworben?

- **Werbeetat:** Kosten der Werbung (Werbebudget)

- **Werbebotschaft:** Aussage der Werbung; Was soll mitgeteilt werden?

- **Werbeträger und Werbemittel**

	Definition	Beispiele
Werbemittel	beinhaltet die Werbebotschaft	Zeitungsanzeigen, TV-Spots, Plakate, Homepages
Werbeträger	dient als Transportmittel für das Werbemittel	Tageszeitungen, Rundfunksender, Litfaßsäulen, Schaufenster, Internet

In der Praxis werden Planung und Durchführung der Werbung oft von Werbeagenturen übernom-men. Eine Werbeagentur ist ein Dienstleistungsunternehmen, das gegen Entgelt Werbetreibende in Fragen der Werbung berät und für diese die einheitliche Planung und Gestaltung, Streuung und Kontrolle der Werbemaßnahmen übernimmt.

Werbeagentur	Werbekampagne
Paradiset DBB	H&M, Diesel Jeans, Mazda
McCann-Erickson GmbH	Levis, Coca-Cola
Horst Wackernbarth	Otto Kern
Grey Advertising	Lee Jeans, Speedo
Start Advertising GmbH	MTV, Fire&Ice (Bogner)
Rempen & Partner	Deutsche Post AG, Microsoft
BMZ Werbeagentur GmbH & Co KG	Toyota, Radio NRW
Lowe & Partner GmbH	Opel

3.3.3 Werbeerfolgskontrolle

Mithilfe der Werbeerfolgskontrolle wird überprüft, ob die **Werbeziele** erreicht wurden. Die Erfolgskontrolle ist Ausgangspunkt für die Bestätigung oder Veränderung der Ziele.

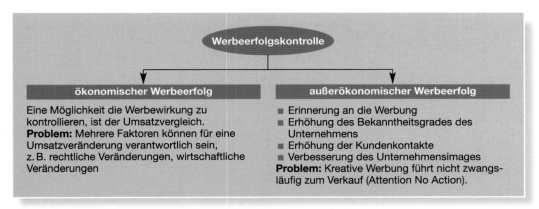

Werbeerfolgskontrolle

ökonomischer Werbeerfolg

Eine Möglichkeit die Werbewirkung zu kontrollieren, ist der Umsatzvergleich.
Problem: Mehrere Faktoren können für eine Umsatzveränderung verantwortlich sein, z. B. rechtliche Veränderungen, wirtschaftliche Veränderungen

außerökonomischer Werbeerfolg

■ Erinnerung an die Werbung
■ Erhöhung des Bekanntheitsgrades des Unternehmens
■ Erhöhung der Kundenkontakte
■ Verbesserung des Unternehmensimages
Problem: Kreative Werbung führt nicht zwangsläufig zum Verkauf (Attention No Action).

3.3.4 Grenzen der Werbung

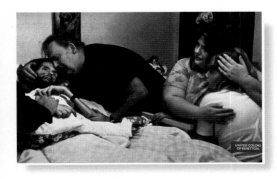

Wo sind die Grenzen der Werbung?

SITUATION

♦ Gesetz gegen den unlauteren Wettbewerb (UWG)

Verbot irreführender Werbung

Verbot irreführender Angaben über Beschaffenheit, Herkunft, Herstellungsart von Waren.

Beispiele Im Fernsehen wird mit lebenden Hühnern und Hühnergegackere für Eiernudeln geworben, die nicht mit Frischei, sondern mit Trockenei hergestellt wurden. Werbung mit „doppelt gebranntem Steinhäger", weil Doppelkorn nach gesetzlicher Vorschrift doppelt gebrannt werden muss.

Sittenwidriges Verhalten

Beispiele Unerbetene Telefon- und Faxwerbung bei Privatpersonen, Zusendung unbestellter Ware, Ansprechen von Kunden auf der Straße, Firmen- und Markenzeichenmissbrauch, Verleumdung von Konkurrenten, rechtlicher Kaufzwang (z. B. Erhalt eines Geschenks setzt Kauf voraus), übertriebenes Anlocken von Kunden (jeder Besucher einer Werbeveranstaltung für einen neuen DVD-Recorder erhält eine kostenlose DVD), Werbung mit der Angst („Kaufen Sie heute, bevor wir die Preise erhöhen"), Bestechung von Geschäftspartnern, progressive Kundenwerbung (Schneeballsystem).

Vorschrift	Inhalt
Werbeverbote	– bildliche Werbung mit dem Arztkittel, Bezugnahme auf ärztliche Empfehlungen – für bestimmte Arzneimittel (z. B. Mittel gegen Schlaflosigkeit, verschreibungspflichtige Arzneimittel) – Zigarettenwerbung in Rundfunk und Fernsehen
Preisangabenverordnung	Preisangabe gegenüber dem Endverbraucher mit Endpreisen (einschl. Mwst. und sonstiger Preisbestandteile), Preisauszeichnungspflicht
Pressegesetz der Länder	gewerbliche Anzeigen müssen vom redaktionellen Teil klar getrennt werden
Werbeverbote für bestimmte Berufe	z. B. für Ärzte oder Apotheker
Selbstkontrolle der Wirtschaft	■ freiwillige Selbstkontrolle (Behandlung von zweifelhaften Einzelfällen durch den Deutschen Werberat, z. B. Slogan „Naschen ist gesund" bei Werbung für Bonbons mit Vitaminzusätzen) ■ Selbstbeschränkungsabkommen (z. B. keine Alkoholwerbung mit Leistungssportlern, keine Zigarettenwerbung mit Motiven aus der Welt der Jugendlichen, keine herabwürdigende Darstellung von Frauen in der Werbung)

3.3.5   Verkaufsförderung (Sales Promotion)

Verkaufsförderung umfasst eine Vielzahl von Aktionen, die den Verkauf und damit den Absatz kurzfristig steigern sollen. Nach den Zielgruppen dieser Aktionen wird unterschieden in:

Sales Promotion

Verbraucher-Promotion

Die Konsumenten werden auf ein Produkt aufmerksam gemacht oder zum Kauf angeregt.
Beispiel:
Produktproben, Warengutscheine, Gewinnspiele, Produktvorführungen

Mitarbeiter-Promotion

- Der firmeneigene Außendienst wird z. B. durch Sonderprämien oder Wettbewerbe motiviert.
- Mitarbeiterschulungen

Händler-Promotion

- Sonderrabatte, Verkaufsprämien und Rücknahmegarantien motivieren die Handelspartner.
- Es werden Display-Materialien, wie z. B. Schaufensterdekoration zur Verfügung gestellt.

3.3.6 Public Relations (PR)

Im Mittelpunkt der Öffentlichkeitsarbeit (PR) steht nicht ein Produkt des Unternehmens, sondern das Unternehmen als Ganzes. Ziel der PR-Maßnahmen ist vor allem die Imagepflege des Unternehmens in der Öffentlichkeit. Ein besonderes Interesse gilt bei den PR-Aktivitäten sogenannten Meinungsführern oder Multiplikatoren, wie beispielsweise Medienvertretern. Gute Beziehungen zur Presse werden oft durch eine eigene Presseabteilung unterstützt.

Maßnahmen im Rahmen der Öffentlichkeitsarbeit sind z. B.:

- Vorträge und Diskussionsrunden

- Ausstellungen

- Veröffentlichungen (Pressemitteilungen, Erstellung von Sozial- und Ökobilanzen)

- Betriebsbesichtigungen

- Tag der offenen Tür

Der PR-Gedanke wird bei der Gestaltung der **Corporate Identity** (Unternehmensidentität) aufgegriffen. Ein einheitliches Bild des Unternehmens nach außen, eine Unternehmenskultur sollen geschaffen werden. Dies geschieht durch die Bildung von einheitlichen Zeichen (Symbolen) des Unternehmens (z. B. auf Briefbögen, Visitenkarten, Firmenwagen) (**Corporate Design**) oder durch besondere Verhaltensregeln, die von Mitarbeiterinnen und Mitarbeitern gegenüber Lieferanten, Kunden und der Öffentlichkeit einzuhalten sind.

3.3.7 Human Relations

Unter Human Relations versteht man Öffentlichkeitsarbeit nach innen. Dadurch sollen eine größere Motivation und Identifikation der Mitarbeiter mit dem Unternehmen bewirkt werden.

Maßnahmen sind z. B.:

- Fort- und Weiterbildungsangebote

- Kooperativer Führungsstil

3.3.8 Sponsoring

Ein Unternehmen (der Sponsor) unterstützt durch Sach-, Finanz- oder Dienstleistungen Personen, Organisationen oder Institutionen (Gesponsorte) und erwartet dafür bestimmte Gegenleistungen (z. B. besondere Werbemöglichkeiten), die vertraglich abgesichert sind.

Das Sponsoring kommt in verschiedenen Bereichen vor:

- Sport
- Kultur
- Soziales
- Umwelt

Durch das Sponsoring erhofft sich das Unternehmen, das positive Image des Gesponsorten auf sich zu übertragen. Der Vorteil des Sponsoring liegt im Erreichen solcher Zielgruppen, die sich mit den herkömmlichen Kommunikationsmitteln nicht oder nur sehr schwer ansprechen lassen.

3.3.9 Product Placement

Durch **Product Placement** versucht ein Unternehmen, seine Produkte in Fernsehserien, Kinofilmen, Theateraufführungen usw. geschickt zu platzieren, sodass sie vom Zuschauer nicht als bewusste Werbemaßnahme aufgefasst werden.

Beispiel Der BMW Roadster wurde als Auto von James Bond verwendet (Innovation Placement).

Aufgaben

1. *Welche Zwecke erfüllt die Kommunikationspolitik?*

2. *Nennen Sie die einzelnen Elemente, die in der Kommunikationspolitik eingesetzt werden.*

3. *Nennen Sie Public-Relations-Maßnahmen, die die Tropic GmbH durchführen könnte.*

4. *Welche Arten der Werbung werden unterschieden?*

5. *Unterscheiden Sie Werbemittel und Werbeträger.*

6. *Sammeln Sie Beispiele zu den einzelnen Werbearten und erstellen Sie eine Collage.*

7. *Welche Aufgaben hat die Werbung in den einzelnen Phasen des Produktlebenszykluses?*

8. *Planen Sie eine Werbeaktion für die zu produzierenden Surfbretter. Berücksichtigen Sie dabei alle Elemente der Werbeplanung.*

9. *Was sagt die AIDA-Formel aus?*

10. *Nennen Sie Vorschriften, die die Werbefreiheit begrenzen.*

11. *Suchen Sie aus Zeitungen und Zeitschriften Beispiele für die Kommunikationspolitik. Ordnen Sie diese den Bereichen Produktwerbung, Sponsoring, Verkaufsförderung und Öffentlichkeitsarbeit zu.*

3.3.10 E-Commerce

Ayse Kaymak: „Unsere Homepage sieht gut aus!"

Herr Polster: „Freut mich, dass sie Dir gefällt. Aber unser Internetauftritt soll nicht nur gut
aussehen, sondern auch nützlich für uns sein. Vielleicht hast du schon ein-
mal etwas von Electronic Commerce gehört?"

Ayse Kaymak: „Gehört ja, aber darunter kann ich mir nichts vorstellen."

Welche Nutzungsmöglichkeiten bietet das Internet der
Tropic GmbH?

Der Ausdruck **Electronic Commerce (elektronischer Handel)** oder E-Commerce gewinnt durch
die rasche Verbreitung des Internet zunehmend an Bedeutung.

> **Definition**   Electronic Commerce heißt, Produkte und Dienstleistungen über das Internet
> zu vertreiben.

Das beinhaltet sämtliche Transaktionen mit Kunden und Lieferanten. Dazu zählen u. a. Ge-
schäftsanbahnung und -abwicklung bis hin zu After-Sales-Services, Aktionen zur Kundenbindung und Online Banking.

◆ **Das Internet als Medium zur Imagebildung**
Durch die Präsenz im Internet wird ein modernes, innovatives Image auf das Unternehmen übertragen. Dadurch können neue Kunden gewonnen werden. Es werden Zielgruppen angesprochen,
die über gängige Kommunikationsmaßnahmen durch den Anbieter bisher nicht erreicht werden
konnten.

Die Möglichkeiten des E-Commerce sind nahezu unbegrenzt. Lediglich gesetzliche Regelungen
und gute Sitten gebieten Einhalt. Leider finden sich auch immer wieder unseriöse Angebote im

World Wide Web, die seinem Ruf nachhaltig schaden. Die großen Versandhäuser wie Quelle und Otto, die Karstadt AG und viele andere namhafte Anbieter, aber auch zahlreiche kleine Firmen bemühen sich, den Ruf des Marktplatzes Internet zu verbessern.

Dem Internet wird heute als einzigem Medium zugetraut, die Handels- und Dienstleistungslandschaft auf Dauer nachhaltig zu verändern. Keine andere Einkaufsmöglichkeit bietet für Anbieter und Kunden gleichermaßen viele Vorteile.

Online Shoppen ohne Risiko

Wer bei Unternehmen oder gewerblichen Anbietern im Internet Waren bestellt, kann diese innerhalb von zwei Wochen nach Erhalt der Ware ohne Angabe von Gründen zurückschicken *(Widerrufsrecht)*.
Weist der Anbieter nicht ausreichend und eindeutig auf diese Rechte hin, verlängert sich die Rückgabefrist.

Ausgenommen sind:

▶ verderbliche Waren
▶ individuell nach Wunsch gefertigte Artikel
▶ Verträge über Pauschalreisen
▶ CDs, DVDs, Videos und Software, deren Siegel geöffnet wurde

Ab einem Bestellwert von 40 Euro geht der Rücktransport auf Kosten und Risiko des Händlers. Der Kunde ist allerdings verpflichtet, die Ware richtig einzupacken.

Achtung:

▶ Vor der Rücksendung darf die Ware nur getestet, nicht genutzt werden; sonst kann der Lieferant Wertersatz verlangen!
▶ **Kein Rückgaberecht gibt es bei Käufen von Privatanbietern!**

Treten Schäden innerhalb des ersten halben Jahres auf, kann die Ware in der Regel auch zu einem anderen Zeitpunkt zurückgegeben werden (Reklamation). Transportschäden müssen sofort geltend gemacht werden.

Bezahlen am besten per Rechnung nach Erhalt der Ware oder mittels Einzugsermächtigung *(kann rückgängig gemacht werden)*.

© Globus   S0273

♦ **Was spricht für den Einstieg in E-Commerce?**

■ Größe des potenziellen Marktes im Internet
Es werden durch diesen neuen Vertriebsweg völlig neue Märkte erschlossen. Kunden, die aufgrund der räumlichen Distanz nicht bedient werden konnten, können nun via Internet bestellen. Die Firma ist weltweit präsent.

Beispiel Ein Kunde in Frankreich kann nun problemlos Waren bei der Tropic GmbH bestellen.

■ Das Internet kennt keine Ladenschlusszeiten. Geschäfte sind 24 Stunden am Tag und 365 Tage im Jahr möglich und bedeuten so Service am Kunden, da er entscheidet, wann er einkaufen möchte.

■ Durch die Abwicklung von Einkaufsprozessen über das Internet kann zu günstigeren Einstandspreisen eingekauft werden. Märkte werden transparenter, die Prozesskosten der Beschaffung sinken.

◆ **Vorteile für den Kunden**

■ **Der Kunde ist unabhängig von Ort und Zeit.**
  – Von jedem Rechner mit Internetanschluss sind die Angebote erreichbar.

■ **Für den Kunden ergeben sich Preisvorteile.**
  – Der Kunde kann direkt vom Hersteller Ware kostengünstig beziehen.
  – Kosteneinsparungen werden an den Endverbraucher weitergegeben.
  – Die Märkte sind transparent.

■ **Entfernungen spielen keine Rolle.**
  – Jedes Angebot auf der ganzen Welt ist zu den gleichen Kosten erreichbar.
  – Der Tante-Emma-Laden ist nur einen „Mausklick" vom Reisebüro enfernt.
  – Exotische Waren aus aller Welt können geordert werden.

■ **Das Internet ist ein schnelles Medium.**
  – Es kann sofort bestellt werden.
  – Die Lieferauskunft erfolgt sofort online und interaktiv.

■ **Direkter Kontakt zum Hersteller.**
  – Individuelle Kundenwünsche können berücksichtigt werden.

■ **Das Internet ist ein anonymes Medium.**
  – Ausgefallene Wünsche lassen sich realisieren.

Beispiel Die Tropic GmbH ist seit etwa 2 Jahren im Internet. Über die Homepage der Tropic GmbH können Informationen über das Unternehmen abgerufen werden. Außerdem können Kataloge bestellt werden. Einzelhandel und Großhandel können mit einer Kundennummer direkt über die Homepage Produkte bestellen. Andererseits kann die Tropic GmbH das Internet selbst für die Beschaffung der erforderlichen Roh-, Hilfs- und Betriebsstoffe nutzen.

Einige Begriffe aus dem E-Commerce:

■ **E-Commerce**
  Handel mit Gütern und Dienstleistungen über das Internet

■ **B2B (Business-to-Business)**
  Internet-Geschäftsbeziehungen zwischen Unternehmen

■ **B2C (Business-to-Customer)**
  Internet-Geschäftsbeziehungen zwischen Unternehmen und Privatkunden

■ **E-Procurement**
  Abwicklung des Beschaffungswesens über das Internet

■ **Elektronischer Marktplatz**
  Website, auf der Unternehmen Produkte anbieten und kaufen können (branchenübergreifend, branchenbezogen, unternehmensbezogen)

■ **C2C (Customer-to-Customer)**
  Privatkunden nutzen das Netz für den Handel untereinander (z. B. Auktionsplattformen)

Informationsmöglichkeiten:

■ http://www.ec-net.de

■ http://www.bmwi.de

■ http://www.akademie.de

■ http://www.electronic-commerce.org

■ http://www.webagency.de

3.4   Distributionspolitik

SITUATION

Ayse Kaymak: „Ich finde, die neue Kollektion ist wirklich gut gelungen! Ich bin fest davon überzeugt, dass sich das neue Surfbrett wie von selbst verkaufen wird."

Sonja Behrens: „Das hoffe ich auch. Aber auch das neue Surfbrett kann erfolglos bleiben, wenn es nicht auf den richtigen Vertriebsweg gebracht wird. Von Tausenden von Produkten, die jährlich neu auf den Markt kommen, werden nur wenige zu Rennern. Darum stellt die Wahl der **Vertriebswege** für die Unternehmen eine wichtige Entscheidung dar."

Wie kommt das Surfbrett zum Kunden?

Definition   Die Distributionspolitik beschäftigt sich mit allen Entscheidungen, die im Zusammenhang mit dem Weg eines Produktes oder einer Leistung vom Produzenten zum Endverbraucher oder Verwender stehen.

Dabei ist sicherzustellen, dass die angebotenen Produkte bzw. Leistungen zur richtigen **Zeit**, im richtigen **Zustand**, in der erforderlichen **Menge** und am richtigen **Ort** dem Abnehmer bzw. dem Verwender zur Verfügung stehen. Es geht um die Festlegung der Absatzwege.

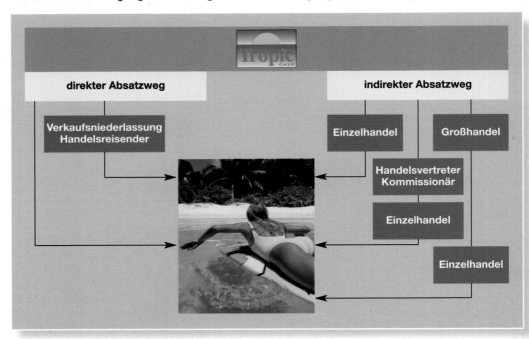

Direkter Absatz ist der Verkauf von Produkten an den Endverbraucher ohne Einschaltung fremder Absatzorgane. Beim indirekten Absatz werden fremde Absatzorgane eingeschaltet:

◆ Verkaufsniederlassungen

Verkaufsniederlassungen werden von großen Unternehmen aufgebaut, um direkt verschiedene Abnehmer im In- und Ausland in der richtigen Form beraten zu können, z. B. im Versandhandel.

◆ Handelsreisender und Handelsvertreter

Innovatives Unternehmen der Textilbranche sucht sachkundigen Repräsentanten zur Gewinnung und Betreuung von Kunden im norddeutschen Raum. Angemessene Provision wird zugesichert.

Bewerbung an:
Tropic GmbH
Rheingrafenstraße 20
55543 Bad Kreuznach

1. Welche Art von Absatzmittler sucht die Tropic GmbH?
2. Welche Aufgaben übernimmt dieser?

	Handelsreisender	Handelsvertreter
Definition	§ 55 HGB Der Handelsreisende ist ein Mitarbeiter des Unternehmens, der für seinen Arbeitgeber Geschäfte vermittelt und abschließt.	§ 84 HGB Der Handelsvertreter ist selbstständiger Kaufmann, der ständig für andere Unternehmen Geschäfte vermittelt oder in deren Namen abschließt.
Merkmale	■ Gehalt (+ Provision) ■ Weisungsgebundenheit ■ Wettbewerbsverbot ■ Kontrollmöglichkeiten	■ Provision ■ Selbstständig ■ Berichtspflicht ■ Vertrieb mehrerer Produkte (keine Konkurrenzprodukte)

◆ Kommissionär

§ 383 HGB: Ein Kommissionär verkauft gewerbsmäßig in eigenem Namen für Rechnung eines anderen.

Beispiel Zeitschriften

Mögliche Vorteile für das Unternehmen durch Einschaltung eines Kommissionärs:
■ Sortimentvergrößerung ohne Absatzrisiko (Rückgaberecht von nicht verkaufter Ware)
■ Erweiterung des Absatzgebietes
■ Kommissionär übernimmt Lager und Verkaufsabwicklung

◆ Sonderform Franchising

Beim Franchising arbeiten der Franchisegeber und der Franchisenehmer eng zusammen. Der Franchisegeber hat die Geschäftsidee. Er erteilt dem Franchisenehmer das Recht diese zu nutzen. Die Nutzung beinhaltet die Herstellung und/oder den Verkauf der Produkte, die Nutzung des Namens der Firma, die Nutzung des Logos und die Nutzung des Know-hows.

Der Franchisegeber unterstützt den Franchisenehmer durch verschiedene Maßnahmen, wie z. B. Schulung, Werbung, Sales Promotion, Personal usw. Dafür verpflichtet sich der Franchisenehmer neben einer einmaligen Eintrittsgebühr zur Zahlung laufender Gebühren, die oft vom Umsatz abhängig sind.

Vorteile	Nachteile
zentralisierter Einkauf	Abhängigkeit von Franchisegeber
Selbstständigkeit und Verwaltung	Anfälligkeit bei Krisen
Nutzung einer marktreifen Geschäftsidee	langfristige Bindung
Absatzförderung durch Franchisegeber	Franchisegebühren
Ausdehnung des Absatzmarktes	eingeschränkte Eigeninitiative

Der weltweite Erfolg von Coca Cola, General Motors oder McDonalds ist eng verbunden mit diesem Vertriebsweg. Das rasche Expansionstempo von Firmen wie den OBI-Baumärkten, den dm-Drogerien oder den TUI-Filialen beweist die Leistungskraft, die dahintersteckt. Derzeit wird erwartet, dass die Bedeutung des Franchising zunimmt.

Aufgaben

1. *Unterscheiden Sie direkten und indirekten Absatz.*

2. *Welche Vorteile bzw. Nachteile bietet das indirekte Absatzsystem?*

3. *Welches Absatzsystem würden Sie der Tropic GmbH für die Einführung der Surfbretter empfehlen? Begründen Sie Ihre Meinung.*

4. *Vergleichen Sie die Absatzkosten:*
   Die Reisenden erhalten ein monatliches Fixum von zusammen 12.000,00 EUR, außerdem eine Provision in Höhe von 2 % des Umsatzes. Die Handelsvertreter erhalten 10 % Provision vom Umsatz. Bei welchem Umsatz lohnt sich von der Kostenseite her der Einsatz von Reisenden, wann der Einsatz von Handelsvertretern? Welche weiteren Faktoren außer den Kosten beeinflussen die Entscheidung?

5. *Was versteht man unter Franchising?*

6. *Welche Vor- und Nachteile bietet das Franchising für den Franchisegeber und den Franchisenehmer?*

4   Führen von Kundengesprächen

SITUATION

> Die weit verbreitete Meinung, ein Kundengespräch beginne damit, „Guten Tag" zu sagen und ende mit „Auf Wiedersehen" ist falsch. Ein erfolgreiches Kundengespräch ist immer ein Prozess. Dieser beginnt lange, bevor Sie einen Kunden sehen und ist auch mit dem Gesprächsende noch lange nicht vorbei.

Quelle: http://www.arndtconsulting.de/html/geheimnisse.html

Die Tropic GmbH betreibt seit zwei Jahren einen Werksverkauf. Ayse Kaymak durchläuft im Rahmen ihrer Ausbildung auch diese Abteilung des Vertriebs.

Eine Kundin möchte für einen Fitnessurlaub eine passende Garderobe kaufen.

Ayse Kaymak hat in einem Seminar für Kommunikation und Präsentation gelernt, dass die Begrüßung und die Kontaktaufnahme mit dem Kunden für den weiteren Verlauf des Verkaufsgesprächs von entscheidender Bedeutung sind.

4.1 Kommunikation

„Man kann nicht nicht kommunizieren", konstatiert Paul Watzlawik, berühmter Kommunikationsforscher und Buchautor („Anleitung zum Unglücklichsein").

Kommunikation ist der Austausch von Informationen zwischen Sender und Empfänger. Bei einem direkten Gespräch, wie in unserem Beispiel zwischen Ayse Kaymak und einer Kundin, findet dieser Austausch in Form **verbaler Kommunikation** statt. Die Sprache wird aber durch die Körperhaltung, Mimik und Gestik unterstützt **(nonverbale Kommunikation)**. Beide Formen der Kommunikation entscheiden darüber, ob die Verständigung zwischen Ayse Kaymak (Verkäuferin) und der Kundin funktioniert.

4.1.1 Verbale Kommunikation

Im Gespräch zwischen Ayse Kaymak und der Kundin findet ein ständiger Rollentausch statt. Zunächst wird die Kundin als Senderin auftreten und ihre Wünsche äußern, während Ayse als Empfängerin fungiert. Anschließend wird Ayse die Rolle der Senderin übernehmen, indem sie Informationen zu den Tropic GmbH Produkten übermittelt. Die Kundin wird in diesem Moment Empfängerin sein.

4.1.2 Kommunikationsmodell nach Friedemann Schulz von Thun

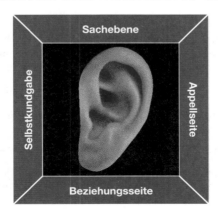

Das Kommunikationsquadrat ist das bekannteste und inzwischen auch weitverbreitete Modell von Friedemann Schulz von Thun. Bekannt geworden ist dieses Modell auch als „Vier-Ohren-Modell". Die vier Ebenen der Kommunikation haben nicht nur Bedeutung für das private Miteinander, sondern auch und vor allem für den beruflichen Bereich, wo das Professionelle und das Menschliche ständig miteinander „verzahnt" sind.

Wenn ich als Mensch etwas von mir gebe, bin ich auf vierfache Weise wirksam. Jede meiner Äußerungen enthält, ob ich will oder nicht, vier Botschaften gleichzeitig:

- eine Sachinformation (worüber wir informieren),

- eine Selbstkundgabe (was wir von uns zu erkennen geben),

- einen Beziehungshinweis (was wir von Ihnen halten und wie wir zu Ihnen stehen),

- einen Appell (was wir bei Ihnen erreichen möchten).

Schulz von Thun hat daher 1981 die vier Seiten einer Äußerung als Quadrat dargestellt und dementsprechend dem Sender „vier Schnäbel" und dem Empfänger „vier Ohren" zugeordnet. Psychologisch gesehen, sind bei einem Gespräch auf beiden Seiten vier Schnäbel und vier Ohren beteiligt, und die Qualität des Gespräches hängt davon ab, in welcher Weise diese zusammenspielen.

Die Kundin sagt zu Ayse Kaymak: „Sie sind wohl noch nicht lange hier im Werksverkauf."

Ayse Kaymak hört entweder:
Sachinhalt   → Ich bin unerfahren.
Selbstoffenbarung   → Die Kundin fühlt sich nicht gut beraten
Beziehung   → Die Kundin nimmt mich nicht ernst.
Appell   → Berate mich besser.

4.1.3   Kommunikationsregeln

SITUATION

> Ayse Kaymak verfolgt im Gespräch mit der Kundin das Ziel, die Kundin gut zu verstehen und zu beraten.

Diesem Ziel dienen die von der Sprachforscherin Ruth Cohn entwickelten Kommunikationsregeln, von denen Ayse die acht wichtigsten in ihrem Seminar für Kommunikation kennengelernt hat. Bei einem guten Gespräch beziehen sich sowohl Sender als auch Empfänger aufeinander. Dadurch werden sowohl die Beziehung zum Gesprächspartner als auch das Ergebnis des Gesprächs verbessert.

Kommunikationsregeln	
1	Sei dein(e) eigene(r) Vorsitzende(r): Du bestimmst, ob, wann und was du sagst.
2	Experimentiere mit dir. Bemühe dich deine Verhaltensweisen zu verbessern.
3	Sag „ich" statt „man", denn niemand weiß, wer „man" ist. Darum kann niemand für diesen „man" sprechen.

4	Mache eine Aussage, statt nur zu fragen. Nur so kann ich dich klar verstehen.
5	Fasse dich kurz: Zeig, dass du konzentriert denkst und sprichst, und verärgere den anderen nicht durch langatmige Monologe.
6	Lass andere ausreden, denn dann wird er/sie dich auch ausreden lassen – und du verstehst ihn/sie besser.
7	Sprich direkt (gib Rückmeldung). Du willst auch nicht, dass jemand über dich spricht, sondern zu dir.
8	Höre anderen zu, dann werden sie dir auch zuhören. Ohne zu hören, verstehst du den anderen Menschen auch nicht (Aktives Zuhören).

4.1.4 Kommunikationssperren und Kommunikationsstörungen (Gesprächsstörer)

Ayse Kaymak hat während ihres Einsatzes im Verkauf schon unterschiedliche Käufertypen erlebt. Während eines Verkaufsgespräches musste sich Ayse auch schon Drohungen anhören, z. B. von einem Kunden, der zur Konkurrenz gehe, wenn er nicht einen bestimmten Rabatt erziele.

SITUATION

Mit der Drohung baute der Käufer eine Sperre auf, statt eine Brücke zu bauen. Kommunikationsregeln verbessern ein Gespräch – Sperren verschlechtern es. Häufig treten folgende Sperren auf:

- Drohen
- Verhören
- Ablenken
- Befehlen
- Analysieren
- Beschuldigen
- Beschimpfen
- Belehren
- Moralisieren

Killerphrasen, die jedes weitere Gespräch blockieren oder verhindern, sollten vermieden werden. Einige Beispiele, die ein erfolgreiches Gespräch verhindern:

- Das sehen Sie völlig falsch.
- Dafür sind Sie doch gar nicht zuständig. Das geht Sie nichts an.
- Das ist viel zu teuer.
- Meinen Sie das ernst?
- Wenn Sie richtig zugehört hätten ...
- Kommen Sie doch endlich zur Sache.
- Hat sich Ihr Vorschlag schon mal irgendwo bewährt?
- Es ist doch allgemein bekannt...
- Das haben wir schon immer so gemacht.
- Das ist doch gar nicht machbar.
- Ich verstehe gar nicht, wo Sie Schwierigkeiten sehen.
- Darüber lässt sich ein anderes Mal reden ...
- Dazu fehlt Ihnen die Erfahrung.
- usw.

Zu weiteren **Störungen** im Kundengespräch kann es kommen, wenn:

- Käufer und Verkäufer ständig von Dritten gestört werden.

- Der Kunde seine Kaufabsichten äußert und der Verkäufer nicht zuhört.

- Der Verkäufer Verkaufsargumente nennt, die der Kunde nicht versteht.

- Verkäufer und Kunde unterschiedliche Ansichten haben und sich nicht einigen können.

- Käufer oder Verkäufer mit üblen Tricks arbeitet, wie z. B. Abwälzen der Beweislast, Aufstellen von Pauschalbehauptungen usw.

4.1.5   Die Sprache des Verkäufers (Verkaufsförderer)

Ayse Kaymak weiß, dass ihre Sprache im Verkaufsgespräch das wichtigste Instrument ist. Aus ihrer Ausbildung kann sie sich an folgendes Mind-Map erinnern:

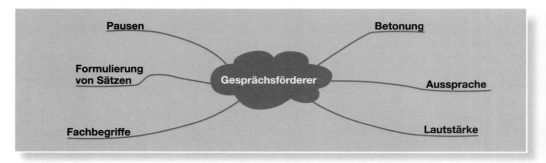

a) **Lautstärke und Aussprache**
   Ayse versucht, angemessen laut und deutlich zu sprechen, damit der Kunde ohne Anstregung zuhören kann.

b) **Formulierung von Sätzen**
   Ayse formuliert ihre Sätze kurz und prägnant, damit der Kunde nicht das Interesse an ihren Informationen und an der Ware verliert.

c) **Fachbegriffe**
   Ayse spricht verständlich und einfach. Sie benutzt Fachbegriffe, die der Kunde auch versteht. Außerdem reduziert sie fremdsprachliche Begriffe, sodass der Kunde ihren Äußerungen folgen kann.

d) **Betonung**
   Ayse versucht, die wichtigsten Punkte im Gespräch zu betonen. Dabei achtet sie darauf, dass sie nicht monoton und abgehackt spricht. Ihre Sprache soll beim Kunden Interesse wecken und überzeugend wirken.

e) **Pausen**
   Ayse ist bemüht, wirkungsvoll Pauen einzustreuen, sodass ihr Gegenüber ihr folgen kann und die Gelegenheit hat, selbst etwas zu sagen oder aber etwas zu fragen.

Schließlich ist auch zu beachten, dass die Wirkung ihrer Sprache davon abhängt, ob sie sich auf den Kunden einlassen und sich in ihn hineinversetzen kann **(Empathie)**.

4.1.6 Aktives Zuhören

Aktives, aufmerksames Zuhören bedeutet, dem Gesprächspartner seine ungeteilte Aufmerksamkeit zu schenken und sich auf das Gesagte voll und ganz zu konzentrieren.

Aktives Zuhören dient:

■ dem Vorbeugen von Missverständnissen (Vermeidung von Kommunikationsstörungen),

■ dem besseren Einstellen auf den Gesprächspartner.

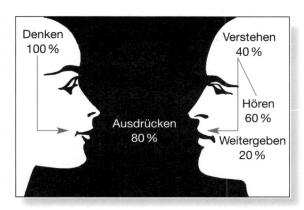

4.1.7 Nonverbale Kommunikation

Nonverbale Kommunikation ist nicht-sprachliche Kommunikation. Sie läuft weitestgehend unbewusst ab. Spontane Gesten verraten dem Gegenüber mehr als tausend Worte.

Unser Gehirn ist so beschaffen, dass es beispielsweise beim Anblick einer Person buchstäblich in Sekundenschnelle entscheidet:

■ was wir von dieser Person halten,

■ welche Eigenschaften wir ihr zuschreiben oder absprechen,

■ ob wir sie sympathisch finden,

■ als langweilig erachten,

■ als arrogant,

■ unehrlich,

■ intelligent,

■ fair und

■ anderes mehr einstufen.

Um die fantastischen Leistungen nonverbaler Kommunikation zu erahnen, muss man nur beachten, wie hervorragend z. B. Katzen (die keinerlei Sprachverständnis haben!) ihre Menschen verstehen und beurteilen können. Erwachsene Menschen sind meist so sehr sprachfixiert, dass sie gar nicht merken, wie viele nichtverbale Signale sie senden und wie sehr sie durch solche Signale manipuliert werden.

Bei einem Verkaufsgespräch sind folgende Bestandteile nonverbaler Kommunikation von Bedeutung:

4.1.7.1   Der erste Eindruck

Eine wichtige Rolle spielen nonverbale Signale beim **ersten Eindruck**, den wir von jemandem haben. Der erste Eindruck ist nicht immer der richtige, aber er ist der entscheidende. Er kann leicht vollkommen falsch sein, wenn unter ungünstigen Bedingungen nonverbale Signale des Gesprächspartners fehlinterpretiert werden.

4.1.7.2   Gestik

Kraftvolle und bestimmte Gesten verraten Selbstsicherheit. Sich kratzen, an sich herumzupfen und andere nervöse Gesten enthüllen Anspannung und Unsicherheit. Wer Gesten eher vermeidet, wirkt eingeschüchtert. Mit unseren Händen untermalen und kommentieren wir im Gespräch unsere Worte – und zwar eindeutiger und wahrhaftiger als die gesprochene Sprache es könnte. Nach vorn gestreckte Arme und eine einen Schlag andeutende Handbewegung unterstreichen entschiedene Worte oder eine Entscheidung. Nach oben offene Hände symbolisieren Geben, Nehmen und Bitten. Sind die Hände nach unten geöffnet, zeigen sie Zudecken, Beschwichtigen oder Herabmindern an.

4.1.7.3   Mimik

Von den zwanzig verschiedenen Gesichtsmuskeln sind siebzehn allein für den mimischen Ausdruck vorgesehen. Sie haben keine andere Aufgabe. Die Mimik zeigt unser Grundgefühl an. Wenn wir uns freuen, zeigen wir einen typischen Gesichtsausdruck, ebenso wenn wir uns ärgern, uns ekeln oder traurig sind. Diese Mimiken sind angeboren. Ein im Alltag sehr häufiger Gesichts-

ausdruck sieht wie eine Mischung aus Ärger und Missmut aus. Wir legen ihn sehr häufig auf, ohne uns dessen bewusst zu sein. Wir glauben, freundlich drein zu blicken, obwohl uns ein Blick in den Spiegel eines Besseren belehren würde. Dafür gibt es zwei Gründe. Der eine: Wir ärgern uns in der Tat oft über irgendwelche Kleinigkeiten, die uns die Laune vermiesen und ahnen nicht, dass sich dieser Zustand auf unserem Gesicht widerspiegelt. Der andere: Wir stehen unter Anspannung und Stress, und das zeichnet sich in einer missmutigen Mimik ab. Wenn es uns nicht gelingt, dieser Unlustgefühle Herr zu werden, haben wir es schwer, Lockerheit und Sympathie auszustrahlen. Die Wenigen, die das ohne Weiteres können, wirken auf uns wie Lebenskünstler, denen der Alltagsfrust nichts anhaben kann. Auch aus diesem Grund lohnt es sich, ab und zu negative Gedanken durch positive zu ersetzen. Der Körper dankt es uns mit einem fröhlicheren Gesicht.

4.1.7.4   Der Blick

Wer den Blick abwendet, wirkt schüchtern oder als hätte er etwas zu verbergen. Wer anderen ruhig in die Augen schaut, erweckt Vertrauen. Ein Blick unter Fremden wird registriert, wenn er etwa drei Sekunden dauert. Ein klein bisschen mehr als drei Sekunden ist ein Signal für eindeutiges Interesse. Dieser Blick spielt deshalb beim Flirten eine entscheidende Rolle. Dauert der Blick allerdings sehr viel länger, wirkt er starr und drohend – zumindest bei körperlich geringer Distanz (siehe weiter unten). Beim Flirten wendet man daher nach etwa vier Sekunden den Blick ab und schaut nach einiger Zeit auf, ob der andere den interessierten Blick bemerkt hat – ein wechselseitiges Spiel, das lange fortgesetzt werden kann.

4.1.7.5 Distanz

Achten Sie auf ausreichend Abstand. Treten Sie im Berufsleben niemandem zu nahe, und lassen Sie andere auch nicht zu dicht an sich heran.

◆ Intimzone (Vertrauliche Distanzzone)
Die sensibelste Zone des Menschen wird Intimzone genannt und beträgt eine halbe Armlänge rund um ihn herum. Sie sollte nur vom Lebenspartner, nahen Angehörigen und engen Freunden überschritten werden.

◆ Persönliche Distanzzone
Der persönliche Bereich gehört nur Freunden, Bekannten, Verwandten und Kollegen, die Sie sehr gern mögen. Die persönliche Zone liegt zwischen 0,5 und 1,5 Metern Entfernung vom Körper. Personen, die in der Hierarchie sehr weit oben arbeiten, wird eine überdurchschnittlich große Intimzone zugestanden. Ganz automatisch treten Sie zurück, wenn eine hierarchisch höherstehende Person Ihnen näher kommt. Sie wollen den Abstand vergrößern, weil Sie sich unwohl fühlen.

◆ Öffentliche Zone
Bei völlig fremden Menschen, in der Öffentlichkeit, beträgt die Wohlfühl-Distanz ca. 4 Meter. Die große Entfernung macht eine Kommunikation nur schwer möglich. Es reicht gerade noch für ein „Guten Tag" oder ein freundliches Kopfnicken. Wird diese Distanz unterschritten, z. B. in einem engen Fahrstuhl, beim Schlange stehen oder bei Gedränge in öffentlichen Verkehrsmitteln, kommen unangenehme Gefühle oder teilweise sogar Aggressionen auf.

Informationsmöglichkeiten:

- http://de.wikipedia.org/wiki/Körpersprache
  (Kurzinformationen zum Thema Körpersprache bzw. nonverbale Kommunikation)
- http://www.gofeminin.de/tests-quizzes/gesten-verstehen-entschluesseln-sie-ihre-koerpersprache-d6014c131646.html
- http://www.methode.de
  (Körpersprache anwenden)
- http://www.komma-net.de
  (Körpersprache trainieren)
- http://www.it-infothek.de/osz/kt2.html

Aufgaben

1. Erklären Sie in wenigen Worten das Kommunikationsmodell von v. Thun an einem selbst gewählten Beispiel.

2. *Ein langjähriger Kunde kommt in das Outlet-Center der Tropic GmbH. Er sagt: „Ihre Produkte sind überteuert."*
   Was will der Kunde Ihnen damit sagen? Analysieren Sie die Aussage mit dem Kommunikationsmodell von v. Thun.

3. *Zwischen Ayse Kaymak und Sonja Behrens kommt es zu folgendem Dialog:*

   Ayse Kaymak: *Frau Behrens, können Sie mal schauen, ob ich falsch in das Programm reingegangen bin? Ich finde die Datei Kreditor Weberei Holzmann KG nicht.*
   Frau Behrens: *Mal schauen (schüttelt den Kopf). Völlig falsch. Sie müssen doch mit der Maus zunächst auf den Dateimanager gehen und dann die gewünschte Datei heraussuchen.*
   Ayse Kaymak: *(schaut verkrampft) Nein, in unserem DV-Lehrgang in der Schule gehen wir zunächst auf „Datei öffnen".*
   Frau Behrens: *Nein, das geht anders.*
   Ayse Kaymak: *Na gut, also Dateimanager.*
   Zehn Minuten später:
   Ayse Kaymak: *Frau Behrens, es klappt schon wieder nicht.*
   Frau Behrens: *Zeigen Sie mal. Was wollen Sie denn erfassen?*
   Ayse Kaymak: *Die Stammdaten des neuen Lieferanten „ZIP GmbH".*
   Frau Behrens: *Da besteht noch keine Datei. Jetzt müssen Sie auf „Datei öffnen und neu erfassen".*
   Ayse Kaymak sieht Frau Behrens an, lässt die Maus fallen und steht auf.
   Ayse Kaymak: *Wenn man Sie schon mal etwas fragt, bekommt man nur blöde Antworten.*

   a) *Tragen Sie den Dialog in einem Rollenspiel vor. Achten Sie dabei auf das nonverbale Verhalten (Gestik, Mimik) und beachten Sie auch die Regieanweisungen.*
   b) *Formulieren Sie für jeden Gesprächsbeitrag die Inhalts- und Beziehungsebene.*

4. *Entscheiden Sie, ob es sich in den nachfolgenden Fällen um Gesprächsförderer oder Gesprächsstörer handelt:*
   a) *Der Tropic Champ Trainingsanzug ist ein hervorragendes Produkt aus bestem Material.*
   b) *Nun entscheiden Sie sich endlich mal, Sie wissen doch genau, dass Sie die Tropic Jeans 001 nirgends günstiger bekommen.*
   c) *Dass Sie sich für das Tropic Rippkleid entschieden haben, ist mit Sicherheit eine sehr gute Entscheidung.*
   d) *Wenn ich es Ihnen als Fachverkäufer sage, das Tropic T-Shirt ist von bester Qualität.*

5. *Führen Sie folgende Übung zum aktiven Zuhören mit Ihrer Partnerin/Ihrem Partner durch:*

   Rolle Sprecherin/Sprecher:
   Sie haben die Aufgabe, in 3 Minuten zu Ihrer Partnerin/Ihrem Partner über ein von Ihnen gewähltes Thema zu sprechen (Themen könnten sein: Hobbys, Wochenende, Familie, Schule).

   Rolle „Aktive Zuhörerin"/„Aktiver Zuhörer"
   Sie haben die Aufgabe, ihrer Partnerin/Ihrem Partner aktiv zuzuhören. Beachten Sie folgende Punkte: Sie haben ständigen Blickkontakt, Sie zeigen Interesse, Sie fassen am Ende alle wichtigen Punkte zusammen und teilen diese Ihrem Gegenüber mit.

   a) *Wechseln Sie nach einem Durchgang die Rollen.*
   b) *Nach jedem Durchgang erfolgt eine Auswertung. Besprechen Sie Ihre Rollen als Sprecherin/Sprecher und als aktive Zuhörerin/aktiver Zuhörer.*

4.2 Das Verkaufsgespräch

Ayse Kaymak hat folgende Übersicht für den Ablauf eines Verkaufsgesprächs aus ihrer Weiterbildung:

Phase	Zielsetzung	Gesprächsmerkmale
Kontaktphase Begrüßung (Gesprächseröffnung) **K**	Der Kunde soll sich positiv angenommen fühlen.	■ Ansprache mit Namen ■ freundliche Begrüßung ■ Sitzplatz angeboten ■ Kundenwunsch erfragt ■ Lösung in Aussicht gestellt
Analysephase (Informationsphase) **A**	Der Verkäufer soll Kenntnis darüber erlangen, welche Bedürfnisse der Kunde hat, und wie groß die Handlungsspielräume sind.	■ Motive/Ziele ermittelt ■ persönliche Daten und Umfelddaten ermittelt ■ aktives Zuhören praktiziert ■ Bedarf zusammengefasst/kontrollierten Dialog durchgeführt
Angebotsphase (Argumentationsphase) **A**	Der Kunde soll durch die Nutzendarstellung des Beraters überzeugt werden.	■ Angebot bedarfsgerecht unterbreitet ■ persönlichen Nutzen für den Kunden aufgezeigt ■ Beispiele zur Veranschaulichung herangezogen (Vorlage der Ware) ■ Verkaufshilfen/Informationsmaterial eingesetzt ■ verständlich ausgedrückt ■ Preisnennung
Prüfungsphase (evtl. Einwandbehandlung) **P**	Der Verkäufer soll Kenntnisse über die Einstellung des Kunden zu dem von ihm unterbreiteten Angebot erhalten.	■ Zustimmung des Kunden eingeholt ■ eventuelle Einwände geklärt
Abschlussphase **A**	Der Kunde soll eine Entscheidung treffen.	■ gezielte Abschlussfrage gestellt ■ eventuelle Wiederansprache vereinbart
Verhalten nach Abschluss (Verstärker) **V**	Der Kunde soll in seiner Entscheidung positiv bestätigt werden. Eventuell können zusätzliche Geschäfte angebahnt werden.	■ Dank ausgesprochen ■ positive Bestätigung der Kundenentscheidung ■ eventuell neue Terminvereinbarung getroffen ■ Verabschiedung

4.2.1 Die Kontaktphase (Begrüßung)

Ayse Kaymak hat aus der Praxis gelernt, dass die Kontaktaufnahme mit dem Kunden für den Verlauf des Verkaufsgesprächs von sehr großer Bedeutung ist. Wie und wann Kontakt zum Kunden aufgenommen wird, hängt entscheidend von den Verkaufsformen und den Bedienungssystemen im Handel ab.

◆ Das Bedienungssystem
Im Einzelhandel existieren drei wichtige Formen der Kundenbedienung.

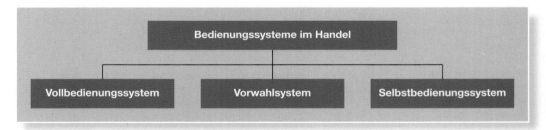

◆ Vollbedienungssystem
Im Outlet Center der Tropic GmbH hat sich die Geschäftsleitung für das System der Vollbedienung entschieden. Ayse Kaymak wird sofort nach Eintreten des Kunden in das Outlet Center Kontakt mit dem Kunden aufnehmen.

Ayse Kaymak: „Guten Tag! Schön, Sie hier in unserem Outlet-Center begrüßen zu dürfen. Was kann ich für Sie tun?"

◆ Vorwahlsystem
Bei dieser Verkaufsform hat der Kunde, wie bei der Selbstbedienung, freien Zugang zur Ware. Er kann die angebotene Ware in die Hand nehmen und prüfen. Aufschriften auf Verpackung oder Etikett geben zusätzliche Informationen. Daraufhin kann der Kunde eine Vorwahl treffen.

Gibt der Kunde zu erkennen, dass er beraten werden möchte, so greift ein Verkäufer helfend ein. Wichtig ist also im Vorwahlsystem, dass Verkäufer das Geschehen in ihrem Verkaufsbereich beobachten, um rechtzeitig mit fachkundigem Rat zur Stelle zu sein.

◆ Selbstbedienungssystem
Weniger erklärungsbedürftige und daher weniger beratungsintensive Waren werden heute meist in der Verkaufsform der Selbstbedienung angeboten. Aus der Sicht der Kunden sprechen für die Selbstbedienung folgende Gründe:

- direkter Zugriff auf die Ware; Möglichkeit, die Qualität der Ware selbst zu prüfen;

- weniger Wartezeit als in Bedienungsgeschäften; Möglichkeit, das Tempo des Einkaufsvorgangs selbst zu bestimmen.

Aus der Sicht der Einzelhändler sprechen für Selbstbedienung:

- niedrigere Personalkosten als beim Bedienungssystem;

- mehr Umsatz durch spontane zusätzliche Käufe (Impulskäufe) der Kunden.

Auch in der Verkaufsform der Selbstbedienung werden verkäuferische Leistungen gebraucht. Typische Aufgaben des Verkäufers sind hier:

- Auszeichnen und Auffüllen neuer Ware;

- Sortimentsüberwachung (feststellen, welche Artikel gut gehen, Sortimentslücken ermitteln, Waren bestellen);

- verkaufswirksames Aufbauen, Platzieren und Präsentieren der Waren.

Auch bei Selbstbedienung haben Verkäufer immer wieder persönliche Kontakte zu Kunden, indem sie Auskunft geben, auf Wunsch des Kunden beratend helfen, Reklamationen erledigen und kassieren. Zu beachten ist auch, dass in vielen Einzelhandelsgeschäften, auch in Kaufhäusern und Großmärkten, beide Verkaufsformen, Bedienung und Selbstbedienung, zu finden sind.

4.2.2 Analysephase

In dieser Phase des Verkaufsgesprächs wird der Kontakt zum Kunden ausgeweitet. Das Ziel mithilfe verschiedener Fragemethoden und **Frageformen** (offene und geschlossene Fragen) ist, in Erfahrung zu bringen, was der Kunde wirklich möchte. Erst wenn Ayse Kaymak genau weiß, was ihre Kundin wünscht, kann sie die Kundin auch gut beraten, um schließlich das Verkaufsgespräch erfolgreich abschließen zu können.

Die Kundin möchte sich eine neue Fitnessgarderobe zulegen. Dabei werden verschiedene Beweggründe (Kaufmotive) unterschieden:

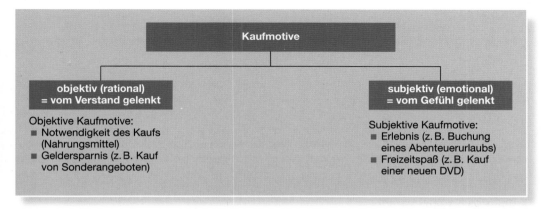

4.2.3 Angebotsphase

Durch Vorlage der Ware und gute Argumentation werden die Sinne des Kunden aktiviert, sein Besitzwunsch wird intensiver. Darum versucht Ayse Kaymak, die Kundin mit der Ware in Kontakt zu bringen. Allerdings sollte sie den richtigen Zeitpunkt und die richtige Ware bereits während der Bedarfsermittlung durch aktives Zuhören und geeignete Fragen ermittelt haben.

Weiterhin achtet sie auf folgende Punkte:

- Auswahl geeigneter Kleidung nach Verwendungszweck vornehmen

- Größen sachgerecht ermitteln

- wichtige Einzelheiten der Verarbeitung erläutern und ihre Wirkung beurteilen

- aktuelle Modeentwicklung beschreiben

- den Einfluss der Flächen- und Schnittkonstruktion auf die Trageeigenschaften erläutern

- passende Ergänzungsartikel kundenbezogen anbieten

- wichtige Grundschnitte unterscheiden

- den Einfluss verschiedener Kombinationen von Ober- und Unterbekleidung auf das körperliche Wohlbefinden erläutern

Bei ihrer Verkaufsargumentation versucht Ayse Kaymak, sich an drei Schritten zu orientieren:

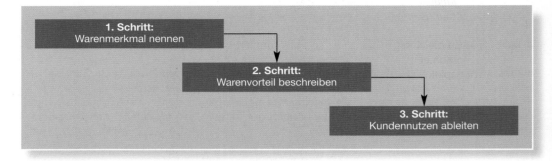

Beispiel

Warenmerkmal	Warenvorteil	Kundennutzen
▪ getapte Nähte ▪ abriebfestes Stretchgewebe auf leichtem Fleecestoff ▪ Reflektor	▪ wasser- und winddicht und dabei atmungsaktiv	▪ optimale Kleidung für kalte Tage

Sprachliche Aspekte der Verkaufsargumentation

Ayse versucht, bei der Beratung der Kundin vertrauensbildend zu wirken. Dabei achtet sie insbesondere auf die Formulierung ihrer Verkaufsargumente. Als wichtig erscheinen ihr folgende Punkte:

Beispiele
- *Verständlich und anschaulich*
  - *Die Laufjacke mit Tropic Duo-Teck-System vermeidet Transpiration und ist ideal für Wintertage. Die Laufjacke von Tropic ist atmungsaktiv und eignet sich hervorragend für sportliche Betätigung in den Wintermonaten.*
- *Positiv argumentieren*
  - *Durch die hochentwickelten Stoffe werden Sie nicht so schnell schwitzen.*
  - *Durch das Stretchgewebe auf leichtem Fleecestoff wird sich die Wärme verteilen.*
- *Glaubwürdig argumentieren*
  - *Diese Laufjacke besteht aus einem fantastischen Material. Sie werden deutlich weniger schwitzen.*
  - *Diese Laufjacke besteht aus atmungsaktiven Stoffen, die wasser- und winddicht sind. Schweiß wird aufgrund der hoch entwickelten Stoffe nach außen transportiert.*

■ *Persönlich argumentieren*
  – *Diese Laufjacke ist für Wintertage geeignet.*
  – *Diese atmungsaktive Laufjacke können Sie sogar im Winter nutzen.*

Nachdem Ayse die Kundin über das Produkt informiert hat, wird sie versuchen, den Preis in das Verkaufsgespräch einzubinden. Dabei gibt es mehrere Methoden, die Ayse in ihrem Seminar bereits in Rollenspielen kennengelernt hat:

■ **Sandwichmethode**
  Ayse Kaymak wird der Kundin vor und nach der Preisnennung Vorteile der Laufjacke erläutern.

■ **Verzögerungsmethode**
  Ayse Kaymak weiß, dass wenn die Kundin den Preis für die Laufjacke erfahren möchte, sie die Preisnennung nicht allzu weit hinauszögern darf. Trotzdem möchte sie die Kundin über die Eigenschaften der Jacke informieren, damit sie einen Eindruck vom Preis-Leistungs-Verhältnis bekommt.

■ **Vergleichsmethode**
  Ayse Kaymak wird bei dieser Methode der Preisnennung Vergleiche zu einem günstigeren Produkt herstellen. Wichtig ist, dass Ayse es schafft, klar die Vorteile der teuren Laufjacke mit Verkaufsargumenten gegenüber der preiswerten Alternative herauszustreichen.

Wichtig: Vermeiden Sie die Begriffe „teuer" und „billig".

4.2.4 Prüfungsphase

In dieser Phase versucht Ayse Kaymak, gezielt auf die Kundin einzugehen und verschiedene Einwände an bestimmten Merkmalen des Produktes zu klären **(echte Einwände)**.

Beispiele
■ *Kundin: „Die Farbe der Laufjacke passt überhaupt nicht zu meiner Laufhose ..."*
■ *Kundin: „Außerdem erscheint mir der Preis für die Jacke doch etwas zu hoch ..."*
■ *Kundin: „Haben Sie nicht noch mehr Auswahl an Laufjacken? ..."*
■ *Kundin: „Sie sind aber noch nicht lange hier im Outlet-Center, oder? ..."*

Vielfach, so hat Ayse festgestellt, gibt es Situationen, in denen der Kunde versucht, „Fluchtversuche" **(unechte Einwände)** zu unternehmen.

Beispiel Kunde: „Ich denke, diese Laufjacke ist nichts für mich, ich muss mir das nochmal überlegen."
Ayse hat gelernt, dass sie in dieser Situation auf den Kunden freundlich reagieren muss, damit die Tropic GmbH in guter Erinnerung bleibt.
Ayse: „Kein Problem. Ich wünsche Ihnen noch einen schönen Tag …"

4.2.5   Abschlussphase

Die Abschlussphase ist die alles entscheidende Phase in einem Verkaufsgespräch. Hier zeigt sich, ob die Bemühungen des Verkäufers von Erfolg gekrönt sind, ob er Kundeneinwände ausräumen und ihn von dem Produkt überzeugen konnte.

4.2.5.1   Kaufsignale

Ayse hat in ihrer kaufmännischen Ausbildung schon etwas Erfahrung sammeln können und hat gelernt, Kaufsignale des Kunden zu deuten.

Ich kann sprachliche und körpersprachliche Kaufsignale unterscheiden.

Kaufsignale des Kunden	
sprachliche	**körpersprachliche**
interessiertes „Nachhaken"	
Fragen zur Ware stellen	Besitz der Ware simulieren
Zustimmung äußern	Zustimmung signalisieren (z. B. durch Kopfnicken)
Fragen zu Zahlungsmöglichkeiten	Positive Mimik (z. B. Lächeln)
Wiederholen von Produktvorteilen	

4.2.5.2   Abschlussmethoden

Der Verkäufer sollte bei der Aufnahme von Kaufsignalen des Kunden versuchen, den Abschluss zu forcieren und diese Chance nicht zerreden. Es gibt verschiedene Abschlussmethoden, wie:

■ **Ja-Fragen**
   Der Verkäufer empfiehlt, fasst nochmals wesentliche Punkte zusammen und lässt sich diese bestätigen (Ja-Fragen) oder geht nochmals auf wesentlichen Kundennutzen ein.

■ **Alternativfragen**

Sollten sich während des Verkaufsgesprächs mehrere Alternativen ergeben haben, sollte der Verkäufer über eine Zuspitzung der Auswahl eine Entscheidung herbeiführen.

Beispiel Ayse: „Gefällt Ihnen die Laufjacke in Rot oder Schwarz besser?"

■ **Empfehlung**

Vielfach sind Kunden nicht sehr entscheidungsfreudig. Hilfreich kann es sein, als Verkäufer Empfehlungen abzugeben.

Beispiel Ayse: „Die rote Laufjacke ist heller und ist für die Wintermonate günstiger, weil Sie von Weitem besser gesehen werden."

■ **Einschränkung**

Eine Einschränkung ist vom Verkäufer immer dann sinnvoll, wenn er erkennt, dass ein Produkt nicht infrage kommt.

Beispiel Ayse: „Diese Laufjacke kommt wohl für Sie nicht infrage?"

■ **Direkt Kaufaufforderung**

Die Methode sollte der Veräufer nur dann einsetzen, wenn er eindeutige Kaufsignale des Kunden wahrgenommen hat und sich sehr sicher über die Kaufbereitschaft ist.

Beispiel Ayse: „Darf ich Ihnen die Laufjacke für Ihren Mann als Geschenk einpacken?"

■ **Gesprächspause**

In manchen Fällen kann es auch sinnvoll sein, den Kunden in Ruhe überlegen zu lassen, damit er sich mit dem Produkt beschäftigen kann, sodass es auch auf diesem Weg zu einer Kaufentscheidung kommen kann.

4.2.6 Verhalten nach Abschluss

Hat sich der Kunde für den Kauf eines Produktes entschieden, sind in dieser Phase mehrere Verhaltensweisen des Verkäufers denkbar:

Die **Bekräftigung der Kaufentscheidung** soll dem Kunden das Gefühl vermitteln, dass er ein gutes Geschäft getätigt hat. Die Bekräftigung kann erfolgen durch:

■ Betonung der Qualität

■ Hinweis auf Kundendienst und Serviceleistungen

■ Möglichkeiten zum Umtausch

■ Bezugnahme auf das Kaufmotiv

■ Tipps zur Pflege des Produktes

Durch **Ergänzungsangebote**, die den Hauptkauf sinnvoll ergänzen, wird dem Kunden gezeigt, dass der Verkäufer mitdenkt und er möglicherweise Zeit und Geld sparen kann.

Beispiel Kauf der Laufjacke, Ayse Kaymak ergänzt den Kauf der Jacke durch Imprägnierspray, sodass bei Regenwetter keine Feuchtigkeit in die Jacke eindringt.

Die **Verabschiedung** sollte zwei Elemente enthalten: Einerseits sollte der Verkäufer situations- und personenbezogen dem Kunden für den Besuch und den Einkauf danken und ihn andererseits auch entsprechend verabschieden.

Beispiel Ayse Kaymak: „Herzlichen Dank für Ihren Besuch und viel Spaß mit Ihrer neuen Laufjacke in Ihrem geplanten Fitnessurlaub."

Informationsmöglichkeiten:

- http://www.bfc.at/wien/mfkgw5.htm
- http://www.methode.de
- http://www.fashion-links.de/Essay-Verkaufsgespraech-5.htm
- http://www.absatzwirtschaft.de
- http://www.michael-giesecke.de/methoden/dokumente/09_ergebnisse/fliesstext/
  09_fli_standardwissen_ueber_verkaufsgespraeche.htm
- http://www.verkaufsleiterschule.de/dvs/veranstaltungsdetail/veranstaltungsid/192/
  veranstaltungsnummer/07044/reiter/programm
- http://verbraucherschutz.wtal.de/verkaufsgespraech-oder-beratungsgespraech.htm

---

Aufgaben

1. *Verkaufssituation im Outlet-Center der Tropic GmbH:*
   Am Nachmittag des 27. Januar betritt der Kunde Rainer Drewenka den Verkaufsraum der Tropic GmbH, um ein Sweatshirt und einen Trainingsanzug zu kaufen. Der Kunde schlendert entspannt im Laden umher und schaut sich um. Doch plötzlich fragt eine laute Frauenstimme hinter ihm: „Kann ich Ihnen helfen?". Herr Drewenka erstarrt. Er ist erschrocken und dreht sich um. Hinter ihm steht Ayse Kaymak, die ihn anlächelt und ihm mit Sicherheit nichts Böses wollte.
   - *Notieren Sie stichwortartig die Fehler von Ayse.*
   - *Formulieren Sie einen Verbesserungsvorschlag.*
   - *Erarbeiten Sie mit Ihrem Nachbarn ein Rollenspiel und stellen Sie zusammen den Verbesserungsvorschlag vor.*

2. *Welche Elemente gehören für Sie zu einem guten Verkaufsgespräch? Notieren Sie diese Elemente und strukturieren Sie sie in Form eines Mind-Maps.*

3. *Erklären Sie in eigenen Worten die KAAPAV-Formel.*

4. *Inwiefern könnte Ihnen die AIDA-Formel, die Ihnen bereits aus der Kommunikationspolitik bekannt ist, im Rahmen des Verkaufsgesprächs hilfreich sein?*

5. *Deuten Sie folgende Körpersignale:*
   a) *Sich die Hände reiben.*
   b) *Mit den Fingern trommeln.*
   c) *Sich an die Nase fassen.*
   d) *Einen oder mehrere Finger auf die Lippen legen.*
   e) *Die Fingerkuppen einer Hand aneinander pressen.*
   f) *Hände in die Hüften stemmen.*
   g) *Sich selbst mit den Armen umklammern.*

6. *Unterscheiden Sie mögliche Kaufmotive und finden Sie Beispiele.*

7. *Leiten Sie aus folgenden Aussagen des Kunden Kaufmotive ab:*
   a) *Ist die Hose knitterarm?*
   b) *Welche Produkte aus Ihrem Sortiment sind im Angebot?*
   c) *Ist das Polohemd aus 100 % Baumwolle?*
   d) *Ist das Tropic Rippkleid schmutzempfindlich?*

8. *Suchen Sie zu den Wörtern „teuer" und „billig" Alternativen.*

9. *Unterscheiden Sie die Methoden der Preisnennung und stellen Sie diese in Form eines kurzen Dialogs dar.*

10. *Finden Sie Beispiele, wie Sie die Kaufentscheidung des Kunden bekräftigen können.*

11. *Was verstehen Sie unter Ergänzungsangeboten? Nennen Sie Produkte aus der Kollektion der Tropic GmbH und Produkte, die Sie ergänzen könnten.*

5   Handelswarenkalkulation

5.1   Kalkulationsschema für Handelswaren

Die Tropic GmbH bezieht 1.000 Sonnenbrillen, die in der Preisliste eines Herstellers von optischen Geräten mit 50,00 EUR je Stück ausgezeichnet sind.

Im Katalog der Tropic GmbH erscheinen die Sonnenbrillen unter der Nr. 60.001.

Artikel-Nr.: 60.001   **FLORIDA**

Eine Sonnenbrille mit hochwertigen Gläsern
des Herstellers „Kölner Optik AG".
Das Design wurde von der italienischen Künstlerin
Sophia Ferrelli entworfen.

89,00 EUR

*Warum unterscheiden sich Einkaufs- und Verkaufspreis für die
Sonnenbrille* **FLORIDA** *?*

Zur Ergänzung des Angebotsprogramms verkaufen Industrieunternehmen auch Handelswaren, die als fertige Teile gekauft und ohne weitere Verarbeitung verkauft werden.

Die Verkaufspreise müssen noch berechnet, d. h. kalkuliert werden. Dabei wirken sich folgende Sachverhalte auf den Verkaufspreis aus:

1. Beziehungen zu unseren Lieferern,

2. Kostenstruktur und Gewinnvorstellungen,

3. Beziehungen zu unseren Kunden.

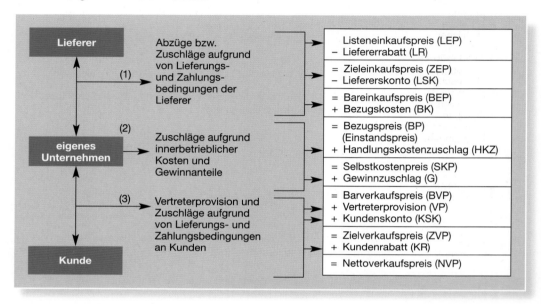

Die Umsatzsteuer ist beim Verkauf an andere Betriebe (Händler) kein Bestandteil der Kalkulation. Gewerbetreibende werden durch den Vorsteuerabzug nicht durch die Umsatzsteuer belastet. Nur Einzelhändler, die für den Verbraucher den Endpreis ersichtlich machen, schlagen auf den Nettoverkaufspreis die Umsatzsteuer, um so den Bruttoverkaufspreis zu erhalten.

5.2   Einfache Bezugskalkulation

Als Ergebnis der Bezugskalkulation erhält man den **Bezugs-** oder **Einstandspreis** einer Ware. Dieser ergibt sich nach Berücksichtigung von Mengenabzügen und Preisnachlässen und nach Zurechnung von Bezugskosten. Der Bezugspreis stellt den Wert der Ware nach Eintreffen im Lager des Käufers dar. Da die Liefer- und Zahlungsbedingungen einzelner Lieferer unterschiedlich sind, muss dieser Preis zur Ermittlung des preisgünstigsten Angebotes herangezogen werden. Der Bezugspreis ist somit Grundlage für den Angebotsvergleich.

Ermittlung des Listeneinkaufspreises

Der Einkaufspreis einer Warenlieferung ergibt sich, wenn man den Preis je Einheit mit der Gesamtmenge multipliziert. Allerdings vermindert sich die Bruttomenge häufig um Abzüge für die Verpackung der Ware oder für Gewichtsverluste. Es können sich folgende Mengenabzüge ergeben:

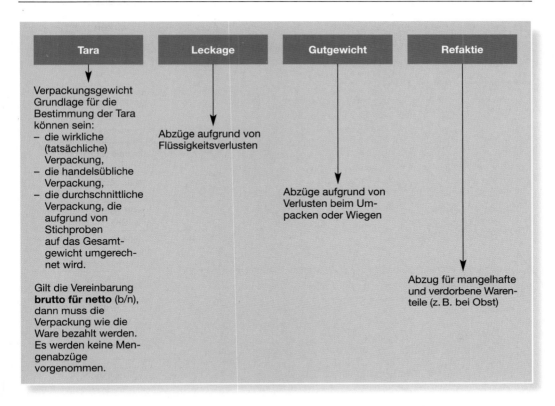

Tara	Leckage	Gutgewicht	Refaktie

Verpackungsgewicht Grundlage für die Bestimmung der Tara können sein:
- die wirkliche (tatsächliche) Verpackung,
- die handelsübliche Verpackung,
- die durchschnittliche Verpackung, die aufgrund von Stichproben auf das Gesamtgewicht umgerechnet wird.

Gilt die Vereinbarung **brutto für netto** (b/n), dann muss die Verpackung wie die Ware bezahlt werden. Es werden keine Mengenabzüge vorgenommen.

Abzüge aufgrund von Flüssigkeitsverlusten

Abzüge aufgrund von Verlusten beim Umpacken oder Wiegen

Abzug für mangelhafte und verdorbene Warenteile (z. B. bei Obst)

Definition

Bruttomenge − Tara = Nettomenge
Nettomenge − Mengenabzüge = Rechnungsmenge
Rechnungsmenge · Preis je Einheit = Einkaufspreis

Beispiel Die Tropic GmbH bezieht 500 Liter eines Textilreinigungsmittels zum Preis von 4,80 EUR je Liter. Die Reinigungsflüssigkeit wird aus 10-Liter-Kanistern vom Lieferer in 1-Liter-Flaschen umgefüllt und von der Tropic GmbH als Handelsware verkauft. Für das Umfüllen gewährt der Lieferer eine Leckage von 1 %. Berechnen Sie den Einkaufspreis der Lieferung.

Bruttomenge	500,00 Liter
− 1 % Leckage	5,00 Liter
= Nettomenge	495,00 Liter

Nettomenge · Preis je Einheit = Einkaufspreis
495,00 Liter · 4,80 EUR = 2.376,00 EUR

Ermittlung des Bareinkaufspreises

Die Tropic GmbH erhält die folgende Eingangsrechnung.

Kölner Optik AG, 50696 Köln

Tropic GmbH
Rheingrafenstr. 20
55543 Bad Kreuznach

Kdn.-Nr. 000444, Bestellung vom 20..-06-14, Rechnungsdatum 20..-07-12

Rechnung

Menge	Artikel-Nr.:	Artikelbezeichnung	Stückpreis EUR	Gesamtpreis EUR
1.000	SG 005	Sonnenbrille „Florida"	50,00	50.000,00
		10 % Rabatt		5.000,00
				45.000,00
		19 % Umsatzsteuer		8.550,00
		Rechnungsbetrag		53.550,00

Mit freundlichen Grüßen

Rommersfeld

i.A. Rommersfeld

Zahlbar in 7 Tagen unter Abzug von 2 % Skonto oder 14 Tage Ziel

Zur Ermittlung des Bareinkaufspreises ziehen wir 10 % Rabatt (5.000,00 EUR) und 2 % Skonto (900,00 EUR) ab. Im vorliegenden Beispiel fallen keine Bezugskosten an (Lieferung frei Haus). Die Umsatzsteuer ist kein Bestandteil der Kalkulation, da sie als Vorsteuerabzug geltend gemacht wird und somit das Unternehmen nicht belastet.

	EUR
Listeneinkaufspreis (LEP)	50.000,00
− Liefererrabatt (LR)	5.000,00
= Zieleinkaufspreis (ZEP)	45.000,00
− Liefererskonto (LSK)	900,00
= Bareinkaufspreis (BEP)	**44.100,00**

Ermittlung des Bezugspreises

„Warenschulden sind Holschulden". Das heißt, der Käufer trägt die Bezugskosten, sofern im Kaufvertrag keine andere Regelung getroffen wird. Die folgende Übersicht zeigt mögliche Bezugskosten, die jedoch nur dann Bestandteil der Bezugskalkulation sind, wenn sie vom Käufer getragen und nicht laut Kaufvertrag vom Lieferer übernommen werden.

Bezugskosten	Berechnungsgrundlage
Gewichtsspesen	
■ **Porto**	Gewicht, Versandart
■ **Fracht**	Bruttogewicht, Entfernung, Warenart
■ **Hausfracht**	Bruttogewicht, Entfernung, Warenart
■ **Verlade-, Umlade- und Lagerkosten**	Bruttogewicht, Stückzahl, Zeitdauer
Wertspesen	
■ **Zoll**	Zollwert = Zieleinkaufspreis + Bezugskosten bis Zollgrenze-Skonto
■ **Transportversicherung**	Versicherungswert = Zieleinkaufspreis + Transportkosten Gebühren + erwarteter Gewinn (vom Zieleinkaufspreis)
■ **Verpackung**	Warenart (z. B. besondere Verpackung für zerbrechliche und wertvolle Güter)

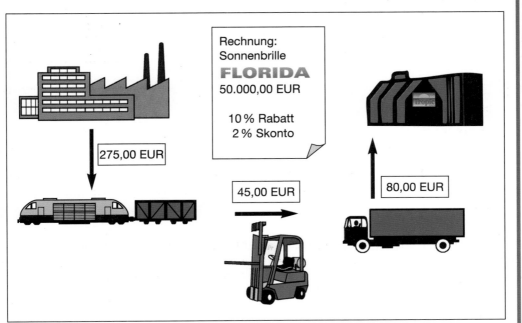

Rechnung:
Sonnenbrille
FLORIDA
50.000,00 EUR

10 % Rabatt
2 % Skonto

275,00 EUR

45,00 EUR

80,00 EUR

SITUATION

Die Tropic GmbH bezieht eine Handelsware. Erklären Sie die in dieser Grafik dargestellten Lieferungs- und Zahlungsbedingungen und errechnen Sie den Bezugspreis.

Kalkulationsschema:

	%	EUR	EUR
Listeneinkaufspreis			50.000,00
− Liefererrabatt	10		5.000,00
= Zieleinkaufspreis			45.000,00
− Liefererskonto	2		900,00
= Bareinkaufspreis			44.100,50
+ Bezugskosten			
Fracht		275,00	
Hausfracht		80,00	
Umladekosten		45,00	400,00
= Bezugspreis			**44.500,00**

Angebotsvergleich

Zum Angebotsvergleich müssen die Bezugspreise verschiedener Anbieter ermittelt und miteinander verglichen werden.

SITUATION

Die Tropic GmbH nimmt Sonnenbrillen als Handelsware in ihr Angebotprogramm auf. Dafür hat sie bei drei Herstellern Angebote eingeholt.

Angebot **A**
Kölner Optik AG

Stückpreis 50,00 EUR

10 % Rabatt
2 % Skonto

400,00 EUR Bezugskosten

Angebot **B**
**Keagan Ltd., London
Brillenherstellung**

Listenpreis für
1.000 Stück:
48.000,00 EUR
3 % Skonto

0,50 EUR Bezugskosten
je Stück

Angebot **C**
Baresi & Maldini, Milano

Stückpreis 60,00 EUR

20 % Rabatt
3 % Skonto

Lieferung frei Haus

Ermittlung des günstigsten Angebotes:

	Angebot A		Angebot B		Angebot C	
	%	EUR	%	EUR	%	EUR
Listenpreis		50.000,00		48.000,00		60.000,00
− Liefererrabatt	10,00	5.000,00	0	0,00	20,00	12.000,00
= Zieleinkaufspreis		45.000,00		48.000,00		48.000,00
− Liefererskonto	2,00	900,00	3,00	1.440,00	3,00	1.440,00
= Bareinkaufspreis		44.100,00		46.560,00		46.560,00
+ Bezugskosten		400,00		500,00		0,00
= Bezugspreis		**44.500,00**		**47.060,00**		**46.560,00**

Aufgrund des günstigeren Bezugspreises bezieht die Tropic GmbH die Sonnenbrillen bei der
Kölner Optik AG.

Aufgaben

1. *Berechnen Sie jeweils den Bezugspreis.*

	Ware I	Ware II	Ware III	Ware IV
Bruttomenge	8.500 kg	20 Kisten mit je 12 Flaschen	750 Liter	80 Sack zu je 25 kg
Tara/Leckage	4,5 %		2 %	
Preis	120,00 EUR je 100 kg	7,50 EUR je Flasche	2,40 EUR je Liter	45,00 EUR je Sack
Liefererrabatt	10 %	15 %	25 %	33 %
Liefererskonto	2 %	–	3 %	2 %
Fracht	620,00 EUR	125,00 EUR	115,75 EUR	95,00 EUR
Hausfracht	85,00 EUR	–	35,00 EUR	–
Verpackung	–	2,00 EUR je Kiste	–	–

2. *Ein Hersteller von chemischen Reinigungsmitteln für Textilien erweitert sein Angebot um Reini-
gungsmittel, die auf biologischer Basis hergestellt sind. Er bezieht als Handelsware 2.000 Liter,
die vom Produzenten in 5-Liter-Kanister abgefüllt werden, zum Preis von 6,80 EUR je Liter
netto. Der Lieferer gewährt eine Leckage von 2 % sowie 10 % Rabatt und 2 % Skonto. Errechnen Sie den Bezugspreis der Lieferung.*

3. *Die Firma Fertigbau GmbH erhält vier verschiedene Angebote über Gartenmauer-Klinker.
Ermitteln Sie das günstigste Angebot.*

	Angebot A	Angebot B	Angebot C	Angebot D
Menge	50.000 Stück, jeweils 10 · 20 cm das Stück			
Preis	100 Stück 47,00 EUR	1 Stück 0,40 EUR	100 Stück 45,00 EUR	1.000 Stück 490,00 EUR
Liefererrabatt	10 %	20 %	25 %	33 %
Liefererskonto	–	2 %	3 %	3 %
Fracht	810,00 EUR	1.025,00 EUR	–	470,00 EUR
Hausfracht	325,00 EUR	325,00 EUR	–	325,00 EUR
Verpackung	475,00 EUR	–	620,00 EUR	–

4. *Sie wollen 1.000 Stück CD-Disks R74/650 MB beziehen. Wählen Sie unter folgenden Angebo-
ten das günstigste aus.
Angebot der Firma Floppy-Disk GmbH: 10 Stück 17,50 EUR, 25 % Rabatt und 3 % Skonto,
Bezugskosten 22,50 EUR.
Angebot der Firma Lauterbach OHG: 1.000 Stück 1.350,00 EUR rein netto (ohne Abzüge),
Lieferung frei Haus.
Angebot der Firma Softsave GmbH: 1,60 EUR je Stück, 20 % Rabatt, 2 % Skonto, Lieferung
frei Haus.*

5. *Die Tropic GmbH will 2.400 Paar Tennissocken als Handelsware beziehen. Für die geforderte*
   Qualität 100 % Baumwolle liegen folgende Angebote vor:
   Angebot der Firma Cotton AG: 1 Dtzd. Paar 48,00 EUR, 20 % Rabatt, 3 % Skonto, pauschale
   Bezugs- und Verpackungskosten für die gesamte Sendung 120,00 EUR.
   Angebot der Firma Müller OHG, Baumwollprodukte: 9.360,00 EUR insgesamt, 10 % Rabatt,
   2 % Skonto, Lieferung frei Haus.
   Angebot der Firma Centre Court AG, Sportartikelherstellung: Stückpreis 4,20 EUR, 25 % Ra-
   batt, Bezugskosten für 100 Stück 12,00 EUR.
   Ermitteln Sie das günstigste Angebot.

5.3   Absatzkalkulation

Hinsichtlich der Bestimmung ihrer Verkaufspreise können Unternehmen vor der Situation stehen, dass die Preisfestlegung ausschließlich unter Berücksichtigung der betrieblichen Kostensituation und der eigenen Gewinnerwartungen zustande kommt, d. h., **die Verkaufspreise werden durch das Unternehmen bestimmt**.

Häufig müssen sich Unternehmen bei der Preisbestimmung jedoch an Marktpreisen orientieren. Die Konkurrenz oder der starke Einfluss des Herstellers auf den Markt erlauben keine eigene Preisgestaltung, d. h., **die Verkaufspreise sind häufig vorgegeben**. Bei dieser Marktlage wird durch eine kalkulatorische Rückrechnung ein Einkaufspreis ermittelt, der nicht überschritten werden darf, wenn das Unternehmen seine Kosten decken und die Gewinnerwartungen erfüllen will.

Schließlich kann der Einfluss des Herstellers auf den Markt so dominierend sein, dass auch die Zulieferer des Unternehmens keine eigene Preisgestaltung vornehmen können, d. h., **die Einkaufspreise und die Verkaufspreise sind vorgegeben**. In diesem Fall ist es Ziel der Kalkulation, die Gewinnaussichten abzuschätzen. Es werden mögliche Gewinne errechnet, die als Entscheidungsgrundlage für die Aufnahme einer Ware in das Sortiment des Unternehmens dienen.

Für diese drei Aufgabenstellungen werden unterschiedliche Kalkulationsmethoden angewandt:

Kalkulationsmethode	Vorwärtskalkulation	Rückwärtskalkulation	Differenzkalkulation
Ausgangslage	Es erfolgt eine freie Preisbestimmung durch das Unternehmen.	Die Verkaufspreise sind vorgegeben.	Die Einkaufs- und Verkaufspreise sind vorgegeben.
Kalkulationsziele	Ermittlung der Verkaufspreise	Ermittlung der aufwendbaren Einkaufspreise	Ermittlung möglicher Gewinne

5.3.1   Vorwärtskalkulation

Ermittlung des Handlungskostenzuschlags

Der Kauf und Verkauf von Produkten, die damit verbundenen Verwaltungsarbeiten und die Lagerung verursachen Kosten, die von den entsprechenden Handelswaren „getragen" werden müssen. In der Kalkulation müssen die entstandenen Kosten den jeweiligen **Kostenträgern** (Waren) zugerechnet werden. Die Kosten lassen sich jedoch nur teilweise eindeutig einer einzelnen Ware zuordnen. Vielmehr fallen sie häufig für den gesamten Betrieb oder für Betriebsteile an. Kosten lassen sich daher in zwei Gruppen aufteilen.

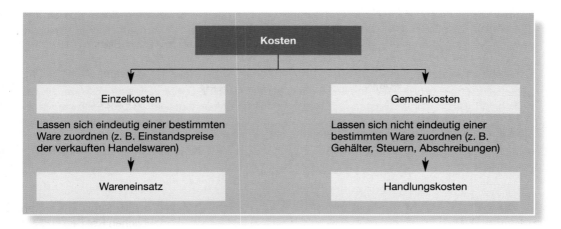

Die Handlungskosten sind zwar nicht eindeutig zurechenbar, sie müssen aber dennoch in der Kalkulation einer bestimmten Ware berücksichtigt werden. Dies wird dadurch ermöglicht, dass man die Handlungskosten als **Prozentanteil des Wareneinsatzes** ausdrückt und den so errechneten **Handlungskostenzuschlag** den Bezugspreisen einzelner Waren zurechnet. Der **Wareneinsatz** entspricht dem Bezugspreis aller verkauften Waren.

  Anfangsbestand an Handelswaren
+ **Handelswareneinkauf**
+ **Bezugskosten**
− **Nachlässe**
− **Endbestand an Handelswaren**
= **Handelswareneinsatz**

Beispiel
Handelswareneinsatz   *1.500.000,00 EUR*
Summe aller Handlungskosten   *750.000,00 EUR*
Bezugspreise einer Handelsware *10.000,00 EUR*

Anteil der Handlungskosten am Gesamtwareneinsatz in Prozent:

$$1.500.000,00\ EUR = 100\,\%$$
$$750.000,00\ EUR = \quad x\,\% \qquad x = \frac{750.000 \cdot 100}{1.500.000} = 50\,\%$$

Aufgrund des so errechneten Handlungskostenzuschlags können die anteiligen Handlungskosten für jede bezogene Ware ermittelt werden.

Anteil der Handlungskosten am Bezugspreis der Handelsware:

$$100\,\% = 10.000,00\ \text{EUR}$$
$$50\,\% = \quad x \quad \text{EUR} \qquad x = \frac{10.000 \cdot 50}{100} = 5.000,00\ \text{EUR}$$

Der Handlungskostenzuschlag drückt den Anteil der Handlungskosten in Prozent des Wareneinsatzes aus.

$$\text{Handlungskostenzuschlag} = \frac{\text{Handlungskosten} \cdot 100}{\text{Wareneinsatz}}$$

Die Genauigkeit des Handlungskostenzuschlags hängt davon ab, wie oft die sich ständig ändernde Kostensituation des Unternehmens berücksichtigt wird. Der Handlungskostenzuschlag muss daher entsprechend der Kostenentwicklung möglichst oft überprüft werden.

Gewinnzuschlag

Jedes verkaufte Produkt soll einen Anteil am Gesamtgewinn des Unternehmens erbringen. In der Kalkulation wird daher ein bestimmter Gewinnanteil berücksichtigt, der den Selbstkosten einer Ware hinzugerechnet wird. Der angestrebte Gewinn soll eine angemessene Verzinsung des Eigenkapitals und eine Prämie für das Verlustrisiko des Unternehmens enthalten. Bei Einzelunternehmen und Personengesellschaften soll zusätzlich ein Lohn für die im Unternehmen mitarbeitenden Inhaber in den Gewinnzuschlag einbezogen werden.

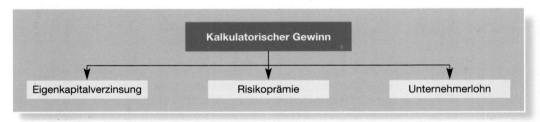

Vertreterprovision, Kundenskonti und Kundenrabatt

Vertreter, die für das Unternehmen den Verkauf von Handelswaren übernehmen oder Kaufverträge vermitteln, beanspruchen eine Provision in Prozent vom Zielverkaufspreis. Dies bedeutet für die Kalkulation, dass die Vertreterprovision auf der Basis des Barverkaufspreises als vermindertem Grundwert berechnet werden muss.

Wenn der Käufer Skonto in Anspruch nehmen will, muss er innerhalb einer bestimmten Frist den Kaufpreis zahlen. Will er Rabatte ausnutzen, muss er häufig eine bestimmte Menge an Handelswaren kaufen. Diese Abzüge sollen einen Anreiz für den Käufer darstellen und keine Belastung des Verkäufers. Dies bedeutet für die Kalkulation, dass der Verkäufer Skonti und Rabatte in seine Verkaufspreise einkalkulieren muss. Da es sich aber um Abzüge aus Sicht des Kunden handelt, werden Kundenskonti auf der Basis des Barverkaufspreises und Kundenrabatte auf der Basis des Zielverkaufspreises als verminderte Grundwerte berechnet.

> **Definition**   Vertreterprovision, Kundenskonto und Kundenrabatt werden bei der Vorwärtskalkulation vom verminderten Grundwert berechnet.

Ermittlung des Nettoverkaufspreises

SITUATION

Die Tropic GmbH hat als Handelsware 1.000 Sonnenbrillen zu einem Gesamtlistenpreis von 50.000,00 EUR bezogen. Der Lieferer, die Kölner Optik AG, gewährt 10 % Rabatt und 2 % Skonto (vgl. Eingangsrechnung Seite 364).

Zusätzlich muss die Tropic GmbH 400,00 EUR Bezugskosten zahlen. Die Handlungskosten sind mit einem Zuschlag von 50 % zu berücksichtigen und der Gewinnzuschlag beträgt 8 %.

Die Tropic GmbH zahlt an Handelsvertreter eine Provision von 7 % und gewährt 3 % Kundenskonto bei Zahlung innerhalb 7 Tagen. Den Kunden wird ein Rabatt von 10 % gewährt.

Berechnen Sie den Nettoverkaufspreis einer Sonnenbrille.

	%	EUR	Erläuterungen %	%		
Listeneinkaufspreis		50.000,00	100			$(1) = \dfrac{50.000 \cdot 10}{100}$
− Liefererrabatt	10	5.000,00	10		(1)	
= Zieleinkaufspreis		45.000,00	90	100		$(2) = \dfrac{45.000 \cdot 2}{100}$
− Liefererskonto	2	900,00		2	(2)	
= Bareinkaufspreis		44.100,00		98		$(3) = \dfrac{44.500 \cdot 50}{100}$
+ Bezugskosten		400,00				
= Bezugspreis		44.500,00	100		(3)	$(4) = \dfrac{66.750 \cdot 8}{100}$
+ Handlungskosten	50	22.250,00	50			
= Selbstkostenpreis		66.750,00	150	100		$(5) = \dfrac{72.090 \cdot 7}{90}$
+ Gewinnzuschlag	8	5.340,00		8	(4)	
= Barverkaufspreis		72.090,00	90	108		$(6) = \dfrac{72.090 \cdot 3}{90}$
+ Vertreterprovision	7	5.607,00	7		(5)	
+ Kundenskonto	3	2.403,00	3		(6)	$(7) = \dfrac{80.100 \cdot 10}{90}$
= Zielverkaufspreis		80.100,00	100	90		
+ Kundenrabatt	10	8.900,00		10	(7)	
= Nettoverkaufspreis		**89.000,00**		100		
Nettoverkaufspreis je Stück		**89,00**				

Die von der Tropic GmbH angebotene Sonnenbrille **FLORIDA** mit der Artikel-Nr.: 60.001 muss also zu einem Nettoverkaufspreis von 89,00 EUR je Stück angeboten werden (89.000,00 EUR: 1.000 Stück).

Aufgaben

1. Berechnen Sie die Handlungskostenzuschläge.

	Wareneinsatz an Handelswaren in EUR	Handlungskosten in EUR
a)	850.000,00	382.500,00
b)	1.975.000,00	948.000,00
c)	2.175.000,00	725.000,00
d)	875.000,00	425.000,00
e)	1.230.000,00	564.000,00

2. Berechnen Sie jeweils die Handlungskostenzuschläge.

	a) EUR	b) EUR	c) EUR
Anfangsbestände	350.000,00	475.000,00	68.000,00
Einkäufe	1.980.500,00	360.000,00	978.000,00
Bezugskosten	125.000,00	–	65.000,00

	a) EUR	b) EUR	c) EUR
Nachlässe	35.000,00	25.600,00	–
Endbestände	280.000,00	560.600,00	176.000,00
Handlungskosten	1.006.035,00	89.568,00	369.325,00

3. *Berechnen Sie jeweils den Nettoverkaufspreis.*

	a)	b)	c)	d)	e)
Listeneinkaufspreis in EUR	475,00	12,95	153,50	1,80	257,80
Liefererrabatt	25 %	14 %	45 %	16 %	25 ¼ %
Liefererskonto	2 %	3 %	2 %	–	1 ⅔ %
Bezugskosten in EUR	8,25	2,50	4,80	0,50	10,25
Handlungskostenzuschlag	28,5 %	43 %	39 %	50 %	44 ½ %
Gewinnzuschlag	8,75 %	13 %	12 ⅔ %	10 %	9 %
Vertreterprovision	–	–	3 ⅓ %	8 ⅓ %	3 ⅛ %
Kundenskonto	3 %	3 %	1 %	–	2 %
Kundenrabatt	–	15 %	25 %	20 %	12 ½ %

4. *Der Bezugspreis einer Handelsware beträgt 285,00 EUR. Kalkulieren Sie den Verkaufspreis bei 35 % Handlungskosten, 6 ¼ % Gewinnzuschlag, 3 % Kundenskonto und 16 ⅔ % Kundenrabatt.*

5. *Ein Küchengerätehersteller bezieht aus Fremdherstellung 200 Kaffeemaschinen zum Preis von 55,00 EUR je Stück. Liefererrabatt 23 %, Liefererskonto 1,5 %, Fracht 450,00 EUR, Hausfracht 95,00 EUR, Handlungskostenzuschlag 33 ⅓ %, Gewinnzuschlag 12 %, Vertreterprovision 5 %, Kundenskonto 1,5 %, Kundenrabatt 15 %. Berechnen Sie den Verkaufspreis je Stück.*

6. *Ein Textilfabrikant bezieht als Handelsware 200 Lederjacken zum Einkaufspreis von 350,00 EUR je Stück. Der Hersteller liefert frei Haus und gewährt 20 % Rabatt sowie 3 % Skonto. Der Handlungskostenzuschlag beträgt 35 % und der Gewinnzuschlag 8 %. Berechnen Sie den Verkaufspreis je Lederjacke bei 2,5 % Kundenskonto und 25 % Kundenrabatt.*

7. *Die Velours GmbH stellt Teppichböden her und bezieht als Handelsware 75 Berberteppiche zum Preis von 2.200,00 EUR je Stück, Liefererrabatt 25 %, Liefererskonto 3 %, Bezugskosten 85,00 EUR je Teppich. Die Velours GmbH rechnet mit 33 % Handlungskosten und 7,5 % Gewinnzuschlag. Berechnen Sie den Verkaufspreis je Teppich bei 5 % Vertreterprovision, 2 % Kundenskonto und 30 % Kundenrabatt.*

8. *Ein Hersteller von Zelten bezieht 250 Schlafsäcke als Handelsware zum Einkaufspreis von 80,00 EUR je Stück. Liefererrabatt 16 ⅔ %, Liefererskonto 3 %, Bezugskosten 375,00 EUR für die gesamte Sendung. Der Handlungskostenzuschlag beträgt 26 % und der Gewinnzuschlag 5 %. Kalkulieren Sie den Verkaufspreis je Schlafsack bei 6 % Vertreterprovision, 2 % Kundenskonto und 12 ½ % Kundenrabatt.*

9. *Die Bambini GmbH stellt Fruchtsäfte her und nimmt als Handelsware den Orangenlikör Oranga in ihr Sortiment auf. Sie bezieht vom Hersteller 2.000 Liter Likör, der in ¾-Liter-Flaschen abgefüllt wird. Beim Abfüllen fällt eine Leckage von 1,15 % an. Ein Liter wird zum Preis von 9,25 EUR geliefert, Liefererrabatt 15 %, Liefererskonto 1 %. Für jede Flasche fallen 0,20 EUR Bezugskosten an. Die Bambini GmbH kalkuliert mit 43 % Handlungskosten und 9,5 % Gewinnzuschlag.*

a) *Kalkulieren Sie den Bezugspreis je Flasche.*

b) *Kalkulieren Sie den Verkaufspreis je Flasche, wenn der Vertreter 6 % Provision beansprucht und den Kunden 2 % Skonto und 18 % Rabatt gewährt werden.*

10. a) *Ein Uhrenhersteller bezieht Radiowecker als Handelswaren. Im zurückliegenden Abrechnungszeitraum betrug sein Anfangsbestand 5.000,00 EUR. Es waren Zugänge im Wert von 35.000,00 EUR zu verzeichnen, die dafür entstandenen Bezugskosten betrugen 1.350,00 EUR, und die Lieferer gewährten insgesamt Nachlässe in Höhe von 2.650,00 EUR. Der Endbestand betrug 9.500,00 EUR. Aus der Kostenstellenrechnung ergaben sich für die Kostenstelle Handelswaren Handlungskosten in Höhe von 12.556,00 EUR. Ermitteln Sie den Handlungskostenzuschlag.*

b) *Der Uhrenhersteller bezieht 75 Radiowecker Modell „Springauf" zum Einkaufspreis 78,50 EUR je Stück. Der Lieferer gewährt einen Rabatt von 25 % sowie 2 % Skonto. Für die gesamte Sendung fallen 250,00 EUR Bezugskosten an. Es wird mit einen Gewinnzuschlag von 7,5 % kalkuliert. Der Handelsvertreter beansprucht eine Provision von 7,5 %, und die Kunden erhalten 2,5 % Skonto und 20 % Rabatt. Ermitteln Sie den Verkaufspreis je Radiowecker und berücksichtigen Sie dabei den in Aufgabe a) errechneten Handlungskostenzuschlag.*

5.3.2   Rückwärtskalkulation

Die Tropic GmbH nimmt Sportschuhe eines namhaften Schuhproduzenten als Handelsware in ihr Sortiment auf. Diese Schuhe müssen zu einem Preis von 120,00 EUR angeboten werden. Ein höherer Preis kann für diese Markenschuhe nicht verlangt werden, weil die Kunden sonst bei der Konkurrenz kaufen würden.

Zu welchem Einkaufspreis können die Schuhe höchstens bezogen werden, wenn der Lieferer 25 % Rabatt und 3 % Skonto gewährt und folgende innerbetrieblichen Zuschläge zu berücksichtigen sind: Kundenrabatt 10 %, Kundenskonto 2 %, Vertreterprovision 6 %, Gewinnzuschlag 12 %, Handlungskostenzuschlag 40 %? Für Bezugskosten müssen für jedes bezogene Paar 2,50 EUR berücksichtigt werden.

In einer **kalkulatorischen Rückrechnung** wird der Einkaufspreis ermittelt, den der Käufer höchstens akzeptieren kann, wenn die genannten Zuschläge gedeckt werden sollen. Bei dieser Rückrechnung kommt die Prozentrechnung auf der Basis des reinen, des verminderten und des vermehrten Grundwertes zur Anwendung.

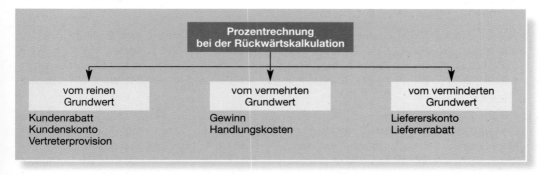

Prozentrechnung bei der Rückwärtskalkulation		
vom reinen Grundwert	vom vermehrten Grundwert	vom verminderten Grundwert
Kundenrabatt Kundenskonto Vertreterprovision	Gewinn Handlungskosten	Liefererskonto Liefererrabatt

	%	EUR	Erläuterungen %	%	
Listeneinkaufspreis		83,67		100	
− Liefererrabatt	25	20,92		25	(7)
= Zieleinkaufspreis		62,75	100	75	
− Liefererskonto	3	1,88	3		(6)
= Bareinkaufspreis		60,87	97		
+ Bezugskosten		2,50			
= Bezugspreis		63,37		100	
+ Handlungskosten	40	25,35		40	(5)
= Selbstkostenpreis		88,71	100	140	
+ Gewinnzuschlag	12	10,65	12		(4)
= Barverkaufspreis		99,36	112	92	
+ Vertreterprovision	6	6,48		6	(3)
+ Kundenskonto	2	2,16		2	(2)
= Zielverkaufspreis		108,00	90	100	
+ Kundenrabatt	10	12,00	10		(1)
= Nettoverkaufspreis		120,00	100		

$$(7) = \frac{62,75 \cdot 25}{75}$$

$$(6) = \frac{60,87 \cdot 3}{97}$$

$$(5) = \frac{88,71 \cdot 40}{140}$$

$$(4) = \frac{99,36 \cdot 12}{112}$$

$$(3) = \frac{108,00 \cdot 6}{100}$$

$$(2) = \frac{108,00 \cdot 2}{100}$$

$$(1) = \frac{120,00 \cdot 10}{100}$$

Wenn die Tropic GmbH diese Sportschuhe zu 120,00 EUR je Stück verkaufen will, darf der Listeneinkaufspreis des Lieferanten höchstens 83,67 EUR betragen.
Bei höheren Preisen werden die Zuschlagssätze nicht gedeckt.

Aufgaben

1. *Berechnen Sie die aufwendbaren Einkaufspreise folgender Handelswaren:*

	a)	b)	c)	d)	e)
Verkaufspreis in EUR	36,00	1.250,00	195,00	2.450,00	985,00
Kundenrabatt in %	10	25	20	16 ⅔	15
Kundenskonto in %	2	1,5	3	2	3
Vertreterprovision in %	−	6,5	10	8	8 ¼
Gewinn in %	8	6	8	8 ⅓	12
Handlungskosten in %	26	35	30	33 ⅓	43,75
Bezugskosten in EUR	3,00	65,00	3,00	95,50	24,50
Liefererskonto in %	3	2	3	1	3
Liefererrabatt in %	20	25	6	18	20

2. *Ein Möbelhersteller kalkuliert bei allen Handelswaren mit folgenden Zuschlägen: Handlungskosten 35 %, Gewinn 8 % und Kundenskonto 3 %. Die Rabatte sind bei den einzelnen Handelswaren unterschiedlich. Wie hoch dürfen die Bezugspreise höchstens sein, wenn die Produkte zu den angegebenen Preisen verkauft werden?*

	Schreibtisch	Büroschrank	Regal	Bürostuhl
Verkaufspreis	295,00 EUR	1.350,00 EUR	85,00 EUR	795,00 EUR
Kundenrabatt	12 %	15 %	10 %	20 %

3. *Ein Textilfabrikant kalkuliert für Lederwaren, die er als Handelswaren bezieht, mit folgenden innerbetrieblichen Zuschlagssätzen: Handlungskosten 44,5 %, Gewinn 12 %, Vertreterprovision 7 %, Kundenskonto 2 %, Kundenrabatt 16 %. Wie hoch darf der Bezugspreis eines Lederrockes höchstens sein, der zu 250,00 EUR verkauft wird?*

4. *Ein Sportartikelhersteller bezieht Tischtennisschlägerbeläge als Handelsware. Aus Konkurrenzgründen können diese Beläge nur zu einem Preis von 25,00 EUR je Stück verkauft werden. Kann ein Angebot über 18,95 EUR je Stück angenommen werden, wenn folgende Bedingungen zu berücksichtigen sind: Kundenrabatt 12½ %, Kundenskonto 3 %, Vertreterprovision 7 %, Gewinn 8½ %, Handlungskosten 25 %, anteilige Bezugskosten 0,05 EUR, Liefererskonto 2 %, Liefererrabatt 20 %?*

5. *Ein Computerhersteller führt Taschenrechner und Tischrechner als Handelsware. Er gewährt bei Taschenrechnern einen Rabatt von 18 % und bei Tischrechnern einen Rabatt von 25 %. Der Kundenskonto beträgt jeweils 2 %, Handlungskosten 33 %, Gewinn 9 %. Wie hoch dürfen die Bezugspreise höchstens sein, wenn die Taschenrechner zu 24,95 EUR und die Tischrechner zu 60,00 EUR netto verkauft werden?*

5.3.3   Differenzkalkulation

Die Tropic GmbH hat die Möglichkeit, Armbanduhren eines Markenherstellers in ihr Angebotsprogramm aufzunehmen. Der empfohlene Richtpreis des Herstellers für Wiederverkäufer beträgt 90,00 EUR. Dieser Preis entspricht sowohl dem Listeneinkaufspreis als auch dem Nettoverkaufspreis.

Der Lieferer gewährt 40 % Rabatt und 2 % Skonto. Die anteiligen Bezugskosten je Uhr betragen 0,75 EUR. Die Tropic GmbH kalkuliert mit 25 % Handlungskosten, 4 % Vertreterprovision, 3 % Kundenskonto und 15 % Kundenrabatt.

Welchen Gewinn in EUR und Prozent könnte die Tropic GmbH erzielen, wenn sie sich entschließt, die Uhren als Handelswaren anzubieten?

SITUATION

Sind der Einkaufspreis und der Verkaufspreis vorgegeben, so ist das Kalkulationsziel die Ermittlung des erzielbaren Gewinns als Differenz zwischen Selbstkosten und Barverkaufspreis. Dabei werden die Selbstkosten in einer Vorwärtskalkulation und der Barverkaufspreis in einer Rückwärtskalkulation errechnet.

$$(1) = \frac{90 \cdot 40}{100}$$

$$(2) = \frac{52 \cdot 2}{100}$$

$$(3) = \frac{53{,}67 \cdot 25}{100}$$

$$(7) = \frac{100 \cdot 4{,}06}{67{,}09}$$

$$(6) = \frac{76{,}50 \cdot 4}{100}$$

$$(5) = \frac{76{,}50 \cdot 3}{100}$$

$$(4) = \frac{90 \cdot 15}{100}$$

	%	EUR	Erläuterungen %	%	
Listeneinkaufspreis		90,00	100		
– Liefererrabatt	40	36,00	40		(1)
= Zieleinkaufspreis		54,00	60	100	
– Liefererskonto	2	1,08		2	(2)
= Bareinkaufspreis		52,92		98	
+ Bezugskosten		0,75			
= Bezugspreis		53,67	100		
+ Handlungskosten	25	13,42	25		(3)
= Selbstkostenpreis		67,09	125		
+ Gewinnzuschlag	**6,05**	**4,06**	**Differenz**		(7)
= Barverkaufspreis		71,15		93	
+ Vertreterprovision	4	2,30		4	(6)
+ Kundenskonto	3	3,06		3	(5)
= Zielverkaufspreis		76,50	85	100	
+ Kundenrabatt	15	13,50	15		(4)
= Nettoverkaufspreis		**90,00**	100		

Bei einem empfohlenen Richtpreis von 90,00 EUR kann die Tropic GmbH einen Gewinn von **4,06 EUR** je Uhr erzielen.

Dieser Gewinn entspricht **6,05 %** vom Selbstkostenpreis.

Aufgaben

1. Ermitteln Sie jeweils den Gewinn in EUR und Prozent.

	a)	b)	c)	d)	e)	f)
empfohlener Richtpreis EUR	1.260,00	48,60	495,00	1.790,00	650,00	95,00
Liefererrabatt %	35	60	45	50	34	40
Liefererskonto %	3	3	2	3	2,5	3
Bezugskosten EUR	35,00	3,50	18,50	65,00	20,25	4,80
Handlungskosten %	23	36	33 ⅓	25	16 ⅔	25
Vertreterprovision %	5	7	–	6	–	3
Kundenskonto %	2	3	2	3	3	1
Kundenrabatt %	8	25	12 ½	16 ⅔	15	5

2. Ein Werkzeughersteller kalkuliert bei seinen Handelswaren mit folgenden Zuschlägen. Handlungskosten 28 %, Vertreterprovision 6 %, Kundenskonto 2 % und Kundenrabatt 15 %. Errechnen Sie den Gewinn in EUR und Prozent für die folgenden Handelswaren:

	Werkzeugkasten „Amateur" ohne Inhalt	Werkzeugkasten „Profi" ohne Inhalt	Werkzeugkasten „Aluminium" ohne Inhalt
empfohlener Richtpreis	45,00 EUR	75,00 EUR	119,00 EUR
Liefererrabatt	45 %	48 %	40 %
Liefererskonto	2 %	2 %	3 %
Bezugskosten	2,40 EUR	3,80 EUR	frei Haus

3. Ein Hersteller aus der Unterhaltungselektronik-Branche bezieht als Handelsware den Walkman „Sport-Relaxer" zum empfohlenen Richtpreis von 45,00 EUR. Der Lieferer gewährt 50 % Wiederverkäuferrabatt und 3 % Skonto. Die Bezugskosten betragen 1,50 EUR. Wie hoch ist der Gewinn in EUR und Prozent, wenn folgende innerbetriebliche Zuschlagsätze berücksichtigt werden müssen: Handlungskosten 33⅓ %, Kundenskonto 2 % und Kundenrabatt 30 %?

4. Die Tropic GmbH erhält drei Angebote über Trainingsanzüge aus Trilobal, die als Handelsware in das Sortiment aufgenommen werden sollen:

Angebot A: 109,00 EUR je Anzug, Liefererrabatt 45 %, Liefererskonto 3 %, anfallende Bezugskosten 2,50 EUR je Anzug.

Angebot B: 99,00 EUR je Anzug, Liefererrabatt 35 %, Liefererskonto 2 %, Lieferung frei Haus.

Angebot C: 89,00 EUR, Liefererrabatt 30 %, Liefererskonto 3 %, Bezugskosten je Anzug 1,50 EUR.

Beim Verkauf müssen folgende Zuschläge berücksichtigt werden: Handlungskosten 40 %, Vertreterprovision 5 %, Kundenskonto 2 % und Kundenrabatt 30 %.

a) Ermitteln Sie das günstigste Angebot.

b) Welcher Gewinn kann erzielt werden, wenn die Trainingsanzüge zu 135,00 EUR je Stück verkauft werden?

5. Ein Möbelfabrikant bezieht Bürostühle zum Stückpreis von 265,00 EUR als Handelsware. Der Lieferer gewährt einen Wiederverkäuferrabatt von 40 % und einen Skonto von 3 %. An Bezugskosten fallen 7,95 EUR je Stuhl an. Es müssen folgende innerbetriebliche Zuschlagsätze berücksichtigt werden: Handlungskosten 25 %, Vertreterprovision 7 %, Kundenskonto 3 % und Kundenrabatt 16⅔ %. Die Stühle sollen zu einem Preis von 300,00 EUR verkauft werden.

a) Welcher Gewinn in EUR und Prozent kann erzielt werden?

b) Ermitteln Sie Kalkulationszuschlag, Kalkulationsfaktor und Handelsspanne.

c) Wie hoch muss der Verkaufspreis sein, wenn der Gewinn 13 % betragen soll?

Fachrechnen

1 Dreisatz

1.1 Einfacher Dreisatz mit geradem und ungeradem Verhältnis

Beispiel 1
Zur Herstellung von 50 Tropic Jeans 001 sind 250 Metallnieten notwendig.
Wie viele der gleichen Nieten sind für die Herstellung von 750 Jeans nötig?

Beispiel 2
Für den Zuschnitt von quadratischen Aufnähern für die Tropic Badehose werden 6 Stoffrollen von 15 cm Breite benötigt.
Wie viele Rollen von 45 cm Breite werden für die gleiche Anzahl von Aufnähern benötigt (Abfall entsteht nicht)?

*Es werden **mehr** Jeans produziert* ⟶ *Es werden **mehr** Knöpfe benötigt.*	*Die Stoffrollen sind* ⟶ *Es werden **weniger** Stoffrollen benötigt.* *breiter, **mehr** Zentimeter.*

Gerades Verhältnis	Ungerades Verhältnis
(direkte Proportionalität)	*(indirekte Proportionalität)*

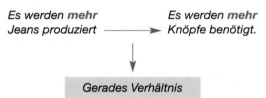

Schluss von 50 Jeans (Mehrheit) auf 1 Jeans (Einheit)

$1 \text{ Jeans} = \dfrac{250}{50} \text{ Nieten}$

Schluss von der Einheit auf eine andere Mehrheit (750 Jeans)

$750 \text{ Jeans} = \dfrac{250 \cdot 750}{50} \text{ Nieten}$

Schluss von der Mehrheit (15 cm) auf die Einheit (1 cm)

1 cm Rollenbreite = 15 · 6 Stoffrollen

Schluss von der Einheit auf eine andere Mehrheit (45 cm)

$45 \text{ cm Rollenbreite} = \dfrac{15 \cdot 6}{45} \text{ Stoffrollen}$

Bruchsatz:	$x = \dfrac{250 \cdot 750}{50}$	Bruchsatz:	$x = \dfrac{15 \cdot 6}{45}$
	$x = 3.750 \text{ Nieten}$		$x = 2 \text{ Stoffrollen}$

Lösungsweg:
1. Aussagesatz: Die gesuchte Einheit steht rechts.
2. Fragesatz: Gleiche Einheiten stehen untereinander; die gesuchte Größe steht rechts.
3. Bruchsatz: Schluss von der Mehrheit auf die Einheit; Schluss von der Einheit auf eine andere Mehrheit.

Hinweis:
Voraussetzung zur Anwendung des Dreisatzes ist das Vorliegen einer tatsächlichen Verhältnismäßigkeit. Gegenbeispiel: Wenn der mehrmalige Olympiasieger Carl Lewis 100 m in 10 sec. sprintet, bedeutet dies nicht, dass er über 400 m 40 sec. braucht. Eine Proportionalität liegt nicht vor.

1.2   Zusammengesetzter Dreisatz

In der Tropic GmbH werden von 6 Näherinnen bei monatlich 24 Arbeitstagen normalerweise 288 Partykleider genäht. Ein Auftrag über 128 Partykleider soll in 8 Tagen
ausgeliefert werden können. Um die Kleider
in der vorgegebenen Zeit nähen zu können,
müssen zusätzliche Näherinnen aus einer
anderen Abteilung eingesetzt werden.

*Wie viele Näherinnen müssen insgesamt
eingesetzt werden, um den Auftrag
termingerecht fertigzustellen?*

Der zusammengesetzte Dreisatz besteht aus mehreren einfachen Dreisätzen mit geraden und/oder
ungeraden Verhältnissen.

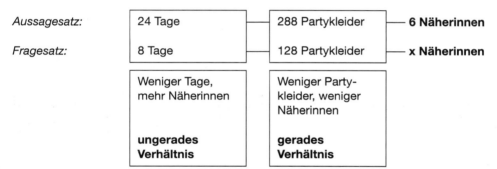

Aussagesatz:	24 Tage	288 Partykleider	**6 Näherinnen**
Fragesatz:	8 Tage	128 Partykleider	**x Näherinnen**
	Weniger Tage, mehr Näherinnen	Weniger Party- kleider, weniger Näherinnen	
	ungerades Verhältnis	**gerades Verhältnis**	

Zur Lösung wird der zusammengesetzte Dreisatz in mehrere einfache Dreisätze zerlegt.

Wenn in 24 Tagen eine Arbeit von 6 Näherinnen erledigt werden kann, dann braucht man, um die
Arbeit in einem Tag zu erledigen, **24** mal mehr Näherinnen. Um die Arbeit in **8** Tagen zu erledigen,
braucht man den 8ten Teil.

$$x = \frac{6 \cdot 24}{8}$$

Um in dieser Zeit ein Partykleid zu nähen, ist der **288.** Teil an Näherinnen notwendig. Für 128
Stück braucht man **128** mal mehr.

Bruchsatz: $x = \dfrac{6 \cdot 24 \cdot 128}{8 \cdot 288} = 8$ Näherinnen

Lösungsweg:

1. Aussagesatz: Die gesuchte Einheit steht rechts.
2. Fragesatz: Gleiche Einheiten stehen untereinander; die gesuchte Größe steht rechts.
3. Bruchsatz: Der zusammengesetzte Dreisatz wird zerlegt. Jeweils Schluss von der Mehrheit
                  auf die Einheit und wieder auf die dazugehörende andere Mehrheit.

Aufgaben

Aufgaben zum einfachen Dreisatz:

1. a) 36,80 m kosten 147,20 EUR. Wie viel kosten 45,60 m?
   b) 12,75 kg kosten 153,00 EUR. Wie viel kosten 6,25 kg?
   c) 72 Liter kosten 43,20 EUR. Wie viel kosten 189 Liter?

2. Wegen Renovierungsarbeiten muss eine Lagerhalle der Tropic GmbH ausgeräumt werden. 9 Arbeiter benötigen dafür 4 Stunden. Wie lange dauert die Arbeit, wenn nur 6 Arbeiter eingesetzt werden können?

3. Büroräume der Tropic GmbH sollen tapeziert werden. Dafür werden 26 Rollen Tapete von 53 cm Breite benötigt. Wie viele Rollen einer Tapete von 66 cm Breite sind für die gleichen Räume erforderlich?

4. 3 Paar Arbeitshandschuhe kosten 9,90 EUR. Wie viel EUR müssen für 125 Paar bezahlt werden?

5. In einem Zeltlager reicht der Kartoffelvorrat für eine Gruppe von 24 Personen 14 Tage. Wie lange reicht dieser Vorrat für 16 Personen?

6. Für eine Sendung mit einem Bruttogewicht von 48 kg muss die Tropic GmbH an einen Paketdienst 72,00 EUR Bezugskosten zahlen. Wie viel EUR kostet die Beförderung einer Sendung von 63 kg auf dem gleichen Weg, wenn die Beförderungskosten ausschließlich nach dem Gewicht berechnet werden?

7. Auf einer Seite eines Buches mit 330 Seiten stehen 30 Zeilen. Wie viele Seiten hat das Buch, wenn auf einer Seite 36 Zeilen gedruckt werden?

8. Zur Herstellung eines Bauzaunes werden Latten von 15 cm Breite benutzt. Für die Hälfte des Zaunes wurde ein Vorrat von 280 Latten verbraucht. Wie viele Latten werden noch benötigt, wenn für die zweite Hälfte des Zaunes nur noch Latten von 12 cm Breite zur Verfügung stehen?

Aufgaben zum zusammengesetzten Dreisatz:

9. Ein Teppich von 3 m Länge und 2,50 m Breite wiegt 30 kg. Wie schwer ist ein Teppich, der aus dem gleichen Material gefertigt ist und 3,50 m lang und 2,80 m breit ist?

10. 10 Schreiner erledigen einen Auftrag über 15 Wohnzimmerschränke bei der 40-Stunden-Woche in 18 Tagen. Welche Zeit würden 12 Schreiner für 19 der gleichen Schränke bei einer 38-Stunden-Woche brauchen?

11. Von einem Lexikon werden zwei Ausgaben gedruckt, die in Inhalt und Schriftgröße identisch sind. Eine Lederausgabe mit einem zweispaltigen Text und 75 Zeilen umfasst 6 Bände zu je 600 Seiten. Bei einer Ausgabe mit einem Leinenrücken sind die Seiten größer, sodass auf einer Seite 3 Spalten mit je 100 Zeilen gedruckt werden. Ein Band hat jedoch nur einen Umfang von 450 Seiten. Wie viele Bände umfasst die Leinenausgabe?

12. Für die Inventurarbeiten der Tropic GmbH sind 5 Arbeitstage vorgesehen. Dazu werden 16 Arbeitskräfte eingesetzt. Nach 2 Tagen sind aber erst $\frac{1}{4}$ der Arbeiten erledigt. Ermitteln Sie die Zahl der zusätzlich notwendigen Arbeitskräfte, wenn die Arbeiten in der vorgesehenen Zeit zum Abschluss gebracht werden sollen.

13. Ein Auftrag über 50 Tische wird von 6 Schreinern bei einer Wochenarbeitszeit von 37,5 Stunden in 12 Tagen erledigt. Kann ein Auftrag über 75 Tische von 9 Schreinern bei einer wöchentlichen Arbeitszeit von 40 Stunden in 11 Tagen erledigt werden?

Aufgaben zum einfachen und zusammengesetzten Dreisatz

14. 5 m eines Stoffes kosten 78,00 EUR. Wie viel EUR kosten 12 m, 17 m und 7,5 m?

15. Bei einem Zeilenabstand von 9 mm passen 30 Linien auf die Seite eines Schreibheftes. Wie viele Linien passen bei gleicher Heftgröße auf eine Seite, wenn der Zeilenabstand 6 mm beträgt?

16. Ein Auftrag über 400 Stühle wird in einer Möbelfabrik von 14 Handwerkern bei einer täglichen Arbeitszeit von 8 Stunden in 24 Tagen erledigt. Kann ein Auftrag über 525 Stühle in 25 Tagen fertig sein, wenn 16 Handwerker täglich 9 Stunden arbeiten?

17. In achtstündiger Arbeitszeit erledigen 8 Näherinnen der Tropic GmbH einen Auftrag in 3 Tagen und 3 Stunden. In welcher Zeit kann der gleiche Auftrag von 6 Näherinnen erledigt werden?

18. Auf dem Gelände der Tropic GmbH wurden 2 Grundstücke mit Bauzäunen umgeben. Beim ersten Grundstück waren 6 Arbeitskräfte insgesamt 20 Stunden mit den Einzäunungsarbeiten beschäftigt. Um das Wievielfache ist das zweite Grundstück größer, wenn 8 Arbeitskräfte insgesamt 25 Stunden brauchten?

19. Ein Tischtennisverein braucht während einer Saison 24 Dutzend Tischtennisbälle für das Vereinstraining. Mit welchem durchschnittlichen Ballverbrauch muss je Trainingstag gerechnet werden, wenn an 96 Tagen im Jahr trainiert wird?

20. Der Firmenwagen eines Reisenden der Tropic GmbH verbraucht auf 100 km durchschnittlich 10,4 Liter Kraftstoff. In einer Woche wurden folgende Strecken gefahren:
Montag 658 km, Dienstag 875 km, Mittwoch 129 km, Donnerstag 380 km, Freitag 1.200 km.
a) Wie hoch war der Kraftstoffverbrauch an jedem Tag?
b) Wie hoch war der Kraftstoffverbrauch während der Woche?
c) Wie hoch waren die Kraftstoffkosten während der Woche, wenn eine Tankfüllung (60 Liter) 68,50 EUR kostet?

21. 24 Gläser zum Preis von 2,25 EUR sollen in Gläser zu 2,70 EUR umgetauscht werden. Wie viele Gläser erhält man für den gleichen Gesamtpreis?

22. Für die Einrichtung einer Bibliothek stehen zwei verschiedene Regalsysteme zur Verfügung. Die Elemente des ersten Systems haben eine Breite von 1,50 m und die des zweiten Systems eine Breite von 1,25 m. Wie viele Teile des zweiten Systems sind notwendig, wenn vom ersten System 45 Stück benötigt werden?

23. Ein Eisenbahntunnel wird von einem Zug bei einer Durchschnittsgeschwindigkeit von 90 km/h in 12 Minuten durchfahren. Wie lange dauert die Durchfahrt, wenn der Zug im Durchschnitt 18 km/h schneller fährt?

24. Eine Bibliothek hatte bisher 25 Regale mit einer Breite von jeweils 2,20 m und 6 Einlegeböden mit einem durchschnittlichen Abstand von 30 cm. Nach einer Renovierung wurde das alte System durch neue Regale ersetzt, um so die Kapazität der Bibliothek zu erhöhen.
Von den neuen Regalen mit einer Breite von 1,20 m können 55 Einzelteile aufgestellt werden. In einem Regal können 10 Böden mit einem durchschnittlichen Abstand von 30 cm eingesetzt werden. Um das Wievielfache wurde die Aufnahmekapazität erhöht?

25. Für die Transportversicherung einer Sendung mit 5 verschiedenen Artikeln mussten 216,00 EUR gezahlt werden. Wie viel EUR entfielen auf jeden der 5 Artikel, wenn die Versicherung nach dem Zieleinkaufspreis berechnet wurde?
Zieleinkaufspreise: A: 6.780,00 EUR, B: 9.270,00 EUR, C: 1.250,00 EUR, D. 980,00 EUR, E: 8.720,00 EUR.

26. Ein Geschäftsbericht der Tropic GmbH mit einem Umfang von 100 Seiten und durchschnittlich 1.800 Anschlägen je Seite wurde von 4 Schreibkräften, die im Durchschnitt eine Leistung
   von 260 Anschlägen je Minute haben, in einer Arbeitszeit von 4 Stunden und 30 Minuten abgeschrieben.
   Der Bericht des nächsten Jahres hat einen Umfang von 140 Seiten und durchschnittlich
   1.600 Anschläge je Seite. Welche Zeit brauchen 3 neue Schreibkräfte, die eine durchschnittliche Leistung von 224 Anschlägen je Minute haben?

27. Ein Intercity-Zug braucht für eine Strecke bei einer Durchschnittsgeschwindigkeit von 160 km/h
   4 Stunden und 40 Minuten. Wegen schlechter Wetterlage beträgt die durchschnittliche Ge-
   schwindigkeit nur noch 140 km/h. Wann ist der Zug abgefahren, wenn er um 12.00 Uhr das
   Ziel erreicht?

2 Verteilungsrechnen

Beim Verteilungsrechnen werden Beträge (z. B. Gewinne und Kosten) auf einzelne Personen oder
Positionen verteilt. Das geschieht mithilfe von **Verteilungsschlüsseln**.

2.1 Beträge als Verteilungsschlüssel

*Beispiel An einem Unternehmen sind drei Gesellschafter beteiligt. Gesellschafter A mit
160.000,00 EUR, B mit 240.000,00 EUR und C mit 80.000,00 EUR. Der Jahresgewinn von
132.000,00 EUR soll auf die drei Gesellschafter im Verhältnis ihrer Kapitalbeteiligungen verteilt
werden. Welchen Gewinnanteil erhält jeder Gesellschafter?*

Gesellschafter	Kapitalanteil	Teile	Wert eines Teils	Gewinnanteil
A	160.000,00	2	22.000,00	44.000,00
B	240.000,00	3	22.000,00	66.000,00
C	80.000,00	1	22.000,00	22.000,00
		6		132.000,00

$$\text{Wert eines Teils} = \frac{132.000,00}{6} = 22.000,00 \text{ EUR}$$

Antwort: A erhält 44.000,00 EUR, B 66.000,00 EUR und C 22.000,00 EUR.

Erläuterung:
Wir tragen zunächst die Kapitalbeteiligungen der einzelnen Gesellschafter in das Schema ein.
Nach den Beteiligungen (= Verteilungsschlüssel) wird der Gesamtgewinn verteilt.
Der Verteilungsschlüssel wird gekürzt (Teile). Dabei bleibt das Verhältnis der Kapitalanteile zuei-
nander gleich. Demnach wird der Gewinn auf die Gesellschafter im Verhältnis 2:3:1 aufgeteilt. Auf
einen Teil (insgesamt 6 Teile) entfällt ein Gewinn von 22.000,00 EUR (132.000/6).

$$\text{Wert eines Teils} = \frac{\text{zu verteilende Größe}}{\text{Summe der Teile}}$$

Die Gewinnanteile ergeben sich aus der Multiplikation der Teile eines Gesellschafters mit dem Wert eines Teils. Wir führen eine Probe durch, indem die Summe der Gewinnanteile dem Gesamtgewinn entsprechen muss.

Beispiele
Karl Kistenmacher bezieht verschiedene Holzsorten:
Sorte 1:   52 Festmeter zu 310,00 EUR je Festmeter
Sorte 2:   76 Festmeter zu 425,00 EUR je Festmeter
Sorte 3:   28 Festmeter zu 380,00 EUR je Festmeter
Der Lieferant berechnet für Fracht 5.007,60 EUR und für Versicherung und Zoll 4.429,50 EUR.
Berechnen Sie den Bezugspreis für jede Sorte.

Es sind zwei Beträge (Frachtkosten und Versicherungen) nach verschiedenen Verteilungsschlüsseln (Festmeter und Wert) auf die drei Sorten umzulegen.

a) Verteilung der Frachtkosten nach Festmetern

Sorte	Festmeter		Teile	Wert eines Teils (EUR)	Kostenanteil (EUR)
1	52	(:4)	13	128,40	1.669,20
2	76	(:4)	19	128,40	2.439,60
3	28	(:4)	7	128,40	898,80
			39		5.007,60

$$\text{Wert eines Teils} = \frac{5.007,00}{39} = 128,40 \text{ EUR}$$

b) Verteilung der Versicherungs- und Zollkosten nach dem Wert

Sorte	Barpreis (EUR) (Festmeter Preis)		Teile	Wert eines Teils (EUR)	Kostenanteil (EUR)
1	16.120,00	(:20)	806	1,50	1.209,00
2	32.300,00	(:20)	1.615	1,50	2.422,50
3	10.640,00	(:20)	532	1,50	798,00
			2.953		4.429,50

$$\text{Wert eines Teils} = \frac{4.429,50}{2.953,00} = 1,50 \text{ EUR}$$

c) Ermittlung des Bezugspreises (Einstandspreis)

	Sorte 1	Sorte 2	Sorte 3
Barpreis (EUR)	16.120,00	32.300,00	10.640,00
+ Frachtkosten (EUR)	1.669,20	2.439,60	898,80
+ Versicherung/Zoll (EUR)	1.209,00	2.422,50	798,00
= **Bezugspreis (EUR)**	**18.998,20**	**37.162,10**	**12.336,80**

Lösungsweg:
1. Tabelle aufstellen.
2. Verteilungsschlüssel eintragen.
3. Teile bestimmen durch Kürzen des Schlüssels.
4. Wert eines Teils berechnen.
5. Anteil je Position ermitteln.
6. Probe durchführen.

2.2   Brüche als Verteilungsschlüssel

Beispiel Die Tropic GmbH hat sich mit drei anderen Sportmodenherstellern zu einer gemeinsamen Werbeaktion zusammengeschlossen. Die Partner Intersport GmbH, Sportfashion GmbH und Champion GmbH beteiligen sich an den Gesamtkosten mit: Intersport GmbH: ¼, Sportfashion GmbH: ⅕ und Champion GmbH: ⅛. Die Tropic GmbH übernimmt den Rest von 28.050,00 EUR. Mit welchem Betrag beteiligen sich die einzelnen Unternehmen an der Werbeaktion? Wieviel kostet die Aktion insgesamt?

Hersteller	Bruchanteil		Teile	Wert eines Teils (EUR)	Kostenbeteiligung (EUR)
Intersport GmbH	¼	$^{10}/_{40}$	10	1.650,00	16.500,00
Sportfashion GmbH	⅕	$^{8}/_{40}$	8	1.650,00	13.200,00
Champion GmbH	⅛	$^{5}/_{40}$	5	1.650,00	8.250,00
Tropic GmbH	Rest	$^{17}/_{40}$	17	1.650,00	28.050,00
		$^{40}/_{40}$	40		66.000,00

$$\text{Wert eines Teils} = \frac{28.050,00}{17} = 1.650,00 \text{ EUR}$$

Erläuterung:
Wir bestimmen zunächst den Hauptnenner und machen die Brüche gleichnamig. Jetzt können wir addieren. Die Unternehmen Intersport GmbH, Sportfashion GmbH und Champion GmbH übernehmen zusammen 23/40 der Gesamtkosten. Für die Tropic GmbH bleiben 17/40 (40–23), da die Gesamtkosten 40/40 (einem Ganzen) entsprechen. Der Anteil der Tropic GmbH ist bekannt. Ihre 17 Teile entsprechen 28.050,00 EUR, ein Teil 1.650,00 EUR. Die Kostenanteile der anderen Hersteller ergeben sich wieder aus der Multiplikation der Teile mit dem Wert eines Teils. Die Gesamtkosten (66.000,00 EUR) entsprechen der Summe der einzelnen Kostenanteile.

Lösungsweg:
1. Brüche gleichnamig machen und addieren.
2. Bestimmung der Teile für den Restbetrag durch Ergänzung zu einem Ganzen.
3. Wert eines Teils: $\dfrac{\text{Restbetrag}}{\text{Teile für den Restbetrag}}$
4. Anteil je Position ermitteln.
5. Bestimmung des Gesamtbetrages durch Addition der Teile.

Aufgaben

1. *Drei Angestellte haben an einer Lotterie teilgenommen und dabei 2.472,00 EUR gewonnen. A beteiligte sich mit 12,00 EUR, B mit 2,00 EUR und C mit 10,00 EUR am Lotterieeinsatz. Welchen Gewinnanteil erhält jeder?*

2. Vier mittelständische Unternehmen betreiben gemeinsam ein Vertriebsbüro mit Auslieferungslagern im Ausland. A hat sich mit ¼, B mit ⅕, C mit ⅜ und D mit 105.000,00 EUR beteiligt.
   a) Mit welchem Betrag sind die einzelnen Unternehmen beteiligt?
   b) Wie viel Kapital wurde insgesamt investiert?
   c) Welchen Gewinnanteil erhält jeder, wenn im abgelaufenen Geschäftsjahr ein Gesamtgewinn von 140.000,00 EUR erzielt wurde?

3. Karl Kistenmacher hat in seinem Unternehmen ein Gewinnbeteiligungsmodell eingeführt. Für die drei Lagerarbeiter steht ein Gewinn von 3.500,00 EUR nach der Dauer der Betriebszugehörigkeit zur Verteilung. A ist seit 12 Jahren im Unternehmen, B seit 6 Jahren und C seit 3 Jahren. Welchen Anteil erhält jeder Lagerarbeiter?

4. An einer OHG sind vier Gesellschafter beteiligt. A mit ⅓, B mit ⅙, C mit ²/₇ und D mit dem Rest von 180.000,00 EUR. Der Jahresgewinn von 24.780,00 EUR soll lt. Gesellschaftervertrag nach der Kapitalbeteiligung verteilt werden.
   a) Wie hoch ist das Gesamtkapital des Unternehmens, und mit welchem Betrag ist jeder Gesellschafter beteiligt?
   b) Welchen Gewinnanteil erhält jeder Gesellschafter?

5. Auf einer Messe betreiben vier Unternehmen einen Stand. An den Kosten beteiligten sich A mit ⅛, B mit ⅙, C mit ³/₁₂ und D mit 6.875,00 EUR.
   a) Wie viel Kosten trägt jedes Unternehmen?
   b) Wie hoch sind die Gesamtkosten?

6. Die Mietkosten für ein Lagergebäude betragen monatlich 5.632,00 EUR. Sie werden auf drei Artikelgruppen nach beanspruchter Fläche umgelegt. Artikelgruppe 1 benötigt 630 qm, Artikelgruppe 2 benötigt 760 qm und Artikelgruppe 3 benötigt 370 qm. Welcher Mietanteil entfällt auf die einzelnen Gruppen?

7. Für den Bezug von drei verschiedenen Rohstoffen entstehen 8.208,00 EUR Frachtkosten und 4.193,25 EUR Versicherungskosten.

Rohstoff	Gewicht (t)	Preis je t (EUR)
A	9	3.900,00
B	17	4.870,00
C	28	1.780,00

Berechnen Sie den Bezugspreis für jede Rohstoffart.

3   Prozentrechnung

Wegen der Grippewelle sind bei uns zur Zeit immerhin 24 unserer 200 Beschäftigten krankgeschrieben.

Heiner Herbst,
Tropic GmbH

Bei uns ist es noch schlimmer. Von unseren 140 Mitarbeitern fehlen 21 wegen Grippe.

Lydia Lamprecht,
Weberei Holzmann KG

Welches Unternehmen ist stärker von der Grippewelle betroffen? Begründen Sie Ihre Meinung.

Auf den ersten Blick hat es den Anschein, dass die Tropic GmbH stärker unter dem Arbeitskräfteausfall zu leiden hat, da mehr Beschäftigte krank sind als bei ihrem Zulieferer. Ein wirklicher Vergleich muss aber die unterschiedliche Zahl der Beschäftigten berücksichtigen.

Dies kann dadurch geschehen, dass man die Zahl der Erkrankten auf je 100 Beschäftigte bezieht.

Mithilfe der Dreisatzrechnung ergibt sich folgende Lösung:

Weberei Holzmann KG
140 Beschäftigte – 21 Erkrankte
100 Beschäftigte – x Erkrankte

Tropic GmbH
200 Beschäftigte – 24 Erkrankte
100 Beschäftigte – x Erkrankte

$$x = \frac{21 \cdot 100}{140} = 15$$

$$x = \frac{24 \cdot 100}{200} = 12$$

Es stellt sich heraus, dass die Holzmann KG stärker betroffen ist, da sie – bezogen auf 100 Beschäftigte – den höheren Krankenstand hat.

Die Prozentrechnung ermöglicht es, Zahlenangaben besser miteinander zu vergleichen. Dabei wählt man eine für alle Vergleichsgrößen gemeinsame Bezugszahl 100 (% = von Hundert, pro cento).

In der Prozentrechnung werden drei Werte unterschieden:

PROZENTSATZ (p)	GRUNDWERT (G) (= 100 %)	PROZENTWERT (W)

Zur Ermittlung eines dieser drei Werte müssen immer die beiden anderen gegeben sein.

3.1   Berechnung des Prozentwertes

SITUATION

Auszug aus einer Ausgangsrechnung

> Rechnungsbetrag **1.200,00 EUR**
>
> Zahlbar innerhalb 7 Tagen mit 2 % Skonto, 30 Tage netto.

Wie viel EUR Skonto kann der Kunde vom Rechnungsbetrag abziehen, wenn er innerhalb von 7 Tagen bezahlt?

> G = 1.200,00 EUR
> p = 2 %
> W = ?

Zur Ermittlung des Prozentwertes müssen Grundwert und Prozentsatz gegeben sein.

Lösung mit Dreisatz:
Der Skonto in Höhe von 2 % wird berechnet vom Rechnungspreis.
Der Rechnungspreis ist somit der Grundwert (= 100 %).

> G = 1.200,00 EUR
> p = 2 %
> W = ?

100 % – 1.200,00 EUR

2 % –   x

$$x = \frac{1.200 \cdot 2}{100} = 24,00 \text{ EUR}$$

Antwort: Der Kunde kann 24,00 EUR Skonto abziehen.

Lösung mit Formel:

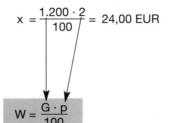

$$W = \frac{G \cdot p}{100}$$

Rechnen mit bequemen Prozentsätzen:
Bequeme Prozentsätze sind glatt in 100 enthalten. Sie dienen der Erleichterung des Rechnens, indem man den Grundwert durch den bequemen Teiler dividiert.

Beispiel 10 % sind 10mal in 100 enthalten.

$10\,\% \text{ von } 250{,}00 \text{ EUR} = \dfrac{250}{10} = 25{,}00 \text{ EUR}$

Prozentsatz	Teiler	Prozentsatz	Teiler
1 %	100	8⅓ %	12
1¼ %	80	10 %	10
1⅔ %	60	12½ %	8
2 %	50	16⅔ %	6
2½ %	40	20 %	5
3⅓ %	30	25 %	4
4 %	25	33⅓ %	3
5 %	20	50 %	2
6¼ %	16	66⅔ %	⅔
6⅔ %	15	75 %	¾

Aufgaben

1. *Ein Lieferer gewährt bei Barzahlung Skonto. Berechnen Sie den Skontobetrag in EUR:*
   Rechnungsbetrag   Skonto
   a)   265,00 EUR   2   %
   b) 1.375,00 EUR   3   %
   c)   850,00 EUR   2,5 %

2. *Ein Angestellter erhält eine Gehaltserhöhung von 6¼%. Sein bisheriges Gehalt betrug 3.200,00 EUR. Berechnen Sie die Gehaltserhöhung in EUR und sein neues Gehalt.*

3. *Die Heizkosten der Firma Huber betrugen im letzten Geschäftsjahr 16.800,00 EUR. In diesem Jahr sind sie um 8⅓% gestiegen. Wie hoch war die Kostensteigerung in EUR? Wie hoch sind die Heizkosten jetzt?*

4. *Ein Lieferer gewährt bei Abnahme einer bestimmten Menge Rabatt. Berechnen Sie den Rabatt in EUR:*
   Rechnungsbetrag   Rabatt
   a)   2.600,00 EUR   12   %
   b)   4.780,00 EUR   15   %
   c)   8.970,00 EUR   16⅔ %
   d) 27.300,00 EUR   33⅓ %

5. *Zum Winterschlussverkauf werden die Preise für verschiedene Artikel gesenkt. Berechnen Sie die Preissenkung in EUR und die neuen Preise:*
   alter Preis   Preissenkung
   a) 2.600,00 EUR   6¼ %
   b)   765,00 EUR   5   %
   c)   890,00 EUR   12½ %

6. Es gilt folgende Rabattstaffel:
    10   % Rabatt bei Abnahme ab 100 Stück
    12,5 % Rabatt bei Abnahme ab 250 Stück
    15   % Rabatt bei Abnahme ab 500 Stück
    Listenverkaufspreis des Lieferanten: 13,00 EUR/Stück.
    Berechnen Sie den zu zahlenden Preis insgesamt und pro Stück bei Abnahme von
    a) 120 Stück,
    b) 300 Stück,
    c) 1.000 Stück.

3.2   Berechnung des Prozentsatzes

Normalerweise beträgt
unser Listenverkaufspreis 1.600,00 EUR.
Aber 200,00 EUR Rabatt
können wir gewähren.

Wie viel Prozent Rabatt sind dies?

SITUATION

1. **Warum gewähren wir Kunden Rabatt?**

2. **Welche Rabattarten gibt es?**

Zur Ermittlung des Prozentsatzes müssen Grundwert und Prozentwert gegeben sein.

Lösung mit Dreisatz:
Der Verkaufspreis, von dem der Rabatt berechnet wird, ist der Grundwert (= 100 %).

$$
\begin{aligned}
G &= 1.600,00 \text{ EUR} \\
W &= 200,00 \text{ EUR} \\
p &= ?
\end{aligned}
$$

1600,00 EUR – 100 %

200,00 EUR – x   %

$$x = \frac{200 \cdot 100}{1600} = 12,5\,\%$$

Antwort: Der Rabattsatz beträgt 12,5 %.

Lösung mit Formel:

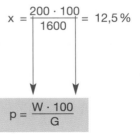

$$p = \frac{W \cdot 100}{G}$$

Aufgaben

1. Wie viel Prozent Rabatt wurden in den folgenden Fällen gewährt?

Listenpreis	Rabatt
a) 2.530,00 EUR	202,40 EUR
b) 8.620,00 EUR	1.293,00 EUR

2. Wie viel Prozent Skonto wurden in den folgenden Fällen gewährt?

Rechnungspreis	Skonto
a) 860,00 EUR	12,90 EUR
b) 4.210,00 EUR	105,25 EUR

3. Wie viel Prozent vom Bruttogewicht beträgt die Tara (Verpackung)?

Bruttogewicht	Verpackung
a) 560 kg	9,80 kg
b) 316 kg	7,11 kg

4. Ein Warenhaus verteilte Prospekte an 9.600 Kunden. Daraufhin bestellten 2.496 Kunden. Wie viel Prozent der umworbenen Kunden bestellten?

5. Im Rahmen einer Sonderaktion wurde der Preis für eine Ware von 120,00 EUR auf 102,00 EUR herabgesetzt. Wie viel Prozent betrug die Ermäßigung?

6. Ein Kunde zahlt nach Abzug von 5,75 EUR Skonto noch 224,25 EUR. Wie viel Prozent Skonto wurden gewährt?

7. In der Gehaltsabrechnung eines kaufmännischen Angestellten sind u. a. folgende Beträge ausgewiesen:

Brutto	Abzüge
3.415,00 EUR	1.024,50 EUR

Wie viel Prozent seines Bruttogehalts bekommt er ausbezahlt?

8. Der Verkaufspreis einer Ware wurde von 390,00 EUR auf 419,25 EUR heraufgesetzt. Wie viel Prozent betrug die Preiserhöhung?

3.3   Berechnung des Grundwertes

SITUATION

Der Preis wurde nochmals kalkuliert. Wir können 15 % Rabatt gewähren. Das entspricht dann 675,00 EUR.

Wie hoch ist der ursprüngliche Preis?

Zur Ermittlung des Grundwertes müssen Prozentwert und Prozentsatz bekannt sein.

Lösung mit Dreisatz:
Der Preis, von dem der Rabatt gewährt wird, ist der Grundwert (= 100 %).
Er ist gesucht.

```
p = 15 %
W = 675,00 EUR
G = ?
```

15 % – 675,00 EUR

100 % – x   EUR

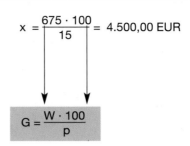

$$x = \frac{675 \cdot 100}{15} = 4.500,00 \text{ EUR}$$

$$G = \frac{W \cdot 100}{p}$$

Antwort: Der Grundwert beträgt 4.500,00 EUR.

Lösung mit Formel:

Aufgaben

1. Ein Lieferer gewährt bei fristgemäßer Zahlung Skonto. Ermitteln Sie den Rechnungsbetrag.

Skonto (in %)	**Skonto (in EUR)**
a) 2 %	70,00 EUR
b) 1,5 %	157,20 EUR

2. Ein Angestellter erhält eine Gehaltserhöhung von 5 %, das sind 160,00 EUR. Wie hoch war das ursprüngliche Gehalt?

3. Eine Ware wird uns mit 25 % Wiederverkäuferrabatt angeboten, das sind 1.405,00 EUR. Wie viel EUR beträgt der Zieleinkaufspreis dieser Ware?

4. Für den Sommerschlussverkauf werden verschiedene Waren im Preis gesenkt. Ermitteln Sie den ursprünglichen Verkaufspreis der Waren.

Preissenkung (in %)	**Preissenkung (in EUR)**
a) 7,5 %	17,25 EUR
b) 12,5 %	72,50 EUR
c) 14 %	226,80 EUR

5. Nach Kostensteigerungen muss ein Unternehmen die Verkaufspreise seiner Produkte erhöhen. Aufgrund der Konkurrenzsituation fällt die Kostensteigerung bei verschiedenen Produkten unterschiedlich aus. Berechnen Sie die früheren Verkaufspreise.

Preiserhöhung (in %)	**Preiserhöhung (in EUR)**
a) 20 %	308,00 EUR
b) 12,5 %	608,75 EUR
c) 7,5 %	243,75 EUR

3.4   Der vermehrte und verminderte Grundwert

3.4.1   Der vermehrte Grundwert – Prozentrechnen auf Hundert (einstufig)

SITUATION

Ayse Kaymak sitzt mit einigen Mitschülern aus der Berufsschule im Eiscafé. Sandra erzählt, dass sie 5 % Erhöhung auf ihre Ausbildungsvergütung erhalten hat und nun 714 Euro im Monat verdient. Ayse will wissen, wie viel sie denn vorher verdient hat.

1. *Warum kann man zur Ermittlung der alten Ausbildungsver-gütung nicht einfach 5 % von der neuen Ausbildungsvergütung abziehen?*

2. *Von welcher Ausbildungsvergütung wurden die 5 % Erhöhung berechnet?*

Bei der Prozentrechnung auf Hundert geht die Rechnung von einem Wert aus, der größer als 100 % ist **(vermehrter Grundwert)**.

Lösung mit Dreisatz:
Das frühere Gehalt ist mit 100 % gleichzusetzen. Dieses Gehalt wird um 5 % erhöht. Das neue Gehalt beträgt also 105 % des alten Gehalts. Diese 105 % sind der **„vermehrte Grundwert"**.

105 % – 714,00 EUR

100 % –   x   EUR

$$x = \frac{714 \cdot 100}{105} = 680,00 \ \text{EUR}$$

Probe durch Vorwärtsrechnung

Achtung

Antwort: Das frühere Gehalt betrug 680,00 EUR.

> **Lernhilfe** Zuerst ist festzustellen, welche Größe der reine Grundwert ist. Diese Größe ist mit 100 % gleichzusetzen. Durch die Erhöhung kommt es zum vermehrten Grundwert. Folgende Formulierungen deuten auf einen vermehrten Grundwert hin: nach einer Erhöhung, nach einer Steigerung, nach einem Aufschlag ... (größer als 100 %).

Aufgaben

1. *Der Monatsumsatz eines Betriebes stieg um 20 %. Er beträgt nun 420.000,00 EUR. Wie hoch war der Umsatz des Vormonats?*

2. *Die Personalkosten eines Betriebes betragen in diesem Jahr 960.000,00 EUR. Sie liegen damit um 8,5 % über den Personalkosten des Vorjahres. Wie viel EUR musste der Betrieb im Vorjahr für das Personal aufwenden?*

3. *Ein Angestellter verdient nach einer Gehaltserhöhung von 3 % nun 4.341,45 EUR. Wie hoch war sein Gehalt vor der Gehaltserhöhung? Wie viel EUR betrug die Gehaltserhöhung?*

4. *Der Verkaufspreis einer Ware beträgt nach einer Preiserhöhung von 2,5 % nun 123,00 EUR. Wie hoch war der frühere Verkaufspreis? Wie viel EUR betrug die Preiserhöhung?*

5. *Die Heizkosten eines Unternehmens stiegen gegenüber dem Vorjahr um 3,5 %. Sie betragen nun 13.972,50 EUR. Wie hoch waren die Heizkosten im letzten Jahr?*

6. *Nach einem Gewinnaufschlag von 18 % ergibt sich ein Verkaufspreis von 6.608,00 EUR. Der Gewinn in EUR ist zu berechnen.*

7. *Der Umsatz eines Betriebes hat gegenüber dem Vormonat um 28 % zugenommen. Der Umsatz beträgt nun 1.100.800,00 EUR. Wie hoch war der Umsatz des letzten Monats?*

8. *Ein Handelsvertreter hat eine Provisionssteigerung von 10 % zu verzeichnen. In diesem Jahr hat er 162.800,00 EUR an Provisionen eingenommen. Wie viel EUR Provision erhielt er im letzten Jahr?*

9. *Die verkaufte Auflage einer Illustrierten stieg gegenüber dem 1. Quartal um 5,6 %. Im 2. Quartal wurde eine Auflage von 1.182.720 Exemplaren erreicht. Wie hoch war die verkaufte Auflage im 1. Quartal?*

3.4.2 Der vermehrte Grundwert (mehrstufig)

Ein Angestellter der Tropic GmbH erhielt im ersten Jahr eine Gehaltserhöhung von 4 %, im zweiten Jahr eine erneute Gehaltserhöhung von 5 %. Sein Gehalt beträgt jetzt 2.730,00 EUR. Wie hoch war sein ursprüngliches Gehalt?

SITUATION

Lösung:

Die Prozentsätze dürfen nicht addiert werden, da die einzelnen Erhöhungen von unterschiedlichen Grundwerten berechnet werden.

In einer Übersicht sind die Werte einzutragen, die bekannt sind (die fett gedruckten Beträge sind am Anfang noch nicht bekannt).

ursprüngliches Gehalt	**2.500,00 EUR** –	100 %	
+ 1. Gehaltserhöhung	**100,00 EUR** –	4 %	
= neues Gehalt	**2.600,00 EUR** –	104 % (2)	100 %
+ 2. Gehaltserhöhung	**130,00 EUR** –		5 %
= neues Gehalt	2.730,00 EUR –		105 % (1)

(1) Zur Berechnung des ursprünglichen Gehalts muss von der letzten Gehaltserhöhung ausgegangen werden, da nur das Gehalt nach dieser zweiten Erhöhung bekannt ist.

105 % – 2.730,00 EUR
100 % –   x   EUR

$$x = \frac{2.730,00 \cdot 100}{105} = 2.600,00 \text{ EUR}$$

(2) In der nächsten Stufe bilden die ermittelten 2.600,00 EUR den vermehrten Grundwert.

104 % – 2.600,00 EUR
100 % –   x   EUR

$$x = \frac{2.600,00 \cdot 100}{104} = 2.500,00 \text{ EUR}$$

Antwort: Das ursprüngliche Gehalt betrug 2.500,00 EUR. (Die einzelnen Gehaltserhöhungen ergeben sich als Differenz.)

Aufgaben

1. *Der Verkaufspreis einer Ware wurde vor einigen Monaten um 2 % erhöht. Nach einer erneuten Preiserhöhung von 3 % beträgt der Verkaufspreis jetzt 1.260,72 EUR. Wie hoch war der ursprüngliche Preis? Wie viel EUR betrugen die beiden Preiserhöhungen?*

2. *Ein kaufmännischer Angestellter erhielt vor einem Jahr eine Gehaltserhöhung von 2 %. Vor zwei Monaten erhielt er eine weitere Gehaltserhöhung von 4 %. Nach einer weiteren Zulage von 2 % erhält er nun ein Gehalt von 3.261,96 EUR. Wie hoch war sein Gehalt vor einem Jahr? Wie hoch war das Gehalt vor zwei Monaten? Wie viel EUR betrugen die einzelnen Gehaltserhöhungen?*

3. *Der Umsatz eines Betriebes stieg im ersten Jahr um 12,5 %, im zweiten Jahr um 8,5 % und im dritten Jahr um weitere 10 %. Er beträgt nun 1.074.150,00 EUR. Wie hoch war der Umsatz im ersten und zweiten Jahr? Wie viel EUR betrugen die einzelnen Umsatzsteigerungen?*

4. *Die verkaufte Auflage einer Tageszeitung ist im letzten Jahr um 3 % und dieses Jahr um weitere 2 % gestiegen. Sie beträgt jetzt 157.590 Stück. Wie hoch war die Auflage vor 2 Jahren?*

3.4.3   Der verminderte Grundwert – Prozentrechnen im Hundert (einstufig)

SITUATION

Im ersten Jahr der Nutzung betrug der Wertverlust eines Lkw 10 % des Anschaffungswertes. Der Lkw hat noch einen Buchwert von 72.000,00 EUR.

S	Fuhrpark	H
AB	? ...	
	SB 72.000,00	

Warum hat der Lkw an Wert verloren?

Bei der Prozentrechnung im Hundert geht die Rechnung von einem Wert aus, der kleiner als 100 % ist (verminderter Grundwert).

Lösung:

Vom ursprünglichen Anschaffungswert ist nur bekannt, dass er mit 100 % gleichzusetzen ist (= reiner Grundwert), denn von ihm werden 10 % Wertverlust abgezogen. Der Restbuchwert beträgt demnach noch 90 % des Anschaffungswertes. Diese 90 % sind der **„verminderte Grundwert"**.

$$\begin{array}{l} 90\,\% - 72.000,00\ \text{EUR} \\ 100\,\% - \quad x \quad \text{EUR} \end{array} \qquad x = \frac{72.000,00 \cdot 100}{90} = 80.000,00\ \text{EUR}$$

Probe durch Vorwärtsrechnung

Antwort: Der Anschaffungswert betrug 80.000,00 EUR.

> **Lernhilfe**   Zuerst ist festzustellen, welche Größe der reine Grundwert ist. Diese Größe ist mit 100 % gleichzusetzen. Durch die Senkung kommt es zum verminderten Grundwert (kleiner als 100 %). Folgende Formulierungen deuten auf einen verminderten Grundwert hin: nach einer Senkung, nach einer Herabsetzung, nach einem Nachlass, nach Skontoabzug ...

Aufgaben

1. Nach Abzug von 3 % Skonto überweisen wir unserem Lieferer 3.511,40 EUR. Wie hoch war der Rechnungsbetrag?

2. Nach einer Preissenkung von 8 % wird ein Artikel für 579,60 EUR angeboten. Wie hoch war der ursprüngliche Verkaufspreis?

3. Der Umsatz eines Unternehmens ging im Vergleich zum Vormonat um 12,5 % auf 319.375,00 EUR zurück? Wie hoch war der Umsatz im Vormonat? Wie viel EUR betrug der Umsatzrückgang?

4. Eine Ware verliert durch längere Lagerung 2 % ihres Gewichtes. Sie wiegt nach einiger Zeit nur noch 83,3 kg. Wie hoch war der Gewichtsverlust in kg? Wie viel kg lagen ursprünglich auf Lager?

5. Nach Abzug von 25 % Wiederverkäuferrabatt überweist ein Betrieb an den Lieferer noch 4.350,00 EUR. Wie hoch war der Listenpreis der Ware?

6. Die Heizkosten eines Unternehmens sind im April um 22,5 % niedriger als im März. Sie betragen im April noch 759,50 EUR. Wie hoch waren die Heizkosten im März?

7. Durch Rationalisierungsmaßnahmen kann ein Unternehmen seine Personalkosten um 15 % senken. Sie betragen jetzt noch 204.000,00 EUR. Wie hoch waren die Personalkosten vor der Rationalisierung?

8. Die verkaufte Auflage einer Tageszeitung ist im 3. Quartal um 2,2 % gesunken. Es wurde eine durchschnittliche Auflage von 250.368 Exemplaren erreicht. Wie hoch war die durchschnittliche Auflage im 2. Quartal?

3.4.4 Der verminderte Grundwert (mehrstufig)

So ein Pech! Jetzt hab' ich doch tatsächlich Kaffee über die Rechnung geschüttet und kann die einzelnen Beträge nicht mehr entziffern. Hoffentlich habe ich richtig gerechnet.

Listenpreis
– 25 % Rabatt

= Zieleinkaufspreis
– 3 % Skonto

= Bareinkaufspreis   873,00 EUR

	873,00 EUR
+	28 %
=	1.117,44 EUR

Hat Ayse richtig gerechnet? Begründen Sie Ihre Antwort.

Lösung:
Die einzelnen Prozentsätze dürfen nicht addiert werden, da die Abzüge von verschiedenen Grundwerten berechnet werden.

In einer Übersicht sind wieder zuerst die bekannten Größen einzutragen (die fett gedruckten Beträge sind am Anfang noch nicht bekannt).

Listeneinkaufspreis	**1.200,00 EUR**	–	100 %		
– Rabatt	**300,00 EUR**	–	25 %		
= Zieleinkaufspreis	**900,00 EUR**	–	75 %	100 %	
– Skonto	**27,00 EUR**	–	(2)	3 %	
= Bareinkaufspreis	873,00 EUR			97 %	(1)

(1) Zur Berechnung der noch unbekannten Größen muss von dem Preis nach Skontoabzug ausgegangen werden, da nur dieser Preis in EUR bekannt ist.

97 % – 873,00   EUR
100 % –   x   EUR

$$x = \frac{873,00 \cdot 100}{97} = 900,00 \text{ EUR}$$

(2) Im nächsten Schritt bilden die ermittelten 900,00 EUR den verminderten Grundwert.

75 % – 900,00   EUR
100 % –   x   EUR

$$x = \frac{900,00 \cdot 100}{75} = 1.200,00 \text{ EUR}$$

Antwort: Der Listeneinkaufspreis beträgt 1.200,00 EUR.

Aufgaben

1. *Der Preis einer Ware wird im Juni um 6 % und im Juli nochmals um 5 % herabgesetzt. Ihr Verkaufspreis beträgt jetzt 580,45 EUR. Wie hoch waren der ursprüngliche Preis und die einzelnen Preissenkungen?*

2. *Eine Maschine wurde drei Jahre hintereinander mit 30 % vom jeweiligen Buchwert abgeschrieben und steht am Ende des dritten Jahres noch mit einem Restbuchwert von 27.440,00 EUR in der Bilanz. Wie hoch waren die Abschreibungen in den einzelnen Jahren? Wie hoch war der Anschaffungswert?*

3. *Bei sofortiger Zahlung ohne jeden Abzug kann eine Ware zu 441,00 EUR verkauft werden. Mit wie viel EUR muss diese Ware in die Preisliste übernommen werden, wenn dem Kunden 10 % Rabatt und 2 % Skonto gewährt werden sollen?*

4. *Der Umsatz eines Betriebes ist dieses Jahr um 8 % auf 770.040,00 EUR zurückgegangen. Im letzten Jahr betrug der Umsatzrückgang 7 %. Wie hoch war der Umsatz vor 2 Jahren?*

3.5   Promillerechnung

Bei der Promillerechnung wählt man als Bezugszahl 1.000 (pro mille = vom Tausend = ‰).

Ein Frachtführer berechnet bei einem Transport im Warenwert von 80.000,00 EUR eine Prämie für Transportversicherung von 2 ‰. Wie viel EUR beträgt die Transportversicherung?

Lösung mit Dreisatz:

1000 ‰ – 80.000,00   EUR
2 ‰ –   x   EUR

$$x = \frac{80.000,00 \cdot 2}{1.000} = 160,00 \text{ EUR}$$

Antwort: Der Frachtführer berechnet 160,00 EUR Transportversicherung.

Aufgaben

1. *Berechnen Sie die Transportversicherung.*

Warenwert	Prämie
a) 120.000,00 EUR	1,5 ‰
b) 13.500,00 EUR	7,5 ‰

2. *Beim Kauf von Wertpapieren stellt uns die Bank 2,5 ‰ Provision vom Kurswert in Rechnung. Dies sind 71,50 EUR. Wie hoch war der Kurswert der Wertpapiere?*

Zusammenfassende Aufgaben zum Thema Prozentrechnen

1. *Im letzten Jahr wurde ein Artikel für 380,00 EUR angeboten. Dieses Jahr ist er mit 408,50 EUR ausgezeichnet. Wie viel Prozent beträgt die Preissteigerung?*

2. *Ein Artikel wird mit 22 % Wiederverkäuferrabatt angeboten, das sind 110,00 EUR. Wie viel EUR beträgt der ursprüngliche Preis dieses Artikels?*

3. *Nach einer 7 %igen Preiserhöhung kostet eine Ware 128,40 EUR. Um wie viel EUR wurde die Ware teurer? Wie viel EUR kostete die Ware vor der Preiserhöhung?*

4. *Nach einer Steigerung gegenüber dem Vorjahr um 8¼ % betragen die Werbekosten jetzt 56.290,00 EUR. Um wie viel EUR sind die Kosten gestiegen?*

5. Eine Rechnung wird unter Abzug von 3 % Skonto mit 1.222,20 EUR beglichen. Über welchen Betrag lautete ursprünglich die Rechnung?

6. Die Einnahmen eines Geschäftes stiegen gegenüber dem Vormonat um 25 %. Sie betragen jetzt 170.000,00 EUR. Wie hoch waren die Einnahmen im Vormonat?

7. Ein Lieferer gewährt 12,5 % Rabatt. Die Rechnung beläuft sich auf netto 7.437,50 EUR. Wie viel EUR Rabatt wurde gewährt?

8. Das Nettogewicht einer Ware beträgt 392 kg. Wie hoch ist das Bruttogewicht bei 2 % Tara?

9. Der Vertreter Peter Flitz erzielte im vergangenen Monat einen Umsatz von 41.650,00 EUR. Er erhielt 1.874,25 EUR Provision gutgeschrieben. Wie viel Prozent Provision erhält er?

10. Im Vergleich zum Vorjahr sind die Lagerkosten um 3,8 % auf 25.950,00 EUR gestiegen. Wie hoch waren die Kosten im Vorjahr? Wie viel EUR betrug die Steigerung der Kosten?

11. Ein Reisender erhält neben einem monatlichen Fixum von 2.500,00 EUR 2 % Provision auf seine Umsätze. Wie viel EUR muss er umsetzen, wenn er ein Jahreseinkommen von 50.000,00 EUR erreichen will?

12. Um wie viel Prozent wurde der Preis eines Artikels herabgesetzt, wenn der alte Preis 360,00 EUR betrug und der Artikel nun mit 306,00 EUR ausgezeichnet ist?

13. Nach einem Gewinnaufschlag von 12 % auf den Selbstkostenpreis wird ein Artikel zum Barverkaufspreis von 504,00 EUR angeboten. Wie hoch ist der Selbstkostenpreis?

14. Eine Fabrik rechnet bei der Produktion mit einer Ausschussquote von 8 %. Wie viel kg Material muss eingesetzt werden, um einen Kundenauftrag über 3.680 kg verkaufsfertige Ware erfüllen zu können?

15. Ein Händler überweist seinem Lieferer 1.463,70 EUR einschließlich 19 % Umsatzsteuer. Wie viel EUR beträgt die im Rechnungspreis enthaltene Umsatzsteuer?

16. Das Gehalt einer Verkäuferin wird um 6 % erhöht, das sind 108,00 EUR. Wie viel EUR beträgt das Gehalt nach der Erhöhung?

17. Beim Wiederaufbau des Lagers der Firma Pech wurde der Kostenvoranschlag des Architekten um 12,5 % überschritten. Herr Pech soll nun 13.125,00 EUR mehr bezahlen als ursprünglich geplant. Wie hoch war der Kostenvoranschlag?

18. Wie viel Prozent des Eigenkapitals beträgt der Reingewinn?

Eigenkapital	**Reingewinn**
a) 300.000,00 EUR	24.600,00 EUR
b) 535.000,00 EUR	60.455,00 EUR

19. Der Absatz einer Ware hat im letzten Jahr um 23 % zugenommen. Wie hoch war der vorjährige Umsatz, wenn im laufenden Geschäftsjahr 9.594 Stück verkauft wurden?

20. Ein kaufmännischer Angestellter erhält in seinem Betrieb 15 % Personalrabatt. Nach Abzug des Personalrabatts zahlt er für eine Ware noch 816,00 EUR. Wie hoch war der reguläre Preis?

21. Der Restbuchwert einer Computeranlage beträgt nach einjähriger Nutzung noch 21.875,00 EUR. Wie hoch war der Anschaffungswert bei einem Abschreibungssatz von 12,5 %?

22. Eine Ware hat durch längere Lagerung 3⅓ % an Gewicht verloren. Sie wiegt nach einiger Zeit nur noch 116 kg. Wie hoch war der Gewichtsverlust in kg? Wie viel kg lagen ursprünglich auf Lager?

23. Ein Betrieb zahlt einem Vertreter ein monatliches Fixum von 800,00 EUR und eine Provision von 4 % aus den Jahresumsätzen bis 400.000,00 EUR. Bei Umsätzen darüber hinaus erhält der Vertreter 5 % Provision. Welcher Gesamtumsatz ist durch Mitwirkung des Vertreters im letzten Jahr zustandegekommen, wenn er insgesamt 40.600,00 EUR erhalten hat?

24. Die Bruttoeinnahmen eines Betriebes betragen 102.935,00 EUR. Wie viel EUR beträgt die darin enthaltene Mehrwertsteuer (Mehrwertsteuersatz 19 %)?

25. Der Umsatz im Januar war im Vergleich zum Dezember um 20 % niedriger. Wie viel EUR betrug der Umsatz im Dezember, wenn der Januarumsatz brutto 53.550,00 EUR betrug? Wie viel EUR beträgt die im Januarumsatz enthaltene Mehrwertsteuer (Mehrwertsteuersatz 19 %)?

26. Ein Betrieb erzielt im dritten Jahr seines Bestehens einen Jahresumsatz von 776.169,00 EUR, was einen Umsatzrückgang gegenüber dem letzten Jahr von 5 % bedeutete. Der Vorjahresumsatz war um 2 % höher als der Umsatz im ersten Jahr. Wie viel EUR betrugen die Umsätze im 1. und im 2. Geschäftsjahr?

27. Aufgrund einer Reklamation gewährt ein Lieferer einen Preisnachlass von 10 %, worauf der Kunde nach Abzug von 3 % Skonto noch 2.182,50 EUR bezahlt. Wie hoch war der ursprüngliche Rechnungsbetrag?

28. Die Miete für eine Datenverarbeitungsanlage wird nach 2 Jahren um 10 % erhöht, im dritten Jahr um 5 % erhöht, aber infolge Konkurrenzdrucks im 4. Jahr wieder um 3 % gesenkt. Der Mietaufwand beträgt jetzt 112.035,00 EUR. Wie hoch war die Miete im ersten Jahr der Inbetriebnahme der Anlage? Weisen Sie auch die Veränderungen des Mietaufwands in den einzelnen Jahren aus.

4   Zinsrechnen

Sparkasse Rhein-Nahe	
Kreditangebot	
Kreditbetrag:	50.000,00 EUR
Zinssatz:	6,25 %
Laufzeit:	6 Monate
Auszahlung:	48.500,00 EUR
Bearbeitungsgebühr:	40,00 EUR

SITUATION

Erläutern Sie die einzelnen Positionen des Kreditangebotes.

4.1   Berechnung von Jahreszinsen

Zinsen sind der Preis für die Überlassung von Kapital. Der Zinssatz gibt in Prozent an, wie viel für die Kapitalüberlassung für die Dauer von einem Jahr zu bezahlen ist.

Die Berechnung der Zinsen für ein Jahr entspricht dem Ermitteln des Prozentwertes.

Beispiel *Die Tropic GmbH nimmt einen Bankkredit über 25.000,00 EUR zu 9% p. a.[1] auf. Nach einem Jahr soll der Kredit zurückgezahlt werden. Wie viel Zinsen hat die Tropic GmbH zu bezahlen?*

Zinsen (EUR) für **ein Jahr:** 9% von 25.000,00 EUR $= \dfrac{25.000,00 \cdot 9 \cdot 1}{100} = 2.250,00$ EUR

Antwort: *Es sind im Jahr 2.250,00 EUR **Zinsen zu bezahlen.***

Wird der Kredit erst nach drei Jahren zurückgezahlt, dann ist das Ergebnis (ohne Berücksichtigung von Zinseszinsen) mit 3 zu multiplizieren.

Zinsen (Z) für 3 Jahre: $\dfrac{25.000,00 \cdot 9 \cdot 3}{100} = 6.750,00$ EUR

$$\text{Jahreszins (Z)} = \frac{\text{Kapital (K)} \cdot \text{Zinssatz (p)} \cdot \text{Jahre (t)}}{100}$$

4.2 Berechnung von Monatszinsen

In der Praxis werden Kapitalien häufig nicht für volle Jahre verzinst, da der Zeitraum der Kapitalüberlassung in der Regel davon abweicht.

Beispiel *Der Kredit über 25.000,00 EUR zu 9% wird von der Tropic GmbH bereits nach 2 Monaten zurückgezahlt. Wie viel Zinsen fallen für diesen Zeitraum an?*
Die Zinsen müssen geringer sein, da der Kreditzeitraum kürzer ist. Wird das Zinsjahr mit 12 Monaten festgelegt, dann errechnen sich die Zinsen für einen Monat, indem die Jahreszinsen durch 12 geteilt werden. Um die Zinsen für 2 Monate zu berechnen, sind die Zinsen für Monate mit 2 zu multiplizieren.

Monatszinsen (Z) $= \dfrac{25.000,00 \cdot 9 \cdot 2}{100 \cdot 12} = 375,00$ EUR

$$\text{Monatszinsen (Z)} = \frac{\text{Kapital (K)} \cdot \text{Zinssatz (p)} \cdot \text{Monate (t)}}{100 \cdot 12}$$

4.3 Berechnung von Tageszinsen

Beispiel *Der Kredit über 25.000,00 EUR zu 9% wird von der Tropic GmbH bereits nach 80 Tagen zurückgezahlt. Wie viel Zinsen fallen für diesen Zeitraum an?*

Die Zinsen müssen geringer sein, da der Kreditzeitraum kürzer ist. Wird das Zinsjahr mit 360 Tagen festgelegt, dann errechnen sich die Zinsen für einen Tag, indem die Jahreszinsen durch 360 geteilt werden. Um die Zinsen für 80 Tage zu berechnen, sind die Zinsen für einen Tag mit 80 zu multiplizieren.

Tageszinsen (Z) $= \dfrac{25.000,00 \cdot 9 \cdot 80}{100 \cdot 360} = 500,00$ EUR

$$\text{Tageszinsen (Z)} = \frac{\text{Kapital (K)} \cdot \text{Zinssatz (p)} \cdot \text{Tage (t)}}{100 \cdot 360}$$

---

[1] *p. a. = per annum, pro Jahr*

Methoden der Tageszinsberechnung

deutsche Methode	angelsächsische Methode	französische Methode/ Euro-Methode[1]
Die Monate werden jeweils mit 30 Tagen gerechnet	Jeder Monat wird mit seinen exakten Tagen gerechnet	Jeder Monat wird mit seinen exakten Tagen gerechnet
Das Jahr wird mit 360 Tagen gerechnet	Das Jahr wird mit 365 bzw. 366 Tagen gerechnet	Das Jahr wird mit 360 Tagen gerechnet

4.4 Berechnung der Zinstage nach der deutschen kaufmännischen Methode

Für die Berechnung der Zinstage sind einige Regeln zu beachten:

1. Das Jahr wird mit 360 Tagen gerechnet, der Monat mit 30 Tagen.

2. Der erste Tag des Zinszeitraums wird nicht mitgerechnet, dafür aber der letzte Tag.

3. Endet der Zinszeitraum am letzten Tag des Monats Februar, so wird der Februar mit 28, in Schaltjahren mit 29 Tagen gerechnet.

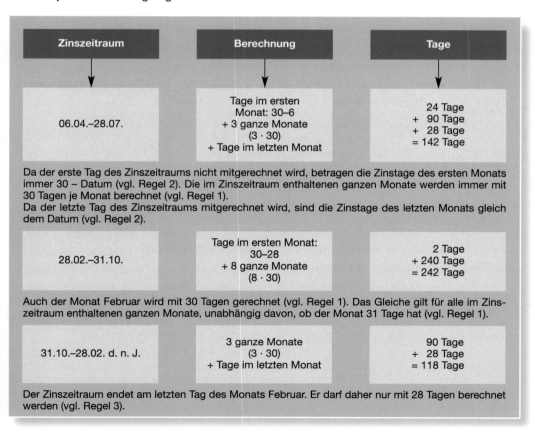

Zinszeitraum	Berechnung	Tage
06.04.–28.07.	Tage im ersten Monat: 30–6 + 3 ganze Monate (3 · 30) + Tage im letzten Monat	24 Tage + 90 Tage + 28 Tage = 142 Tage

Da der erste Tag des Zinszeitraums nicht mitgerechnet wird, betragen die Zinstage des ersten Monats immer 30 – Datum (vgl. Regel 2). Die im Zinszeitraum enthaltenen ganzen Monate werden immer mit 30 Tagen je Monat berechnet (vgl. Regel 1).
Da der letzte Tag des Zinszeitraums mitgerechnet wird, sind die Zinstage des letzten Monats gleich dem Datum (vgl. Regel 2).

28.02.–31.10.	Tage im ersten Monat: 30–28 + 8 ganze Monate (8 · 30)	2 Tage + 240 Tage = 242 Tage

Auch der Monat Februar wird mit 30 Tagen gerechnet (vgl. Regel 1). Das Gleiche gilt für alle im Zinszeitraum enthaltenen ganzen Monate, unabhängig davon, ob der Monat 31 Tage hat (vgl. Regel 1).

31.10.–28.02. d. n. J.	3 ganze Monate (3 · 30) + Tage im letzten Monat	90 Tage + 28 Tage = 118 Tage

Der Zinszeitraum endet am letzten Tag des Monats Februar. Er darf daher nur mit 28 Tagen berechnet werden (vgl. Regel 3).

---

[1] In der Praxis wird es schrittweise zu einer verstärkten Anwendung der Euro-Methode kommen.

Aufgaben

1. *Ermitteln Sie die Zinstage nach der deutschen kaufmännischen Methode bzw. nach der Euro-Methode.*

   a) *16.08.–01.12.*   g) *03.02.–01.07.*
   b) *17.03.–31.10.*   h) *31.01.–31.12.*
   c) *28.02.–27.09.*   i) *31.12.–01.03. d. n. J.*
   d) *01.01.–22.07.*   j) *12.08.–19.09.*
   e) *14.04.–25.06.*   k) *09.05.–02.11.*
   f) *30.09.–28.02. d. n. J.*   l) *11.11.–31.01. d. n. J.*

2. *Berechnen Sie die Rückzahlungsbeträge.*

Kreditbetrag (EUR)	Zinssatz	Kreditzeitraum
4.300,00	8 %	02.05.–31.01. d. n. J.
5.730,00	9,5 %	11.06.–27.11.
1.516,00	7¾ %	03.03.–16.08.
6.159,00	8,5 %	15.05.–01.01. d. n. J.
8.390,70	9,3 %	13.09.–30.11.

3. *Eine Rechnung über 9.720,00 EUR, fällig am 02.04., wird erst am 16.08. beglichen. Der Lieferer berechnet 6 % Verzugszinsen. Wie hoch ist der Überweisungsbetrag?*

4. *Ein Sparguthaben von 2.700,00 EUR wird am 03.10. bei der Bank eingezahlt. Wie hoch ist das Guthaben einschließlich 6,5 % Zinsen am Jahresende?*

5. *Ein Kredit über 14.800,00 EUR wird am 01.04. aufgenommen, Zinssatz 9 %. Welchen Betrag muss der Schuldner insgesamt am 25.06. d. n. J. zurückzahlen?*

6. *Am 02.01. nimmt die Tropic GmbH einen kurzfristigen Bankkredit über 16.700,00 EUR zu einem Zinssatz von 8,5 % auf. Die Tilgung des Kredits erfolgt in drei Raten; 1. Rate 3.900,00 EUR am 28.02., zuzüglich der bis dahin angefallenen Zinsen; 2. Rate 7.100,00 EUR am 29.08., zuzüglich der bis dahin angefallenen Zinsen; 3. Rate Rest am 31.12., zuzüglich der bis dahin angefallenen Zinsen. Berechnen Sie die drei Zahlungsbeträge.*

7. *Zur Finanzierung eines Autokaufs nimmt Frau Minardi am 03.04. bei der Sparkasse Rhein-Nahe einen Kredit über 9.400,00 EUR auf. Die Bank berechnet 9 % Zinsen. Am 18.05. zahlt sie 3.600,00 EUR und die bis dahin entstandenen Zinsen, am 02.06. den Rest und die restlichen Zinsen. Berechnen Sie die Zahlungsbeträge am 18.05. und am 02.06.*

8. *Herr Polster erwirbt am 01.02. Pfandbriefe im Nennwert von 25.000,00 EUR. Die Papiere sind mit einem Zinssatz von 7 % ausgestattet. Wie viel Zinsen schreibt ihm die Bank am Jahresende gut?*

9. *Die Tropic GmbH belastet einen Kunden für eine seit dem 20.02. fällige Schuld von 6.890,25 EUR mit 6 % Verzugszinsen. Welchen Betrag muss der Kunde am 12.08. überweisen?*

10. Berechnen Sie die Tageszinsen:

	Kapital (EUR)	Zinssatz	Tage
a)	4.680,00	5 %	67
b)	10.760,00	4,5 %	108
c)	683,00	6 %	227
d)	4.713,12	7,5 %	63
e)	9.317,23	8 %	37
f)	11.400,00	5,6 %	167

4.5 Berechnung des Zinssatzes

Die Formel zur Errechnung des Zinssatzes lässt sich durch eine einfache mathematische Umformung der Zinsformel bestimmen.

$$\text{Jahreszinsen (Z)} = \frac{\text{Kapital (K)} \cdot \text{Zinssatz (p)} \cdot \text{Tage (t)}}{100 \cdot 360}$$

Multipliziert man beide Seiten der Zinsformel mit 100 · 360, erhält man:

$$\text{Jahreszinsen (Z)} \cdot 100 \cdot 360 = \frac{\text{Kapital (K)} \cdot \text{Zinssatz (p)} \cdot \text{Tage (t)} \cdot 100 \cdot 360}{100 \cdot 360}$$

Nach Kürzen auf der rechten Seite ergibt sich die Formel:

$$\text{Jahreszinsen (Z)} \cdot 100 \cdot 360 = \text{Kapital (K)} \cdot \text{Zinssatz (p)} \cdot \text{Tage (t)}$$

Der Zinssatz lässt sich mithilfe dieser Formel errechnen, sofern die anderen Größen bekannt sind.

$$\text{Zinssatz (p)} = \frac{\text{Jahreszinsen (Z)} \cdot 100 \cdot 360}{\text{Kapital (K)} \cdot \text{Tage (t)}}$$

Das Sparguthaben von Ayse Kaymak in Höhe von 8.500,00 EUR wird vom 01.03. bis 21.09. verzinst. Die Bank schreibt dafür 425,00 EUR Zinsen gut. Mit welchem Zinssatz wurde gerechnet?

SITUATION

01.03.-21.09. = 200 Tage, eingesetzt in die Formel:

$$\text{Zinssatz (p)} = \frac{425 \cdot 100 \cdot 360}{8.500,00 \cdot 200} = 9$$

Antwort: Das Sparguthaben wurde mit 9 % verzinst.

Aufgaben

1. *Zu welchem Zinssatz wurden die Kapitalien angelegt?*

	Kapital (EUR)	Anlagedauer	Zinsen (EUR)
a)	6.390,00	20.03.–30.06.	97,63
b)	1.470,00	03.06.–28.10.	53,29
c)	22.380,00	12.02.–18.06.	548,31
d)	9.950,00	29.01.–02.09.	588,71
e)	3.760,00	03.11.–22.12.	34,12

2. *Der Wert eines Kapitals stieg in der Zeit vom 06.01.–15.06. von 24.000,00 EUR auf 24.530,00 EUR. Zu welchem Zinssatz wurde es angelegt?*

3. *Für eine Rechnung über 3.700,00 EUR, fällig am 28.02., mussten am 14.05. einschließlich Verzugszinsen und 8,00 EUR Mahngebühren 3.766,58 EUR überwiesen werden. Mit welchem Zinssatz hat der Lieferant gerechnet?*

4. *Ein Kaufhaus bietet eine Stereoanlage zum Barpreis von 1.499,00 EUR an. Ayse Kaymak erhält auch die Möglichkeit, ein halbes Jahr später 1.573,95 EUR zu zahlen. Mit welchem Zinssatz hat das Kaufhaus kalkuliert?*

5. *Einem Wertpapierdepot über 40.000,00 EUR wurden für die Zeit vom 15.08. bis 15.12. 460,00 EUR gutgeschrieben. Dabei hat die Bank 10,00 EUR Gebühren einbehalten. Zu welchem Zinssatz wurden die Papiere angelegt?*

6. *Ein Geschäftshaus steht für 780.000,00 EUR zum Verkauf. Die monatlichen Kosten betragen 912,00 EUR, die monatlichen Mieteinnahmen 3.674,50 EUR. Mit welchem Prozentsatz verzinst sich das investierte Kapital für den Käufer?*

7. *Für einen Kredit über 5.800,00 EUR, aufgenommen am 12.01., werden am Jahresende 515,81 EUR Zinsen berechnet. Zu welchem Zinssatz wurde der Kredit aufgenommen?*

8. *Für 25.000,00 EUR Festgeld bietet ein Kreditinstitut vierteljährlich 406,25 EUR Zinsen an. Mit wie viel Prozent verzinst sich das Kapital?*

4.6   Berechnung des Kapitals

Die Zinsformel lässt sich – analog zur Ermittlung des Zinssatzes – umstellen, indem beide Seiten mit $100 \cdot 360$ multipliziert werden.

$$\text{Jahreszinsen (Z)} \cdot 100 \cdot 360 = \frac{\text{Kapital (K)} \cdot \text{Zinssatz (p)} \cdot \text{Tage (t)} \cdot 100 \cdot 360}{100 \cdot 360}$$

Nach der Multiplikation erhält man durch Kürzen und Umstellen die Formel:

$$\text{Jahreszinsen (EUR)} \cdot 100 \cdot 360 = \text{Kapital (K)} \cdot \text{Zinssatz (p)} \cdot \text{Tage (t)}$$

$$\text{Kapital (K)} = \frac{\text{Jahreszinsen (Z)} \cdot 100 \cdot 360}{\text{Zinssatz (p)} \cdot \text{Tage (t)}}$$

Bis auf das Kapital müssen die anderen Größen bekannt sein.

Herr Herbst erhält für die Zeit vom 15.01.–05.06. eine Zinsgutschrift von 490,00 EUR. Welchen Betrag hatte er bei einer 7 %igen Verzinsung angelegt?

15.01.–05.06. = 140 Tage

$$\text{Kapital (K)} = \frac{490{,}00 \cdot 100 \cdot 360}{7 \cdot 140} = 18.000{,}00$$

Antwort: Ein Betrag in Höhe von 18.000,00 EUR wurde angelegt.

Aufgaben

1. *Wie viel Kapital wurde angelegt?*

	Anlagedauer	Zinssatz	Zinsen (EUR)
a)	14.07.–26.11.	6 %	118,80
b)	13.06.–22.09.	7,5 %	243,38
c)	05.02.–11.10.	4,5 %	244,46
d)	03.01.–28.02.	8 %	17,72
e)	15.12.–22.08. d. n. J.	5,9 %	910,81
f)	07.03.–21.06.	7 %	16,67

2. *Ein Darlehen zu 9 % wird 200 Tage nach Aufnahme getilgt. Die Zinsen betragen 495,00 EUR. Welcher Betrag ist bei der Tilgung zu zahlen?*

3. *Ein Unternehmen verfügt kurzfristig über liquide Mittel, die in Industrieobligationen zu 8 % angelegt werden sollen. Das Kapital steht für die Zeit vom 04.01.–01.09. zur Verfügung. Wie viel Kapital muss das Unternehmen anlegen, um 6.320,00 EUR Zinsen zu erhalten?*

4. *Herr Herbst erhält für sein Sparguthaben mit gesetzlicher Kündigung 3,5 % Zinsen. Für die Zeit vom 06.04.–31.12. waren das 10,65 EUR. Wie hoch ist das Sparguthaben nach der Zinsgutschrift?*

5. *Ein Mietobjekt bringt einen monatlichen Nettoertrag von 1.270,00 EUR. Wie viel darf es höchstens kosten, wenn der Käufer eine Mindestverzinsung von 5 % erhalten will?*

6. *Für die Überschreitung des Zahlungsziels um 74 Tage berechnet ein Lieferer 6 % Verzugszinsen. Welchen Betrag hat der Kunde zu überweisen, wenn die Verzugszinsen 29,23 EUR betragen?*

7. *Bei einem Darlehen zu 9,5 % wurden für die Zeit vom 29.04.–30.11. 61,08 EUR Zinsen berechnet. Bei der Zinsabrechnung ist die Bank irrtümlich von 10 % ausgegangen. Welchen Betrag hat der Darlehensnehmer einschließlich Zinsen zu zahlen?*

4.7   Berechnung des Zinszeitraums

Beide Seiten der Zinsformel sind mit 100 · 360 zu multiplizieren. Durch anschließendes Kürzen entsteht die Formel:

Jahreszinsen (Z) · 100 · 360 = Kapital (K) · Zinssatz (p) · Tage (t)

Nach Umstellen und Auflösen nach Tage (t) ergibt sich folgendes Aussehen der Formel:

$$\text{Zinssatz (p)} = \frac{\text{Jahreszinsen (Z)} \cdot 100 \cdot 360}{\text{Kapital (K)} \cdot \text{Zinssatz (p)}}$$

Die drei anderen Größen müssen auch hier bekannt sein.

SITUATION

Für einen Kredit über 48.000,00 EUR musste die Tropic GmbH bei einem Zinssatz von 7,5 % 2.500,00 EUR Zinsen zahlen. Wie viele Tage wurde der Kredit beansprucht?

$$\text{Tage (t)} = \frac{2.500,00 \cdot 100 \cdot 360}{48.000,00 \cdot 7,5} = 250$$

Antwort: Der Kredit wurde 250 Tage beansprucht.

Aufgaben

1. *Für welche Zeit wurde der Kredit in Anspruch genommen?*

	Kreditbetrag (EUR)	Zinssatz	Zinsen (EUR)
a)	4.200,00	7 %	122,50
b)	3.700,00	10 %	97,64
c)	10.800,00	9 %	108,00
d)	9.100,00	8 %	171,89
e)	1.400,00	7,5 %	86,04

2. *Ein Kredit über 4.900,00 EUR, aufgenommen am 15.04., wird bei einem Zinssatz von 7,5 % mit 5.185,83 EUR einschließlich Zinsen getilgt. Wann war die Rückzahlung?*

3. *Ein Konsumkredit über 3.250,00 EUR, Zinssatz 9 %, wird am 28.01. getilgt. Der Rückzahlungsbetrag von 3.363,75 EUR enthält neben den Zinsen 1 % Bearbeitungsgebühr vom Kreditbetrag. Wann wurde der Kredit aufgenommen?*

4. *Für die Überschreitung des Zahlungsziels berechnen wir einem Kunden 8 % Verzugszinsen. Dadurch erhöht sich unsere Forderung von 3.700,00 EUR auf 3.741,11 EUR. Um wie viele Tage hat unser Kunde das Zahlungsziel überschritten?*

5. *Zum Jahresende schreibt die Bank für ein Guthaben von 2.470,00 EUR 86,45 EUR Zinsen gut. Der Zinssatz beträgt 4,5 %. Wann wurde das Geld eingezahlt?*

6. *Wie lange muss ein Kapital von 16.900,00 EUR verzinst werden, um bei einer Verzinsung von 6 % 845,00 EUR Zinsen zu bringen?*

4.8   Effektivverzinsung

4.8.1   Effektivverzinsung bei Krediten

Unter der Effektivverzinsung versteht man die **tatsächliche Verzinsung** eines Kapitals bezogen auf ein Jahr unter **Berücksichtung aller Nebenkosten**. Sie ist in der Regel höher als der angegebene **Nominalzins**. Häufig zahlen Kreditinstitute den Kreditbetrag nicht in voller Höhe aus, sondern nehmen einen prozentualen Abzug vor (Disagio).

Die Sparkasse Rhein-Nahe bietet der Tropic GmbH ein Darlehen über 35.000,00 EUR an. Laufzeit 6 Jahre, die Zinsen sind jährlich zu bezahlen. Der Nominalzins beträgt 8 %, der Auszahlungsbetrag 98 %, und als Bearbeitungsgebühr wird 1 % des Kreditbetrages berechnet. Wie hoch ist die effektive Verzinsung?

SITUATION

Berechnung des Auszahlungsbetrages:

Darlehensbetrag	35.000,00 EUR
– Disagio 2 %	700,00 EUR
– Bearbeitung 1 %	350,00 EUR
Auszahlungsbetrag	**33.950,00 EUR**

Berechnung der Zinskosten für 6 Jahre:

$$\text{Zinsen (Z)} = \frac{35.000,00 \cdot 8 \cdot 6}{100} = 16.800,00$$

Berechnung aller Kreditkosten für die Laufzeit:

Disagio	700,00 EUR
+ Bearbeitung	350,00 EUR
+ Zinsen	16,800,00 EUR
Kreditkosten	**17,850,00 EUR**

$$\text{Kreditkosten für ein Jahr} = \frac{17.850,00}{6} = 2.975,00 \text{ EUR}$$

Effektivverzinsung: 33.950,00 EUR = 100 %
                              2.975,00 EUR = x %

$$x\% = \frac{2.975,00 \cdot 100}{33.950,00} = 8,76$$

Antwort: *Der effektive Zinssatz beträgt 8,76 %.*

$$\text{Effektivzinssatz} = \frac{\text{Kreditkosten} \cdot 100}{\text{Auszahlungsbetrag}}$$

4.8.2 Effektivverzinsung bei Skonto – Finanzierungsgewinn

SITUATION

Ein Stammlieferant bietet der Tropic GmbH folgende Zahlungsbedingungen an: Zahlbar innerhalb 10 Tagen unter Abzug von 2 % Skonto oder 60 Tage netto Kasse. Der Rechnungsbetrag lautet auf 32.500,00 EUR.

Sollen wir denn jetzt Skonto abziehen? Haben wir überhaupt liquide Mittel oder sollen wir das gesamte Zahlungsziel ausschöpfen? Wie hoch ist der effektive Zinssatz des Lieferantenkredites?

Die Zahlungsbedingungen des Lieferanten sehen vor, dass der Kunde bei Zahlung innerhalb der Skontofrist (10 Tage) 2 % Skonto abziehen kann. Spätestens nach 60 Tagen ist der volle Rechnungsbetrag zu zahlen. Da die Tropic GmbH momentan nicht über ausreichende liquide Mittel verfügt, müsste das Konto überzogen werden. Der Zinssatz für den Kontokorrentkredit liegt bei 10 %.

Der Überweisungsbetrag bei Skontoabzug beträgt:

Rechnungsbetrag	*32.500,00 EUR*	
– Skonto 2 %	*650,00 EUR*	*(Skontoertrag)*
Überweisungsbetrag	**31.850,00 EUR**	

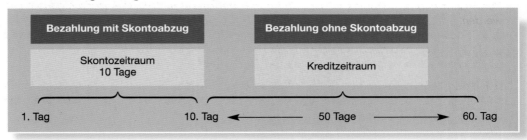

Der erforderliche Kontokorrentkredit müsste für einen Zeitraum von 20 Tagen aufgenommen werden. Mithilfe der Zinsformel lassen sich die Zinskosten berechnen:

$$Z = \frac{K \cdot p \cdot t}{100 \cdot 360} = \frac{31.850 \cdot 10 \cdot 50}{100 \cdot 360} = 442,36 \text{ EUR} \longrightarrow \text{Kreditzinsen}$$

(Als Kreditbetrag wird der um den Skonto verminderte Betrag genommen, da nur dieser Betrag an den Lieferanten überwiesen werden muss.)

Skontoertrag	*650,00 EUR*
– Kreditzinsen	*442,36 EUR*
= Finanzierungsgewinn	**207,64 EUR**

Es lohnt sich, einen Kredit aufzunehmen, um die Rechnung unter Abzug von Skonto zu bezahlen.

Der effektive Jahreszins des Skonto kann mit Hilfe der Zinsformel errechnet werden:

$$p = \frac{Z \cdot 100 \cdot 360}{K \cdot t} = \frac{650,00 \cdot 100 \cdot 360}{31.850,00 \cdot 50} = \textbf{14,69 \%}$$

Der Skonto von 2 % entspricht einem effektiven Jahreszins von 14,69 %.

Überschlagsrechnung

Bei Zahlung spätestens am 10. Tag können 2 % Skonto abgezogen werden. Skonto kann nicht abgezogen werden, wenn das volle Zahlungsziel ausgenützt wird (Kreditzeitraum 50 Tage).

Da sich ein Zinssatz immer auf ein Jahr bezieht, wird mithilfe eines Dreisatzes der Skontosatz in einen Zinssatz umgerechnet.

Wenn wir liquide sind, lässt sich mithilfe dieser Rechnung auch ermitteln, ob wir unter Ausnutzung von Skonto zahlen oder das Geld 50 Tage länger auf unserem Konto verzinslich anlegen sollen.

$$50 \text{ Tage} \quad - \quad 2\,\%$$
$$360 \text{ Tage} \quad - \quad x \qquad\qquad x = \frac{360 \text{ Tage} \cdot 2\,\%}{50 \text{ Tage}} = 14{,}4\,\%$$

3 % Skonto bei 20 Tagen vorzeitiger Zahlung entsprechen einem effektiven Jahreszins von 14,4 %.

14,4 % effektiver Jahreszins des Skonto > 10 % Kreditzins ➡ **Kreditaufnahme lohnt**

Aufgaben

1. *Ein Unternehmen erhält eine Liefererrechnung über 15.000,00 EUR. Es wurden folgende Zahlungsbedingungen vereinbart:*
   10 Tage 2 % Skonto, 20 Tage netto.
   Zur Ausnutzung des Skontos müsste ein Kontokorrentkredit zu 10 % in Anspruch genommen werden.
   a) *Wie hoch ist der Finanzierungsgewinn bzw. -verlust in EUR? (Lohnt sich die Aufnahme des Bankkredits, um unter Abzug von Skonto zahlen zu können?)*
   b) *Welchem effektiven Jahreszins entspricht der Skonto?*

2. *Die Tropic GmbH kann eine Liefererrechnung über 6.400,00 EUR in 90 Tagen ohne Abzug oder in 10 Tagen abzüglich 3 % Skonto zahlen. Dazu müsste jedoch ihr Kontokorrentkonto um diesen Betrag überziehen.*
   Die Bank berechnet dafür 12 % Zinsen.
   a) *Wie groß ist der Finanzierungsgewinn oder -verlust in EUR?*
   b) *Wie hoch ist der effektive Zinssatz des Skonto?*

3. *Eine Hypothek über 240.000,00 EUR, Laufzeit 12 Jahre, Auszahlung 96 %, ist mit 5 % jährlich zu verzinsen. Bei der Aufnahme entstehen Nebenkosten in Höhe von 1.500,00 EUR. Wie hoch ist der effektive Zinssatz?*

4. *Auszug aus einem Kreditangebot:*

Kreditangebot	
Kreditbetrag:	5.000,00 EUR
Zinssatz:	8 %
Laufzeit:	8 Monate
Auszahlung:	4.850,00 EUR
Bearbeitungsgebühr:	40,00 EUR

Berechnen Sie die effektive Verzinsung.

5. Die Zahlungsbedingungen auf einer Rechnung vom 17.02. über 8.570,00 EUR lauten: Zahlbar innerhalb 10 Tagen unter Abzug von 2 % Skonto oder 40 Tage Ziel. Bei Überschreitung des Ziels 8 % Zinsen. Welcher Betrag ist bei Zahlung am 15.05. zu überweisen?

6. Berechnen Sie den effektiven Zinssatz des Lieferantenkredits. Angebot eines Haushaltswarengeschäftes: Kühlschrank, Marke Frost 3 zum Barpreis von 650,00 EUR oder Anzahlung 100,00 EUR und 580,00 EUR in drei Monaten. Welchem Zinssatz entspricht das Teilzahlungsangebot?

7. Welchem Effektivzins entsprechen die Konditionen?

	Skonto	innerhalb	oder Zahlungsziel
a)	2 %	8 Tage	40 Tage
b)	1 %	sofort	30 Tage
c)	2,5 %	6 Tage	35 Tage
d)	1,5 %	10 Tage	3 Monate
e)	3 %	14 Tage	2 Monate

8. Ein Kapital von 22.350,00 EUR wurde am 03.05. bei der Bank eingezahlt. Wie hoch ist das Guthaben am 31.12. bei einem Zinssatz von 4,5 %?

9. Für eine kurzfristige Kapitalanlage erhielt ein Anleger 3.843,50 EUR Zinsen. Er hatte das Kapital zu 8 % für die Zeit vom 27.02.–01.09. angelegt. Wie hoch war das Kapital?

10. Die Bank schreibt am 25.09. bei einem Zinssatz von 3,5 % 119,83 EUR gut. Das Kapital beträgt 8.500,00 EUR. Wann wurde es eingezahlt?

11. Eine Rechnung über 16.817,00 EUR, ausgestellt am 28.02., ist zahlbar innerhalb 10 Tagen unter Abzug von 2 % Skonto oder 90 Tage Ziel. Um unter Abzug von Skonto zahlen zu können, müsste ein Bankkredit zu 14 % aufgenommen werden.
   a) Lohnt sich die Aufnahme des Kredits?
   b) Welchem Effektivzins entspricht der Skonto?

12. Ein Kreditunternehmen bietet seinen Kunden folgende Konditionen an: Zinssatz: 7,5 %, Bearbeitungsgebühr: 0,5 % vom Darlehnsbetrag. Der Kreditnehmer benötigt 12.700,00 EUR vom 15.02.–31.10. Wie hoch ist der effektive Zinssatz?

13. Ein Unternehmer stundet seinem Geschäftsfreund die Zahlung einer Schuld, fällig am 28.02., bis 10.09. gegen Zahlung von 3,75 % Zinsen. Am 10.09. erhält er neben der Schuld noch 42,70 EUR Zinsen. Welchen Betrag erhält er insgesamt?

14. Ein Kredit wird am 01.03. in Höhe von 10.000,00 EUR zu 8 % aufgenommen. Die Rückzahlung erfolgt am:
   01.06. 1.500,00 EUR, 15.08. 2.000,00 EUR, 01.12. 500,00 EUR, 15.01. d. n. J. Rest einschließlich aller Zinsen. Wie viel ist am 15.01. zu bezahlen?

15. Wie viel Zinsen bringt ein Sparguthaben von 49.000,00 EUR, Zinssatz 5 %, in der Zeit vom 28.03.–16.05. d. n. J.?

16. Wie lange muss ein Kapital von 37.800,00 EUR angelegt werden, um bei 6,5 %iger Verzinsung 273,00 EUR Zinsen zu erzielen?

17. Eine Rechnung über 9.760,00 EUR, ausgestellt am 12.01., ist zahlbar innerhalb 14 Tagen unter Abzug von 2 % Skonto oder 70 Tagen netto Kasse, bei Überschreitung des Zahlungsziels 8 % Verzugszinsen. Der Schuldner verfügt erst am 01.05. über das Geld. Er kann jedoch sein laufendes Konto bei einem Zinssatz von 9 % überziehen.
   a) Lohnt sich das Überziehen des Kontos, um unter Abzug von Skonto zahlen zu können?
   b) Wie viel hatte der Schuldner am 01.05. zu überweisen?

VWL

1 Grundlagen des Wirtschaftens

1.1 Bedürfnisse als Grundlage menschlichen Verhaltens

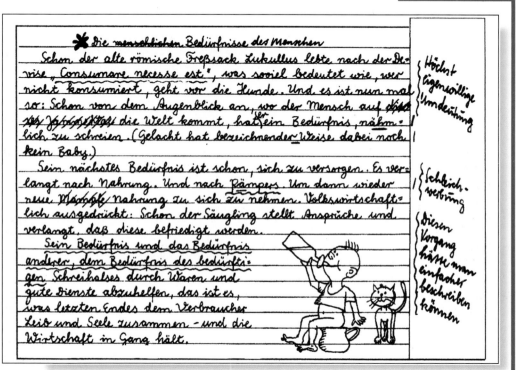

„Unsere soziale Marktwirtschaft" von Karlchen Schmitz; Hrsg.: IHK zu Koblenz

1. Welche Bedürfnisse entwickelt ein Säugling?

2. Wie äußern sich diese Bedürfnisse?

Kaum auf die Welt gekommen, empfindet ein Säugling Bedürfnisse. Hat der Säugling Hunger, so schreit er. Er will auf sich aufmerksam machen, damit sein Hungergefühl gestillt wird. Durch die Nahrungsaufnahme wird das Bedürfnis befriedigt.

> **Definition**   Bedürfnisse sind Gefühle eines Mangels, verbunden mit dem Wunsch, diesen Mangel zu beseitigen, d. h. man möchte etwas haben, über das man nicht verfügt.

Bedürfnisse lassen sich nach verschiedenen Merkmalen einteilen.

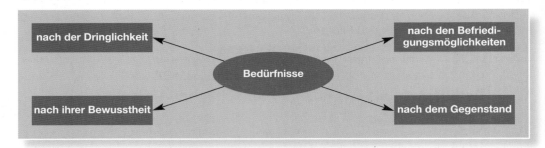

◆ **Bedürfnisse nach der Dringlichkeit**

Existenzbedürfnisse werden durch Grundnahrungsmittel, einfache Kleidung und Wohnung befriedigt. Neben diesen materiellen Existenzbedürfnissen sind in einer Gesellschaft auch kulturelle Existenzbedürfnisse (z. B. Lesen, Rechnen, Schreiben) zu befriedigen.

Kulturbedürfnisse werden durch den gesellschaftlichen Entwicklungsstand einer Volkswirtschaft beeinflusst. Sie gehen über das Existenzminimum hinaus, werden aber in einer Gesellschaft als selbstverständlich empfunden. So ist der Wunsch nach einem Fernsehgerät mit Sicherheit kein Existenzbedürfnis. Er fällt aber in unserer Gesellschaft nicht aus dem Rahmen der üblichen Lebensführung (sog. zivilisatorische Massenbedürfnisse).

Luxusbedürfnisse (z. B. Wunsch nach einem Sportwagen, nach kostbarem Schmuck) entspringen dem Wunsch nach einem hohen Lebensstandard und erfordern zur Befriedigung große finanzielle Mittel.

Eine genaue Abgrenzung der Bedürfnisarten ist nur schwer vorzunehmen, da die Einteilung nach der Dringlichkeit eine subjektive Entscheidung ist und sich mit steigendem Lebensstandard die Ansicht, ob ein Bedürfnis als existenznotwendig oder als in einem Kulturkreis selbstverständlich angesehen wird, verändert.
Je nach Sichtweise kann das gleiche Gut – in diesem Fall ein Auto – existenznotwendig zur Berufsausübung bzw. ein zivilisatorisches Massenbedürfnis sein oder aber dem Wunsch nach Luxus entspringen.

◆ **Bedürfnisse nach den Befriedigungsmöglichkeiten**
Die meisten Bedürfnisse kann der einzelne Mensch für sich allein befriedigen **(Individualbedürfnisse)**, sofern er das Geld dazu hat und die entsprechenden Güter am Markt angeboten werden. So kann jeder das Nahrungsbedürfnis z. B. durch den Kauf eines Brotes befriedigen.

Zahlreiche Bedürfnisse werden von vielen Menschen gleich oder ähnlich empfunden. Ihre Befriedigung erfordert aber so hohe finanzielle Mittel, dass der einzelne Mensch nicht in der Lage ist, sie für sich allein zu befriedigen. Solche **Kollektivbedürfnisse** können nur durch die Gemeinschaft (z. B. Straßenbau, Einstellung von Lehrern durch den Staat) befriedigt werden. Dadurch wird dem Einzelnen die Entscheidung über das Ausmaß der Befriedigung solcher Bedürfnisse genommen und auf eine politische Instanz (z. B. Landtag, Gemeinderat) übertragen.

Auch diese Abgrenzung ist Veränderungen unterworfen. So war in früheren Zeiten die Groß-
familie für wesentliche Bereiche der sozialen Sicherheit zuständig (z. B. versorgten die Kinder ihre
Eltern im Alter), während dies heute im Rahmen der privaten und Sozialversicherung geschieht
(Rentenversicherung, Alten- und Pflegeheime).

Individual- und Kollektivbedürfnisse bedingen sich dabei oft gegenseitig. So kann das Individual-
bedürfnis nach Mobilität zwar durch den Kauf eines Autos befriedigt werden, jedoch wird dadurch der Bau von Straßen notwendig.

◆ **Bedürfnisse nach dem Gegenstand**
Materielle Bedürfnisse sind auf sachliche Gegenstände (z. B. Auto) ausgerichtet und können
durch den Kauf der entsprechenden Güter befriedigt werden.

Immaterielle Bedürfnisse können nicht direkt durch Konsum befriedigt werden, sondern beinhalten Wünsche im seelischen und geistigen Bereich (z. B. Wunsch nach Liebe, Gerechtigkeit,
Macht, Bildung).

◆ **Bedürfnisse nach ihrer Bewusstheit**
Bedürfnisse, die jeder konkret empfindet (z. B. das Hungergefühl), werden als **offene oder
bewusste Bedürfnisse** bezeichnet. Die Werbung hingegen versucht, im Unterbewusstsein
befindliche Bedürfnisse zu wecken **(latente Bedürfnisse)**.

Bedürfnishierarchie nach Maslow

Der Natur des Menschen entsprechend werden zuerst die existenznotwendigen Bedürfnisse
befriedigt, bevor man sich Stufe für Stufe darüber hinausgehenden Bedürfnissen zuwendet. Der
amerikanische Psychologe Maslow hat eine differenzierte Hierarchie der Bedürfnisse aufgestellt.

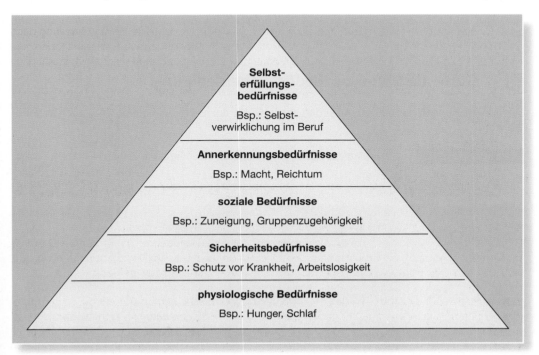

1.2   Vom Bedürfnis zur Nachfrage

Da die Bedürfnisse des Menschen unbegrenzt sind, andererseits aber nur beschränkte finanziel-le Mittel zur Verfügung stehen, können nicht alle Bedürfnisse befriedigt werden. Den Teil der Be-dürfnisse, der mit den vorhandenen Mitteln befriedigt werden kann, bezeichnet man als **Bedarf**. Will man schließlich die zur Bedürfnisbefriedigung notwendigen Güter und Dienstleistungen am Markt kaufen, wird der Bedarf zur **Nachfrage**.

Beispiel Herr Polster möchte mit seiner Familie den Sommerurlaub in der Karibik verbringen. Andererseits wird dringend ein neues Familienauto benötigt. Aufgrund beschränkter Geldmittel entschließt sich Familie Polster, den alten Wagen noch ein Jahr länger zu fahren und dafür in der Karibik zu entspannen. Die vielfältigen Bedürfnisse haben sich durch die Geldknappheit zum Bedarf konkretisiert. Erst wenn Herr Polster den Karibikurlaub im Reisebüro bucht, entsteht Nach-frage. Erkrankt z. B. eines der Kinder der Familie Polster, sodass der geplante Urlaub nicht mög-lich wird, liegt zwar ein Bedarf vor, der jedoch aufgrund der Umstände nicht nachfragewirksam wird.

1.3   Güter als Mittel zur Bedürfnisbefriedigung

Bedürfnisse können nur befriedigt werden, wenn **Güter** am Markt nachgefragt und auch angebo-ten werden.

Definition   Güter sind alle Mittel, die der Bedürfnisbefriedigung dienen.

Dabei können Güter in verschiedener Hinsicht unterschieden werden.

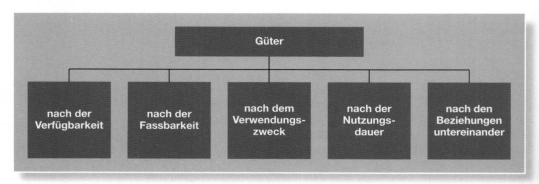

◆ **Nach der Verfügbarkeit: Freie und knappe Güter**

*Güter fallen nur im Schlaraffenland
unbegrenzt vom Himmel.*

In früheren Zeiten war es undenkbar, für Trinkwasser Geld zu bezahlen. Trinkwasser wurde von der Natur im Überfluss zur Verfügung gestellt und konnte deshalb auch lange Zeit kostenlos genutzt werden. Da der Mensch mit solchen **freien Güter**, für die er keinen Preis zahlen muss, meist nicht sparsam umgeht und außerdem durch die zunehmende Umweltverschmutzung die Bereitstellung von Trinkwasser mit hohen Kosten verbunden ist, muss für das ursprünglich freie Gut nun ein Preis bezahlt werden. Güter, deren Nutzung erst durch den Kauf möglich ist, bezeichnet man als **knappe (wirtschaftliche) Güter**. Je knapper ein solches Gut ist, umso höher ist der Preis, der bezahlt werden muss.

Im Gegensatz zum Schlaraffenland gibt es heute nur wenig freie Güter.

Beispiele sind Tageslicht, Luft und Meereswasser. Selbst Regenwasser, das normalerweise von der Natur bereitgestellt wird, ist in Dürregebieten nicht kostenlos erhältlich.

◆ **Nach der Fassbarkeit: Sachgüter und immaterielle Güter**

Nach der Beschaffenheit der Güter unterscheidet man **materielle Güter (Sachgüter)** und **immaterielle Güter (Dienstleistungen und Rechte)**.

Beispiele
- *Sachgüter sind Kleidung und Lebensmittel, die von den Mitarbeitern der Tropic GmbH zur Befriedigung ihrer Bedürfnisse gekauft werden, ebenso wie Rohstoffe und Maschinen, die in der Tropic GmbH eingesetzt werden.*
- *Geht Frau Sommer zu ihrem Zahnarzt, nimmt sie genauso eine Dienstleistung in Anspruch, wie dies bei der Kreditvergabe durch die Hausbank geschieht. Wesentliche Unterschiede zu den Gütern liegen darin, dass Dienstleistungen erst im Zeitpunkt der Nutzung bereitgestellt werden und nicht lagerfähig sind und dass man an Dienstleistungen kein Eigentum erwerben kann.*
- *Die Nutzung eines angemieteten Pkw während einer Dienstreise von Frau Sommer bzw. die Nutzung einer Lizenz (z. B. Nutzung einer Finanzbuchhaltungs-Software) wird als Recht bezeichnet.*

◆ **Nach dem Verwendungszweck der Güter: Produktions- und Konsumgüter**

Produktionsgüter (Investitionsgüter) werden von Unternehmen zur Herstellung anderer Güter benötigt, während **Konsumgüter** von Haushalten gekauft werden und unmittelbar der Bedürfnisbefriedigung dienen.

Beispiel *Ein PC kann sowohl die Funktion eines Produktions- als auch eines Konsumgutes erfüllen. Der PC, an dem Herr Winter im Betrieb die Lagerbestände kontrolliert, dient betrieblichen Zwecken und ist damit ein Produktionsgut. Der PC, an dem die Kinder von Herrn Winter zu Hause spielen und ihre Hausaufgaben machen, ist aus ökonomischer Sicht ein Konsumgut.*

◆ **Nutzungsdauer der Güter: Gebrauchs- und Verbrauchsgüter**

Werden Güter längere Zeit genutzt, so bezeichnet man sie als **Gebrauchsgüter**. Im Gegensatz dazu können **Verbrauchsgüter** nur einmal einen Nutzen stiften, da sie durch die Nutzung untergehen oder einer Verwandlung unterworfen sind.

Beispiele

■ *Zur Produktion der Sportkleidung werden verschiedene Stoffarten als Rohstoffe verbraucht, d. h. die Stoffe werden be- und verarbeitet und ändern ihren ursprünglichen Zustand. Auch der Strom, der zum Betreiben der Maschinen benötigt wird, ist ein Verbrauchsgut.*

■ *Maschinen, die in der Produktion der Tropic GmbH eingesetzt werden, unterliegen einer längeren Abnutzung und sind somit Gebrauchsgüter.*

■ *Der Privatwagen, mit dem die Inhaberin Sylvia Sommer in Urlaub fährt, dient ihr als Konsumgut. Zugleich ist er ein Gebrauchsgut, da er längerfristig nutzbar ist.*

■ *Das Benzin für die Urlaubsfahrt von Frau Sommer ist ein Konsumgut und zugleich ein Verbrauchsgut.*

◆ **Beziehungen der Güter untereinander: Substitutions- und Komplementärgüter**

Güter, die sich gegenseitig ersetzen, werden als **Substitutionsgüter** bezeichnet. So kann bei der Büroarbeit ein Bleistift durch einen Kugelschreiber ersetzt werden. Von **Komplementärgütern** spricht man, wenn ein Gut durch die gleichzeitige Verwendung eines anderen Gutes ergänzt werden muss. Für die Nutzung eines Kugelschreibers ist z. B. eine Mine erforderlich, für den Gebrauch eines Druckers eine Tintenpatrone und Druckerpapier.

Für Unternehmen ist die Kenntnis solcher Beziehungen zwischen Gütern wichtig. Bei Preiserhöhungen eigener Produkte muss daher damit gerechnet werden, dass die Nachfrage nach billigeren Substitutionsgütern steigt. Werden andererseits z. B. CD-Spieler billiger und damit verstärkt nachgefragt, so steigt gleichzeitig auch die Nachfrage nach CDs.

Aufgaben

1. *Bedürfnisse werden nach der Dringlichkeit unterschieden in Existenz-, Kultur- und Luxusbedürfnisse. Nennen Sie zu jeder Bedürfnisart mindestens drei konkrete Beispiele. Gehen Sie dabei von Ihrem Lebensstandard aus.*

2. *Warum ist die Abgrenzung zwischen Existenz-, Kultur- und Luxusbedürfnissen nicht eindeutig? Zeigen Sie dies an zwei Beispielen.*

3. *„Bedürfnisse sind einem ständigen Wandel unterworfen und beeinflussbar." Beweisen Sie diese Aussage mit vier konkreten Beispielen.*

4. *Zeigen Sie an zwei Beispielen auf, dass frühere Individualbedürfnisse im Laufe der Zeit zu Kollektivbedürfnissen geworden sind.*

5. *Unterscheiden Sie die Begriffe „Bedürfnisse", „Bedarf" und „Nachfrage". Zeigen Sie an einem selbstgewählten Beispiel, dass ein konkreter Bedarf nicht unbedingt zur Nachfrage führen muss.*

6. *Finden Sie zu jeder Stufe der Bedürfnishierarchie nach Maslow weitere Beispiele.*

7. *Welche Güter waren früher frei, sind heute aber knapp? Nennen Sie Ursachen für diese Entwicklung.*

8. *Wodurch unterscheiden sich Dienstleistungen von Sachgütern? Zeigen Sie die Unterschiede an zwei Beispielen auf.*

9. *Unterscheiden Sie Konsum- und Produktionsgüter und nennen Sie je drei Beispiele.*

10. Ordnen Sie den Güterarten

(1) Konsumgut als Gebrauchsgut   (3) Produktionsgut als Gebrauchsgut
(2) Konsumgut als Verbrauchsgut   (4) Produktionsgut als Verbrauchsgut

die folgenden Beispiele zu:

a) Geschäftsauto   e) Geschäftsgebäude der Tropic GmbH
b) Benzin für das Geschäftsauto   f) Öl zum Schmieren der Produktionsmaschinen
c) Zahnpasta   g) Heizöl im Privathaus von Frau Sommer
d) Zahnbürste   h) Rohstoffe in einem Industriebetrieb

11. Nennen Sie je drei Beispiele für Güter, die in einer
    a) Substitutionsbeziehung,   b) Komplementärbeziehung
    zueinander stehen.

1.4   Ökonomisches Prinzip

Gespräch des Ehepaares Behrens mit dem Architekten Klein:

Herr Behrens: „Also, wenn wir bauen, muss das Arbeitszimmer mindestens 30 m² groß sein. Ich habe nämlich viele Geschäftspartner, die zu Besprechungen kommen. Das Wohnzimmer …, na ja, sagen wir mal 40 m². Und dann brauchen wir für Geschäftsessen ein größeres Esszimmer, so um die 25 m².“

Frau Behrens: „Die beiden Kinderzimmer dürfen auch nicht zu klein sein, mindestens je 20 m². Und eine große Küche mit Essecke wollte ich immer schon haben: 20 m² müssten es mindestens sein. Das Bad muss auch entsprechend groß sein; ich habe mir immer schon eine eigene Sauna gewünscht.“

Architekt Klein: „Wenn wir noch die restlichen Räume berücksichtigen, müssen wir einen günstigen Finanzierungsplan für 200 m² Wohnfläche aufstellen.“

Aus dem Gespräch des Architekten mit dem Ehepaar Winter:
Herr Winter: „Hier ist unser Finanzierungsplan. Mehr als 200.000,00 EUR Schulden wollen wir auf keinen Fall machen.“

Schildern Sie mit eigenen Worten die Überlegungen der Ehepaare Behrens und Winter. Vor welchem Problem stehen jeweils die beiden Ehepaare?

Aus dem Spannungsverhältnis zwischen unendlichen Bedürfnissen und begrenzten finanziellen Mitteln ergibt sich für den ausschließlich rational handelnden Menschen (homo oeconomicus), der sich nicht durch Gefühle, Spontaneität oder Werbung beeinflussen lässt, der Zwang zum wirtschaftlichen Handeln.

Das ökonomische Prinzip, das dieses wirtschaftliche Handeln beschreibt, kommt in zwei verschiedenen Ausprägungen vor:

Beim **Maximalprinzip** wird versucht, mit einem bestimmten, vorgegebenen Einsatz an Mitteln den größtmöglichen (maximalen) Erfolg bzw. Nutzen zu erzielen.

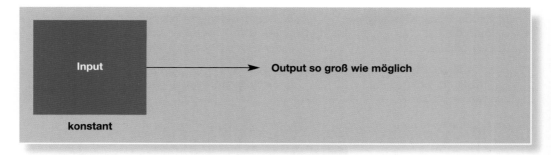

Beim **Minimalprinzip** will man einen bestimmten, vorgegebenen Erfolg (Nutzen) mit dem geringsten (minimalen) Einsatz von Mitteln erreichen.

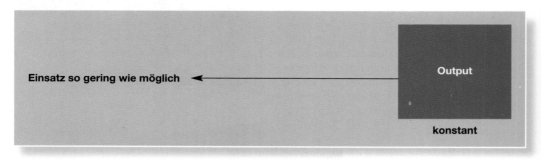

Beispiel Versucht die Tropic GmbH mit einem vorgegebenen Rohstoffeinsatz möglichst viele Trainingsanzüge herzustellen, so handelt sie nach dem Maximalprinzip. Der Einsatz an Rohstoffen ist konstant, die Zahl der produzierten Trainingsanzüge ist veränderlich. Durch einen besonders sorgfältigen Umgang mit den Rohstoffen und möglichst wenig Ausschuss kann die Zahl der produzierten Trainingsanzüge erhöht werden.
Will die Tropic GmbH einen Kundenauftrag über 100 Trainingsanzüge so kostengünstig wie möglich realisieren, so handelt sie nach dem Minimalprinzip. Die Tropic GmbH kann dies z. B. durch den besonders günstigen Einkauf der Rohstoffe, durch möglichst wenig Ausschuss oder auch durch Reduzierung der Lagerkosten erreichen.

Handeln Wirtschaftssubjekte nach dem ökonomischen Prinzip, so ist dies zwar aus Sicht des einzelnen Haushaltes oder Unternehmens durchaus rational, kann aber aus gesamtwirtschaftlicher Sicht negative Auswirkungen auf die Umwelt haben. Der Haushalt bzw. das Unternehmen handelt unter der Voraussetzung, dass ihm die Belastung der Umwelt nicht angerechnet wird, sondern dass diese **sozialen Kosten** von der Allgemeinheit getragen werden.

Beispiele Der einzelne Haushalt versucht beim täglichen Kauf der Lebensmittel möglichst kostengünstig vorzugehen und kauft z. B. Milch in Tetrapak-Tüten, weil diese billiger ist als Milch in Mehrwegflaschen. Dabei berücksichtigt er aber nicht die Kosten der Müllbeseitigung, die zum größten Teil auf die Allgemeinheit abgewälzt werden.

Das Unternehmen, das die Abluft nicht filtert, handelt aus einzelwirtschaftlicher Sicht kurzfristig rational, da es Kosten senkt. Dabei kommt es jedoch zu einer starken Belastung der Umwelt, deren Beseitigung der Allgemeinheit auferlegt wird und die sich auch langfristig negativ auf die Kostensituation des Unternehmens auswirkt.

Aufgaben

1. *Familie Polster fährt mit dem Auto im Urlaub nach Nizza. Dabei will sie die Kosten der Anreise möglichst gering halten. Nach welchem Prinzip handelt Familie Polster? Überlegen Sie, welche Möglichkeiten sie hat, dieses Prinzip zu verwirklichen.*

2. *Herr Winter teilt in der wöchentlichen Besprechung mit, dass beim Einkauf der Rohstoffe das Minimalprinzip erfolgreich angewendet wurde. Erläutern Sie das Minimalprinzip anhand dieses konkreten Beispiels. Schildern Sie, wie das Minimalprinzip realisiert werden konnte.*

3. *Schildern Sie an je drei Beispielen, in welcher Situation Sie sich selbst nach dem Minimal- bzw. Maximalprinzip verhalten.*

4. *Ein Haushalt kauft eine Tiefkühltruhe, die nach den letzten veröffentlichten Testberichten eine Lebensdauer von 15 Jahren hat und besonders sparsam im Energieverbrauch ist. Der Nachbarhaushalt entscheidet sich für eine andere Tiefkühltruhe, die eine geschätzte Lebensdauer von zehn Jahren und einen 5 % höheren Energieverbrauch hat, dafür aber 150,00 EUR billiger ist. Beurteilen Sie das Verhalten dieser beiden Haushalte.*

5. *Nennen Sie je ein Beispiel dafür, wie Unternehmen, Privathaushalte und der Staat nach dem Minimal- bzw. Maximalprinzip handeln.*

2   Wirtschaftssubjekte

2.1   Aufgaben und Ziele von Betrieben

Die Auszubildende Ayse Kaymak im Gespräch mit ihrer Chefin Sylvia Sommer:

Ayse Kaymak: „In der Berufsschule haben wir letzte Woche über das ökonomische Prinzip, über Bedürfnisse und über Güter gesprochen. Das war zwar interessant, ich weiß aber nicht so recht, was das mit unserem Betrieb zu tun hat."

Sylvia Sommer: „Nun, wir als Unternehmen orientieren uns bei unseren Entscheidungen letztendlich auch am ökonomischen Prinzip. Außerdem haben wir keine isolierte Stellung in der Wirtschaft. Das haben Sie ja schon erkannt, als Sie einen Überblick über unsere Lieferanten und Kunden bekommen haben. Und die Güter, die wir produzieren, wollen wir doch auch verkaufen. Also müssen wir uns an den Bedürfnissen der privaten Haushalte orientieren. Diese wiederum brauchen natürlich Geld, um unsere Produkte kaufen zu können. Um Einkommen zu beziehen, müssen sie z. B. ihre Arbeitskraft den Unternehmen zur Verfügung stellen."

SITUATION

Betriebe erzeugen die Sachgüter und Dienstleistungen, die der Bedürfnisbefriedigung der Menschen dienen. Nach der Stellung im gesamtwirtschaftlichen Ablauf lassen sich verschiedene **Sektoren** (s. Seiten 429/430) unterscheiden.

Erwerbswirtschaftliche Betriebe werden von privaten Inhabern betrieben und verfolgen das Ziel der **Gewinnmaximierung**, d. h. die am Markt erzielten Umsatzerlöse sollen nach Abzug der Kosten einen möglichst hohen Gewinn ergeben. Privatwirtschaftliche Unternehmen können ohne Gewinn langfristig nicht überleben. Aus dem Gewinn bestreitet der Unternehmer seinen Lebensunterhalt. Teilweise wird der Gewinn in Form von Gewinnbeteiligungen an die Arbeitnehmer ausgeschüttet. Ein weiterer Teil des Gewinns verbleibt im Unternehmen und dient der Forschung und Entwicklung und der Anschaffung neuer Maschinen. Damit ist der Gewinn Voraussetzung für weiteres Wirtschaftswachstum und – im Idealfall – für die Schaffung neuer Arbeitsplätze.
Ein möglicher Maßstab für die Zielerreichung ist die **Rentabilität**. Ein Unternehmer, der Kapital einsetzt, wird überlegen, welche Verwendungsmöglichkeit ihm die höchste Rendite (Verzinsung) bringt. Er setzt z. B. den Zinsgewinn einer Kapitalanlage bei der Bank ins Verhältnis zum eingesetzten Kapital und vergleicht das Ergebnis mit dem Gewinn, den er erzielt, wenn er das Kapital im Unternehmen investiert.

$$\text{Rentabilität (in \%)} = \frac{\text{Gewinn} \cdot 100}{\text{eingesetztes Kapital}}$$

Dem Erreichen des obersten Zieles, der Gewinnmaximierung, dienen untergeordnete Teilziele wie Kostenminimierung und Marktmacht ebenso wie das Streben nach einem guten Betriebsklima.
Gesamtwirtschaftlich hat der Gewinn **Lenkungsfunktion**, d. h. er lenkt Produktionsfaktoren in die Bereiche, in denen sich ihr Einsatz lohnt, und **Motivationsfunktion**, d. h. durch die Aussicht auf Gewinn wird ein Anreiz zur Leistung gegeben.

Gemeinwirtschaftliche Betriebe befriedigen Kollektivbedürfnisse, d. h. sie orientieren sich an den Bedürfnissen einer größeren Gemeinschaft. Dabei können verschiedene Zielsetzungen unterschieden werden:

■ Werden Leistungen bereitgestellt, unabhängig davon, ob die Kosten der Inanspruchnahme dieser Leistungen nicht oder nur teilweise von den Abnehmern gedeckt werden, steht das Ziel der **Bedarfsdeckung** im Vordergrund. Beispiele hierfür sind kommunale Einrichtungen wie Stadtbüchereien, Museen, Schwimmbäder u. Ä.

■ Gemeinwirtschaftliche Betriebe können auch das Ziel der **Kostendeckung** anstreben, d. h. die öffentlichen Leistungen werden zu kostendeckenden Preisen angeboten, ohne dass ein Gewinn erzielt wird.

Aufgaben

1. Geben Sie an, ob das folgende Unternehmen zum
   (1) primären Sektor
   (2) sekundären Sektor
   (3) tertiären Sektor
   gehört.

a) *Raiffeisenbank Grafenau*
b) *Zweirad GmbH, Fahrradherstellung*
c) *Mineralölvertrieb Meier KG*
d) *landwirtschaftlicher Betrieb*
e) *Buchhandlung Kleinschmidt*
f) *Mayener Kiesgrube GmbH*
g) *Zweibrückener Eisenverhüttung AG*
h) *Tischlerei Holz OHG*

2. *Geben Sie an, ob es sich bei den folgenden Unternehmen um*
   (1) erwerbswirtschaftliche Betriebe
   (2) gemeinwirtschaftliche Betriebe
   handelt.

a) *Commerzbank Böblingen*
b) *Museum für Heimatkunde der Stadt Betzingen*
c) *Hotel Wagner, Mayen*
d) *Westerwälder Zeitung*
e) *Städtische Nahverkehrsbetriebe Freiburg*
f) *Süddeutsche Spezialmaschinen GmbH*

2.2 Private Haushalte als Träger wirtschaftlicher Entscheidungen

Private Haushalte erbringen wirtschaftliche Leistungen und treffen wirtschaftliche Entscheidungen. Sie stellen den Unternehmen ihre Arbeitsleistung und ihr Kapital zur Verfügung und beziehen dafür Einkommen in Form von Lohn oder Gehalt bzw. in Form von Zinsen oder Dividenden. Aus diesem Einkommen zahlen die Haushalte Einkommensteuer und Sozialversicherungsbeiträge. Andererseits erhalten die Haushalte bei Vorliegen bestimmter Voraussetzungen Transferzahlungen der öffentlichen Haushalte in Form von Kindergeld, Wohngeld, Arbeitslosengeld u. Ä. Das verfügbare Einkommen wird entweder für Konsumzwecke ausgegeben oder gespart. Bei ihren Konsumentscheidungen handeln die Haushalte nach dem Prinzip der Nutzenmaximierung, d. h. Grundlage der Einkommensverwendung ist die bestmögliche Bedürfnisbefriedigung.
Daneben können private Haushalte auch unmittelbar produzierende Wirtschaftseinheiten sein. Beispiele hierfür sind der Do-it-yourself-Bereich, die Übernahme von Leistungen in der Altenpflege sowie der Bereich der Schwarzarbeit.

2.3 Der Staat im Wirtschaftsgeschehen

Wirtschaftlich gesehen hat der Staat in einer sozialen Marktwirtschaft die Aufgabe,

- die Wirtschaft zu steuern, soweit dies nicht automatisch oder nur unzulänglich durch den Marktmechanismus geschieht (z. B. staatliche Maßnahmen gegen Arbeitslosigkeit und Inflation, Maßnahmen zur Einkommensumverteilung);

- Leistungen bereitzustellen, die das Individuum nicht oder nur schwer erbringen kann, wenn es auf sich allein gestellt ist (Erfüllung von Kollektivbedürfnissen wie z. B. Straßenbau, innere Sicherheit);

- ein System sozialer Sicherung zu schaffen (z. B. durch die gesetzliche Kranken-, Pflege-, Renten-, Arbeitslosen- und Unfallversicherung) und funktionsfähig zu erhalten.

Der Wirtschaftssektor Staat finanziert seine Aufgaben hauptsächlich durch Zwangsabgaben wie Steuern, Gebühren und Abgaben und stellt andererseits als Gegenleistung öffentliche Leistungen zur Verfügung. Außerdem fließen Transferzahlungen (z.B. Sozialhilfe) sowie Faktoreinkommen (z.B. Lohn/Gehalt für Beschäftigte im öffentlichen Dienst) an die privaten Haushalte und Subventionen an die Unternehmen.

3   Wirtschaftskreislauf

In einer modernen arbeitsteiligen Volkswirtschaft existiert eine Vielzahl wirtschaftlicher Vorgänge, die aufgrund ihrer Komplexität nur sehr schwer darzustellen sind. Daher entwickelte man ein Schema, um diese Vorgänge modellhaft sichtbar und verständlich zu machen. Der **Wirtschaftskreislauf** ist ein **vereinfachtes Modell einer Volkswirtschaft**, in dem die wesentlichen Tauschvorgänge zwischen den Wirtschaftssubjekten dargestellt werden.

3.1   Einfacher Wirtschaftskreislauf

Dieses Modell reduziert das Wirtschaftsleben auf zwei Teilnehmer, einerseits die privaten **Haushalte**, andererseits die **Unternehmen**. Der einfache Wirtschaftskreislauf kann nochmals vereinfacht dargestellt werden als das wechselseitige Zusammenspiel von Geld- und Güterströmen zwischen diesen beiden Sektoren. Einflüsse von Staat, Banken und Kapitalsammelstellen sowie Außenwirtschaft werden dabei nicht berücksichtigt. Bei dieser Betrachtung stellt der Haushalt die Produktionsfaktoren zur Verfügung, produziert selbst aber keine Güter. Für das Bereitstellen der Produktionsfaktoren, insbesondere ihrer Arbeitskraft, aber auch z.B. von Kapital und von Grundstücken, wird der Haushalt durch die Zahlung von Faktoreinkommen (Lohn/Gehalt, Zinsen, Miete/Pacht) von den Unternehmen entlohnt. Die gesamte Entlohnung gibt der Haushalt auf dem Gütermarkt für Produkte und Dienstleistungen der Unternehmen aus. Somit ist der Kreislauf geschlossen. Jedem Güterstrom steht ein entgegengesetzt fließender wertgleicher Geldstrom gegenüber.

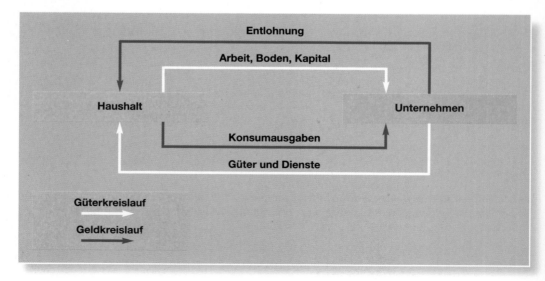

3.2 Erweiterter Wirtschaftskreislauf – Berücksichtigung von Kapitalsammelstellen

Der erweiterte Wirtschaftskreislauf berücksichtigt, dass Haushalte in der Regel nicht ihr gesamtes Einkommen konsumieren, sondern einen Teil davon **sparen**. Diese Ersparnisse fließen an eine **Kapitalsammelstelle**. Diese wird hier nicht als Bank im eigentlichen Sinne verstanden, sondern als jede Form von Vermögensbildung. Für diese Ersparnis erhalten die Wirtschaftssubjekte Einkommen, nämlich Zinserträge oder Gewinnbeteiligungen. Auch die Unternehmen leisten einen Beitrag zur Vermögensbildung, z. B. indem sie Rücklagen bilden (= Ersparnis der Unternehmen) oder Abschreibungen auf ihre Anlagegüter vornehmen. Diese Abschreibungen sind Kosten, die durch Abnutzung der Maschinen entstehen, aber in den Unternehmen nicht zu Auszahlungen führen, also für Investitionen zur Verfügung stehen. Aus Gründen der Übersichtlichkeit werden diese Ströme in der Grafik nicht dargestellt.

Die Kapitalsammelstellen stellen die Spargelder dem Unternehmenssektor für Investitionen zur Verfügung. Investitionen sind dabei als Sachanlageinvestitionen zu verstehen, nicht als Finanzinvestitionen, da diese wiederum eine Form der Ersparnis darstellen.

Damit sich der Kreislauf im Gleichgewicht befindet, müssen in einer Volkswirtschaft Sparen und Investieren, genauer gesagt, Sparen und Netto-Investitionen (Investitionen abzüglich Abschreibungen), übereinstimmen. Sind z. B. die Investitionen geringer als die Ersparnis, fließt nicht das gesamte Geld wieder in den Kreislauf zurück, die Unternehmen können damit nur noch geringere Einkommen zahlen und der Kreislauf stagniert, d. h. die Wirtschaftsleistung sinkt.

Darstellung der Geldströme bei Berücksichtigung von Kapitalsammelstellen

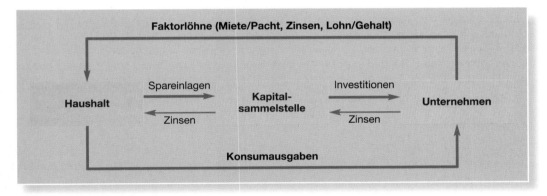

3.3 Erweiterter Wirtschaftskreislauf einschließlich Staat

Einerseits kassiert der Staat Steuern und Sozialabgaben von den Wirtschaftssubjekten. Andererseits zahlt er Einkommen (Löhne/Gehälter für Beschäftigte im öffentlichen Dienst und Transfereinkommen wie z. B. Sozialhilfe) an die Haushalte und tätigt bei den Unternehmen Käufe (staatlicher Konsum). Auch zu den Kapitalsammelstellen bestehen Beziehungen. Ist in einer Volkswirtschaft das Sparen größer als die Investitionen, die Wirtschaft also im Ungleichgewicht, so kann eine staatliche Kreditaufnahme (Staatsverschuldung) ein Gleichgewicht herstellen (Kreditangebot = Kreditnachfrage). Entsprechen sich aber Sparen und Investieren bereits und der Staat verschuldet sich trotzdem, so drängt der Staat über seine Kreditnachfrage private Kreditnachfrager aus dem Markt (crowding out) und behindert somit Investitionen der Unternehmen.

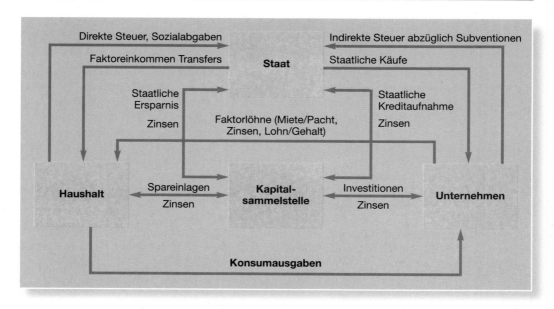

3.4 Wirtschaftskreislauf mit Beziehungen zum Ausland

Durch die Berücksichtigung des Außenhandels wird aus der bisher „geschlossenen" eine „offene" Volkswirtschaft. Es gibt Import und Export (Import von Gütern/Dienstleistungen = Export von Geld; Export von Gütern/Dienstleistungen = Import von Geld), wobei beim Import die Geldströme zum Ausland und beim Export vom Ausland weg gehen. Wird mehr importiert als exportiert, sinken die Mittel zur Investition in die eigene Wirtschaft, umgekehrt steigt die verfügbare Investitionsmenge, wenn mehr exportiert als importiert wird.

Neben dem Export bzw. Import von Gütern und Dienstleistungen findet auch ein Kapitalverkehr zwischen den Volkswirtschaften statt (z. B. kauft ein deutsches Unternehmen ein Grundstück in den USA, oder Deutschland gewährt Entwicklungsländern zinslose Kredite).

Aufgaben

1. *Zeigen Sie am Beispiel des einfachen Wirtschaftskreislaufes, was geschehen würde, wenn die Haushalte einen Teil der Faktorentgelte nicht für Konsumgüter ausgeben, sondern horten würden.*

2. *Für eine geschlossene Volkswirtschaft (ohne staatliche Aktivität) seien folgende Geldströme vorgegeben:*
   Die Einkommen der privaten Haushalte aus Arbeitsleistungen in den Unternehmen betragen 120.000,00 GE (Geldeinheiten), die Konsumausgaben 90.000,00 GE, das übrige Einkommen wird gespart.
   Erstellen Sie ein geeignetes Schaubild, und tragen Sie die Werte für die entsprechenden Geldströme ein. Was muss zusätzlich berücksichtigt werden, damit sich der Kreislauf im Gleichgewicht befindet?

3. *Für eine geschlossene Volkswirtschaft mit staatlicher Aktivität gelten folgende Zahlen:*
   Die Bruttoeinkommen der privaten Haushalte aus Arbeitsleistungen in den Unternehmen betragen 400.000,00 GE (Geldeinheiten).
   Steuerzahlungen durch die privaten Haushalte 80.000,00 GE und durch Unternehmen 40.000,00 GE;

Subventionen und Ausgaben des Staates für Sachgüter und Dienstleistungen 88.000,00 GE; Konsumausgaben der privaten Haushalte 292.000,00 GE, Renten und Gehaltszahlungen des Staates 32.000,00 GE. Das übrige Einkommen wird gespart und den Unternehmen für Investitionen zur Verfügung gestellt.

Erstellen Sie ein geeignetes Schaubild und tragen Sie die Werte für die entsprechenden Geldströme ein. Berechnen Sie dabei die fehlenden Werte, damit sich der Kreislauf im Gleichgewicht befindet.

4 Produktionsfaktoren

Walter Winter, zuständig für Beschaffung und Lagerung bei der Tropic GmbH, will in seiner Freizeit für seinen 10-jährigen Sohn ein Baumhaus bauen.

SITUATION

Überlegen Sie, was alles benötigt wird, um ein solches Baumhaus zu bauen. Erstellen Sie eine entsprechende Liste.

Ein zentrales Problem jeder Volkswirtschaft ist die Erzeugung von Gütern und Dienstleistungen zur Versorgung der Menschen. In einem entwickelten, wirtschaftlich starken Land scheint dies keine Schwierigkeit darzustellen. Es entsteht hier eher der Eindruck einer Überflussgesellschaft, in der ein Konsument höchstens noch die „Qual der Wahl" hat. In Entwicklungsländern oder in von Kriegen heimgesuchten Regionen dagegen sieht dies ganz anders aus.

Zur Herstellung von Gütern oder Dienstleistungen werden sogenannte **Produktionsfaktoren** benötigt. Eine Betrachtung der Volkswirtschaft aus der Vogelperspektive zeigt, dass **drei Faktoren** zur Produktion wichtig sind: [1]

---

[1] *In der betriebswirtschaftlichen Betrachtungsweise werden Produktionsfaktoren unterschieden in Elementarfaktoren wie objektbezogene menschliche Arbeit, Betriebsmittel und Werkstoffe sowie dispositive Faktoren wie die Geschäfts- und Betriebsleitung, die Planung und die Organisation.*

Arbeit	alle menschlichen Leistungen, die auf die Erstellung eines gesellschaftlich benötigten und damit nachgefragten Gutes gerichtet sind und der Erzielung von Einkommen dienen. Unterteilung nach:
	a) körperliche Arbeit b) geistige Arbeit
Boden	von der Natur bereitgestellt, jedoch nicht produzierbar: a) Anbauboden (Anbau von Weizen, Viehzucht usw.) b) Abbauboden (Förderung von Kohle, Erdöl, Eisenerz usw.) c) Naturkräfte (Sonnen- und Windenergie usw.) d) Standortfaktor für Betriebsansiedlungen (Raumbedarf, Infrastruktur usw.)
Kapital	vom Menschen produziertes Sachkapital (= Realkapital), das die Produktion ermöglicht, erleichtert oder verbessert. Z. B. Maschinen, Werkzeuge, Verwaltungsgebäude, Lkw.

Betrachten wir die Entstehung von Kapital an einem vereinfachten Beispiel:

In der Steinzeit mussten die Menschen zunächst um das nackte Überleben kämpfen. Dafür standen ihnen die **ursprünglichen (originären) Produktionsfaktoren** Arbeit und Boden (Natur) zur Verfügung. Um nicht zu verhungern, sammelten sie Früchte oder betrieben im kleineren Maßstab Jagd, Ackerbau und Viehzucht. Sie benutzten dazu alle verfügbaren Hände und fanden kaum Zeit, um Werkzeuge zur Erleichterung des Lebens herzustellen.

Hatte man sich schließlich dazu entschieden, Speere herzustellen, so musste zunächst ein möglichst gerader Holzschaft gefunden werden. Die Spitze dieses Holzschaftes musste dann angespitzt oder mithilfe von geeigneten Pflanzenfasern mit einem spitzen Stein versehen werden. Für die Jagd waren zahlreiche Speere erforderlich, deren Anfertigung viele Tage Arbeit erforderte. Diese Zeit stand dann aber nicht für die Nahrungsbeschaffung zur Verfügung. Also musste man vorher entsprechend viele Nahrungsmittel beschaffen. Diese durften aber nicht sofort in vollem Umfang konsumiert werden, sondern man musste Konsumverzicht leisten (Vorräte anlegen, volkswirtschaftlich gesehen mussten Ersparnisse gebildet werden), um in der Zeit, in der die Speere hergestellt wurden, mit Nahrungsmitteln versorgt zu sein.

Die Produktion eines Produktionsgutes durch die Kombination von Arbeit und Natur (Stein, Stock, Pflanzenfasern) war also möglich, indem die Menschen Konsumverzicht leisteten und so ein Produktionsmittel (den Speer) produzierten. Durch die Herstellung dieses Sachkapitals konnte der Ertrag der Jagd wesentlich gesteigert werden.

Das Sachkapital ist ein **derivativer (abgeleiteter) Produktionsfaktor**, da es durch den Einsatz der beiden **originären (ursprünglichen) Produktionsfaktoren** Arbeit und Kapital entstanden ist.

Der Produktionsfaktor Kapital ist damit ein abgeleiteter **(derivativer)** Faktor, während Boden und Arbeit ursprüngliche **(originäre)** Faktoren sind.

Arbeit	■ menschliche Arbeitskräfte	Originäre Produktionsfaktoren
Boden	■ Boden zur landwirtschaftlichen Nutzung ■ Grundstücke zur Errichtung von Produktionsstätten	
Kapital	■ Werkzeuge ■ Maschinen ■ Gebäude und Anlagen	Abgeleiteter Produktionsfaktor

> ## Voraussetzung für die Kapitalbildung sind Konsumverzicht und Investition der Ersparnisse

◆ Bildung als vierter Produktionsfaktor

Obwohl vom Produktionsfaktor Arbeit bereits erfasst, glauben viele Experten, dass der Bildung und Ausbildung der Arbeitskräfte in Zukunft eine immer stärkere Bedeutung zukommen wird. Will ein Land wirtschaftlich erfolgreich sein, muss es vor allem in den sogenannten Zukunftstechnologien (Mikroelektronik, Biotechnologie usw.) stark sein. Die dazu notwendigen hochqualifizierten Mitarbeiter müssen jedoch frühzeitig durch ein geeignetes Bildungssystem gefördert werden.

◆ Geld ist nicht gleich Kapital

Umgangssprachlich wird der Begriff Kapital oft mit Geld gleichgesetzt. In der Volkswirtschaftslehre ist das Vorhandensein von Geld jedoch nur eine **Vorstufe der Kapitalbildung**. Mit Geld **kauft** der Unternehmer Maschinen und Werkzeuge, also Kapital. Das Geld bezieht seinen Wert wiederum daraus, wie viel Kapital damit gekauft werden kann.

◆ Kombination und Substitution der Produktionsfaktoren

Erst die sinnvolle Kombination der Produktionsfaktoren Arbeit, Boden und Kapital ermöglicht die Produktion von Gütern oder Dienstleistungen, wobei das richtige Verhältnis der Faktoren zueinander von entscheidender Bedeutung für einen kostengünstigen Produktionsprozess ist.

Erweist sich ein Produktionsfaktor als zu teuer, wird er ganz oder teilweise durch einen anderen ersetzt (= **substituiert**).

So gibt es seit Jahrzehnten einen Trend, den Produktionsfaktor Arbeit wegen zu hoher Kosten durch Kapital zu ersetzen (= **Rationalisierung**). Maschinen ersetzen Menschen. Der Produktionsfaktor Arbeit ist in der Folge „unterbeschäftigt". Es entsteht **Arbeitslosigkeit**.

Bruttonationaleinkommen und Bruttoinlandsprodukt

Am Ende eines Jahres warten die Menschen eines Landes gespannt auf das Ergebnis ihrer produktiven Tätigkeiten. Um die Zahlen auch zwischen den Ländern vergleichen zu können, hat man sich auf zwei Verfahren zur Ermittlung der Produktionsleistung verständigt.

Das **Bruttonationaleinkommen** beschreibt die Gesamtheit aller in einem bestimmten Zeitraum *von den Staatsangehörigen* erzeugten Güter und Dienstleistungen. Dabei werden auch die Leistungen der Deutschen im Ausland mitgezählt.

Das **Bruttoinlandsprodukt** misst die Produktion *innerhalb der Grenzen* eines Staates, dabei werden auch die Leistungen der Ausländer in Deutschland mitgerechnet.

Beide Verfahren ermitteln, vereinfacht ausgedrückt, den **produzierten Güterberg einer Volkswirtschaft**.

Ob der Güterberg besonders hoch oder niedrig ausfällt, hängt von der Ausstattung eines Landes mit Produktionsfaktoren ab. Es ist von entscheidender Bedeutung, dass

- gut ausgebildete Arbeitskräfte,

- moderne Maschinen

- und ein leistungsfähiges Verkehrssystem zur Verfügung stehen.

Auskunft über die Qualität eines eingesetzten Produktionsfaktors gibt wiederum seine **Produktivität.**

Eine Arbeitskraft, die 20 Stück eines Produktes pro Stunde herstellt, ist doppelt so produktiv wie eine Arbeitskraft, die nur 10 Stück pro Stunde herstellt.

Beim Verkauf dieser Güter (und Dienstleistungen) auf dem Markt fließt Geld in Form von Umsätzen in die Kassen der Unternehmer. Da diese jedoch damit auch ihre Angestellten bezahlen, entsteht Einkommen sowohl auf der Unternehmensseite als auch bei den privaten Haushalten.

Das entstehende Einkommen muss also dem Wert der Produktion entsprechen.

Aufgaben

1. *Warum werden Arbeit und Boden als originärer und Kapital als derivativer Produktionsfaktor bezeichnet?*

2. *Warum spielt der Produktionsfaktor „Bildung" gerade für die Bundesrepublik Deutschland eine besondere Rolle?*

3. *Zeigen Sie am Beispiel des Baus eines Baumhauses, dass erst die* **Kombination** *der Produktionsfaktoren zu einem Produktionsergebnis führt.*

4. *In der Bundesrepublik Deutschland liegen immer mehr landwirtschaftliche Nutzflächen brach. Die Bedeutung der Landwirtschaft für das Bruttoinlandsprodukt sinkt entsprechend. Nennen Sie Gründe für diese Entwicklung.*

5. *Die Bundesrepublik Deutschland gilt als „Hochlohnland".*
   a) *Welcher Produktionsfaktor verursacht entsprechend die höchsten Kosten?*
   b) *Welche Ursachen hat dies?*
   c) *Warum besteht dadurch die Gefahr der Rationalisierung?*

5   Arbeitsteilung

SITUATION

Ein Arbeiter, der noch niemals Stecknadeln gemacht hat und auch nicht dazu angelernt ist, sodass er auch mit den dazu eingesetzten Maschinen nicht vertraut ist, könnte, selbst wenn er fleißig ist, täglich höchsten eine, sicherlich aber keine zwanzig Nadeln herstellen.

Aber so wie die Herstellung von Stecknadeln heute betrieben wird, ist sie nicht nur als Ganzes ein selbstständiges Gewerbe. Sie zerfällt vielmehr in eine Reihe getrennter Arbeitsgänge, die zumeist zur fachlichen Spezialisierung geführt haben.

Der eine Arbeiter zieht einen Draht, der eine streckt ihn, ein dritter schneidet ihn, ein vierter spitzt ihn zu, ein fünfter schleift das obere Ende, damit der Kopf aufgesetzt werden kann. Auch die Herstellung des Kopfes erfordert zwei oder drei getrennte Arbeitsgänge.

Das Ansetzen des Kopfes ist eine eigene Tätigkeit, ebenso das Weißglühen der Nadeln, ja, selbst das Verpacken der Nadeln ist eine Arbeit für sich. Um eine Stecknadel anzufertigen, sind somit etwa 18 verschiedene Arbeitsgänge notwendig, die in einigen Fabriken jeweils verschiedene Arbeiter besorgen, während in anderen ein einzelner zwei oder drei davon ausführt.

Ich selbst habe eine kleine Manufaktur dieser Art gesehen, in der nur 10 Leute beschäftigt waren, sodass einige von ihnen zwei oder drei dieser Arbeiten übernehmen mussten. Obwohl sie nun sehr arm und nur recht und schlecht mit dem nötigen Werkzeug ausgerüstet waren, konnten sie am Tag zusammen doch etwa 12 Pfund Stecknadeln anfertigen, wenn sie sich einigermaßen anstrengten.

Rechnet man für ein Pfund über 4.000 Stecknadeln mittlerer Größe, so waren die 10 Arbeiter imstande, täglich etwa 48.000 Nadeln herzustellen, jeder also ungefähr 4.800 Stück.

Hätten sie indes alle einzeln und unabhängig voneinander gearbeitet, noch dazu ohne besondere Ausbildung, so hätte der Einzelne gewiss nicht einmal 20, vielleicht sogar keine einzige Nadel am Tag zustande gebracht.

Mit anderen Worten, sie hatten mit Sicherheit nicht den zweihundertvierzigsten, vielleicht nicht einmal den vierhundertachtzigsten Teil von dem produziert, was sie nunmehr in Folge einer sinnvollen Teilung der einzelnen Arbeitsgänge zu erzeugen imstande waren.

Quelle: Smith, Adam: Der Wohlstand der Nationen. dtv: 2001, S. 9

In seinem 1776 erschienenen Hauptwerk „An inquire into the nature and causes of the wealth of nations" verdeutlicht Adam Smith am Beispiel der Stecknadelproduktion die Vorteile der Arbeitsteilung.

Erläutern Sie mithilfe des Textes mögliche Vorteile einer Arbeitsteilung.

In jedem Haushalt gibt es heute Apparate, die zwar ganz selbstverständlich genutzt werden, deren Aufbau jedoch nur noch Fachleuten bekannt ist. Die wenigsten können z. B. einen Fernseher selbst reparieren geschweige denn konstruieren. Das moderne Leben ist **arbeitsteilig organisiert**, der einzelne Mensch beherrscht nicht mehr den gesamten Produktionsprozess, sondern nur noch Teile davon. So weiß beispielsweise ein kaufmännischer Angestellter kaum etwas über elektronische Schaltkreise in einem Computer, kann jedoch mit einem Anwenderprogramm hervorragend umgehen. Damit unsere Wirtschaft funktioniert, muss es also Experten geben, die über Spezialwissen auf ihrem Gebiet verfügen.

Das war nicht immer so. Bis ins Mittelalter waren die Menschen darauf angewiesen, alle lebenswichtigen Tätigkeiten selbst zu beherrschen. Sie lebten in sogenannten **Selbstversorgungswirtschaften**, dies waren zumeist kleine Gemeinschaften oder Familien, in denen die Männer die schwereren, die Frauen und Kinder die leichteren Arbeiten verrichteten.

Da es kaum einen Austausch von Gütern gab, war es nicht sinnvoll, sich auf eine bestimmte Tätigkeit zu konzentrieren und eine andere dafür ruhen zu lassen. Mit wachsender Bedeutung der Märkte und der Geldwirtschaft lohnte es sich, eine gewisse Arbeit besonders gut zu beherrschen. Jetzt gab es Kunden, die einem die Produkte nur zu gerne abkauften. In der Folge bildeten sich verschiedene Berufe, vor allem im Handwerk, heraus.

Durch immer komplizierter werdende Produkte und den einsetzenden technischen Fortschritt wurden Tätigkeiten, die vorher von einem Arbeiter ausgeübt wurden, in mehrere Einzelberufe unterteilt. Aus dem Beruf des Schmieds wurden z. B. der Kunstschmied, der Goldschmied oder der Waffenschmied. Die sogenannte Berufsspaltung hatte begonnen.

Auch innerhalb der Volkswirtschaft lässt sich eine Form der Arbeitsteilung beobachten. Dabei werden Betriebe, die ähnliche Aufgaben erfüllen, zu Sektoren zusammengefasst.

- Dem **primären Sektor** gehören Betriebe der Rohstoff- und Energiegewinnung an (z. B. Land- und Forstwirtschaft, Bergbau, Ölgewinnung).

- Der **sekundäre Sektor** stellt Erzeugnisse zur weiteren Be- und Verarbeitung her (z. B. Sägewerk, Energiewirtschaft) und produziert Investitions- und Konsumgüter. Zu diesem Bereich der Weiterverarbeitung zählt neben der Industrie auch das Handwerk.

- Der Handel, der Mittler zwischen Herstellern und Verbrauchern ist, gehört ebenso zum **tertiären Sektor** wie der Bereich der Dienstleistungen (z. B. Banken, Versicherungen, Verkehrswesen).

- Seit einigen Jahren gewinnt der vierte, der **quartäre Sektor**, der Erstellung, Verarbeitung und Verkauf von Informationen (Daten, Wissensbestände) beinhaltet, stark an Bedeutung. In modernen Gesellschaften wird dieser Sektor, der sich aus dem tertiären Sektor herausgelöst hat, sogar als das wichtigste Merkmal der heutigen (Informations-)Gesellschaft genannt.

Innerhalb der einzelnen Betriebe erfolgt die Produktion meist durch Aufteilung eines einzelnen Produktionsprozesses in verschiedene Teilprozesse, die jeweils von spezialisierten Arbeitskräften wahrgenommen werden (**Arbeitszerlegung**). Über die betriebliche Ablauforganisation findet die Arbeitsvereinigung statt.

Als einer der Ersten realisierte Henry Ford eine extreme Form der Arbeitszerlegung, als er 1908 die Fließbandproduktion einführte und mit seinem Modell Ford T („Tin Lizzy") aufgrund der günstigen Produktionskosten zeitweise mehr als 50 % Marktanteil erreichte. Der Kaufpreis der Tin Lizzy, der 1909 noch 850 Dollar betragen hatte, sank durch die Herstellung am Fließband bis zu 350 Dollar im Jahr 1916.

Bei der **internationalen Arbeitsteilung** erfolgt eine Spezialisierung einzelner Nationen auf die Produktion bestimmter Güter und Dienstleistungen. Über den Außenhandel findet ein Austausch der Güter und Dienstleistungen statt.

Siehe hierzu
Kap. 13

Bewertung der Arbeitsteilung

Obwohl die Einführung der Arbeitsteilung viele Erfolge und Verbesserungen mit sich brachte, gibt es doch einige gravierende Nachteile:

Vorteile	Nachteil
■ Höherer Güterberg	■ monotone, einseitige Arbeit
■ Verbesserung des Lebensstandards	■ Arbeitsprozess oft zerstückelt
■ Arbeitserleichterungen	■ hoher Kapitaleinsatz
■ mehr Freizeit	■ stärkere wirtschaftliche Abhängigkeiten
■ Bildung von Spezialwissen	

Aufgaben

1. *Auch innerhalb der Selbstversorgungswirtschaft (z. B. geschlossenen Hauswirtschaft, Pfahl-bauerndorf) fand Arbeitsteilung statt. Finden Sie Beispiele für Aufgabenbereiche, die üblicher-weise typisch für männliche bzw. weibliche Bewohner waren.*

2. *Welche Voraussetzungen mussten für eine Arbeitsteilung gegeben sein?*

3. *Welche Vorteile brachte die Arbeitsteilung (und damit verbunden der Güteraustausch) gegen-über der Selbstversorgungswirtschaft? Welche Nachteile waren andererseits damit verbunden?*

4. *Welche Berufsschilder könnte man in der Schmiedegasse (Bäckergasse, Schneidergasse, Brauergasse) einer mittelalterlichen Stadt finden?*

5. *Nennen Sie Handwerker, die in einer arbeitsteiligen Wirtschaft an einem Hausbau beteiligt sind.*

6. *Nennen Sie Beispiele für Betriebe des primären, sekundären, tertiären bzw. quartären Sektors, die für die Tropic GmbH von Bedeutung sind.*

7. *Zeigen Sie an Beispielen die Bedeutung der internationalen Arbeitsteilung für Deutschland auf. Welche Vorteile bringen Exporte bzw. Importe für die deutsche Volkswirtschaft?*

6 Der Markt – der Kern unserer Volkswirtschaft

SITUATION

Ein Mann geht morgens zum Bäcker, um Brötchen zu kaufen. Zuvor verspürte er ein Bedürf-nis, und zwar großen Hunger. Da er über das nötige Geld zum Kauf von Brötchen verfügt, liegt bei ihm ein Bedarf vor. In dem Moment, wo er tatsächlich die Brötchen beim Bäcker kauft, ist eine Nachfrage entstanden.
Der Bäcker bietet seinerseits die Brötchen als ein Produkt an, um über den Verkauf seine Kosten zu decken und darüber hinaus einen Gewinn zu erzielen.
Die Brötchen, die zum Verkauf bereitliegen, stellen das Angebot dar.
Angebot und Nachfrage treffen in unserem Beispiel im Bäckerladen aufeinander. Es handelt sich dabei um einen Markt.

Dieser Markt besteht aus zwei Stromarten. Der Güterstrom fließt vom Verkäufer zum Käufer. Hier wechseln die Brötchen den Eigentümer.
Der Geldstrom fließt dem Güterstrom entgegen. Der Kunde zahlt den Kaufpreis für die Produkte des Bäckers.

Anbieter → **Markt** / **Bäckerladen** ← **Nachfrager**

Bäcker bietet Brötchen an   Kunde fragt Brötchen nach

Wo können Sie in Ihrer Umgebung Beispiele für weitere Märkte finden?

Wenden Sie bei Ihrer Darstellung die Begriffe Bedürfnis, Nachfrager, Anbieter, Güterstrom an.

6.1   Marktarten

Überall dort, wo Güter oder Dienstleistungen gehandelt werden, spricht man von Märkten. Märkte bestimmen unser alltägliches Leben und regeln unsere Versorgung.

Nach der Art der gehandelten Güter oder Dienstleistungen lassen sich Märkte folgendermaßen einteilen:

Faktormärkte

Arbeitsmarkt	Arbeitsleistung wird durch Arbeitsuchende angeboten und durch Unternehmen nachgefragt. *Bsp.: Die Tropic GmbH sucht einen neuen Verkäufer.*	Sie sind engagiert, teamfähig und beraten gerne, dann sind Sie bei uns genau richtig …
Bodenmarkt (= Immobilienmarkt)	Hier findet der Handel mit Gebäuden und Grundstücken statt. *Bsp.: Die Tropic GmbH kauft eine Lagerhalle.*	Verkaufe Gewerbefläche im Industriegebiet, 50,00 EUR pro qm
Kapitalmarkt	Dies ist ein Markt für die langfristige Geldanlage. Unternehmen erhalten Kredite zur Finanzierung von Maschinen oder können ihr überschüssiges Geld z. B. in Aktien anlegen. *Bsp.: Die Tropic GmbH kauft für 2.000,00 GE Aktien.*	Die Intercom geht an die Börse. Zeichnen Sie Aktien.

Gütermärkte

Konsumgütermärkte	Private Haushalte als Nachfrager und Unternehmen als Anbieter treffen sich auf diesem Markt. *Bsp.: Ayse Kaymak kauft einen DVD-Player im Elektrofachmarkt.*	Achtung Restposten!!! DVD-Player für nur 99,00 EUR!
Investitionsgütermärkte	Nachfrager und Anbieter auf diesem Markt sind Unternehmen. *Bsp.: Die Tropic GmbH kauft ein neues Kassenterminal für den Werksverkauf.*	EDV- und Kassensysteme vom Profi. Wir bieten den kompletten Service.

6.2   Anbieter und Nachfrager auf dem Markt

Bevor Anbieter und Nachfrager auf dem Markt zusammentreffen, müssen sie bereits einige Überlegungen angestellt haben:

Anbieter überlegen:

- Wie hoch sind die Produktionskosten?

- Welche Menge kann produziert werden (Kapazität)?

- Wie verhält sich die Konkurrenz?

- Wie ist die wirtschaftliche Situation jetzt und in Zukunft?

- Könnte mit anderen Produkten eventuell ein höherer Gewinn erzielt werden?

Insgesamt freut sich der Anbieter über hohe Marktpreise und damit einen großen Gewinn. Er möchte seinen **Gewinn maximieren**.

Nachfrager überlegen:

■ Wie viel Einkommen oder Vermögen steht zur Verfügung?

■ Welche Erwartungen an das Produkt gibt es?

■ Was kosten andere Produkte mit ähnlichem Nutzen?

■ Welche Zukunftserwartungen liegen vor (Gehaltserhöhung oder Arbeitslosigkeit)?

Der Nachfrager ist an niedrigen Marktpreisen (bei guter Qualität) interessiert. Er möchte seinen **Nutzen maximieren**.

6.3   Wie kommt der Marktpreis zustande?

6.3.1   Der vollkommene Markt

Jeden Sonntagmorgen erwartet die Fischliebhaber in Hamburg eine besondere Attraktion: Rund 700 Händler bieten von 05:00 bis 09:30 Uhr ihre Waren an. Die Gassen des Fischereihafens erwachen zu geschäftiger Betriebsamkeit. An unzähligen Buden und Ständen wird frisch gefangener Fisch angeboten. Hausfrauen und Köche finden hier auf engstem Raum alles, was sie für eine wohlschmeckende, frische Fischmahlzeit benötigen. Sie können die Preise aller Fischsorten vergleichen und sich für eine Fischsorte entscheiden. Ist die gewünschte Fischsorte an einem Stand bereits ausverkauft, so muss der Käufer

SITUATION

nicht bis zur nächsten Anlieferung frischer Fische warten, sondern kann an Ort und Stelle das ganze restliche Angebot überblicken und findet gewiss einen anderen Stand, an dem er den gewünschten Fisch in gleicher Qualität kaufen kann.

1. Schildern Sie die Besonderheiten des dargestellten Marktes.

2. Welche Auswirkungen haben diese Besonderheiten für den Preis einer bestimmten Fischsorte?

Im Falle des Fischmarktes könnte es tatsächlich zu einem einheitlichen Preis bei allen Anbietern für eine bestimmte Fischsorte kommen. Die Kunden überblicken den Markt und könnten schnell auf günstigere Angebote ausweichen. Wenn der Fisch überall die gleiche Qualität hat, die Stände alle ähnlich aussehen und die Verkäufer überall genauso freundlich sind, wäre es für die Kunden gleichgültig, wo sie kaufen. Würde ein Anbieter einen höheren Preis für seine Fische verlangen, wandern die Nachfrager zur Konkurrenz ab. Verlangt er einen niedrigeren Preis als die anderen Anbieter, würde er die gesamte Nachfrage auf sich ziehen, die er jedoch aufgrund seiner begrenzten Angebotsmenge nicht befriedigen kann. Viele Kunden wenden sich enttäuscht ab oder überbieten sich – um die knappe Ware zu erhalten – im Preis. Somit würde sich im Endeffekt wieder ein einheitlicher Marktpreis ergeben.

Dass es in der Realität dennoch Preisabweichungen gibt, liegt z. B. daran, dass

■ kurz vor Marktschluss die restliche Ware günstiger verkauft wird oder

■ bestimmte Verkäufer oder Verkäuferinnen beliebter sind als andere und die Kunden deshalb weniger auf den Preis achten.

Damit ein Markt **vollkommen** ist, muss er folgende Anforderungen erfüllen:

■ **Vollkommene Markttransparenz** (auch Marktübersicht):
Sowohl Anbieter als auch Nachfrager wissen über alle Gegebenheiten des Marktes Bescheid und sind vollständig informiert.

■ **Keine Präferenzen:**
Weder die Anbieter noch die Nachfrager dürfen sich von persönlichen, räumlichen, sachlichen oder irrationalen Vorlieben leiten lassen.

■ **Nur gleichwertige (= homogene) Güter:**
Alle Güter, die auf dem Markt angeboten werden, sind in den Augen der Konsumenten gleichwertig. Sie sind in Beschaffenheit, Qualität und Aussehen identisch.

■ **Punktmarkt:**
Der Markt muss ein räumlicher und zeitlicher Punktmarkt sein, d. h. Anbieter und Nachfrager treffen sich an einem Ort (dem Markt) zur gleichen Zeit.

■ **Unbegrenzt schnelle Reaktionsfähigkeit von Anbieter und Nachfrager:**
Auf Preisveränderungen reagieren Anbieter und Nachfrager unendlich schnell.

■ **Atomistischer Markt (= Polypol):**
Auf dem Markt existiert eine Vielzahl von Anbietern und Nachfragern, sodass kein Teilnehmer den Markt entscheidend beeinflussen kann.

In der Realität ist der vollkommene Markt sehr selten anzutreffen. Der **Aktienhandel an der Börse** kommt dieser Marktform am nächsten.

Da es kaum vollkommene Märkte gibt, weichen Volkswirte auf **Modelle** aus. Wie bei Modellflugzeugen sehen diese oft täuschend echt aus, ohne es zu sein. Das Modell des vollkommenen Marktes ist also ein vereinfachtes Bild der Wirklichkeit, das die oben genannten Anforderungen erfüllt.

6.3.2 Preisbildung – der Gleichgewichtspreis

Am Beispiel eines vereinfachten Marktes für Schuhe soll die Preisbildung erklärt werden. (Dabei wird unterstellt, dass es sich um einen vollkommenen Markt handelt.)

In einem kleinen Land leben 33 Anbieter von Schuhen, die pro Jahr jeweils nur ein Paar Schuhe herstellen können. 42 Nachfrager benötigen pro Jahr exakt ein neues Paar Schuhe.

(Alle Preise in Geldeinheiten = GE)

5 Anbieter wollen mindestens 40,00 GE pro Paar
15 Anbieter wollen mindestens 50,00 GE pro Paar
5 Anbieter wollen mindestens 60,00 GE pro Paar
6 Anbieter wollen mindestens 70,00 GE pro Paar
2 Anbieter wollen mindestens 80,00 GE pro Paar

Preise	Gesamtes Angebot zu diesem Preis (in Paar Schuhe)
30,00	0
40,00	5
50,00	20
60,00	25
70,00	31
80,00	33

Die unterschiedlichen Preiserwartungen erklären sich z.B. durch unterschiedlich hohe Produktionskosten.

Anmerkung:
Zu bedenken ist, dass ein Anbieter, der bereit ist, z.B. für 30,00 GE anzubieten, natürlich auch gerne für 40,00 oder 50,00 GE verkauft. Die zusätzlich erzielten Einnahmen heißen **Produzentenrente**.

9 Nachfrager wollen höchstens 30,00 GE pro Paar ausgeben
13 Nachfrager wollen höchstens 40,00 GE pro Paar ausgeben
10 Nachfrager wollen höchstens 50,00 GE pro Paar ausgeben
5 Nachfrager wollen höchstens 60,00 GE pro Paar ausgeben
4 Nachfrager wollen höchstens 70,00 GE pro Paar ausgeben
1 Nachfrager will höchstens 80,00 GE pro Paar ausgeben

Preise	Gesamte Nachfrage zu diesem Preis (in Paar Schuhe)
30,00	42
40,00	33
50,00	20
60,00	10
70,00	5
80,00	1

Die unterschiedliche Zahlungsbereitschaft erklärt sich z.B. durch verschiedene Einkommenshöhen.

Anmerkung:
Auch freut sich ein Nachfrager, der 70,00 GE ausgegeben hätte, über einen günstigeren Preis und kauft natürlich auch bei 60,00 oder 50,00 GE. Das so eingesparte Geld nennt man **Konsumentenrente**.

Ordnet man den verschiedenen Preisen diejenigen Anbieter zu, die hier anbieten würden, sowie die Nachfrager, die kaufen, ergibt sich die folgende Tabelle:

Preise	Gesamtes Angebot zu diesem Preis (in Paar Schuhe)	Gesamte Nachfrage zu diesem Preis (in Paar Schuhe)	Verkaufte Menge zu diesem Preis (in Paar Schuhe)	Markt-lage	Angebots-überhang	Nach-frage-über-hang
30,00	0	42	0	A<N		42
40,00	5	33	5	A<N		28
50,00	20	20	20	A=N		
60,00	25	10	10	A>N	15	
70,00	31	5	5	A>N	26	
80,00	33	1	1	A>N	32	

Zwei einfache **Gesetzmäßigkeiten** lassen sich aus der Tabelle ablesen:

1. Das Gesetz des Angebots

Je **höher** der Preis, desto **größer** die angebotene Menge.

2. Das Gesetz der Nachfrage

Je **höher** der Preis, desto **niedriger** die nachgefragte Menge.

Es ergibt sich in der Tabelle ein sogenannter **Gleichgewichtspreis** von 50,00 GE, bei dem sowohl die Erwartungen der Nachfrager als auch der Anbieter übereinstimmen. Man spricht davon, dass der Markt **geräumt** wird.

Grafisch lässt sich dieser Zusammenhang folgendermaßen darstellen:

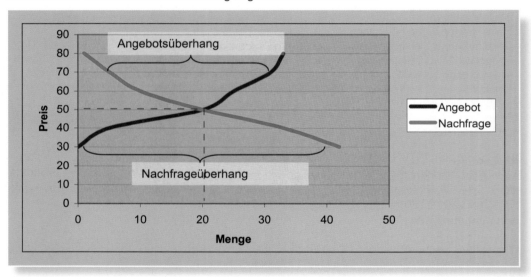

Im Schnittpunkt der Angebots- und Nachfragekurve liegt das Marktgleichgewicht.

- Der **Gleichgewichtspreis** liegt bei 50,00 GE.
- Die **Gleichgewichtsmenge** liegt bei 20 Paar Schuhen.

Bei Preisen unterhalb des Gleichgewichtspreises, z. B. bei 30,00 GE, entsteht ein **Nachfrageüberhang**. Es sind mehr Nachfrager bereit, zu diesem Preis Schuhe zu kaufen als Anbieter willens sind, diese zu verkaufen. Die Anbieter erkennen, dass es sich lohnt, den Preis zu erhöhen.

Bei Preisen oberhalb des Gleichgewichtspreises, z. B. bei 70,00 GE, entsteht ein **Angebotsüberhang**. Es sind mehr Anbieter bereit, zu diesem Preis Schuhe zu verkaufen als Nachfrager willens sind, diese zu kaufen. Die Anbieter müssen den Preis senken, um das überschüssige Angebot zu verkaufen.

Erst bei einem Preis von 50,00 GE herrscht Gleichstand zwischen den Plänen von Anbietern und Nachfragern.

> Auf dem Markt für Schuhe entsteht offenbar ein einziger Preis, der **Gleichgewichtspreis**.
>
> **Nur auf dem vollkommenen Markt kann sich ein Gleichgewichtspreis bilden.**

Der Preis, der sich auf dem vollkommenen Markt einstellt, bildet sich durch das Verhalten aller Anbieter und Nachfrager. Er steht unveränderbar **fest**.

Möchte ein Anbieter seinen Umsatz vergrößern, so muss er die **angebotene Menge** erhöhen. Sollte er dagegen versuchen, den Preis zu erhöhen, verliert er sofort seine gesamte Kundschaft an die Konkurrenz (Merke: Alle Güter sind gleich!). Zwar könnte er durch Preissenkungen kurzfristig alle Nachfrager anlocken; aufgrund seines sehr kleinen Marktanteils kann er die Nachfrage jedoch nicht befriedigen und hat letztlich weniger Umsatz als vorher.

Ist auch nur eine Voraussetzung des vollkommenen Marktes nicht gegeben, so gibt es für ein Gut nicht einen, sondern **verschiedene Preise**.

Die Nachfrager könnten z. B. bereit sein, einen höheren Preis zu zahlen, weil

- sie in einem Geschäft besonders freundlich bedient werden;
- das Geschäft ganz in der Nähe liegt.

6.4 Veränderungen des Marktgleichgewichtes

6.4.1 Bewegungen entlang der Angebotskurve

Die Angebotskurve gibt das **Verhalten der Anbieter**, also Unternehmer, in Abhängigkeit von verschiedenen Preisen wieder. Bei niedrigem Preis sind nur wenige Anbieter bereit, ihre Produkte anzubieten. Bei steigenden Preisen und damit meist steigenden Gewinnen bieten immer mehr Anbieter an, die Angebotsmenge steigt.

> **Bewegungen entlang der Angebotskurve ergeben sich bei Preisänderungen.**

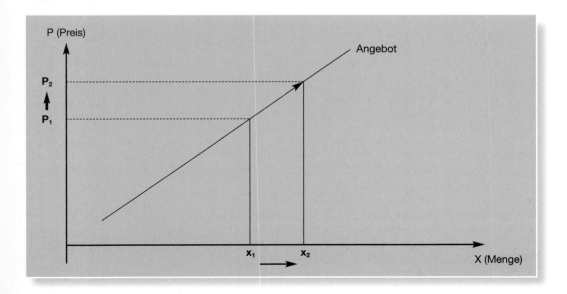

Erläuterung:
Bei einem möglichen Marktpreis von P_1 sind die Anbieter bereit, die Menge x_1 anzubieten. Lässt sich am Markt ein höherer Preis P_2 erzielen, bieten die Anbieter die Menge x_2 an. Die neue Angebotsmenge kommt dadurch zustande, dass man sich – ausgehend von der alten Angebotsmenge – auf der Angebotskurve nach oben bewegt.

6.4.2 Verschiebungen der Angebotskurve

Rechtsverschiebung der Angebotskurve

Eine Verschiebung der Angebotskurve nach rechts bedeutet, dass zu jedem Preis die angebotene Menge gestiegen ist.

Gründe bzw. Einflussgrößen hierfür können sein:

■ Kostensenkungen bei den Produktionsfaktoren,

■ Verbesserung des technischen Wissens,

■ zusätzliche Anbieter treten hinzu.

Bei einem bestimmten Preis bieten jetzt mehr Anbieter an, weil sich durch sinkende Produktionskosten mehr Gewinn ergibt. Vor der Kostensenkung hätten sich viele Unternehmer noch zurückgehalten. **Die Angebotskurve verschiebt sich nach rechts:**

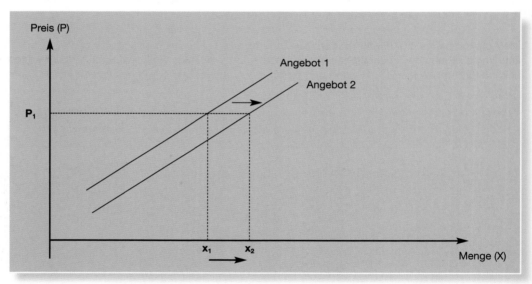

Erläuterung:
Wenn z. B. durch neue verbesserte Maschinen die Produktionskosten fallen, sind die Anbieter bereit, zum alten Preis P_1 die größere Menge x_2 anzubieten.

Eine **Linksverschiebung** ergibt sich bei umgekehrter Ausgangslage:

> **Die Angebotskurve verschiebt sich, wenn sich eine andere Einflussgröße als der Preis verändert (bei Konstanz der anderen Größen).**

6.4.3 Bewegungen entlang der Nachfragekurve

Ebenso wie die Unternehmen planen die Haushalte ihr Verhalten am Markt bei verschiedenen Marktpreisen. Wohlgemerkt geschieht dies, bevor sie auf den Markt treten. Demzufolge ergibt sich bei Preisänderungen auf dem Markt eine Bewegung **entlang** der Nachfragekurve.

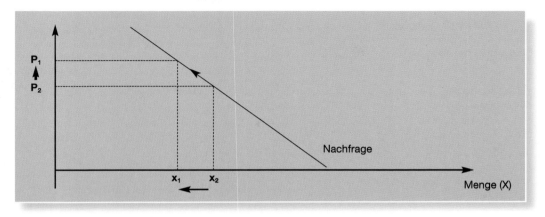

Erläuterung: Bei steigendem Preis eines Gutes werden die Haushalte normalerweise weniger von diesem Gut kaufen.

6.4.4 Verschiebungen der Nachfragekurve

Rechtsverschiebung der Nachfragekurve

Eine Verschiebung der Nachfragekurve nach rechts bedeutet, dass die Nachfrager zum bisherigen Preis mehr nachfragen.

Gründe bzw. Einflussgrößen hierfür können sein:
- Erhöhung des Einkommens/Vermögens der Haushalte
- Preissteigerung bei substitutiven Gütern
- Steigende Zahl der Nachfrager
- Höhere Nutzenerwartung bezüglich des Gutes

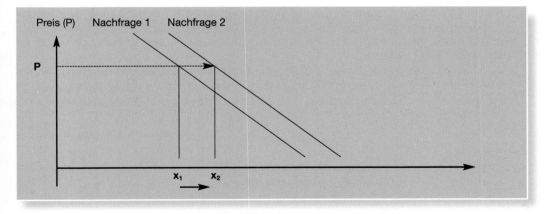

Eine **Linksverschiebung** ergibt sich wiederum bei umgekehrter Ausgangslage.

Die Nachfragekurve verschiebt sich, wenn sich eine andere Einflussgröße als der Preis ändert (bei Konstanz der anderen Größen).

6.5   Die Funktionen des Preises

Funktion	Erläuterung
Lenkungsfunktion	An der Preishöhe erkennen die Marktteilnehmer die Knappheit des Gutes. Hohe Preise signalisieren einen Mangel. Für Unternehmer (Anbieter) lohnt es sich also, das entsprechende Gut herzustellen, da hier mit hohen Gewinnen zu rechnen ist. Die zur Produktion notwendigen Produktionsfaktoren werden so „richtig" gelenkt, nämlich dorthin, wo Güter gebraucht werden.
Anreizfunktion	Da Unternehmen stets damit rechnen müssen, dass sie ihre Preiserwartungen am Markt nicht mehr durchsetzen können, besteht für sie ein ständiger Anreiz, die Kosten zu senken, um günstiger anbieten zu können.
Ausschaltungsfunktion	Anbieter, die nicht mehr konkurrenzfähig sind, da sie mit überhöhten Kosten produzieren, scheiden aus dem Markt aus. Auch die Nachfrager, die den Gleichgewichtspreis nicht zahlen können oder wollen, werden vom Markt verdrängt.

6.6   Staatliche Preisbildung

6.6.1   Der Mindestpreis

SITUATION

Kunstwerk wird versteigert – Mindestpreis 8 Mio. Euro

Ein Madrider Auktionshaus will eines der letzten Gemälde des spanischen Meisters Diego Velázquez versteigern, die sich noch in Privatbesitz befinden. Das Bild mit dem Namen „Die Tränen des Heiligen Petrus" soll zu einem Startpreis von 8 Mio. Euro angeboten werden, teilt das Auktionshaus mit. Dieses Ölgemälde gehört zu den frühen Werken von Velázquez (geb. 1599 – gest. 1660).
Es wurde zum nationalen Kulturgut erklärt, daher darf es nicht aus Spanien exportiert werden. Im Dezember 2003 hatte das Auktionshaus bereits ein anderes Velázquez-Gemälde, „Kopf eines Apostels", zum Mindestpreis von über 2 Mio. Euro angeboten. Allerdings wurde damals kein Käufer gefunden, der diesen Preis bezahlen wollte.

http://www.gemaelde-news.de/gemaelde-all.html

1. Was bezweckt der Verkäufer eines solchen Kunstwerkes mit der Festlegung eines Mindestpreises?

2. Welche Auswirkungen hat es für den Verkäufer, wenn bei einer Auktion keiner bereit ist, den Mindestpreis zu bieten?

Genau wie ein privater Anbieter z.B. bei einer Versteigerung einen Mindestpreis für sein Produkt verlangen kann, hat auch der Staat theoretisch die Möglichkeit, in die Preisbildung am Markt einzugreifen.

Mindestpreise in der Landwirtschaft

Ohne staatliche Eingriffe gerieten gerade in der Landwirtschaft die Erzeugerpreise für Milch oder Butter stark unter Druck. Die Konkurrenz unter den Landwirten und das Überangebot würden dafür sorgen, dass **die Preise sehr niedrig** wären.

Was für die Verbraucher angenehm ist, bedroht viele Betriebe in ihrer Existenz.

Der Staat fühlt sich aus zweierlei Gründen zum Schutz der Anbieter verpflichtet:

- Sinkende Einkommen der in der Landwirtschaft Beschäftigten bedeuten soziale Probleme.
- Je weniger Nahrungsmittel in Deutschland produziert werden, desto größer wird die Abhängigkeit von ausländischen Produkten.

Der Staat verordnet **Mindestpreise oberhalb des Gleichgewichtspreises**, was bedeutet, dass die entsprechenden Erzeugnisse nicht mehr günstiger angeboten werden dürfen als dieser Mindestpreis.

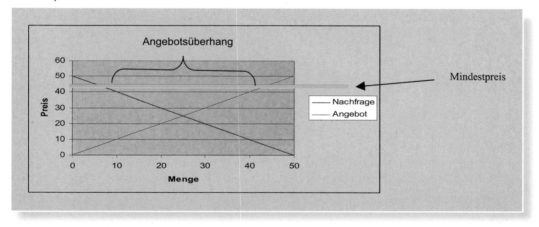

Da jetzt der (zu hohe) Preis für die Anbieter signalisiert, dass es lohnt, in diesem Markt zu bleiben oder sogar zu investieren, entsteht eine zu große Produktionsmenge. Es kommt zu einem **Angebotsüberhang**.

Diese **Überproduktion** stellt den Staat vor neue Probleme:

> **Mindestpreise sollen also Anbieter schützen. Sie setzen aber den Mechanismus des Marktpreises außer Kraft und führen zu hohen Kosten für den Staat, die letztlich zu höheren Steuern führen.**

Er muss die zu viel erzeugten Mengen aufkaufen, lagern, vernichten oder häufig zu sehr niedrigen Preisen am Weltmarkt wieder verkaufen. Oder er beschränkt indirekt die Produktion, indem er für seine Aufkäufe eine mengenmäßige Obergrenze festlegt, d.h. die Anbieter können nicht mehr als diese Menge an den Staat zum gesicherten Mindestpreis verkaufen.

6.6.2 Der Höchstpreis

Steigt der Benzinpreis bis auf 1,50 Euro?
Immer mehr fordern: Staat soll Höchstpreis für Benzin festlegen.

Glaubt der Staat, dass die Marktergebnisse die Nachfrager einseitig benachteiligen, kann er **Höchstpreise unterhalb des Gleichgewichtspreises** festlegen.

Dies lässt sich im sozialen Wohnungsbau beobachten, wo der Quadratmeter-Preis nicht über eine bestimmte Grenze steigen soll, damit genügend bezahlbarer Wohnraum entsteht.

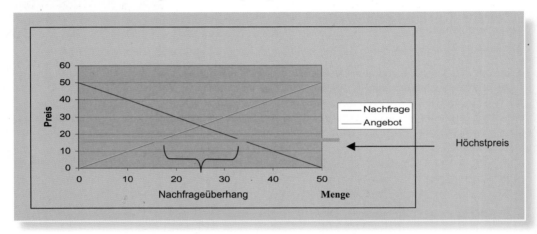

Für den in den Markt eingreifenden Staat entsteht jedoch das Problem, dass die Bauunternehmer und Wohnungseigentümer bei einer künstlich niedrig gehaltenen Miete keine Gewinnmöglichkeit mehr sehen und nicht mehr anbieten wollen. Es entsteht ein Nachfrageüberhang. Der Staat muss jetzt z. B. durch eigene Bauaufträge diese Lücke füllen oder das zu knappe Angebot zuteilen (z. B. durch die Ausgabe von Wohnberechtigungsscheinen, die zum Bezug von öffentlich geförderten Wohnungen berechtigen). Es besteht die Gefahr, dass sich neben dem legalen Markt ein illegaler „Schwarzmarkt" entwickelt, auf dem die Nachfrager, die nicht zum Zuge kommen, überhöhte Preise zu zahlen bereit sind.

> **Höchstpreise sollen Nachfrager schützen. Sie setzen jedoch den Mechanismus des Marktpreises außer Kraft und erfordern weitere staatliche Eingriffe in den Markt.**

Aufgaben

1. *Nennen Sie das Gesetz der Nachfrage bzw. das Gesetz des Angebotes.*

2. *Welche weiteren Einflussfaktoren außer dem Preis bestimmen die Nachfrage nach einem bestimmten Gut?*

3. *Welche weiteren Einflussfaktoren außer dem Preis bestimmen das Angebot von einem bestimmten Gut?*

4. *Der Gleichgewichtspreis kommt nur unter den Voraussetzungen eines vollkommenen Marktes zustande. Erläutern Sie diese Voraussetzungen.*

5. Was geschieht, wenn der Anbieter in einem vollkommenen Markt

   a) den Preis gegenüber der Konkurrenz senkt?
   b) den Preis gegenüber der Konkurrenz erhöht?

6. Gelten die Voraussetzungen des vollkommenen Marktes nicht, so hat der Verkäufer eines Gutes einen gewissen Preisspielraum. Zeigen Sie an konkreten Beispielen, warum der Markt in der Realität unvollkommen ist.

7. Erläutern Sie, warum in den folgenden Fällen kein vollkommener Markt vorliegt, sondern der Anbieter einen gewissen Preisspielraum hat.
   a) Ein Haushalt fühlt sich infolge freundschaftlicher Kontakte zu einem Einzelhändler verpflichtet, bei ihm einzukaufen.
   b) Ein junger Mann nutzt die Gelegenheit in einem bestimmten Laden zu kaufen, weil er dort von einer Verkäuferin bedient wird, die ihm gefällt.
   c) Der einzige Bäcker am Ort verkauft ein Brötchen um 5 Ct teurer als der 12 km weiter entfernte Bäcker.
   d) Eine bestimmte Pralinensorte wird wegen der ansprechenden Verpackung bevorzugt gekauft, und dies zu einem höheren Preis als andere Pralinensorten.
   e) Ein Bahnhofskiosk eines Hauptbahnhofs in der Großstadt hat Tag und Nacht geöffnet.
   f) Nur ein Gastwirt hat in einer Kleinstadt eine Nachtkonzession.
   g) Ein Kunde kauft stets eine bestimmte Automarke, weil der Hersteller am Wohnort des Kunden einen guten Kundendienst unterhält und der Kunde das Personal gut kennt.

8. Warum kommt der Börsenmarkt dem Modell des vollkommenen Marktes am nächsten?

9.

Preis (in EUR)	Nachfrage (Stück)	Angebot (Stück)
2,–	1.000	200
3,–	800	400
4,–	600	600
5,–	400	800
6,–	200	1.000

   Stellen Sie die Nachfragekurve und die Angebotskurve grafisch dar.
   Ermitteln Sie den Gleichgewichtspreis und die Gleichgewichtsmenge.

10. Beschreiben Sie (für die in Aufgabe 9 dargestellten Kurven) die Situation bei einem Preis von
    a) 3,– EUR
    b) 5,– EUR
    Durch welche Entwicklung kommt man – ausgehend von diesen Preisen – wieder zum Gleichgewichtspreis?

11. Erläutern Sie am Beispiel aus Aufgabe 10 (Preise von 3,– EUR bzw. 5,– EUR), was man unter der Konsumenten- bzw. der Produzentenrente versteht.

12. Wie würde sich die Nachfragekurve nach einem lebenswichtigen Medikament von der in Aufgabe 9 dargestellten Nachfragekurve unterscheiden?

13. Erläutern Sie den Unterschied von Bewegungen auf der Kurve und Verschiebungen der Kurve.

14. Erläutern Sie die Funktionen des Gleichgewichtspreises.

15. a) Wer soll durch einen Mindestpreis geschützt werden?
    b) Begründen Sie, warum der Mindestpreis oberhalb des Gleichgewichtspreises liegen muss.
    c) Liegt bei dem staatlichen Mindestpreis ein Angebotsüberhang oder ein Nachfrageüberhang vor? Zeigen Sie dies grafisch in einem Koordinatensystem.
    d) Warum muss der Staat – nachdem er einen Mindestpreis gesetzt hat – erneut in das Wirtschaftsgeschehen eingreifen?

16. a) Wer soll durch einen Höchstpreis geschützt werden?
   b) Begründen Sie, warum der Höchstpreis unterhalb des Gleichgewichtspreises liegen muss.
   c) Liegt bei dem staatlichen Höchstpreis ein Angebotsüberhang oder ein Nachfrageüberhang vor? Zeigen Sie dies grafisch in einem Koordinatensystem.
   d) Warum muss der Staat – nachdem er einen Höchstpreis gesetzt hat – erneut in das Wirtschaftsgeschehen eingreifen?

7   Marktformen

Fahrschulen in der Region unter Verdacht

Ermittlung wegen Verdachts auf Preisabsprachen

Ins Rollen gekommen waren die Ermittlungen durch einen Pressebericht im Sommer. Dieser hatte ergeben, dass 12 von 13 geprüften Fahrschulen in der Region die Leistungen für Grundgebühren, Fahrstunden, Sonderfahrstunden und Lehrmaterial zu einem identischen Preis anboten. Daraufhin wurde eine umfassende Prüfung wegen möglicher verbotener Preisabsprachen verlangt.

1. Welche Nachteile würden sich aus solchen Preisabsprachen für die Verbraucher ergeben?

2. Warum kommen solche Preisabsprachen nicht bzw. wesentlich seltener bei den Anbietern von Brötchen vor?

7.1   Marktformenschema

Betrachtet man die Märkte in der Realität, so findet man unterschiedlich viele Marktteilnehmer vor. Es lassen sich drei Gruppen auf der Angebots- und Nachfrageseite unterteilen: **einer** – **wenige** – **viele**.

Zahl der Marktteilnehmer	Marktform
einer	Monopol
wenige	Oligopol
viele	Polypol

Durch die Kombination der drei Gruppen ergeben sich insgesamt neun Marktformen. Sie werden in einem sogenannten Marktformenschema dargestellt:

Anbieter / Nachfrager	viele	wenige	einer
viele	Zweiseitiges Polypol (1)	Angebotsoligopol (2)	Angebotsmonopol (3)
weniger	Nachfrageoligopol (4)	Zweiseitiges Oligopol (5)	Beschränktes Angebotsmonopol (6)
einer	Nachfragemonopol (7)	Beschränktes Nachfragemonopol (8)	Zweiseitiges Monopol (9)

Marktformen-Nummer	Anbieter	Nachfrager
1	Verkäufer von Schokoriegeln	Kinder
2	Freizeit-/Wellness-Bäder	Erholungssuchende
3	Wasserversorger in einer Gemeinde	Einwohner der Gemeinde
4	Bauunternehmen	Krankenhausbetreiber
5	Hersteller von Windrädern	Energieversorgungsunternehmen
6	Bereitschaftspolizei	Fußballvereine (Sicherheit bei Fußballspielen)
7	Jugendliche, die einen Ausbildungsplatz bei der Polizei suchen	Polizei, die Ausbildungsplätze zur Verfügung stellt
8	Hersteller von Uniformen	Bundeswehr
9	Bundesdruckerei (Druck von Banknoten)	Bundesbank

Aufgabe

Finden Sie zu den Feldern des Marktformenschemas weitere konkrete Beispiele.

7.2 Preisverhalten in unterschiedlichen Marktformen

Das Vorhandensein einer bestimmten Marktform ist von wesentlicher Bedeutung für das preispolitische Verhalten eines Anbieters. Es erscheint offensichtlich, dass sich ein Anbieter im Monopol preispolitisch anders verhält als ein Anbieter im Polypol oder im Oligopol.

7.2.1 Preisverhalten im Monopol

Prinzipiell ist der Monopolist als alleiniger Anbieter völlig frei in seiner Preispolitik. Er muss jedoch berücksichtigen, dass bei überhöhten Preisen

- die Nachfrager sich einschränken;

- die Nachfrager verstärkt Substitutionsgüter kaufen;

- neue Anbieter auftreten, die in hohen Gewinne Anreize für den Markteintritt sehen;

- das Bundeskartellamt wegen missbräuchlicher Ausnutzung einer marktbeherrschenden Stellung ermittelt.

7.2.2 Preisverhalten im Oligopol

Der Oligopolist muss nicht nur die Reaktion der Nachfrager, sondern auch die der anderen Oligopolisten kennen.

Die Oligopolsituation kann man mit dem Schachspiel vergleichen. Ähnlich wie der einzelne Schachspieler eine Fülle von unterschiedlichen Zügen auswählen kann, und ähnlich wie der Gegner unterschiedliche Zugfolgen anwendet, können auch die Oligopolisten verschiedenen Strategien folgen.

In der Realität kristallisieren sich folgende **Verhaltensweisen** der Oligopolisten heraus:

◆ Oligopolistische Verdrängungspolitik

Ein starker Anbieter versucht, die anderen Anbieter durch Preissenkungen vom Markt zu verdrängen. Ist der Konkurrent verschwunden, so hat man ein Monopol und kann den Preis wieder heraufsetzen. Dieses Kampfverhalten der „ruinösen Konkurrenz" lässt sich auf Märkten beobachten, auf denen die finanzielle Stärke der Unternehmen stark voneinander abweicht. Voraussetzungen für eine erfolgreiche ruinöse Konkurrenz sind weiterhin, dass die Kostenstrukturen der Unternehmen bekannt sind und wesentlich voneinander abweichen und dass die Kapazität ausreicht, um die Nachfrage, die dem stärkeren Oligopolisten zufällt, befriedigen zu können (sonst könnte der Konkurrent zur Befriedigung der Nachfrage den Preis erhöhen).

◆ Preisführerschaft

Bei der Preisführerschaft setzt ein Oligopolist den Preis, die anderen bleiben in seinem „Preisschatten". Durchkreuzt ein Oligopolist die Preispolitik dieses Marktbeherrschers, so muss er mit Gegenmaßnahmen des Preisführers rechnen, die seinen Gewinn beeinträchtigen oder ihn vom Markt verdrängen können. Aus diesem Grund werden die Oligopolisten dem Marktbeherrscher folgen. Dieser wird jedoch oft – aus Furcht vor staatlicher Kontrolle – seine volle Macht nicht ausspielen.

◆ Paralleles Preisverhalten

Ein paralleles Preisverhalten entsteht aus den gemeinsamen Interessen der Oligopolisten, um wegen starker wechselseitiger Abhängigkeit einen risikobehafteten Preiskampf zu vermeiden. In diesem Fall ist eine wechselnde Preisführerschaft möglich, d. h. mal erhöht der eine Anbieter seine Preise, mal ein anderer.

◆ Preisstarrheit

Wenn ein Oligopolist den Preis erhöht, weiß er nicht, wie die anderen reagieren. Machen die anderen nicht mit, verliert derjenige, der den Preis erhöht hat, einen Großteil der Nachfrage, während die anderen Oligopolisten einen größeren Teil der Nachfrage erhalten. Senkt dagegen ein Oligopolist den Preis, ziehen die anderen Oligopolisten mit. Durch eine Preissenkung kann der Oligopolist also keine beachtlichen zusätzlichen Nachfragemengen gewinnen. Das Ergebnis dieser Überlegungen ist, dass die Oligopolisten – da sie sich nicht sicher sind, wie die Konkurrenten reagieren – den Preis nicht ändern. So entsteht eine Preisstarrheit.

◆ Preisabsprachen

Im Fall der Preisführerschaft liegt oft der Verdacht von Preisabsprachen nahe, doch sind in der Realität wettbewerbswidrige Absprachen schwer nachweisbar.

Trotzdem stellen offene oder versteckte Absprachen über den Preis eine oft praktizierte Verhaltensweise im Oligopol-Fall dar. Diese Art des Verhaltens reicht von den „informatorischen Gesprächen", bei denen man erfährt, wie der andere die Marktlage beurteilt, über ein „Frühstückskartell" bis hin zu fest organisierten Preiskartellen.

Mit diesen Verhaltensformen und ihrer wirtschaftspolitischen Beurteilung befasst sich die Wettbewerbspolitik.

7.2.3 Preisverhalten im Polypol

Erhöht ein Polypolist auf einem vollkommenen Markt seinen Preis über den Gleichgewichtspreis hinaus, so wird seine Absatzmenge sofort gleich Null. Wesentliche Gründe dafür sind in der vollkommenen Marktübersicht im Fehlen von Präferenzen und in der Gleichartigkeit der Güter zu sehen.

Senkt hingegen ein Polypolist auf einem vollkommenen Markt seinen Preis unter den Gleichgewichtspreis, so würde – aus denselben zwei Gründen – die gesamte Nachfrage an ihn gehen, die er aber mit seinen beschränkten Kapazitäten überhaupt nicht realisieren kann.

Anders sieht es auf einem unvollkommenen Markt aus. Hier hat der Anbieter wegen fehlender Markttransparenz oder wegen vorhandener Präferenzen einen gewissen Preisspielraum, d. h. er kann einen Preis verlangen, der in gewissen Grenzen über dem Preis der Konkurrenz liegt.

Aufgaben

1. Nennen Sie je 2 Beispiele für ein
  a) Polypol
  b) Angebotsoligopol
  c) Angebotsmonopol
  d) zweiseitiges Oligopol
  e) Nachfragemonopol
  f) Angebotsoligopol

2. Welche Marktformen liegen in den folgenden Fällen vor?
  a) Wenige Kranhersteller liefern Kräne an wenige Bauunternehmen.
  b) Ein Automobilunternehmen hat einen Zuliefererbetrieb, der nur für die Sondermodelle der Luxusklasse dieses Autoherstellers Pkw-Spezialteile liefert.
  c) Der Staat als Bauherr vergibt an viele Unternehmer Aufträge zum Bau von Autobahnen und Straßen.
  d) Viele Bauern liefern Zuckerrüben zur Weiterverarbeitung an eine Zuckerfabrik.
  e) Wenige Autohersteller produzieren gepanzerte Autos für Geldtransporte.
  f) Textilfachgeschäfte bieten ihre Produkte den Kunden an.

3. Warum ist auch ein Monopolist nicht völlig unabhängig in seiner Preispolitik?

4. Erläutern Sie zwei typische Verhaltensweisen von Anbietern im Oligopol.

5. Wie wirkt sich das Vorhandensein eines vollkommenen Marktes auf den Preis eines bestimmten Gutes bei verschiedenen Anbietern aus?

8   Geld

SITUATION

Geben Sie an, ob es sich bei den dargestellten Gegenständen um Geld handelt. Begründen Sie Ihre Meinung.

8.1   Was ist Geld?

Der Begriff „Geld" kommt von dem mittelhochdeutschen Wort gelt – **„entgelten"**, also einen Gegenwert für etwas leisten. Geld bedeutet aber auch, dass derjenige, der Geld besitzt, gleichzeitig auch viel „Geltung" hat.

Grundsätzlich ist Geld all das, was Geldaufgaben wahrnehmen kann. Es wird so lange akzeptiert, wie Menschen darauf vertrauen können, dafür Güter oder Dienstleistungen zu kaufen. Fehlt dieses Vertrauen, hat Geld seinen Wert verloren.

8.2 Entwicklung und Arten des Geldes

In der Geschichte hatte Geld im Wirtschaftsleben viele verschiedene Erscheinungsformen und Gesichter.

1. Naturaltauschwirtschaft

In der Steinzeit lebte die Menschheit in kleinen, autarken Gemeinschaften und nutzte die durch Jagen, Fischen und Sammeln beschafften Nahrungsmittel gemeinsam. Ein wirtschaftlicher Austausch war nicht notwendig. Mit zunehmender Arbeitsteilung und der Einführung von Gütermärkten mussten die Menschen einen Weg finden, ihre Produkte gegen die anderer Hersteller einzutauschen. Da aber nicht immer ein passender Tauschpartner gefunden werden konnte, war das Tauschergebnis oft wenig befriedigend. Außerdem war die Bewertung der einzelnen Tauschgüter Verhandlungssache.

2. Warengeldwirtschaft

Den Menschen fehlte ein allgemein anerkanntes Tauschgut, dessen Wert von allen etwa gleich empfunden wurde. Sie brauchten etwas, dass man lange aufbewahren und leicht transportieren konnte und das nur in begrenzter Menge vorkam. Die bekannteste Form des Naturalgeldes ist die **Kaurimuschel**, die im polynesischen Raum Geldfunktion hatte. Aber auch Salz als begehrtes Mittel zur Konservierung von Nahrungsmitteln wurde als Geld genutzt. Das „härteste" und schwerste Geld ist das Steingeld der Südsee-Insel Yap: bis zu zwei Meter hohe Geldstücke. Bis Ende des letzten Jahrtausends wurde Steingeld bei verschiedenen Anlässen noch immer verwendet, so gelegentlich als Geschenk zu Feiern.

Jede „Steingeld-Münze" hatte z. B. vor Häusern ihren festen Platz. Dies war auch unproblematisch, da Diebe viel Mühe gehabt hätten, die gewichtigen Schätze mitzunehmen.

Wenn man sich darüber einig war, wie viel Muscheln ein Schwein oder eine Jacke kosten, stand einem befriedigenden Marktergebnis nichts mehr im Wege.

Naturalgeld beschränkte sich nicht nur auf die Steinzeit, sondern wurde bis in unsere jüngste Vergangenheit verwendet. Anfang des 15. Jahrhunderts gab es beispielsweise eine englisch-isländische Marktordnung mit folgenden „Preisen" (Tauschwerten):

Erlassen 1413 bis 1426 und bis ins 18. Jahrhundert gültig.

Getrockneter Stockfisch als Zahlungsmittel.

48 Ellen von gutem und vollbreitem Tuch	120 Stockfische
48 Ellen Leinwand doppelt breit	120 Stockfische
6 Tonnen Malz	120 Stockfische
4 Tonnen handelsübliches Mehl	120 Stockfische
4 Tonnen Bier	120 Stockfische
1 Tonne Wein	100 Stockfische
1 Tonne roher Teer	60 Stockfische
1 Tonne Pech	80 Stockfische
$1/_8$ Tonne Honig	15 Stockfische
$1/_2$ Tonne Tran	15 Stockfische
$1/_2$ Pfund Kupfer	2 $1/_2$ Stockfische
1 Paar schwarze Lederschuhe	4 Stockfische
1 Paar Frauenschuhe	2 Stockfische
1 handelsübliche Decke	30 Stockfische
1 Elle Holz (Bretter o. Latten)	5 Stockfische
$1/_8$ Tonne Salz	5 Stockfische
$1/_2$ Pfund Wachs	5 Stockfische
Hufeisen aus Eisen für 5 Pferde	20 Stockfische

Quelle: http://www.numismatikforum.de

In wirtschaftlich unsicheren Zeiten wurde auch in Europa immer wieder auf diese Urform des Geldes zurückgegriffen (z. B. die „Zigarettenwährung" nach dem Zweiten Weltkrieg).

3. Geldwirtschaft

Die Verwendung von Gebrauchs- und Schmuckgegenständen (z. B. Beile, Muscheln, Perlen), aber auch von Lebensmitteln, Bekleidung und Vieh (wie Kakao, Tee, Stockfisch, Salz, Tabak, Felle, Seide, Kühe) als Naturalgeld brachte gegenüber dem direkten Warentausch wesentliche Vorteile.

Der Wert der Tauschgegenstände war allgemein bekannt und anerkannt. Der Wert der zu tauschenden Güter konnte durch das Naturalgeld leichter verglichen werden, die Suche nach einem Tauschpartner gestaltete sich einfacher. Aber auch diese **Zwischentauschmittel** hatten ihre Schwächen. Zwar waren sie meist leicht transportierbar, aber die Teilbarkeit z. B. von Kühen und die Aufbewahrung mancher Lebensmittel erwies sich als schwierig. Auch die Wertbeständigkeit von Lebensmitteln war nicht immer gegeben.

So entwickelten sich langsam unsere heutigen Geldformen.

Metallgeld

Als Vorläufer des Münzgeldes wurden ab etwa 3000 v. Chr. Edelmetalle wie Gold oder Silber als Zahlungsmittel verwendet. Beim Kauf von Gütern wurde eine bestimmte Menge davon abgewogen. Mit zunehmender Fähigkeit zur Metallgewinnung und -verarbeitung wurden Kupfer, Bronze und Eisen in standardisierte Formen gegossen und als Ringe, Pfeilspitzen oder als Nachbildungen kleiner mythologischer Figuren zur Bezahlung verwendet.

Münzgeld

Um 600 v. Chr. entwickelte sich in vielen Städten des
Mittelmeerraumes das Münzgeld, meist in Form runder
Metallplättchen. Die Abbildung des Landesherrn auf den
Münzen sollte für den Wert garantieren.

Mit zunehmender Verbreitung des Münzgeldes wurde
die Wirtschaft aber auch abhängig von Edelmetallen.
Das Wachstum der Wirtschaft hing unmittelbar von der
zur Verfügung stehenden Menge an Edelmetallen ab.
Entsprach der Metallwert anfangs noch dem Münzwert,
wurden seit Beginn des 20. Jahrhunderts – bedingt
durch den steigenden Geldbedarf – immer mehr **unter-
wertige** Münzen geprägt. Der auf der Münze angegebene Wert (**Nennwert**) war höher als der
Wert des verwendeten Edelmetalls.

Kurantmünzen	Scheidemünzen
Nennwert = Metallwert	Nennwert > Metallwert

Die folgende Aufstellung zeigt diese Entwicklung:

Jahr	Geldeinheit		Silbergehalt	
1500	Sächsischer Taler		27,41 g	Feinsilber
1566	Reichstaler		25,98 g	Feinsilber
1750	Deutscher Vereinstaler		16,70 g	Feinsilber
1903	3 Reichsmark		15,00 g	Feinsilber
1925	3 Reichsmark		7,70 g	Feinsilber
1951	5 Deutsche Mark		7,00 g	Feinsilber
1975	5 Deutsche Mark		0,00 g	Feinsilber

Papiergeld

Das erste Papiergeld wurde in China im 8. Jahrhundert n. Chr. verwendet, in Europa erst etwa
1000 Jahre später. Der zunehmende Handel machte es notwendig, größere Mengen Geldes mitzunehmen, was jedoch bei Münzgeld schnell an Grenzen stieß. Papiergeld war leichter und konnte auf Reisen besser versteckt werden.

Anfangs waren es noch keine Banknoten, wie man sie heute kennt, sondern sogenannte Depot-
scheine, die ein Kaufmann erhielt, der seine Münzen einem Geldwechsel zur Aufbewahrung über-
gab. Später und an einem anderen Ort bekam er für diesen Depotschein wieder Münzen zurück.
Das erste Papiergeld war damit eine Anweisung zur Auszahlung von Münzgeld.

Im Jahre 1661 wurden – nachdem die Vorräte an Silbermünzen knapp geworden waren – die ersten echten Banknoten von einer Stockholmer Bank ausgegeben. Die Bank musste unbedingt
darauf achten, nicht mehr Banknoten in Umlauf zu bringen, als Münzgeld in den Tresoren der
Bank lag.

Das erste Papiergeld erhielt seinen Wert also durch das Vertrauen der Menschen, dass sie hierfür
wieder „richtiges" Geld zurückbekommen.

Buchgeld (Giralgeld)

Da das Zahlen mit Papiergeld und Münzen im modernen Wirtschaftsleben unpraktisch geworden ist, wurde eine neue Art des Geldes entwickelt – das sogenannte Buchgeld oder Giralgeld.

Buchgeld existiert, wie der Name schon sagt, nur in Büchern, also auf Girokonten oder Sparbüchern der Banken. Der Zahler verfügt darüber, ohne es bar abheben zu müssen. Die Banken sorgen dafür, dass es zum Konto des Zahlungsempfängers gelangt.

S Sparkasse Rhein-Nahe   BLZ 560 501 80

Kontonummer	Kontoart	letzter Auszug	Erstellungsdatum	Auszug-Nr.	Blatt
123 456	KKT	15.06...	19.06...	39	1

Beleg-Nr.	Buchungstag	Wert	Text	Betrag EUR
			Saldo alt	32.000,00 +
990011	18.06...	18.06...	Rechnung Kölner Optik v. 16.6...	26.100,00 –
990012	18.06...	18.06...	Rechnung AIDA Werbeagentur	3.828,00 –
			Saldo neu	2.072,00 +

Tropic GmbH
Rheingrafenstr. 20
55543 Bad Kreuznach

8.3   Anforderungen an Geld

Geld muss folgende **Merkmale** aufweisen, damit es sich als Zwischentauschmittel eignet:

Es muss

- **allgemein anerkannt**

- **knapp**

- **teilbar**

- **transportierbar**

- **wertbeständig und**

- **fälschungssicher**

sein.

8.4 Funktionen des Geldes

Tauschmittel

Beispiel Jens kauft sich für 10,00 EUR eine DVD von seinem Taschengeld.

Geld übernimmt die Aufgabe eines (Zwischen-)Tauschmittels. Jens hätte im Prinzip dem Händler auch seine Armbanduhr als Gegenleistung anbieten können. Da Armbanduhren jedoch nicht allgemein anerkannt werden und der nächste Kunde sie kaum als Wechselgeld akzeptieren wird, nimmt der Händler lieber die 10,00 EUR.

Wertaufbewahrungsmittel

Beispiel Jens spart von seinem Taschengeld monatlich 5,00 EUR für ein Mountainbike.

Geld wird nicht immer sofort ausgegeben, sondern teilweise auch gespart. Damit gespart wird, muss Geld in der Lage sein, seinen Wert über Jahre zu halten. Der Glaube an diese Fähigkeit des Geldes heißt **Geldillusion**. Es hat sich nämlich gezeigt, dass Geld immer etwas an Wert verliert. Wollte Jens dies vermeiden, müsste er sein Erspartes in anderen Vermögensformen halten.

Wertübertragungsmittel

Beispiel Jens schenkt seiner kleinen Schwester 2,00 EUR zum Geburtstag.

Der Wert des Geldes kann leicht auf andere übertragen werden (z. B. durch eine Schenkung oder eine Erbschaft). Anschließend können die Personen, denen das Geld übertragen wurde, über das Geld frei verfügen. Ähnliches passiert auch bei der Kreditvergabe durch eine Bank (**Kreditfunktion**).

Wertmesser und Recheneinheit

Beispiel Jens stellt beim Vergleich ähnlicher DVD-Player erheblich Preisunterschiede fest.

Die in Geld ausgedrückten Produktpreise erlauben dem Käufer, Güter und Dienstleistungen miteinander zu vergleichen.

Gesetzliches Zahlungsmittel

Beispiel Jens möchte seinen Kaffee mit US-Dollar bezahlen, was der Kellner jedoch ablehnt.

Der Staat hat das heimische Geld mit einem **Annahmezwang** ausgestattet. In den Ländern, in denen der Euro gesetzliches Zahlungsmittel ist, muss er per Gesetz von jedermann angenommen werden. Andere Währungen, z. B. der US-Dollar oder das britische Pfund, können abgelehnt werden.

SITUATION

Einem alten Brauch entsprechend – Brautschuhe müssen von der Braut mit Münzen bezahlt werden, denn nur dann gilt sie als sparsam – hat die 24-jährige Claudia schon seit Jahren eifrig Münzgeld gehortet. Eine Woche vor ihrer Hochzeit kauft sie nun im Schuhgeschäft Brautschuhe für 249,00 EUR und will den Betrag mit einem kleinen Sack voller Münzen bezahlen. Geld ist schließlich Geld. Umso größer ist ihr Erstaunen, als der Geschäftsinhaber sich weigert, das Geld anzunehmen. Auch die Zahlung per Scheck will der Inhaber nicht akzeptieren.

Hat der Geschäftsinhaber das Recht, die Annahme dieser Zahlungsmittel zu verweigern?

Begründen Sie Ihre Meinung.

8.5 Schwankungen des Geldwertes

SITUATION

(Ausschnitt Zeitungsartikel)
Preissteigerung bei 1,8 %
Keine Gefahr für den Geldwert

Der DVD-Player, den ich letzte Woche gekauft habe, war aber 10 % billiger als letztes Jahr.

Nur 1,8 %? Das verstehe ich gar nicht. Ich habe gestern Heizöl getankt, das war doch glatte 15 % teurer als letztes Jahr.

Wie erklären sich die Unterschiede bei den drei genormten Preissteigerungsraten?

Geld bezieht seinen Wert daraus, **wie viele** Güter oder Dienstleistungen damit gekauft werden können.

8.5.1   Sinkender Geldwert (Inflation)

Bekommt ein Käufer in einem Jahr für **eine** Geldeinheit **ein** Kilo Äpfel und im nächsten Jahr nur noch ein halbes Kilo, so hat sich der Wert des Geldes offenbar halbiert. Folglich benötigt der Käufer jetzt doppelt so viel Geld wie im Vorjahr, will er die gleiche Menge erwerben.

Die **Kaufkraft** des Geldes halbiert sich also, wenn sich die Preise der Güter und Dienstleistungen verdoppeln.

	Preis für 1 Kilo Äpfel
Jahr 1	1 Geldeinheit
Jahr 2	**2** Geldeinheiten

Sind nur die Äpfel vom Preisanstieg betroffen, hätten sich die Käufer darüber zwar geärgert, schwerwiegende wirtschaftliche Folgen wären jedoch ausgeblieben.

Steigen dagegen die Preise vieler Produkte und Dienstleistungen, erhöht sich also das **Preisniveau** in einem Land; und geschieht dies über einen längeren Zeitraum, spricht man von einer **Inflation**.

Der Begriff Inflation kommt von „Aufblähen" und bedeutet, dass die Geldmenge gegenüber der Gütermenge stark angestiegen ist. In unserem Beispiel benötigen die Käufer im Jahr 2 eine doppelt so große Geldmenge wie im Jahr 1, um die gleiche Gütermenge, also ein Kilo Äpfel, zu erwerben.

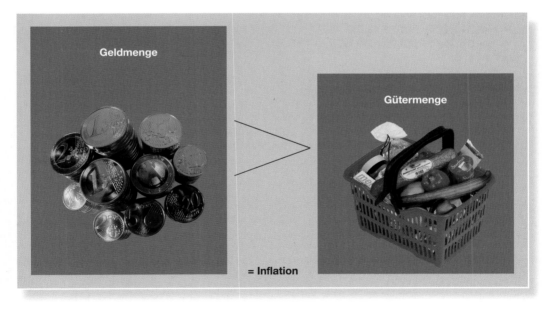

Ein Tagebuchauszug der Jahre 1920–1923 verdeutlicht die Situation bei einer Inflation:

Februar 1920
Manche Leute sagen, wir bekommen eine Inflation, weil immer mehr Geld ausgegeben wird. Ich glaube, wir sind schon mittendrin.

März 1920
Die Geldscheine werden immer schneller gewechselt. Keiner will das Stück Papier, das täglich mehr an Wert verliert, lange behalten. Die Flucht in Sachwerte beginnt – so schreiben die Zeitungen.

Mai 1920
Die Leute kaufen, was sie nur gerade erwischen können: Schmuckstücke, Luxusartikel, wertlosen Schund und Gebrauchsartikel. An der Börse sollen die Industrieaktien bevorzugt werden. Ungeheure Gewinne sollen damit gemacht werden. Freilich, mit der Aktie bekommt man ja auch einen Sachwert, nämlich das Miteigentum an dem Unternehmen.

März 1923
Der Staat ist bankrott! Er kann seine Verpflichtungen nicht mehr decken. Die Regierung muß sich entscheiden, Konkurs anzumelden oder neugedrucktes Geld in die Wirtschaft zu pumpen. Sie entscheidet sich für die Druckerpresse.

Juni 1923
Es herrscht ein furchtbares Elend in der Stadt. Die Arbeiter streiken. Sie wollen höhere Löhne. Gestern wurde ein Lebensmittelgeschäft in meiner Nähe geplündert.

August 1923
Die Druckerpressen laufen Tag und Nacht. Wir haben nun die 10-Millionen-Mark-Note im Verkehr. In meinem Stammrestaurant habe ich mein Mittagessen schon mit einem Banknotenpaket bezahlen müssen.

September 1923
Die Leute wollen aus der Geldentwertung große Gewinne machen. Mit umfangreichen Krediten werden Sachwerte oder Aktien zu verhältnismäßig noch niedrigen Preisen eingekauft und nach einer weiteren Entwertung zu entsprechend höheren Preisen wieder abgesetzt. Das geliehene Geld ist leicht zurückzuzahlen. Schon ein Bruchteil des Erlöses genügt, da das Geld ja inzwischen schon viel weniger wert ist. Zinsen spielen überhaupt keine Rolle.

November 1923
Das Tempo der Inflation wird immer rapider. Während im Oktober ein Pfund Rindfleisch noch 200 Millionen Mark gekostet hat, muß man jetzt 1 Milliarde 40 Millionen Mark dafür bezahlen.

Quelle: Mühlfenzl, Rudolf; Interview mit dem Geld, München 1959, S.162 ff.

8.5.1.1 Formen der Inflation

Merkmal	Erläuterung
Tempo der Geldentwertung	■ **Schleichende Inflation:** Jährlicher Preisanstieg zwischen 2 und 5 % ■ **Trabende Inflation:** Jährlicher Preisanstieg zwischen 5 und 20 % ■ **Galoppierende Inflation:** Jährlicher Preisanstieg zwischen 20 und 50 % ■ **Hyperinflation:** Jährlicher Preisanstieg ab 50 %
Sichtbarkeit der Geldentwertung	■ **Offene Inflation:** Preisanstieg ist – wie bei einem Kartenspiel, bei dem die Karten offengelegt werden – für jeden Bürger erkennbar. ■ **Versteckte Inflation:** Der Staat verhängt einen sogenannten Preisstopp. Es entwickeln sich Schwarzmärkte. Wie bei einem Kartenspiel, in dem die Mitspieler mit verdeckten Karten spielen, sieht man die tatsächliche (Preis-)Situation nicht.

Im oben abgedruckten Tagebuchauszug handelt es sich um eine extreme Form der Hyperinflation.

8.5.1.2 Ursachen der Inflation

Wie wir bereits gesehen haben, ist eine Inflation langfristig immer ein Problem, das auf ein zu starkes Wachstum der Geldmenge zurückzuführen ist.

Die Ursachen der Inflation können sowohl von den Nachfragern als auch von den Anbietern ausgehen.

◆ **Nachfragebedingte Inflation**
Eine steigende Nachfrage ergibt sich aus unterschiedlichen Gründen. Die Haushalte fragen mehr nach, weil sie durch Lohnerhöhungen, Auflösung ihrer Sparguthaben oder die Aufnahme von Krediten mehr Geld zur Verfügung haben. Daneben können auch Unternehmen, Staat und das Ausland durch ihr Nachfrageverhalten zu einer höheren Gesamtnachfrage beitragen. Der gestiegenen Nachfrage steht ein unverändertes Angebot an Gütern und Dienstleistungen gegenüber. Die Preise steigen. Man spricht hier von einer nachfragebedingten Inflation.

◆ **Angebotsbedingte Inflation**
Die angebotsbedingte Inflation wird durch den Anstieg der Kosten bei den Unternehmen verursacht. Aufgrund der jährlichen Tarifverhandlungen steigen Löhne und Gehälter von Jahr zu Jahr. Ebenfalls teurer werden Energie, Rohstoffe, eventuell benötigte Vorprodukte und Kosten für in Anspruch genommene Kredite (Zinsen). Steigende Kosten bewirken höhere Preise und höhere Preise bewirken steigende Kosten.

Damit sich die Haushalte die teureren Güter und Dienstleistungen leisten können, steigen die Löhne und Gehälter. Und damit die Unternehmen die höheren Löhne und Gehälter zahlen können, steigen die Kosten. In diesem Fall spricht man von einer Lohn-Preis-Spirale.

SITUATION

„Grausam, wie der Hase den armen Fuchs hetzt."

Quelle: H. Haitzinger, aus: Wirtschaftskunde, Beilage in: „Kleiner Wirtschaftsspiegel",
Dez. 1977, hrsg. vom Deutschen Sparkassen Verlag

Hinterfragen Sie die Aussage der Karikatur kritisch.

8.5.1.3   Auswirkungen einer Inflation

SITUATION

„Zunichte gemachte Arbeit, vernichtete Ersparnisse, verringertes Brot"

H. Böll zitiert nach Stern Nr. 16/09.04.92

„Bei einer Inflation ... gibt es Gewinner und Verlierer."

G. Mann: Deutsche Geschichte des 19. und 20. Jahrhunderts

„Inflation ist Diebstahl"

A. Hahn: Geld und Kredit zitiert nach Scholz, H.-G.

Paul Schmidt ist Buchhalter bei der Tropic GmbH. Nach einer kürzlich erfolgten Gehaltserhöhung von 3 % verdient er monatlich 3.200,00 EUR brutto. Vor einem Jahr hat sich Familie
Schmidt (dazu gehören noch Ehefrau Gabi und 2 Kinder) am Stadtrand ein Reihenhaus
gekauft. Dazu musste eine Grundschuld in Höhe von 250.000,00 EUR aufgenommen werden.
Monatlich müssen dafür 1.000,00 EUR Zinsen gezahlt werden. Die Tilgung soll in 10 Jahren
erfolgen, nach der Zuteilung eines Bausparvertrages. Als Reserve für Notfälle und größere
Anschaffungen hat Familie Schmidt 10.000,00 EUR auf einem Sparbuch angelegt.
Zum Haushalt gehört außerdem noch der 68-jährige Vater von Frau Schmidt, der eine monatliche Rente von 1.100,00 EUR bezieht.

Überlegen Sie, inwieweit Familie Schmidt von einer Inflation in
Höhe von 5 % positiv bzw. negativ betroffen ist.

◆ Auswirkungen auf die Arbeitseinkommen

Das besondere Problem der Inflation besteht darin, dass die Einkommen der Nachfrager oft nicht im selben Umfang steigen wie die Preise. Es ist sehr unwahrscheinlich, dass gleichzeitig mit einer Verdoppelung der Preise auch die Löhne und Gehälter um 100 % steigen.

Bleibt die Steigerung der Arbeitseinkommen hinter den Preissteigerungen zurück, dann hat dies zur Konsequenz, dass die **Realeinkommen der Arbeitnehmer sinken**. Die Lohn-/Gehaltsein-kommensbezieher sind dann Inflationsverlierer.

Zu dieser Entwicklung kommt es dadurch, dass sich die Arbeitseinkommen in der Regel erst nach den jährlichen Tarifverhandlungen erhöhen, während die Unternehmen theoretisch jederzeit die Preise für ihre Produkte erhöhen können.
Dieses „Nachhinken" der Lohnentwicklung hinter der Preisentwicklung ist vor allem dann zu beobachten, wenn die Inflation überraschend auftritt oder sich die Inflation von Jahr zu Jahr beschleunigt und sie z. B. von den Gewerkschaften nicht oder nur sehr ungenau in den Tarif-verhandlungen berücksichtigt werden kann.

In der Realität ist oft zu beobachten, dass Transferzahlungen (staatliche **Sozialleistungen** an private Haushalte) wie Rentenzahlungen, Kindergeld u. Ä., nicht im gleichen Maße und in den gleichen Zeitabständen erhöht werden, wie die Preise steigen. Die Folge ist, dass die reale Kaufkraft dieser Einkommensbezieher sinkt.

◆ Auswirkungen auf Vermögen und Schulden

Gläubiger (d. h. Sparer, die ihr Geld angelegt und damit zeitlich befristet den Banken zur Verfü-gung gestellt haben und Kreditgeber) zählen zu den Inflationsverlierern, Schuldner (Kreditnehmer) zu den Inflationsgewinnern.

Wer sein Geld anlegt oder einen Kredit vergibt, erhält später Geld zurück, das durch die Inflation an Wert verloren hat. Menschen, die sich verschuldet haben, profitieren von einer Inflation, denn der Wert ihrer Verbindlichkeiten verringert sich durch die Inflation.

Mit Blick auf die niedrig verzinsten Sparbücher des „kleinen Mannes", der nicht über genügend finanzielle Mittel verfügt, um sein Geld langfristig oder spekulativ anzulegen, ist eine Inflation somit in hohem Maße ungerecht.

Da sich Sparen nicht lohnt, Kreditnehmer andererseits zu den Gewinnern einer Inflation zählen und die Menschen bei hohen Inflationsraten das Geld – in der Erwartung weiter steigender Preise – sehr schnell ausgeben, kommt es oft zu einer **Flucht in die Sachwerte**. Neben alltäglichen Gebrauchs-gütern werden auch wertbeständige Sachwerte gekauft, z. B. Immobilien, Schmuck u. Ä. Daher profitieren auch die Eigentümer solcher Sachwerte durch die Wertsteigerungen von der Inflation.

◆ Auswirkungen auf den Staat

Zwar steigen bei einer Inflation auch die Preise der vom Staat nachgefragten Güter und Dienst-leistungen, doch profitiert der Staat auch durch gestiegene Steuereinnahmen (progressive Ein-kommensteuer, steigende Umsatzsteuereinnahmen). Da der Staat aufgrund der hohen Staats-verschuldung der größte Schuldner ist, zählt er als Kreditnehmer zu den Inflationsgewinnern.

◆ Auswirkungen auf Wachstum und Beschäftigung

Da bei einer stetig steigenden Inflation die Gewerkschaften wegen der Laufzeit der Tarifverträge oft erst mit einer zeitlichen Verzögerung (time lag) höhere Löhne durchsetzen können, kommt es zuerst zu einer Steigerung der Unternehmensgewinne. Außerdem ziehen die Wirtschaftssubjekte – da sie mit weiter steigenden Preisen rechnen – Käufe zeitlich vor, was zu einer Erhöhung der Nachfrage führt.

Nehmen die Unternehmen nun Erweiterungsinvestitionen vor, so führt dies zur Belebung der Wirtschaft und zur Schaffung neuer Arbeitsplätze.

Andererseits erschweren hohe Inflationsraten die langfristigen Unternehmensplanungen. Die Gefahr, dass sich Investitionen, die nur wegen der inflationär aufgeblähten Gewinne und Nachfrage vorgenommen wurden, als Fehlinvestitionen erweisen, steigt. Dies gilt besonders dann, wenn der Staat die Inflation bekämpft und die gesamtwirtschaftliche Nachfrage wieder sinkt. Die Folge sind sinkende Investitionen und Entlassungen.

Sind die Preise im Ausland stabiler, leidet die Konkurrenzfähigkeit der einheimischen Wirtschaft, was auch zu Entlassungen führt.

8.5.2   Steigender Geldwert (Deflation)

Von einer **Deflation** (= Schrumpfung der Geldmenge gegenüber der Gütermenge) spricht man, wenn **die Preise lang anhaltend fallen**. Entsprechend erhöht sich der Wert des Geldes und somit die Kaufkraft.

In unserem Beispiel wirkt sie sich folgendermaßen aus:

	Preis für 1 Kilo Äpfel
Jahr 1	1 Geldeinheit
Jahr 2	**0,5** Geldeinheiten

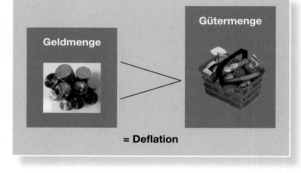

= Deflation

Dass auch dies Nachteile für eine Volkswirtschaft bringen kann, wird klar, wenn man sich die **Signalwirkung der Preise** nochmals vor Augen führt.

Erkennen die Unternehmer, dass sie für ihre Produkte immer weniger Geld bekommen, dann ist es uninteressant, weiter zu produzieren. Erst recht lohnen sich keine Investitionen in neue Maschinen oder das Einstellen von neuem Personal.

Zwar könnten sich die Nachfrager jetzt mehr Güter für ihr Geld kaufen, da es jedoch immer weniger Güter und entsprechend immer geringere Einkommen gibt, befindet sich die Volkswirtschaft in einer Art „Teufelskreis", der zu einer schweren Wirtschaftskrise führen kann.
Die Weltwirtschaftskrise ab dem Jahre 1929 ist ein eindruckvoller Beleg dafür.

Der als „schwarzer Freitag" bekannte New Yorker Börsenkrach vom 25.10.1929 führte zum Zusammenbruch zahlreicher Unternehmen in den USA. Aber auch in Deutschland war die Wirtschaft betroffen, weil amerikanische Banken geliehenes Geld von deutschen Firmen zurückverlangten.
Da diese Kredite jedoch langfristig investiert wurden, war eine schnelle Rückzahlung häufig unmöglich. Auch in Deutschland kam für viele Unternehmen das Aus. Die Arbeitslosigkeit stieg sprunghaft an, die Steuereinnahmen gingen zurück, während die Soziallasten des Staates stiegen.
Der damalige Reichskanzler Brüning scheute jedoch davor zurück, Schulden zu machen, um die entstehenden Haushaltslöcher zu schließen. Er versuchte vielmehr, durch eisernes Sparen

die Krise zu überwinden. Gleichzeitig wurde die Steuerlast für die ohnehin gebeutelte Wirtschaft erhöht. Damit sank die umlaufende Geldmenge, die Warenpreise fielen um bis zu 40 %. Statt zu einer wirtschaftlichen Erholung kam es zu immer mehr Unternehmenszusammenbrüchen, zur Massenarbeitslosigkeit sowie fehlender Kaufkraft. Eine Deflation von bisher unbekannten Ausmaßen hatte eingesetzt.

Für eine Volkswirtschaft ist ein verlässliches Gleichgewicht zwischen Geld- und Gütermenge von großer Wichtigkeit.

| Geldmenge | = | Gütermenge |

Preisniveaustabilität

8.6   Die Messung des Geldwertes

Um eine Aussage über den Wert des Geldes machen zu können, müssten eigentlich die Preise aller Güter und Dienstleistungen in einer Volkswirtschaft festgestellt werden. Das würde bedeuten, dass man von jedem Artikel in jedem Geschäft und jedem Dienstleistungsangebot den Preis zu einem bestimmten Zeitpunkt ermitteln müsste. Es ist aber nicht möglich und auch nicht erforderlich, die Preise für alle Waren und Dienstleistungen zu erheben.

Schließlich gibt es Preise, die für die Mehrheit der Bevölkerung keine Rolle spielen, wie z. B. für Hochseeyachten, Bagger oder Windkraftanlagen.

Auch ist es entscheidend, wie oft ein Artikel benötigt wird. Kauft man ihn normalerweise einmal im Leben (Hochzeitsanzug) oder täglich (Brot oder Kaffee)? Entsprechend „wichtig" ist der Preis.

Zur Messung des **Preisniveaus einer Volkswirtschaft** stellt das statistische Bundesamt in Wiesbaden einen sogenannten **Warenkorb** zusammen. In diesem „Einkaufskorb" befinden sich etwa 750 Güter und Dienstleistungen, die ein durchschnittlicher Privathaushalt benötigt.

Um den Verbraucherpreisindex einmal monatlich festzustellen, erheben rund 560 Preisermittler Preise für die 750 Waren und Dienstleistungen des Warenkorbes. 190 Berichtsgemeinden und knapp 40.0000 sogenannte Berichtsstellen – das sind z. B. Einzelhandelsgeschäfte – werden dabei besucht, rund 350.000 Einzelpreise werden ermittelt. Die Bandbreite der erfassten Güter und Dienstleistungen reicht vom Blattsalat über die Miete, die Pauschalreise im Sommerurlaub oder den Computer bis hin zum Glas Bier in der Kneipe und dem Friseurbesuch. Die Ausgaben für diese Waren und Dienstleistungen sind repräsentativ für die durchschnittlichen Verbrauchsgewohnheiten aller privaten Haushalte. Entsprechend ihrem Stellenwert sind die einzelnen Positionen des Warenkorbs unterschiedlich gewichtet.

Da sich die Verbrauchsgewohnheiten der Nachfrager im Zeitablauf ändern (z. B. durch die Mode) und manche Artikel durch technischen Fortschritt neu hinzukommen, wird der Warenkorb von Zeit zu Zeit aktualisiert und etwa alle fünf Jahre neu erstellt.

Ausschnitt eines Meldebogens zur Preiserfassung

Meldebogen A					
zur monatlichen Statistik der Verbraucherpreise					
Lfd. Nr.	Positions-Nr.	Ware und Sorte	Mengen-einheit	Preis in EUR am 15.__ 200_	Vergleichbarer Vormonatspreis
SÜSSWAREN, SALZNÜSSE					
108	01 18 450 100	Fruchtbonbons, einzeln verpackt, in Beuteln zu 400 g	400 g		
109	01 18 310 100	Vollmilch-Schokolade, in Tafeln, ungefüllt, Markenware	100 g		
110	01 18 390 100	Riegel aus Schokolade, z. B. Mars im 5er-Pack, ca. 300 g Gesamtgewicht	300 g		
111	01 18 410 100	Pralinen, in Packung zu etwa 200–250 g, Markenware	200 g		
112	01 16 830 100	Erdnüsse, geröstet, gesalzen, in Beuteln oder Dosen zu etwa 200 g	200 g		

Das Wägungsschema

Wie bereits erwähnt, spielt es für die korrekte Messung des Preisniveaus eine wichtige Rolle, mit welchem prozentualen Anteil ein Artikel oder eine Dienstleistung im Warenkorb anzutreffen ist. Auch wenn ein überarbeiteter Warenkorb zwar die gekauften Artikel oder in Anspruch genommenen Dienstleistungen berücksichtigt, brauchen die Statistiker auch die Häufigkeit des Konsums. Sie entwickeln ein so genanntes Wägungsschema, das die Gewichte der einzelnen Güter und Dienstleistungen möglichst genau abbildet.

Die folgende Tabelle zeigt, wie sich die Anteile der jeweiligen Güter und Dienstleistungen im Warenkorb verändert haben:

Zusammensetzung des deutschen Warenkorbes			
Bestandteil	1995	2000	2005
01 Nahrungsmittel, alkoholfreie Getränke	13,1 %	10,3 %	10,4 %
02 Tabakwaren, alkoholische Getränke	4,2 %	3,7 %	3,9 %
03 Bekleidung, Schuhe	6,9 %	5,5 %	4,9 %
04 Wohnung, Wasser, Gas, Brennstoffe	27,5 %	30,2 %	30,8 %
05 Einrichtungsgegenstände	7,1 %	6,9 %	5,6 %
06 Gesundheit, Pflege	3,4 %	3,5 %	4,0 %
07 Verkehr	13,9 %	13,9 %	13,2 %
08 Nachrichtenübermittlung	2,3 %	2,5 %	3,1 %
09 Freizeit, Kultur, Unterhaltung	10,4 %	11,0 %	11,6 %
10 Bildungswesen	0,7 %	0,7 %	0,7 %
11 Hotel, Restaurants	4,6 %	4,7 %	4,4 %
12 Andere Waren und Dienstleistungen	6,1 %	7,0 %	7,4 %

Quelle: Statistisches Bundesamt

8.7 Der Preisindex für die Lebenshaltung

Zur Berechnung der **Preissteigerung** wird zunächst ein **Basisjahr** festgelegt. Das Basisjahr ist das Jahr, in dem der Warenkorb neu zusammengestellt wird. Es erhält den Preisindex **100**.

Um eine Aussage über den Anstieg des Preisniveaus zwischen zwei Jahren machen zu können, ist es wichtig, dass in beiden Jahren exakt die gleichen Gütermengen gekauft worden sind. Nur so ist gewährleistet, dass Mehrausgaben eines Haushaltes auch wirklich auf Preiserhöhungen und nicht auf größere Mengen zurückgehen.

Vergleicht man z. B. die Jahre 2005 (= Basisjahr) und 2008 (= Berichtsjahr) miteinander, nimmt man also an, dass die Verbrauchsgewohnheiten des Jahres 2005 auch für das Jahr 2008 gelten. An einem vereinfachten Beispiel soll die Berechnung des Preisindexes für die Lebenshaltung gezeigt werden:

Basisjahr

Güter im Warenkorb	Preise je kg im Basisjahr 2005 (in Geldeinheiten)	Menge der gekauften Güter in kg im Basisjahr 2005 (in Mengeneinheiten)	Wert des Warenkorbs (= Preise · Mengen) im Basisjahr 2005 (in Geldeinheiten)
Fleisch	5	1	5
Brot	2	5	10
Butter	5	2	10
			25 (Summe)

Berichtsjahr 2005

Güter im Warenkorb	Preise je kg im Berichtsjahr 2008 (in Geldeinheiten)	Menge der gekauften Güter in kg im Basisjahr 2005 (in Mengeneinheiten)	Wert des Warenkorbs (= Preise · Mengen) im Berichtsjahr 2008 (in Geldeinheiten)
Fleisch	7,5	1	7,5
Brot	2	5	10
Butter	5	2	10
			27,5 (Summe)

Der Warenkorb des Jahres 2008 kostete 2,5 Geldeinheiten mehr als der Warenkorb des Jahres 2005. Da die gekauften Mengen in beiden Jahren künstlich gleich gehalten wurden, mussten die Mehrausgaben also auf einen Preisanstieg zurückgehen.

Die Berechnung des Preisindexes (P) liefert folgendes Ergebnis:

$$P = \frac{\text{Wert des Warenkorbes (Berichtsjahr)} \cdot 100}{\text{Wert des Warenkorbes (Basisjahr)}}$$

$$P = \frac{27{,}5 \cdot 100}{25} = 110$$

Der Preisindex im Berichtsjahr 2008 beträgt 110, dies entspricht einem Preisanstieg von 10 % gegenüber dem Basisjahr 2005.

Neues Berichtsjahr 2009

Güter im Warenkorb	Preise je kg im Berichtsjahr 2009 (in Geldeinheiten)	Menge der gekauften Güter in kg im Basisjahr 2005 (in Mengeneinheiten)	Wert des Warenkorbs (= Preise · Mengen) im Berichtsjahr 2009 (in Geldeinheiten)
Fleisch	8	1	8
Brot	2,2	5	11
Butter	4,5	2	9
			28 (Summe)

Der Warenkorb des Jahres 2009 kostete 3 Geldeinheiten mehr als der Warenkorb des Jahres 2005.
Der Preisindex im Berichtsjahr (gegenüber dem Basisjahr) beträgt 112, d. h. gegenüber dem Basisjahr hat sich das Preisniveau um 12 % erhöht.

Vergleicht man den **Preisindex zwischen zwei Berichtsjahren**, so erhält man die **Inflationsrate**. Diese gibt an, wie sich das **Preisniveau gegenüber dem Vorjahr verändert** hat.

Preisindex 2008   –   110   ⟶   100 %
Preisindex 2009   –   112   ⟶   x %

$$x = \frac{112 \cdot 100}{110} = 101{,}8181$$ ⟶   Inflationsrate = 1,818 %

Die echten Inflationsraten in Deutschland zeigt die folgende Tabelle:

Jahr	Inflationsrate
2005	1,5 %
2006	1,6 %
2007	2,3 %
2008	2,6 %

Für das Währungsgebiet des Euro wird der sogenannte **„harmonisierte Verbraucherpreis-index"** (**HVPI**) ermittelt. Für die einzelnen Mitgliedsländer werden einheitliche Vorschriften für die Auswahl an Waren und Dienstleistungen für die nationalen Warenkörbe zugrunde gelegt. Die nationalen HVPI der Teilnehmerländer fließen mit unterschiedlicher Gewichtung in den HVPI für das Euro-Währungsgebiet ein. Nach Auffassung der Europäischen Zentralbank (EZB) ist **Preis-niveaustabilität** erreicht, wenn der HVPI **unter 2 %** liegt.

8.8 Was bedeutet die berechnete Inflationsrate für die Menschen?

Wie bei allen Aussagen, die sich auf **durchschnittliche Werte** beziehen (z. B. der Notendurchschnitt von Klassenarbeiten oder die Durchschnittstemperatur eines Jahres) besteht die Gefahr, dass sie mit der Wirklichkeit kaum etwas zu tun haben. So ist es möglich, dass die berechnete Durchschnittsnote von 2,9 gerade von keinem Schüler erreicht wurde und die Durchschnittstemperatur von 8,7 °C an keinem Tag im Jahr vorherrschte.

Ob die im Jahr 2008 ermittelte Inflationsrate von 2,6 % tatsächlich für einen Privathaushalt in Deutschland von Bedeutung war, ist deshalb unsicher.

Darüber hinaus gibt es weitere Kritikpunkte bei der Messung des Preisanstieges:

- Aufgrund der Schnelllebigkeit der modernen Gesellschaft veraltet ein Warenkorb nach kurzer Zeit und spiegelt die Konsumgewohnheiten nicht mehr ausreichend wider.

- Ein Preisanstieg bei einem Artikel geht oft mit einer Qualitätsverbesserung einher. Somit liegt keine Inflation vor.

- Völlig neue Produkte haben keine „alten" Preise. Wie viel dürfen diese also kosten, ohne dass Inflation vorliegt?

- Sonderangebote und nachträgliche Rabatte (z. B. Payback-Karten) werden nicht bzw. nicht ausreichend berücksichtigt.

- Neue Verkaufsformen (z. B. Online-Shopping) und die zunehmenden Käufe bei Discountern werden unzureichend berücksichtigt.

- Benötigt ein Haushalt tatsächlich die Güter und Dienstleistungen, die der Warenkorb vorsieht? (z. B. fühlen sich Nichtraucher von einer Erhöhung des Zigarettenpreises nicht berührt).

- Nachfrager weichen Preiserhöhungen bei einzelnen Gütern oft aus, indem sie Substitutonsgüter kaufen (z. B. wird teures Kalbfleisch durch billigeres Hühnerfleisch ersetzt).

Aufgaben

1. Welchen Ursprung hat das Wort „Geld"?

2. Erklären Sie den Satz: Geld ist, was Geldfunktion hat!

3. Welche sechs Merkmale muss Geld besitzen, um seinen Aufgaben gerecht werden zu können?
Zeigen Sie am Beispiel einer Kuh, ob sie als Warengeld alle diese Merkmale aufweist.

4. Worin liegen die Vorteile der Geldwirtschaft, verglichen mit den Geldformen davor?

5. Warum war die Einführung von Buchgeld für das moderne Wirtschaftsleben von großer Bedeutung?

6. Welche Funktion besitzt Geld in den folgenden Fallbeispielen?
a) Tante Vera schenkt ihrem Neffen 15,00 EUR.
b) Herr Thielmann zahlt seine Kfz-Steuer per Banküberweisung.
c) Frau Lukas eröffnet ein Sparbuch mit gesetzlicher Kündigungsfrist.
d) Paul bucht eine Urlaubsreise für 999,00 EUR.
e) Der Einkaufsleiter der Topic GmbH nimmt einen Angebotsvergleich vor.

7. Nehmen Sie zu der folgenden Aussage kritisch Stellung:
   „Die hohen Benzinpreise sind gleichbedeutend mit einer hohen Inflationsrate."

8. Welcher Zusammenhang besteht zwischen den Begriffen „Kaufkraft" und „Inflation"?

9. Welches Ungleichgewicht besteht bei einer Inflation, welches bei einer Deflation?

10. Wie kommt es zu einer nachfragebedingten Inflation?

11. a) Beschreiben Sie Wesen und Verlauf einer Preis-Lohn-Spirale.
    b) Warum spricht man auch von einer Lohn-Preis-Spirale?
    c) Wer argumentiert mit der Preis-Lohn-Spirale, wer mit der Lohn-Preis-Spirale?

12. Warum ist eine Deflation unter Umständen für das Wachstum einer Wirtschaft gefährlicher als eine Inflation?

13. Wie wirkt sich eine fortschreitende Inflation auf einen durchschnittlichen Arbeitnehmerhaushalt aus?

14. Was versteht man unter der „Flucht in die Sachwerte"?

15. Welche Bedeutung hat der „Warenkorb" bei der Berechnung der Inflationsrate?

16. Warum ist es notwendig, den Warenkorb nach einigen Jahren neu zusammenzustellen?

17. Nennen Sie Beispiele für Güter, die in den 1960er Jahren in einem typischen Warenkorb enthalten waren und Güter, die erst in den letzten Jahren neu in den Warenkorb aufgenommen wurden.

18. Ermitteln Sie mithilfe der folgenden Tabelle den Preisindex für die Lebenshaltung.

Güter	Preis je Mengeneinheit (Basisjahr)	Menge (Basisjahr)	Preis je Mengeneinheit (Berichtsjahr)	Menge (Berichtsjahr)
A	8,00	0,8 kg	6,00	1,2 kg
B	0,80	5 kg	1,00	3 kg
C	1,10	10 l	1,20	14 l
D	2,50	6 kg	2,60	2 kg

19. Welche Aussagekraft hat die vom statistischen Bundesamt ermittelte Inflationsrate für den einzelnen Haushalt?

9   Die Hüterinnen unserer Währung

Wenn die Tropic GmbH einen Kredit für eine neue computergesteuerte Nähmaschine benötigt, wendet sie sich an ihre Hausbank, die Sparkasse Rhein-Nahe in Bad Kreuznach. Diese gewährt der Tropic GmbH – wenn diese über die erforderlichen Sicherheiten verfügt – den Kredit. Damit die Sparkasse Rhein-Nahe immer genügend Geld hat, um Kredite an ihre Kunden vergeben zu können, leiht sie sich Geld bei der Bundesbank. Dafür muss sie Zinsen an die Bundesbank zahlen. Die Höhe dieser Zinsen richtet sich nach dem sogenannten Leitzins. Der ist in allen Ländern, in denen der Euro als Zahlungsmittel gilt, gleich. Je niedriger der Leitzins ist, desto günstiger ist auch der Bankkredit für die Tropic GmbH. Durch diese geringeren Zinskosten kann die Tropic GmbH günstiger kalkulieren und ihre zu einem günstigeren Preis verkaufen. Ist der Leitzins höher, steigen die Kosten für den Kredit. Diese höheren Kreditkosten wird die Tropic GmbH in die Verkaufspreise ihrer Produkte einkalkulieren, um so die Kreditkosten wieder reinzuholen. Der Leitzins bestimmt also letztlich, ob Preise ansteigen oder nicht.

1. Informieren Sie sich bei einem Kreditinstitut über die Zinsen
*   für mittel- und langfristige Kredite.*

2. Wie hoch ist der für die Euro-Zone geltende aktuelle
*   „Leitzins"?*

Seit dem 1. Januar 2002 wird in Deutschland mit dem Euro als Bargeld gezahlt. Im Jahre 1999 wurde der Euro bereits als Buchgeld eingeführt. Seit 2009 gehören die folgenden Mitgliedsländer der Europäischen Union zur Euro-Zone:

■ Belgien,

■ Deutschland,

■ Finnland,

■ Frankreich,

■ Griechenland,

■ Irland,

■ Italien,

■ Luxemburg,

■ Malta,

■ Niederlande,

■ Österreich,

■ Portugal,

■ Slowakei,

■ Slowenien,

■ Spanien,

■ Zypern

Der Euro ist damit unsere Währung, also unser gesetzliches Zahlungsmittel.

Damit ein Land den Euro als Währung erhält, muss es bestimmte wirtschaftliche Rahmenbedingungen erfüllen (sogenannte **Konvergenzkriterien**):

Konvergenzkriterien

■ Preisanstieg höchstens 1,5 Prozentpunkte über dem durchschnittlichen Preisanstieg der drei preisstabilsten Länder

■ Haushaltsdefizit höchstens 3 % des Bruttoinlandsproduktes[1], Staatsverschuldung höchstens 60 % des Bruttoinlandsprodukts

■ Langfristiger Zinssatz höchstens 2 Prozentpunkte über dem durchschnittlichen Zinssatz der drei preisstabilsten Länder

■ Währungsstabilität (hinsichtlich des Außenwertes einer Währung) in den letzten zwei Jahren vor der Währungsunion

---

9.1 Sicherung der Preisniveaustabilität durch das Europäische System der Zentralbanken

Um das Vertrauen in die neue Währung zu fördern, brauchte die Europäische Union eine große Behörde, die sich besonders dem Ziel der **Sicherung der Preisniveaustabilität** widmet.

Diese Behörde ist die **Europäische Zentralbank (EZB)** mit Sitz in Frankfurt/Main. Sie wird unterstützt von den **nationalen Zentralbanken** der Euro-Länder, also auch von der Deutschen Bundesbank. Alle gemeinsam bilden das **Europäische System der Zentralbanken (ESZB)**. Die Regierungen der Euro-Länder dürfen auf die Entscheidungen des ESZB keinerlei Einfluss nehmen. **Das ESZB ist von staatlichem Einfluss unabhängig.**

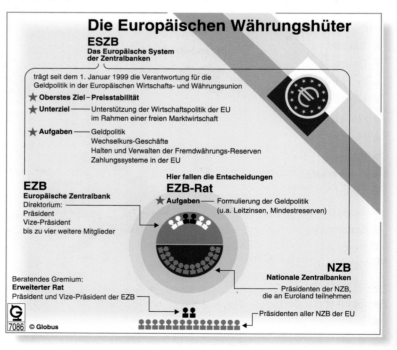

Die Europäischen Währungshüter

ESZB
Das Europäische System der Zentralbanken

trägt seit dem 1. Januar 1999 die Verantwortung für die Geldpolitik in der Europäischen Wirtschafts- und Währungsunion

★ **Oberstes Ziel – Preisstabilität**

★ **Unterziel** —— Unterstützung der Wirtschaftspolitik der EU im Rahmen einer freien Marktwirtschaft

★ **Aufgaben** —— Geldpolitik
Wechselkurs-Geschäfte
Halten und Verwalten der Fremdwährungs-Reserven
Zahlungssysteme in der EU

EZB
Europäische Zentralbank
Direktorium:
Präsident
Vize-Präsident
bis zu vier weitere Mitglieder

Hier fallen die Entscheidungen
EZB-Rat
★ **Aufgaben** —— Formulierung der Geldpolitik
(u.a. Leitzinsen, Mindestreserven)

Beratendes Gremium:
Erweiterter Rat
Präsident und Vize-Präsident der EZB

NZB
Nationale Zentralbanken
— Präsidenten der NZB, die an Euroland teilnehmen
— Präsidenten aller NZB der EU

7086 © Globus

---

[1] *Damit sich auch nach der Euro-Einführung die Mitgliedsländer an die Konvergenzkriterien halten, wurde im Jahre 1996 auf dem EU-Gipfel von Dublin der Europäische Stabilitätspakt verabschiedet. Danach muss ein Land für die Überschreitung der Drei-Prozent-Hürde unter Umständen eine Geldstrafe zahlen.*

9.2 Die Geldpolitik des ESZB

Steuerung der Geldmenge[1]

Preisniveaustabilität gilt als erreicht, wenn die Inflationsrate unter 2 % liegt.

Damit die Preise im Euro-Land stabil bleiben, muss das ESZB vor allem darauf achten, dass das Verhältnis zwischen der **umlaufenden Geldmenge** und der **produzierten Gütermenge** immer etwa gleich bleibt.

Soll ein weiteres Anwachsen der Geldmenge verhindert werden, kann die Europäische Zentralbank beispielsweise beschließen, dass die Geschäftsbanken einen größeren Teil ihrer Kundeneinlagen bei der EZB „einlagern" müssen (= **Mindestreserve**). Damit steht dieses Geld nicht mehr für Kredite an Bankkunden zur Verfügung. Es kommt weniger zusätzliches Geld in Umlauf.

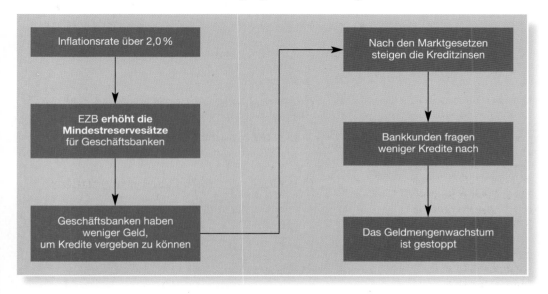

Beeinflussung des Zinsniveaus

Das ESZB kann jedoch nicht nur die Geldmenge steuern, sondern nimmt auch **Einfluss auf die Höhe der Zinsen**.

Da die Geschäftsbanken im Euro-Land kein eigenes Geld drucken dürfen, sind sie auf Geld der Europäischen Zentralbank (= Zentralbankgeld) angewiesen. Dieses Geld erhalten sie allerdings i. d. R. nur als Kredit. Die Geschäftsbanken müssen Sicherheiten (z. B. Wertpapiere) hinterlegen und Kreditzinsen bezahlen.

Der Höhe des zu zahlenden Zinssatzes (= **Basiszins** oder **Leitzins**) kommt eine besondere Bedeutung zu. Je höher der Basiszins, umso teurer ist der Kredit und damit das Geld der Zentralbank.

---

[1] Vereinfachte Geldmengendefinition der Europäischen Zentralbank:
  – Zentralbankgeldmenge = Bargeldumlauf ohne Kassenbestände der Banken
  – M1 = Zentralbankgeld + täglich fällige Einlagen bei Kreditinstituten
  – M2 = M1 + Termineinlagen mit einer vereinbarten Laufzeit von bis zu zwei Jahren und Einlagen mit einer vereinbarten Kündigungsfrist bis zu drei Monaten
  – M3 = M2 + Geldmarktfondanteile und Geldmarktpapiere sowie Schuldverschreibungen mit einer Laufzeit bis zu zwei Jahren.
  Die **Geldmenge M3** dient als Anhaltspunkt für die Steuerung der Geldmenge!

Geschäftsbanken geben diesen höheren Zins an ihre Kunden weiter. Damit steigen jedoch für alle Kreditkunden in der Wirtschaft die Zinsen und die Nachfrage nach Krediten geht zurück. Das Anwachsen der Geldmenge in der Wirtschaft wird gestoppt.

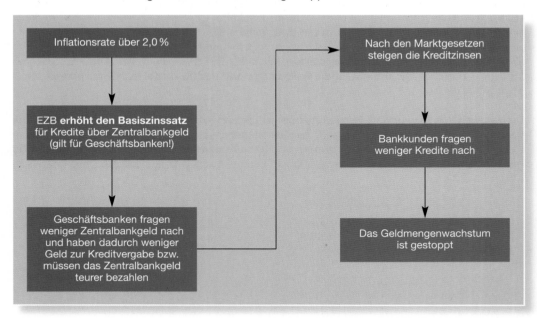

Zusammenfassung

Situation im Euro-Land	Gefahr für die Preisniveaustabilität	Reaktion des ESZB	
Geldmenge > Gütermenge	Inflation	Erhöhung der Mindestreserve	Erhöhung der Zinsen
Geldmenge < Gütermenge	Deflation	Senkung der Mindestreserve	Senkung der Zinsen

Beispiel für ein geldpolitisches Instrument der EZB

Hauptrefinanzierungsgeschäfte

Zentrales geldpolitisches Instrument der Geldmarktsteuerung durch das Eurosystem sind die wöchentlich angebotenen Hauptrefinanzierungsgeschäfte. Die Geschäftsbanken erhalten dabei gegen die Hinterlegung von Sicherheiten (Wertpapieren) von der EZB Geld, das sie an ihre Kunden weitergeben können. Dabei wird gleichzeitig ein Termin (nach 14 Tagen) festgelegt, an dem die Banken den Betrag zurückzahlen müssen. Während die Ankündigung der Ausschreibung von der EZB vorgenommen wird, erfolgt die weitere Abwicklung durch die nationalen Notenbanken.

Mengentender

Beim Mengentender legt die EZB den Pensionssatz (Zinssatz) fest. Die bietenden Kreditinstitute nennen in ihren Geboten die Beträge, über die sie Wertpapiere kurzfristig „in Pension" geben möchten. Auf die Gesamtsumme der eingegangenen Gebote wird derjenige Betrag zugeteilt, den die EZB als zusätzliche Geldmenge dem Markt zuführen will. Die Einzelgebote werden prozentual gleichmäßig zugeteilt.

Beispiel Dem Markt soll Liquidität in Höhe von 200 Mio. EUR über eine befristete Transaktion in Form eines Mengentenders zugeführt werden. Die EZB gibt einen Zinssatz von 3,0 % vor. Fünf Geschäftsbanken geben bei ihren nationalen Zentralbanken folgende Gebote ab:

Bank	Gebote (Mio. EUR)
A	95
B	70
C	85
D	60
E	90

Die Banken fragen insgesamt eine zusätzliche Geldmenge von 400 Mio. EUR nach, die EZB will 200 Mio. EUR zur Verfügung stellen. Dies entspricht 50 % der nachgefragten Geldmenge. Also erhält jede Bank 50 % der von ihr nachgefragten Geldmenge (Bank A 47,5 Mio. EUR, Bank B 35 Mio. EUR ...).

Zinstender

Beim Zinstender müssen die bietenden Kreditinstitute in ihren Geboten Betrag und Zinssatz nennen, zu dem sie bereit sind, Pensionsgeschäfte abzuschließen. Gebote, die über dem niedrigsten noch zum Zuge kommenden Satz (marginaler Zuteilungssatz) liegen, werden zugeteilt.

Beispiel Die EZB will im Rahmen eines Zinstenders dem Markt Liquidität mit einem Volumen von 2,6 Mrd. EUR zuführen. Die Geschäftsbanken geben bei ihren nationalen Zentralbanken folgende Gebote ab (Mindestzinssatz 2,8 %):

Bank	Menge (EUR)	Zins, den die jeweilige Bank zahlen will	Zuteilung
A	0,6 Mrd.	2,88 %	**0,6 Mrd. EUR**
B	0,8 Mrd.	2,86 %	**0,8 Mrd. EUR**
C	1,2 Mrd.	2,83 %	**1,2 Mrd. EUR**
D	0,5 Mrd.	2,81 %	**keine Zuteilung, da die 2,6 Mrd. EUR bereits voll verteilt sind**

Nach dem sog. amerikanischen Zuteilungsverfahren müssen die Banken, die im Rahmen der Zuteilung Geld erhalten, den von ihnen gebotenen Zins (bezogen auf die Laufzeit von üblicherweise 2 Wochen) zahlen (Bank A also 2,88 % für 0,6 Mrd. EUR, Bank B 2,86 % für 0,8 Mrd. EUR ...).

Neben dieser Hauptaufgabe hat das ESZB folgende Nebenaufgaben zu erfüllen:

- Festlegung und Durchführung der Geldpolitik und Mitwirken bei der Währungspolitik
- Verwalten der offiziellen Währungsreserven
- Förderung des reibungslosen Funktionierens des Zahlungsverkehrs
- Übernahme von Beratungs- und Informationsfunktionen

9.3 Deutsche Bundesbank

Obwohl die Bundesbank nicht mehr allein über die Geldpolitik in Deutschland entscheiden kann, behält sie jedoch eine Reihe wichtiger Aufgaben:

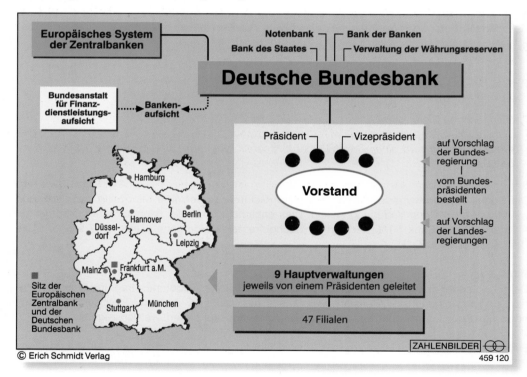

© Erich Schmidt Verlag

ZAHLENBILDER

459 120

1. Notenbank
Die Bundesbank gibt die Banknoten in Deutschland heraus und versorgt damit die Bevölkerung und die Wirtschaft mit Zahlungsmitteln. Das Recht der Ausgabe der Münzen liegt beim Staat.

2. Bank der Banken
Die Bundesbank übernimmt die Bankenaufsicht und übernimmt Dienstleistungen bei der Abwicklung des bargeldlosen Zahlungsverkehrs. Die Geschäftsbanken müssen u. a. zur Aufrechterhaltung ihrer Zahlungsfähigkeit sogenannte Mindestreserveguthaben bei der Bundesbank unterhalten.

3. Hausbank des Staates
Die Bundesbank wickelt für die Bundesregierung und die Regierungen der Bundesländer den Zahlungsverkehr ab. Sie organisiert die Kreditaufnahme des Staates, ohne selbst Kredite zu gewähren. Sie bringt im Auftrag des Staates Münzen in Umlauf.

4. Verwaltung der Währungsreserven
Devisen (zumeist US-Dollar) werden von der Bundesbank verwaltet und gewinnbringend angelegt. Zusätzlich betreut die Bundesbank die Goldbestände sowie Reservepositionen und Forderungen gegenüber dem Internationalen Währungsfonds (IWF) und der Europäischen Zentralbank (EZB).

Aufgaben

1. *Welche Mitgliedsländer der Europäischen Union nehmen im Jahre 2009 am Euro teil?*

2. *Wann wurde der Euro als Bargeld eingeführt?*

3. *Welche vier Konvergenzkriterien müssen Euro-Länder erfüllen, um an der Währungsunion teilzunehmen?*

4. *Welche Möglichkeiten hat die Europäische Zentralbank, die umlaufende Geldmenge zu beeinflussen?*

5. *Welche geldpolitischen Maßnahmen müsste die Europäische Zentralbank konkret ergreifen, wenn in Euro-Land die Inflationsrate über 2 % liegen sollte?*

6. *Welche vier wichtigen Aufgaben hat die Deutsche Bundesbank im Europäischen System der Zentralbanken?*

7. *Das gesamte Bietungsvolumen aller Banken beträgt im vorliegenden Fall 950.000 Mio. Euro, der gesamte Betrag, den die EZB im Rahmen eines Mengentenders zuteilen will, 75.000 Mio. Euro. Welcher Betrag wird einer Geschäftsbank zugeteilt, wenn ihr Bietungsbetrag 1,5 Mio. Euro beträgt?*

8. *Das ESZB will den Geschäftsbanken im Rahmen der Refinanzierung 12 Mrd. Euro über einen Zinstender zuteilen. Die eingehenden Gebote der Geschäftsbanken sind in der folgenden Tabelle zusammengestellt:*

Bankengruppen	Bietungsbeträge	Bietungssätze	Zuteilung
A	4,5 Mrd.	3,80 %	
B	4,2 Mrd.	3,75 %	
C	5,1 Mrd.	3,70 %	
D	2,7 Mrd.	3,65 %	
E	1,5 Mrd.	3,60 %	

Ermitteln Sie den Betrag, den die einzelnen Banken erhalten.

10   Grundfragen von Wirtschaftsordnungen

SITUATION

Aus einem Zukunftsroman:

Einem Raumschiff mit einigen tausend Menschen an Bord ist es gelungen, nach jahrelangem Irr-flug durch das Weltall einen unbewohnten Planeten zu finden, auf dem Leben möglich ist.

Die Erde selbst gilt schon seit geraumer Zeit als unbewohnbar.

Die Vorräte an Bord sind fast zur Neige gegangen. Niemand hatte mit einer solch langen Reise gerechnet. Es zeigt sich nach der Landung, dass die Bedingungen denen auf der Erde sehr ähnlich sind. Allerdings ist der neu entdeckte Planet um einiges kleiner.

Die Landwirte unter den Raumfahrern beanspruchen deshalb sofort die meisten Flächen für sich. Einzelne versuchen Grundstücke abzustecken und organisieren einen Wachdienst. Andere finden das ungerecht, denn schließlich sollte der neue Planet allen gehören.

Die ehemaligen Händler bemühen sich gleich um die Einrichtung eines Wochenmarktes, auf dem Produkte – die es allerdings noch gar nicht gibt – verkauft werden können. Es gibt jedoch auch Gegenstimmen, die dafür plädieren, dass die zukünftige Produktion nach einem bestimmten Plan an alle verteilt werden sollte.

Die Unternehmer unter den Erdlingen schließen zunächst Lohnerhöhungen in den kommenden Jahren – die Länge eines Jahres ist übrigens noch unbekannt – von vornherein aus.

Was im Einzelnen und womit produziert werden soll, wissen die Anbieter noch nicht so genau, sie hassen es allerdings, dabei bevormundet zu werden.

Ex-Gewerkschaftsmitglieder drohen damit, vor allem Großunternehmen bestreiken zu wollen – wenn es diese einmal geben sollte. Außerdem denken sie laut über eine Verstaatlichung der Pro-duktionsmittel nach.

Frühere Verbraucherschützer befürchten schon jetzt, dass die Nachfrager nicht frei entscheiden können werden, was sie kaufen und was nicht.

Ein pensionierter Abteilungsleiter einer Zentralbank kümmert sich gleich um die Einführung einer neuen Währung und nennt als sein oberstes Ziel die Stabilität des Preisniveaus. Darüber hinaus möchte er erstens unabhängig von der noch zu wählenden Planetenregierung sein und zweitens das neue Planetengeld sehr knapp halten. Einige bezweifeln lautstark, dass man überhaupt so etwas wie Geld braucht.

Bisher wurde weder etwas hergestellt noch verkauft.

Folgende wirtschaftlichen und rechtlichen Fragen muss eine neue Planetenregierung unbedingt klären:

1. *Soll es Privateigentum geben und wer soll das Eigentum an den Produktionsmitteln (z. B. Maschinen) haben?*

2. *Wer entscheidet darüber, welche Güter hergestellt werden und was die Menschen kaufen können?*

3. *Soll es einen Markt geben oder sollen die Produkte und Dienstleistungen den Menschen nach Plan zugeteilt werden?*

4. *Wenn es einen Markt geben soll, darf dann jeder anbieten und nachfragen?*

Im Laufe der Geschichte hat es zu diesen Fragen zwei grundlegend verschiedene Antworten gegeben. Es handelte sich dabei jedoch um theoretische Ansätze, die es in der Wirklichkeit so nie gegeben hat. Man nennt sie Idealtypen von Wirtschaftsordnungen, wobei der Begriff „ideal" keineswegs mit „perfekt" zu verwechseln ist.

Merkmale der idealtypischen Wirtschaftsordnungen im Vergleich

Wirtschaftsordnung	Freie Marktwirtschaft	Zentralverwaltungswirtschaft
Leitidee	Individualismus/Liberalismus	Kollektivismus/Sozialismus
Versorgung der Haushalte und Unternehmen	Der Markt stimmt die Einzelpläne von Haushalten und Unternehmen über die Preise miteinander ab.	Aufstellung eines Gesamtplanes durch eine Zentralbehörde
Risiken	Unternehmer produzieren Güter, ohne die Bedürfnisse der Nachfrager exakt zu kennen. Bei Fehleinschätzungen kann die Existenz des Unternehmens gefährdet sein (Absatzrisiko).	Abweichungen zwischen Herstellungs- und Verbrauchs-plänen führen zur Unterversorgung der Bevölkerung (Planrisiko).
Prinzip	Gewinnmaximierung/ Erwerbswirtschaftliches Prinzip	Abdeckung der Grundbedürfnisse der Nachfrager, erst danach Befriedigung höherwertiger Bedürfnisse (Bedarfsdeckungsprinzip).
Eigentumsordnung	Privateigentum an den Produktionsmitteln (Kapitalismus)	Gemeineigentum an den Produktionsmitteln (sozialistisches Eigentum).
Rolle des Staates	Schutz der individuellen Freiheit durch Aufstellung und Über-wachung eines Ordnungsrahmens (Nachwächterstaat)	Uneingeschränkte Machtbefugnisse des Staates in politischer, gesellschaftlicher und wirtschaftlicher Hinsicht.
Staatsform	Demokratie	Diktatur

Während Formen der Zentralverwaltungswirtschaft nur noch in wenigen Staaten der Erde zu finden sind – zu nennen wären insbesondere Nord-Korea und Kuba – haben sich Varianten der Marktwirtschaft in den anderen Ländern durchgesetzt.

Die **freie** Marktwirtschaft, deren Grundgedanken zuerst im England des frühen 19. Jahrhunderts verwirklicht wurden, brachte für die Arbeiter und deren Familien derart große soziale Probleme, dass sich schon bald Protest dagegen regte.

10.1   Die freie Marktwirtschaft

SITUATION

Auszüge aus verschiedenen Textquellen des 19. Jahrhunderts:

„Die Löhne lagen meist knapp an der Grenze des Existenzminimums … Kinder arbeiteten z. B. in der schlesischen Leinenindustrie ab vier Jahren; sie hatten im Allgemeinen die gleichen Arbeitszeiten wie die Erwachsenen, nur mit größeren Pausen …"

„In den meisten Fabriken beginnen die Arbeiten von 6–7 Uhr morgens und dauern ununterbrochen bis 12 Uhr mittags, beginnen um 1 Uhr wieder und dauern bis 7–8 Uhr abends."

„In Breslau gab es Häuser, in denen ein Zimmer mit 9–13 Kindern und 5–7 Erwachsenen belegt war."

„Um die Mieten aufbringen zu können, waren viele Familien gezwungen, Zimmer an Schlafburschen weiterzuvermieten, … denen der Aufenthalt also nur zur Schlafenszeit eingeräumt wurde."

„Die Fabriken bezahlen bei Unglücken, sie mögen arbeitsunfähig machen oder nicht, höchstens den Arzt. … Wohin der Arbeiter später gerät, wenn er nicht arbeiten kann, ist ihnen gleichgültig."

Welches waren die wesentlichsten Missstände der freien Marktwirtschaft zur Zeit der Industrialisierung?

Schuld an diesen Missständen schienen die reichen Großunternehmer zu sein, die man als Kapitalisten bezeichnete. Ihnen gehörte der gesamte Produktionsfaktor Kapital (Gebäude, Maschinen, Werkzeuge etc.), der Arbeiter dagegen besaß nichts außer seiner Arbeitskraft. Der Lohn für seine Arbeit wurde infolgedessen so lange nach unten gedrückt, wie er davon gerade noch leben konnte. Verlangte ein Arbeiter einen höheren Lohn, wurde er kurzerhand durch einen anderen ersetzt, dem ein geringer Lohn lieber war als gar keiner.
Da sich die Löhne nun auf breiter Front dem Existenzminimum näherten, wurde dieser Umstand „Ehernes Lohngesetz" genannt.

Während einerseits niedrige Löhne, Kinderarbeit, schlechte Arbeitsbedingungen, Wohnungsnot, Krankheiten und Hungersnöte vorherrschten, gab es andererseits keine soziale Absicherung bei Krankheit, Arbeitslosigkeit oder Unfällen und auch keine Alterssicherung.

Mitte des 19. Jahrhunderts entstanden Gewerkschaften, die sich neben dem Kampf um bessere Lohn- und Arbeitsbedingungen auch um die soziale Unterstützung ihrer Mitglieder (Einrichtung von Unterstützungskassen) sowie um Bildungsaufgaben kümmerten.

Neben christlich begründeten karitativen Antworten auf die sozialen Folgen der Industrialisierung gab es auch Unternehmen, die mit betrieblichen sozialen Einrichtungen (Betriebskassen, Werkwohnungen u. ä.) Fürsorge für ihre Mitarbeiter zeigten und diese zugleich an das Unternehmen binden wollten.
Auf Initiative des damaligen Reichskanzlers Otto von Bismarck leitete Kaiser Wilhelm II. mit seiner „Kaiserlichen Botschaft" vom 17.11.1881 den Aufbau einer staatlichen Arbeitnehmerversicherung im Deutschen Reich ein.

Einer der größten Kritiker dieser Zeit war Karl Marx, der in seinen Büchern („Das Kapital", „Das kommunistische Manifest") theoretisch nachwies, dass der Kapitalismus keine Zukunft haben könne und nur eine Zwischenstation auf dem Weg zum Kommunismus sei. Letztlich gehöre das Kapital in die Hände der Arbeiter, der sogenannten „Proletarier".

Die Marxschen Grundideen wurden in den späteren Zentralverwaltungswirtschaften des sozialistischen Ostblocks größtenteils umgesetzt. Die fehlende wirtschaftliche und politische Freiheit der Menschen sowie das Versagen der Planwirtschaft sorgten in den 90er Jahren des 20. Jahrhunderts jedoch für den Zusammenbruch der meisten sozialistischen Wirtschaftsordnungen.

10.2   Die soziale Marktwirtschaft

Ayse: „Man hat mir eine Wohnung angeboten für 15,00 EUR den Quadratmeter! Das ist doch Wucher und total unsozial ..."
Kollegin: „Irrtum, das sind Angebot und Nachfrage. Vergiss nicht, wir leben in einer freien Marktwirtschaft!"
Ayse: „Marktwirtschaft schön und gut, aber so frei!?"

SITUATION

Aus der Erkenntnis heraus, dass die Marktwirtschaft im Prinzip zu den besseren wirtschaftlichen Ergebnissen führt, wurde diese zum Grundpfeiler der Wirtschaftsordnung der Bundesrepublik Deutschland bei ihrer Gründung im Mai 1949.

Ludwig Erhard (1897–1977), Wirtschaftsminister und späterer Bundeskanzler, und Alfred Müller-Armack (1901–1978) gelten als Begründer der sozialen Marktwirtschaft.

Es galt, die **Nachteile der freien Marktwirtschaft** so weit wie möglich zu vermeiden.

Freie Marktwirtschaft

- soziale Missstände

- schwache Position der Arbeitnehmer gegenüber dem Arbeitgeber

- Vernachlässigung von gesellschaftlichen Bereichen, die keinen Gewinn abwerfen (z. B. Bildung oder Kultur)

- knappe Güter (bestimmte Medikamente, Wohnraum in Ballungsgebieten) haben einen entsprechend hohen Preis und werden für einkommensschwache Bevölkerungsteile unerschwinglich

- Unternehmen versuchen den Wettbewerb zulasten des Konsumenten auszuschalten, indem sie z. B. Preisabsprachen treffen

Die soziale Marktwirtschaft versucht das Prinzip der Freiheit des Marktes mit dem Prinzip des sozialen Ausgleichs zu verbinden, in dem der Staat sich das Recht vorbehält, neben der Schaffung eines Ordnungsrahmens auch Eingriffe in den Wirtschaftsprozess vorzunehmen.

Merkmale	Soziale Marktwirtschaft
Rolle des Staates	Eingriffe des Staates zu folgenden Zwecken: – Wahrung der sozialen Gerechtigkeit – Anstreben des gesamtwirtschaftlichen Gleichgewichts (Konjunktur- und Wachstumspolitik) – Sicherung des Wettbewerbs
Eigentum	Grundsätzlich wird Privateigentum garantiert. Enteignungen zugunsten des Allgemeinwohls sind zulässig.
Preisbildung auf den Märkten	Grundsätzlich gilt freie Preisbildung, jedoch darf der Staat zum Schutz der Marktteilnehmer Höchst- oder Mindestpreise setzen.
Verträge	Grundsätzlich gilt die Vertragsfreiheit. Ausnahmen: – Schutz schwächerer Vertragspartner (Verbraucherschutz, Arbeitsschutz) – Schutz des Wettbewerbs
Produktion/Handel	Grundsätzlich besteht Gewerbefreiheit, jedoch gibt es eine Genehmigungspflicht/Kontrollpflicht bei bestimmten gefährlichen Gewerbeunternehmen.
Konsum	Grundsätzlich gilt Konsumfreiheit. Einschränkungen gibt es z. B. bei Medikamenten, Rauschgift und Waffen.
Berufs-/Arbeitsplatzwahl	Grundsätzlich besteht freie Berufs- und Arbeitsplatzwahl. Ausnahmen: – Staatliche Prüfungen/Zulassungen bei bestimmten Berufen (z. B. Lehrer, Notare) – eingeschränkte Niederlassungsfreiheit (für Ärzte oder Apotheker).
Arbeitsmarkt	Grundsätzlich gilt Koalitionsfreiheit, d. h. Arbeitnehmer und Arbeitgeber dürfen sich frei zusammenschließen zu Gewerkschaften und Arbeitgeberverbänden. Grundsätzlich besteht Tarifautonomie, d. h. Gewerkschaften und Arbeitsgeberverbände dürfen Löhne und Gehälter frei von staatlichem Einfluss aushandeln.

10.3 Der Schutz des Wettbewerbs auf den Märkten

Wettbewerb auf einem Markt bedeutet, dass sich die Anbieter gegenseitig Konkurrenz machen **sollen**.

Das klingt zunächst so, als ob sich Unternehmen gegenseitig mit allen Mitteln bekämpfen sollen. Natürlich dürfen die Anbieter von Gütern und Dienstleistungen keine „unsauberen Tricks" oder gar kriminelle Methoden anwenden, aber sie sollen mit allen erlaubten Mitteln um die Gunst des Kunden ringen.

Das bedeutet vor allem, dass sie ihre Produkte zu einem günstigeren Preis als die Konkurrenz anbieten, bei gleich guter Leistung. Davon profitieren die Kunden, und das Unternehmen ist erfolgreich, kann sich vergrößern und neue Mitarbeiter einstellen.

Da Wettbewerb jedoch anstrengend ist und pausenlose Aufmerksamkeit fordert, versuchen Unternehmen immer wieder, die Konkurrenz auszuschalten.
Sie sprechen z. B. die Preise ab und einigen sich darauf, dass niemand den anderen unterbietet. Es entsteht ein **Preiskartell**. Das hat für die Kunden den Nachteil, dass sie jetzt höhere Preise zahlen müssen als vor der Absprache.

Das deutsche und das europäische **Kartellamt** überwachen deshalb ständig die Preise in den einzelnen Wirtschaftsbranchen, um auffällige Preisanstiege sofort festzustellen und die beteiligten Unternehmen gegebenenfalls mit einem Bußgeld zu belegen. Außer dem Verbot von Preisabsprachen stehen im **Gesetz gegen Wettbewerbsbeschränkung** noch weitere verbotene Tatbestände, durch die der Wettbewerb ausgeschaltet werden könnte.

Ebenso ist es Unternehmen untersagt, ihre Macht und Größe zu missbrauchen, um kleinere Anbieter vom Markt zu verdrängen oder um kleinere Geschäftspartner auszubeuten.

Damit erst gar keine marktbeherrschenden Unternehmen in Deutschland und Europa entstehen, müssen Fusionen (= Verschmelzungen von zwei oder mehreren Unternehmen zu einem einzigen) ab einer festgelegten Größenordnung genehmigt werden.

10.4 Die Bundesrepublik Deutschland – ein Sozialstaat

Art. 20 Abs. 1 des Grundgesetzes lautet:

„Die Bundesrepublik ist ein demokratischer und sozialer Bundesstaat"

Damit kommt der sozialen Sicherung der Bürger durch den Staat große Bedeutung zu.

Staatliche Maßnahmen

♦ Einkommenspolitik
Die ursprüngliche Primärverteilung der Einkommen ergibt sich direkt aus dem Produktionsprozess. Sie spiegelt die Entlohnung der Produktionsfaktoren (Arbeit, Kapital) wider. Durch die staatliche Umverteilung des Einkommens durch Steuern und Transfers wird aus der Primär- die Sekundärverteilung. Der Staat verteilt Teile der Einnahmen aus Steuern und Sozialabgaben als Transferleistungen nach Komponenten wie Alter, Familienstand, Anzahl der Kinder oder Gesundheit als Geldleistung (z. B. Wohngeld, Bafög), oder als „reale" Leistung (z. B. in Form von Studien- oder verbilligten Kindergartenplätzen).

♦ Vermögenspolitik
Personen, die eine bestimmte Einkommensgrenze nicht überschreiten, erhalten neben der vermögenswirksamen Leistung des Arbeitgebers zusätzlich eine staatliche Arbeitnehmersparzulage. Dem gleichen Zweck dient die Wohnungsbauprämie zur Förderung des Bausparens. Durch diese Zuschüsse fördert der Staat die Bildung von Vermögen bei den Arbeitnehmern.

Zu den Zielen der Vermögenspolitik gehört in der Regel auch die Verbesserung der Einkommensverteilung, weil Vermögenseinkommen zu den sonstigen Einkommensquellen hinzukommen.

◆ **Sozialpolitik**

Sozialpolitik besteht im Kernbereich aus dem klassischen System der Sozialversicherung als Absicherung gegen viele Lebensrisiken wie Krankheit, Alter, Unfall, Arbeitslosigkeit und Pflegebedürftigkeit. Hinzu kommen im weiteren Sinne viele Maßnahmen, mit denen der Staat den Bürgern „unter die Arme greift" bzw. sozialen Ausgleich etwa durch Kinderfreibeträge, Erziehungsgeld, Sozialhilfe und Wohngeld herstellt. Viele dieser Maßnahmen dienen zugleich der Einkommensumverteilung.

Schaffung eines Sozialversicherungssystems

Als Antwort auf die drängenden sozialen Probleme des 19. Jahrhunderts, und um die Arbeiterschaft nicht an die stärker werdende Arbeiterbewegung zu verlieren, betrieb **Reichskanzler von Bismarck** 1871 die Einführung von Sozialgesetzen:

1883 Gesetzliche Arbeiterkrankenversicherung
1884 Unfallversicherung
1889 Alters- und Invalidenversicherung für Arbeiter

Beitragssätze und Beitragsbemessungs-/Versicherungspflichtgrenzen der heutigen Sozialversicherung: Stand 2010

Grundsätzlich teilen sich Arbeitnehmer und Arbeitgeber die Beiträge zur Hälfte, wobei aber bei der Krankenversicherung Arbeitgeber und Arbeitnehmer je die Hälfte von 14 % zahlen; 0,9 % trägt der Arbeitnehmer allein. Kinderlose Arbeitnehmer zwischen 23 und 64 Jahren zahlen bei der Pflegeversicherung einen Aufschlag von 0,25 % Die Höhe des Beitrages richtet sich nach dem sozialversicherungspflichtigen Bruttoverdienst des Arbeitnehmers. Wer leistungsfähig ist, soll also mehr bezahlen (Leistungsfähigkeitsprinzip). Wer mehr als 4.050,00 EUR im Monat (Stand 2009) verdient, kann in eine private Krankenversicherung wechseln (Versicherungspflichtgrenze). Wenn ein Bruttoverdienst über der jeweiligen **Beitragsbemessungsgrenze** liegt, wird der Beitrag von dieser Grenze berechnet. Die Beiträge zur **gesetzlichen Unfallversicherung** des Arbeitnehmers trägt der Arbeitgeber alleine.

Das soziale Netz

**Sozialleistungen in Deutschland 2009
in Milliarden Euro**

Rentenversicherung   250,6

Krankenversicherung   168,7

Grundsicherung für   48,3
Arbeitsuchende

Arbeitslosenversicherung   41,2

Beamtenpensionen   40,7

Kindergeld u. Familienleistungsausgleich   35,8

Steuerliche Leistungen (Ehegattensplitting)   34,0

26,7   23,9   21,9

Lohn- u. Gehaltsfortzahlung   Sozialhilfe

0,1 · Private Altersvorsorge
0,1 · Lastenausgleich u.ä. Entschäd.
0,1 · Arbeitslosenhilfe u.a.
0,9 ● Wiedergutmachung
1,3 ● Wohngeld
1,3 ● sonst. Arbeitgeberleistungen
2,2 ● Ausbildungsförderung
2,5 ● Soziale Entschädigung (KOV)
3,0 ● Alterssicherung d. Landwirte
3,0 ● Familienzuschläge
3,5 ● Versorgungswerke
4,7 ● Erziehungsgeld, Elterngeld
10,6 ● Zusatzvers. im öffentl. Dienst
11,1 ● Unfallversicherung
11,7 ● Beihilfen für Beamte
20,4 Pflegeversicherung
21,5 Kinder- u. Jugendhilfe
Betriebliche Altersversorgung

Quelle: BMAS   Schätzung   Angaben ohne Verrechnungen © **Globus**   2945

Der Staat überprüft, ob die bisherigen Ausgaben – angesichts der Bevölkerungsentwicklung und der Staatsverschuldung – auf Dauer finanzierbar sind. Eine Reihe von Reformvorhaben im Gesundheitssystem, in der Alterssicherung und in der Arbeitslosenversicherung wurden von der Regierung zu Beginn des 21. Jahrhunderts umgesetzt.

Exkurs: Die Reform des Arbeitsmarktes – das Hartz-Konzept

Unter dem Vorsitz des Personalchefs der Volkswagen AG, Peter Hartz, wurde im Jahre 2002 von einer Expertenkommission ein Reformpaket für den deutschen Arbeitsmarkt ausgearbeitet und später als 1. bis 4. Gesetz für moderne Dienstleistungen am Arbeitsmarkt beschlossen.

1. Gesetz für moderne Dienstleistungen am Arbeitsmarkt (Hartz I)	ab Januar 2003	„Personal-Service-Agenturen": Schwer vermittelbaren Arbeitslosen soll über Leiharbeit der Wiedereinstieg in das Berufsleben ermöglicht werden.
2. Gesetz für moderne Dienstleistungen am Arbeitsmarkt (Hartz II)	ab Januar 2003	„Ich-AG": Kleinstunternehmer und Arbeitslose, die sich selbstständig machen, erhalten unter bestimmten Bedingungen drei Jahre lang Zuschüsse.

| 3. Gesetz für moderne Dienstleistungen am Arbeitsmarkt (Hartz III) | ab Januar 2004 | Umwandlung der Bundesanstalt für Arbeit in die „Bundesagentur für Arbeit" Ziel: Verbesserung und Beschleunigung der Vermittlung von Arbeitssuchenden. |
| 4. Gesetz für moderne Dienstleistungen am Arbeitsmarkt (Hartz IV) | ab Januar 2005 | Zusammenlegung von Arbeitslosen- und Sozialhilfe zum Arbeitslosengeld II. Die Höhe der Leistung entspricht der alten Sozialhilfe plus Zuschüsse für Kinder, Wohnung und Heizung. Jede zumutbare Arbeit ist jetzt grundsätzlich anzunehmen. |

Zusammenfassung   Soziale Marktwirtschaft

Die Bundesrepublik Deutschland hat sich für die soziale Marktwirtschaft als Wirtschaftsordnung entschieden. Da der Idealtyp der freien Marktwirtschaft einige soziale Fragen unbeantwortet lässt, behält sich in der Bundesrepublik der Staat das Recht vor, bei unbefriedigenden Marktergebnissen einzugreifen. Die über Jahrzehnte mit der Marktwirtschaft konkurrierende Wirtschaftsordnung der Zentralverwaltungswirtschaft hat sich als weniger leistungsfähig gezeigt und ist in nahezu allen Staaten der Welt abgeschafft oder stark reformiert worden.

Die Eingriffe des Staates innerhalb der sozialen Marktwirtschaft finden in den folgenden Feldern statt:

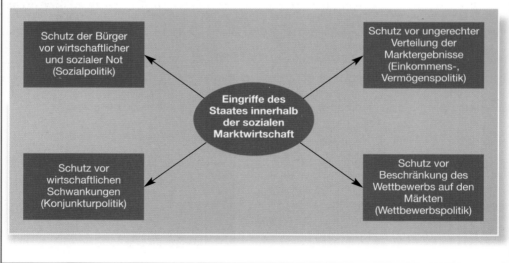

Aufgaben

1. Welche sechs wirtschaftlichen und rechtlichen Grundfragen muss jede Gesellschaft (jeder Staat) beantworten?

2. Wodurch erfahren die Wirtschaftssubjekte in einer freien Marktwirtschaft, ob ein Gut knapp oder im Übermaß vorhanden ist?

3. Welche Hauptnachteile hatte der Idealtyp der freien Marktwirtschaft?

4. Warum hat sich der Idealtyp der Zentralverwaltungswirtschaft nicht durchgesetzt?

5. Charakterisieren Sie die Rolle des Staates innerhalb der sozialen Marktwirtschaft. Nennen Sie zu jedem staatlichen Eingriff ein konkretes Beispiel.

6. Worin liegen die Nachteile der sozialen Marktwirtschaft.

7. Warum ist der Schutz des Wettbewerbs für den einzelnen Bürger wichtig?

8. Welche Aufgaben hat das deutsche und europäische Kartellamt?

9. Welche Zweige hat das deutsche System der gesetzlichen Sozialversicherung?

10. Welche Pflichten hat dabei der Arbeitgeber?

11. Begründen Sie, ob die staatlichen Eingriffe in den folgenden Fällen mit den Grundprinzipien einer sozialen Marktwirtschaft vereinbar sind:
    a) Zur Erhaltung von Arbeitsplätzen stellt die Gemeinde Unternehmern Grundstücke kostengünstig zur Verfügung.
    b) Der Staat verbietet den Zusammenschluss von Unternehmen, da durch diesen Zusammenschluss eine marktbeherrschende Stellung entstehen würde.
    c) Das Steuersystem wird so gestaltet, dass Besserverdienende mehr Einkommensteuer zahlen als Geringverdiener.
    d) Der Staat gewährt Arbeitnehmern, deren Einkommen unter einer festgelegten Grenze liegt, Prämien, wenn sie vermögenswirksam sparen.
    e) Zur Ankurbelung der Wirtschaft tritt der Staat selbst als Nachfrager (z. B. im Straßenbau) auf.
    f) In bestimmten Fällen darf der Staat z. B. Grundstückseigentum zum Wohl der Allgemeinheit gegen Entschädigung enteignen.
    g) Zum Schutz der Anbieter kauft der Staat die überschüssige Produktionsmenge an Milch auf.

11 Der Staat beeinflusst und reguliert das Wirtschaftsgeschehen

11.1 Konjunktur

Aus einer Abteilungsleiterkonferenz der Tropic GmbH:

Sonja Behrens (Absatz):
Wir müssen uns auch für das nächste Jahr auf einen Absatzrückgang einstellen. Wenn wir den Konjunkturforschern glauben können, wird die Nachfrage nach Freizeitkleidung weiter sinken.

Walter Winter (Materialwirtschaft):
Das wäre aber ziemlich unangenehm, unsere Lager sind noch recht voll. Wir brauchen Wirtschaftswachstum und keine Dauerrezession!

Heiner Herbst (Produktion):
Wie soll ich denn dann meine Leute beschäftigen? Ich fürchte, wir müssen einige Mitarbeiter entlassen …

Diana Minardi (Design):
Keine Panik, für die nächste Saison haben wir absolute Knaller im Programm, eine bessere Kollektion haben wir noch nie angeboten.

Georg Polster (Verwaltung):
Das mag zwar sein, hilft uns aber wenig, wenn niemand unsere Produkte nachfragt. Uns fehlt dann ganz einfach Geld in der Kasse.

Sylvia Sommer (Geschäftsführung):
Nun mal langsam, zwar rechnet man damit, dass im Inland die Konjunktur an Fahrt verliert, aber vergesst nicht unsere neuen Absatzmärkte in den USA, dort wächst die Wirtschaft nach wie vor. Wir müssen einfach versuchen, unsere Kosten weiter zu senken, um für die Kunden ein preisgünstiges Angebot präsentieren zu können.

Welche Auswirkungen hat eine schwache Konjunktur auf die Tropic GmbH?

Es wäre für die Bürger eines Landes wünschenswert, wenn der produzierte „Berg" an Gütern und Dienstleistungen jedes Jahr etwas höher ausfiele als im Vorjahr, sprich die Wirtschaft wachsen würde. Der Wohlstand würde jedes Jahr theoretisch steigen. Ob es dem einzelnen Haushalt dabei wirklich besser geht, hängt allerdings davon ab,

- wie viele Menschen sich die zusätzliche Produktion teilen müssen,

- ob jeder den gleichen Anteil der gestiegenen Produktion erhält,

- ob jede erbrachte (Dienst-)Leistung auch erfasst wird und

- ob sich der Wohlstand eines Landes überhaupt ausschließlich an materiellen Dingen festmachen lässt.

Die Wirtschaft entwickelt sich jedoch nicht gleichmäßig und störungsfrei. Es gibt Zeiten, in denen das Wachstum zum Stillstand kommt oder in denen sogar eine Schrumpfung des Güter- und Dienstleistungsberges gegenüber dem Vorjahr festzustellen ist.

> Dieses **regelmäßige** – im Idealfall wellenförmige – **Auf und Ab** der wirtschaftlichen Entwicklung bezeichnet man als **Konjunktur**.

11.2   Was bringt die Wirtschaft aus dem Gleichgewicht?

Betrachtet man die gesamte Volkswirtschaft aus der Vogelperspektive, erkennt man eine Vielzahl von Märkten, auf denen jeweils Anbieter und Nachfrager zusammentreffen.
Immer wieder kommt es dabei vor, dass Anbieter auf ihren Waren „sitzen bleiben", also zu viel produziert haben. In einem verregneten Sommer werden z. B. kaum Sonnenschirme verkauft.

Diese Anbieter werden enttäuscht die überflüssigen Waren einlagern und im nächsten Jahr weniger produzieren oder bestellen, damit ihnen so etwas nicht noch mal passiert.
In diesem Regenjahr lag also ein Angebotsüberschuss vor. Die Lager sind voll, die Auftragseingänge gehen zurück, möglicherweise mussten sogar Mitarbeiter entlassen werden. Die Preise für Sonnenschirme befinden sich natürlich „im Keller". Pessimismus macht sich die breit. Dieser Teil der Wirtschaft schrumpft.

Wenn im darauffolgenden Jahr schon im Mai Hitzerekorde vermeldet werden, ist es für die Anbieter unmöglich, die gestiegene Nachfrage sofort zu befriedigen. Die Lager sind schnell leer gekauft, die neue Ware ist noch nicht einmal bestellt. Die Preise steigen. Unternehmen müssen Überstunden machen, um die Nachfrage abzudecken. Mitarbeiter werden eingestellt. Die Stimmung ist gut. Die Wirtschaft wächst. Die Nachfrage übersteigt das Angebot.

Fasst man die vielen kleinen Märkte zu einem großen Markt zusammen, dann gilt für diesen gesamtwirtschaftlichen Markt das Gleiche, was für unseren Markt für Sonnenschirme gegolten hat:

- Übersteigt das Angebot die Nachfrage, beginnt die Wirtschaft zu schrumpfen.

- Übersteigt die Nachfrage das Angebot, startet ein Wirtschaftswachstum.

In seltenen Fällen kann jedoch auch ein sogenanntes **gesamtwirtschaftliches Gleichgewicht** herrschen:

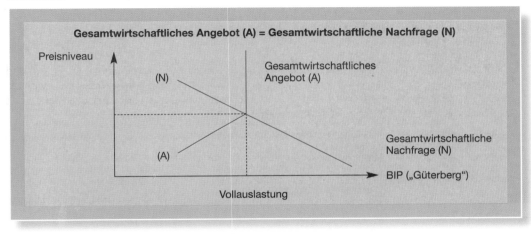

Anmerkung:

Während das gesamtwirtschaftliche Angebot durch die Gesamtheit der inländischen und ausländischen Unternehmen erstellt wird, setzt sich die gesamtwirtschaftliche Nachfrage aus vier Komponenten zusammen:

- Unternehmen

- Haushalte

- Staat

- Ausländische Nachfrager

Der „Knick" in der Angebotskurve kommt durch das Erreichen der Kapazitätsgrenze der eingesetzten Produktionsfaktoren zustande. Der Güterberg kann ab hier nicht weiter anwachsen, da die Produktionsfaktoren Arbeit, Boden und Kapital voll ausgelastet sind.

Dieser störungsfreie Idealzustand, verbunden mit einer **Vollauslastung aller Produktionsfaktoren (Arbeit, Boden und Kapital)**, wird von der Wirtschaftspolitik eines Landes angestrebt.

11.3 Konjunkturzyklus

Es hat sich jedoch gezeigt, dass die Konjunktur regelmäßig **vier Phasen** durchläuft.
Diese vier Phasen bilden den **Konjunkturzyklus**.

- Aufschwung/Expansion

- Hochkonjunktur/Boom

- Abschwung/Rezession

- Krise/Depression

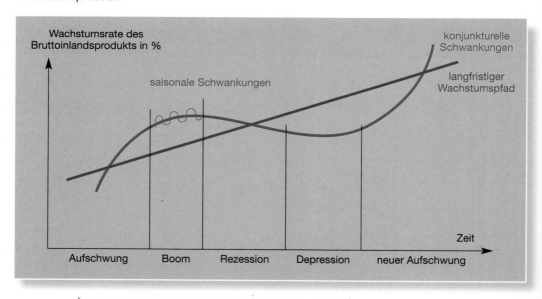

Konjunkturzyklus

Der Konjunkturzyklus ist der Zeitabschnitt zwischen dem Beginn der ersten und dem Ende der letzten Konjunkturphase.

Einzelne Konjunkturzyklen unterscheiden sich nach Dauer und Verlauf. Es lassen sich keine allgemeinen Aussagen über die zeitliche Dauer und das Ausmaß der konjunkturellen Schwankungen machen.

Während der **Wachstumspfad** einen längerfristigen Trend abbildet, zeigen die **konjunkturellen Schwankungen** eher mittelfristige Veränderungen des BIP an. Außerdem gibt es kurzfristige **saisonale Schwankungen** (z. B. witterungsbedingt).

- **Konjunkturschwankungen:**
  = mittelfristige Schwankungen im Auslastungsgrad des **gesamtwirtschaftlichen Produktionspotenzials**, d. h. wie viel Prozent dessen, was in einer Wirtschaft produziert werden könnte, wenn alle Produktionsfaktoren normal ausgelastet wären, wird tatsächlich hergestellt?

- **Wachstum:**
  = langfristige Zunahme des gesamtwirtschaftlichen Produktionspotenzials

Die Wachstumsrate des Bruttoinlandsprodukts (BIP) wird meist zur Verdeutlichung des Konjunkturverlaufes herangezogen. Hiermit ist die Veränderung des BIP gegenüber dem Vorjahr, ausgedrückt in Prozent, gemeint. Es werden also nicht die absoluten Zahlen abgetragen, z. B. ein Anstieg von 1.420,00 Mrd. EUR auf 1.425,00 Mrd. EUR, sondern nur die Veränderung um etwa 0,352 % wird in der Grafik vermerkt.

11.4 Nominales und reales Bruttoinlandsprodukt

Vereinfacht ausgedrückt ist das BIP die Menge der neu hergestellten Güter (und Dienstleistungen) multipliziert mit deren Marktpreisen. Das so berechnete BIP wird als **nominal** bezeichnet. Da aber die Höhe des Güterberges (= Gütermenge) für das „echte" Wirtschaftswachstum entscheidend ist und nicht die Preise, muss eine **preisbereinigte** Zahl ermittelt werden, das **reale** Bruttoinlandsprodukt.

Das Vorgehen ähnelt dem der Berechnung des Preisindex (Kap. 8.7). Dort wurden die Mengen aus dem Basisjahr übernommen und damit konstant gehalten. Hier müssen die Preise des Basisjahres „eingefroren" werden.

Beispiel

Jahr	Produzierte Mengen	Preis in GE	BIP (nominal) in GE	Veränderung in %	BIP (real) in GE	Veränderung in %
1	1.000 Stück	2,00	2.000,00 (=1000 · 2,00)		2.000,00 (=1000 · 2,00)	
2	1.100 Stück	2,50	2.700,00 (=1.100 · 2,50)	+ 35 %	2.200,00 (=1.100 · 2,00)	+ 10 %

Während das nominale Wachstum bei einem Plus von 35 % gegenüber dem Vorjahr liegt, ergibt die Berechnung des echten (= realen) Wachstum einen Wert von lediglich + 10 %. Der Güterberg ist also nur um 10 % angestiegen.

11.5   Konjunkturindikatoren

Um abschätzen zu können, in welcher Konjunkturphase sich ein Land gerade befindet, untersuchen die Volkswirte eine Reihe gesamtwirtschaftlicher Entwicklungsgrößen, sogenannter **Konjunkturindikatoren**. Ein Konjunkturindikator zeigt die wirtschaftliche Lage eines Landes an.

Konjunktur-indikatoren / Konjunkturphasen	Aufschwung	Hochkonjunktur	Abschwung	Krise
Bruttoinlandsprodukt (Güter- und Dienstleistungsberg)	steigend	stark steigend	fallend	tief, minimal
Auftragslage/Nachfrage	stark steigend	hoch, maximal	stark fallend	tief, minimal
Auslastung der Maschinen	steigend	hoch, maximal	fallend	tief, minimal
Einkommen	steigend	stark steigend	fallend	tief, minimal
Preise	steigend	stark steigend	fallend	fallend
Gewinne	stark steigend	hoch, maximal	stark fallend	tief, minimal
Arbeitslosenquote	fallend	stark fallend	steigend	stark steigend
Lagerbildung	stark fallend	tief, minimal	steigend	hoch, maximal
Stimmungslage	stark steigend	hoch, maximal	stark fallend	tief, minimal

Zeichenerklärung:

⇧	hoch, maximal
⇩	tief, minimal
↗	steigend
⬈	stark steigend
↘	fallend
⬊	stark fallend

Beispiel Der Aufschwung zeigt sich in einer erst langsamen, dann sich beschleunigenden Steigerung der Nachfrage. Die Nachfrage ist größer als das Angebot. Lager werden geräumt, die Auslastung der Maschinen und die Produktion steigen. Es kommt zu einem starken Gewinnzuwachs. Die Arbeitslosigkeit nimmt meist ab, die Einkommen steigen, und das Vertrauen in die wirtschaftliche Entwicklung nimmt stark zu. Mit zunehmender Kapazitätsausweitung steigt die Investitionstätigkeit wieder an. Allerdings steigen auch Preise und Zinsen.

Frühindikatoren zeigen den zukünftigen Konjunkturverlauf frühzeitig an (**Konjunkturprognose**) und ermöglichen so Gegenmaßnahmen:

- Auftragseingänge
- Stimmungslage der Unternehmer (z. B. IFO-Geschäftsklimaindex)
- Lagerbildung/-auflösung
- Spartätigkeit der privaten Haushalte

Gegenwartsindikatoren kennzeichnen die momentane Konjunkturphase:

■ Produktionszahlen

■ Kapazitätsauslastung

■ Zahl der Überstunden

Spätindikatoren zeigen erst mit einiger Verspätung die konjunkturelle Entwicklung an:

■ Einkommensniveau (Höhe von Löhnen und Gehältern)

■ Arbeitslosenquote

■ Preisentwicklung

Anmerkung:

Die Arbeitslosenquote gilt als Spätindikator, weil die meisten Unternehmen zunächst mit einer Erhöhung der Überstunden auf einen wirtschaftlichen Aufschwung reagieren. Neue Mitarbeiter werden erst dann eingestellt, wenn die Unternehmen an eine Fortsetzung der positiven Entwicklung glauben. Leider geht oft zeitgleich mit einer Einstellungswelle der konjunkturelle Abschwung einher.

Die Preise für Konsumgüter (z. B. für Pkw oder Kühlschränke) verändern sich bei Eintritt in eine neue Konjunkturphase anfangs kaum. Im Aufschwung werden erst die Lager zu den alten Preisen geräumt, bevor über Preiserhöhungen nachgedacht wird.

Im Abschwung lassen die Unternehmer die Preise vielfach auf dem alten Niveau, um nicht noch mehr Umsatz einzubüßen. Manche Anbieter verzichten auch nur auf weitere Preiserhöhungen. So werden neue Produkte im konjunkturellen Abschwung für den Preis des alten eingeführt.

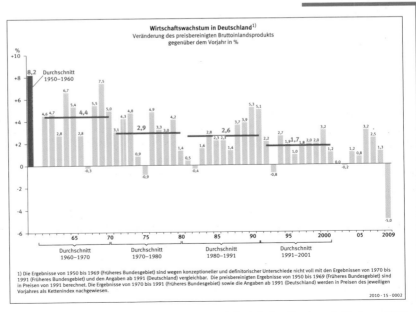

Quelle: Bruttoinlandsprodukt 2009 für Deutschland, Statistisches Bundesamt, 13. Januar 2010

1. *In welchen Jahren lässt sich eine Hochkonjunktur (Boom) erkennen, in welchen eine Rezession/Depression?*

2. *Erklären Sie die konjunkturelle Entwicklung von 1988 bis 1992. Welche Ursachen waren für diese Entwicklung ausschlaggebend?*

12 Die Wirtschaftspolitik der Bundesrepublik Deutschland

SITUATION

Pausengespräch zwischen Jens Hartmann und Ayse Kaymak in der Berufsfachschule:

Jens Hartmann: „Also, ich kapier' ja nicht, warum wir uns als nächstes mit dem Thema Wirtschaftspolitik beschäftigen müssen. Das klingt ja wohl extrem staubtrocken! Und für meinen Beruf brauch' ich den Kram bestimmt nicht. Ich will später ein guter Verkäufer werden: Autos, Häuser, Kredite, ganz egal was, ich bring' alles an den Mann ...“

Ayse Kaymak: „Jetzt mach' hier nicht so ein Fass auf. Außerdem liegst du mit deiner Ansicht zur Wirtschaftspolitik mal wieder meilenweit daneben. Du bist doch der, der immer sagt, dass die Politiker keine Ahnung haben und immer das Falsche tun: Die Steuern müssten runter und die Spritpreise auch. Und weg mit den Subventionen. Aber so richtig erklären kannst du die Zusammenhänge auch nicht. Eins kannst du aber annehmen, ein großer Verkäufer hat von all dem bestimmt einen Plan.“

Nennen Sie Bereiche der Wirtschaft, in denen der Staat Regeln für Anbieter oder Nachfrager erlassen hat bzw. Beispiele, in denen der Staat lenkend in die Volkswirtschaft eingreift.

Eine funktionierende Wirtschaft ist Grundvoraussetzung einer staatlichen Ordnung und umgekehrt. Deshalb muss sich der Staat einerseits um die Schaffung eines wirtschaftlichen und rechtlichen Ordnungsrahmens mit Gesetzen und Verordnungen kümmern (Ordnungspolitik). Andererseits ist er verpflichtet, bei Schwankungen im Wirtschaftsprozess einzugreifen (Konjunkturpolitik).

12.1 Die Träger der Wirtschaftspolitik

12.2 Globalsteuerung der Wirtschaft

Wenn es gelingt, die Wirtschaft eines Landes gleichsam wie ein großes Schiff auf (Wachstums-)Kurs zu halten, sprich allzu heftige Schwankungen zu vermeiden und alle Passagiere wohlbehalten in den sicheren (Wohlstands-)Hafen zu manövrieren, dann hat der Staat seine Wirtschaftspolitik gut gemacht.

Und wie ein Kapitän auf hoher See auf Veränderung der Instrumente reagiert, so müssen die Träger der Wirtschaftspolitik bei Abweichungen von vorgegebenen Zielen reagieren und Kursänderungen einleiten. Dabei wird die Bundesregierung seit 1963 durch den sogenannten Sachverständigenrat unterstützt.[1]

Von dieser Vorstellung inspiriert, wurde 1967 das sogenannte **Stabilitäts- und Wachstumsgesetz** beschlossen, das zunächst vier Ziele für die staatliche Wirtschaftspolitik der Bundesrepublik formuliert.

---

[1] Der Sachverständigenrat zur Begutachtung der gesamtwirtschaftlichen Entwicklung ist ein Gremium der wissenschaftlichen Politikberatung. Der Sachverständigenrat wurde durch Gesetz im Jahre 1963 eingerichtet zur periodischen Begutachtung der gesamtwirtschaftlichen Entwicklung in der Bundesrepublik Deutschland und zur Erleichterung der Urteilsbildung bei allen wirtschaftspolitisch verantwortlichen Instanzen sowie in der Öffentlichkeit.

12.3 Das Magische Viereck – wirtschaftspolitische Ziele und Zielbeziehungen

SITUATION

Preise in Euro-Zone deutlich gestiegen

Schwaches Wirtschaftswachstum

Export fährt weiter auf der Überholspur

Arbeitslosigkeit weiter hoch

Umweltschutz weiter hoch im Kurs

Wenn ich die ganzen Wirtschafts-meldungen lese: Woher weiß die Regierung denn, wo sie ihre Schwerpunkte setzen muss?

Gesetz zur Förderung der Stabilität und des Wachstums der Wirtschaft (vom 8. Juni 1967)
§ 1
Bund und Länder haben bei ihren wirtschafts- und finanzpolitischen Maßnahmen die Erfordernisse des gesamtwirtschaftlichen Gleichgewichts zu beachten.
Die Maßnahmen sind so zu treffen, daß sie im Rahmen der marktwirtschaftlichen Ordnung gleichzeitig zur Stabilität des Preisniveaus, zu einem hohen Beschäftigungsstand und außenwirtschaftlichen Gleichgewicht bei stetigem und angemessenem Wirtschaftswachstum beitragen.

1. *Welches sind die in § 1 des Stabilitäts- und Wachstumsgesetzes genannten Ziele?*

2. *Mithilfe welcher Größen kann untersucht werden, ob die jeweiligen Ziele erreicht wurden?*

So wie sich Unternehmen Ziele setzen, um ihre Handlungen zu steuern und um zu kontrollieren, in welchem Ausmaß das gesetzte Ziel erreicht wurde, gibt es auch ein wirtschaftspolitisches Zielsystem.

Das wirtschaftliche Oberziel in der sozialen Marktwirtschaft lautet „gesamtwirtschaftliches Gleichgewicht". Um dieses zu erreichen, wurden verschiedene Unterziele definiert. Nach dem Gesetz zur Förderung der Stabilität und des Wachstums der Wirtschaft verpflichtete sich die Bundesregierung, gleichrangig vier Ziele anzustreben, die auch als „Magisches Viereck" bezeichnet werden:

- Stabilität des Preisniveaus (Geldwertstabilität)

- hoher Beschäftigungsstand (geringe Arbeitslosigkeit)

- außenwirtschaftliches Gleichgewicht

- stetiges und angemessenes Wirtschaftswachstum.

Um zu überprüfen, ob das jeweilige Ziel erreicht oder verfehlt wurde, muss eine konkrete, zahlenmäßige Zielgröße angegeben werden, sodass sich Ziel und Zielgröße wie folgt darstellen lassen:

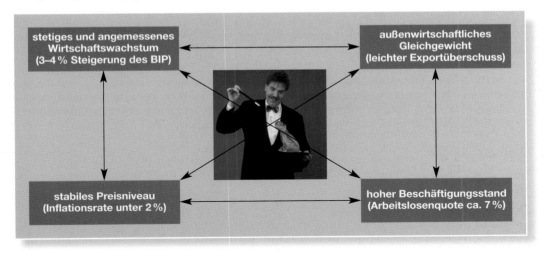

◆ **Stabiles Preisniveau**

Der Durchschnitt der Preise soll nicht über 2 % gegenüber dem Vorjahr ansteigen. Bei einem Preisanstieg über 2 %

- sinkt das Vertrauen in Wirtschaft und Regierung

- sinken die Reallöhne, wenn die Inflationsrate über den Lohnerhöhungen liegt

- kommt es zu Wohlstandseinbußen bei der Bevölkerung

Im Jahr 2008 lag die Preissteigerungsrate in der Bundesrepublik Deutschland bei 2,6 %, im Jahr 2009 bei 0,4 %.

◆ **Hoher Beschäftigungsstand**

Die Arbeitslosenquote soll 7 % nicht übersteigen. Bei einer höheren Quote

- können die Sozialsystem langfristig nicht mehr finanziert werden

- entwickeln sich gesellschaftliche Randgruppen

- ist der politische und soziale Friede gefährdet

Im März 2010 waren 3,568 Mio. Männer und Frauen ohne Beschäftigung. Das waren 78.000 Arbeitslose mehr als im März 2009. Die Arbeitslosenquote stieg auf 8,6 %.

◆ **Außenwirtschaftliches Gleichgewicht**

Die Wirtschaft der Bundesrepublik Deutschland ist stark exportabhängig. Deshalb sollten die Lieferungen ins Ausland auf einem hohen Niveau liegen. Wenn dies der Fall ist, fließen ständig Güter ins Ausland ab, während Geld vom Ausland nach Deutschland zurückfließt. Im Inland kann es jetzt dazu kommen, dass die Geldmenge die Gütermenge übersteigt, was dann zum Anstieg des Preisniveaus führen könnte. Um eine Inflation zu vermeiden, dürfen die Exporte die Importe nicht zu stark übersteigen.

Im Jahr 2008 lag der Exportüberschuss bei 178 Mrd. EUR, 2009 ging er auf 136 Mrd. EUR zurück.

◆ Stetiges und angemessenes Wirtschaftswachstum

Die Zielvorgabe lautet hier etwa 4 % Wachstum beim Bruttoinlandsprodukt. Zur Begründung wird angeführt, dass Wachstum grundsätzlich den Wohlstand der Nation erhöht.

Die deutsche Wirtschaft sank das Bruttoinlandsprodukt um 5 %. Im Jahre 2010 wird jedoch wieder mit einem Wachstum von ca. 1,5 % gerechnet.

Die quantitativen Zielvorstellungen sind nicht für alle Zeiten festgelegt. Vielmehr ändern sie sich im Zeitablauf, z. B. mit der wirtschaftlichen Entwicklung. So wurde früher eine Arbeitslosenquote von ca. 2 % als Ziel gesetzt, während heute das Erreichen einer Arbeitslosenquote von 7 % schon als erstrebenswertes Ziel angesehen wird.

Zielbeziehungen

◆ Zielharmonie

Von Zielharmonie spricht man, wenn Maßnahmen zur Erreichung eines Zieles gleichzeitig auch zur Erreichung einer anderen Zielgröße führen.

Beispiel Die Arbeitslosigkeit soll bekämpft werden. Staatliche Maßnahmen, wie zusätzliche Investitionen z. B. in den Straßenbau oder Investitionsförderungen (staatliche Zuschüsse) für Unternehmen, führen zu höherer Nachfrage und zur Ansiedlung neuer Betriebe. Die Arbeitslosigkeit sinkt, gleichzeitig kommt es zu einem höheren Wirtschaftswachstum.

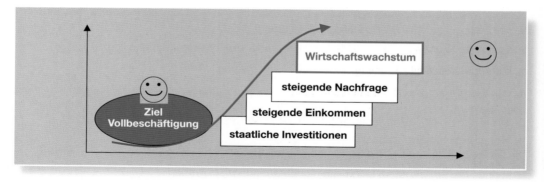

◆ Zielkonflikt

Maßnahmen zur Erreichung eines Zieles führen dazu, dass ein anderes Ziel dadurch verletzt wird.

Beispiel Die staatlichen Maßnahmen zur Senkung der Arbeitslosigkeit führen dazu, dass über höhere Beschäftigung die Nachfrage steigt, was wiederum zu Inflation führen kann.

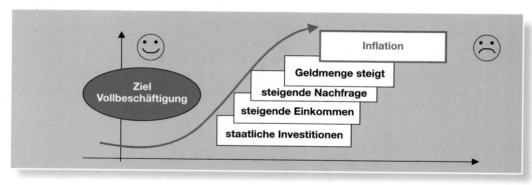

Vom **„magischen Viereck"** spricht man deshalb, weil es magischer Kräfte bedarf, alle Ziele gleichzeitig zu erreichen.

Für die Wirtschaftspolitik heißt das, je nach Situation sind bestimmte Ziele wichtiger als andere. Da z. B. die Bekämpfung der Arbeitslosigkeit ein besonders wichtiges Ziel ist, nimmt man hin, dass andere Ziele dabei vernachlässigt werden.

Dem „Magischen Viereck" wurden in neuerer Zeit noch zwei weitere erstrebenswerte Ziele hinzugefügt, die für eine ausgewogene Entwicklung einer Wirtschaft von Bedeutung sind:

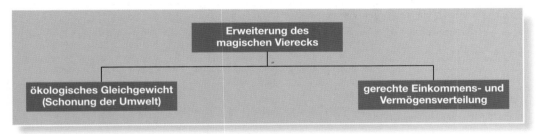

Entsprechend wird von einem **magischen Vieleck** gesprochen.

12.4 Antizyklische Konjunkturpolitik

Eine Ankurbelung der Konjunktur wirkt sich zumindest auf zwei Ziele des Stabilitätsgesetzes positiv aus. Im Aufschwung ist

- die Arbeitslosigkeit rückläufig;

- das Wachstum der Wirtschaft ansteigend.

Zwei Hauptprobleme einer jeden Wirtschaft scheinen damit gelöst zu sein.

Als kritisch könnte sich jedoch das ansteigende Preisniveau erweisen, das durch die erhöhte Nachfrage bewirkt wird.

Auch ist ungewiss, ob der Aufschwung nicht das außenwirtschaftliche Gleichgewicht gefährdet, da viele der produzierten Güter ins Ausland verkauft werden könnten.

§ 1 des Stabilitätsgesetzes verpflichtet die Bundesregierung, durch geeignete finanzpolitische Maßnahmen (Fiskalpolitik) zur Verstetigung des Konjunkturverlaufs beizutragen.

Zur Ankurbelung einer schwachen Konjunktur sieht das Stabilitäts- und Wachstumsgesetz **Maßnahmen zur Förderung der Konjunktur** vor, wie

- Investitionszuschüsse für Unternehmen bis 7,5 %;

- Sonderabschreibungen;

- kurzfristige Senkung der Steuer um bis zu 10 % für Haushalte und Unternehmen;

- Erhöhung der Staatsausgaben (z. B. Bau von Schulen oder Straßen).

Zur Drosselung der Konjunktur können auch die umgekehrten Schritte, wie Erhöhung der Steuern bzw. Senkung der Staatsausgaben, getroffen werden.

Diese Maßnahmen sollen **entgegen dem Konjunkturzyklus**, sprich antizyklisch eingesetzt werden, um die Schwankungen der Wirtschaftsentwicklung auszugleichen.

Die wichtigste Regel für den Einsatz der öffentlichen Einnahmen und Ausgaben im Rahmen der Konjunkturpolitik lautet:

Der Staat soll mit den öffentlichen Ausgaben und Einnahmen die zu große oder zu geringe Nachfrage der privaten Haushalte und Unternehmen ausgleichen.

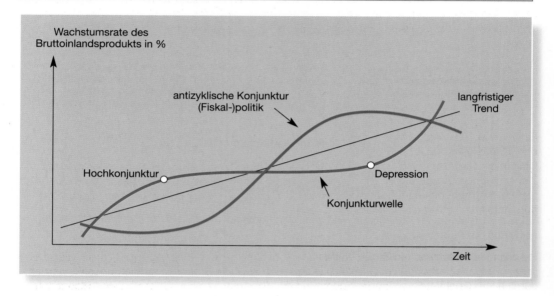

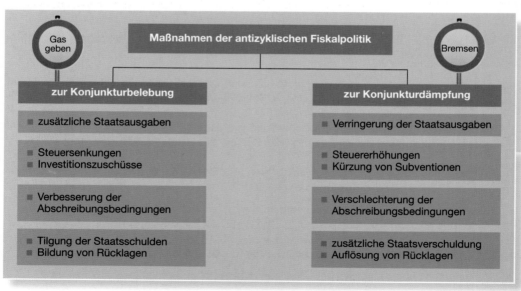

12.5 Kritik an der antizyklischen Konjunkturpolitik

Staatliche Maßnahmen sind langsam

Beschließt eine Regierung zur Ankurbelung der Konjunktur den Bau von öffentlichen Gebäuden, so liegen zwischen Beschluss und Baubeginn häufig mehrere Monate. Da sich die Konjunktur in der Zwischenzeit aber möglicherweise von selbst erholt hat, bewirkt die staatliche Maßnahme genau das Gegenteil des erwünschten Effekts.

Angenommen, die Wirtschaft befindet sich wieder im Aufschwung, dann steigen die Preise und Löhne. Ein weiterer Auftrag sorgt für weitere Nachfrage nach Material und Arbeitern und verstärkt die negativen Folgen eines Aufschwungs: Die Preise steigen weiter, die Arbeitskräfte werden knapp.

> Antizyklische Maßnahmen des Staates wirken häufig **prozyklisch**!

Staatliche Maßnahmen verdrängen private Unternehmen (= Crowding Out)

Ein weiteres Problem entsteht, wenn sich der Staat zur Finanzierung der Maßnahmen Geld auf dem Kapitalmarkt beschafft:
Da nun die Nachfrage nach Kapital steigt, erhöhen sich nach den Gesetzen des Marktes auch die Zinsen. Höhere Kreditzinsen schrecken jedoch den Staat weniger als private Unternehmen, für die ihre Kapitalbeschaffung ebenfalls teurer wird. Eine private Investition müsste also unterbleiben, damit eine staatliche Investition möglich wird.

Maßnahmen zur Konjunkturbelebung erhöhen die Staatsverschuldung

In konjunkturell schwachen Zeiten (mit der Gefahr zunehmender Arbeitslosigkeit) sollen die staatlichen Ausgaben erhöht werden. Gleichzeitig sollen aber die Steuereinnahmen gesenkt werden, damit auch die private Nachfrage steigen und die Konjunktur ankurbeln kann. Diese Maßnahmen können oft nur durch ein Haushaltsdefizit finanziert werden. Der Staat muss sich verschulden.

Eine zunehmende Verschuldung bedeutet, dass ein ständig wachsender Teil der Staatseinnahmen für Zins- und Tilgungszahlungen verwendet werden muss. Dies belastet zum Teil auch die zukünftigen Generationen.

Außerdem kann sich der Staat aufgrund des Europäischen Stabilitätspaktes (s. Seite 468) nicht unbegrenzt verschulden.

Die Anhänger von staatlichen Konjunkturprogrammen weisen jedoch darauf hin, dass gerade in schwierigen Zeiten der Staat der Einzige sei, der die Wirtschaft wieder ankurbeln könne. Auch wenn dazu kurzfristig eine höhere Staatsverschuldung notwendig würde, können die aufgenommenen Kredite in wirtschaftlich besseren Zeiten durch höhere Steuereinnahmen wieder getilgt werden.

Der Nobelpreisträger für Ökonomie John Maynard Keynes bezeichnete dieses Verhalten des Staates in Krisenzeiten als „deficit spending", was man frei mit „Investieren von Staatsschulden" oder „staatlicher Einkaufsbummel auf Pump" übersetzen könnte.

Aufgaben

1. *Warum ist es wünschenswert, dass die Wirtschaft jedes Jahr wächst?*

2. *Wovon hängt es ab, ob ein gestiegener Güterberg auch dem einzelnen Mensch zugute kommt?*

3. Welches Phänomen bezeichnet der Begriff „Konjunktur"?

4. Wodurch kommt es zu wirtschaftlichen Schwankungen?

5. Zeichnen Sie einen typischen Konjunkturverlauf.
   Teilen Sie diesen Konjunkturverlauf in seine unterschiedlichen Phasen ein und benennen Sie diese.

6. Was versteht man unter einem Konjunkturzyklus?

7. Was versteht man unter Trend und saisonalen Schwankungen?
   Tragen Sie diese in die Zeichnung ein.

8. Warum ist es sinnvoll, zwischen Früh-, Gegenwarts- und Spätindikatoren zu unterscheiden?

9. Beschreiben Sie die Entwicklung der Indikatoren „Auftragslage" und „Arbeitslosigkeit" über die vier Konjunkturphasen.

10. Welches wirtschaftliche Hauptproblem besteht in einer Hochkonjunktur, welches in einer Rezession/Depression? Wodurch werden diese Probleme jeweils verursacht?

11. Benennen Sie die vier Ziele des magischen Vierecks nach dem Stabilitäts- und Wachstumsgesetz.

12. Zeigen Sie für die in der Statistik dargestellten Jahre, welche Ziele erreicht wurden, welche nicht.

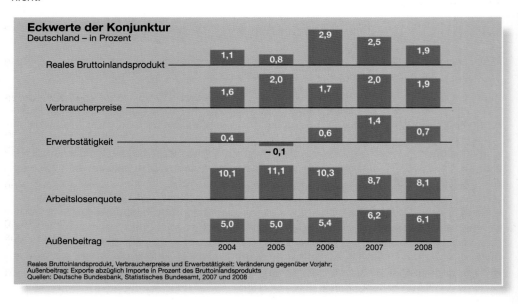

13. Warum spricht man vom „magischen" Viereck?

14. Angenommen, die Europäische Zentralbank ließe zu, dass die Geldmenge in der Wirtschaft ansteigt. Sie verbindet damit die Hoffnung auf eine Konjunkturerholung.
    Zeigen Sie den Zielkonflikt auf zwischen den Zielen:
    ■ Preisniveaustabilität und
    ■ stetiges und angemessenes Wirtschaftswachstum.

15. Erläutern Sie zwei weitere Beispiele für einen Zielkonflikt.

16. Warum sollen staatliche Maßnahmen zur Konjunkturbelebung „antizyklisch" vorgenommen werden?

17. *Welche staatlichen Maßnahmen lässt das Stabilitäts- und Wachstumsgesetz zu?*

18. *Wie soll sich der Staat in der Rezession verhalten, um die Konjunktur anzukurbeln?*
    Zeigen Sie dies am Beispiel der
    a) Steuern
    b) direkten staatlichen Ausgaben (mit Beispielen)
    c) Staatsverschuldung.
    Zeigen Sie auch, wie sich die staatlichen Maßnahmen auswirken.

19. *Was versteht man unter „deficit spending"?*

20. *Warum kann die Staatsverschuldung nicht ohne Weiteres erhöht werden?*

21. *Warum wirken antizyklische Maßnahmen häufig prozyklisch?*

22. *Aus welchen weiteren Gründen führen die Maßnahmen der Fiskalpolitik nicht immer zum gewünschten Ergebnis?*

13   Weltwirtschaftliche Verflechtungen

Weltreise einer Jeans

- Schnittmuster und Design werden per Fax oder Computer von Deutschland aus in die Fabrik z. B. auf den Philippinen gesendet.

- Die Baumwolle wird in Kasachstan oder Indien von Hand gepflückt oder mit der Maschine geerntet und anschließend nach China geschickt.

  - In China wird die Baumwolle mithilfe von Maschinen aus Europa versponnen.

    - Die gesponnenen Baumwollfäden werden auf den Philippinen gefärbt, häufig mit chemischer Indigofarbe (typisches Jeansblau) aus Deutschland.

      - Die gefärbten Fäden werden z. B. in Polen mithilfe von Maschinen aus Deutschland verwebt.

    - Das Innenfutter und das Schildchen für die Pflegeanleitung kommen aus Frankreich, Knöpfe und Nieten stammen aus Italien.

- Alle Zutaten (Stoffbahnen, Knöpfe, Nieten, Futter) werden auf die Philippinen geflogen und dort wird alles zusammengenäht.

- In Griechenland wird die Jeans mit Bimsstein endverarbeitet (stone-washed).

- Die Jeans wird dann nach Deutschland geschickt, hier verkauft und getragen.

Quelle: http://www.globalisierung-online.de

SITUATION

1. **Erstellen Sie anhand des Textes „Weltreise einer Jeans" eine Weltkarte, auf der die Fluglinien sichtbar sind, die alle Teile einer Jeans bis zur Fertigstellung zurücklegen. Ermitteln Sie überschlagartig, wie viele Kilometer die Jeans zurücklegt.**

2. Welche negativen gesamtwirtschaftlichen Nebenwirkungen ergeben sich durch die geschilderte Herstellung der Jeans?

3. Die Tropic GmbH produziert ihre Erzeugnisse noch ausschließlich in Deutschland.
   Stellen Sie zusammen, welche Nachteile sich daraus für die Tropic GmbH einerseits ergeben könnten und welche Vorteile andererseits damit verbunden sind.

Produktionsstandorte werden ins Ausland verlegt, die Greencard wird eingeführt.

Äpfel aus Südafrika liegen neben Mangos aus der Karibik.

Produkte aus der heimischen Landwirtschaft haben kaum noch eine Marktchance.

Riesen fusionieren zu Giganten.

Diese Großkonzerne sind nicht mehr „deutsch" oder „französisch". Sie fühlen sich keinem Land verpflichtet.

Kein Land der Erde ist mit seiner Wirtschaft völlig unabhängig vom Ausland. Die Idee eines geschlossenen Wirtschaftskreislaufes existiert tatsächlich nur im Modell.

Viele Märkte im 21. Jahrhundert sind Weltmärkte. Die meisten Großunternehmen sind sogenannte **Global Player**, also weltweit operierende Anbieter. Die **Globalisierung** der Märkte, sprich das Ausdehnen der geschäftlichen Aktivitäten über den Globus, ist in vollem Gange.

13.1 Die internationale Arbeitsteilung

Hintergrund

Produktionsverbund

Große Konzerne stellen ihre Waren in verschiedenen Werken her, die einen Produktionsverbund bilden. Jedes Werk produziert die Teile, die es am besten oder billigsten anbieten kann. Die Entscheidung darüber, was wo gebaut wird, hängt von Anlagen, Herstellungskosten oder von der Marktpräsenz ab.
Die Opel-Mutter General Motors verfügt über einen weltweiten Fertigungsverbund. Dem Vorteil der günstigeren Produktion steht das Risiko eines weit reichenden Produktionsstillstands gegenüber. „Im Prinzip ist jedes Werk bei Opel mit jedem vernetzt", sagt eine Sprecherin. In Bochum werden Teile für alle anderen Opel-Werke in Europa gebaut. Neben der Montage von Astra und Zafira fertigt Opel dort Fahrzeugkomponenten wie Motoren und Getriebe. In den Werken gibt es keine Lagerbestände, die Fabriken sind auf Nachschub angewiesen. Im Stammwerk Rüsselsheim wird der Vectra montiert, Kaiserslautern produziert unter anderem Motoren und Sitzschalen.

Quelle: dpa, 19.10.2004

Dass eine weltweite Arbeitsteilung sinnvoll sein kann, liegt auf der Hand, wenn ein Land ein bestimmtes Produkt absolut kostengünstiger herstellen kann als ein anderes. Statt das Produkt selbst teuer zu produzieren, kauft man es im Ausland.

Dass sich der Austausch von Gütern aber auch dann lohnen kann, **wenn kein Land absolut kostengünstiger** ist, zeigt das folgende Beispiel:[1]

Ohne Außenhandel	USA	Deutschland
1 Einheit Getreide	5 Arbeitsstunden	8 Arbeitsstunden
1 Einheit Tuch	6 Arbeitsstunden	6,5 Arbeitsstunden
	11 Arbeitsstunden	14,5 Arbeitsstunden

Mit Außenhandel	USA	Deutschland
2 Einheiten Getreide	10 Arbeitsstunden	– Arbeitsstunden
2 Einheiten Tuch	– Arbeitsstunden	13 Arbeitsstunden
	10 Arbeitsstunden	13 Arbeitsstunden

Die USA sparen eine Arbeitsstunde ein (10 statt 11 Arbeitsstunden), wenn sie nur noch Getreide produzieren. Deutschland stellt in 13 statt in 14,5 Arbeitsstunden zwei Einheiten Tuch her und spart damit 1,5 Arbeitsstunden ein.

Wenn eine Arbeitsstunde in beiden Ländern gleich viel kostet, sparen die beiden Länder die entsprechende Menge an Arbeitskosten ein.

Bei einer Spezialisierung der USA auf Getreide und Deutschlands auf Tuch (beide produzieren jetzt also zwei Einheiten von nur noch **einem Gut**) kommen beide Länder mit insgesamt weniger Arbeitsstunden aus und haben trotzdem ein größeres Produktionsergebnis.

Infolgedessen **müssen sie jetzt Handel miteinander betreiben**, da ihnen sonst ein Gut fehlen würde.

> Ein Land **spezialisiert** sich auf das Gut, das es **vergleichsweise** kostengünstiger oder schneller produzieren kann. Hier besitzt es einen **komparativen Kostenvorteil**.

Im Ergebnis führt so der internationale Güteraustausch zu einer **Wohlstandssteigerung in beiden Ländern**.

Wie die Arbeit im Lande bleiben kann

Trotz der Krise bei Opel, Karstadt und anderen gibt es noch Hoffnung für den Standort Deutschland. Nicht alle Arbeitsplätze werden ins Ausland verlagert.

HB FRANKFURT. Die Horrormeldungen der letzten Wochen scheinen das zu bestätigen. Opel will in Deutschland 10 000 Arbeitsplätze abbauen, Karstadt 5500. Und auch der Autobauer Volkswagen steckt mächtig in der Krise, hier geht es um insgesamt 176 000 Arbeitsplätze – allein in Deutschland. Diese drei Beispiele verdeutlichen einen Trend: Immer mehr industrielle Arbeitsplätze werden ins Ausland verlagert, kaum eine Branche ist davor sicher.

Betroffen sind Großkonzerne und Mittelständler gleichermaßen. Waren Anfang der 90er Jahre noch mehr als 14 Millionen Menschen in der Industrie beschäftigt, so sind es derzeit noch etwas mehr als 10 Millionen. 2,2 Millionen Stellen wurden abgebaut, das sind 600 Jobs pro Tag! Sogar Unternehmen, für die bislang das „made in Germany" Verkaufsargument war, verlagern Teile ihrer

---

[1] *Hierbei wird von der Existenz von Transportkosten und externer Effekte durch zu niedrige Energiekosten abgesehen.*

Produktion oder gleich ganze Fertigungslinien ins Ausland. So der Modelleisenbahnbauer Märklin aus dem schwäbischen Göppingen, ein urdeutsches Unternehmen, mit dessen Produkten jedes Kind mindestens einmal im Leben in Berührung gekommen ist.

Auch Miele, Hersteller von Haushaltsgeräte aus Ostwestfalen, hat Teile seiner Produktion ins Ausland verlagert, obwohl gerade diese Marke stark vom deutschen Qualitätsimage abhängt. Siemens, ein weiterer deutscher Großkonzern, beschäftigt bereits seit sechs Jahren mehr Mitarbeiter im Ausland als in Deutschland. Egal, wo man hinschaut: Wenn ein deutsches Unternehmen eine neue Fertigungsstätte baut, dann im Ausland.

Unmittelbare Folge dieses Trends: Jeder fünfte Arbeitnehmer in Deutschland macht sich laut „Spiegel" Sorgen um seinen früher vielleicht einmal sicheren Job.

Warum werden Arbeitsplätze verlagert?

Im internationalen Vergleich ist die Arbeit in Deutschland schlicht zu teuer. Beispiel Märklin: Fast jedes Teil einer Lokomotive oder eines Waggons wird von Hand gefertigt, von Hand vierfach lackiert und von Hand zusammengebaut. Die Firma legt Wert auf äußerste Präzision. Doch im Stammwerk bei Stuttgart verdienen angelernte Mitarbeiter 2200 Euro, Mitarbeiter im Thüringen bekommen 1300 Euro für die selbe Arbeit und die ungarischen machen es für 350 Euro. Solche Lohnunterschiede kann kein Unternehmen, das im Wettbewerb steht, lange ignorieren.

Für den Chef des Ifo-Instituts, Hans-Werner Sinn, ist schon längst klar, dass „made in Germany" heute nur noch „reiner Etikettenschwindel" sei. „In Wahrheit wird in Deutschland häufig nur die Endmontage durchgeführt, in manchen Fällen wird nicht einmal mehr das Firmenschild aufgeklebt", sagte Sinn dem „Spiegel". Deutschland entwickele sich zu einer „Basarökonomie", in der Waren nur noch gehandelt, aber nicht mehr produziert werden. Neben der Entlohnung haben die deutschen Arbeitskräfte auch in punkto Qualifikation kaum noch Vorteile. Ein Siemens-Handy, das in Shanghai zusammengebaut wurde, unterscheidet sich nicht von einem, das aus dem Werk in Kamp-Lintfort kommt. Fazit: Es gibt nur noch wenig, was die Deutschen besser können als andere, sagen Pessimisten. Und Standard-Produkte, die also praktisch jedes Land herstellen kann, haben praktisch keine Chance mehr.

Quelle: Handelsblatt.com, 14.11.2004

1. *Warum verlegen immer mehr deutsche Unternehmen ihren Standort ins Ausland?*

2. *Welche Vorteile ergeben sich daraus für die Unternehmen, welche Nachteile sind für die Arbeitnehmer und den Staat damit verbunden?*

13.2   Der Prozess der Globalisierung

Drei Ursachen sind dafür verantwortlich, dass die Globalisierung immer schneller voranschreitet:

1. Förderung des freien Welthandels

Die Welthandelsorganisation (World Trade Organization, WTO) bemüht sich seit Jahren um den **Abbau von Handelshemmnissen**, wie z. B. Schutzzöllen, um den internationalen Güteraustausch zu erleichtern (= **Liberalisierung**).

Neben den Bemühungen um einen freien Handel mit Waren wurden auch die Beschränkungen im internationalen Kapitalverkehr nach und nach aufgehoben. Hierbei spielen die **internationalen Finanzmärkte** (Börsen) eine wichtige Rolle. Damit eine Wirtschaft wachsen kann, benötigt sie Kapital entweder in Form von Geld (Geldkapital) oder als Sachkapital (z. B. Anteile an Unternehmen, wie Aktien).

Auf den Finanzmärkten versuchen Investoren, ihr Kapital möglichst gewinnbringend anzulegen, dabei stellen sie denjenigen Unternehmungen Kapital zur Verfügung, die die beste Verzinsung versprechen. Auf diese Weise entsteht ein Wettbewerb um die Gunst der Kapitalanleger, der die Unternehmen wiederum zu besonderen Leistungen anspornt.

Aber auch Staatsregierungen benötigen funktionierende Börsen, um große Mengen Kapital zu beschaffen. Dies spielt beim Auf- und Ausbau der Infrastruktur eines Landes eine wichtige Rolle.

Neben der bloßen Beteiligung an ausländischen Unternehmen besteht die Möglichkeit der Gründung eigener Niederlassungen im Ausland (= **Direktinvestitionen**).

Besonders größere Konzerne versuchen damit, **Standortvorteile** wie geringere Arbeitskosten und niedrige Steuersätze auszunutzen. Damit einher geht jedoch oftmals die **Abwanderung von Arbeitsplätzen ins Ausland**.

Der internationale Wettbewerb um den günstigsten Standort für die Ansiedlung von Unternehmen führt im Ergebnis häufig zu einem sogenannten **Sozialdumping**. Dies ist der Abbau von Vorschriften zum Schutze der Beschäftigten mit dem Ziel, die Arbeitskosten möglichst niedrig zu halten. Gerade in Schwellen- und Entwicklungsländern kommt es auch aufgrund fehlender staatlicher Überwachung immer wieder zur Beschäftigung von Kindern unter 14 Jahren. Daneben werden häufig gesundheitsgefährdende Arbeitsbedingungen bemängelt.

Die internationalen Finanzmärkte werden jedoch nicht nur zur Unterstützung und Abwicklung des Gütertausches zwischen den Ländern genutzt. Sie bieten auch zunehmend Raum für **Spekulationen**, bei denen es vor allem um die Vermehrung von Vermögen geht, ohne Rücksicht auf etwaige negative Folgen für die Wirtschaft des betroffenen Landes.

Hierbei ist vor allem der Handel mit fremden Währungen (= Devisen) zu erwähnen. Glauben die Anleger z. B. an einen steigenden **Wechselkurs**[1], kaufen sie große Summen der Fremdwährung relativ günstig ein, um sie nach der Kurserhöhung wieder teuer verkaufen zu können. Dadurch werden die für den Güteraustausch wichtigen Wechselkurse einer starken **Manipulationsgefahr** ausgesetzt.

2. Neue Informations- und Kommunikationstechnologien

Insbesondere das Internet mit seinem **World Wide Web** hat durch sein rasantes Wachstum dazu geführt, dass nahezu jede beliebige Information in Sekundenschnelle verfügbar ist. Die Kommunikation über Tausende von Kilometern ist für Privat- wie für Geschäftsleute selbstverständlich geworden. Die Kosten hierfür können nahezu vernachlässigt werden. **Neue Märkte** im Internet

---

[1] Der Wechselkurs ist das Tauschverhältnis zwischen zwei Währungen.
  Beispiel: 1 Euro = 1,20 US-Dollar

sind entstanden. Dienstleistungen von Banken und Versicherungen können **online** besonders schnell und preiswert angeboten werden. Daneben hat auch der **Ausbau der Mobilfunknetze** zu einer erleichterten weltweite Kommunikation beigetragen.

3. Politische Umbrüche

Ein weltweiter Austausch von Gütern und Dienstleistungen setzt stabile und **verlässliche politische Rahmenbedingungen** voraus. Die geschichtliche Entwicklung hat gezeigt, dass demokratische Staaten mit einer marktwirtschaftlichen Grundordnung die besten Voraussetzungen hierfür bieten.

Nach dem Zusammenbruch der meisten sozialistischen Wirtschaftsordnungen im Osten Europas und dem Wechsel zu einem marktwirtschaftlicheren System zu Beginn der 90er Jahre des 20. Jahrhunderts erhielt die Globalisierung weitere Impulse.

13.3   Chancen und Risiken der Globalisierung

SITUATION

Chancen	Risiken
■ Durch die Öffnung neuer Märkte entstehen neue Arbeitsplätze und ein Wohlstandszuwachs.	■ Arbeitsplätze wandern in Niedriglohnländer ab.
■ Durch den weltweiten Güteraustausch steigt die Warenvielfalt.	■ Im Wettbewerb mit Niedriglohnländern kommt es auch in den Hochlohnländern zum Sozialabbau.
■ Der weltweite Wettbewerb verbilligt die Produkte.	■ Durch Standortverlagerungen sinken die Steuereinnahmen in Deutschland.
■ Durch Direktinvestitionen in ärmeren Ländern (= Niedriglohnländer) steigt auch dort der Wohlstand, gleichzeitig entstehen dort neue Absatzmärkte.	■ Der Wettbewerbsdruck führt zu zunehmenden Unternehmenszusammenschlüssen.
■ Unternehmen können an kostengünstigen Standorten produzieren.	■ Gefahr der Abhängigkeit der Entwicklungsländer von multinationalen Unternehmen.
■ Mehr Länder können von neuen Erfindungen und dem technischen Fortschritt insgesamt profitieren.	■ Umweltschutzauflagen werden durch Auslagerung der Produktion in Länder mit weniger Vorschriften umgangen.
■ Eine verstärkte Mobilität der Arbeitskräfte ist möglich.	■ Der wirtschaftlichen Globalisierung steht keine internationale politische Kontrollmacht gegenüber.
■ Durchsetzung des Nachhaltigkeitsprinzips (= wirtschaftliche Entwicklung im Einklang mit der Natur und ohne Gefährdung zukünftiger Generationen) ist nur global möglich.	■ Globalisierung führt zum Kampf der Kulturen.
	■ Das Prinzip McWorld vereinheitlicht die Welt (Amerikanisierung).

Informieren Sie sich darüber, wie die beiden Organisationen Greenpeace und Attac den Prozess der Globalisierung beurteilen.

Globalisierung hat nicht nur Auswirkungen auf die wirtschaftlichen Aspekte unseres Lebens, sondern auch auf vielerlei andere Bereiche.

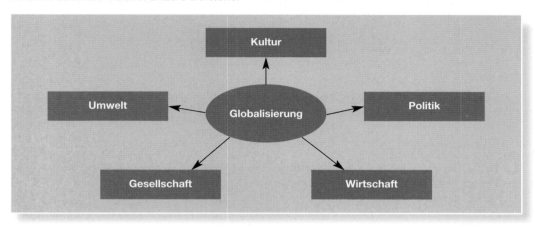

Informationsmöglichkeiten:

- http://www.bpb.de/publikationen/U1INL3,,0,Globalisierung.html

Aufgaben

1. *Stellen Sie mithilfe einer Weltkarte Unterschiede zwischen der hier gezeigten und der wirklichen Größe der abgebildeten Staaten fest. Begründen Sie die ungleichmäßig verteilte Wirtschaftskraft.*

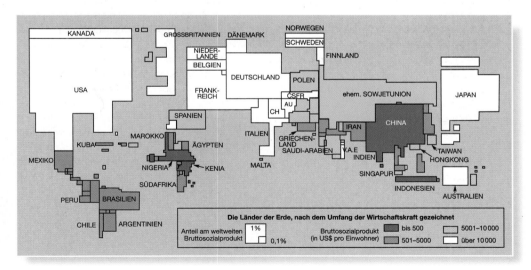

2. Erläutern Sie den Begriff des „Global Players".

3. Welche drei Ursachen führen zur Beschleunigung des Globalisierungsprozesses? Erläutern Sie diese mit konkreten Beispielen.

4. Nennen Sie Ursachen für die Entwicklung der internationalen Arbeitsteilung.

5. Worin besteht der Unterschied zwischen einem absoluten und einem komparativen Kostenvorteil?

6. Berechnen Sie die Ersparnis für die beteiligten Länder (in Stunden) bei der Einführung von Außenhandel.

Ohne Außenhandel	Land A	Land B
1 Einheit Weizen 1 Einheit Stahl	2,5 Arbeitsstunden 3 Arbeitsstunden	4 Arbeitsstunden 3,25 Arbeitsstunden
	5,5 Arbeitsstunden	7,25 Arbeitsstunden

Mit Außenhandel	Land A	Land B
2 Einheiten Weizen 2 Einheiten Stahl		

7. Welche Vorteile bringt der Prozess der Globalisierung für die Unternehmen, für die Arbeitnehmer und für die Konsumenten? Welche Nachteile bringt er andererseits für diese Gruppen?

8. Diskutieren Sie, ob die zunehmende Globalisierung zu einer gerechteren Verteilung des Wohlstandes führen könnte.

9. Zeigen Sie an konkreten Beispielen, dass es durch die Globalisierung zu einer Vereinheitlichung (Amerikanisierung) in vielen Bereichen kommt.

Sachwortverzeichnis

Bildquellenverzeichnis

adidas-Salomon AG, Herzogenaurach: Seite 373, 374
ARD-Pressestelle, München: Seite 195
Audi AG, Ingolstadt: Seite 171
Benetton Group Spa, Ponzano (Italy): Seite 335
Bergmoser u. Höller Verlag, Aachen: Seite 472
BMW AG, München: Seite 171, 194, 326
Cornelia Kurtz, Boppard, Seite 165, 192, 217, 226, 261, 265
DaimlerChrysler AG, Stuttgart: Seite 173
Deutsche Post: Seite 255
Deutsche Telekom AG, Bonn: Seite 171
Deutscher Sparkassen Verlag/H. Haitzinger: Seite 458
dpa-infografik GmbH, Hamburg: Seite 21, 23, 34, 148, 150, 152, 276, 340, 467, 468, 481
Gerolsteiner Brunnen GmbH & Co KG: Seite 338
Heinrich Klar GmbH & Co. KG, Wuppertal: Seite 49
imu-Infografik GmbH, Essen: Seite 50
Institut der deutschen Wirtschaft, Köln: Seite 27, 498
MEV Verlag GmbH, Augsburg: Seite 15, 26, 29, 32, 53, 54, 55, 57, 58, 116, 131, 144, 153, 159, 184, 186, 194, 197, 198, 202, 208, 216, 221, 235, 248, 270, 279, 319, 323, 326, 327, 345, 350, 351, 361, 386, 390, 392, 393, 394, 417, 427, 430, 442, 448, 452, 453, 454, 455, 457, 460, 461, 490, 493, 499
Miele KG, Gütersloh: Seite 326
Nova Development Corporation, Calabasas (USA): Seite 56, 60, 66, 70, 80, 101, 117, 204, 454, 484
Project Photos GmbH, Augsburg: Seite 15, 24, 46, 49, 62, 65, 71, 77, 81, 86, 101, 131, 141, 147, 182, 196, 202, 252, 266, 301, 304, 319, 323, 342, 345, 358, 386, 389, 390, 392, 396, 408, 409, 419, 490, 492
Sparkassen-Finanzportal GmbH, Berlin: Seite 171, 195
Steffie Becker, Bonn: Seite 449, 450, 451, 452
TUI interactive GmbH, Hannover: Seite 326, 344
Volkswagen AG, Wolfsburg: Seite 171, 194